동아시아의 외교 협상

동아시아의 외교 협상

양기웅 지음

小花

머리말

'동아시아의 시대'라는 인식은 이미 흔한 것이 되었지만, 통계 수치를 인용해 보면 이 말이 정말로 실감 난다. 국제통화기금(IMF)이 발표한 구매력 기준의 국내총생산(GDP based on PPP)을 세계경제에서 차지하는 비율로 살펴보면, 2012년 중국은 14.962퍼센트, 일본은 5.578퍼센트, 한국은 1.960퍼센트를 차지하여 이들 동아시아 삼국이 세계경제 전체에서 차지하는 비중은 22.49퍼센트인 데 반해, 미국은 18.91퍼센트, 유럽연합(EU)은 19.42퍼센트이다. 동아시아 삼국의 비중이 이미 유럽연합과 미국을 추월하여 세계 최대 경제권을 형성하고 있음을 확인할 수 있다.

이 책은 한·중·일 동아시아 삼국과 미국, 유럽연합 사이의 주요 협상 연구를 통하여 동아시아 국제관계를 '통상정치' 혹은 '경제외교'의 관점에서 재구성하고 있다.

『동아시아의 외교 협상』은 저자가 이미 출판한 『일본의 외교 협상』(1998, 소화출판사), 『한국의 외교 협상』(2008, 한림대출판부)과 더불어 '국제협상 연구 3부작'을 구성한다. 이 3부작은 다음과 같은 공통된 특징을 갖고 있다.

첫째, 이 책들은 한국·중국·일본 동아시아 외교에서 중요한 역사적 의미를 지니는 분쟁과 협상 사례들을 선정하여 심층적으로 분석하고 있다. 사례 연구는 그 자체가 역사 서술적인 의미를 지니면서 개별 사례가 지니는 특수성과 비교 사례를 통한 보편성을 동시에 획득할 수 있게 해준다.

둘째, 이 책들은 동아시아 삼국의 분쟁 해결 능력과 전략을 분석하고 있다. 동아시아 삼국은 짧은 시간 내에 세계가 주목할 만한 눈부신 경제성장을 이루어 냈다. 이 책들은 삼국이 발전 과정에서 직면했던 분쟁들이 무엇이며 또 그 분쟁들을 어떻게 해결해 왔는지를 살펴본다.

한·중·일은 경제성장 과정에서 많은 위기와 외압을 경험했으며, 이에 대한 반응 과정에서 협상 전략과 스타일에는 분명한 차이를 보였다. 하지만 삼국 모두 시장을 개방하되 자국의 국내 상황과 조건에 맞추어서 시장자유화의 속도를 조절하는 '전략적 자유화(strategic liberalization)'를 추구하는 공통점을 보여 주었다. 협상은 이 전략적 자유화를 외부에서 비준받는 정치적 절차임과 동시에 그것을 제도화하는 법적 과정으로 정의할 수 있다. 시장개방을 요구하는 쪽의 입장에서 보면 '너무 적게 너무 늦게(too little, too late)' 양보하는 것으로 평가할 수 있지만, 동아시아 삼국의 관점에서 보면 전략적 자유화라고도 할 수 있을 것이다.

셋째, 이 책들은 동아시아 삼국의 '경제외교(economic diplomacy)'의 개념·전략·역사를 분석하고 있다. 다양한 분야에 걸친 주요 협상 사례들에 대한 연구는 그 자체로 동아시아 경제외교사를 구성한다. 경제외교란 국가들이 국제경제 관계의 운영 방법에 관한 것이며, 국제경제 관계의 운영을 위하여 ① 국가들이 국내적으로 어떻게 결정하는지, ② 국가들이 국제적으로 상호 간에 어떻게 협상하는지, ③ 이 두 과정이 어떻게 상호 작용하는지에 관한 것이라고 정의할 수 있다. 대외통상 협상과 국내 정치를 투레벨 게임의 관점에서 분석하고 있는 이 책들의 의미는 동아시아 삼국의 경제외교를 재구성하고 있는 데에서 찾을 수 있다.

이 책의 1부(1~4장)에서는 자유무역협정(FTA)을 둘러싼 협상을 분석한다. 1장에서는 한미 FTA 협상, 2장에서는 한·EU FTA 협상, 3장에서는 한일 FTA 협상, 4장에서는 한중 FTA 협상을 살펴보고 있다. 각 협상 사례는 협상의 배경·과정·쟁점·전략·결과의 순서로 분석·서술하고 있다. 1부를 통해서 우리는 '한국, 중국, 일본, 미국, 유럽연합이 왜 국내적 난관에도 불구하고 자유무역협정을 체결하려고 하는가'라는 질문에 '미래의 성장동력을 찾아서'라는 공통의 해답을 찾아볼 수 있다. 물론 각국의 국내 정치, 협상 쟁점, 협상 전략, 스타일 등은 상이하고 다양했다.

2부(5~8장)에서는 농산물 협상을 다룬다. 5장에서는 한국의 쌀 시장개방 협상, 6장에서는 일본의 쌀 시장개방 협상, 7장에서는 한국과 중국의 마늘 협상, 8장에서는 중국과 일본의 신선채소 협상을 살펴본다. 2부를 통해서 우리는 한국·중국·일본이 시장개방의 외압과 시장보호의 국내적 내압 사이에서 어떤 제약을 받았는지, 그리고 그 제약을 전략적으로 어떻게 활용하였는지를 분석해 볼 수 있다. 한일 양국은 개방의 외압을 수용하면서 '국내적 보상'이라는 정치적 대안을 선택했고, 중국은 농산물 무역의 비교 우위를 확보하기 위해서 공산품 무역과 연계하는 강력한 '보복전략'을 구사했다. 한중 협상과 중·일 협상을 비교해 보면 한국과 일본은 대중국 공산품 무역의 우위를 유지하기 위하여 농산물 무역협상에서 양보하는 모습을 보였다. 농산물 협상에서 한·중·일 삼국이 보여 준 공통점은 무역수지균형화를 위한 이슈연계전략이었다. 2부의 사례가 한일 FTA 협상에 시사하는 바는, 한일 FTA 협상을 성공시키기 위해서는 공산품 무역에서 우위를 유지하는 일본이 농산품 무역에서 보다 과감한 시장개방을 양보해야 하고 한국은 그것을 강력히 요구해야 한다는 것이다.

3부(9~10장)에서는 어업협상을 다룬다. 9장에서는 한일 어업 협상을, 10장에서는 한중 어업 협상을 살펴본다. 3부를 통해 우리는 한·중·일 삼국이 해양 영토 분쟁과 배타적 경제수역(EEZ)과 같은 해양 경계선 획정 문제로 얼마나 심각하게 대립하고 갈등하고 있는지를 확인해 볼 수 있다. 또한 3부를 통해서는 한·중·일 삼국이 제로섬 게임의 해양 영토 문제를 어업 협상에서 어떻게 분리했는지를 살펴봄으로써 각국의 분쟁 해결 능력도 아울러 확인할 수 있다.

4부(11~14장)에서는 서비스 협상을 살펴본다. 11장에서는 한미 지식재산권 협상, 12장에서는 미·중 지식재산권 협상, 13장에서는 한미 법률 시장개방 협상, 14장에서는 미·일 법률 시장개방 협상을 분석한다. 4부를 통해서 우리는 한·중·일 삼국이 외압에 대응하여 어떻게 자국의 시장을 전략적으로 자유화해 갔는지를 살펴볼 수 있다. 삼국의 공통점은 개방은 하되 개방 속도를 최대한 늦추는 것이었다. 이는 서비스 분야의 경쟁력이 상대적으로 취약함을 보여 주는 것이라고도 할 수 있다.

5부(15~16장)에서는 투자 협상을 다룬다. 15장에서는 한일투자협정 협상을, 16장에서는 한중투자협정 협상을 살펴본다. 5부를 통해서 우리는 각국이 협상을 통하여 제도를 수렴해 가는 방식을 고찰할 수 있다. 양자 협상을 통하여 수렴된 '제도'와 제도 수렴의 학습 효과는 동아시아 레짐 창출의 주요한 자산이 될 것이다. 성공적으로 수렴된 한중 그리고 한일투자협정이 최근 한·중·일투자협정 협상으로 발전되고 있는 것도 이런 맥락에서 이해할 수 있다.

6부(17~18장)에서는 환율 협상을 다룬다. 17장에서는 미·일 환율 협상을, 18장에서는 미·중 환율 협상을 살펴본다. 6부를 통해서 우리는 환율 협상이 경제적 패권 경쟁과 어떻게 관련되어 있는지를 고찰해 볼 수 있다. 미·일 환율 협상은 미국과 일본이 경제 패권을 다투던 시기에 발생하여 패권 경쟁에 큰 영향을 미쳤다. 미·중 환율 분쟁 또한 미국과 중국이 경제 패권을 다투는 최근에 집중적으로 발생하고 있다. 6부를 보면 왜 환율 협상을 화폐 전쟁이라고 부르는지 그 문맥을 이해할 수 있을 것이다.

7부(19~20장)는 이 책의 결론부에 해당한다. 19장에서는 비교 협상 사례의 가능성과 성과를 검토하고, 20장에서는 앞에서 살펴본 각 사례를 개관하면서 동아시아의 외교 협상을 위한 교훈과 제언을 도출하고자 한다.

이 책이 나오기까지 도움을 주신 분들이 많다. 먼저 한림대학교에서 저자의 강의를 수강했던 많은 학생에게 감사한다. 학생들의 피드백이 없었다면 이 책은 만들어지기 어려웠을 것이다. 그리고 새롭게 강화된 대학의 연구 지원 시스템, 학생들을 잘 가르치는 것에 최우선 순위를 두면서도 각자의 연구에 몰입하고 있는 한림대학교의 지적 풍토와 훌륭한 동료 교수들, 강의와 연구를 열심히 지원해 준 정치행정학과 역대 조교 선생님들에게도 감사드린다. 또한 춘천, 서울, 도쿄, 하와이, 채플힐에서 다양하면서 격의 없는 대화와 토론의 기회를 주신 여러 선생님, 늘 격려와 도움을 베풀어 주시는 도쿄대학교 다나카 아키히코 교수님과 와타나베 아키오 교수님, 와세다대학교 호리 마키오 교수님과 아마코 사토시 교수님, 듀크대학교 김환수 교수님과 사이먼 파트너 교수님, 하와이대학교 에드워드 슐츠 교수님, 국민대학교 김영작 교수님, 한림과학원 김용구 교수님께 감사드린다. 그리고 출판계의 어려운 여건에도 불구하고 출판을 흔쾌히 맡아서 좋은 책을 만들어 준 소화출판사 특히 민성원 편집장을 비롯한 편집진의 열정에 감사를 표한다. 또 세월이 가면서 더 의지가 되는 형제들과 오랜 친구들도 고맙다. 하지만 무엇보다 가족들의 격려와 도움이 없었다면 이 책은 나오기 어려웠을 것이다. 언제나 한결같이 큰 울타리가 되어 주시고 자식을 위해 평생 헌신하신 부모님과 처가 부모님께 진심으로 감사를 드린다. 특히 지난겨울 영면하신 장인어른을 추모하면서 이 책을 바친다. 그리고 교수직과 엄마의 역할을 동시에 잘 해내는 아내 연희와 늘 바쁜 부모를 탓하지 않고 스스로 잘 커주는 딸 지연에게 사랑과 감사의 뜻을 전한다.

차례

동아시아의 외교 협상

부록

제1부

동아시아의 FTA 협상

1장 한미 FTA 협상(2006~2011)

2장 한·EU FTA 협상(2006~2011)

3장 한일 FTA 협상(1998~2010)

4장 한중 FTA 협상(2004~2010)

제 1 장

한미 FTA 협상(2006~2011)

1. 배경

최근 세계 통상환경은 자유무역협정(FTA, Free Trade Agreement. 이하 FTA)을 중심으로 한 지역주의(regionalism)의 가속화로 특징지어진다. 한미 FTA를 둘러싼 찬반 양론은 정책 논쟁을 넘어서서 심각한 이념적인 대립 양상까지 보여 주었다. 한미 FTA에 대한 한국 정부의 첫 번째 동기는, 한국이 미국과 FTA를 체결하면 싱가포르를 제외한 동아시아 최초의 대미 FTA 국가가 되기 때문에, 중국과 일본은 역외국가가 되고 동북아 시장을 겨냥한 미국의 해외직접투자 그리고 미국 시장을 겨냥한 동아시아의 외국인직접투자(FDI, Foreign Direct Investment)가 한국에 집중적으로 이루어져 투자 확대에 따른 긍정적 효과도 기대할 수 있다는 것이다.[1] 두 번째 동기는 높은 대외무역 의존도이다. 한국의 대외 경제규모가 국내총생산(GDP, Gross Domestic Product. 이하 GDP)의 80퍼센트 이상을 차지하고 있는 점을 고려할 때[2009년 GDP에서 대외교역(수출+수입)이 차지하는 비중은 82.2퍼센트],

---

1) 허재준. 2006. 5. "한미 FTA 체결을 둘러싼 논쟁에 부쳐". 『국제노동브리프』 제4권 5호. 한국노동연구원. pp.1-3.

한국이 기존 수출시장을 유지하고 새로운 시장에 진출하기 위해 FTA 확대에 전력을 다하는 것은 당연하다. 세 번째 동기는 국가시스템의 선진화이다. 능동적인 시장개방과 자유화를 통해 국가 전반의 시스템을 선진화하고 경제 체질을 강화하기 위해 FTA 추진이 불가피하다는 것이다.

이러한 복합적 동기를 가지고 한국 정부는 2003년 8월부터 FTA 추진 전략을 마련하여 먼저 대륙별 '교두보' 국가(칠레=중남미 · 싱가포르=동남아시아)와 FTA를 체결한 후, 그다음 단계로 경제적 효과를 극대화할 수 있는 미국 · 유럽연합(EU, European Union. 이하 EU) · 일본과 같은 거대 경제권과의 FTA를 본격 추진하기로 하였다.[2)]

2. 과정

2004년 11월 한미 양국은 FTA 추진과 관련 실무적인 검토에 합의하였지만, 2005년 세 차례 개최되었던 한미 FTA 사전 실무점검회의에서는 원론적 수준에서의 논의만 있었다.[3)] 스크린쿼터 등의 문제로 실무 협상이 진전되지 못하다가 2006년 한국 정부가 스크린쿼터 축소에 합의하면서 한미 FTA 추진은 급진전이 이루어졌고, 2006년 2월 한국은 아시아 최초로 미국과 FTA 개시를 선언했다. 이후 2006년 6월 한미 FTA 제1차 공식 협상이 개최되었고 2007년 3월 8차 공식 협상을 끝으로 2007년 4월 협상이 타결되었으며 6월에 서명되었다.

하지만 오바마 대통령의 민주당 정부가 출범하자, 미국 측은 이미 서명된 한미 FTA의 추가 협상을 요구하였다. 결국 2010년 12월 한미 통상장관회담에서 추가 협상이 타결되었고 2011년 2월에 추가 협상 합의문서에 서명하였다. 2011년 10월 미국 상하 양원에서 한미 FTA 이행법안이 통과되

---

2) 산업통상자원부 자유무역협정 홈페이지 http://www.fta.go.kr/new2/main/ 참조.

3) 전창환. 2006. 6. "한미 FTA 협상 결정의 배경과 그 파장". 『동향과 전망』 제67권. 한국사회과학연구소. pp.157-183.

었고, 한 달 뒤 11월 한국 국회에서 한미 FTA 비준동의안이 통과되어 마침내 2012년 3월 15일 한미 FTA가 발효되었다.

3. 쟁점

한미 FTA 협상의 주요 쟁점 분야는 농업, 의약품, 자동차, 투자자·국가 간 분쟁해결제도(ISD, Investor-State Dispute Settlement), 개성공단 제품의 원산지 인정 문제 등이다.

첫 번째 쟁점인 농업 부분을 살펴보면, 한미 FTA가 체결되면 전체 농업 분야 피해액이 약 2조 2000억 원에 이를 것으로 예상되었다. 한국과 미국의 농업 비중을 비교하면 1호당 농경지 면적이 미국 178헥타르, 한국 1.5헥타르이다. 2004년 기준 농업 부문 수출액은 2억 7000만 달러, 수입액은 25억 달러로 22억 5000만 달러의 적자가 났는데 이 적자 가운데 31퍼센트가 한국과 미국 간 교역에서 발생하였다.[4] 한미 양국은 최종적으로 협상 품목 1531개 중에서 민감성이 낮은 품목은 대부분 단기에 관세를 철폐하는 반면, 민감한 품목은 관세 철폐 기간을 최장 20년까지 설정하였다. 또한 농산물 중 가장 중요한 쌀은 협상 초기부터 제외시켰고 미국도 이러한 한국의 입장을 수용하여 한미 FTA에서 쌀 관련 16개 품목에 대한 시장개방은 이루어지지 않았다.[5]

두 번째 주요 쟁점인 의약품과 관련된 내용은 세 가지 정도로 요약된다. 한국에서 새로운 약가상한제도를 도입하지 않을 것, 한국 정부의 약가 정책에 대해 별도의 독립적인 이의 제기 기구를 설치할 것, 약품에 관련한 자료를 요구할 때 미국 측에 무리하게 많은 자료를 요구하지 않을 것 등이다. 이 분야의 쟁점은 약값 상한제, 입찰제, 포지티브 리스트 등과 같은 약값

4) 이상헌. 2006. "한미 FTA와 환경·농업 문제". 『환경과 생명』 제49권. pp.54-66.
5) 문한필. 2012. "한미 FTA와 농촌지원정책의 현황과 과제". 『국토』 제365권. 국토연구원. pp.36-47.

거품을 제거하기 위한 약가정책의 도입을 둘러싼 대립이 핵심이다.[6]

세 번째 자동차 분야에서는 미국은 세 부담 인하, 세목 단순화 그리고 가격·연비에 기초한 과세 방식 그리고 자동차세 개편 과정에 이해 당사자가 참여하는 투명하고 개방된 절차를 요구하였다.[7]

네 번째 쟁점은 투자자·국가 간 분쟁해결제도(ISD)에 관한 것이다. 투자자·국가 간 분쟁해결제도(ISD)를 반대하는 측은 간접투자자의 투자자·국가 간 분쟁해결제도(ISD) 제기, 간접 수용과 관련한 국가 공공정책의 훼손, 설립 전 투자를 포함한 과도한 투자의 범위, 법원 판결에 대한 투자자·국가 간 분쟁해결제도(ISD)로 인한 사법주권의 침해, 투자자·국가 간 분쟁해결제도(ISD)의 우회적 제기를 통한 재벌의 공공정책 무력화 등의 우려를 제기하였다. 하지만 투자자·국가 간 분쟁해결제도(ISD)를 지지하는 쪽은 투자자·국가 간 분쟁해결제도(ISD)는 외국인 투자자의 투자 보호를 위한 안전장치로서 국제사회에서 보편화된 제도이고, 한국의 해외 투자규모가 한국 내 외국인 투자보다 큰 점을 감안할 때, 한국에게 오히려 절실한 제도이며 추후 진행되는 저개발국가 등과의 투자 협정(BIT, Bilateral Investment Treaty), FTA에서 반드시 들어가야 할 중요한 투자 보호 장치라는 주장을 제시하였다.[8]

다섯 번째 쟁점은 개성공단과 관련한 원산지 문제이다. 개성공단 생산 제품이 북한산으로 취급되면, 이 제품을 수출할 때 세계무역기구(WTO, World Trade Organization, 이하 WTO) 비회원국인 북한은 WTO 회원국과의 교역에 있어 최혜국대우(MFN, Most Favored Nation Treatment)를 받지 못하기

6) 김정범. 2006. "한미 FTA 협상에서 보건의료 분야의 몇 가지 쟁점". 『월간 복지동향』 제91권. 참여연대 사회복지위원회. pp.21-26.

7) 최경수 외. 2007. "한미 FTA 협상과 자동차세 개편방향". 『조세학술논집』 제23권 1호. 한국국제조세협회. pp.155-189.

8) 오현석. 2012. "한미 FTA 투자자·국가 중재의 주요 쟁점에 관한 연구". 『안암법학』. 안암법학회. pp.873-906.

때문에 다른 경쟁국의 수입 물품에 비해 높은 관세를 부담해야 한다.[9)]

한미 FTA는 총 8차례의 공식 협상과 2차례의 추가 협상을 거쳤다. 2007년 2월 FTA 협상이 타결되었고 그해 6월 1차 추가 협상을 통하여 노동과 환경 분야 등 규정을 수정한 뒤 서명되었다. 하지만 그 이후 한국 국회와 미국 의회에서 비준동의절차에 실질적인 진전이 없는 상태에서 양국은 자동차 분야 등에서 추가 협상을 실시하여 2010년 12월 3일에 2차 추가 협상 합의를 도출했다. 2010년 12월 3일에 발표된 추가 협상 결과는 이례적으로 조문에 대한 구체적인 협의가 이루어지지 않은 상태에서 주요 내용만 발표되었고, 그 뒤 양국이 조문작업을 진행하여 2011년 2월 10일자로 양국의 통상장관 서한 형식을 띤 양해각서가 교환되었다.[10)]

4. 전략

한미 FTA에서 한국이 보여 준 협상 전략은 '최종시한'전략이었다. 노무현 대통령은 방어적이 아닌 공세적 접근 방식으로의 전환을 강조했는데,[11)] 자신의 임기 중에 한미 FTA만큼은 해결하고 싶다는 의중을 밝힘으로써 일종의 최종 시한을 설정하여 미국을 압박하고 신속한 협상 타결을 노렸다. 그리고 한국 측은 미국 측의 신속처리법안인 무역협상촉진법이 2007년 6월 30일로 종료된다는 것을 또 다른 시한으로 활용하고자 했다. 자신의 임기와 무역협상촉진법의 종료를 시한으로 설정하여 국제적 차원에서는 미국 정부를, 국내적 차원에서는 국민과 야당을 동시에 압박하려고 했다.

한편 노무현 정부는 미국과의 협상이 타결되지 않으면 EU와의 FTA 협

---

9) 남궁영. 2007. 9. "한미 FTA와 개성공단". 『국제정치논총』 제47권 3호. 한국국제정치학회. pp.99-118.

10) 손기윤. 2011. "한미 FTA 추가 협상의 통상법적 분석－자동차 특별세이프가드 규정을 중심으로－". 『법학논총』. 단국대 법학연구소. pp.407-442.

11) 최태욱. 2007. "한국 정부의 FTA 추진 전략과 문제점". 『국제관계연구』 제12권 1호. 고려대 일민국제관계연구원. pp.33-59.

상을 먼저 추진함으로써 미국을 압박하는 '우회전략' 혹은 일종의 '이이제이'전략을 구사하기도 했다.[12] 그리고 한국 측은 쌀 시장 보호 문제와 개성공단 상품에 대한 원산지 인정을 계속적으로 요구하면서 미국 측보다 우위를 점하는 섬유 분야에 대해서는 공세를 강화하였다.

반면 미국 측은 '지연(delay)전략'으로 대응하여 협상을 자신에게 유리한 방향으로 이끌어 갔다. 미국 측이 한미 FTA 협상에서 애초에 밝혔던 협상 마감 시한을 두 차례나 넘긴 것은 한국 쪽을 압박하기 위한 미국 쪽의 협상 전략으로 판단된다.[13] 또한 미국 측은 한미 FTA 협상 선결 조건으로 스크린쿼터 문제의 해결을 요구함으로써 이 문제에서 한국 정부의 양보를 얻어 내는 일종의 '패키지전략'을 구사했다.

5. 결과

〈표 1-1〉 한미 FTA 협상 결과(2007. 4. 합의안 및 2010. 12. 합의안)[14]

분야	2007년 4월 합의안			2010년 12월 추가 협상 합의안
자동차	승용차	미국	관세 2.5%: 3000cc 이하 즉시 철폐, 3000cc 초과 3년 이내 철폐	발효 후 4년간 유지 후 관세 철폐
		한국	관세 8% 즉시 철폐	발효 즉시 4% 인하/4년간 유지 후 철폐

12) 2007년 5월 1일 대외경제장관회의에서 한·EU FTA 협상 출범을 승인했고, 5월 6일 한·EU FTA 협상 공식 출범을 선언했다.

13) "한국, 미 협상시한 연장전략 손 놓고 당했다". 『한겨레』. 2007. 4. 2 ; "한미 FTA 8월 前 통과 안 되면 위기 맞을 수도". 『한국일보』. 2011. 5. 29. "한미 자유무역협정(FTA)이 미 의회에서 8월 휴회 이전까지 비준되지 않으면 통과 가능성이 희박해져 위기를 맞을 수 있다고 월스트리트저널이 28일(현지 시각) 전했다. 이 신문은 행정부와 의회 관계자들을 인용해 미 민주당과 공화당이 이견을 보이고 있는 무역조정지원(TAA)제도 연장 문제에 합의점을 찾지 못하면 한미 FTA를 비롯해 미국·파나마, 미국·콜롬비아 등 미국이 체결한 3개 FTA가 8월 휴회 이전까지 의회를 통과할 수 없을 것이라며 이같이 보도했다".

14) 외교통상부. 『한미 FTA 관련 추가 협상 결과 상세설명자료』. 2010. 12. 5. 및 "한미 FTA". 『시사상식사전』. 박문각 등을 참고하여 직접 작성.

	전기차	미국	관세 2.5% 10년 철폐	5년간 균등 철폐
		한국	관세 8% 10년 철폐	발효 즉시 4% 인하, 4년간 균등 철폐
	픽업 트럭	미국	관세 25% 10년 철폐	10년 철폐 유지 단, 발효 8년차부터 균등 철폐
	세이프 가드	공통	규정 없음	한 · EU FTA 세이프가드 반영 / 10년간 유지, 최대 4년 발동
	안전 기준	한국	5500대 미만 / 미국과 한국 기준 중 선택적 사용	제작사별 2만 5000대까지 미국 기준 충족 시 완전 동등성 인정
농업	냉동 돼지	한국	관세 25%, 2014. 1. 1.까지 관세균등 철폐	냉동 기타(목살, 갈빗살)에 대해 12년부터 관세 감축하여 2016. 1. 1. 관세 철폐
서비스	의약품 허가 · 특허 연계	한국	18개월간 연계 의무에 대한 분쟁을 제소할 수 없도록 함	36개월간 이행 의무 자체를 유예
농업/섬유	· 쌀 관련 제품은 FTA 협상에서 완전히 제외 · 농산품 즉시 철폐 품목 : 한국 578개(37.8%), 미국 1065개(58.7%) · 쇠고기(15년), 돼지고기(10년) 단계적 관세 인하 · 쇠고기, 돼지고기를 포함해 30개 품목, 수입 물량 급증 시 세이프가드 발동 · 섬유 분야 즉시 철폐 : 한국 1265개(97.6%), 미국 1387개(86.8%)			
서비스	· 서비스 분야에 내국민대우(NT, National Treatment), 최혜국대우(MFN) 적용 (공교육과 의료 등 공공 분야 · 도박 · 금융 등은 제외) · 경제자유구역 내 영리병원 보장 · 방송 : 방송채널사용 사업자 개방, 외국인직접투자(FDI) 49% · 스크린쿼터 : 73일 이하 · 통신사업 : 외국인 지분 보유 49%, 간접투자 100% 허용(KT와 SK텔레콤 제외) · 법률 3단계, 회계 · 세무 분야는 2단계 개방			
투자	협정 위배 시 국제 중재를 요청할 수 있는 투자자 · 국가 간 분쟁해결제도(ISD) 도입			
의약품	· 허가 · 특허연계제도 도입(이행 의무는 3년간 유예) · 약값에 대한 이의 신청절차 도입			
지식 재산권	· 저작권 보호 기간 저작자 사후 또는 저작물 발행 이후 70년으로 연장 · 냄새 또는 소리상표권 인정 · 지식재산권 침해 손해액의 상하한선 규정하는 법정손해배상제도 도입 · 일시적 복제에 대해 저작권자에게 복제권 인정			

무역 구제	· 양국이 반덤핑 조사를 개시하기 전 상대국에 통보 및 협의 과정을 거치도록 의무화 · 한국 기업 입장을 대변할 수 있는 무역구제위원회 설치
노동/ 환경	· 노동협정문 위반 시, 당사국 누구라도 다른 상대국에 시정 요구 등의 의견제출제도 도입 · 사인(私人)이 환경 분야 협정의 이행에 관해 양국에 정보와 의견 교환 요청, 서면 의견 제출
개성 공단	1년 이내 한반도 역외 가공위원회 열어 한국산 인정 여부 결정, 미국 의회의 승인 필요

한미 FTA에서는 많은 논란을 초래했던 투자자·국가 간 분쟁해결제도(ISD) 조항, 래칫(rachet, 역진 방지 조항), 미래 최혜국대우 조항(future MFN Treatment. MFN은 최혜국대우), 네거티브 리스트(negative list) 방식, 스냅백(snapback) 조항 등이 합의되었다. 투자자·국가 간 분쟁해결제도(ISD) 조항은 투자자가 투자 유치국의 협정 의무 위반 등으로 피해를 입을 경우 투자 유치국 정부를 상대로 직접 배상을 요구할 수 있는 제도이며, 래칫은 한번 개방된 수준에 대해서는 다시 되돌릴 수 없도록 한 조항이고, 미래 최혜국대우(MFN)는 추후에 한미 양국 중 한 국가가 제삼국과 새로운 협정을 맺었는데 한미 FTA보다 더 유리한 조항이 있으면 자동적으로 나머지 당사국도 혜택을 누릴 수 있게 되는 조항이다. 네거티브 리스트 방식은 수입을 제한 또는 금지할 품목과 분야를 부속서 I(현재 유보), 부속서 II(미래 유보)에 기재하고 여기에 포함되지 않은 분야는 모두 개방하는 방식이다. 스냅백 조항은 자동차 관련 조항으로, 협정 위반 또는 이와 관련해 자국의 이익을 무효화 또는 침해하거나 심각하게 판매 및 유통에 영향을 미친다고 판단될 경우 6개월 내 철폐된 관세를 즉시 복귀시킬 수 있다는 일종의 무역보복조치 조항이다. 의약품허가·특허 연계 조항은 제약회사가 복제약을 만들어 식품의약품안전청(현 식품의약품안전처)에 승인절차를 밟을 때 오리지널 약의 특허권자에게 통보하도록 하는 제도로서, 다국적 제

약사가 특허 침해 소송을 제기하면 허가절차를 중단해야 한다.

한미 FTA는 2007년 6월 30일 서명되었지만, 비준은 양국의 정권 교체의 영향을 받아서 4년을 훌쩍 넘긴 2011년 11월에 이루어졌다. 2008년 12월 18일 한국 국회 외교통상통일위원회는 한미 FTA 비준 동의안을 상정했고 2009년 4월 22일 FTA를 반대하는 민주당과 민주노동당 의원들의 결사반대 속에서 상임위를 통과하였다.[15] 이후 미국의 오바마 정부가 새롭게 출범하면서 추가 협상을 요구함으로써 한미 FTA는 다시 긴 정체를 겪다가 2010년 12월 3일 양국 통상장관이 추가 협상을 성공적으로 타결시킴으로써 되살아났다.

한국 측의 비준 과정에서는 2011년 3월 4일 한미 FTA 협정문에서 번역 오류가 발견되어 협정문의 재검토가 진행되었고, 2011년 5월 4일 한미 FTA 비준 동의안이 철회되는 등 국회 비준 사상 초유의 사태가 발생하기도 했다.[16] 이후 한미 FTA 비준동의안은 2011년 6월 국회에 다시 제출되었고, 9월 16일 외교통상통일위원회에 상정되었다. 많은 우여곡절 끝에 11월 22일 한미 FTA 비준동의안이 국회를 통과하였고, 2012년 3월 15일자로 발효되었다.

한편 미국은 10월 3일 한미 FTA 이행법안이 의회에 제출되었고,[17] 10월 5일 미 하원 세입위원회를, 11일 상원 재무위원회를, 12일 미 상하 양원 본회의를 통과하였고, 21일에 오바마 미국 대통령이 한미 FTA 이행법안에 서

---

15) "한미 FTA 비준안, 국회 외통위 통과". 『YTN』. 2009. 4. 22.

16) "외통위, '번역 오류' 한미 FTA 비준안 철회". 『YTN』. 2011. 5. 4.

17) 『연합뉴스』. 2011. 5. 6. 기사를 보면 비준 과정에서 야당인 미국 공화당 쪽이 한미 FTA에 좀 더 적극적인 입장이었음을 알 수 있다. "미국의 존 베이너 하원의장은 오는 8월 하원이 휴회에 들어가기 전에 한국, 콜롬비아, 파나마와 체결한 자유무역협정(FTA)을 비준하기를 희망한다며 버락 오바마 대통령도 적극 도와야 한다고 5일(현지 시각) 밝혔다. 베이너 하원의장은 이날 워싱턴에서 기자회견을 열고 '우린 상당히 빠르게 움직일 수 있다'며 '의원 자신들이 많은 일을 해야만 할 것이다. 대통령도 밖에서 FTA의 중요성에 관해 얘기해야 할 것'이라며 이같이 말했다".

명하였다.

추가 협상 결과에 대한 국내외 평가로는 자동차공업협회, 경제4단체(전국경제인연합회 · 대한상공회의소 · 한국무역협회 · 중소기업협동조합중앙회) 등은 추가 협상 타결 환영 성명을 발표하였다. 추가 협상 타결 이후, 국내 여론은 『KBS』(2011. 1. 1)에서는 국회 비준 찬성 60퍼센트, 반대 27.3퍼센트, 『동아일보』(2011. 1. 3)는 국회 비준 찬성 55.2퍼센트, 반대 28.5퍼센트, 『문화일보』(2010. 12. 31)는 국회 비준 찬성 52.9퍼센트, 반대 30.8퍼센트로 한미 FTA 비준에 찬성하는 의견이 우세하였다.[18)]

❑ 주요 연표

날짜	내용
2003. 8.	한국 정부, FTA 추진 로드맵 마련
2006. 3. 6.	한미 FTA 제1차 비공식 사전준비 협의 개최
4. 17.~18.	한미 FTA 제2차 비공식 사전준비 협의 개최
6. 5.~ 9.	한미 FTA 제1차 공식 협상 개최(워싱턴)
7. 10.~14.	한미 FTA 제2차 공식 협상 개최(서울)
9. 6.~19.	한미 FTA 제3차 공식 협상 개최(시애틀)
10. 23.~27.	한미 FTA 제4차 공식 협상 개최(제주)
12. 4.~ 8.	한미 FTA 제5차 공식 협상 개최(몬태나)
2007. 1. 15.~19.	한미 FTA 제6차 공식 협상 개최(서울)
2. 11.~14.	한미 FTA 제7차 공식 협상 개최(워싱턴)
3. 8.~12.	한미 FTA 제8차 공식 협상 개최(서울)
4. 2.	한미 FTA 협상 타결
6. 21.~22.	추가 협의(서울)
6. 25.~26.	추가 협의(워싱턴)
6. 30.	한미 FTA 서명(워싱턴)

18) 외교통상부, 『추가 협상 합의문서 상세설명자료』, 2011. 2.

2007. 9. 7.	한미 FTA 비준 동의안 17대 국회 제출
2008. 10. 8.	한미 FTA 비준 동의안 18대 국회 제출
2009. 4. 22.	한국 국회 외교통상통일위원회 통과
2010. 11. 30.~12. 3.	한미 FTA 통상장관회의 개최
12. 3.	한미 FTA 추가 협상 타결
2011. 2. 10.	한미 FTA 추가 협상 합의문서 서명 및 교환
5. 4.	한미 FTA 비준 동의안 철회(외교통상통일위원회)
6. 3.	한미 FTA 비준 동의안 국회 제출
9. 16.	한미 FTA 비준 동의안 외통위 상정
10. 3.	한미 FTA 이행법안의 미 의회 제출
10. 5.	미 하원 세입위원회 한미 FTA 이행법안 통과
10. 11.	미 상원 재무위원회 한미 FTA 이행법안 통과
10. 12.	미 상하원 본회의 한미 FTA 이행법안 통과
10. 21.	미 오바마 대통령 한미 FTA 이행법안 서명
11. 22.	한미 FTA 비준 동의안 한국 국회 통과
12. 5.~ 6.	한미 FTA 이행 준비 상황 점검 협의(워싱턴)
12. 19.~20.	한미 FTA 이행 준비 상황 점검 협의(워싱턴)
2012. 1. 27.~28.	한미 FTA 이행 점검 협의(LA)
2. 19.~20.	한미 FTA 이행 준비 상황 점검 협의(시애틀)
3. 15.	한미 FTA 발효

❑ 참고문헌

1차 자료

외교통상부. 『한미 FTA 상세설명자료』. 2010. 1.

외교통상부. 『추가 협상 합의문서 상세설명자료』. 2011. 2.

제17대 국회 제268회 제8차 『본회의 회의록』. 2007. 6. 20.

제17대 국회 제268회 제9차 『본회의 회의록』. 2007. 7. 2.

단행본

양기웅. 2008. 『한국의 외교협상』. 한림대학교출판부.

이해영. 2008. 『한미 FTA 하나의 협정 엇갈린 '진실'』. 시대의창.

논문

김정범. 2006. "한미 FTA 협상에서 보건의료 분야의 몇 가지 쟁점". 『월간 복지동향』 제91권. 참여연대 사회복지위원회.

남궁영. 2007. "한미 FTA와 개성공단". 『국제정치논총』 제47권 3호. 한국국제정치학회.

문한필. 2012. "한미 FTA와 농촌지원정책의 현황과 과제". 『국토』 제365권. 국토연구원.

손기윤. 2011. "한미 FTA 추가 협상의 통상법적 분석 — 자동차 특별세이프가드 규정을 중심으로 —". 『법학논총』. 단국대 법학연구소.

오현석. 2012. "한미 FTA 투자자 · 국가 중재의 주요 쟁점에 관한 연구". 『안암법학』. 안암법학회.

이상헌. 2006. "한미 FTA와 환경 · 농업 문제". 『환경과 생명』 제49권.

전창환. 2006. "한미 FTA 협상 결정의 배경과 그 파장". 『동향과 전망』 제67권. 한국사회과학연구소.

최경수 외. 2007. "한미 FTA 협상과 자동차세 개편방향". 『조세학술논집』 제23권 1호. 한국국제조세협회.

최태욱. 2007. "한국 정부의 FTA 추진 전략과 문제점". 『국제관계연구』 제12권 1호. 고려대 일민국제관계연구원.

허재준. 2006. "한미 FTA 체결을 둘러싼 논쟁에 부쳐". 『국제노동브리프』 제4권 5호. 한국노동연구원.

잡지 · 신문

"당 · 정 '6월 한미 FTA 국회 통과' 합의". 『아시아경제』. 2011. 5. 20.

"또다시 상정되는 한미 FTA". 『연합뉴스』. 2011. 4. 28.

"미 의회, 한미 FTA 비준안 5월 말 표결". 『YTN』. 2011. 1. 31.

"민노총, 한미 FTA 저지 美 노조와 연대". 『연합뉴스』. 2011. 5. 16.

"민주, '한미 FTA'로 갈등봉합 시도". 『연합뉴스』. 2011. 5. 16.

"백악관, 한미 FTA 등 비준안 제출 거부 위협". 『NEWSIS』. 2011. 5. 17.
"백악관, 한미 FTA 등 의회 제출 준비… 논의 착수". 『NEWSIS』. 2011. 5. 5.
"번역 오류, 韓美 FTA 비준에도 빨간불". 『조선일보』. 2011. 4. 11.
"외통위, '번역 오류' 한미 FTA 비준안 철회". 『YTN』. 2011. 5. 4.
"한국, 미 협상시한 연장전략 손 놓고 당했다". 『한겨레』. 2007. 4. 2.
"한미 FTA 비준안, 국회 외통위 통과". 『YTN』. 2009. 4. 22.
"한미 FTA, 위기 맞나? …美 적자논쟁에 비준 '불투명'". 『SBS』. 2011. 5. 30.
"한미 FTA 8월 前 통과 안 되면 위기 맞을 수도". 『한국일보』. 2011. 5. 29.
"美 지한파 의원들, 한미 FTA 비준 지원". 『연합뉴스』. 2011. 2. 11.
"美 하원의장 '한미 FTA 8월까지 비준' 희망". 『연합뉴스』. 2011. 5. 6.
"美 해치 상원의원, 한미 FTA 비준 거듭 촉구". 『연합뉴스』. 2011. 4. 19.

기타

금융감독원 블로그 http://blog.naver.com/fss2009?Redirect=Log&logNo=140119324917
대한민국 청와대 공식 블로그 http://blog.naver.com/mb_nomics?Redirect=Log&logNo=60125191612
산업통상자원부 자유무역협정 홈페이지 http://www.fta.go.kr/new2/main/
외교통상부 자유무역협정 http://www.fta.go.kr

제
2
장

한 · EU FTA 협상(2006~2011)

1. 배경

한 · EU FTA 협상이 출범한 배경에는 도하개발어젠다(DDA, Doha Development Agenda. 통상 '도하 라운드'라고 부른다. 이하 도하 라운드)의 실패가 있다. 2001년 도하에서 개최된 제4차 WTO 각료 회의에서 시작된 도하 라운드는 다자주의 자유무역체제의 강화를 목표로 하였다. 149개 WTO 회원국이 참여한 글로벌 차원의 협상은 출발 당시 세계적인 기대를 모았지만, 선진국의 농업보조금 문제로 결국은 좌절되었다. 2006년 6월, 도하 라운드가 좌초할 상황에서 EU 통상담당 집행위원인 피터 만델슨은 미국에 농업보조금 삭감과 관련한 개선안을 요구했고, 미국이 이 제안을 받아들이면 EU 역시 농업관세와 관련한 개선안을 내놓을 것이라고 선언하였다. 하지만 2006년 7월 23일 미국은 피터 만델슨의 제안을 거부하였다.[1)]

도하 라운드의 실패는 WTO의 주요 회원국들로 하여금 FTA와 같은 양자 FTA에 대해 관심을 갖도록 하였다. 이런 맥락에서 EU도 세계 무역에

1) 류두하. 1999. "EU와 미국의 농업정책과 국제 농산물 협상". 『한국프랑스학논집』 제26집. p.795.

서 양자 협상의 강화, 특히 아시아 국가와의 양자 협상을 강화할 것이라는 의지를 피력하였다.[2)] WTO 자료(2000)에 의하면 전 세계적으로 240여 개의 지역무역협정이 존재하고, 이 같은 양자주의 · 지역주의의 확대 · 심화 추세는 앞으로도 계속될 것으로 보인다.[3)] 지역주의는 이제 다자주의와 함께 공인된 두 개의 질서로 정착되었다.[4)] 한국은 세계적인 FTA 추세에 부응하기 위해 2004년 한 · 칠레 FTA를 시작으로 싱가포르, 유럽자유무역연합(EFTA, European Free Trade Association),[5)] 동남아국가연합(ASEAN, Association of South-East Asian Nations. 이하 ASEAN)과 FTA를 발효시켰다.[6)] 각국이 경쟁적으로 FTA를 체결하는 것은 경제 블록화의 확산에 대응하고 안정적인 수출시장을 확보하며, 외국인 투자를 유치하고 통상마찰을 최소화하기 위해서이다.[7)]

EU는 GDP가 16조 3000억 달러로 미국을 능가하는 세계 제1의 경제권이다. 2010년을 기준으로 한국의 대 EU 총교역은 922억 달러, 수출은 535억 달러, 무역흑자 148억 달러로서 EU는 이미 한국의 2대 교역 상대이면서(대미 총교역 902억 달러, 수출 498억 달러, 무역흑자 94억 달러) 제1의 투자 파트너로서 국익을 극대화할 수 있는 최적의 FTA 대상국이다.[8)] EU는 시

2) 안상욱. 2010. "EU의 동아시아정책 및 무역정책 변화와 한 · EU FTA". 『유럽연구』 제28호 여름. 한국유럽학회. p.357.

3) 이남구. 2003. "한국의 FTA정책에 관한 연구". 『무역학회지』 제28권 4호. p.314.

4) 김세원. 2005. 『FTA정책의 의의와 한계—통합론적 시각을 중심으로』. 대외경제전문가용 토의자료. 대외경제정책연구원. pp.23-24.

5) 2005년 12월 한국 · 유럽자유무역연합(EFTA)이 FTA에 정식 서명했다. 유럽자유무역연합(EFTA)은 스위스, 노르웨이, 아이슬란드, 리히텐슈타인 등 서유럽 4개국의 경제연합체이다. http://www.ftahub.go.kr/kr/situation/take/index.jsp?a_id=3

6) 이종원/변재웅. 2008. "한 · EU FTA 추진 평가와 과제에 관한 연구". 『한독사회과학논총』 제18권 1호. p.187.

7) 장기영. 2012. "한 · EU FTA 분석을 통한 경쟁력 강화방안에 관한 연구". 『산업경제연구』 제25권 1호. p.852.

8) 산업통산자원부 자유무역협정 홈페이지. "한 · EU FTA의 의의". http://www.fta.go.kr/eu/layout_sub01/sub01_01.asp

장규모와 세계 무역에서 점유율이 제일 높으며 시장통합이 급속히 진행되고 있다.[9] 또한 EU는 농업과 서비스업 부문에서 한국과 유사한 입장을 갖고 있어 협상에 의해 민감한 부분에 대한 제한적 조치가 가능해질 것으로 보였다.[10] EU의 평균관세율은 5.3퍼센트로 3.5퍼센트인 미국보다 높고, 특히 자동차(10퍼센트) · 섬유(12~17퍼센트) · 전자 등 한국의 주요 수출품에 대한 관세 수준이 높아서 FTA 체결에 따른 혜택의 폭이 클 것으로 예상되었다.

한국이 한 · EU FTA 협상을 출범시킨 것은 한국이 유럽 · 동아시아 · 미국을 연결하는 '동아시아 FTA 허브'로 부상하기 위한 발판을 만들고자 하는 전략적 목표가 있었기 때문이다.[11]

게다가 EU는 FTA 파트너로서 미국과 비교하여 한국에게 유리한 점을 갖고 있다. 첫째 EU는 대단히 유연한 FTA 협상 태도를 견지해 왔다는 점, 둘째 한국이 취약한 농업 분야에 EU도 취약하다는 점, 셋째 EU와의 FTA는 경제적 효과 분석에서는 미국과의 FTA와 비슷하지만 산업의 보완성으로 인하여 구조조정비용이 현저히 낮게 나타난다는 점, 넷째 27개국 중 26개국이 북한과 수교했으므로 남북경협에서도 유리할 것이며 개성공단 원산지 규정에 대한 이해 또한 기대된다는 점, 다섯째 EU는 한국과 이미 FTA를 발효시키고 있는 유럽자유무역연합(EFTA)와 유럽경제지역(EEA, European Economic Area)을 통하여 사실상 단일 경제권을 형성하고 있다는 점, 여섯째 EU는 미국과 달리 견실한 중소기업들이 경제의 주류를 이루고 있기 때문에 이들과의 경쟁과 협력을 통해 한국의 중소기업들이 국제경쟁력을 확보할 수 있을 것으로 기대된다는 점, 일곱째 EU는 기술협력에 있어 미국

9) 이영기. 2006. "한 · EU FTA의 대응 과제와 전망". 『한독사회과학논총』 제16권 2호. p.345.

10) 유원근. 2008. "한 · EU FTA 추진에 따른 지역경제의 당면과제". 『통상정보연구』 제10권 3호. p.408.

11) 산업통산자원부 자유무역협정 홈페이지. 앞의 주소(주 8).

이나 일본보다는 상대적으로 한국에게 관대한 편이라는 점, 여덟째 EU는 수출시장에 있어 중국을 그리고 수입시장에 있어 일본을 부분적으로 대체시켜 줌으로써 한국의 시장다변화전략에 크게 기여할 수 있을 것이라는 점, 아홉째 EU는 한반도에서 미국과는 다른 이해관계를 가지고 있으므로 EU와의 FTA에 필사적으로 반대할 국내 이익집단은 없을 것으로 예상된다는 점 등이 한·EU 협상의 장점으로 거론되었다.[12)]

2. 과정

2006년 10월 4일 EU 측이 ASEAN·인도와 함께 한국을 유력한 FTA 추진 후보국으로 선정하고, 2007년 4월 23일 EU 일반이사회를 계기로 EU 집행위원회에 협상지침을 최종 부여하여 한·EU FTA 출범 준비를 완료하였다.[13)] EU 집행위원회는 2005년부터 한국과의 FTA에 관한 기본 입장을 정리하기 위한 논의를 시작하였다.

당시 EU는 WTO의 도하 라운드 협상이 완료되는 시점까지 양자 협상보다는 WTO를 통한 다자 협상을 정책적 최우선순위에 두고 협상을 추진하겠다면서 이미 진행 중인 사례는 예외로 하고 새로운 FTA 협상은 추진하지 않겠다는 입장을 견지했다. 하지만 이 시기에도 EU는 아프리카·카리브해 태평양 지역국가(ACP, African Caribbean and Pacific Group of States), 지중해 연안국, 멕시코, 칠레, 남아공, 메르코수르, 페르시아만안협력회의(GCC, Gulf Cooperation Council) 등과 FTA 협상을 진행 중이었고 한국, ASEAN, 앤디언 공동체(Andean Community), 중미 6개국 등과의 FTA 협상 개시를 적극적으로 검토하고 있었다.

12) 이지영. 2008. "한미-한·EU FTA 비교연구". 동국대석사논문. pp.67-68.
13) 외교통상부 통상교섭본부. 『한·EU FTA 협상 관련 보도참고자료』. 2007. 9. 14.

3. 쟁점

한·EU FTA 협상에서의 최대 쟁점은 비관세장벽(NTB, Non-Tariff Barrier) 규제, 무역에 대한 기술적 장벽(TBT, Technical Barried to Trade), 위생 및 식물위생조치(SPS, Sanitary and Phytosanitary Measures), 정부 조달, 서비스 분야 등이다. EU 측은 가솔린 차량에 대한 미국식 배출가스 자기진단장치(OBD, On Board Diagnostic) 의무화와 자동차 안전기준의 차이 등 비관세장벽(NTB)과 지식재산권(Intellectual Property Rights. 2005년 이전에는 '지적재산권'이라 했다)의 보호 수준 제고, 금융·통신·특송·법률 회계 등 서비스 시장개방 확대를 원했고, 한국 측은 자동차, 영상기기 등 주력 수출품의 조기 관세 철폐와 건축사·간호사·수의사 등 전문직 자격증의 상호 인정(MRA) 등을 원하고 있다.

〈표 2-1〉 한·EU FTA 분과별 주요 쟁점[14)]

분과	쟁점
상품	· 자동차 관세 즉시 철폐, 표준제정 투명성 제고 · 전기, 전자기기, 섬유 등 관세 즉시 철폐(한국) · 기능성 화장품 심사, 승인절차 완화(EU) · 관세 철폐 예외로 할 민감 농산물 범위 · 의약품 가격 산정 때 투명성 제고(EU)
서비스·투자	· 영상물 제작 등 시청각 서비스 개방(한국) · 전문직 자격증 상호 인정(한국) · 뉴스 제공 서비스, 금융 서비스 개방(EU) · 해운, 건설 서비스에 대한 내국민 대우(한국) 법률 회계 시장과 교육 시장 개방(EU)
기타 규범	· 반덤핑 등 비관세장벽(NTB) 완화(한국) · 지식재산권 위반행위에 대한 집행 강화(EU) · 지명에 대한 상표권(지리적 표시) 보호 강화(EU)
분쟁 해결	· 교역에 영향 미치는 환경 관련 규제 완화(한국) · 환경, 노동 분야 법 집행 강화(EU) · 분쟁 해결절차 투명성 강화(EU)

14) 상세한 협상 결과에 대해서는 외교통상부. 『한·EU FTA 상세설명자료』. 2012. 7. 참조. http://www.fta.go.kr/eu/layout_sub03/sub03_01.asp

제1차 협상에서 상품, 서비스·투자 등 4개 분과를 설치하고 소분과를 탄력적으로 운영하기로 합의했다. 양측은 농산물을 포함한 모든 상품의 95퍼센트를 10년 이내에 자유화하고 공산품의 경우에는 같은 기간에 100퍼센트 완전 개방하기로 합의한 바 있으며, 예상 쟁점 현안인 서비스와 지식재산권의 경우도 협상의 기본 인식에 합의하는 등 협상의 윤곽을 잡았다.

제2차 협상에서는 6월 말과 7월 초에 서로 교환한 양허안을 기초로 협상의 전체적인 틀과 일부 구체적 내용에 대한 논의가 진행되었다. 상호 교환한 상품 양허안에 대한 평가를 통해 EU는 상대적으로 보수적인 한국 측 양허안에 대한 추가 개방을 압박하고 있으며 지식재산권 및 정부 조달에서 새로운 요구를 해왔다.

제3차 협상에서는 한국 측 양허안을 중심으로 본격 협상이 진행되었다. 상품 양허안 관련 한국 측 수정 양허안에 대한 양측 평가가 엇갈리면서 논의에 큰 진전을 이루지는 못했으나, 양측 간 비공식 협의를 통해 차기 협상에서 한미 FTA를 기준으로 양측 양허안에 대한 산업 부문별 비교 평가 등 의견을 교환키로 함으로써 협상의 속도를 유지하였다.

제4차 협상에서 분야별 통합 협정문과 양허안을 토대로 논의를 진행했다. 자동차 표준 문제와 관련해서는 상호 인식 차가 큰 것을 재확인하고 원산지 통관, 서비스·투자, 지식재산권[15] 분야 협상에서 일부 쟁점에 대한 합의를 도출하였다.

제5차 협상에서는 상품 양허와 관련 한국 측이 새로 제시한 패키지안을 기초로 산업별·품목별 민감성 및 양허 개선 가능성을 논의함으로써 EU 측을 품목별 협상에 이끌어 냈다. 자동차 표준 문제와 관련해서 EU 측은 한국 측이 제안한 일정대수 예외 방안(6500대, 5년 유예)의 수용 불가 입장

15) 지식재산권 분야에서는 ① 지리적 표시 ② 의약품 자료 독점 ③ 공연 보상 청구권 ④ 지식재산권 집행범위가 핵심 쟁점이라는 점에 양측의 공감대가 이루어졌으며, 여타 잔여 쟁점은 상호 유연성을 발휘하여 가능한 조기에 합의를 도출키로 합의(외교통상부 통상교섭본부. "한·EU FTA 제4차 협상 결과 보도자료". 2007. 10. 19).

을 표명하는 등 협상 타결의 최대 걸림돌로 지적되었다. 다만 상품 협정문·무역구제, 원산지, 서비스·투자, 지식재산권 분야 협정문 협상에서는 비핵심 쟁점을 정리하고 양측이 합의하였다.

제6차 협상에서 양측은 소수의 분야〔원산지·통관, 비관세장벽(NTB), 서비스·투자, 지식재산권 중 지리적 표시 등〕를 제외하고는 대부분의 분야(분쟁해결, 무역구제, 지속 가능 발전)에서 사실상 완전히 합의된 문안을 도출하였다. 양측은 차기 협상에서는 상품 양허, 자동차 비관세, 원산지 등 핵심 쟁점을 집중 논의키로 합의하였다.

제7차 협상에서 일반 쟁점에 대해서는 상당 부분 이견을 해소하고 원산지, 비관세조치(NTMs, Non-Tariff Measures), 지리적 표시 등 핵심 쟁점에 대해서도 진전을 이루었다. 다만, 자동차 관세 및 표준 문제는 양측이 계속 대립했고 서비스 분야에 대한 EU 측의 KORUS plus[16] 요구에 대해서는 한국 측이 수용 불가 입장을 분명히 하여 이견이 계속되었다.

제8차 협상에서 한국과 EU 양측은 한·EU FTA 협상의 거의 모든 쟁점에 대하여 협상단 차원에서 잠정적인 합의를 도출하였다. 하지만 관세 환급, 일부 원산지 관련 쟁점 등 정치적 성격의 이슈에 대해서는 합의에 이르지 못하였다.

2009년 9월 브뤼셀에서 한·EU 양측은 최종 쟁점 협상을 개최했고, 10월 15일 협정에 가서명을 하였다. 이후 2010년 10월 6일 한·EU FTA는 정식 서명이 되었고, 2011년 2월 한·EU FTA 동의안이 유럽의회 상임위와 본의회를 통과했다. 한편 2011년 5월 한·EU FTA 비준동의안이 한국 국회 본회의를 통과하여 2011년 7월 1일, 한·EU FTA가 마침내 잠정 발효되었다.[17]

---

16) KORUS는 KOREA와 US를 더한 것으로, 한미 FTA를 지칭한다. EU 측에서는 한미 FTA 협상보다 높은 수준의 개방을 한국 측에 요구했는데, 이를 KORUS plus라고 한다.

17) 한·EU FTA 협상 경과에 대해서는 외교통상부 보도자료 내용을 종합해서 작성. http://www.

4. 전략

협상 전략의 차원에서 한·EU FTA를 살펴보면 EU 측이 열거주의 접근법을 선호한 것은 협상 대표자인 EU집행위원회의 법적 성격과 관련이 있다. 협상의 대표자인 EU집행위원회는 공동 통상정책의 범위 내에서만 전권을 위임받고 있기 때문에 위임받지 않은 분야에 관해서는 협상 권한이 존재하지 않는다. 따라서 EU 측은 회원국들로부터 위임받은 개방 품목만을 열거하는 포지티브 접근법을 채택할 수밖에 없다. EU가 투자자·국가간 분쟁해결제도(ISD, Investor-State Dispute Settlement)를 인정하지 않은 것도 같은 이유 때문이다. 따라서 한·EU FTA 협상은 협상자가 내부적으로 어떤 권한을 위임받고 있는지를 협상에 앞서 치밀하게 분석할 필요성을 제기해 준 사례라고 할 수 있다.[18] EU처럼 협상자와 비준자의 관계가 대외 협상 대 국내 정치라는 양면게임(two-level game)이 아니라 유럽집행위원회 대 유럽의회 대 회원국 국내 정치라는 삼면게임(three-level game)인 구조에서는 협상자·비준자 관계를 잘 분석해야 한다.

그리고 EU 측은 협상에서 한국의 비관세장벽(NTB) 철폐를 가장 큰 목표로 삼았다. EU는 자신들의 기준과 다른 모든 것을 비관세장벽(NTB)의 카테고리에 넣고 있었다. EU집행위원회는 당초에 한국과의 FTA에 대해서 관세 철폐만으로 부족하며 비관세장벽(NTB)을 철폐해야 진정한 시장 접근이 이루어질 것이라는 EU 내 이익단체들의 압력을 받고 있었다. 사실상 오늘날 무역 장벽은 수입품에 대한 차별적인 관세 부과를 주요 기반으로 하지 않고 현지 정부와 기업 등에 의해 제도적으로 창출되는 다양한 비관세장벽(NTB)을 기반으로 하고 있다. EU는 비관세장벽(NTB)의 중요성을 충분히 인식하여 포괄적이면서도 높은 수준의 자유화를 추구하는 FTA를

---

fta.go.kr/eu/layout_sub05/sub05_01.asp

18) 김흥종. 2007. "한·EU FTA의 경제적 효과와 추진전망". 『경기논단』 제9권 3호. 경기개발연구원. pp.93–108.

선호하였다. 여기에는 상대국 관세 및 비관세장벽(NTB)의 철폐와 완화를 추구하는 것은 물론 위생 및 식물위생조치(SPS, Sanitary and Phytosanitary Measures), 지식재산권(Intellectual Property Rights. 2005년 이전에는 '지적재산권'이라 했다), 기술적 장벽, 원산지 규정 등 교역에 영향을 미치는 무역 관련 제도뿐 아니라 이에 영향을 미치는 다양한 사회경제적 제도와 관행의 개선에 대한 요구까지 포함된다. EU의 협상 전략이 관세와 같은 국경조치뿐만 아니라 정부·기업관계, 대기업 연결망, 소비문화 등의 비관세장벽(NTB)까지 대상으로 하고 있는 것은 EU가 일본, 한국 등 동아시아 국가들과의 많은 협상 사례와 그 결과를 사전에 충분히 분석한 후 협상에 나섰다는 것을 의미한다.[19] EU는 제도와 시스템까지 협상테이블에 올려놓는 일종의 '제도' 협상을 원했던 것이다.

5. 결과

한·EU FTA 협상의 최종 쟁점은 관세 환급과 원산지 규정 등이었으나, 양측은 관세 환급에 대해 현행 제도를 유지하되 향후 이를 규제할 수 있는 보호 장치를 마련하는 것으로 잠정 합의하면서 한·EU의 FTA 협상을 타결하였다. 한국 정부는 2010년 10월 6일 서명된 한·EU FTA 비준 동의안을 2010년 10월 25일 국회에 제출하였으나, 2011년 2월 21일 한·EU FTA 국회 동의안에서 번역 오류와 국문본에 수치 오류가 발견되어 국회에 제출한 한·EU FTA 비준동의안을 철회하고, 한·EU FTA 국문본상의 오류를 정정한 새로운 협정문에 대한 비준동의안을 2011년 2월 28일 국회에 다시 제출했다가 재차 한글본상의 오류 발견으로 이를 정정한 새로운 협정문에 대한 비준동의안을 2011년 4월 6일 국회에 제출하였다. 5월 4일 한국 국회 본회의에서 한·EU FTA 비준동의안이 출석의원 169명 중 찬성

19) 이상민. 2004. "비관세장벽의 경제사회학적 분석". 『한국사회학』 제38집 3호. p.82.

163명, 반대 1명, 기권 5명으로 통과되었다. 한편 유럽의회는 2011년 2월 17일 한·EU FTA 동의안을 찬성 465표, 반대 128표, 기권 19표로 통과시켰고 한·EU FTA는 2011년 7월 1일 발효되었다.[20)]

❑ 주요 연표

2003.	8.	한국 정부, FTA 추진 로드맵 마련
2006.	5. 15.	한·EU 통상장관 회담에서 한·EU FTA 예비협의 개최 합의
	7. 19.	제1차 한·EU FTA 예비협의 개최(브뤼셀)
	9. 26.~27.	제2차 한·EU FTA 예비협의 개최(브뤼셀)
2007.	4. 9.	FTA 추진위원회 개최. 한·EU FTA 추진 방안 협의
	5. 1.	대외 경제장관 회의 개최. 한·EU FTA 협상 출범 승인
	5. 6.	한·EU FTA 협상 공식 출범 선언
	5. 7.~11.	한·EU FTA 제1차 협상 개최(서울)
	7. 16.~20.	한·EU FTA 제2차 협상 개최(브뤼셀)
	9. 17.~21.	한·EU FTA 제3차 협상 개최(브뤼셀)
	10. 15.~19.	한·EU FTA 제4차 협상 개최(서울)
	11. 19.~23.	한·EU FTA 제5차 협상 개최(브뤼셀)
2008.	1. 28.~ 2. 1.	한·EU FTA 제6차 협상 개최(서울)
	5. 12.~15.	한·EU FTA 제7차 협상 개최(브뤼셀)
2009.	3. 23.~24.	한·EU FTA 제8차 협상 개최(서울)
	9. 10.	한·EU 최종 쟁점 협상(브뤼셀)
	10. 15.	한·EU FTA 가서명
2010.	10. 6.	한·EU FTA 정식서명
2011.	2. 7.	한·EU FTA 동의안 유럽의회 상임위 통과
	2. 17.	한·EU FTA 동의안 유럽의회 본회의 통과

20) 외교통상부 대변인 보도자료를 종합해 작성. http://www.fta.go.kr/eu/layout_sub05/sub05_01.asp

2011. 4. 28.	한 · EU FTA 비준동의안 한국 국회 외교통상통일위원회 통과
5. 4.	한 · EU FTA 비준동의안 한국 국회 본회의 통과
7. 1.	한 · EU FTA 잠정 발효
10. 12.	제1차 한 · EU 무역위원회 개최(서울)

❑ 참고문헌

1차 자료

외교통상부 통상교섭본부. 『한 · EU FTA 협상 관련 보도참고자료』.

제17대 국회 제268회 제8차 『본회의 회의록』. 2007. 6. 20.

제17대 국회 제268회 제9차 『본회의 회의록』. 2007. 7. 2.

단행본

양기웅. 2008. 『한국의 외교협상』. 한림대학교출판부.

외교통상부 FTA정책국. 2012. 7. 『한 · EU FTA 상세설명자료』.

논문

김세원. 2005. 『FTA정책의 의의와 한계 — 통합론적 시각을 중심으로』. 대외경제전문가용 토의자료. 대외경제정책연구원.

김흥종. 2007. "한 · EU FTA의 경제적 효과와 추진전망". 『경기논단』 제9권 3호. 경기개발연구원.

류두하. 1999. "EU와 미국의 농업정책과 국제 농산물 협상". 『한국프랑스학논집』 제26집.

안상욱. 2010. "EU의 동아시아정책 및 무역정책 변화와 한 · EU FTA". 『유럽연구』 제28호 여름. 한국유럽학회.

유원근. 2008. "한 · EU FTA 추진에 따른 지역경제의 당면과제". 『통상정보연구』 제10권 3호.

이남구. 2003. "한국의 FTA정책에 관한 연구". 『무역학회지』 제28권 4호.

이상민. 2004. "비관세장벽의 경제사회학적 분석". 『한국사회학』 제38집 3호.

이영기. 2006. "한·EU FTA의 대응 과제와 전망". 『한독사회과학논총』 제16권 2호.
이정훈. 2008. "EU 환경규제가 한국 산업에 미치는 영향: 한·EU FTA를 중심으로". 인하대석사논문.
이종원/변재웅. 2008. "한·EU FTA 추진 평가와 과제에 관한 연구". 『한독사회과학논총』 제18권 1호.
이지영. 2008. "한미－한·EU FTA 비교연구". 동국대석사논문.
장기영. 2012. "한·EU FTA 분석을 통한 경쟁력 강화방안에 관한 연구". 『산업경제연구』 제25권 1호.
정인교 외. 2006. "한·EU FTA의 한국 경제에 대한 파급영향". 『한국과 국제정치』 제22권 2호.

잡지·신문

"고치면 뭐 하나. 한·EU FTA 수정본도 오류". 『MBC』. 2011. 4. 11.
"더 늦어지면 7월 1일 발효 못해… 업계도 우려 목소리". 『서울경제』. 2011. 4. 5.
"볼보車, 112만원 싸진다… 한·EU FTA 첫 효과". 『서울신문』. 2011. 5. 21.
"외통위, 한·EU FTA 표결 통과". 『연합뉴스』. 2011. 4. 28.
"유럽기업 'FTA 허브 한국'으로 몰려든다". 『서울경제』. 2011. 5. 29.
"한·EU FTA '사실은 이렇습니다'". 『KTV』. 2011. 5. 14.
"한·EU FTA, 외통위 소위서 부결". 『연합뉴스』. 2011. 4. 15.
"한·EU FTA 쟁점 사안 잠정 합의". 『프레시안』. 2009. 7. 12.
"한·EU FTA 추진일지". 『아시아투데이』. 2010. 10. 6.
"한·EU, FTA 1차 예비협의 마무리". 『머니투데이』. 2006. 7. 20.
"한·EU FTA 1차 협상 돌입". 『연합뉴스』. 2007. 5. 7.
"한·EU FTA 2차 협상 결산". 『한겨레』. 2007. 7. 20.
"한·EU FTA 7월 발효… 빗장 풀리는 법률 시장". 『서울경제』. 2011. 5. 16.
"野, 내일 한·EU FTA 본회의 상정 동의 안 해". 『머니투데이』. 2011. 4. 28.
"韓·EU FTA 협상 금융 분야 등 잰걸음". 『문화일보』 2007. 7. 19.

기타

금융감독원 공식 블로그 http://blog.naver.com/fss2009?Redirect=Log&logNo

=140119324917
대한민국 청와대 공식 블로그 http://blog.naver.com/mb_nomics?Redirect=Log&logNo=60125191612
산업통산자원부 자유무역협정 홈페이지. "한·EU FTA의 의의". http://www.fta.go.kr/eu/layout_sub01/sub01_01.asp
외교통상부 대변인 보도자료. http://www.fta.go.kr/eu/layout_sub05/sub05_01.asp
외교통상부 자유무역협정 http://www.fta.go.kr
외교통상부. 『한·EU FTA 상세설명자료』. 2012. 7. http://www.fta.go.kr/eu/layout_sub03/sub03_01.asp

제 3 장

한일 FTA 협상(1998~2010)

1. 배경

전후 일본 외교는 미·일동맹을 기본 축으로 하면서 경제외교는 다자주의체제 강화를 원칙으로 하고 있었다. 하지만 냉전이 종결된 이후 일본 외교의 무게 중심은 안전보장에서 경제 쪽으로 상대적으로 기울었고, 동아시아의 급속한 경제성장과 역내 경제통합 등이 진행되면서 일본도 지역주의에 관심을 갖게 되었다. 그리고 일본이 지역주의에 관심을 갖게 된 데에는 미국과 유럽의 지역주의가 큰 영향을 미쳤다. 이처럼 세계적인 지역주의의 확산, WTO 도하 라운드의 불확실성 증대, 미국·멕시코 FTA와 같은 양자주의의 확산 등의 세계적 흐름 속에서 일본도 FTA 협상에 적극적인 입장으로 전환하기 시작했다.[1)]

일본은 동아시아와 경제적으로 밀접한 상호 의존관계에 있다. 동아시아는 일본 무역의 약 40퍼센트 이상을 점하고 있으나 일본의 수출품에 대한 관세율, 서비스, 투자 장벽은 상대적으로 높은 편이다. 이런 상황에서 일

1) 송준헌. 2011. 12. "일본 FTA정책의 형성과 변화요인에 관한 고찰". 『한국무역학회 국제학술대회』. 한국무역학회. p.229.

본은 동아시아 국가와 FTA를 적극 체결하여 장기 경제 침체를 벗어날 돌파구를 찾고자 했다.

일본이 동아시아 FTA체제를 구축하기 위해서는 한국과의 FTA가 전략적으로 대단히 중요하다. 2012년 교역량을 기준으로 하면 일본에게 한국은 미국 · 중국 다음으로 중요한 3대 교역국 중 하나이며, 한국에게도 마찬가지로 중국 · 미국 다음가는 3대 교역국 중 하나의 위치를 차지하고 있다.[2)]

한일 FTA는, 동아시아 지역에 안정적인 시장과 통화를 지속적으로 공급하여 경제협력을 강화함으로써 장기 경제 침체의 위기를 극복하려 한 일본과 산업구조의 고도화를 위하여 일본의 첨단기술, 부품과 소재, 직접투자 확보라는 경제적 필요성을 느끼게 된 한국의 이해관계가 겹침으로써 협상이 시작되었던 것이다.

2. 과정

지역주의가 세계적인 추세가 되자, 한국 정부도 1998년부터 한일 FTA 문제에 본격적으로 관심을 갖기 시작했다. 1998년 10월 일본을 방문한 김대중 대통령은 '21세기 새로운 한일 파트너십 행동계획'을 제안하면서 양국 공동의 한일 FTA 연구 추진도 함께 제안했다. 1998년 11월 한일 통상장관은 양국의 민간 차원에서 한일 FTA를 공동연구하기로 합의했고, 이렇게 시작된 한국의 대외경제정책연구원(KIEP, Korea Institute for International Economic Policy)과 일본의 아시아경제연구소(IDE, Institute of Developing Economies)의 공동연구는 2000년 4월 완료되었다. 이후 양국 정부는 2001년과 2002년 두 차례에 걸쳐 '한일 FTA 비즈니스 포럼'을 개최하여 정부 차원의 FTA 논의를 민간 차원으로 확대, 민간의 의견을 수렴한 후 한일 FTA의 조기 실현 필요성을 천명하는 공동선언문을 발표했다. 2002년 3월 일

2) 한국무역협회 통계 http://www.kita.net/statistic/index.jsp ; 이무원. 2004. "FTA가 한국 경제에 미치는 영향". 『창업정보학회지』 제7권. p.153.

본의 고이즈미 총리가 방한했을 때 양국 정상은 '산 · 관 · 학 공동연구회'를 발족시키기로 합의했고 2002년 7월부터 2003년 10월까지 산 · 관 · 학 공동연구를 시행하였다.

2003년 10월 20일, 한일 양국 정상은 정부 간 공식 협상 개시에 마침내 합의하였다. 2003년 12월 제1차 협상을 시작으로 의제별 기본입장 교환(2004. 2. 제2차), 협정문 초안 상호 교환(2004. 4. 제3차), 협상분과별로 상세 논의(2004. 6. 제4차), 통합협정문 작성(2004. 8. 제5차), 상품 양허안 및 품목별 원산지 규정 협상(2004. 11. 제6차)까지 총 6차례에 걸쳐 공식 협상을 진행했다. 하지만 일본의 농업 부문의 소극적 양허안, 한국 측 관심사항에 대한 부정적 태도, 독도와 교과서 문제 등 정치적 문제가 복합적으로 작용하여 협상은 중단되었다. 이후 약 4년간의 공백 기간을 거쳐 2008년 6월 한일 FTA 협상 재개 검토 및 환경 조성을 위한 1차 실무 협의가 개최되었고, 2010년 9월에는 제1차 한일 FTA 국장급 협의를 개최하기에 이르렀다.

3. 쟁점

한일 FTA를 지지하는 주장의 근거는 다음과 같다. 첫째, 한국은 한일 FTA로 단기적으로는 대일 무역적자가 악화될 가능성이 있지만, 직접투자의 확대와 생산성 향상 등 중장기적인 경제적 이익이 크다는 이점이 있다. 둘째, 산업경쟁력이 높은 일본과 FTA를 맺으면 대일 수입의 확대로 한국 제조업이 타격을 입을 수도 있지만, 대일 수입의 대부분이 한국 산업의 생산 활동에 중간재 및 자본재로 투입되는 것이고, 이 수입품에 대한 관세 철폐가 완제품의 국제 수출 경쟁력을 높임으로써 한국 경제의 전반적 이익이 일본산 수입품과 직접적인 경쟁관계에 있는 한국 부품 소재 업종들의 피해보다 클 것이라는 주장을 펼치고 있다.

하지만 이러한 찬성 주장에도 불구하고 쟁점별로 살펴보면 이견이 두드러진다.

첫 번째 이슈는 관세 문제이다. 한국은 일부 제조업, 일본은 농업 분야 등 피해가 큰 민간 분야를 자유화 대상에서 제외하지는 않지만, 관세 철폐 이행 기간 설정과 양자 간 산업피해구제 등의 조치가 필요하다는 점에는 합의하고 있다. 그러나 일본은 한국에 대해 제조업 전 분야의 관세 철폐를 주장하고 있고, 한국은 일본에 대해 농수산물 수입규제조치의 전면 철폐를 주장하고 있어서 상호 간에 관세 양허안을 제출조차 할 수 없는 상황에 있다. 양국의 무관세 교역비중은 한국의 대일 수출 중 57.3퍼센트, 수입 중 28.3퍼센트를 차지하고 있다.[3)] 제조업 분야에서는 한국의 관세율이 일본에 비해 높은 데다 특히 일본의 주요 제조업이 무관세인 데 반해 상당 수준의 관세가 남아 있는 한국 측의 큰 적자가 예상된다.[4)] 반면 농업 분야에서는 관세율이 500퍼센트에 달하는 쌀이나 한국의 관심 품목인 일부 어패류에서는 고관세 및 수입 규제를 철폐하면 일본 측의 막대한 적자가 예상된다.[5)]

두 번째 이슈는 비관세조치(NTMs, Non-Tariff Measures)이다.[6)] 특히 일본의 비관세조치[(NTMs) 혹은 비관세장벽(NTB, Non-Tariff Barrier)]는 선진국 중에서도 높은 수준이어서 미 · 일 통상마찰의 주된 요인으로 작용해 왔다. 일본의 핵심 비관세조치(NTMs)는 한국에 비해 높은 것으로 나타나 있다. 1996년 한국의 비관세조치(NTMs) 빈도는 0.1퍼센트인 반면, 일본의 빈도는 5.4퍼

3) 김양희. 2003. 『한일 FTA의 추진 현황과 향후 과제』. 대외경제정책연구원. pp.4–8.

4) 정재호. 2004. "주요국의 산업별 관세율 구조 비교 및 시사점". 『재정포럼』. 한국조세연구원. pp.15–17.

5) 김창남. 2003. "한일 FTA의 선행조건과 동북아 자유지대 간 협력망구축전략". 『제7회 동아시아 국제심포지엄: 동북아시아 자유무역권 형성과 물류협력』. 부산발전연구원 / 동아시아총합연구소. p.93.

6) 비관세조치란 무역 및 투자 활동을 왜곡하는 관세 이외의 직접 또는 간접적으로 수입품을 차별하기 위해 사용되는 정부와 민간단체 등의 각종 재량적 조치를 말한다. 일본 측의 비관세장벽(NTB)에는 제도적인 것과 함께 유통 거래 관행 등 단기간에 변화되기 어려운 문화적인 것도 포함되어 있다. 김도형. 2007. "한일 FTA 협상의 문제점과 재협상조건". 『경제논집』 제46권 2호. p.70. 일본 측은 이 용어가 주는 부정적인 인상을 피하고, 논의 대상을 보다 확대하기 위해 비관세장벽(NTB)보다는 비관세조치(NTMs)라는 용어가 적합하다고 주장하였다. 이에 한국 측은 일본 측 요구를 수용하여 앞으로 비관세조치(NTMs)로 용어를 통일하기로 합의하였다.

센트로 드러났다. 또 수입품의 가중치를 기준으로 볼 때에도 한국의 비관세조치(NTMs) 적용비율은 0.42퍼센트인 데 반해, 일본은 54.54퍼센트로 무려 한국에 130배에 달하는 높은 수준에 이른다. 그리고 한국은 1993~1996년의 기간 동안 전체 산업의 비관세조치(NTMs) 적용빈도가 2.0퍼센트에서 0.1퍼센트로 상당히 개선되었으나, 같은 기간 중 일본은 5.8퍼센트에서 5.4퍼센트로 0.4포인트 하락한 데 불과하다는 주장도 있다.[7)]

양측은 상호 시장 접근성 증대를 위해 비관세조치(NTMs) 철폐 및 개선이 매우 중요하다는 데 동의하였다. 한일 FTA의 실질적 효과를 담보하기 위해서는 비관세조치(NTMs)에 대한 투명성을 확보해야 하며, 단기적으로 우려되는 대일 무역적자 증대의 충격을 최소화하기 위해 수량 제한 · 기술장벽 · 유통 장벽 · 위생 및 식물위생조치(SPS, Sanitary and Phytosanitary Measures) 등 일본 측의 비관세조치(NTMs) 완화가 매우 중요한 사안이라는 것이 한국 측 주장이었다. 이에 양국은 산 · 관 · 학 공동연구회 산하에 '비관세조치협의체'를 설치했고 협상에서도 사전 협의 분과로 공인하였다. 하지만 일본 측은 아직 구체적 이슈에 관한 사실 확인, 관련 규정상의 문제 등을 부처 간 협의를 통해 계속 검토하되 논의의 대상을 정부의 공적 규제에 의거한 비관세조치(NTMs)에 국한할 것을 주장했다.

세 번째 이슈는 원산지 규정 문제이다. 원산지 규정을 적절하게 적용할 경우 FTA를 통한 이익을 창출할 수 있으나, 반대의 경우에는 무역형태에 있어서의 왜곡 · 복잡성 · 비투명성 및 모순으로 인해서 무역의 자유화 및 교역의 확대효과를 반감시키는 무역 장벽으로 작용할 수도 있기 때문이다.[8)] 원산지 규정의 경우 양측은 기본적으로 불필요하고 복잡한 것보다는 간단하고 사용자에게 편리한 원산지 규정 설정이 중요하다는 데에는 공감하고

7) 김양희 / 조병택. 2002. 『한일 FTA와 일본의 유통장벽－경쟁정책적 접근』. 대외경제정책연구원. pp.26–29.

8) 안재진. 2008. "FTA 체결 확대에 따른 원산지 규정의 중요성과 원산지정보의 효율적 관리방안 연구". 『사회과학연구』 제34권 1호. p.76.

있으나, 일본은 한국을 경유한 제삼국 제품의 우회수입을 막을 수 있는 수준의 원산지 규정을 희망하고 있다. 물론 한국은 양국 간 무역투자활성화에 부담이 되거나 다양한 역내 공급 체인네트워크에서 제외될 정도의 지나치게 엄격한 원산지 규정과 운용은 자숙해야 하지만, 적어도 향후 급속한 기술발전을 고려한 한국의 품목별 대일 경쟁력을 고려하여 원산지 획득의 난이도를 협상하자는 것이다.

네 번째 이슈는 기술 장벽과 관련된 상호인정협정(MRA, Mutual Recognition Agreement) 문제이다. 이 이슈에 대해 일본 측은 소극적이었으나 한국 측 요구로 분과를 설치하였다. 하지만 인증발급기관의 선정 등 양국 간 이견을 좁히지 못하고 한국의 대일 농수산물 수출과 관련이 깊은 위생 및 식물위생조치(SPS) 분야에서 일본은 국제적으로도 매우 까다롭고 복잡한 규정을 유지하려는 반면, 한국은 가급적 이를 최소화하기를 희망하고 있다.

다섯 번째 이슈는 서비스 자유화이다. 일본은 한국에게 두 번째 서비스 수출국(23.4퍼센트) · 수입국(16.4퍼센트)이며, 한국은 일본에게 세 번째 서비스 수출국(5.4퍼센트), 여섯 번째 서비스 수입국(4.9퍼센트)이다. 서비스 자유화는 네거티브 방식에 의해 도하 라운드상의 양허 내용보다 광범위하게 추진한다는 데 원칙적으로 합의하였다. 한국 측은 일본 은퇴 기술자의 한국 내 재취업, 간병 인력의 대일 진출 등 인력 이동 사례를 제시하고 인력 이동의 활성화를 위한 비자 면제 방안의 검토가 필요함을 지적하였다. 하지만 일본 측은 의료 · 보선, 건실 전문, 법률 등 진문 인력 이동의 경우, 불법 입국 및 불법 체류자 문제 등이 발생할 수도 있다는 주장을 펼치고 있어 구체적인 자연인 이동에 관한 합의 도출이 어렵다.

여섯 번째 이슈는 지식재산권 문제이다. 일본으로서는 동아시아 FTA 협상에서 가장 우선순위를 높게 두고 있는 의제인 만큼 자국의 지식재산권 보호를 위한 규칙 설정을 강력하게 요구하고 있다. 한국 측도 지식재산권이 특허 · 상표 · 저작권 등 지식재산을 창출한 자에게 배타적 권리를 인정함으로써, 지식창조 활동 촉진 · 지적 인프라 확충에 기여하고 공정경쟁을 촉진한다는 측면을 무시할 수 없고 대중국 기술유출로부터 자국 기업을 보호해야 하지만, 제삼자의 이용과 경쟁을 제약할 우려가 있고 불충분하거나 부적절한 지식재산권 보호에 따른 무역왜곡은 최대한 방지해야 한다는 입장이다.

일곱 번째 이슈는 양국 간 투자 확대 및 중소기업 협력에 대한 문제이다. 한국은 한일 FTA가 일본의 대한 투자 확대와 함께 양국 정부 해당 부처 간의 기존 협의 범위를 넘어 한국 측 피해 업종의 업종전환, 부실부문의 퇴출, 사업 재편성 및 신산업 육성을 통해 구조조정으로 인한 이직 · 실직자 해소에 기여할 수 있는 구체적인 산업협력 프로그램으로 진행되기를 바라는 점에 큰 기대를 하고 있다.

여덟 번째 이슈는 기타 의제이다. 한국은 일본에게 일본의 에코 마크와 한국의 에코 라벨링 등 기술 수준이 유사한 분야부터 상호인정협정(MRA) 시행, 황사에 대한 공동 대비, 첨단기술 공동 개발을 위한 기금 설치, 과학기술 인력 교류 프로그램 실시, 대형 고가 연구장비의 공동 활용, 과학기술협력위원회 설치 등 광범위한 협력 및 정책 조화를 제의하였고, 이에 반해 일본 측은 한국 측에 일본의 대한 투자 촉진과 관련해 한국의 노동 문화 개선, 불법적인 자금 세탁 방지를 위한 양국 금융 당국 간 협력 등을 제의하여 양국 간 협력 의제에 소극적인 관심을 나타냈다.[9]

9) 한일 FTA의 쟁점 정리는 다음 논문에 의존하는 바가 크다. 윤정은. 2007. "한일 FTA 필요성과 경제적 파급효과". 경북대석사논문. pp.11-15.

〈표 3-1〉 한일 FTA의 주요 내용[10)]

협상 분야	협상 내용
관세	· 특정 부분을 배제하지 않고 모든 부분을 포함하되, 민감 부문 이슈를 해결하기 위한 점진적인 개방 및 적절한 조치 강구에 합의 · 한일 각각 제조업과 농업 등 민감 분야 존재
비관세조치(NTMs)	· '산·관·학 공동연구회 산하 비관세조치(NTMs) 협의체' 구성, 지속적인 협의 · 상호 시장 접근성 증대를 위한 비관세장벽(NTB) 철폐의 중요성에 합의
원산지 규정	· 간단하고 편리한 원산지 규정 설정에 합의 · 원산지 규정의 수준에 대한 양국 상호 간의 합의 진행 중
상호인정협정(MRA)	· MRA 협상 타당성, 수준, 범위 조사 협의 개시 필요 · 6개 분야(전기기기, 통신설비, 압력용기, 의료기기 등) 전문가의 9차례 회의 · 일본은 위생 및 식물위생조치(SPS) 분야에서 높은 수준의 규정 유지, 한국은 최소화 요구
서비스 무역	· WTO 서비스협정보다 자유화 범위 확대에 합의(네거티브 방식 적용)
지식재산권	· 지식재산권의 중요성에 대한 의견 합의 · 일본은 지식재산권 보호를 위한 수준 높은 룰의 설정 요구
투자 확대 및 중소기업 협력	· 양국 중소기업 간 협력을 지원하는 구체적 방법 모색 필요 · 일본은 중소기업 간 수평적 협력을 요구, 한국은 중소기업 간 산업협력 강화와 기술이전을 위한 프로그램 제안

4. 전략

첫째, 한일 FTA에서 나타난 일본의 협상 선략은 '점진주의'였고, 한국의 협상 전략은 '혁신주의'였다. 일본은 순차적·분야별·쟁점사항별 합의를 통해 합의에 도달한 것부터 FTA를 실시하자는 입장인 반면, 한국은 관세장벽과 비관세장벽(NTB)의 철폐는 물론 투자자유화 추진, 산업기술의 이전, 상호 인정과 인적 교류의 확대 등 전 분야를 포괄하는 수준

10) 윤정은, 앞의 논문(주 9).

높은 FTA를 체결해야 한다는 입장이었다. 특히 한국의 제안은 정부 혹은 정부 관련 기관의 개입·관여를 전제로 한 것이 많았지만, 일본은 정부의 개입·관여에는 한계가 있다는 입장을 유지했다. 또한 일본은 한일 간 산업 협력을 강화하자는 한국의 주장에 '수평적 관계'를 내세우며 소극적으로 대응했다.

둘째, 양국 협상자들의 협상 재량권이 아주 작았다. 양국 모두 국내의 지지와 동의를 폭넓게 동원하는 데 실패함으로써 대단히 제한된 재량권[11)] 만으로 협상을 하다 보니, 시장개방에 대한 불일치를 해결하기 위하여 다양한 이슈 사이의 연계를 통하여 양보와 이익의 균형을 확보하는 이슈연계전략을 구사하지 못했다. 2004년 9월 경주에서 개최된 제5차 협상에서는 민주노총을 중심으로 하는 한일 FTA 반대시위가 열렸다. 한국 기업 측의 입장도 유보의 방향으로 선회했다. 전국경제인연합회·대한상공회의소·한국무역협회·중소기업협동조합중앙회는 '한일 FTA 대토론회'를 개최, 한일 FTA 추진 속도 조절을 요구하면서 특히 관세 인하에 부정적인 입장을 표명했다.

셋째, 정경분리에 실패하였다. 과거사, 야스쿠니 신사 참배, 독도 문제 등의 외교 현안이 불거지자 한일관계는 급속히 냉각되기 시작했다. 이때 양국의 리더십은 정치 문제와 FTA를 분리하는 역량을 발휘하지 못했다. 오히려 양국의 리더십은 한일관계에서 강경입장을 표명함으로써 국내적 지지율을 끌어올리는 정경연계의 전략을 구사했고, 그 결과 한일 FTA 협상은 좌초되고 말았다.

넷째, 양국의 협상 역량에도 한계가 있었다. 한국 정부는 2003년 9월 FTA 추진 로드맵을 제정·발표하면서 일본, ASEAN, 유럽, 미국 등과 동시

11) 투레벨게임이론에서는 이것을 윈셋(win-set)이라고 하는데, 윈셋은 협상자가 국내적으로 비준을 받을 수 있는 협상 선택지들의 집합을 의미한다. 이 이론에서는 윈셋이 클수록 합의 가능성은 높아지지만, 협상력은 낮아지는 역설적인 관계가 성립된다는 명제를 제시한다.

다발적으로 FTA 협상을 추진해 감으로써 일본과의 협상에 집중하기가 어려웠다.

다섯째, 일본은 한일 FTA 협상에 외무성 · 경제산업성 · 농림성 · 재무성이 각각 공동 수석대표를 파견함으로써 처음부터 부처 간 협조가 구조적으로 어려운 상황이었고, 복수의 이슈를 연계하여 동시에 타결하는 사안 연계가 힘들었기 때문에 협상력은 매우 제한적이었다.

5. 결과

한일 FTA가 체결되면 양국 모두에게 잠재적인 이익과 손실이 예상된다. 예상되는 이익은 다음과 같다. 첫째, 시장이 통합되면 양국은 경쟁력 향상을 위하여 경제구조개혁을 할 것이고 제도혁신을 위하여 노력할 것이다. 둘째, 시장이 통합되면서 시장규모가 확대되고 무역 창출 효과가 발생할 것이다. 셋째, 특히 제조업 분야에서 양국의 기업은 경쟁 속에서 규모의 경제와 범위의 경제를 확보하기 위하여 기업경영혁신과 생산력 향상을 위해 노력할 것이다. 넷째, 양국의 기업은 다양한 수평적 · 수직적 네트워크 강화를 통하여 분업 체계를 구축할 수 있을 것이다.

하지만 한일 FTA에는 잠재적인 위험도 내재되어 있다. 첫째, 대일 무역적자 폭이 확대될 우려가 있다. 한국의 대일 부품 의존도가 지속되는 이상 관세 철폐는 무역적자 확대로 연결될 것이다. 둘째, 관세 철폐에도 불구하고 일본의 비관세장벽(NTB)을 넘어서지 못하면 대일 수출 증대는 힘들 것이다. 셋째, 한일 시장 통합은 처음부터 열위에 놓여 있는 한국의 부품산업, 중소 제조업체를 더욱 취약하게 만들 위험이 있다.

결론적으로 말해 한일 FTA가 타결되기 위해서는 양국에게 예상되는 이익과 손실을 보다 정확하게 계산하여 이 이익과 손실 사이의 균형을 협상 과정에서 찾아내는 지혜와 양보와 타협을 하는 정치적 의지가 필요하다. 이를 위해서는 양국의 협상자는 상호 신뢰의 기반 위에서 협상해야 하고, 정치적으로 필요한 양보를 결단할 수 있어야 한다. 또한 양국의 정치 지도자는 과거사, 독도 문제 등 한일 정치 현안과 한일 FTA를 분리하여 추진할 수 있는 국내 정치적 역량을 만들어야 한다.

❑ 주요 연표

1998. 11.	양국 통상장관, 민간연구기관 간 공동연구 합의
12. ~2000. 4.	대외경제정책연구원(KIEP), 일본 아시아경제연구소(IDE) 공동 연구 시행
2002. 3. 22.	양국 정상, 한일 FTA 산·관·학 공동연구회 설치 합의
7. ~2003. 10.	한일 FTA 산·관·학 공동연구 시행
2003. 10. 20.	양국 정상, 정부 간 공식 협상 개시 합의(방콕)
12. 22.	한일 FTA 제1차 협상(서울)
2004. 2. 23. ~25.	한일 FTA 제2차 협상(도쿄)
4. 26. ~28.	한일 FTA 제3차 협상(서울)
6. 23. ~25.	한일 FTA 제4차 협상(도쿄)
8. 23. ~25.	한일 FTA 제5차 협상(경주)
11. 1. ~3.	한일 FTA 제6차 협상(도쿄)
2008. 6. 25.	한일 FTA 협상 재개 검토 및 환경 조성을 위한 제1차 실무협의 개최(도쿄)
12. 4.	한일 FTA 협상 재개 검토 및 환경 조성을 위한 제2차 실무협의 개최(서울)
2009. 7. 1.	한일 FTA 협상 재개 검토 및 환경 조성을 위한 제3차 실무협의 개최(도쿄)
12. 21.	한일 FTA 협상 재개 검토 및 환경 조성을 위한 제4차 실무협의 개최(서울)
2010. 9. 16.	제1차 한일 FTA 국장급 협의 개최(도쿄)

❑ 참고문헌

단행본

기획재정부 FTA 국내대책본부 편. 2010. 『FTA 이해와 활용』.

김양희. 2003. 『한일 FTA의 추진 현황과 향후 과제』. 대외경제정책연구원.

김양희 / 조병택. 2002. 『한일 FTA와 일본의 유통장벽 — 경쟁정책적 접근』. 대외경제정책연구원.

남종현. 2008. 『한국 FTA정책의 허와 실』. 세계경제연구원.

양기웅. 2008. 『한국의 외교협상』. 한림대출판부.

이해영. 2008. 『한미 FTA 하나의 협정 엇갈린 '진실'』. 시대의창.

논문

김도형. 2007. "한일 FTA 협상의 문제점과 재협상조건". 『경제논집』 제46권 2호.

김창남. 2003. "한일 FTA의 선행조건과 동북아 자유지대 간 협력망구축전략". 『제7회 동아시아 국제심포지엄 : 동북아시아 자유무역권 형성과 물류협력』. 부산발전연구원 / 동아시아총합연구소.

송준헌. 2011. 12. "일본 FTA정책의 형성과 변화요인에 관한 고찰". 『한국무역학회 국제학술대회』. 한국무역학회.

안재진. 2008. "FTA 체결 확대에 따른 원산지 규정의 중요성과 원산지정보의 효율적 관리방안 연구". 『사회과학연구』 제34권 1호.

윤정은. 2007. "한일 FTA 필요성과 경제적 파급효과". 경북대석사논문.

이무원. 2004. "FTA가 한국 경제에 미치는 영향". 『창업정보학회지』 제7권.

정재호. 2004. "주요국의 산업별 관세율 구조 비교 및 시사점". 『재정포럼』. 한국조세연구원.

한형근. 2007. "한일 간 정치적 현안이 한일 FTA 체결에 미치는 영향 연구". 『국제정치연구』 제10권 1호. 동아시아국제정치학회.

기타

산업통상자원부 자유무역협정 FTA http://www.fta.go.kr/new2/main/

자유무역협정 국내대책위원회 http://fta.korea.kr

전국경제인연합 FTA 자료실 http://www.fki.or.kr/curiss/fta/

중소기업협동조합중앙회 무역투자지원센터 FTA http://www.kbiz.or.kr/bbs/bbs.jsp?utype=B&site=www.kbiz.or.kr&ch=trade|fta|fta&boardid=B20050913152717242113

한국무역협회 통계 http://www.kita.net/statistic/index.jsp

한국무역협회 FTA 포털 http://fta.kita.net

한미 FTA 민간대책위원회 YES! FTA! http://www.yesfta.or.kr

제
4
장

한중 FTA 협상(2004~2010)

1. 배경

중국은 2001년 11월 WTO 가입 이후, 대외전략 차원에서 FTA를 적극 추진하고 있다. 한중 FTA 협상에서는 중국이 한국보다 더 적극적인 입장을 보이고 있다. 특히 동북아시아에서는 중국과 일본이 한국과의 FTA를 요청하는 가운데 2013년 3월 한 · 중 · 일 삼국 간 FTA 협상이 공식적으로 시작되었다.

중국이 한중 FTA를 제안한 배경을 살펴보자. 중국의 급속한 경제성장은 사회계층 간 격차와 대립이라는 부작용을 산출했다. 이 같은 국내적 노선을 극복하기 위해서는 지속적인 경제성장이 필요한데, 이를 위해서는 성장과 개방화체제를 더욱 확대할 필요가 있다. 바로 이 점이 중국이 FTA에 적극적으로 나서는 국내적 배경이라고 할 수 있다.

한편 중국이 FTA를 적극 추진하는 데에는 외교안보적 고려가 중요하게 작용하고 있다. FTA의 첫 번째 전략 차원의 목적은 미국의 대중 봉쇄에 대항하는 것과 관련이 있다. 중국이 제삼국들과 경제적 · 인적 · 물적 교류를 확대하여 중국이 고립되거나 제삼국에서 미국의 세력이 확장되는 것을 저지하려는 의도가 있다는 것이다. 두 번째 전략 차원의 목적은 주변안정화와 관련이 있다. FTA를 통하여 주변 국가들과 상호협력과 교류를 증진시키고 역내 통합을 주도하게 되면, 주변 국가들과의 긴장이 완화되고 역내 리더십을 확립할 수 있는 계기가 되기 때문이다.

한국무역협회 통계에 따르면 한중 교역액은 1992년 수교 당시 64억 달러이던 것이 2005년 1000억 달러, 2010년 1800억 달러, 2011년 2200억 달러에 달했다. 수교 20년 만에 양국의 무역량은 약 35배 이상 증가했고, 연평균 증가율은 22.7퍼센트였다. 한국에게 중국은 제1위의 무역 상대국이며(한국 전체 무역규모 1조 달러 중 약 5분의 1을 대중 무역이 차지), 중국에게 한국은 미국 · 일본에 이어 제3위의 무역 상대국이다. 그리고 수교 이후 대중 무역수지 흑자 누적액은 약 3000억 달러에 달한다.

2. 과정

2004년 9월, ASEAN+3 경제장관 회의를 계기로 열린 한중 통상장관 회담에서 한중 FTA 민간 공동연구 개시 추진에 합의했다. 이후 2005년부터 시작된 중국의 국무원발전연구중심(DRC, Development Research Center of State Council)과 한국의 대외경제정책연구원(KIEP, Korea Institute for International Economic Policy) 간 공동연구가 2006년 4월 종료되었고, 2006년 11월 17일 아시아 · 태평양경제협력체(APEC, Asia-Pacific Economic Cooperation, 이하 APEC) 각료 회의를 계기로 가진 한중 통상장관 회담에서 한중 FTA 산 · 관 · 학 공동연구를 2007년부터 개시하기로 합의했다. 이후 한중 FTA 산 · 관 · 학 공동연구 1차 회의(2007. 3), 2차 회의(2007. 7), 3차 회의(2007. 10), 4차 회의(2008. 2), 5차 회의(2008. 6)를 개최하였고, 2010년 5월 28일에는 양국 정상 임석하에 양국 통상장관이 한중 FTA 산 · 관 · 학 공동연구 종료 관련 양해각서에 서명하였다. 이후 2010년 9월 28일 한중 FTA 정부 간 사전협의 제1차 회의가 베이징에서 개최되었고, 2011년 4월 한중 통상장관 회담, 2012년 3월 한중 FTA 추진 관련 사전 실무협의가 열렸다. 마침내 2012년 5월 2일 베이징에서 한중 FTA 협상 개시가 선언되고 5월 14일 제1차 협상을 개최한 이후 2012년 7월 제2차 협상, 8월 3차 협상, 10월 4차 협상이 개최되기에 이르렀다.[1)]

3. 쟁점

한중 FTA 협상의 쟁점은 크게 농업 분야, 제조업 분야, 무역규범 분야로 나눌 수 있다. 농업 분야는 한국 측이 민감한 쟁점이며, 제조업 분야는 산업의 구조조정 문제와 국내산업공동화 문제가 발생할 수 있고, 무역규범 분야에서는 원산지 · 무역 규제 · 지식재산권(Intellectual Property Rights. 2005년 이전에는 '지적재산권'이라 했다) · 정부 조달 · 분쟁 해결 등이 주요 쟁점사항이다.

농업 분야의 주요 쟁점

농업 문제는 한중 FTA의 가장 민감한 쟁점 영역이다. 한국과 중국의 지리적 인접성, 농업생산구조의 유사성, 가격경쟁력의 격차 등으로 큰 손실이 예상되는 한국 측은 예외 없는 개방은 어려워 단계적 협상 전략을 채택할 것이다. 따라서 한국 측은 단계적 협상을 제시하면서 양허 제외, 예외적 취급 등 농어업의 민감성을 반영하여 국내 산업의 피해를 최소화하려고 할 것이다.[2)] 또한 FTA가 체결되어 농산물에 대한 관세 등이 점차 철폐된다고 할지라도 과세 가격 심사를 지속적으로 강화함으로써 국내 농산물 생산 농가의 피해를 최소화하면서 피해를 입은 농가에 대한 무역구제

1) 곽근재 / 이희강. 2010. "한중 FTA 실행 가능한가? ― 경제구조의 보완성에 의한 평가". 『영상저널』 제2권 2호. pp.1-30. 이 논문에서는 한중 FTA 체결로 한중 양국의 GDP가 증대되고 한중 FTA의 상호보완성이 높기 때문에 협정 체결의 가능성과 협정의 생존 가능성이 매우 높다고 결론짓고 있다.

2) 남영숙 외. 2004. 『한중 FTA의 경제적 파급효과와 주요 쟁점』. 대외경제정책연구원. p.138.

대책을 마련해야 한다는 주장도 나오고 있다.[3)]

제조업 분야의 주요 쟁점

한중 FTA 협상이 체결되면 한국의 경우, 자본기술 집약적 산업으로 자원 집중이 유도되어 산업구조 고도화가 발생하고, 그와는 대조적으로 저부가가치 산업 분야는 구조조정이 되면서 국내의 실업 증가, 경제적 · 사회적 비용 증가로 이어질 것이다. 따라서 국내 보상과 조정에 관한 정책을 미리 세워 두어야 원만한 협상을 추진할 수 있다.[4)] 한편 FTA는 거래비용을 감소시키기 때문에 수직적 외국인직접투자(FDI, Foreign Direct Investment)가 증가할 것으로 예상된다.[5)] 이는 대중국 투자의 급증에 따른 국내산업 공동화의 우려가 상존하고 있는 상황을 더욱 심화시킬 수 있다. 산업 분야별로 수출입 증가를 예상해 보면, 한국 측은 석유화학 · 철강 · 기계 · 전자 · 자동차 · 고무 · 화장품 · 제지 분야에서 수출이 늘어나고, 중국은 섬유 · 의류 · 비철금속 분야에서 수출이 늘어날 것이다.

무역규범 분야의 주요 쟁점

중국 측은 농수산물 수출입과 관련된 검역과 통관제도의 개선에 초점을 둘 것으로 예상되고, 한국 측은 공산품 수출입과 관련된 제도와 한국산 제품에 대한 반덤핑 조사의 집중현상의 개선 등에 초점을 둘 것으로 보인다. 또한 한국은 중국의 지식재산권 보호제도의 개선 및 집행의 강화에 큰 관심을 갖고 있어서 FTA 협상에서 쟁점이 될 것으로 보인다.

원산지 조항에 관해서는 단순 · 투명하고 예측 가능하며, 이용자 편의

---

3) 정재승 외. 2012. "한중 FTA 체결을 대비한 농산물의 과세가격 결정방법에 관한 고찰". 『무역학회지』 제37권 3호. p.51.

4) 남영숙 외. 앞의 책(주 2). pp.138–139.

5) 김현정 / 이병태. 2010. "한중 자유무역협정(FTA)이 한국의 대(對)중국 외국인직접투자(FDI)에 미친 영향에 관한 연구". 『국제지역학논총』. 국제지역연구학회. p.120.

우선의 원산지 규정을 추진하고, 우회 수출입을 방지할 것을 권고하고 있다. 투명성이란, 서비스 무역에 장벽이 되지 않도록 관련 법규와 관행이 분명하고 대외적으로 공개되어야 하는 것이다.[6] 한국 측은 한중 FTA에 개성공단 제품을 원산지로 인정해야 한다는 입장을 표명하고, 중국 측은 한국 입장에 유의하기로 하였다.[7]

또한 양국은 통관, 무역원활화 협상을 진행한다. 먼저 양국 간 1994년 한중 세관 분야 협력 및 상호 지원에 관한 협정을 반영하고 품목분류, 원산지판정 관련 협력, 무서류 통관 촉진 등 새로운 협력 방안을 모색하고 있다.

그리고 무역구제에 관하여 WTO 수준 이상의 조항을 반영할 가능성에 대해 논의할 것을 권고했는데,[8] 중국 측은 한중 FTA 협상 출범 전 대중국 특별 세이프가드 적용 배제를 약속해 줄 것을 요청하였고, 한국 측은 동 조치 해제에 대한 업계의 우려 표명을 명기하자고 주장했다.

기타 이슈로서는 서비스 무역, 유통산업,[9] 정부 조달, 지식재산권, 경쟁정책, 위생 및 식물위생조치(SPS, Sanitary and Phytosanitary Measures), 무역에 대한 기술적 장벽(TBT, Technical Barriers to Trade), 분쟁 해결, 경제 협력(투명성 · 중소기업 · 전자상거래 · IT · 에너지 · 환경 협력 분야), 인적 교류, 정보 교환, 위원회 설치 등 협력 증진 방안을 검토하고 있다.

---

6) 권현호. 2010. "한중 FTA 논의와 IT서비스 무역의 통상법적 쟁점". 『국제경제법연구』. 한국국제경제법학회. p.94.

7) 최문 / 이상빈, 2011. "한중 FTA 협상에 대비한 섬유산업의 품목별 원산지 결정기준에 관한 연구". 『현대중국연구』. 현대중국학회. pp.241-277.

8) 외교통상부. 2010. 『한중 FTA 산 · 관 · 학 공동연구보고서』. p.3.

9) 최재섭. 2012. "한중 FTA 체결과 우리나라 유통산업의 대응 방안". 『관세학회지』 제13권 2호. pp.111-124.

4. 전략

한중 FTA 협상을 추진함에 있어서 한국 측이 집중해야 할 전략적 목표는 다음과 같다.[10] 첫째, 국내 산업구조를 고도화시켜야 한다. 저부가가치 산업은 한중 FTA가 체결되면 구조조정이 될 것이다. 따라서 한국 측은 비교우위에 있는 고부가가치 산업으로의 고도화전략을 추진해야 한다. 둘째, 중국에 이미 진출해 있는 한국 기업에 대한 투자 보호, 지식재산권 보호를 연계하여 한중 FTA를 추진해야 한다. 셋째, 중국의 비관세장벽(NTB, Non-Tariff Barrier)을 국제표준에 맞추어 철폐할 것을 주장해야 한다. 넷째, 중소기업과 농림수산업 부문의 구조조정 혹은 경쟁력을 강화해야 한다. 다섯째, 이미 중국과 FTA를 체결한 국가들의 협상 전략과 경험을 연구하고 활용해야 한다.

지금까지 한중 FTA에 대한 한국 정부의 입장은 중국 정부의 적극적인 태도에 비해 신중한 입장이다. 한중 FTA에 대한 이해득실의 계산이 그만큼 복잡하기 때문이다. 이 점에서 협상 전략을 잘 수립할 필요성이 더욱 커진다. 성공적인 한중 FTA 협상을 위해서는 최소한 다음의 두 가지 협상 목표를 잘 유지해야 한다.

첫 번째 목표는 포괄적이면서 높은 수준의 FTA를 체결하는 것이다. 한중 FTA 협상에는 상품무역 분야는 물론이고 서비스 시장개방, 투자 보호, 지식재산권 보호, 글로벌 스탠더드 도입, 비관세장벽(NTB)의 철폐, 정책의 투명성 등의 분야까지 포괄하는 수준 높은 FTA를 해야 한다. 중국은 최근 뉴질랜드 및 페루와의 FTA 협상에서는 높은 수준의 FTA를 체결한 바 있지만, 대체로 상품무역협정을 먼저 체결하고 서비스 분야 협정을 나중에 체결하는 전략을 고수해 왔다. 만약 한중 FTA가 상품무역 중심의 낮은 수준의 FTA가 되면 중국으로부터의 수입이 급증할 것이다.

---

10) 이충배. 2011. "한중 FTA의 경제적 효과와 양국의 FTA 추진 전략 비교". 『관세학회지』 제12권 1호, p.231.

두 번째 목표는 국내 협상 전략을 체계적으로 수립해야 하는 것이다. 피해가 예상되는 농수산 분야와 중소기업 부문에 대한 국내적 대책을 철저히 마련해야 하고, 중국과의 협상에서 이에 대한 충분한 양보를 얻어 내야 한다. 국내 협상에서 실패하면 한중 FTA는 성공할 수 없다. 쇠고기 협상과 촛불 집회의 경험을 타산지석으로 삼아야 한다.

성공적인 국내 협상을 위해서는 다음과 같은 조건이 필요하다. 첫째, 구조조정 프로그램을 작성할 때 해당 산업의 대표자들이 실질적으로 참여하여 동의할 수 있는 구조조정 플랜을 만들어야 한다. 어설픈 밀실 협상은 제2의 촛불집회를 촉발시킬 것이다. 둘째, 당사자부담원칙에 입각하여 해당 산업 분야도 일정한 비용부담을 해야 한다. 이렇게 되지 않으면 정부의 예산 부담을 물론이고, 해당 산업의 도덕적 해이도 문제 될 수 있다.

5. 결과

한중 FTA에 대한 중국 측의 태도는 적극적인 데 반해, 한국 측은 긍정적이지만 상대적으로 신중한 자세를 보여 주고 있다.[11] 기대 효과만큼이나 부작용에 대한 우려가 크기 때문이다. 그럼 우선 한중 FTA의 기대 효과를 살펴보자. 한중 FTA의 기대 효과로는 크게 경제적 효과와 외교안보적 효과로 나누어 볼 수 있다.

경제적 기대 효과를 정리하면 다음과 같다. 한중 FTA를 통해서 한국의 최대 수출시장인 중국 시장을 안정적으로 확보하여 수출 증대 효과를 기대할 수 있다.[12] 하지만 경제학자들의 추산에 따르면, 관세 철폐 혹은 인하가 수출 증대에 미치는 효과는 크지 않을 전망이다. 중요한 것은 비관

11) 김흥규. 2008.『한중 전략적 협력동반자 관계 형성과 한중 관계』. 외교안보연구원 주요 국제문제분석. p.15.

12) 허홍호 / 정윤세. 2009. "한중 FTA에 대한 한중 양국의 입장". 『경영사학』 제24집 4호. pp.262-263.

세장벽(NTB)을 얼마나 효과적으로 제거할 수 있는가에 수출 증대 효과가 달려 있다는 점이다.[13] 또한 한중 FTA는 일본, 대만과 같은 중국 시장에서의 경쟁국에 비해 중국 시장을 선점할 수 있는 효과를 기대할 수 있다. 그리고 FTA의 효과로서 무역규모 확대와 생산성 향상에 따른 실질 GDP와 후생 수준을 향상시킬 수 있고, 비교우위에 입각하여 중국과 분업 구조 조정을 통해 한국의 산업구조를 고도화시키는 기회가 될 수도 있다.[14]

다음으로는 외교안보 효과를 살펴보자. 먼저 한중 FTA는 미국, 일본 중심의 외교통상 협력을 다각화할 수 있는 기회를 제공할 것이다. 그리고 한중 FTA는 중국을 교두보로 한 중화경제권 지역의 진출과 그에 따른 경제적 이익의 발생을 기대할 수 있을 것이다. 그 외에도 한중 FTA는 북한과의 경제 협력을 강화시킬 수 있는 계기를 제공할 것이고, 이를 통하여 한반도와 동북아시아 국제 정세를 안정화시킬 수 있을 것으로 기대된다.[15]

한중 FTA의 부정적 효과는 대체로 다음과 같이 요약된다. 첫째, 농업 분야의 큰 피해가 추정되고 있다. 한중 FTA가 체결되면 2020년 기준 한국의 농업생산액은 2005년 대비 약 20퍼센트 감소하는 것으로 나타난다.[16] 둘째, 투자 증대로 한국의 산업공동화가 초래되어 취업률 저하와 장기적인 성장 잠재력의 악화로 연결될 수 있다. 셋째, 국내 산업의 광범위한 구조조정이 불가피해질 것이다. 저부가가치 산업은 물론이고 중국이 한국을 빠르게 따라잡고 있는 제조업 전반에 걸쳐 국내 산업의 구조조정 압력은 높아질 것이다. 넷째, 한국 경제의 대중 의존이 더욱 심화될 가능성이 있는데 이는 중국과의 관계에서 한국의 취약성을 증대시킬 수 있다.[17]

---

13) 김시중. 2007. "한중 경제관계의 평가와 한중 FTA 전망". 『국제통상연구』 제12권 3호. p.151.

14) 김정수 / 최학수. 2009. "한중 FTA의 경제적 효과 분석". 『국제통상연구』 제14권 1호. p.153.

15) 손병해. 2007. "한중 FTA 사전점검 — 한중 FTA 왜 필요한가". 『Chindia Journal』. p.23.

16) 이 추정액은 비교적 보수적이라고 할 수 있는 '한중 FTA 산·관·학 공동연구'의 자료에서 나타난 수치이다. 지만수. 2008. "한중 FTA, 어떻게 접근할 것인가". KIEF 세미나자료. p.10.

17) 허홍호 / 정윤세. 앞의 논문(주 12).

❑ 주요 연표

2004. 9.	ASEAN+3 경제장관 회의 계기 한중 통상장관 회담에서 민간공동연구 개시 추진 합의
2005.	중국의 국무원발전연구중심(DRC)과 대외경제정책 연구원(KIEP) 간 공동연구 개시, 1년차 연구수행
2006.	민간공동연구 2년차 연구 수행 후 11월 종료
11. 17.	APEC 각료 회의 계기 한중 통상장관 회담에서 한중 FTA 산·관·학 공동연구를 2007년부터 개시키로 합의
2007. 3. 22.~23.	한중 FTA 산·관·학 공동연구 제1차 회의 개최(베이징)
7. 3.~ 4.	한중 산·관·학 공동연구 제2차 회의 개최(서울)
10. 23.~25.	한중 FTA 산·관·학 공동연구 제3차 회의 개최(웨이하이)
2008. 2. 18.~20.	한중 FTA 산·관·학 공동연구 제4차 회의 개최(제주)
6. 11.~13.	한중 FTA 산·관·학 공동연구 제5차 회의 개최(베이징)
2010. 2.	한중 FTA 산·관·학 공동연구 수석대표 간 협의(베이징)
5. 23.	한중 통상장관 회담에서 산·관·학 공동연구 종료 방안 논의(서울)
5. 28.	양국 정상 임석하에 양국 통상장관, 산·관·학 공동연구 종료 관련 양해각서 서명(서울)
9. 28.~29.	한중 FTA 정부 간 사전협의 제1차 회의 개최(베이징)
2011. 4.	한중 통상장관 회담
2012. 3.	한중 FTA 추진 관련 사전 실무 협의
5. 2.	한중 FTA 협상 개시 선언(베이징)
5. 14.	한중 FTA 제1차 공식 협상 개최
7.	한중 FTA 제2차 공식 협상 개최
8.	한중 FTA 제3차 공식 협상 개최
10.	한중 FTA 제4차 공식 협상 개최

❑ 참고문헌

단행본

김흥규. 2008. 『한중 전략적 협력동반자 관계 형성과 한중 관계』. 외교안보연구원 주요 국제문제분석.

남영숙. 2004. 『한중 FTA의 경제적 파급효과와 주요 쟁점』. 대외경제정책연구원.

남종현. 2008. 『한국 FTA정책의 허와 실』. 세계경제연구원.

외교통상부. 2010. 『한중 FTA 산·관·학 공동연구보고서』.

이기환. 2006. 『한중 FTA의 경제적 효과 추정』. 대외경제정책연구원.

논문

곽근재 / 이희강. 2010. "한중 FTA 실행 가능한가? — 경제구조의 보완성에 의한 평가". 『영상저널』 제2권 2호.

권현호. 2010. "한중 FTA 논의와 IT서비스 무역의 통상법적 쟁점". 『국제경제법연구』. 한국국제경제법학회.

김시중. 2007. "한중 경제관계의 평가와 한중 FTA 전망". 『국제통상연구』 제12권 3호.

김정수 / 최학수. 2009. "한중 FTA의 경제적 효과 분석". 『국제통상연구』 제14권 1호.

김현정 / 이병태. 2010. "한중 자유무역협정(FTA)이 한국의 대(對)중국 외국인 직접투자(FDI)에 미친 영향에 관한 연구". 『국제지역학논총』. 국제지역연구학회.

손병해. 2007. "한중 FTA 사전점검 — 한중 FTA 왜 필요한가". 『Chindia Journal』.

이충배. 2011. "한중 FTA의 경제적 효과와 양국의 FTA 추진 전략 비교". 『관세학회지』 제12권 1호.

정재승 외. 2012. "한중 FTA 체결을 대비한 농산물의 과세가격 결정방법에 관한 고찰". 『무역학회지』 제37권 3호.

지만수. 2008. "한중 FTA, 어떻게 접근할 것인가". KIEF 세미나자료.

최문 / 이상빈. 2011. "한중 FTA 협상에 대비한 섬유산업의 품목별 원산지 결정기준에 관한 연구". 『현대중국연구』. 현대중국학회.

최재섭. 2012. “한중 FTA 체결과 우리나라 유통산업의 대응 방안”. 『관세학회지』 제13권 2호.
허홍호 / 정윤세. 2009. “한중 FTA에 대한 한중 양국의 입장”. 『경영사학』 제24집 4호.

제2부

동아시아의 농산물 협상

제 5 장

한국의 쌀 시장개방 협상(1987~2005)

1. 배경

1987년 2월부터 시작된 관세와 무역에 관한 일반협정(GATT, General Agreement on Tariffs and Trade. 이하 GATT) 우루과이 라운드[1] 이전까지 농산물은 국제 자유무역의 예외로 취급되어 관세화가 이루어지지 않았고 GATT체제 밖에서 규제를 받지 않았다. 농산물은 정치·사회적 요인, 식량안보, 식량민족주의 등의 요인이 작용하여 각국 정부가 보조금 지급, 수입장벽의 설치, 각종 규제 등의 조치로 자국 시장을 보호해 왔던 것이다.

이에 미국을 중심으로 하는 농산물 수출국들은 농산물 무역도 GATT체제 속으로 들어와야 하고 무역자유화를 위한 다자간 규범 제정이 필요하다는 주장을 제기했으며, 결국 1986년 9월 우루과이의 푼타델에스테에서 우루과이 라운드의 개시가 선언된 이후 1987년 2월부터 농산물 협상을 시작하였다.

1) GATT는 관세장벽, 수출입 제한을 제거하고 국제무역과 물자교류 증진을 위해 1947년 제네바에서 미국을 비롯한 23개국이 조인한 국제무역협정이며, 우루과이 라운드는 1986년 9월 우루과이에서 첫 회합이 열린 GATT의 제8차 다자간 무역 협상을 의미한다.

협상 개시 후 약 2년 동안 각국은 의견 조정 과정을 거쳐 1989년 4월 농산물 협상의 목적, 이행 방법, 주요 협의 의제 등에 대한 합의안을 도출할 수 있었다. 하지만 농산물 협상은 수출입국 간의 이견대립으로 최종 합의에 실패하여 1990년 12월 최종 시한을 넘겼다. 이후 미국과 EU가 협상을 재개하여 농산물 보조금 분야에서 극적으로 합의를 하면서 우루과이 라운드는 급진전하여 1993년 12월 최종 합의에 도달하게 되었다. 우루과이 라운드의 농산물 협상 타결은 세계적 차원에서 농산물 교역 질서를 새롭게 재편하는 계기가 되었다. 이제 농산물도 WTO 다자간 국제규범의 적용을 받게 된 것이다.

2. 과정

우루과이 라운드 협상에서 농산물 분야에 관한 협의는 1987년 1월 농산물 협상 그룹이 구성된 이래 1990년 7월까지 23차례의 농산물 그룹 공식 회의와 비공식 회의가 수시로 개최되었다. 1988년 12월 우루과이 라운드의 전반적인 중간 평가를 위해 캐나다 몬트리올에서 개최된 무역협상위원회(TNC, Trade Negotiations Committee) 각료 회의는 농업 보조금의 완전 철폐를 주장하며 강경한 입장을 견지한 미국과 점진적인 감축을 주장하여 비교적 온건한 입장을 나타낸 유럽공동체(EC, European Community. EU의 전신이다. 이하 EC) 사이의 대립이 심화되어 합의문 작성에 실패하였다. 농산물 협상 그룹은 우루과이 라운드 협상에서 협상 참가국들의 서면 제인 재출이 가장 활발했던 분야로 알려졌다. GATT의 적극적인 중재와 미국·EC의 막후 정치적 절충 및 이견 조정을 거쳐, 1989년 4월 스위스 제네바에서 개최된 무역협상위원회(TNC) 고위급 실무회의에서 농산물 분야의 중간평가합의안이 채택되었다. 1989년 12월까지 한국을 비롯한 각국의 의견 및 제안서 제출이 이루어졌다.

1991년 11월 12일 한국에서 개최된 제3차 APEC 각료 회의는 우루과이 라운드의 조속한 타결을 위한 협상장이 되었다. 한국은 APEC 회원국인 ASEAN 6개국 중 싱가포르를 제외한 5개국과 미국, 캐나다, 호주, 뉴질랜드 등 9개국이 농산물 수출 국가였기 때문에 쌀 시장개방 문제 논의에 있어 수세에 몰렸다. 협상이 난항하고 있는 가운데 각국은 1992년 3~4월 사이 이행계획서(CS, Country Schedule)를 자국의 입장에서 작성하여 제출하였다. 이에 따라 한국도 종전의 국별 이행계획서(CS)를 재조정하였는데 이는 기존 입장을 좀 더 완화시킨 것으로 평가된다.

이런 상황에서 미국과 EC는 수출 보조의 물량 감축 목표 등에 관한 의견 차 해소를 위해 1992년 7월 6~8일 개최된 G7〔Group of 7. 본디는 서방 7개국정상회담 즉 World Economic Conference of the Western Industrial Countries로, G5(Group of 5. 미국 · 영국 · 독일 · 프랑스 · 일본) 국가에 이탈리아와 캐나다가 포함된다. 이하 G7〕 정상회담에서 양측 정상들의 막후교섭을 진행했지만 합의에 실패하였다. 1992년 9월부터 미국과 EC는 실무회담 및 각료회담을 계속했으나 11월 3일까지 합의점을 찾지 못하였다. 하지만 이후 11월 18일과 19일 이틀에 걸친 회담에서 양측은 원칙적인 합의를 하고, 11월 22일 미국과 EC는 농산물 무역 분야의 쟁점 사안이었던 보조금 문제에서 합의를 이끌어 내었다. 그리고 1993년 7월 도쿄 G7회담에서 미국과 일본이 1994년 4월 각료 회의에서 최종 협정문에 서명하기로 일정을 확정짓자, 미국은 EC · 일본 등과 적극적인 외교적 노력을 펼쳤다.

일본이 쌀 시장개방에 미국과 합의했다는 외신이 전해지고 타결 시점이 임박하였음에도 개방 불가의 입장을 강경하게 유지하던 한국 정부는 미국의 파상적인 압력에 굴복하여 결국 1993년 12월 1일 개방이 불가피하다는 점을 공개적으로 표명하기 시작했고, 12월 9일 김영삼 당시 대통령은 대국민 사과담화를 발표하였다.

한국의 쌀 시장개방은 12월 14일 서울과 제네바에서 동시에 발표되었다. 그 조건은 관세화를 10년간 유예하되 우루과이 라운드 발표 첫해인

1995년 최소시장접근율이 1퍼센트에서 시작하여 2004년에는 4퍼센트까지 점진적으로 높인다는 조건이었다. 1994년 3월 17일 GATT에서 한국은 잠정적 최종 이행계획서(CS)를 제출하는데, 농산물의 평균과세 감축률을 개도국 최소 감축률인 24퍼센트에서 26.7퍼센트로 확대하는 추가 양보안을 3월 25일 제출하였다.

마침내 1994년 4월 15일 모로코에서 우루과이 라운드 참가국들이 모여 우루과이라운드협정과 WTO 설립을 담은 최종 의정서인 WTO설립협정과 4개의 부속서에 서명하였다. 새로운 무역 질서의 출범이 공식적으로 선언된 것이다.

3. 쟁점

국내의 농민단체와 시민단체 등이 쌀 시장개방에 극렬 반대하는 가운데 한국 정부는 1991년 4월 25일에 정부 긴급 관계장관 회의에서 쌀 시장개방 불가를 공식 선언한다. 이후 1991년 10월 14일 국회 농림수산위원회와 10월 15일 국회 본회의는 '쌀 등 기초 식량 수입반대결의안'을 만장일치로 통과시켰으며, 11월 13일에는 민주당이 쌀 수입반대결의문을 채택하였다.

1992년 3~4월 사이 각국은 이행계획서(CS)를 자국의 입장에서 작성하여 GATT에 제출하였다. 이에 따라 한국도 종전 국별 이행계획서(CS)를 재조정하게 되는데, 기존 15개의 비교역적 품목을 자유화 대상에서 제외시키되 향후 협상 진전 상황에 따라 품목 수의 조정이 가능함을 명시해 신축적 입장을 보인다. 여기에 시장개방 및 보조금 감축에 대한 유예 기간 설정 또한 철회했다. 그 대신 농업개도국으로 인정받는 것에 협상력을 집중하여 시장개방과 국내 보조 감축의 이행 기간을 선진국의 2배 정도의 장기간으로 확보하고 신규 수입 개방 품목의 시장개방률도 최대한 낮추는 데 주력하기로 입장을 바꾸었다.

정부가 이렇듯 우루과이 라운드 협상에서 강경한 입장을 다소나마 완화한 것은 협상 소외에서 오는 불이익에 대한 우려[2]와 가중되는 미국의 통상 압력 때문이었다.

1992년 9월 한국을 방문한 던켈 사무총장은 우루과이 라운드 협상이 타결되지 않을 경우, 한국처럼 무역 의존도가 높은 나라는 손해를 입게 되며 미국 등으로부터 쌍무 협상 압력을 받을 가능성이 크다고 경고했다.[3] 이에 한국의 정부는 우루과이 라운드 협상에서 쌀과 기초 식량의 시장개방은 절대 허용하지 않는다는 방침에는 변함이 없다면서 협상 과정에서 이것을 관철하기 위해 범정부 차원에서 대처하기로 하였다. 또한 이날 경제기획원의 김태연 대외경제조정실장 주재로 관계부처 국장들이 참석한 가운데 열린 회의에서는 농산물 분야에서 식량 안보와 관련한 기초 식량의 관세화 예외 인정과 쌀의 최소시장접근(MMA, Minimum Market Access) 예외 인정 등 정부의 기존 입장을 재확인하였다.[4]

하지만 이처럼 농산물 분야에서 첨예한 대립을 하던 미국과 EC 간의 의견 접근으로 협상 타결의 긍정적 전망이 대세를 이루면서 '예외 없는 관세화'를 반대하는 한국의 입장이 협상의 쟁점이 되기 시작하였다. 특히 미국 쌀 농업계를 대표하는 최대 로비단체인 쌀도정협회(RMA, Rice Millers' Association)는 클린턴 행정부가 출범한 이후 행정부와 의회를 상대로 한국과 일본의 쌀 시장개방 로비를 집중적으로 벌여 왔다.

이와 같은 상황 속에서 국내외적으로 협상 방향의 중요한 변화가 발생했다. 우선 협상 과정에서 한국과 공동 대응을 하던 스위스·캐나다·멕시코·이스라엘 등이 일정 기간 유예화를 조건으로 관세화를 받아들이는 입장으로 돌아서고, 일본 또한 유보적인 입장을 보이면서 한국 내에서도 개방 대세론이 점차 강화되기 시작했다.

2) "UR 협상전략 크게 후퇴". 『한겨레』. 1991. 1. 11.
3) "「쌀시장 개방」 거세 압력". 『동아일보』. 1992. 9. 4.
4) "쌀시장 개방 반대 재확인". 『한겨레』. 1992. 11. 28.

한편 우루과이 라운드 마감시한이 다가오자, 미국은 한국의 쌀 시장개방 불가 방침에 대해 전방위적 압력을 가하기 시작한다. 미국은 우루과이 라운드 협상에 대한 한국의 입장이 뚜렷하지 않다고 지적하면서, 한국이 제시하지 않은 15개 기초 농산물에 대한 관세화 계획을 제시하라고 요구하였다.

김영삼 대통령은 1992년 11월 대통령 후보 유세 당시 기조연설에서 쌀 시장개방을 대통령 직을 걸고서라도 막겠다고 발표하면서 쌀 시장개방에 대해 강경한 입장을 취하였다. 하지만 1993년 1월 "한국에서의 쌀 시장개방은 매우 중요한 문제입니다. 정부는 이러한 것에 대비하기 위해 앞으로 42조 원의 재원을 투자하여 그 대비를 해나가겠습니다"와 같이 다소 모호한 발표로 자신의 공약 사항이었던 쌀 시장개방 불가 입장을 번복하였다.[5)]

결국 1993년 12월 1일 한국 정부는 쌀 시장개방이 불가피하다는 점을 공개적으로 표명하였다. 국내의 반발은 더욱 커졌고 12월 3일 기초 농산물 수입 개방 저지를 위한 범국민대책위원회가 발족되어 격렬한 시위를 벌이는 등 정부는 궁지에 몰렸다.

한국 정부는 쌀 시장을 개방하되 유예 기간을 최대한 확보하고 최소시장접근(MMA) 폭도 최대한 낮게 잡는 데 협상력을 집중하게 된다. 특히 최소한 일본보다는 유리한 조건을 찾아내는 것이 정부의 최대 목표였다.

결국 한국 측은 2004년까지 예외적으로 쌀의 관세화 유예를 받았고, 협정문 부속서 8항에 따르면 2004년 이후 관세화 유예조치의 연장은 2004년도에 수출국들과 협상을 시작하여 당해 연도에 완료되어야 한다고 되어 있다. 그리고 9항에 따르면 관세화 유예조치를 연장하기로 합의할 경우, 해당 협상에서 결정한 바대로 추가적이고 수락 가능한 양허를 제공해야 한다고 되어 있다. 즉 쌀 관세화 유예를 연장하기 위해서는 수출국들이

5) 최흥석 / 김은미. 2011. "쌀 시장개방의 딜레마 : 시기별 정부대응을 중심으로". 『한국행정논집』 제23권 3호. p.918.

만족할 수 있는 조건을 제시하여야 한다는 것이다.

4. 전략

이 협상에서 한국 정부는 다음과 같은 협상 전략을 사용하였다.

첫째, 일본·대만 등 한국과 입장이 비슷한 국가들과 국제적인 공동 대응을 취하는 '국제공조'전략을 구사했다. 우루과이 라운드가 예상된 타결 시한을 넘긴 것은 미국과 EU 사이의 농업 보조금 문제에 대한 불일치의 영향이 컸지만, 한국·일본·대만 등의 강경한 개방불가 입장이 우루과이 라운드 타결을 지연시킨 것도 사실이다.

둘째, 한국 측은 농업 분야에서 개발도상국 지위를 확보함으로써 선진국 지위를 가진 일본(6년)에 비해 더 긴 관세화 유예조치(10년)를 인정받을 수 있었다. 농업 분야에서 개발도상국 지위를 인정받은 것은 향후 관세화 전환 시 유리한 조건이 적용될 수 있기 때문에 매우 중요한 협상 성과라고 할 수 있다.

셋째, 한국 측은 쌀의 관세화 유예 인정을 받기 위해 다른 농산물 분야에서 더 양보하는 이슈연계전략을 채택했다. 가령 농산물의 과세감축률을 개도국 최소감축률인 24퍼센트에서 26.7퍼센트로 확대하여 최종 이행보고서를 제출한 것이 여기에 해당된다. 이러한 이슈연계전략은 쌀의 관세화 유예조치를 이끌어 내는 것에는 유용했지만, 다른 분야에서 더 많이 양보했다는 점에서는 국내적으로 논쟁의 대상이 되었다.

넷째, 한국 정부는 대외적으로는 관세화 유예조치를 인정받는 데 협상력을 집중하면서 국내적으로는 농민들에게 많은 국내적 보상을 약속함으로써 쌀 시장개방에 대한 국내에서의 반대와 저항을 최소화하려고 했다. 쌀과 농업에 대한 국민적 감정, 식량민족주의, 식량안보론 등의 명분에 힘입어 한국 정부는 천문학적인 예산을 농업 분야에 투입했다. 하지만 이 전략에 대한 평가는 복잡하다. 10년간의 관세화 유예가 관세화에 비해서 더 많은 쌀을 수입하게 했으며, 천문학적인 농촌 보조금이 오히려 농업의 구조 조정 시기를 늦추는 부작용을 초래했다는 비판이 바로 그것이다.

5. 결과

우루과이 라운드 협상은 농산물의 시장 접근 분야 · 국내 보조 분야 · 수출 보조 분야에 관한 다자간 협약을 창출했고, 시장 접근 분야에서는 '예외 없는 관세화'를 원칙으로 채택하였다. 하지만 한국, 일본, 대만 등은 쌀 시장에 대해서는 관세화 유예조치를 인정받는 특별대우를 받았다.

우루과이 라운드 협상 결과를 간략히 정리하면 다음과 같다. '예외 없는 관세화'의 원칙을 표방했던 우루과이 라운드에서 한국은 쌀에 대한 관세화 예외 조치를 인정받았다. 한국이 1995~2004년 10년간 관세화가 유예되는 대신[6] 최소시장접근(MMA) 물량을 수입해야 하는데 이행 첫해인 1995년에는 기준 기간(1988~1990)의 국내 쌀 소비량의 1퍼센트(5만 1000톤)를 수입하고, 그후 1999년까지는 매년 0.25퍼센트씩, 그리고 2000~2004년에는 연간 0.5퍼센트씩 의무수입량을 확대하여 유예 최종연도인 2004년에는 외국 쌀을 20만 5000톤(국내 소비량의 4퍼센트)을 수입하기로 하였다. 2004년 이후 관세화 여부는 재협상하여 결정하기로 하였다.

2005년 협상 결과는 다음과 같다. 한국은 2005년 주요 대한 쌀 수출국과의 협상을 통하여 2005~2014년 10년 동안 추가로 쌀의 관세화를 유예하되, 동 기간 동안 기준 연도 1988~1990년의 쌀소비량 대비 4퍼센트에서 8퍼센트까지 늘려야 한다. 2005년 합의 내용에는 동 기간 중 한국은 관세화로 전환할 수 있는 권리를 보유한다.[7] 한국이 관세화 유예를 지속하면 2005년의 최소시장접근(MMA) 물량은 25만 5575톤에서 매년 균등하

6) 개발도상국으로 분류된 한국은 10년간, 선진국으로 분류된 일본은 6년간 쌀에 대한 관세화가 유예되었다.

7) 2005년 'GATT 1994'에 대한 마라케시의정서에 부속된 대한민국 양허표 일부 개정.

게 증량되어 2009년에는 약 30만 7000톤, 2014년에는 최대 40만 8700톤에 이를 상황이다.[8] 최소시장접근(MMA) 물량에 대해서는 5퍼센트의 낮은 관세가 부과된다.

한국이 쌀 관세화를 시행하면 쌀에 대해서는 '농업에 관한 협정'에 따라 일반관세가 적용된다. 관세율은 '농업에 관한 협정'에 규정된 지침에 따라 계산되는 관세상당치(TE, Tariff Equivalent)를 기초로 설정된 2005년도 관세율이 도하 라운드 협상 결과가 발효할 때까지 적용되며 그후에는 도하 라운드에서 타결된 관세율이 적용된다.[9] 한국은 관세화 당시 최소시장접근(MMA) 물량 수준을 유지해야 하며 그 물량 수준이 도하 라운드 협상 결과에 따라 결정된 물량 수준과 다를 경우, 둘 중 높은 수준의 물량이 적용된다.

또 한 가지의 쟁점은 관세화 유예를 지속하느냐, 아니면 중간에 관세화로 전환하는가를 둘러싼 것이다. 관세화와 관세화 유예는 본래 제도의 특성상 각기 장단점이 있다. 관세화는 높은 관세를 이용하여 국경을 보호하는 제도로, 높은 관세를 물기만 하면 누구나 수입을 할 수 있다. 따라서 국내 수급 여건에 따라 수입이 자동으로 조절되는 반면, 관세화 유예는 정해진 물량을 초과하는 수입은 원칙적으로 제한된다. 그 대신 정해진 물량만큼은 반드시 사주어야 한다.

관세화 유예 연장론의 주장을 들어 보면 다음과 같다. 무엇보다도 관세화하기에는 쌀산업의 경쟁력이 취약하다는 것이다. 주곡인 쌀이 갖는 민

---

8) 한국농촌경제연구원. 2008. 『쌀 관세화 유예 3년의 평가와 향후 방향』. p.3.

9) 1999년에 관세화조치를 취한 일본의 관세상당치(TE)는 약 600퍼센트, 2003년에 관세화로 전환한 대만의 관세상당치(TE)는 약 562.5퍼센트로 추산된다. 한국이 2011년에 관세화 전환을 하였다면 관세상당치는 약 400퍼센트 정도 추산되지만, 우루과이 라운드 협상에서 관세화를 유예한 품목을 관세화할 경우 동 협상 최초 이행연도인 1995년에 관세화를 해서 매년 최소감축률로 관세를 감축한 것으로 산정한 'shadow reduction' 규정이 적용된다. 이때 선진국 지위를 가지면 15퍼센트를 감축하고 개발도상국 지위를 가지면 10퍼센트를 감축하게 되는데, 한국은 개발도상국 지위를 갖고 있기 때문에 10퍼센트 감축을 적용하면 최종 관세상당치(TE)는 약 360퍼센트가 되었을 것이다. 류병운. 2010. "국제 가격과 DDA 협상을 고려한 쌀 조기 관세화 방안". 『홍익법학』 제11권 2호. pp.488-492.

감성과 상징성을 고려해야 하고 단순한 시장개방이 아니라 식량 안보와 직결되며, 국내 쌀산업에 대한 영향을 배제할 수 없다는 것이다. 또 대다수 농가의 주 수입원인 쌀 시장개방을 피해 농가에 대한 지원 대책 없이 국제 쌀값 상승, 재고 관리비 등만을 이유로 추진하면 안 된다는 게 농민들의 입장이다.

이에 대해 조기관세화 전환을 지지하는 주장은, 과거 우루과이 라운드 농산물 협상의 결과 10년 동안 관세화 유예를 받았지만 가격경쟁력을 더욱 상실하게 되었던 경험을 들어 관세화 유예를 연장한다고 하더라도 '잃어버린 10년'에 더해 또 다른 '잃어버릴 10년'이 될 수 있기 때문에 장기적으로 바람직하지 않다는 것이다.[10] 그리고 조기관세화론자들은 쌀 재고 문제를 지적한다. 국내 쌀 소비 감소로 생산량이 수요량을 훨씬 상회하는 상황인데 수입량까지 늘어 재정 부담이 가중되고 있다. 그래서 조기관세화로 의무 수입 물량을 줄여야 한다는 목소리가 나온다. 2012년부터 관세화하면 이후 의무수입량은 올해 수준(34만 8000톤)으로 고정되어 2015년 이후 매년 400억 원 가량의 쌀 재고 관리비를 절감할 수 있다는 논리다. 또 최근 5년 사이 국제 쌀값이 배 이상 올라 국내 쌀의 가격경쟁력이 상대적으로 높아진 것도 조기관세화 주장의 근거가 되고 있다.

관세화 유예의 지속이나 관세화를 선택하는 데 결정적인 변수는 ①쌀의 국제 가격, ②한국의 쌀에 대한 관세장벽 즉 관세율, ③도하 라운드의 농업 협상 결과라고 할 수 있다. 관세화 전환 시 최소시장접근(MMA) 물량은 당시 수준으로 유지된다는 점에서 늦게 전환할수록 더 많은 최소시장접근(MMA) 물량을 부담한다는 점도 반드시 고려해야 한다.[11]

10) 사공용. 2008. 『UR, DDA, FTA와 한국농업』. 서강대학교출판부. p.45.
11) 류병운. 앞의 논문(주 9). p.486.

❑ 주요 연표

1987. 1.	우루과이 라운드 협상 시작(농산물 부분)
1988. 12.	캐나다 몬트리올에서 무역 협상위원회 개최
1989. 4.	스위스 제네바에서 농산물 분야의 중간평가 합의안 채택
1991. 11.	한국 '예외 없는 관세화' 반대 입장 표명
11. 12.	제3차 APEC 개최
11. 13.	민주당 쌀 수입 반대 결의문 채택
1992. 3.~ 4.	자국의 입장에 따라 이행 계획서 작성, 제출
9.~11.	미국과 EC, 실무회담 및 각료회담 진행, 협상 시작
1993. 11.	미국에서 APEC 개최(연말 협상 타결을 기정사실화)
12.	미국·일본 간 농산물 부분 협상 타결
12. 3.	한국 내에서 기초농산물 수입개방저지 범국민대책위원회 발족
12. 9.	김영삼 대통령 대국민 사과담화 발표
12. 14.	한국의 쌀 시장개방(제네바와 서울에서 동시 발표)
12. 15.	우루과이 라운드 협상 종결

❑ 참고문헌

단행본

경제자료연구회. 1994. 『우루과이 라운드 100문 100답』. 신라원.
김기홍. 1995. 『GATT, 우루과이 라운드, 그리고 한국』. 한울.
김병택. 2004. 『한국의 쌀정책』. 한울아카데미.
김재수. 2005. 『미국 농업정책과 한국 농업의 미래』. 백산출판사.
김지홍. 2004. 『쌀 협상과 미곡산업 구조조정방안』. 한국개발연구원.
사공용. 2008. 『UR, DDA, FTA와 한국농업』. 서강대학교출판부.
한국농촌경제연구원. 2008. 『쌀 관세화 유예 3년의 평가와 향후 방향』.

논문

류병운. 2010. “국제가격과 DDA 협상을 고려한 쌀 조기 관세화 방안”. 『홍익법학』 제11권 2호.

최홍석 / 김은미. 2011. “쌀 시장개방의 딜레마 : 시기별 정부대응을 중심으로”. 『한국행정논집』 제23권 3호.

잡지 · 신문

“「쌀시장 개방」 거세 압력”. 『동아일보』. 1992. 9. 4.

“쌀시장 개방 반대 재확인”. 『한겨레』. 1992. 11. 28.

“UR 협상전략 크게 후퇴”. 『한겨레』. 1991. 1. 11.

제
6
장

일본의 쌀 시장개방 협상(1986∼1999)

1. 배경

1955년 GATT 가입 이후에도 오랫동안 보호받고 규제되던 일본의 쌀 시장에 시장개방의 외압이 전달된 것은 1986년이었다. 1986년 9월, 미국 쌀도정협회(RMA, Rice Millers' Association)는 미국 통상법 301조에 근거하여 일본의 쌀 무역 장벽을 완화시킬 수 있도록 해달라는 청원서를 두 차례에 걸쳐 미국통상대표부(USTR, United States Trade Representative)에 제출했다. 청원서는 기각되었다. 미국통상대표부(USTR)가 미국 쌀도정협회(RMA)의 요구를 받아들이기보다 일본을 우루과이 라운드 협상테이블로 끌어들여 일본의 쌀 시장개방을 유도하겠다는 판단을 했기 때문이다. 비록 청원서는 기각되었지만 1986년 이후 일본의 쌀 시장개방은 미·일 양자 협상의 의제가 되었고, 곧 우루과이 라운드의 협상 의제가 된다.[1)]

1) 양기웅 / 박성우 / 강삼구 / 정미령. 2006. "일본의 대외통상 협상과 국내적 보상시스템: 일본의 쌀 시장개방과 쌀 경작농가 보상정책을 중심으로". 『21세기 정치학회보』 제16권 1호. pp.273-299.

2. 과정

1991년은 일본이 쌀 시장개방 압력을 본격적으로 받기 시작한 해였다. 이 시기는 우루과이 라운드가 타결되기 위해서는 일본이 쌀 시장에 대해서 어떤 조치를 취해야만 하는 절박한 상황이었다. 1991년 말, 미야자와 내각이 출범하자 일본 정부는 쌀 수입에 대한 타협안을 내놓았는데, 이것이 최소시장접근(MMA, Minimum Market Access)이라는 일종의 수입쿼터제이다. 이때 일본 정부와 GATT는 기준 기간(우루과이 라운드 협상을 시작한 1986년에서 1988년까지 3년간)의 수입량이 국내 소비량의 3퍼센트 미만인 품목(주로 쌀이 해당)에 대해서 연간 증가 폭을 연간 국내 소비량의 0.8퍼센트[2](백미 7만 6000톤)에서 절반인 0.4퍼센트[3](3만 8000톤)로 감축하기로 합의했는데, 협정 실시 초년도(1995)에 국내 소비량의 3퍼센트, 최종연도(2000)에 5퍼센트의 수입기회를 제공하기로 했다.

또 관세화에 대해서는 특례조치(Special Treatment)가 설정되었다. 기초적 식료로서 생산조정을 실시하고 있는 등 일정한 요건을 만족시키면 수출 상대국에 대가를 지불한다는 조건에서 협정 실시 기간 중 관세화 유예가 인정된 것이다. 그 요건이란 다음과 같다.[4]

① 기준 기간(1986~1988)에 당해 상품의 수입량이 국내 소비량의 3퍼센트 미만이어야 한다.

② 기준 기간에 당해 상품에 수출 보조금이 지급되지 않아야 한다.

③ 효과적인 생산 조성이 실시되고 있어야 한다.

선진국 중에서 이러한 요건을 갖추고 있는 품목은 사실상 일본의 쌀뿐이었다. 일본은 이에 근거하여 쌀에 대해서 최소시장접근(MMA) 물량을

---

2) 특례조치에 의해 1995년에 기준 연도 국내 소비량의 4퍼센트에서 2000년에 8퍼센트로 인상되는 경우, 연간 증가 폭은 0.8퍼센트(백미 7만 6000톤)이다.

3) 통상의 최소시장접근(MMA)은 1995년에 기준 연도 국내 소비량의 3퍼센트에서 2000년에 5퍼센트를 수입하는 경우, 연간 증가 폭은 0.4퍼센트(백미 3만 8000톤)이다.

4) WTO농업협정 Annex 5의 Section A 1항의 (a), (b), (c).

1995년 3퍼센트에서 4퍼센트(백미 37만 9000톤)로, 2000년 5퍼센트에서 8퍼센트(백미 75만 8000톤)로 인상하는 조건으로 관세화를 유예한 것이다. 또 협정 실시 기간 중에 관세화로 이행하는 경우에는 관세화 당시의 최소시장접근(MMA) 물량 수준을 유지해야 한다.[5)]

3. 쟁점

우루과이 라운드 쌀 시장개방 협상에서의 최대 쟁점은 한국과 마찬가지로 '관세화 유예'의 인정과 유예 조건에 관한 것이었다. 선진국 지위를 가진 일본은 6년의 관세화 유예 특별조치를 인정받은 대신, 최소시장접근(MMA) 물량을 기준연도의 4퍼센트에서 시작하여 6년차에는 8퍼센트까지 증가하기로 하였다.

1999년 일본은 관세화 유예 기간이 종료되기 전에 조기관세화를 단행한다. 이때 최대의 쟁점 사항은 관세상당치(TE, Tariff Equivalent)를 얼마나 높게 설정할 수 있는가에 있었다. 관세상당치(TE)는 국제 가격과 국내 가격의 차이로 계산하는데, WTO농업협정에는 '기준 기간의 수입 가격과 대표적인 도매 가격의 차이'로 계산한다고 되어 있다.[6)]

일본의 관세상당치(TE) 산정은 국제 가격을 기준연도(1986~1988)의 태국산 주정용 수입 가격(1킬로그램당 32엔)으로 하고, 이 기간의 소비량의 64퍼센트를 차지하는 일본 국내산 '상급미' 도매 가격(1킬로그램당 434엔)을 대표적인 국내 가격으로 간주하고 두 가격의 차액 402엔을 기준 관세상당치(TE)로 하여, 여기에 1995~1999년 5년간 12.5퍼센트 감축 기준을 적용, 비교적 높은 관세상당치(TE. 402엔×0.875=351엔)를 산출했다.[7)]

---

5) 양기웅 / 박성우 / 강삼구 / 정미령. 앞의 논문(주 1). pp.273-299.

6) 관세상당치(TE) 설정 근거는 WTO농업협정 부속서 5의 부록, 즉 '부속서 5의 6항 및 10항에서 규정하는 특정 목적을 위한 관세상당치 산정지침'에 규정되어 있다.

7) 김태곤 / 정정길. 2004. 『일본과 대만의 쌀 시장개방과 시사점』. 한국농촌경제연구원 KREI 농정연구속보 2004-3(제8권). p.2.

일본이 당초 6년간 확보한 관세화 유예를 중단하고 조기에 관세화로 전환한 배경은 최소시장접근(MMA) 물량에 대한 수급 관리 부담 때문이었다. 관세화 전환의 경우는 관계국과 협의 없이 WTO농업협정의 규정에 의한 관세화 이행 시기, 관세상당치(TE) 및 관세상당치(TE) 계산 근거, 관세율할당(TRQ, Tariff Rate Quota) 관리 방법 등을 포함하는 이행계획서(CS, Country Schedule) 수정안을 WTO에 통보하고 WTO는 이것을 전체 가맹국을 상대로 90일간 공시하며, 공시 기간 중에 가맹국의 이의 신청이 없으면 이행계획서(CS) 수정안이 확정되는 것으로 해석된다.

그런데 일본의 이행계획서(CS) 수정안에 대하여 관계국의 이의 제기가 있었다. 일본의 관세상당치(TE)가 지나치게 높게 산정된 것에 대하여 호주, 아르헨티나, EU, 우루과이 등 4개국이 이의 신청을 한 것이다. 일본은 관세상당치(TE) 계산은 WTO농업협정의 규정에 따른 것이라고 상대국에 이해를 구했다. 그리고 미국 또한 일본의 관세상당치(TE)에 불만을 표시했다. 일본, 최소시장접근(MMA) 수입량의 50퍼센트에 가까운 점유율을 차지하고 있던 미국은, 최소시장접근(MMA) 증가 폭의 억제는 자유화에 반하는 것이며 파쇄미를 포함한 값싼 수입쌀과 국내산 고급쌀의 가격을 비교해서 관세상당치(TE)를 지나치게 높게 계산한 것은 문제가 있다고 비판하고 있었지만 공식적인 이의 제기는 하지 않았다. 최종적으로 일본의 이행계획서(CS) 수정안은 당초 관세화 이행 시기를 넘긴 2001년 12월에 확정되었다.[8)]

4. 전략

쌀 시장개방 협상에서 나타난 일본 협상 전략의 특징은 다음과 같다. 첫째, 1986년부터 일본 쌀 시장에 대한 미국 업체의 제소가 있었다. 이에 일본 측은 미국 정부와의 양자 협상보다는 우루과이 라운드라는 다자 협

---

8) 김태곤 / 정정길. 2004. 앞의 책(주 7). pp.3-4.

상에서 이 문제를 해결하겠다고 약속함으로써, 쌀 시장개방이 양자 협상 구도 속으로 들어가는 것을 미연에 방지하였다. 당시 미국 업체가 요구하는 일본의 쌀 시장개방 폭은 결과적으로 일본이 우루과이 라운드 협상에서 개방한 것보다 훨씬 높은 수준이었다.[9)]

둘째, 우루과이 라운드 협상에서 쌀 시장개방을 둘러싼 정체 상황을 타개하기 위하여 일본은 최소시장접근(MMA)이라는 새로운 아이디어를 제시함으로써 협상 정체를 해결할 수 있는 계기를 제시할 수 있었다. 즉 당시 우루과이 라운드 협상의 '예외 없는 관세화'원칙에 예외를 만들어 내기 위하여 최소시장접근(MMA)이라는 보상을 관계국들에게 제공함으로써, 쌀에 대한 관세화 유예라는 절충안을 도출할 수 있었던 것이다.

셋째, 일본은 우루과이 라운드에서 보장받은 6년이라는 관세화 유예 기간을 2년이나 남겨 둔 1999년 조기관세화조치로 전환하는 결정을 내렸다. 이 과정에서 일본은 관세장벽을 높게 설정하기 위하여 '관세상당치(TE)' 계산을 자국에게 가장 유리하게 실시하였고, 결과적으로 관세화 이후에도 의무 수입을 해야 하는 관세율할당(TRQ) 물량 이외 관세 수입 물량은 거의 제로 수준으로 억제하는 데 성공했다. 이행계획서(CS) 수정안 공시 과정에서 이의를 제기한 이해 당사국을 설득하고, 미국이 이의를 공식적으로 제기하지 않도록 물밑 협상을 성공적으로 이루어 낸 것도 일본의 외교 성과라고 할 수 있다.

넷째, 일본 측은 관세화 전환에 대비하여 국내 이해 당사자들과 신뢰관계를 구축함으로써 충분한 국내적 협의 과정을 성공적으로 거쳤다. 합리적인 국내적 보상 체계를 구축하고 정책 일관성을 유지함으로써 'WTO 삼

---

9) 1988년 9월 14일 미국 쌀도정협회(RMA)는 일본 쌀 시장을 2차 제소한다. 여기에서 미국 정미업자협회는 "4년 내에 국내 수요의 10퍼센트까지 외국 쌀의 수입을 인정하는 합의 도출을 미국통상대표부(USTR)에게 요구하고 있다." 최용규. 1988. "미 · 일 간의 쌀 시장개방 분쟁과 일본의 선택". 『농촌경제』 제11권 4호. pp.77-91.

자 회의'를 설치하여 정부(농림수산대신), 의회(자민당 농림수산물무역대책특별위원장), 생산자 단체(전국농협협동조합중앙회 회장) 사이에서 관세화 전환의 합의를 도출할 수 있었다. 이들의 합의 내용은 ① 뉴라운드에서의 행동 통일, ② 식료·농업·농촌기본법에 근거한 농정을 국제적인 규정에 정당하게 위치하도록 대책 강구, ③ 국내 농업을 기본으로 한 식량의 안정적인 공급, ④ 최소시장접근(MMA) 수입 쌀에 대한 정부의 책임 있는 대응 등이다.[10)]

5. 결과

일본은 우루과이 라운드 농업 협상에서 중요 품목인 쌀에 대해서는 1995~2000년 6년간 관세화를 유예하는 대신 의무적 수입인 최소시장접근(MMA)을 1986~1988년 평균소비량의 4퍼센트에서 8퍼센트까지 확대할 것을 약속하였다. 그리고 최소시장접근(MMA) 수입 쌀에 대해서는 국영무역을 실시하되, 그 일부를 동시매매입찰(SBS, Simultaneous Buy and Sell)이라는 형태로 민간 수입을 할당하였다. 이후 일본은 가중되는 최소시장접근(MMA) 물량의 국내 재고 문제 등을 고려하여 1999년 4월부터 관세화로 전환하는 조치를 결정했고, 실시 3개월 전인 1998년 12월 21일 WTO 사무국에 통보하였는데 일본의 이행계획서(CS) 수정안은 이해 당사국들의 이의 제기가 있었기 때문에 당초 관세화 이행 시기를 넘긴 2001년 12월 확정되었다.[11)]

10) 김태곤 / 정정길. 2004. 앞의 책(주 7). p.4.

11) 일본의 이행계획서(CS) 수정안의 골자는 다음과 같다. 관세화 이행 시기 : 1999년 4월 1일 ; 관세상당치(TE) : 1999년 351엔 / kg, 2000년 이후 341엔 / kg ; 관세율할당(TRQ) 수입량 및 배분 : 76만 7000톤〔10만 톤 정도 동시매매입찰(SBS) 수입〕; 관세율할당(TRQ) 관리 : 종전대로 국영 무역을 실시하고 용도를 제한.

❑ 주요 연표

1983. 6.	미국 윌리엄스버그 경제정상회담, 새로운 다자간 무역자유화 협상 필요성 천명
11.	미 · 일정상회담, 미국과 일본이 새로운 무역 협상에 앞장설 것 합의
1984. 4.	서울 통상장관 회담, 개발도상국의 새로운 라운드 참여 필요성 공감 GATT에 통보
11.	GATT 총회에서 새로운 라운드의 준비위원회 구성키로 결정
1986. 9.	미국 쌀도정협회(RMA), 일본 쌀 시장개방을 미국통상대표부(USTR)에 청원
9. 20.	우루과이의 푼타델에스테, 우루과이 라운드 협상 출범
1987. 2.	15개 협상그룹 구성
1990. 12.	브뤼셀에서 각료급 무역협상위원회(TNC)개최했으나 타결 실패
1991. 2.	무역협상위원회(TNC) 회의에서 협상 시한을 연장키로 결정
4.	협상그룹을 15개에서 7개로 개편
12.	둔켈 GATT 사무총장이 최종 의정서 초안(둔켈초안) 제시
1992. 1.	협상그룹을 4개 분야로 재조정
7.	독일 뮌헨에서 열린 G7 정상회담에서 막후교섭을 벌였으나 합의 실패
11. 20.	미국 · EC 농산물 분야의 쟁점 타결 기본 원칙 합의(블레어하우스협정)
1993. 5. 14.	미국 · EC · 일본 · 캐나다 등 4개국 통상장관, 우루과이 라운드 교착 상태 타결 결의
6. 30.	미국 상원, 무역 협상신속처리권 12월 15일까지 연장키로 결정

1993. 7. 7.~9.	일본 도쿄에서 열린 G7 정상회담에서 연내 타결 의지 공표
7. 28.	무역협상위원회(TNC)에서 12월 15일까지 우루과이 라운드 협상을 완료하기로 합의
9. 13.	다국간·양자 간 협상 본격 재개
10.	일본 정부, 쌀 시장을 개방하기로 미국과 합의
11. 17.	북미자유무역협정(NAFTA, North American Free Trade Agreement), 미 하원 통과
12. 1.	한국 정부, 대외협력위 열고 협상단 파견 결정
12. 2.~3.	미·EC 우루과이 라운드 협상, 시청각 상품 분야 제외한 포괄적 타협안 마련
12. 3.	한미 농림장관 회담
12. 9.	김영삼 대통령, 쌀 시장개방에 따른 대국민 사과
12. 13.	한미 농림장관 회의, 한국 측 농산물 일괄 타결
12. 14.	다자 차원의 무역협상위원회(TNC) 회의 개최, 우루과이 라운드회담 사실상 종결
12. 15.	무역협상위원회(TNC) 회의에서 전원합의로 우루과이 라운드 타결
1994. 4. 12.	모로코에서 각료급 회의 개최, 최종 협정문 서명

❑ 참고문헌

단행본

경제자료연구회. 1994. 『우루과이 라운드 100문 100답』. 신라원.

김기홍. 1995. 『GATT, 우루과이 라운드, 그리고 한국』. 한울.

김병택. 2004. 『한국의 쌀정책』. 한울아카데미.

김재수. 2005. 『미국 농업정책과 한국 농업의 미래』. 백산출판사.

김지홍. 2004. 『쌀 협상과 미곡산업 구조조정방안』. 한국개발연구원.

김태곤/정정길. 2004. 『일본과 대만의 쌀 시장개방과 시사점』. 한국농촌경제연구원 KREI 농정연구속보 2004-3(제8권).

사공용. 2008. 『UR, DDA, FTA와 한국농업』. 서강대학교출판부.
한국농촌경제연구원. 2008. 『쌀 관세화 유예 3년의 평가와 향후 방향』.

논문

양기웅 / 박성우 / 강삼구 / 정미령. 2006. "일본의 대외통상 협상과 국내적 보상 시스템: 일본의 쌀 시장개방과 쌀 경작농가 보상정책을 중심으로". 『21세기 정치학회보』 제16권 1호.
최용규. 1988. "미 · 일 간의 쌀 시장개방 분쟁과 일본의 선택". 『농촌경제』 제11권 4호.

제7장

한중 마늘 협상(1999~2001)

1. 배경

양국 간의 경제관계가 긴밀할수록 통상 분쟁의 빈도도 증가한다. 1992년 수교한 이후 한중 교역규모는 급신장하여 2005년 1005억 달러를 달성하였고 한국에게 중국은 미국을 능가하는 제1의 교역국이 되었다. 하지만 교역량의 증대는 곧 무역 규제와 통상마찰의 증가로 이어진다. 한중 간에는 무역, 투자, 지식재산권(Intellectual Property Rights. 2005년 이전에는 '지적재산권'이라 했다), 경쟁정책, 환경 등 다양한 분야에서 갈등과 분쟁이 이어진다.

한중 마늘 협상은 한중 경제관계의 한 단면을 볼 수 있는 중요한 사례이다. 국내 마늘은 1999년 국내 농가의 30퍼센트인 32만 가구에서 48만 3778톤을 생산하여, 금액으로는 1998년 기준 1조 709억 원으로 국내 농산물 중 5위를 차지하는 주요한 농산물이었다. 하지만 전 세계 마늘 생산량의 75퍼센트를 생산하고, 인건비가 저렴하며 중국에서도 음식의 주재료로 사용되는 중국 마늘의 가격은 우리 마늘 가격의 3분의 1에도 미치지 못하였다.

한국은 수입이 제한되어 왔던 품목인 마늘을 우루과이 라운드 협상에서 마늘 수입의 관세 수준을 가공도(신선마늘, 냉장마늘, 건조마늘, 일시저장마늘, 냉동마늘, 초산조제마늘 등)에 따라 조정하였다. 신선마늘 · 냉장마늘(통마늘 또는 껍질을 벗긴 깐마늘)은 최소시장접근(MMA, Minimum Market Access) 물량(1만 1252톤) 이내에서는 기본 관세 50퍼센트를 부과하고, 초과 물량에 대해서는 고율 관세(1995~2004년 10년간 396퍼센트에서 매년 4퍼센트씩 감소)를 적용하기로 하였으나, 냉동마늘이나 초산조제마늘의 경우에는 국내 수요가 없거나 미미할 것으로 판단하여 30퍼센트의 관세로 개방할 것을 약속한 것이다.[1)]

하지만 당초 정부의 예상과는 달리 협정 발효 이후 양국 간 마늘 가격의 차이가 현격해지자 신선마늘을 비롯하여 냉동마늘과 초산조제마늘의 수입이 크게 늘어 1997년 1만 9884톤이던 중국 마늘 수입량이 1998년에는 3만 9747톤, 그리고 1999년 1~6월에는 2만 5338톤으로 급증하면서 국내 시장 점유율이 11퍼센트 상승함에 따라 국내 마늘 가격은 크게 하락하였다. 또한 국내 수입업자들은 1998년 중국 현지에 냉동 창고와 깐마늘을 만드는 작업장을 세우기 시작하였다.

1999년 9월 말 국내 마늘농가의 피해를 우려한 농협이 중국산 마늘에 대한 피해구제를 신청하게 되었다. 이후 조사 결과 피해가 있다고 판정한 재정경제부는 2000년 6월 중국산 냉동마늘과 초산조제마늘의 관세율을 30퍼센트에서 최고 315퍼센트로 대폭 올리는 세이프가드조치를 취했으나, 중국은 이를 받아들이지 않았고 1주일 뒤 한국산 휴대전화와 폴리에틸렌의 수입을 잠정 중단한다는 보복조치를 발표했다. 이와 같은 중국의 조치는 국제규정에 어긋난 것이지만, 당시 중국이 WTO 비가입국이었기 때문에 제소나 중재를 요청할 방법이 없어 양국은 양자 협상을 통하여 이 문제를 해결할 수밖에 없었다.[2)]

1) 국가기록원 나라기록. "한중 마늘분쟁". http://contents.archives.go.kr/next/content/listSubjectDescription.do?id=004907

2) 이신규. 2006. "한중 마늘통상분쟁 협상의 의미". 『창업정보학회지』 제9권 2호. pp.191-205.

〈표 7-1〉 WTO체제 이후 중국산 마늘의 수입 현황[3]

(단위 : 톤)

	신선 / 냉장 (깐마늘, 통마늘)	냉동마늘	건조마늘	초산조제마늘	전체
1996	4156	2023	400	888	7469
1997	1만 2936	3768	48	1633	1만 8385
1998	2만 5623	7795	421	2148	3만 5987
1999	1만 4355	1만 8598	641	3631	3만 7225

2. 과정

냉동마늘과 초산조제마늘의 경우 1996년 대비 1999년 수입량은 각각 9배와 4배로 급증하였다. 중국산 마늘의 수입 급증으로 국내 마늘 생산 농가가 큰 타격을 받았다. 1999년 9월 30일 농협중앙회는 지식경제부 산하 무역위원회에 산업 피해 조사를 신청하였다. 무역위원회는 그해 10월 11일 중국산 마늘에 대한 산업 피해 조사에 착수하여 10월 27일 중국산 마늘에 285퍼센트의 잠정 긴급 관세 부과를 재정경제부에 건의하였다. 11월 8일 재정경제부는 11월 18일부터 2000년 6월 4일까지 200일 동안 냉동마늘과 초산조제마늘에 대해 수입관세를 30퍼센트에서 315퍼센트로 인상하는 잠정 긴급 관세를 부과하기로 결정하였다.

이어 2000년 1월 12일 무역위원회는 공청회 개최를 통해 이해 당사자를 대상으로 산업 피해 구제 신청과 관련한 공청회를 개최했고, 2000년 3월 15일 무역위원회는 수입 마늘에 대해 3년간 긴급 관세를 부과해 줄 것을 재정경제부에 건의하였다. 3월 17일 재정경제부는 중국산 마늘에 긴급 관세 부과를 공식적으로 결정하였다.

이 같은 세이프가드 발동 후 한국은 2000년 4월 24일과 5월 18일 두 차

3) 한국농촌경제연구원. 『농업관측월보』 2000. 7.

례에 걸쳐 중국과 협상을 하였다. 한국 정부는 옥수수·참깨 수입을 늘리고 조정 관세 부과 품목의 관세를 인하하는 타협안을 중국 정부에 제시하였으나 합의점을 찾지 못했으며, 5월 26일 WTO에 세이프가드조치를 통보하고 2000년 6월 1일부터 2003년 5월 31일까지 3년간 긴급 관세를 부과하기로 최종 결정하였다.4)

한국 측의 긴급 수입제한조치에 대항하여 6월 7일, 중국 정부는 한국산 휴대용 무선전화기와 폴리에틸렌에 대해 잠정 수입금지조치를 취하였다. 한중 무역에서 중국산 마늘의 수입 총액(898만 달러)에 비해 중국의 한국산 휴대용 무선전화기에 대한 수입 총액(약 5억 달러)이 훨씬 높았다. 이는 무역 보복의 규모는 비슷해야 한다는 WTO의 '비례성의 원칙'에 위배되는 조치였다.

한중 간 마늘 분쟁이 통상 문제로 발전되자, 양국은 문제해결을 위한 협상을 계속하였다. 2000년 6월 29일 베이징에서 한중 마늘 협상을 개시로 7월 7일 양국은 마늘 협상 합의서 문안에 합의, 7월 31일 합의서에 서명하여 8월 2일 발효하였다. 합의서에서 중국은 한국산 휴대전화 수입 중단 조치를 해제하는 대신 한국은 2000년부터 3년간 관세율할당(TRQ, Tariff Rate Quota) 방식으로 매년 일정량의 중국산 냉동마늘 및 초산조제마늘의 수입을 허용하는 물량 합의를 이끌어 내었다.

8월 2일 재정경제부는 긴급 관세 부과 기간을 2002년 12월 31일까지로 단축하였고, 중국산 냉동마늘 및 초산조제마늘에 대하여 쿼터를 설정하여 저율 관세를 적용하였다. 2001년 4월 21일 외교통상부는 베이징에서 중국과의 회담에서 중국 측에 2000년 소진되지 않은 쿼터 물량에 대해 수

---

4) 냉동마늘과 초산조제마늘의 경우 30퍼센트 기본 관세에 추가하여 285퍼센트 또는 1,707원/kg 중 고율의 긴급관세를 부과하였는데, 결과적으로 총관세는 315퍼센트 또는 1,887원/kg 중 고액(률)이 적용된다. 긴급 관세 부과 기간은 3년이며 추가 관세 부분에 대해서는 매년 4퍼센트씩 인하하기로 하였다.

입을 보장하고 2001년과 2002년의 쿼터 물량에 대한 수입을 보장하였다.

그러나 2001년 초부터 중국 측은 한중 마늘 협상에서 합의된 2000년도 중국산 마늘 수입 예정 물량 수입을 요청하면서 수입하지 않을 경우 휴대전화와 폴리에틸렌 수입을 다시 금지하겠다고 한국 정부에 통보하여 마늘 분쟁이 재현되었다.[5] 이에 대해 외교통상부는 2001년 4월 21일 베이징에서 중국과 회담하여 결국 마늘 전량을 2001년 8월 31일까지 수입하기로 합의하였다. 다만 수입 시한을 중국이 요청한 6월 말에서 8월 말 이전으로 늦추고, 1톤당 가격은 지난해 본선인도조건(FOB, Free on Board) 가격 기준보다 낮추었다.

2000년 7월 한중 마늘 협상 타결 시 "2003년부터 마늘 세이프가드를 해제하고, 마늘 수입을 민간에 맡긴다"라는 내용의 부속서에 합의함에 따라 2003년부터 중국산 마늘의 수입자유화가 이루어졌다. 마늘 수입량은 계속 증가하다가 2004년을 정점으로 줄어들고 있으며, 중국의 WTO 가입 이후 마늘 수출국이 다변화되면서 한국에 대한 수출량이 다소 감소되었다.[6]

3. 쟁점

한중 마늘 분쟁의 쟁점은 2000년부터 3년간 중국으로부터 수입할 마늘 물량과 관세, 수입 방법 등에 관한 사항이다. 먼저 한국 정부는 중국에서 수입할 냉동마늘 및 초산조제마늘에 대해서 30퍼센트 기본 관세에서 315퍼센트의 고율 관세를 적용한다. 이에 대한 보복으로 중국 정부는 2000년 6월 7일부터 한국산 휴대용 무선전화기와 폴리에틸렌에 대해 잠정 수입금지조치를 취하였다. 이에 양국 정부는 2000년 6월 29일 베이징에서 3차 한중

5) 전의천. 2002. "한중 마늘분쟁에 따른 한국의 대응과제". 『산업경제연구』 제15권 3호. pp.359-373.

6) 안세영. 2004. "한중 마늘 협상에 대한 연구-보복위협효과를 중심으로". 『무역학회지』 제29권 4호. pp.33-50.

마늘 협상을 시작해 7월 15일 합의에 도달하였다. 그 내용으로 첫째, 세이프가드 기간 단축(2002년 말 종료), 둘째 중국은 한국산 휴대용 무선전화기와 폴리에틸렌에 대한 수입금지조치를 해제하는 대신 한국은 중국에서 수입되는 냉동마늘과 초산조제마늘을 매년 2만여 톤 수입하는 관세율할당(TRQ)을 실시하는데 수입 쿼터 2만여 톤에 대해서는 30퍼센트 기본 관세만 적용하기로 정했다. 아래의 표는 한국 측의 당초 긴급 과세 내용 및 한중 협상 내용을 간략히 정리한 것이다.[7)]

〈표 7-2〉 중국산 마늘에 대한 당초의 긴급 관세(2000. 6. 1)

부과 대상	긴급 관세 (현행 관세+추가 관세)	부과 기간
깐마늘	(376% 또는 1880원/kg)+ (60% 또는 300원/kg)	3년 (추가 관세 부분에 대해 매년 4%씩 인하)
냉동마늘	(30%)+(285% 또는 1170원/kg)	
초산조제마늘	(30%)+(285% 또는 1170원/kg)	

〈표 7-3〉 한중 마늘 협상에 의한 최소시장접근(MMA) 물량과 관세율할당(TRQ) 물량

(단위 : 톤)

구분	대상 품목	2000년 (1차 연도)	2001년 (2차 연도)	2002년 (3차 연도)	쿼터 내 관세
최소시장접근 (MMA)	신선·냉장·건조마늘	1만 1895	1만 2538	1만 3181	50%
관세율할당(TRQ)	냉동·초산조제마늘	2만 105	2만 1190	2만 2267	30%
계		3만 2000	3만 3728	3만 5448	

7) 곽노성. 2002. "통상 협상체제의 평가와 신(新)체제 구축의 대안 : 한중 마늘 협상 사례를 중심으로". 『협상연구』 제8권 2호. 한국협상학회. p.258.

이렇게 한중 마늘 분쟁이 마무리된 듯했으나 2001년 4월 6일 2차 마늘 분쟁이 발발했다. 중국 정부는 2000년 3만 2000톤을 수입해 줄 것을 약속했던 한국 정부가 2만 2000톤만 수입하면서 협정을 위반했다고 주장하며 보복조치를 재개할 것이라고 경고했다. 이에 대해 한국 측은 2000년도 예정된 수입 물량이 미소진된 이유는 도입 기간이 2000년 8월 2일 발효되어 4개월 정도였기 때문이라고 설명하며, 2001년 4월 21일 베이징에서 열린 한중 통상장관 회담에서 미소진 물량(약 1만 톤)을 2001년 8월 31일까지 전량 수입하고 2001년, 2002년 쿼터 물량 수입도 보장하겠다고 약속하였다.[8)]

이처럼 분쟁이 재현된 이유는 합의문의 내용을 둘러싼 해석 차이가 있었기 때문이다. 즉 합의문 중 "최소시장접근(MMA) 물량을 포함해 한국은 2002년까지 3만 2000에서 3만 5000톤의 중국산 마늘을 매년 관세율할당(TRQ) 방식으로 수입한다"라는 부분에 대해, 중국 측은 관세율할당(TRQ)을 정부가 수입을 보장하는 '의무 수입 물량'으로 해석했고 한국 정부는 국제 관례상 낮은 관세로 수입하는 '최대한도'로 해석했다.

세부적 쟁점과 더불어 한중 마늘 분쟁의 핵심적인 쟁점은 한국 정부의 중국산 수입 마늘에 대한 긴급 수입제한조치는 국제 통상 관련 국제법과 WTO 규정에 위배되지 않는 조치였다는 점이다. 이에 반하여 중국 정부의 보복조치 태도는 국제 통상 관련 국제법과 WTO 규정에 어긋나는 행위였다. 중국 정부의 보복조치 과정상에도 사전협의가 없었고, 고율관세부과 조치를 생략하며 보복조치 대상은 농산물이 아닌 공산품을 신택했다. 또한 보복조치의 금액에서도 50배에 달하는 품목을 선정하여 국제 통상 관련 국제법과 WTO 규정을 위반하였다.[9)] 중국 정부의 이 같은 강경전략은 WTO 가입을 앞두고 한중 통상 협상에서 우위를 선점하기 위한 전략적 행동이라고도 볼 수 있다.

8) 안세영. 앞의 논문(주 6). pp.35-37.

9) 전의천. 앞의 논문(주 5). p.366.

4. 전략

한중 마늘 협상에서 한국 측은 다음과 같은 협상 전략을 사용하였다. 첫째, 비록 중국이 WTO 가입을 하지 않은 상태였지만 한국 정부는 WTO 규정과 절차에 근거하여 대중국 세이프가드조치를 발동했다. 이는 중국의 대응조치 또한 WTO 규정 내에서 취해질 것을 기대한 측면이 있다. 하지만 중국은 한국의 긴급 수입제한조치에 대한 보복조치를 취함에 있어서 WTO가 정한 '비례성의 원칙'에 어긋나는 대량 보복을 감행했다.

둘째, 한국 측은 중국의 대량보복전략에 순응하는 전략을 채택했다. 2000년 6월 7일 중국 정부가 한국산 휴대용 무선전화기와 폴리에틸렌에 대한 수입제한조치를 취하자, 바로 협상에 들어가서 7월 15일 합의를 도출하는데 중국의 한국 시장에 대한 마늘 수출 거의 전량을 최소시장접근(MMA) 및 관세율할당(TRQ) 물량의 낮은 관세로 수입하는 것을 정부가 보장해 주었다. 이는 한국 측의 협상 결렬비용이 너무 컸기 때문에 한국이 양보했다고 해석할 수 있다. 2000년 당시 한국의 대중 무역흑자는 58억 달러에 달하고 있었는데, 중국은 막대한 무역적자 속에서 농축산물 분야에서만 겨우 5~13억 달러 수준의 흑자를 내는 상황이었다. 따라서 한국 측이 820만 달러의 마늘 수입에서 양보하면서 한국산 휴대전화 4100만 달러, 폴리에틸렌 4억 7100만 달러의 약 60배 이상의 수출 이익을 지키는 선택을 하면서 천문학적인 대중 흑자 기조를 안정적으로 유지하고자 했다.

셋째, 국내 마늘 농가에 대한 지원책을 제시함으로써 '대외적 위기'에는 '국내적 보상'으로 대응하는 패턴이 반복되었다. 1999년 마늘 재배 농가는 약 42만 호로서 한국 전체 농가 138만 호의 약 31퍼센트를 차지하고 있었고, 금액으로는 연간 7350억 원(1999년 기준)의 생산규모로서 한국의 4대 주요 작물(쌀 · 고추 · 감귤 · 마늘 순)이었다. 그리고 이들 마늘 재배 농가는 영호남 지역에 편중되어 있었고 지역구 국회의원을 매개로 하는 마늘 농

가의 정치적 영향력이 아주 컸다.[10)]

넷째, 2차 한중 마늘 협상에서 한국 측은 약 1만 톤의 물량을 2001년 8월 말까지 추가 수입하기로 합의했다. 수입한 마늘 전량을 홍콩 등 제삼국으로 수출하기로 하고, 그 수입비용(약 81억 6000만 원)을 농림부(농안기금 즉 농산물가격안정기금) · 폴리에틸렌업계 · 휴대전화업계가 각각 3분의 1씩 부담하기로 했다. 이 같은 국내적 비용 분담에 대해서 패자 산업의 피해를 승자 산업이 보전하게 하는 것으로서 반시장경제적 정책이라고 비판하는 주장이[11)] 있지만, 통상마찰을 극복하기 위한 민관 협력체제의 구축 사례로도 볼 수 있을 것이다.

다섯째, 한국 측은 비밀협상전략을 사용했다. 2001년 한중 합의록 작성 시 양국 정부 대표는 부속서에 "2003년 이후 마늘 수입을 자유롭게 할 수 있다"라는 문구를 삽입했지만, 한국 정부는 이를 국내에 발표하지 않았다가 2002년 6월 농협중앙회가 마늘 세이프가드를 2006년 말까지 4년 연장해 줄 것을 무역위원회에 요청하면서 이 조항이 드러남으로써 엄청난 국내적 파문이 확산되었다.

중국은 첫째, 경쟁적 협상 전략을 사용했고 협상 과정에서 강성협상전략과 투쟁적 협상 등의 경쟁협상전략을 사용하였다. 이 전략은 한중 마늘 협상을 제로섬게임으로, 한국을 적대자로 간주하고 상대로부터 최대의 양보를 얻어 내는 전략이다. 둘째, 보복위협전략이 있다. 보복위협전략에 근거한 경쟁협상전략을 구사함으로써 중국은 실제로 상당한 협상 성과를 거두었다. 이에 굴복한 한국 정부가 그동안 민간이 자율적으로 수입하던 마늘을 의무적으로 수입하겠다고 양보한 것이다.[12)] 셋째, 중국은 수요 독점적 지위를 활용하는 전략을 사용했다. 중국은 대중국 시장 의존도가 높은

---

10) 안세영. 앞의 논문(주 6). p.43.

11) 안세영. 앞의 논문(주 6). p.46.

12) 이신규. 앞의 논문(주 2). p.202 ; 안세영. 앞의 논문(주 6).

한국의 휴대전화와 폴리에틸렌이라는 산업 분야를 타기팅하여 보복 협박을 한 것이다.[13)]

5. 결과

한중 마늘 협상에서 한국 정부의 중국산 마늘에 대한 세이프가드가 경제적 동기가 아닌 정치적 동기에서 출발한 것은 명확한 사실이다. 당시 2001년 총선을 앞두고 농민 표를 의식한 정치권의 압력에 밀려서 대중긴급조치를 취함으로써 중국의 대응에 대한 효과적인 협상 전략을 사전에 치밀하게 마련할 수 없었다.[14)] 또한 마늘 협상 당시 한국의 공무원들은 전문지식이 부족하고 협상 당시의 내부 사정조차 알지 못했다. 통상교섭본부가 출발하면서 전문가의 기용을 시도하였으나 실패하였다. 또한 통상교섭본부는 교섭 책임만을 가진 조직으로서, 실질적 권한이 부족하고 대국민 설득 채널 또한 부족하여 비난의 대상이 되어 왔다. 한중 마늘 협상의 경우에도 무역위원회의 피해 조사와 재정경제부의 조치 결정까지 통상교섭본부는 아무런 권한을 행사하지 못하다가 중국의 위협이 본격화되자 나서게 되었다.[15)]

앞으로 중국과의 교역에서 이와 유사한 통상 갈등은 재현될 가능성이 있다. 중국의 입장에서는 농산물의 수출을 증가시킴으로써 한국과의 공산품 무역적자를 상쇄시키려고 노력할 것이기 때문에 쌀 등 농산물 시장개방에 대한 요구를 강화할 것으로 보인다. 이에 대해 국내 농산물의 이해당사자들의 반발이 거셀 것은 자명한 일이다.

결국 중국과의 대외 통상 협상 못잖게 중요한 것은 이해 당사자들에 대

---

13) 전의천, 앞의 논문(주 5), p.371.
14) 이신규, 앞의 논문(주 2), p.200.
15) 곽노성, 앞의 논문(주 7), pp.263-264.

한 내부 협상이기 때문에 내부 협상을 고려한 구체적인 통상 협상 전략을 수립하여 활용해야 할 것이다.[16] 그리고 한중 통상마찰을 WTO 분쟁 해결 시스템 속에서 해결하는 지혜를 발휘해야 한다. 마지막으로 앞으로의 한중 협상에서는 과거 한미 양자 간 통상 협상에서 미국의 통상법 슈퍼 301조 공세와 압도적인 힘의 비대칭성 속에서도 국가이익을 최대한 지켜냈던 협상의 경험과 지혜를 활용해야 한다.

❑ 주요 연표

날짜	내용
1999. 9. 30.	농협중앙회, 산업자원부 산하 무역위원회에 산업 피해 조사를 신청
10. 11.	무역위원회, 중국산 마늘에 대한 산업 피해 조사에 착수
10. 27.	농협, 중국산 마늘에 대해 285퍼센트의 잠정 긴급 관세 부과 재정경제부에 건의
11. 18.	한국 정부, 2000년 6월 4일까지 200일간 잠정 긴급 관세를 30퍼센트에서 315퍼센트로 상향 조정 부과하기로 결정
2000. 3. 15.	무역위원회, 수입 마늘에 대해 3년간 긴급 관세 부과할 것을 재정경제부에 건의
5. 26.	재정경제부 세이프가드조치 발동을 WTO에 정식 통보
6. 1.	2003년 5월 31일까지 3년간 긴급 관세 부과하기로 최종 결정
6. 7.	중국, 한국산 휴대용 무선전화기와 폴리에틸렌에 대해 잠정 수입금지조치
6. 29.	베이징에서 한중 마늘 협상 개시
7. 7.	양국은 마늘 협상 합의서 문안에 합의

16) 이신규, 앞의 논문(주 2), pp.202-203.

2000. 7. 31.	합의서 서명
8. 2.	합의서 발효, 긴급 관세 부과 기간을 2002년 12월까지로 단축, 중국산 냉동마늘 및 초산조제마늘에 대하여 쿼터를 설정하여 저율 관세 적용〔관세율할당(TRQ)〕
2001. 4. 21.	한국 외교부, 중국 회담. 마늘 1만 300톤 전량을 2001년 8월 31일까지 수입하기로 합의
2002. 6. 28.	농협, 세이프가드 연장 신청
7.	마늘 재협상 요구
7. 16.	한중마늘협정의 부속서 파문
2003. 1.	중국, 마늘 세이프가드 해제[17]

❑ 참고문헌

1차 자료

전라북도 도의회 산업경제위원회. 2002. 『중국산 마늘 긴급 수입제한조치 해제 대책수립 촉구 건의안』.

단행본

박정동 / 유진성. 2002. 『(중국의 WTO 가입을 계기로 본) 한중 간 주요 산업의 경합 및 보완관계』. 한국개발연구원.

논문

곽노성. 2002. "통상 협상체제의 평가와 신(新)체제 구축의 대안 : 한중 마늘 협상 사례를 중심으로". 『협상연구』 제8권 2호. 한국협상학회.

나승희. 2005. "한중무역분쟁사례 연구 : 마늘파동사례를 중심으로". 숭실대석사논문.

노승혁. 2002. "한국 세이프가드제도 및 운용의 문제점과 개선방안 : 유제품과 마늘 사례를 중심으로". 『중소기업연구』 제24권 2호. 한국중소기업학회.

17) 이신규. 앞의 논문(주 2). p.197.

안세영. 2004. “한중 마늘 협상에 대한 연구—보복위협효과를 중심으로”. 『무역학회지』 제29권 4호.
이승훈. 2003. “한중 마늘협상에 있어서 한국의 이해관계와 협상 전략에 관한 연구—퍼트남의 양면게임이론을 중심으로”. 서울대석사논문.
이신규. 2001. “한중 마늘무역분쟁에 관한 의미와 평가”. 『관세학회지』 제2권 1호.
______. 2006. “『한중 마늘통상분쟁 협상의 의미”. 『창업정보학회지』 제9권 2호. 한국창업정보학회.
장춘녀. 2010. “한국과 중국의 통상정책에 관한 비교연구”. 성균관대석사논문.
전의천. 2002. “한중 마늘분쟁에 따른 한국의 대응과제”. 『산업경제연구』 제15권 3호.
홍정옥. 2009. “한국의 한중 FTA 추진 전략에 대한 연구”. 숭실대석사논문.

기타

국가기록원 http://contents.archives.go.kr/next/content/listSubjectDescription.do?id=003099
국가기록원 나라기록. “한중 마늘분쟁”. http://contents.archives.go.kr/next/content/listSubjectDescription.do?id=004907
서정민. 2006. “중국과 주요 국가 간의 농산물 무역분쟁”. 지역재단. http://www.krdf.or.kr/xe/5983

제8장

중·일 신선채소 협상(2000~2002)

1. 배경

일본은 1960년대 전반까지 거의 모든 채소 품목에 대한 수입자유화를 실시했다. 그런데 1970년대는 수입 증가가 완만하였으나 1980년대 중반 이후 1985년 9월의 플라자합의와 엔고, 외식, 식품 가공 산업의 발달, 국내 생산력 저하 등이 원인이 되어 채소 수입이 급증하기 시작한다.

수입 채소는 신선채소와 가공채소(냉동채소 · 염장채소 · 건조채소 · 토마토 가공품 · 조제채소 등)로 구분할 수가 있는데, 1980년대 중반 이후 신선채소와 냉동채소의 수입이 모두 급증하였다. 특히 1990년대 들어 중국으로부터의 수입이 급증하고 있음을 알 수 있다. 일본 국내에서 중국산이 차지하는 비중을 보면 신선채소의 경우 1990년 5퍼센트에서 1999년 35퍼센트로 증가하였고, 냉동채소의 경우에는 같은 기간에 11퍼센트에서 39퍼센트로 증가하였다.[1)]

외국 채소 수입 증가가 일본 내 채소 가격 하락을 조장하여 채소 재배

1) 국회도서관 입법전자정보실. 2002.『농산물 세이프가드를 둘러싼 일본 · 중국의 움직임』. 국회도서관.

농가의 경영을 악화시킴에 따라, 일본의 채소 재배 농가들은 정부에 채소 수입 억제를 위한 긴급 수입제한조치를 취해 줄 것을 강력하게 요구하면서 중·일 농산물 분쟁이 발생하게 된 것이다.

2. 과정

중·일 간 분쟁과 협상 과정을 간략히 정리하면 다음과 같다.[2] 이와 같은 생산 농가의 요구에 대해 일본 농림수산성은 당초 수입 상대국의 보복조치 등을 고려하여 소극적인 입장을 취하였다. 하지만 생산 농가의 불만이 점점 커지고 이를 반영한 자민당의 압박이 강해지자, 2000년 11월 농림수산대신이 대장대신과 통상대신에게 파·토마토·양파·생표고버섯·피망·골풀(다다미 재료) 등 6개 품목에 대해 일반 세이프가드를 발동하기 위한 정부 조사를 요청했다.

농림수산성의 정부 조사 요청에 대장성과 통산성은 처음에는 부정적인 입장이었지만 결국 농림수산성의 요구를 받아들여, 2000년 12월 19일 대장·통상·농림수산대신은 파·생표고버섯·골풀 등 3개 품목에 세이프가드 발동을 위한 정부 조사를 실시하기로 결정하고 12월 22일부터 정부 조사를 실시했다. 정부 조사는 생산자, 생산자 단체, 수입업자, 유통업자, 소비자 등 이해관계자들로부터 증거 제출과 증언 청취 등을 실시하여 수입 증가의 사실과 이로 인한 일본 국내 산업의 피해 등의 사실 유무에 관한 것이었다. 정부 조사는 수입 증가율, 수입 증가량, 국내 시장 점유율, 판매, 생산, 생산성, 조업도, 손익, 고용 등의 9개 항목에 대해 이루어졌다.

결국 일본 정부는 2001년 4월 10일 일반 세이프가드 잠정조치를 발동했다. 농림수산성은 2001년 3월 22일 정부 조사 결과, 3개 품목 모두 수입이

2) 협상 사례는 김태곤의 『일본 신선채소 세이프가드(SG) 발동검토』, 『일본 신선채소 세이프가드(SG) 발동』, 『일본 신선채소 세이프가드 발동 이후』 등의 한국농촌경제연구원 연구자료(2000~2001)를 주로 참조했음을 밝혀 둔다.

증가함에 따라 가격이 하락하여 소득이 줄어들고 수익성이 저하하고 있다고 발표하면서 조속히 세이프가드 잠정조치를 실시할 것을 재무성과 경제산업성에 요구한다. 이에 대해 재무성과 경제산업성은 세이프가드 발동보다는 중국이 자주적 규제를 실시하는 것이 바람직하다는 소극적인 입장을 보였으나, 결국 농림수산성의 요청을 받아들여 잠정조치 발동에 합의함으로써 2001년 4월 10일 각의에서 파 · 생표고버섯 · 골풀 3개 품목에 대해 일반 세이프가드 잠정조치 발동이 정식으로 결정된다.

2001년 10월 31일 재무성, 경제산업성, 농림수산성은 위의 3개 품목에 대한 정부 조사의 주요 지표를 공식 발표하였다. 이것을 기초로 일본 정부는 세이프가드 정식 발동을 실시할 것인지 여부를 판단하게 된다. 일본 당국은 수입 증가와 피해 사이에 인과관계가 있음을 시사했다. 정부 조사 발표에서 수입 증가 시기와 피해 시기는 동일하고, 다수의 도매업자와 유통관계자들이 일본산의 가격 하락이 수입 증가에서 기인하는 것으로 보고 있다고 지적한 것이다. 하지만 일본 정부 내에는 중국과의 관계 악화를 우려하여 정식 발동보다는 협의를 통해 문제를 해결해야 한다는 분위기가 강하게 존재했다. 결국 이런 분위기를 배경으로 일본 정부는 잠정조치가 끝나는 11월 8일까지 정식 발동을 위한 조치를 취하지 않아 11월 9일부터 세이프가드 공백 기간(정식 발동까지 수입 제한이 없는 상태)으로 돌입했다.

중국은 즉각 대응조치에 나섰다. 3개 품목의 일반 세이프가드 잠정조치의 발동에 중국 정부는 보복조치로서 2001년 6월 22일부터 일본산 자동차, 휴대전화, 에어컨에 대해 일률적으로 100퍼센트의 특별 관세를 부과하기로 결정했다. 이에 일본은 중국의 보복조치는 중 · 일무역협정을 위반하는 것이며 WTO협정을 적용해도 정당화할 수 없는 행위라고 반박하면서 보복조치의 철회를 요구했지만, 중국 측은 세이프가드 잠정조치의 철회를 요구하면서 양국은 긴장 속에서 대립하였다.

중국의 보복조치에 일본은 강하게 항의했다. 히라누마 경제산업성(구 통상산업성) 대신은 중국의 보복조치에 대해 "WTO협정에서 보든 일 · 중무역협정에서 보든 정당화할 수 없다. 이번 조치는 극히 유감이다. 즉시 철회해야 한다"라는 담화를 발표하고 이를 위한 협의를 중국 측에 요청했다. 다케베 농림수산성 대신도 중국이 요구하는 세이프가드의 철회는 응할 수 없고, WTO 규정에 근거한 조치이기 때문에 계속 유지할 것이며, 또 정식 발동 여부에 대해서도 정부 조사 결과 최근 수입 동향과 국내 산지의 경쟁력 강화 등을 고려하여 결정할 것이라고 발언했다. 또 JA전중(Japan Agricultural Cooperatives, 전국농업협동조합중앙회) 하라다 회장도 중국의 보복조치는 WTO협정과 일 · 중무역협정에 위반하는 행위라고 비판하는 한편, 보복조치 철회를 중국에게 요구할 것을 일본 정부에 요청하는 성명을 발표하였다.[3)]

결국 중 · 일 양국은 분쟁 해결을 위해 협상을 시작했다. 중 · 일 양국은 7월 3~4일 양일간 중국의 보복조치 단행 이후 처음으로 베이징의 대외무역경제합작부에서 국장급 협의를 가졌다. 이 국장급 협의에서는 쌍방이 각자의 입장을 고수하였기 때문에 큰 진전은 볼 수 없었지만, 무역마찰 해결을 위해서 협의를 지속하기로 합의했다. 그리고 9월 24~25일 2차 협의가 베이징에서 열렸다. 세이프가드 잠정 발동의 종료를 11월 8일로 앞두고 있었기 때문에 이 기간 내에 문제를 해결하고자 서둘러 개최되었다. 이 협의에서는 품목별로 해결책을 논의하였으며, 일본 측은 중국에 수출 수량 제한을 제안하였나. 하지만 중국 측은 잠정 발동을 철회하지 않는 한 수량 제한 논의에 응할 수 없다는 입장을 보임으로써 양국은 합의 도출에 실패하였다. 이 협의는 민관 합동으로 실시되었고 민간 차원에서 논의를 계속하는 것에는 일치하였다.

마침내 중 · 일 양국은 세이프가드 정식 발동 기한인 12월 21일, 베이징

3) 김태곤. 2001. 『일본 세이프가드 발동에 중국이 보복조치』. 한국농촌경제연구원. p.5.

에서 열린 각료급 협의에서 협상을 극적으로 타결시켰다. 〈표 8-1〉은 이상의 내용을 정리한 것이다.[4)]

〈표 8-1〉 세이프가드 발동을 둘러싼 중·일의 협상 경과

일자	내용
2000. 12. 22.	· 일본 세이프가드 발동을 위한 정부 조사 개시
2001. 2. 6.	· 일본 마쓰오카 농림수산성 부대신과 중국 룽융투 대외무역경제합작부 부부장 회담(도쿄)
4. 10.	· 일본 일반 세이프가드 잠정 발동 결정
4. 23.	· 일본 일반 세이프가드 잠정 발동(11. 8.까지)
6. 22.	· 중국 보복조치 발동(일본산 자동차, 휴대전화, 에어컨 등에 100% 특별 관세 부과)
10. 8.	· 일본 고이즈미 총리와 중국 주룽지 총리의 회담에서 협의에 의한 조기 해결 합의(베이징)
10. 21.	· 일본 고이즈미 총리와 중국 장쩌민 국가주석의 회담에서 협의에 의한 조기 해결 합의(상하이)
10. 25.	· 일본 각의에서 ① 중국과 협의 지속, ② 수입 급증하면 정식 발동, ③ 12. 21.까지 합의되지 않으면 정식 발동 등 확인
11. 8.	· 잠정 발동 기한
11. 9. 이후	· 수입 제한의 공백 기간 중국의 보복조치는 계속
11. 12.	· 일본 다케베 농림수산성 대신, 히라누마 경제산업성 대신과 중국 스광성 대외무역경제합작부 장관과의 회담에서 협의 해결에 노력할 것을 합의(카타르 도하)
12. 7.~8.	· 일·중 국장급 협의(베이징)
12. 11.	· 중국 WTO에 가입 · 일본 다케베 농림수산성 대신, 히라누마 경제산업성 대신과 중국 스광성 대외무역경제합작부 부장과의 회담 결렬
12. 19.	· 일·중 차관급 협의(도쿄)

4) 김태곤. 2001. 『일본 세이프가드 발동 이후 중국과의 협의 결과』. 한국농촌경제연구원. pp.1-3.

12. 21.	· 일본 다케베 농림수산성 대신, 히라누마 경제산업성 대신과 중국 스광성 대외무역경제합작부 부장과의 회담에서, ① 일본은 세이프가드 정식 발동 회피, ② 중국은 보복조치 철폐, ③ 무역협의회 설치 등 합의(베이징)
12. 27.	· 중국, 대일 보복 관세 해제

3. 쟁점

일본의 예측과 달리 중국이 신속하고 단호하게 보복조치를 취한 배경은 다음과 같다. 첫째로 중국은 일본의 잠정조치가 WTO협정의 발동 조건을 충족하지 못하고 있다고 판단했기 때문이다. 즉 일본에서 최근 외국산 채소 수입이 증가하고 있는 것은 일본 농업의 쇠퇴에 의한 것이므로 세이프가드 발동 요건으로 WTO협정이 규정한 '수입 증가로 인한 국내 산업의 심각한 피해 발생'이라는 인과관계의 입증이 성립하지 않는다는 입장이다. 더욱이 파의 경우, 일본 시장에서 수입품의 비중이 8.2퍼센트(2000)에 불과하여 생산 농가에 피해를 줄 정도는 아니라는 점을 지적하고 있다. 이와 더불어 잠정조치를 취한 3개 품목 모두 중국산 채소이고, 수입 증가는 일본 회사에 의한 개발 수입이 원인이므로 이 문제는 '중·일 문제'가 아니라 일본 내부 문제라는 반론을 제기하기도 했다. 둘째 2001년 4월부터 수입 채소의 1일 검사량에 상한선을 두어 식물 검역을 강화한 점, 셋째 조류 인플루엔자 발생 의혹으로 중국산 닭고기에 대해 2001년 6월 8일 선적분부터 수입을 금지한 점, 넷째 역사 교과서 문제나 고이즈미 총리의 야스쿠니 신사 참배 문제 등으로 인해 대일 감정이 악화된 점 등도 중국의 대일대결전략 결정에 영향을 미친 것으로 판단된다.

일본 정부는 중국의 보복조치가, 첫째 일반 세이프가드 잠정조치에 대해서 보복조치를 취하는 것을 WTO 규정이 인정하고 있지 않다는 점, 둘째 관세 등으로 다른 나라보다 불리한 대우를 하지 않는다고 규정한 중·일

무역협정을 위반하고 있다는 점을 지적하면서 중국의 보복조치를 정면으로 비판하였다.[5)]

4. 전략

일본 정부가 잠정조치를 발동한 것은 잠정조치 발동 기간 내에 중국의 수출 자주 규제를 이끌어 내려는 전략이라고 볼 수 있다. 잠정조치는 일반 세이프가드에 대한 정부 조사가 시작되었지만, 조사 완료 전이라도 충분한 증거로 수입 증가 사실 및 수입 증가가 국내 산업에 중대한 손실을 준다는 사실을 추정할 수 있고, 국민 경제상 특히 긴급히 필요할 경우 발동할 수 있다. 일반 세이프가드가 수입량 제한과 관세율 인상을 실시할 수 있는 데 반해, 잠정조치는 관세 인상만 실시할 수 있고 실시 기간은 200일로 한정되어 있다. 이번 잠정조치에서는 일본 국내 가격의 급등으로 인한 소비자의 반발과 중·일관계 등을 고려하여 관세율할당(TRQ)제도를 도입했다. 즉 관세율할당(TRQ) 수량에 대해서는 현행의 관세를 부과하고, 그것을 초과하는 수입량에 대해서만 고율 관세(종량세)를 부과하게 된다.

중국이 일본과의 분쟁에서 보복조치를 발동한 것은 미·중 통상 협상과 미·일 통상 협상의 경험에서 기인한 것으로 분석된다. 중국은 1992년, 1994년, 1996년 미국과의 지식재산권(Intellectual Property Rights, 2005년 이전에는 '지적재산권'이라 했다)에 관한 스페셜 301조 관련 분쟁에서 보복전략의 효과를 충분히 경험했다. 미국도 자국의 슈퍼 301조 발동을 통한 일방적 보복 위협 등을 WTO가 출범한 이후에도 행사한 경험이 있다. 중국 정부는 미국과의 통상 분쟁 경험과 미·일 통상 분쟁 경험을 분석하여 보복전략의 유용성을 발견한 것으로 추정된다. 미·중, 미·일 협상을 보면 한쪽에 충분한 능력이 있는 경우 보복전략은 대단히 효과적이다. 위협과 보

5) 김태곤, 앞의 책(주 4), pp.1-6.

복을 받게 되는 국가 내부가 적전 분열의 양상을 보이기도 한다. 이번 사례를 보면 중국이 WTO에 가입하더라도 일방적 보복조치를 통한 통상 이익의 확보전략은 쉽게 변할 것 같지 않다.[6] 결론적으로 말해 중·일 대파, 표고버섯, 골풀 협상은 중국이 미·중 통상 협상을 통해 학습한 일방적이며 공격적인 무역제한조치를 처음으로 활용한 사례라고 볼 수 있다.

5. 결과

2001년 10월 8일 고이즈미 일본 총리와 주룽지 중국 총리의 회담에서, 그리고 10월 21에는 APEC에서의 고이즈미 일본 총리와 장쩌민 중국 국가주석의 회담에서 '협의를 통한 조기 해결'에 원칙적으로 합의하였다. 양국은 세이프가드 정식 발동 마감기한인 12월 21일[7] 다음과 같은 내용에 전격적으로 합의에 도달한다.

양국의 핵심 합의 내용은 다음과 같다.

① 일본은 세이프가드 정식 발동을 실시하지 않는다.

② 중국은 보복조치를 중지한다.

③ 양국은 정부, 민간 협의를 통해 농산물 무역의 협력에 대해 검토하고 강화한다(농산물무역협의회 신설).[8]

중국 정부에 의한 조치를 요구하던 일본의 주장을 기준으로 보면, 정부·민간으로 구성되어 구속력이 없는 농산물무역협의회 신설을 통하여 문제를 해결하기로 합의한 것은 일본이 크게 양보한 것으로 평가된다. 또한 중국 정부가 3개 품목에 대해 구체적인 수출 억제책을 제시하지 않았음에도 불구하고 일본 정부가 세이프가드 정식 발동을 회피한 것 또한 일본이 양보

6) 송염염. 2005. "중국의 통상정책 결정 과정과 요인에 관한 연구". 영남대석사논문.

7) 정부 조사는 원칙적으로 1년 이내로 규정되어 있기 때문에 정부 조사가 시작된 2000년 12월 22일부터 계산하면 다음 해 2001년 12월 21일이 기한이 된다.

8) 김태곤. 앞의 책(주 4). p.5.

한 것으로 해석된다.

그러면 일본은 왜 양보했을까? 첫째, 일본 정부는 고이즈미 총리의 야스쿠니 신사 참배 등으로 악화한 중·일관계를 개선하고자 했다. 둘째, 중국의 WTO 가입을 계기로 중국 시장에 진출을 확대하려는 일본 재계의 이익을 반영한 것도 양보의 또 다른 이유가 될 수 있다. 셋째, 하지만 일본의 양보는 중·일 무역에서 일본이 누리는 이익이 상대적으로 크기 때문에 일본이 양보를 하더라도 현상을 유지하는 것을 선호한 것으로 해석할 수도 있다. 중·일 무역 총액은 2000년 실적으로 832억 달러에 달했으며, 이 가운데 파 등 3개 품목의 중국의 대일 수출액은 약 2억 달러에 불과했다. 넷째, 일본의 세이프가드에 대한 중국의 보복조치로서 일본산 자동차 등에 100퍼센트의 보복관세가 계속되면 2002년에 약 4200억 엔의 수출 손실을 입는다는 일본 업계의 우려도 작용했다고 분석할 수 있다.[9]

❑ 주요 연표

2000. 11. 24.	일본, 농림수산대신이 세이프가드 정부 조사를 통산대신·대장대신에게 요청(파 등 6개 품목)
12. 22.	일본, 세이프가드 발동을 위한 정부 조사 개시
2001. 2. 6.	일본 마쓰오카 농림수산성 부대신과 중국 룽융투 대외무역경제합작부 부부장 회담
4. 10.	일본, 일반 세이프가드 잠정 발동 결정
4. 23.	일본, 일반 세이프가드 잠정 발동
6. 22.	중국, 일본산 에어컨·자동차·휴대전화에 보복관세 발동

9) 김태곤, 앞의 책(주 4), p.3.

2001. 10. 8.	고이즈미 총리와 주룽지 총리 회담에서 협의에 의한 조기 해결 합의(베이징)
10. 21.	고이즈미 총리와 장쩌민 국가주석 회담에서 협의에 의한 조기 해결 합의(상하이)
10. 25.	일본 각의에서 중국과 협의지속, 수입 급증 시 정식 발동, 12월 21일까지 합의되지 않으면 정식 발동 등의 원칙 확인
11. 8.	잠정조치 발동 기한 종료
11. 10.	중국 WTO 가입 승인
11. 12.	중·일 각료급 회담에서 협의를 통한 해결 노력 합의(카타르 도하)
12. 7.~8.	중·일 국장급 협의(베이징)
12. 11.	중국 WTO 가입
12. 11.	중·일 각료급 회담 결렬
12. 19.	중·일 차관급 협의(도쿄)
12. 21.	세이프가드 정식 발동 미실시, 보복관세 폐지, 무역협의회 신설에 중·일 합의
12. 27.	중국, 대일 보복관세 해제
2002. 1. 28.	일본, 중국에서 수입한 채소의 잔류 농약 검사 결과 발표
1. 31.	일본 정부, 대중국 세이프가드제도 4월 1일 도입 결정
2. 7.~8.	중·일 농산물무역협의회 첫 회의

❑ 참고문헌

단행본

국회도서관 입법전자정보실. 2002. 『농산물 세이프가드를 둘러싼 일본 · 중국의 움직임』. 국회도서관.

김태곤. 2000－2001. 『일본 신선채소 세이프가드(SG) 발동검토』 (1)~(4). 한국농촌경제연구원.

______. 2001. 『일본 세이프가드 발동과 새로운 채소정책 추진』. 한국농촌경제연구원.

______. 2001. 『일본 세이프가드 발동에 중국이 보복조치』. 한국농촌경제연구원.

______. 2001. 『일본 세이프가드 발동을 둘러싼 쟁점』. 한국농촌경제연구원.

______. 2001. 『일본 세이프가드 발동 이후 중국과의 협의 결과』. 한국농촌경제연구원.

______. 2001. 『일본 신선채소 세이프가드(SG) 발동』. 한국농촌경제연구원.

______. 2001. 『일본 신선채소 세이프가드 발동 이후』. 한국농촌경제연구원.

______. 2001. 『일본 · 중국 간 농산물 세이프가드 문제타결』. 한국농촌경제연구원.

______. 2001. 『WTO 대중국 세이프가드 특례 조치 등 창설』. 한국농촌경제연구원.

논문

박근수. 2002. "특별 세이프가드에 의한 대중국 농산물 수입관리에 관한 연구". 『창업정보학회지』 제5권 2호. 한국창업정보학회.

송염염. 2005. "중국의 통상정책 결정 과정과 요인에 관한 연구". 영남대석사논문.

양승룡 / 임성수. 2005. "WTO 분쟁사례 분석과 함의 : 농산물 무역을 중심으로". 『농업경영정책연구』 제32권 4호. 한국농업정책학회.

유찬확. 2007. "중국 세이프가드제도에 관한 고찰". 『관세학회지』 제8권 4호. 한국관세학회.

이종화. 2005. "중국의 WTO가입 이후 對中 특별 세이프가드조치의 발동요건과 정책 시사점". 『한국동북아논총』 제36권. 한국동북아학회.

______. 2009. “WTO회원국의 대중 특별 세이프가드 조치의 적용 사례 분석”. 『한중사회과학연구』 제15권. 한중사회과학학회.

제3부

동아시아의 어업 협상

제 9 장

한일 어업 협상(1965~1999)

1. 배경

한국과 일본은 1965년 한일기본조약과 한일어업협정을 동시에 체결했다. 1951년 협상 개시 이후 15년 만의 일이었다. 이 협정은 양국이 대등한 주권국가라는 차원에서 어업권을 결정한 최초의 협정이었다.[1]

한일 어업 협상 체결 당시에는 기국주의[2]원칙에 따르는 데다 넓은 공동규제수역과 좁은 전관수역 때문에, 일본 어선은 한국 근해까지 자유롭게 조업하는 한편 당시 조업 능력이 부족하던 한국에게는 매우 불리한 상황이었다.

하지만 1970년대 중반에 접어들자 상황은 역전되기 시작했다. 한국은 청구권 자금에서 1억 달러, 어업협력자금에서 9000만 달러의 자금 투자를 받게 되었고, 1967년 수산정책의 기조를 어업 생산성의 향상과 어민 소득

---

1) 최장근. 2000. "일본 외교의 '양면성'에 관한 고찰 : '일한어업협정'과 영토권 문제". 『일본학보』 제44집. p.646.

2) 기국주의란 공해상의 선박이나 항공기는 국적을 가진 국가의 배타적 관할권에 속한다는 국제법상의 원칙이다.

증대로 설정하고 어업 생산 수단의 주축이 되는 어선 수의 증가, 어선의 대형화, 어로 장비의 과학화를 추진한 결과, 1970년대 중반부터 한국의 어업 능력은 현저히 확대되어 체결 당시 불리했던 한일어업협정이 오히려 한국에 유리한 결과를 가져오는 이른바 부메랑 효과가 발생하기 시작했던 것이다.

1977년 5월, 미국과 소련이 200해리 어업보존수역을 시행하자, 일본은 자국 연안으로부터 200해리까지의 독점적 권리를 행사하는 배타적 경제수역(EEZ, Exclusive Economic Zone)[3]을 선포하고 일방적으로 트롤어선 조업 금지 라인을 만들었다.

한국 어선들이 어족 자원이 풍부한 홋카이도 근해까지 활발히 진출하면서 한일 어민 간에 충돌이 빈발하자,[4] 일본의 어민들은 자국 정부에 한국 어선에 대한 단속을 요구했지만 기국주의 조항 때문에 단속이 어려운 상황이었다. 한일 간 어업 분쟁이 격화되어 양국은 1980년 10월 합의를 통해 자율 규제라는 일종의 신사협정을 맺었다.

1980년대에 들어서면서 국제해양법 질서가 크게 재편되기 시작했다. 1982년 유엔해양법협약(United Nations Convention on the Law of the Sea)이 채택되고, 1994년 11월부터 공식적으로 효력이 발생하면서 1965년 체결된 한일어업협정을 새로운 국제해양 질서에 맞게 정비하지 않을 수 없게 되었다. 한일 양국은 1996년에 들어서면서 경쟁적으로 유엔해양법협약에 대한 비준절차를 마치고 각각 「배타적 경제수역법」, 「배타적 경제수역 및 대륙붕에 관한 법률」을 선포함으로써 본격적으로 새로운 해양법 질서에 적응해 갔다.[5] 또한 수산업계로부터 오랫동안 압박을 받아 오던 일본 정부는

3) 자국 연안으로부터 200해리까지의 모든 자원에 대해 독점적 권리를 행사할 수 있는 유엔국제해양법상의 수역.

4) 1979년 무로랑 해역에서 일본 어선 160척이 한국 어선 9척에 돌과 화염병을 던져 조업을 저지한 무로랑 사건을 예로 들 수 있다.

5) 이창위. 2001. "한일 양국의 새로운 어업질서". 『법학연구』 제22집. p.23.

새로운 유엔해양법협약을 명분으로 한국 정부에 어업 협정 개정을 강력히 요구하게 되었다.[6)]

2. 과정

일본 정부는 어민 간 충돌이 급증하고 자국 어민의 피해가 커지자 1970년대 후반부터 어업 협정의 개정을 위한 협상을 요구해 왔지만, 한국은 일본의 개정 요구에 적극적으로 응하지 않았다. 하지만 1994년 11월 유엔해양법협약이 발효되면서 한국 측도 더 이상 개정 협상을 미룰 수만은 없었다.

유엔해양법협약에서 규정하고 있는 200해리 배타적 경제수역(EEZ)제도가 동북아의 황해 · 동해 · 동중국해 등 좁은 반폐쇄해[7)]에 적용되면, 모두 연안국들의 관할 수역이 중첩되기 때문에 심각한 경계 획정 문제가 대두될 수밖에 없다.[8)]

1996년 5월 9일 한일 양국은 어업 협정 개정을 위한 제1차 한일 어업 실무자 회담을 시작으로 1997년 11월 26일까지 20여 개월에 걸쳐 10차례의 회담을 가졌다. 계속되는 협상에서 일본 정부는 1997년 7월 하순까지 새로운 한일어업협정 협상이 타결되지 않을 경우, 현행 협정 파기도 불사하겠다는 시그널을 보냈다.[9)] 하지만 협상은 난항을 거듭했고 일본 측이 1998년 1월 20일 직선기선을 설정한 이후 한국 어선은 7번이나 나포되기에 이르렀다.

1997년 11월에 재개된 2차 협상에서 한국 측은 'EEZ 경계획정과 어업 협정 동시 타결'에서 일본이 요구하는 '선 어업 협정 개정' 쪽으로 양보했다.

---

6) 양기웅. 2008. 『한국의 외교 협상』. 한림대출판부. pp.281-282.

7) 2개국 이상에 의하여 둘러싸이고 좁은 출구에 의하여 다른 바다나 대양에 연결되거나, 전체 또는 대부분이 2개국 이상 연안국의 영해와 배타적 경제수역으로 이루어진 만, 내만 또는 바다.

8) 김영구. 1997. "일본의 직선기선과 어업 협정 문제". 『황해문화』 제5권 4호. p.271.

9) "日, 어업 협정 파기 對韓 통고도 불사". 『연합뉴스』 1997. 6. 12. http://news.naver.com/main/read.nhn?mode=LSD&mid=sec&sid1=104&oid=001&aid=0004245019

동시에 직선기선 영해상 한국 어선 나포, 한국 선원 구타 사건 등 다른 현안에서는 일본 측이 양보했다. 하지만 일본의 정치계는 고무라 차관의 타협안에 불만을 표시하고 1997년 12월 29일 오부치 외무대신을 한국에 보내 더 많은 양보를 요구했다.[10)]

마침내 1998년 1월 23일, 일본 정부는 잠정수역안 합의에도 불구하고 어업 협정 파기를 일방적으로 선언했다. 이에 한국 정부도 '자율규제조치' 철폐와 '주일대사 일시 소환'으로 대응했다. 일국이 협정 파기를 통고하면 그 1년 후에 협정이 종료된다는 1965년 어업 협정의 조항에 따라 한일 양국은 1998년 1월 23일부터 1년 동안의 협상 시한을 갖게 되었다.

1998년 3월 오부치 일본 외무대신이 방한하여 어업 협상 재개에 합의를 하였고, 4월 29일 제1차 한일 어업 실무자 회의가 개최되었다. 또 5월 21일에는 박정수 외무부 장관이 일본을 방문하여 김대중 대통령 방일 전까지 어업 협정을 타결하기로 일본 측과 합의했다. 7월 1일부터는 어업 자율규제조치가 재개되었고, 6차례의 어업 실무자 회의 끝에 1998년 9월 25일 어업 협상은 최종 타결되었다. 그리고 10월 가서명을 거쳐 1998년 11월 28일 정식으로 협정이 체결되었으며, 양쪽 국회의 비준을 거친 뒤 1999년 1월 22일 신어업협정이 발효되었다.

하지만 당해 2월 실무 협상에서 '쌍끌이' 조업 방식 및 '복어 채낚기' 방식이 협상 의제에서 누락되고 오징어 채낚기 어선의 복어 및 갈치 조업권을 빠뜨렸으며, 오징어 성어기를 조업 금시 시간으로 잘못 정하는 등 협정의 문제점들이 드러나자, 한국 어민들이 크게 반발하고 언론과 야당이 정부를 압박하여 한일 양국은 3월 8일 재협상을 시작하여 3월 17일 재협상 합의문을 발표하게 이르렀다.

---

10) 양기웅, 앞의 책(주 6), pp.285-287.

3. 쟁점

신한일 어업 협상에서 한국은 서둘러 지나치게 양보한 졸속외교라고 비난 받았다. 그러한 비난이 쏟아진 이유는 아래의 표를 보면 짐작할 수 있다.

〈표 9-1〉 신어업 협상의 합의 내용[11)]

주요 쟁점	한국 측 주장	일본 측 주장	협상 결과
협상의 범위	EEZ 협상과 어업 협상의 포괄 진행	어업 협상만 분리 진행	어업 협상 분리 진행 (일본 측의 안 수용)
배타적 어업수역 범위	24해리 → 34해리	35해리	35해리 (일본 측의 안 수용)
중간수역의 범위	반대	설정 주장	중간수역 설정 (일본 측의 안 수용)
중간수역 동쪽 한계선	137도 → 136도	136도 → 135도	135도 30분 (양국의 안 절충)

한일어업협정의 쟁점으로 주목해야 할 것은 배타적 어업수역의 범위, 중간수역의 설정과 범위이었다. 배타적 어업수역, 즉 어업전관수역에 관한 문제에서 한국은 기본적으로 어업전관수역의 범위를 좁게 하려는 입장이고, 일본은 전관수역을 대폭 확대하려는 입장이었다. 배타적 어업수역 문제와 관련된 상황은 1965년 반전되었다. 한국은 배타적 어업수역의 범위를 최대한 좁히고자 한 반면, 일본은 근해의 어족 자원을 보호하고 어민의 불만을 줄이려고 그것을 최대한 넓히고자 했다. 한국은 초기의 24해리 주장에서 34해리로 양보했다가 결국 일본이 주장하던 35해리를 수용하였다.

다음은 중간수역 설정과 범위에 관한 문제이다. 한국은 중간수역 설정 자체에 반대했고, 일본은 독도 영유권 문제와 어업 문제를 분리하여 해결하기 위해서는 중간수역 설정이 필요하다고 주장했다. 이는 한일 양국 사이의

11) 양기웅. 2005. "외압과 국내 정치의 한일관계". 『일본연구논총』. p.39.

바다가 좁아서 EEZ 설정에 중첩되는 영역이 있기 때문에 발생한 것이다.

그리고 이 쟁점과 관련하여 주목해야 할 대목은, 한국 정부가 일본과의 마찰을 줄이기 위해 독도를 배타적 경제수역을 가질 수 없는 무인도로 선언한 것에 반해, 일본 정부는 오히려 독도를 배타적 경제수역을 가지는 유인도라고 주장하고 있다는 점이다.[12)]

협상의 결과는 결국 일본 측 주장이 받아들여져 중간수역이 설정되었고 독도는 중간수역에 포함되었다. 이 점에 대해서 한국 정부는 중간수역이 배타적 경제수역(EEZ) 경계가 아니고, 앞으로 양국 간 배타적 경제수역(EEZ) 경계 획정 협상에도 영향을 미칠 수 없으며, 이 중간수역은 배타적 경제수역(EEZ)의 실시를 당분간 보류하는 수역이라고 해석하고 있지만,[13)] 독도가 중간수역에 포함되었다는 사실만으로도 독도를 분쟁지역화하고자 하는 일본의 의도가 관철된 것으로 해석할 수 있다.

중간수역의 범위에 관해서는 양국의 안이 절충되었다. 일본과 한국 모두 자국 어족 자원의 확보를 위해 중간수역 동쪽 한계선을 각각 135도 · 137도로 설정하려 하였고, 양측은 팽팽한 대립 끝에 135도 30분으로 합의를 도출했다.

4. 전략

2차 한일 어업 협상을 분석하다 보면 한 가지 큰 의문이 떠오른다. 일본이 일방적으로 파기한 1차 어업 협정의 개정 협상에 한국 측은 왜 그렇게 일찍 응했으며 또 많은 양보를 했는가? 선행 연구 중에는 이 의문에 대한 해답을 찾기 위해 여러 가설을 제시하고 그 가설을 각각 검토해 본 것이 있는데, 이 연구의 결론은 국내적 차원에서 협력적인 정치가(김대중 대

12) 이상면. 1996. "신한일어업협정과 독도". 『황해문화』 여름호. p.309.

13) "한일어업협정, 독도영유권과 아무런 영향 없다". 『MBN』. 2006. 4. 21. http://news.naver.com/main/read.nhn?mode=LSD&mid=sec&sid1=115&oid=057&aid=0000017941

통령)가 있고 대외적 차원에서 IMF 통화위기가 있어서 이 두 가지가 상호 작용한 결과가 바로 2차 한일 어업 협상의 타결이라는 것이다.[14)]

1차 어업 협정 체제의 변경을 일본 측이 사실상 요구하기 시작한 1970년 후반부터 1998년까지를 놓고 보면 현상 유지를 원했던 한국 측이 지연전략을 사용한 것을 알 수 있다. 한국 측은 1980년대에는 자율조업이라는 카드로 현상을 유지하다가 유엔해양법협약이 제정된 이후에도 동 국제법이 발효될 때까지 한일 협상을 최대한 지연시켰다.

일본 측의 협상 전략을 분석하면 다음과 같다. 첫째, 일본 측은 협박과 보복전략을 사용했다. 1965년 체결된 한일어업협정에서 일본은 전 해안에 통상 기선 방식을 적용하고 동해에는 통상 기선을, 남해와 서해 일부에는 직선 기선 방식을 적용하기로 합의하였다. 그리고 일본은 1977년 5월 영해법을 제정하였을 때에도 통상 기선을 여전히 택하고 있었다. 그런데 어업 협정 개정을 위한 협상이 시작된 지 얼마 되지 않아 일본은 영해법을 「영해 및 접속수역에 관한 법률」로 개정하면서 직선기선제도를 택하였고, 1997년 1월 1일부터 영해 직선기선제도를 시행하였다. 게다가 일본은 이처럼 일방적으로 설정한 직선 기선을 근거로 한국 어선을 나포하기 시작하였다. 당시 한국은 한국 측 배타적 경제수역(EEZ)에 독도를 포함시킨다는 전제 하에 배타적 경제수역(EEZ) 획정 작업을 먼저 마무리짓고, 어업 협정을 개정하자는 입장이었다. 반면 일본은 배타적 경제수역(EEZ) 확정이 독도 영유권 문제와 맞물려 어려운 만큼, 어업 협정을 먼저 개정하자는 입장이었다. 이러한 의견 대립 상황에서 일본 측은 한국 어선을 나포하여 이를 볼모로 협상에 임하는 협박전략을 구사한 것이다.

둘째, 일본은 다다익선전략을 채택했다. 일본은 1997년 말 한국이 경제위기를 맞이하면서 1997년 12월 초 유종하 외무부 장관과 고무라 일본 외

14) 양기웅. 앞의 논문(주 11). pp.39-62.

무차관의 2회에 걸친 협상에서 한국이 많은 것을 양보하는 협상안을 제시하여 합의가 이루어졌음에도 불구하고, 일본은 어업 협정을 파기하면서까지 더 많은 양보를 요구하고 나왔다.

셋째, 일본은 의제선점전략을 구사했다. 1994년 11월 16일 유엔해양법협약의 발효와 1996년 2월 20일 한일 양국이 200해리 배타적 경제수역(EEZ) 선포 방침을 나란히 발표함에 따라 독도 문제와 직결되는 배타적 경제수역(EEZ) 경계 획정 및 어업 분쟁 등은 양국 관계의 현안으로 등장하여 일본의 어업 협정 개정 요구를 무시할 수 없게 되었으며, 1996년 5월부터 어업 협정 개정을 위한 한일 어업 협상이 시작되었다. 한국은 유엔해양법협약의 비준이 일본보다 5개월 정도 빨랐음에도 불구하고 그 이후의 조치에서는 일본의 조치들을 뒤따르기만 하였다. 일본이 적극적으로 자국에 유리하게 배타적 경제수역(EEZ)을 사용한 반면, 한국은 일본의 공격을 방어하는 입장이 되었다. 이러한 한 발 앞선 일련의 행동들은 어업 협정의 개정에 소극적이던 한국 측의 태도를 바꾸고, 배타적 경제수역(EEZ)의 선포와 함께 독도 영유권 문제를 제기하기 위한 일본의 의제선점전략의 일환이라고 볼 수 있다.

5. 결과

신한일 어업 협상 혹은 2차 어업 협상의 결과는 다음과 같이 정리할 수 있다.[15)]

첫째, 동해에 중간수역을 설정하기로 한 것이다. 중간수역은 양국 연안으로부터 35해리 폭을 기준으로 하여 여러 개의 직선으로 연결된 다각형 모양이며, 그 동쪽 한계선은 도쿄 135도 30분이고, 서쪽 한계선은 도쿄 131도 40분이다. 독도가 중간수역에 포함됨으로써 일본의 독도 영유권 주장에 빌

15) 양기웅, 앞의 책(주 6), pp.288-290.

미를 제공하는 결과가 되어 버렸다.[16] 하지만 어업 협정의 가장 큰 문제는 한국 정부가 독도의 도서로서의 국제법적 지위를 무시하고, 단지 암석의 지위로 전락시킨 데 있다. 이렇게 되면 독도는 200해리의 배타적 경제수역(EEZ)을 갖지 못하고 단지 12해리의 영해만을 갖게 되는 것이다.[17]

둘째, 전통적 조업 실적을 보장하되, 양국 간 어획량 격차를 단계적으로 축소하여 3년 후에는 동등한 양이 되도록 조정한다는 것이다.

셋째, 동해 중간수역에서의 자원 관리에 관한 것이다. 중간수역에서는 기국주의를 채택하였다. 따라서 각 체약국은 타방 체약국의 국민 및 어선에 대하여는 자국의 법령을 적용하지 않기로 했다. 또한 각 체약국은 이 수역에서의 해양생물 자원의 보존을 위하여 한일어업공동위원회의 권고에 따라 자국의 국민과 어선에 대하여 취할 조치를 결정한다.

넷째, 새로운 한일어업협정은 기존의 어장 축소와 어획량 감소로 인해 한국 어민에게 막대한 피해를 안겨 주었다. 산업 연관 분석을 통해 수리조선소와 냉동창고·어망업체 등 2차 피해를 받고 있는 9개 업종과 실업 증가·지방세 감소 등 지역경제에 미칠 영향을 조사한 결과, 연간 3조 5000억 원의 피해가 발생할 것으로 추산되었다.[18]

다섯째, 제주도 남부와 규슈 서부 사이의 수역에 일정 범위의 중간수역을 설정하고 이 중간수역에서도 기국주의를 채택하고 자원의 공동 관리를 실시하기로 하였다.

여섯째, 불법 조업 단속에 관한 조항인데, 각 체약국은 자국의 배타적 경제수역(EEZ)에서 조업하는 타방 체약국의 국민 및 어선에 대하여 관할권 행사가 가능하다는 '연안국관할권'원칙을 채택하였다.

---

16) 이상면. 1999. "신한일어업협정은 왜 실패한 협성인가". 『고시계』. p.196.

17) 이장희. 2005. "일본의 독도영유권 침탈에 대한 대응 방안". 『대한지리학회 컨퍼런스자료집』. p.149.

18) "한일어협에 따른 간접피해 연간 3조 5천억 원". 『연합뉴스』. 1999. 3. 15. http://news.naver.com/main/read.nhn?mode=LSD&mid=sec&sid1=102&oid=001&aid=0004519709

일곱째, 독도는 배타적 경제수역(EEZ)에서 제외되었고 중간수역에 편입되었다.

여덟째, 협정은 최초 3년간은 유효하다. 그후에는 어느 일방이 이 협정을 종료시킬 의사를 통고하는 날부터 6개월 후에 자동으로 종료된다. 현재 양국은 협정을 종료시킬 의사가 없으므로 이 협정은 계속 자동 연장이 된다고 합의하였다.

결론적으로 볼 때, 신한일어업협정은 쟁점이었던 세 가지 중 두 가지인 중간수역과 배타적 경제수역(EEZ)의 범위지정에서 일본의 주장이 관철되었고 동쪽 한계선 설정 문제만이 양측의 상호 양보를 한 형태가 되었다. 한국 내 평가는 대체로 비판적이고 엄격한 것이 많다.[19)]

신한일어업협정에 대한 일본 측의 평가는 '상호 양보'라는 관점이 많다.[20)] 또한 합의의사록 제2조와 제3조는 한일 양국이 각각 제삼국과 어업관계를 구축할 때 서로를 배려해야 한다는 내용이 들어 있는데, 이 조항은 앞으로 중국과의 어업 협상에 영향을 미칠 것으로 예상된다.[21)]

❑ 주요 연표

1965. 6. 22.	한일 양국, 어업 협정 체결
1994. 11. 16.	일본 정부, 배타적 경제수역(EEZ)의 선포와 함께 연안국수의를 채택한 유엔해양법협약이 발효되어 한국 정부에 더욱 강하게 협정 개정 요구

19) 김태기. 2005. "신한일어업협정을 둘러싼 양국 외교의 허와 실". 『한일민족 문제연구』. pp.217-218.

20) "日 언론, 한일 어업 협상 타결 긍정평가". 『연합뉴스』. 1998. 9. 26. http://news.naver.com/main/read.nhn?mode=LSD&mid=sec&sid1=104&oid=001&aid=0004317314

21) 외교통상부. 한일어업협정(국문). 2010. 8. 18. 검색. http://www.mofat.go.kr/webmodule/htsboard/template/read/korboardread.jsp?typeID=6&boardid=25&seqno=2743852012.10.23.

1994. 11. 26.	유엔해양법협약 발효
1995. 2.	일본, 한일 어업 실무 협의에서 한일어업협정의 개정 강력하게 요구. 양국 정부, 실무회의를 통해 1996년부터 협상에 임할 것을 합의
1996. 1. 29.	한국, 유엔해양법협약 비준
2. 28.	한국 정부, 1996년 8월에 배타적 경제수역법과 배타적 경제수역(EEZ)에서의 외국인 어업 등에 대한 주권적 권리의 행사에 관한 법률을 제정하여 배타적 경제수역제도를 정식으로 수용키로 결정
3. 2.	한일 정상회담 개최(방콕), 배타적 경제수역(EEZ) 경계 확정 조속 협의 합의
5. 9.	한일어업협정 개정 1차 실무회담 개최(1997. 11. 29.까지 10차례 개최)
6. 20.	한일, 유엔해양법협약 비준 및 배타적 경제수역(EEZ) 국내법 발효
6. 23.	한일 정상회담(제주도)
7. 5.	일본, 영해 직선기선 공포(1997. 1. 1. 시행)
7. 20.	일본 정부, 유엔해양법협약 발표〔배타적 경제수역(EEZ) 설정〕
7. 24.	외무장관 회담(자카르타) 어업회담 및 배타적 경제수역(EEZ) 경계 확정 회담 개최 합의
8. 8.~9.	제2차 한일 어업 실무자 회의(서울)
8. 13.	한일, 1차 배타적 경제수역(EEZ) 경계 획정 협상(1997. 11. 3.까지 3차례 개최)
11. 7.~8.	제3차 한일 어업 실무자 회의(도쿄)
12. 10.	일본, 직선기선 영해 1997년 1월 1일부터 시행함을 한국 측에 통보
1997. 3. 1.	일본 농림수산대신, 주일 한국 대사에게 (신)어업협정 조기 체결 요청
3. 6.	제4차 한일 어업 실무자 협의
4. 30.	제5차 한일 어업 실무자 협의

1997.	5. 26.	제2차 배타적 경제수역(EEZ) 경계 확정 교섭
	6.	일본, 한국 어선 5척 나포
	6. 13.	제6차 한일 어업 실무자 협의
	7. 8.	한일 외무장관 회담(어선 나포 재발 방지 협의)
	8. 13.~14.	제7차 한일 어업 실무자 협의(도쿄)
	9. 10.~11.	제8차 어업 실무자 협의, 잠정 어업 협정 체결 방안 합의
	9. 15.	일본 외무대신, 한국 외무장관에게 조속한 타결 요청
	9. 18.	일본 연립여당, 기존 어업 협정 종료 통보
	10. 8.~10.	제9차 한일 어업 실무자 협의
	11. 3.	배타적 경제수역(EEZ) 경계 확정 교섭
	11. 26.~29.	제10차 한일 어업 실무자 협의
	11. 30.~12. 5.	고무라 일본 외무차관 2차례 방한 협의
	12. 1.	유종하 외무장관과 고무라 일본 외무차관 회담
	12. 29.	오부치 게이조 일 외무대신 방한, 한일 외무장관 회담(한국 측에 양보 요구)
1998.	1. 6.~14.	김종필 자유민주연합 명예총재 방일
	1. 20.	일본, 제3만구호 나포
	1. 23.	일본, 한국에 어업 협정 파기 통고
	1. 24.	한국, 자율조업규제조치 철회
	3.	일본, 오부치 외무대신 방한 및 한일 외무장관 회담(어업 협정 교섭 재개 합의)
	4. 22.	ASEM(Asia-Europe Meeting, 아시아 · 유럽정상회의)을 계기로 한일 정상회담, 어업 협상 조기 타결 합의
	4. 29.	한일 어업 실무회담 재개(1998. 9. 24.까지 7차례)
	5. 21.	박정수 외무장관 방일, 김대중 대통령 방일 전 어업 협정 타결 합의
	6. 24.	한국, 김대중 대통령, 사토 고코 자민당 어업특위위원장 면담
	7. 1.	한국, 대일 어업 자율 규제 재개
	7. 2.~9. 18.	1998년 제2~6차 어업 실무자 회의
	7. 8.	일본, 일신3호 나포

1998. 9. 23.~24.	김봉호 국회부의장, 김선길 해양수산부 장관 방일
9. 24.	7차 어업 실무자 회담
9. 25.	신한일 어업 협상 최종 타결 발표
10. 9.	신한일어업협정 기본합의서 가서명
11. 28.	한일, 가고시마에서 새 어업 협정 서명(신한일어업협정 체결)
12. 11.	일본 중의원, 새 어업 협정 비준 동의안 처리
1999. 1. 6.	한국 국회, 새 어업 협정 비준 동의 처리
1. 22.	한일 비준서 교환, 새 협정 발효
2. 5.	한일, 어업 실무 협상 타결
3. 8.	한일, 쌍끌이·복어 채낚기 등 재협상(추가 협상) 시작
3. 17.	한일, 외무장관 재협상 합의문 발표
3. 18.	한일 어업 실무 추가 협상 타결
2001. 6. 26.	해양수산부, 일본 측에 입장 전달(일본이 유보조치를 철회하지 않을 경우 민간 차원의 한일어업협력을 중단할 것)
8. 2.	한일, '꽁치' 어업 분쟁 가열
2002. 1. 18.	독도사랑모임 등 15개 단체, 한일어업협정 파기 촉구
2004. 1.~ 6. 22.	일본 침범 불법조업, 11척 나포
2008. 1. 11.	한국, 일본 측 15척 어선나포
2009. 2. 4.~ 5.	'제4차 한일어업소위원회' 한일 양국 배타적 경제수역(EEZ) 입어규모, 조업 조건 협의
2. 6.	합의 실패
2010. 10.	한국, 최근 5년간 일본 측 어선 66척 나포

❑ 참고문헌

1차 자료

제15대 국회 제199회 제1차 농림해양수산위원회. 한일어업협정 관련 의견제시 문제논의. 1998. 12. 23.

제15대 국회 제199회 제1차 통일외교통상위원회. 한일어업협정 관련 의견제시 문제논의. 1998. 12. 28.

단행본

양기웅. 2008.『한국의 외교 협상』. 한림대출판부.
최낙정. 2002.『한일어업협정은 파기되어야 하나』. 세창.

논문

김영구. 1997. "일본의 직선기선과 어업 협정 문제".『황해문화』제5권 4호.
김인현/김정구. 2006. "한일어업협정과 독도논쟁 문제".『인문학연구』제34권.
김태기. 2005. "신한일어업협정을 둘러싼 양국 외교의 허와 실".『한일민족 문제연구』.
박경용. 2004. "한일어업협정의 영향과 어민들의 대응전략".『역사민속학』제18권. 한국역사민속학회.
양기웅. 2005. "외압과 국내 정치의 한일관계".『일본연구논총』.
이상면. 1996. "신한일어업협정과 독도".『황해문화』여름호.
______. 1999. "신한일어업협정은 왜 실패한 협정인가".『고시계』.
이장희. 2005. "일본의 독도영유권 침탈에 대한 대응 방안".『대한지리학회 컨퍼런스자료집』.
이진로. 1999. "한일어업협정과 왜곡된 언론보도".『저널리즘 비평』제27권. 한국언론학회.
이창위. 2001. "한일 양국의 새로운 어업질서".『법학연구』제22집.
정해웅. 1999. "EEZ 체제와 한일 어업 협정".『서울국제법연구』제6권 1호.
최장근. 2000. "일본 외교의 '양면성'에 관한 고찰 : '일한어업협정'과 영도권 문제".『일본학보』제44집.
최종화. 1998. "새 한일어업협정의 구성과 법적 성격".『수산경영논집』제29권 2호. 한국수산경영학회.
Akaha, T. 2000. "Japan-South Korea Fishery Agreement of 1998 : Pursuing Pragmatic Interests without Compromising Sovereignty." Publications on Ocean Development. No.34.

잡지 · 신문

"감척대상 어민들 해양부앞서 집단시위". 『연합뉴스』. 2002. 2. 23.
"내년도 일본수역 어획할당량 크게 줄 듯". 『연합뉴스』. 2005. 10. 19.
"농 · 어민 5년간 대폭 감소". 『연합뉴스』. 2006. 4. 25.
"다시 불붙는 한일어업협정 논란". 『연합뉴스』. 2008. 7. 19.
"대승호 나포 대화되는 어떤 어장?". 『연합뉴스』. 2010. 8. 11.
"독도는 한국땅인가". 『연합뉴스』. 2003. 8. 10.
"독도 부근서 日 EEZ 침범 한국어선 2척 적발". 『연합뉴스』. 2011. 3. 22.
"독도 왜 '중간수역'에". 『한국일보』. 2005. 3. 20.
"독도 위해 한일어업협정 폐기해야". 『연합뉴스』. 2001. 7. 7.
"독도 해역에 대한 DJ의 어리석은 결정". 『연합뉴스(조선)』. 2010. 11.
"박 정권, 대선승리 위해 어업 협정 양보". 『연합뉴스』. 2005. 8. 26.
"부산 한일어업협정 감척보상금 1천 152억 원 집계". 『연합뉴스』. 2002. 2. 23.
"'쌍끌이 협상' 후유증 난타". 『연합뉴스』. 2002. 2. 23.
"'어업 협상 재협상' 목소리 높다". 『연합뉴스』. 2002. 1. 19.
"어업 협정 파기 땐 失 많을 수도". 『세계일보』. 2005. 3. 20.
"연근해 어획부진 '비상'". 『연합뉴스』. 2000. 3. 3.
"우리 어선 올해만 일본에 14척 끌려가". 『연합뉴스』. 2008. 7. 21.
"일본수역 내 입어촉진 방안 마련". 『연합뉴스』. 2002. 2. 23.
"일본에 나포되는 우리 어선 증가세". 『연합뉴스』. 2008. 1. 11.
"일, 차츰 뚜렷해지는 독도 도발". 『연합뉴스』. 2010. 4. 7.
"정몽준 '신한일어업협정 파기해야'… 독도에 득? 독?". 『동아뉴스』. 2012. 9. 8.
"정부, EEZ 조업불허 대일보복 검토". 『연합뉴스』. 2001. 6. 22.
"정치권. 신한일어업협정 폐기 논란". 『연합뉴스』. 2006. 4. 21.
"최근 5년 한국어선 66척 日 나포". 『연합뉴스』. 2010. 10. 2.
"한국어선, 日수역 어획량 동결". 『연합뉴스』. 2009. 2. 23.
"한일 어선 고기잡이 경쟁". 『연합뉴스』. 2002. 2. 23.
"한일 어업분쟁 갈등 파고". 『한국일보』. 2001. 6. 22.
"한일어업협정, 독도영유권과 아무런 영향 없다". 『MBN』. 2006. 4. 21.
"한일어업협상 파기 촉구". 『연합뉴스』. 2002. 1. 18.
"한일어업협정, 독도 영유권과 무관". 『연합뉴스』. 2001. 3. 21.

"한일어업협정 등 65건 통과". 『매일경제』. 1999. 1. 7.
"한일어업협정 파기, 재협상하라". 『연합뉴스』. 2001. 7. 17.
"한일어업협정 합의 실패". 『연합뉴스』. 2009. 2. 6.
"한일어협 따른 간접피해 연간 3조 5천억 원". 『연합뉴스』. 1999. 3. 15.
"〔한일어협〕 '3년째'냐 '3년 이후'냐 문구 논란". 『연합뉴스』. 2000. 1. 25.
"한일, 어획쿼터 '합의각서 표현' 논란". 『연합뉴스』. 2006. 6. 1.
"한일, 한중 어협피해 7천억 원". 『연합뉴스』. 2006. 6. 1.
"〔한일회담문서 발췌〕 어업 문제 · 평화선". 『연합뉴스』. 2006. 5. 31.
"〔한일회담문서 발췌〕 어업 문제 · 평화선 7". 『연합뉴스』. 2005. 8. 26.
"해양부 국정개혁 보고 안팎". 『연합뉴스』. 1999. 4. 3.
"헌재, 독도는 '중간수역' 어업 협정 합헌". 『연합뉴스』. 2009. 2. 26.
"98년 한일어업협정, 독도 중간수역 규정… '빌미 제공' 논란". 『연합뉴스(조선)』. 2008. 7. 30.
"新한일어업협정 왜 주목받나". 『연합뉴스』. 2006. 6. 15.
"日, 경제수역 내 어업규제. 처벌권한 대폭강화". 『연합뉴스』. 1996. 6. 11.
"日(일) 어업 협정 파기 모욕적". 『동아일보』. 1998. 1. 23.
"日, 어업 협정 파기 對韓통고도 불사". 『연합뉴스』. 1997. 6. 12.
"日 언론, 한일 어업 협상 타결 긍정평가". 『연합뉴스』. 1998. 9. 26.
"日, 2백 해리 경제수역 전면설정 결정". 『연합뉴스』. 1996. 2. 20.
"韓日어업협정 문제… 독도 '중간수역' 포함". 『경향신문』. 2005. 3. 18.

기타

외교통상부. 한일어업협정(국문). 2010. 8. 18. 검색. http://www.mofat.go.kr/webmodule/htsboard/template/read/korboardread.jsp?typeID=6&boardid=25&seqno=2743852012.10.23.

제
10
장

한중 어업 협상(1993~2000)

1. 배경

한국과 일본은 1965년 국교 정상화와 동시에 한일어업협정을 체결했고, 중국과 일본은 1972년 국교 정상화 3년 후인 1975년에 어업 협정을 체결했다. 그런데 한국과 중국은 1992년 8월 국교 정상화를 선언한 후 10년간의 긴 협상 과정을 거쳐 2001년 어업 협정을 체결할 수 있었다. 협정 체결까지의 소요 시간을 보면 한국과 중국 사이의 바다, 즉 서해와 남해 혹은 황해와 동중국해 사이의 어업 질서를 구축하는 것이 쉽지 않은 일이었음을 짐작하게 한다.

한중 어업 현황을 보면 1980년대 초반까지는 한국 어선이 중국 연안에서 더 많이 조업을 해왔지만, 1980년대 중반 이후 중국의 급격한 경제성장과 함께 중국의 어업 능력이 향상되면서 상황이 반전되어 중국 어선의 한국 측 수역 내 조업이 급증했고 중국의 어획량이 한국을 추월하게 되었다.

그런데 한중 어업관계의 가장 큰 문제점은 중국 어선이 한국 영해까지 들어와 조업하는 일이 빈번하고 어족 자원 고갈, 환경오염, 해상사고 등 여러 문제가 발생함에도 불구하고 양국 간 어업을 규율할 법적인 제도가 없다는 점에 있었다.

1994년 유엔해양법협약(United Nations Convention on the Law of the Sea) 발효로 인하여 새로운 어업질서 수립이 필요하게 되었고, 중국도 한국과 일본에 이어 1996년 7월에 동 협약을 발효하였다. 새로운 유엔해양법협약에 따르면 200해리의 배타적 경제수역(EEZ, Exclusive Economic Zone)을 설정하여 자국의 어족 자원과 해양 자원 등을 보호할 권리를 갖게 되는데, 한국의 황해와 중국의 동중국해는 한중 양국의 배타적 경제수역(EEZ)이 중첩되는 지역이 생기기 때문에 한중 양국은 어업 협정의 필요성에 동의하여 협상을 시작했다. 〈표 10-1〉과 〈표 10-2〉는 한중 양국의 불법 조업 현황을 보여 주는 자료이다.[1])

〈표 10-1〉 중국 어선의 한국 수역 내 불법 조업 현황

(단위 : 척)

구분	'92	'93	'94	'95	'96	'97	'98	'99	'00
영해 (특정 금지 구역)	15 (-)	17 (-)	17 (-)	45 (-)	45 (-)	39 (-)	31 (8)	60 (20)	31 (28)

〈표 10-2〉 한국 어선의 중국 수역 내 불법 조업 현황

(단위 : 척)

구분	'92	'93	'94	'95	'96	'97	'98	'99	'00	비고
영해 내 및 일·중어업협정선까지 연안수역 내 불법 조업	0	0	8	1	4	2	-	4	-	신고 기준

1) 외교통상부. 2001. 『한중어업협정 해설』(외교부 2001. 6. 29. 보도자료 "한중어업협정 발효"의 첨부파일).

2. 과정

한국과 중국은 1989년 12월 '어선해상사고 처리에 관한 합의서'에 서명함으로써 사실상 어업 협상을 시작했다. 1993년 12월부터 정부 간 어업 협정 체결을 위한 실무 협상을 개최하게 되었고 1996년 배타적 경제수역(EEZ) 선포로 협상을 본격화하였다. 1993년 12월부터 19차례에 걸쳐 공식회담을 개최했고, 마침내 1998년 11월 협상이 타결되어 김대중 대통령 방중을 계기로 한중어업협정에 가서명이 이루어졌다.[2)]

가서명까지 많은 시간이 소요된 것은 유엔해양법협약에 맞추어 배타적 경제수역(EEZ) 수역을 최대한 넓게 설정하려고 하는 한국과 최대한 좁게 설정하고(최초 주장은 영해 12해리) 그 바깥의 바다를 공동어로수역으로 할 것을 주장하는 중국 사이의 입장 차이가 좁혀지지 않았기 때문이다.

장기간의 협상 정체는 양국이 '과도수역'이라는 새로운 아이디어를 도입함으로써 빠져나갈 수 있었다. 과도수역은 잠정조치수역의 좌우에 설정된 것인데, 양국이 공동 자원관리 · 공동 조업 · 기국주의원칙을 적용한다는 점에서는 잠정조치수역과 유사하지만 협정 발효 4년 후에는 연안국의 배타적 경제수역(EEZ)으로 각각 귀속되는 특수 수역이라는 점이 다르다.

그런데 1998년 가서명 이후에도 협상은 순조롭지 않았다. 한중 양국은 양자강 연안의 어업 규제를 둘러싸고 다시 1년 반 가까이 대립하다 2000년 8월에야 주중 한국 대사와 중국 외교부장 사이에서 정식 서명이 이루어졌고 2001년 6월에 협정이 발효되었다.

2) 박용현. 2006. "한중어업협정상 새로운 어업수역체제에 관한 연구". 『법학연구』 제22집. pp.377-378.

〔그림 10-1〕 한중어업협정과 수역도3)

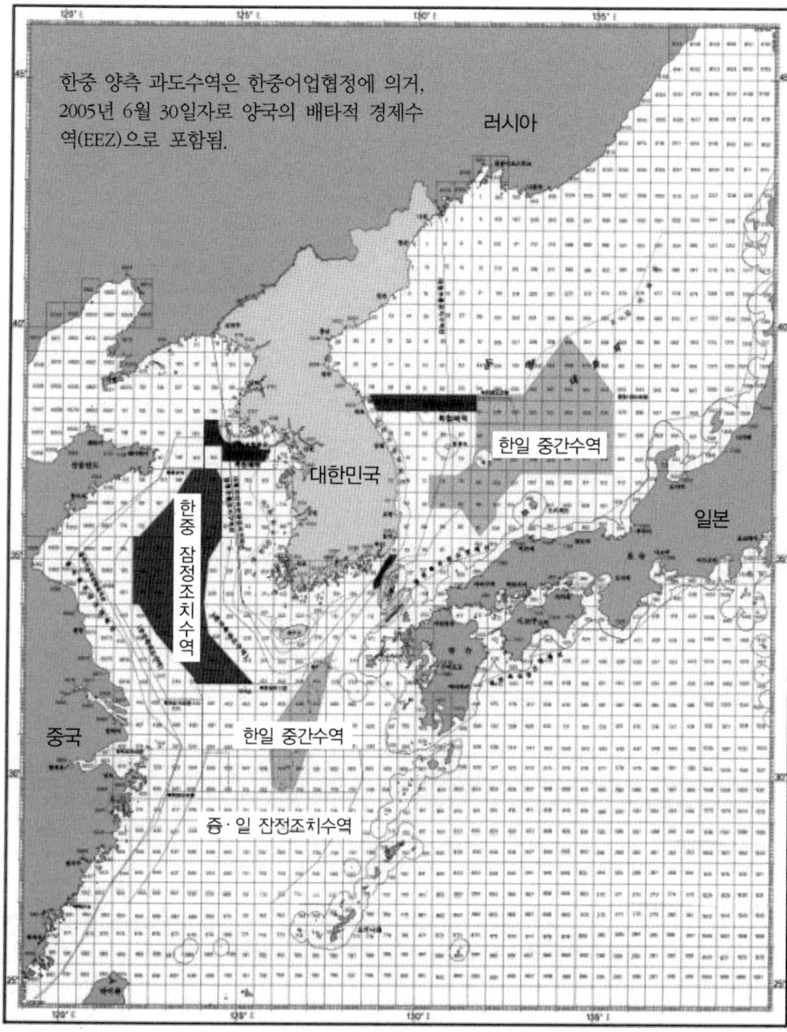

3) 해양수산부 국립해양조사원 지도(독도센터 홈페이지에서 재인용).

3. 쟁점

한중 어업 협상의 핵심 쟁점은 배타적 경제수역(EEZ)의 범위와 협상 타결까지 소요되는 시간과 관련이 있었다. 한국 측은 연안에서 중국 어선에 의한 남획을 방지하기 위해서는 배타적 경제수역(EEZ)의 범위를 최대한 넓히는 것이 유리했다. 따라서 배타적 경제수역(EEZ)의 범위를 최대한 넓혀 배타적 어업수역을 넓히는 데 주력했다. 그리고 중국 어선들이 계속해서 불법 조업을 하고 있는 상황이므로 최대한 빨리 협상을 타결하는 것이 유리했다.

하지만 중국 측의 이해관계는 달랐다. 중국은 배타적 경제수역(EEZ)의 범위를 양국 연안으로 제한하고 협상 타결을 최대한 지연시키고자 했다.[4] 협상 초기에 중국 측이 영해 밖의 모든 수역을 공동어로수역(잠정조치수역)으로 해야 한다고 주장한 것도 이런 배경이 작용했기 때문이다.

양국이 상반되는 이해관계를 조정해서 협상을 타결지을 수 있었던 것은 '과도수역'이라는 새로운 개념을 도입한 덕분이었다. 과도수역은 양국이 공동으로 자원을 관리하고 양국 어선이 함께 조업할 수 있으며 기국주의원칙이 적용된다는 점에서 잠정조치수역과 비슷하기 때문에 중국 측의 주장이 반영된 것으로 볼 수 있지만, 협정 발효 4년 후에는 연안국 배타적 경제수역(EEZ)으로 귀속되어 배타적 경제수역(EEZ) 어업제도를 실시하게 된다는 점에서는 한국 측의 주장이 관철된 것으로 평가할 수 있다.[5]

또 다른 쟁점은 양자강 수역에서의 조업 제한에 관한 것이었다. 이 문제로 양국은 협정 서명 이후 다시 1년 반의 긴 협상 시간을 필요로 하게 된다. 결국 한중 양국은 양자강 수역 조업 제한에 관해서, 첫째 협정 발효 후 2년 동안은 한국 어선이 양자강 수역에서 계속 조업할 수 있고, 둘째

4) 박용현. 앞의 논문(주 2). p.377.
5) 외교통상부. 앞의 자료(주 1).

양자강 수역의 자원 상황이 호전되면 한국 어선의 재입어를 허가한다는 합의를 도출하였다. 양자강 수역과 대비되는 서해 5도 주변 수역에서 유예 기간 없이 중국 어선의 조업이 금지되고, 또 중국 어선의 재입어 가능성을 배제한 것과 비교하면 큰 성과라고 할 수 있다.

4. 전략

한국 측은 자국 연안에서 중국 어선에 의한 남획을 방지하기 위해서는 배타적 경제수역(EEZ)의 범위를 최대한 넓히는 것이 유리하다는 공간 차원의 목표와 어업 협정을 가급적 조속히 해결해야 한다는 시간 차원의 목표를 갖고 있었다. 그런데 한국에게는 유리한 조건과 불리한 조건이 동시에 있었다. 유리한 조건은 배타적 경제수역(EEZ)의 범위를 최대한 넓게 책정하자는 한국 측의 주장이 유엔해양법협약의 정신과 일치한다는 점이었다. 불리한 조건은 시간이 갈수록 한국 측의 손실이 커지므로 협상을 빨리 타결해야 한다는 것이었다.

반면 중국 측은 시간끌기가 유리했다. 협정이 체결되면 적어도 20만 톤 이상의 중국 측 어획량 감소가 예상되었다. 1993년 협상을 시작해서 1998년 가서명, 2000년 정식 서명이라는 긴 협상 과정이 바로 중국 측의 시간끌기전략이 반영된 것이라고 할 수 있다.

결국 양국은 서로의 유리함을 협상 지렛대로 삼아 타협안을 만들어 내는 데 성공했다. 과도수역은 장기적으로 보면 배타적 경제수역(EEZ)의 범위를 확대하고자 하는 한국 측의 주장이 반영된 것이고, 단기적으로 보면 공동어로수역 혹은 잠정조치수역을 확대하고자 하는 중국 측의 의도가 반영된 것이다.[6]

---

6) 홍성걸 외. 2000. 『수산정책 집행의 실효성에 관한 연구』. pp.252-253.

5. 결과

한중어업협정은 2000년 8월 3일 정식 서명되어 2001년 6월 30일 발효되었다. 한중어업협정은 16개 조항의 본문과 2개의 부속서 및 양해각서로 구성되어 있으며, 협정수역은 어업에 관한 배타적인 관할권을 행사하는 배타적 경제수역(EEZ), 공동 어로와 공동 규제를 하는 잠정조치수역, 공동 어로 및 공동 규제를 하되 협정 발효 4년 후 연안국의 배타적 경제수역(EEZ)으로 편입되는 과도수역, 현행의 조업 질서가 유지되는 현행 조업유지수역 등 크게 네 가지 수역으로 구분하고 있다. 그 밖에도 입어 허가절차, 긴급 피난, 어업공동위원회 개최, 협정 유효 기간 및 종료 등이 규정되어 있다.[7] 협정 내용을 좀 더 자세히 정리하면 다음과 같다.

첫째, 한국과 중국의 배타적 경제수역(EEZ)은 한중어업협정에서 그 범위를 평균 60해리로 설정하였다. 이는 한일(35해리), 중 · 일(52해리) 간 합의에 비하여 넓은 배타적 경제수역(EEZ)을 확보하게 된 것이다.[8] 당초 한국은 협상에서 보다 넓은 어업전관수역을 주장했었고, 한 · 중 · 일 삼국 간의 어업 협상 중에서 가장 넓은 배타적 경제수역(EEZ)을 획정하는 외교적 성과를 달성했다.

둘째, 잠정조치수역은 협정 7조에 좌표로 지정된 수역으로, 이곳에서 양국의 해양생물자원의 고갈 방지와 합리적인 이용을 위해 어업공동위원회의 결정에 따른 보존관리조치를 취한다. 잠정조치수역은 체약국 쌍방이 함께 어업 활동을 할 수 있는 공동어로수역이지만 잠정조치수역에 대한 법적 체제는 그 수역 전체에 작용하며, 양국 선원과 어선은 원칙적으로 선적국의 관할권에 종속된다. 후일 이는 잠정조치수역에서의 불법 어로 행위를 근절시키지 못하는 제도적 결함으로 작용하게 된다.

---

7) 국가기록원 나라기록(조약 / 회담). 『한중어업협정』.
8) 이석용. 2007. "우리나라와 중국 간 해양경계획정". 『국제법학회논총』 제52권 2호. p.269.

셋째, 과도수역은 한중어업협정 제8조 5항의 규정에 의하여 어업 협정 발효 후 4년이 경과한 2005년 7월 1일에 각 연안국의 배타적 경제수역(EEZ)으로 편입됨으로써 소멸되었다. 과도수역이 소멸됨으로써 한중 간에는 배타적 경제수역(EEZ) · 잠정조치수역 · 현행 조업유지수역이 남아 있는데, 관할권 행사의 내용 변동은 없고, 오직 배타적 경제수역(EEZ) 관할권 행사의 공간적 범위가 확대되었다고 볼 수 있다.[9]

넷째, 별도의 합의가 없는 한 자국의 법령을 상대국 어선에 적용하지 않는 현행 조업유지수역이 잠정조치수역 위쪽 서해와 아래쪽 제주도 남부의 동중국해에 설정되었으며, 현행 조업유지수역은 일단 기존의 조업 질서를 유지하기로 하였다.

기타 내용으로 구조 및 긴급 피난, 한중어업공동위원회 발효 및 종료 등이 있다. 발효 및 종료를 보면, 한중어업협정은 정식 서명에 이어 각자 국내법상의 절차를 완료한 후 이를 통보하는 공한을 교환하는 날로부터 발효하여 5년간 유효하게 되어 있다. 그리고 한쪽이 1년 전에 종료 의사를 통보함에 따라 종료하게 된다.

한중어업협정의 체결에도 불구하고 중국 어선의 불법 어로 행위는 근절되지 않고 있으며, 불법 조업을 하는 중국 어선과 단속하는 한국 해양경찰 사이의 충돌이 외교적 마찰로까지 확대되고 있다. 하지만 한중어업협정이 없었다면 서해는 분쟁과 갈등의 공간이 되었을 것이다. 한중어업협정은 이해관계 조정의 성공적인 사례로 볼 수 있다. 한중 양국이 과도수역이라는 독창적인 아이디어를 통해 양국의 이해관계를 조정할 수 있었던 것은 높이 평가할 만하다.

9) 박용현, 앞의 논문(주 2), p.375.

❑ 주요 연표

2005. 5. 24.	중국 어민들, 한국 해양경찰관에 뭇매질
7. 1.	협정 발효 4년 후 과도수역이 양국의 배타적 경제수역(EEZ)으로 각각 귀속
2007. 8. 13.	인천 대청도 인근 해상에서 인천 해경 1명, 중국 선원에 맞아 전치 5주 중상
8. 27.	인천 백령도 인근 해상에서 인천 해경 2명, 중국 선원에 맞아 부상
2008. 9. 25.	전남 신안군 가거도 서쪽 73킬로미터 해상에서 목포 해경 박경조 경위, 중국 선원 공격으로 사망
10. 7.	인천 옹진군 소청도 남서방 45마일 해상에서 인천 해경 2명, 중국 선원 공격으로 부상
11. 24.	인천 옹진군 소청도 남서쪽 43마일 해상에서 인천 해경 1명, 중국 선원 공격으로 부상
12. 14.	충남 태안군 격렬비열도 남서방 112킬로미터 해상에서 태안 해경 6명, 중국 선원 공격으로 부상
2010. 11. 29.	제주시 차귀도 남서쪽 61킬로미터 해상에서 제주 해경 6명, 중국 선원 공격으로 부상
12. 18.	전북 군산시 어청도 북서방 133킬로미터 해상에서 요영어 35342호가 도주 중 해경 경비함과 충돌하여 중국 어선 선장 1명 사망, 선원 1명 실종. 군산 해경 4명 폭행으로 부상
2011. 3. 3.	충남 태안군 격렬비열도 남서쪽 102킬로미터 해상에서 요장어 55189호 등 2척 나포 중 태안 해경 1명, 중국 선원 공격으로 중상 같은 날 해경은 불법 조업 단속 중 최초로 총기를 발포, 중국 선원 1명이 다리에 중상
4. 18.	인천시 옹진군 소청도 남동쪽 24킬로미터 해상에서 중국 어선 선원 공격으로 인천 해경 부상
11. 19.	제주시 추자도 북서쪽 12킬로미터 해상에서 노영어

	2131호 나포, 회항 중이던 중국 어선 26척이 몰려와 공격, 제주 해경 5명 부상
2011. 12. 12.	인천 옹진군 소청도 남서쪽 87킬로미터 해상에서 요금어 15001호 등 2척 단속 중 중국 선원 공격으로 인천 해경 소속 이청호 경장 사망, 이낙훈 순경 부상
2012. 10. 16.	전남 신안군 흑산면 홍도 북서쪽 90킬로미터 해상에서 중국 어선 30여 척 단속 중 중국 선원들이 흉기 휘두르며 저항, 진압 중 해경의 고무탄에 중국인 선원 사망

❑ 참고문헌

1차 자료

농림해양수산위원회 전문위원. 2001.『대한민국정부와 중화인민공화국정부 간의 어업에 관한 협정비준동의안에 대한 관련 위원회 의견제시의 건 검토보고』.

외교통상부. 2001.『한중어업협정 해설』(외교부 2001. 6. 29. 보도자료 "한중어업협정 발효"의 첨부파일).

제16대 국회 제218회 제1차 농림해양수산위원회.『2. 대한민국 정부와 중화인민공화국 간의 어업에 관한 협정비준동의안(관련 위원회 의견제시의 건)』. 2001. 2. 16.

제16대 국회 제218회 제1차 통일외교통상의원회.『2. 대한민국정부와 중화인민공화국 간의 어업에 관한 협정비준동의안(정부 제출)』. 2001. 2. 16.

제16대 국회 제218회 제3차 농림해양수산위원회.『9. 대한민국정부와 중화인민공화국 간의 어업에 관한 협정비준동의안(관련 위원회 의견제시의 건) (계속)』. 2001. 2. 20.

제16대 국회 제218회 제3차 통일외교통상의원회.『9. 대한민국정부와 중화인민공화국 간의 어업에 관한 협정비준동의안(계속)』. 2001. 2. 27.

단행본

이석우. 2005. 『독도분쟁의 국제법적 이해』. 학영사.

주진우. 2000. 『한중어업협정을 해부한다』. 국회농림해양수산위원회 정책연구자료.

해양수산부. 2002. 『한중 어업관계의 전개와 협력체제구축에 관한 연구』. 해양수산부 연구보고서.

홍성걸 외. 2000. 『수산정책 집행의 실효성에 관한 연구』. 한국해양수산개발원 연구보고서 2000-2012.

논문

김찬규 외. 1999. "한일 어업 협정 및 한중어업협정 체결 이후 동북아의 어업질서 운영방안". 『국제법학회논총』 제44권 1호.

다나카 유지. 2005. "한중일 어업 협상 연구". 서강대석사논문.

박영병. 2007. "한중어업협정 이후 한중 수산업 변화에 관한 연구". 『수산경영논집』 제38권 1호.

박용현. 2001. "한일, 한중 간 어업 협정과 문제점". 『지역개발연구』 제5권 2호.

______. 2002. "한중어업협정에 관한 연구". 『지역개발연구』 제7권 2호.

______. 2006. "한중어업협정상 새로운 어업수역체제에 관한 연구". 『법학연구』 제22권.

이광남 / 서병귀. 2007. "주요 사례 분석을 통한 한 · 중 · 일 공동어업관리 방향". 『수산해양교육연구』.

이석용. 2007. "우리나라와 중국 간 해양경계획정". 『국제법학회논총』 제52권 2호.

잡지 · 신문

"국감자료-불법 조업 중국 어선 증가". 『연합뉴스』. 2002. 9. 24.

"동중국해 조업 현행대로 유지". 『연합뉴스』. 2002. 2. 23.

"목포해경, 영해침범 불법 조업 중국 어선 나포". 『연합뉴스』. 2011. 5. 18.

"서해상 조업 한중 불균형 해소, 어업 협정 오늘 가서명". 『동아일보』. 1998. 11. 11.

"정부 '양쯔강 연안 중국에 양보 구상' 파문". 『연합뉴스』. 2002. 2. 23.

"제주해경, 불법 조업 中어선 2척 나포". 『연합뉴스』. 2011. 3. 30.

"한중 상호입어 협상 타결". 『연합뉴스』. 2002. 11. 7.

"한중어업공동위원회 준비 회의 24일 개최". 『연합뉴스』. 2002. 9. 23.
"한중어업공동위 2차 준비 회의 5일 개최". 『연합뉴스』. 2002. 11. 4.
"한중어업협정수역 내 조업 부진". 『연합뉴스』. 2002. 7. 24.
"한중어업협정이 고기씨 말린다". 『동아일보』. 2002. 7. 3. 사설.
"한중어업협정 차관급회담 4일 베이징서 개최". 『연합뉴스』. 2002. 2. 23.
"한중어업협정 협상 조기타결 합의". 『동아일보』. 1998. 10. 11.
"한중어업협정 6월 30일부터 발효". 『연합뉴스』. 2002. 2. 23.
"한·중·일 어업 분쟁 일지". 『연합뉴스』. 2005. 12. 5.
"한중 해양경계 획정해야". 『연합뉴스』. 2008. 10. 30.
"한중, 6일부터 EEZ회담 가져". 『연합뉴스』. 2006. 4. 1.
"中어선 '전복' 한중 미묘한 기류". 『연합뉴스』. 2010. 12. 22.

기타

국가기록원 http://content.archives.go.kr/
국가기록원 나라기록(조약/회담). 『한중어업협정』.
독도본부 http://www.dokdocenter.org/

제4부

동아시아의 서비스 협상

제
11
장

한미 지식재산권 협상(1981~2010)

1. 배경

지식재산권(Intellectual Property Rights. 2005년 이전에는 '지적재산권'이라 했다)이란, 문학·예술의 창작과 산업·과학의 발명과 같은 인간의 정신적 창작 활동 결과인 지적 생산물에 대한 소유권을 의미한다. 이러한 지식재산권은 크게 저작권, 산업재산권, 신지식재산권으로 나뉜다. 저작권은 문학·예술적 창작물에 대한 배타적 소유권을 의미하는데, 창작물 자체에 대한 권리인 저작권과 창작물의 복제·공연·방송 등과 관련된 저작인접권으로 나뉜다. 산업재산권은 과학적·산업적 발견과 발명 및 상표와 의장의 사용에 대한 권리를 가리키며, 여기에는 특허권·실용신안권·의장권·상표권·지리적 표시권 등이 포함된다. 신지식재산권은 과학기술의 발전이 고도화됨에 따라 새롭게 등장한 재산권으로 산업저작권(컴퓨터 프로그램·데이터베이스), 첨단산업재산권(생명공학기술·반도체집적회로), 정보재산권(영업 비밀), 기타(캐릭터·입체·소리·냄새·프랜차이징) 등을 포함한다.[1)]

1) WIPO(World Intellectual Property Organization) "What is Intellectual Property?" http://www.wipo.int/about-ip/en/ ; http://www.gwangyang.go.kr/idea/sub_02_001.jsp

이러한 지식재산권이 통상마찰과 협상의 대상이 된 배경은 무엇인가? 첫째, 복제품의 범람이다. 1970년대부터 특허와 상표의 도용 및 저작물의 무단복제가 광범위하게 이루어지고 상당량이 국제적으로 거래되었다. 둘째, 국가경쟁력 및 하이테크산업 발전에서 지식재산권의 중요성이 높아졌기 때문이다. 국제적 비교우위의 변동에 따라 선진국들은 막대한 기술개발비가 소요되는 하이테크산업으로 산업고도화를 해야 하는데, 이때 지식재산권의 강력한 보호가 전제 조건이 된다. 셋째, 선진국의 무역수지와 소득 및 고용에 미치는 영향력 때문이다. 제조업의 해외 진출로 인하여 제조업 분야에서 공동화, 무역수지 적자를 겪고 있는 선진국들은 지식재산권을 강하게 보호해야만 기술, 서비스 분야에서 무역수지를 개선하고 관련 산업을 통하여 고용 창출을 할 수 있다. 특히 지식재산권 분야에서 가장 큰 이해관계를 가진 국가는 바로 미국이다. 미국은 대외무역적자가 심화되자, 1980년대부터 전방위적인 시장개방 압력과 지식재산권의 강력한 보호를 요구하게 된다.[2)]

2. 과정

1985~1986년 협상

1980년대 들어서 지식재산권에 대한 미국의 통상 압력이 더욱 강해지기 시작하였다. 1985년 10월 16일 미국의 레이건 대통령은 통상법 301조에 근거하여 미국의 지식재산권을 침해하는 관행에 대한 조사 착수를 시시했다. 이에 1985년 11월 15일 제1차 실무 협상을 시작으로 1985년 12월 19일 제2차 실무 협상, 1986년 1월 31일과 3월 27일 주미 한국대사와 미국통상대표부(USTR, United States Trade Representative) 부대표 간의 협상이 진행되었고 1986년 7월 21일 지식재산권 통상 협상이 타결되었다. 1986년 8월

2) 김새미. 2000. "미국의 지적재산권 보호정책: 일본, 중국, 한국 정책을 중심으로". 이화여대석사논문. p.40.

28일 지식재산권에 관해 한국과 미국은 양해각서에 서명함으로써 협상을 종료했다.[3)]

1989~1996년 협상

지식재산권 분야에서 한국 측의 개선 노력에도 불구하고 1988년 8월 종합무역법 제정 이후 한국의 지식재산권 보호 수준에 대한 미국 측의 평가는 매우 불만족스러운 상황이었다. 그리하여 1989년 미국은 한국을 우선감시대상국(PWL, Priority Watch List)으로 지정하였고, 그후 1990~1991년도에는 감시대상국(WL, Watch List)으로 하향 조절되었으나 1992년 이후 다시 우선감시대상국(PWL)으로 지정하였다.

1990년대에 들어서 미국은 무역 상대국에 대해 지식재산권에 대한 요구 사항을 구체화하기 시작했다. 특히 지식재산권의 범위가 신지식재산권으로 확대되었기 때문에 301조를 적용한 통상 압력의 강도는 점차 높아졌다. 예를 들어 상표법의 경우, 인정 범위를 확대하여 상표를 사용하기 이전이더라도 사용할 의사가 확인되면 상표 보호를 신청할 수 있게 되었다. 따라서 등록 신청은 실제 사용 3년 전부터 등록 신청이 가능하게 된 것이다. 저작권과 관련해서는 1991년 종합유선방송 전면 시행을 앞두고 영상저작물의 저작권에 대한 논의가 이루어졌다. 한국 사회도 영상 제작물의 수요와 공급이 폭증하게 됨에 따라 효율적인 법규의 제정 필요성을 공감하기 시작했다.

미국 정부는 한국을 우선감시대상국(PWL)으로 지정하여 지식재산권 보호 현황을 수시 점검하는 압력을 행사했다. 미국통상대표부(USTR)는 한국 정부에게 사법권 발동을 통한 강력한 벌칙을 적용한 지속적인 보호 노력을 촉구하는 한편, 1987년 이전 승인된 음반·비디오 등 복제물을 3개월

---

3) 노동섭. 1993. "한미 지적소유권 협상경위와 그 성과". 『저작권』 여름호. 저작권심의조정위원회. pp.4-10.

이내에 판매 중단 또는 폐기 처분해 줄 것을 강력히 요청했다.[4)]

2003~2007년 한미 FTA 지식재산권 분야 협상

한미 FTA의 시작으로 지식재산권에 관한 협상이 다시 협상 테이블에 올랐다. 2차 협상을 제외한 8차까지의 협상까지 거의 매번 지식재산권에 관한 내용이 논의되었다. 그리고 한미 FTA가 체결된 이후 진행되었던 3년 반 동안의 추가 협상에서도 지식재산권 분야는 계속 협상되었다.

3. 쟁점

지식재산권 협상은 지식재산권의 보호와 이행제도의 확립, 권리가 침해되면 부과하는 벌칙이 가장 큰 쟁점 중 하나이다.[5)] 지적 재산물에 대한 독점이윤의 기대는 발명과 창작에 대한 의욕을 고취시켜 이에 대한 투자와 상품화를 촉진시키며, 그 발명과 창작의 내용이 공공의 영역에 발표되도록 함으로써 궁극적으로 산업기술 발전의 기반이 되는 지식과 정보의 축적을 가속화시키기 때문에 지식재산권을 보호해야 한다는 당위에는 누구든 이의를 제기하지 않는다. 다만 그 보호와 처벌의 수준이 쟁점이 되는 것이다.

1985~1986년 한미 지식재산권 협상[6)]

이 협상의 주요 쟁점은 물질특허의 도입, 소급 보호의 인정, 소프트웨어 보호 입법 방법 등 세 가지에 관한 것이었다.

---

4) 이영찬. 1995. "한국의 무역과 지적소유권에 관한 연구". 『생산성논집』 제10권 1호. pp.285-297 ; 김기홍. 1993. "지적소유권을 중심으로 한 미국의 최근 정책 동향과 우리의 대응". 『저작권』 여름호. 저작권심의조정위원회. pp.22-25.

5) "지적재산권 협상 어려워". 『내일신문』. 2007. 2. 15.

6) 양기웅. 2008. 『한국의 외교 협상』. 한림대출판부. pp.100-125.

①물질특허의 도입

당시 한국은 의약품을 포함한 화학물질에 대하여 생산 방법에 관한 제법특허만 인정해 주고 있었다. 따라서 동일한 화학물질이라도 생산 방법이 다르면 새로운 특허권을 획득할 수 있고 생산할 수 있었다. 그런데 어떤 물질에 대하여 특허를 인정하게 되면, 그것을 다른 방법으로 생산하더라도 특허권에 저촉되어 이를 생산하기 위해서는 기술료를 지불하고 생산 허가를 받아야 한다. 따라서 대부분의 개발도상국은 물질특허의 인정에 따른 기술료 지불의 부담과 산업화 추진에 대한 장애로 인하여 물질특허를 인정하지 않으려는 경향이 있다. 당시 한국 산업계가 물질특허의 도입을 강력히 반대한 이유도 한국의 기술 수준이 아직 이를 인정할 단계가 아니라고 판단했기 때문이다.

②소급 보호

미국은 한국에서 새로운 지식재산권 법률들이 효력을 발생할 1987년을 기준으로 저작권은 20년간, 물질특허는 10년간 소급해서 보호해 달라고 요구했다. 소급 보호가 인정이 되면 1967년에 저작권이 발생한 미국의 저작물(출간물 · 소프트웨어 · 음반 등)에 대하여 저작권을 보호해야 하고, 1977년 이후 미국에서 물질특허를 받았으나 아직 시판되지 않은 물질에 대해 물질특허를 보호해 주어야 한다. 그리고 한국에는 물질특허제도가 없기 때문에 제법특허를 출원 중인 특허물질에 대해서도 물질특허를 인정해 줄 것을 요구했다.

한국은 지식재산권에 관한 소급 보호는 국제적으로 관례가 없고 국민재산권에 관한 소급 입법을 금지한 헌법에 위배되며, 물질특허의 도입에 대해서는 국내의 강력한 반발이 존재하는 상황이기 때문에 소급 보호와 물질특허 도입이 어렵다고 반발했다. 결국 소급 보호의 인정 여부가 협상 타결의 최대 걸림돌이 된 것이다.

③저작권과 컴퓨터 소프트웨어 보호법의 통일

미국은 컴퓨터 소프트웨어에 대한 보호가 저작권과 마찬가지로 저작권법에서 함께 보호되기를 강력히 희망했다. 그 이유는 소프트웨어에 대한 보호기준을 새로이 협상해야 하는 어려움을 피할 수 있고 집행의 효과성을 높이는 데 유리하기 때문이었다. 미국은 한국과의 지식재산권 협상이 멕시코, 브라질, 아시아 개발도상국들과의 협상 선례가 될 것으로 판단하고 두 개의 독립된 법으로 저작권과 소프트웨어를 보호하려는 한국 측 안에 반대했다.

한국이 두 개의 법이 내용상 일치한다고 하더라도 별도의 법으로 입법화하기를 희망했던 배경에는, 저작권법을 관할하고 있는 문화공보부와 컴퓨터 프로그램 산업을 관할하는 과학기술처 사이의 관할권 경쟁이 작용한 측면도 있었다.

1989~1996년 한미 지식재산권 협상의 쟁점[7]

①친고죄의 폐지

미국 측 협상단은 상업적인 규모(commercial scale)로 고의에 의한 저작권 침해의 경우, 권리자의 고소 없이도 해당 국가기관의 직권으로 기소할 수 있도록 제안하고 있다.[8] 저작권 침해 문제가 발생하더라도 친고죄라는 제약 때문에 사전에 사실 조사나 증거 수집을 할 수 없었기 때문에 친고죄의 폐지를 요구하였다. 그리고 친고죄 폐지가 곤란하다면 권리자가 자신의 지식재산권을 침해당한 경우, 증거 수집을 위한 사설탐정제도를 도입해 줄 것을 대안으로 요구하였다.

②소급 보호

미국 측은 자국 업체의 직물의장을 모방한 디자인을 판매하는 한국 업

7) 정진섭. 1995. "한미 지적재산권 협상경과와 향후전망". 『통상법률』 2호. 법무처. pp.34-59.

8) 손승우. 2006. "한미 FTA와 지적재산권의 미래 : 저작권 협상을 중심으로". 『국제거래법연구』 제15권 2호. 국제거래법학회. p.81.

체를 단속해 줄 것을 요구하면서, 특히 한국 검찰이 저작권법 위반으로 강력히 처벌해 주기를 희망하였다.

③상표법

1986년도 한미 간에 체결한 양해각서 C.4에 "외국상표와 동일·유사한 상표의 등록을 금지하기 위한 지침을 이행한다"고 합의하였는데, 미국 측은 한국 특허청이 이 조항을 성실히 이행치 않아 미국의 유명 상표를 모방한 상표가 계속 등록되고 있음을 지적하면서 시정을 요구하였다.

2003~2007년 한미 FTA 지식재산권 협상의 쟁점

저작권의 보호 기간 연장(저작권법), 특허권(특허법) 특허 등록 지연에 따른 특허권 존속 기간 연장, 실용신안법 특허 등록 지연에 따른 특허권 존속 기간 연장, 상표법·증명표장제도 도입 등이 핵심 쟁점 사안이었다.

①강제실시권 요건 강화

강제실시권이란 권리자의 허락 없이 강제로 특허 등을 사용할 수 있도록 하는 것으로, 지식재산권의 배타적 권리에 대한 일종의 제약이다. 주로 공익적 목적에 부여되는데, WTO '무역관련 지식재산권협정(TRIPS, Trade-Related Aspects of Intellectual Property Rights)'에도 규정되어 있는 내용이다. 강제실시권은 주로 의약품과 관련성이 높다.

②심사 지연에 따른 특허권 존속 기간 조정

특허청의 불합리한 이유로 특허를 받는 데 시간이 오래 걸렸을 경우 지연 기간만큼 특허 존속 기간을 조정하는 제도로서 협상 당시 한국에는 없었다. 특허법 제89조에는 존속 기간을 연장할 수 있는 제도를 두고 있으나, 이는 허가 또는 등록 등을 위하여 필요한 활성·안전성 등의 시험으로 인하여 장기간이 소요되는 경우로 심사 지연의 경우와 내용이 다르다.

출원일로부터 4~5년, 심사청구일로부터 2년 이상 걸리면 기간 조정에 해당되는 것으로 정하고 있다. 이 내용을 수용할 경우 출원일로부터 20년

이면 거의 일률적으로 만료되지만, 앞으로는 각 권리마다 예정존속 기간을 확인해야 한다.

③상표 보호 대상 확대 : 소리 · 냄새

현행 상표법은 시각적으로 인식할 수 있는 표장에 대해서만 상표권을 부여한다. 한국 상표법에는 표장을 '기호 · 문자 · 도형 · 입체적 형상 또는 이들을 결합하거나 이들에 색채를 결합한 것'으로 정의하여 소리 · 냄새에 대해서는 상표등록을 받을 수 없다. 한미 FTA 협상은 상표의 요건에서 '시각적으로 인식할 수 있는 표장' 문구를 삭제하여 소리 상표와 냄새 상표는 물론 맛 상표, 촉감 상표 등 사람이 오감으로 인식할 수 있는 대상은 모두 상표권이라는 사적소유권의 대상으로 만드는 것이 쟁점이 되었다. 소리나 냄새를 상표로 인정할 경우 특허청에서 심사와 등록을 어떻게 할 것인지, 침해 분쟁이 생겼을 때 판단은 어떻게 할 것인지 실무 차원의 문제점도 지적되었다.

④상표사용권 등록의무화 요건 배제

미국은 상표사용권 등록을 의무화해서는 안 된다고 정하고 있다. 이에 비해 한국은 전용 사용권인 경우에는 등록의무를 효력 발생 요건으로 정하고 있고, 통상 사용권인 경우에는 그렇지 않다. 전용 사용권자는 상표권자에 준하는 권한을 갖는데, 권리자가 공시되지 않으면 제삼자에게 예측하지 못한 손해를 줄 우려가 있기 때문이다.

⑤저작권 보호 기간 연장

현재 우리나라의 저작권 보호 기간은 개인 저작물에 대해서는 저작자 사후 50년, 법인 저작물에 대해서는 공표 후 50년으로 되어 있다. 그런데 한미 FTA 협상에서는 자연인의 저작물뿐만 아니라 실연, 음반과 같은 저작 인접물에 대해서도 모두 20년을 연장하는 것이 쟁점이 되었다. 이렇게 되면 자연인의 경우 저작자 사후 70년, 비자연인의 경우 발생 후 70년으로 저작권이 연장된다.

국제조약에서 요구하는 저작권 보호 기간은 저작자 사후 50년이다. 한국 저작권법도 마찬가지다. 그런데 미국은 1988년 저작권 보호 기간을 저작자 사후 70년까지 연장하는 법을 통과시키고, 이 법을 토대로 싱가포르·호주 등과 체결한 FTA에서 저작권 보호 기간을 70년으로 연장했다.

이에 대해서 한국 내에서는 저작권의 보호 기간을 70년으로 연장하는 것은 사실상 저작권을 영속적인 권리로 만들어 미국 기업과 정부의 부를 축적하는 도구가 될 따름이라는 비판의 목소리가 높았다.[9]

2009~2010년 한미 FTA 추가 협상의 쟁점

한미 FTA 추가 협상에서는 지식재산권에 관한 18.9조 제4호 '나호'에 대한 협상이 쟁점이 되었다. 그것은 '특허·연계'에 관한 것으로 발효 시기를 재협상하였다. '의약품 허가와 특허 연계제도'란, 복제약 허가를 정부에 신청할 때 복제약 제조업체가 원개발사인 특허권자에게 허락을 받도록 하는 제도다.

4. 전략

1985~1996년 협상의 전략

미국 측 한미 지식재산권의 협상의 경우 미국은 일반특혜관세(GSP, Generalized System of Preferences) 공여 연장과 섬유류 수입에 대한 규제 등 한국의 수출에 치명적인 타격을 줄 수 있는 이슈들을 한국의 지식재산권 보호와 연계시켰다. 따라서 지식재산권 협상이 실패하면 한국 내 많은 산업과 기업의 피해가 예상되었기 때문에 이런 이슈연계전략은 지식재산권 협상의 조기 타결에 대한 한국 내 반대를 약화시키는 데 효과적인 역할을 했다.

---

9) 한미 FTA저지 지적재산권분야 대책위원회, 『한미 FTA 지적재산권 분야 최종평가서』, 2007. 12. 11.

한국 측은 손목묶기전략을 구사하였다. 협상의 과정과 결과가 국내에서 고도로 정치화되고, 협상 결과에 대해 국내에서의 반대가 거셀 경우 자신은 양보를 하지 않으면서 상대방에게 양보를 얻어 내기가 쉽다. 손목묶기전략은 협상 정보를 국내에 공개함으로써 국내적 반대를 키워 자신의 협상재량권을 스스로 축소하는 전략을 말한다.

한편 당시 한국은 대미 협상에 통상 이슈를 안보 이슈와 연계지어 미국 측의 압력을 완화시키는 전략을 종종 구사해 왔는데, 이 협상에서는 이 전략이 통용되지 않았다.

5. 결과

1985~1986년 한미 지식재산권 협상 결과

미국 정부는 한국에서의 저작권 · 컴퓨터 소프트웨어 · 물질특허 등 지식재산권 보호제도의 미흡과 관련한 301조 조사를 개시하였고, 그 압력에 굴복하여 1986년 7월 21일 한미 간 지식재산권 관련 301조 협상이 타결되었다.

협상 결과는 다음과 같다. 한국 정부는 미국의 저작권만은 소급 보호를 인정하겠다고 약속했으며, 시판하지 않는 품목의 보호까지 인정하였고, 특허법 등 산업재산권법의 개정을 약속하였다. 게다가 세계저작권협약(UCC, Universal Copyright Convention. 본디는 1952년 9월 6일 제네바에서 유네스코의 주창으로 처음 체결되었고 1971년 7월 24일 파리에서 개정된 세계저작권협약 즉 Universal Copyright Convention, as Rivised at Paris on 24 July 9171), 부다페스트협약(Budapest Convention. 본디는 사이버범죄에 관한 부다페스트협약 즉 Budapest Convention on Cybercrime) 및 제네바음반협약(Geneva Convention. 본디는 음반의 무단복제로부터 음반 제작자를 보호하기 위한 협약 즉 Convention for the Protection of Producers of Phonograms against Unauthorised Duplication of Their Phonograms)에 가입하고 컴퓨터 소프트웨어의 보호제도 강화와 벌금 증액 등의 관련 법규 시행의 강화와 상품등록과 기술유치협정과의 연계 요건 및 사용료에 관한 제약을 철폐할 것과 반도체칩 설계에 대한 보호를 검토할 것을 약속하는 등 미국 측의 요구를 광범위하게 수락했다.

한국은 이 협정에 따라 1986년 12월 저작권법, 특허법 등을 개정하고 컴퓨터 프로그램보호법을 새로 제정하는 등 지식재산권 보호를 획기적으로 강화하였다.

1989~1996년 한미 지식재산권 협상 결과

1986년 합의에도 불구하고 미국의 불만이 고조되자, 한국 정부는 일부 불합리한 제도를 개선하기 위해 1990년 9월 1일 발효된 특허법 · 실용신안법 · 상표법 · 의장법 등 산업재산권 4법을 전면 개정하는 입법조치를 취했다. 또한 「음반에 관한 법률」도 개정하여 명칭을 「음반 및 비디오에 관한 법률」로 고치고 불법복제자에 대한 처벌을 강화하여 최고형량을 대폭 상향 조정하였다.

미국 측의 친고죄 폐지에 관한 사항에 대해서는 한국의 법제도에 어긋나므로 도입하기가 곤란하다고 설득하였고, 대신 일반 법원칙에 맞지 않는 제도의 신규 도입보다는 오히려 수사기관 내지 사법기관 종사자의 지식재산권에 대한 인식 제고와 실무절차의 개선에 중점을 두겠다고 약속하였다.

특허 부분 저작권법 위반에 관한 문제는 한국 법원의 판례가 아직 확립되지 않았으므로 특허청에 의장등록을 하면 그 보호 여부 및 범위가 명확해질 것이라고 권유하였다.

또 가장 대립이 심했던 미국 상표의 모방상표등록 부분에 대한 문제에 대해서는 심사관이 미국 상표의 존재를 100퍼센트 식별할 수 없는 데 따른 것일 뿐 양해각서 위반은 아니며, 위 조항을 미국식으로 해석하면 한국 상표법 체계가 붕괴되므로 부당하다고 반박 주장하였다.

2003~2010년 한미 FTA 지식재산권 협상 결과

〈표 11-1〉 단계별 협상 결과[10)]

	쟁점 사항	협상 결과
1차 협상	미국 잠수함 특허	없음
2차 협상	없음	없음
3차 협상	저작권 보호 기간 연장	지식재산권 침해에 관한 집행 강화 합의
4차 협상	분쟁조정제도	지식재산권 집행 분야에서 가처분제도, 소송절차를 대체할 수 있는 분쟁조정제도 등에 대하여 합의
5차 협상	저작권 보호 기간 연장	미, 저작물 병행수입 금지요구 철회, 지식재산권 위반 형사처벌 시 양형기준 권장 사항으로 설정
6차 협상	한국 측 온라인 저작물 일시적 저장에 대한 복제권 요구 수용 불가, 양국의 법체계에 대한 상호 질의 응답, 구체적 합의가 이루어지지 않은 상황	미국 측 저작권을 사후 70년으로 늘리고 일시저장 복제권도 도입, 양국의 법체계에 대한 상호 질의응답, 구체적 합의는 이루어지지 않은 상황
7차 협상	절충안 마련 작업 진행	절충안 마련 작업 진행
8차 협상	미, 저작권 보호 기간 70년으로 연장	
협싱 결과	한, 특허 존속 기간 연장기준, 심사 청구 후 3년 관철 미, 저작권 보호 기간 70년, 발효 후 2년 유예	
추기 협상	의약품 허가 · 특허 연계제도, FTA 발효 후 3년 유예	

한미 FTA 협상에서 지식재산권과 관련된 주요 합의 내용은 다음과 같다.[11)]

10) 외교통상부 보도자료. "제1차, 2차, 3차, 4차, 5차, 6차, 7차, 8차 한미 FTA 협상 결과" 및 "추가 협상 결과 브리핑 자료"의 내용을 종합하여 작성.

11) 외교통상부. 『한미 FTA 상세 설명자료』 참조. 2007. 5.

① 저작권 보호 기간을 저작자 사후 또는 저작물 발행(또는 창작) 이후 70년으로 연장

② 2007년 5월 일시적 복제에 대해 저작권자에게 복제권을 인정

③ 저작물에 대한 접근을 통제하는 기술적 보호조치를 우회하는 행위 금지

④ 대학가에서의 저작물 불법복제 · 배포에 대한 집행 수준을 강화하기로 합의

⑤ 냄새 혹은 소리로만 구성된 상표도 상표로서 등록 가능토록 규정

⑥ 상표의 품질보증기능의 강화 등 긍정적인 측면을 고려하여 증명표장제도 도입

⑦ 현행 상표법상 전용 사용권의 경우 등록 요건을 금번 협상을 통해 폐지

⑧ 인간 또는 동물의 진단 · 치료 · 수술 방법은 인도주의 측면 등을 고려, 특허 대상에서 제외

⑨ 특허 등록 이후 일정 기간 동안 특허를 실시하지 않을 경우, 특허 취소 가능

⑩ 불합리한 지연으로 인해 특허 존속 기간(특허등록 후 출원일로부터 20년)이 실질적으로 감축될 경우, 이에 대한 보상 차원에서 불합리한 지연 기간만큼 연장 가능토록 조치

⑪ '상업적 규모'의 저작권 침해에 대해서는 권리자의 고소 없이 수사기관의 직권으로 공소 제기가 가능토록 합의

⑫ 저작권 혹은 상표권으로 보호되는 상품의 포장 혹은 라벨도 불법 유통 시 형사처벌

⑬ 영화관에서 비디오카메라를 통해 영화를 촬영하거나 촬영을 하려고 시도하는 행위 처벌

한미 FTA의 지식재산권에 대한 긍정적 효과는 다음과 같다. 법과 제도에 의해 지식재산권에 대한 보호를 강화하는 것은 지식재산권의 가치를

높임으로써 혁신과 창작에 대한 유인으로 작용하여 기업의 연구·개발에 대한 투자 확대와 창작 활동의 활성화 등으로 이어지고, 궁극적으로 지식재산권 관련 산업의 성장을 견인하고 국부를 창출하는 데 기여한다. 아울러 지식재산권의 선진화를 통해 궁극적으로 한국 지식재산권산업의 경쟁력이 강화될 것이다. 선진 제도 도입을 통해 한류 등으로 인해 창출된 한국 지식재산권의 부가가치를 확대하고, 지식재산권 침해가 증가하고 있는 중국 및 동남아 국가 등에서 지식재산권 보호 강화 요구 근거를 마련하였다.[12)]

하지만 지식재산권의 강화가 초래할 부정적 효과도 있다. 첫째, 지식재산권은 당연히 보호되어야 하는 재산권자의 권리임에도 불구하고 지나치게 오랜 기간 보호하는 것은 재산권자가 독점적 위치를 고수하도록 하여 혁신을 방해할 소지가 있다.

둘째, 보호 기간 적용의 국가 간 상호주의의 원칙과 조약 가입 여부에 따라 시민이 자신들이 이용하는 콘텐츠가 어느 나라의 지식재산권인지 인지해야 할 필요성이 생김에 따라 제도 자체가 매우 복잡해졌으며, 개정 전 저작권법상 저작권이 소멸했다가 다시 부활한 지식재산에 대해 개별적으로 인지할 필요가 발생하였다.

셋째, 저작권과 저작인접권이 50년에서 70년으로 연장됨으로써 향후 20년간 캐릭터·출판·음악 등 문화 콘텐츠에 대해 연평균 총 71억 원의 비용이 추가로 들 것으로 분석되어, 국내 저작권산업이 한미 FTA 체결과 그에 따른 저작권법의 개정으로 단기적으로 감당해야 할 비용이 상당할 것으로 예상된다.

넷째, 2년의 유예 기간을 두고 저작권과 저작인접권이 50년에서 70년으로 연장되었지만, 2년은 국내 문화콘텐츠산업에 대한 충격을 완화하고 사

---

12) 한정희 / 김기학. 2007. "지식재산권 분야 한미 FTA 협정문의 분석과 시사점". 『기업경영연구』 제25권. 한국기업경영학회.

용자들이 적응하는 데에는 다소 짧은 기간일 수 있다. 저작권과 저작인접권의 기간이 늘어 타격을 받게 된 산업은 비준 및 발효를 앞두고 큰 변화를 예고하고 있다.

다섯째, 저작권법의 개정 내용은 특허권에 준하는 권한을 저작권자에게 부여함으로써 국민의 자유로운 이용뿐만 아니라 접근 자체를 어렵게 한 측면이 있어 저작물을 이용한 아이디어의 개발과 기술의 발전을 저해할 수도 있다.

여섯째, 상표뿐만 아니라 후각 또는 청각, 즉 비시각적으로 인식 가능한 상표까지 상표등록이 가능해짐으로써 등록절차나 등록 기록을 시각적인 문서로는 저장하기 어렵기 때문에 등록상표의 비시각적 기록을 가능하게 하기 위하여 법률 개정에 따른 기술적 후속 조치가 따라야 하는 문제점이 있다.

일곱째, 한미 FTA에 따라 지식재산권 관련 법률의 개정으로 손실을 감수해야 하는 산업 분야 지원에 대한 비용이 발생한다.[13]

❑ 주요 연표

1985. 11. 14.	제1차 실무 협상(워싱턴)
12. 19.	제2차 실무 협상(서울)
1986. 1. 31.	한국 대사와 미국통상대표부(USTR) 부대표 간의 협상
3. 27.	한국 대사와 미국통상대표부(USTR) 부대표 간의 협상
7. 21.	한미 무역실무회담 지식재산권 통상 협상 타결
8. 28.	지식재산권 한미 양해각서에 서명
1988. 8. 23.	미 종합무역법 슈퍼 301조와 스페셜 301조 신설, 미

13) 정영재 / 박희서. 2009. "한미자유무역협정에 따른 지적재산권 관련 법률개정의 효과". 『한국컴퓨터정보학회논문지』 제14권 8호. pp.141-142.

		국통상대표부(USTR)는 1989년부터 적용할 것이라고 발표
1989.	5. 22.	미국통상대표부(USTR), 한국을 우선감시대상국(PWL)으로 지정. 1989년 11월 1일까지 협상을 진행하면서 우선협상대상국(PFC, Priority Foreign Country) 지정 여부 결정 예정 발표
	6. 15.~16.	한미 지식재산권 협상 회의
1990.	4.	한미 지식재산권 협상 회의
	4. 20.	미국통상대표부(USTR), 한국을 감시대상국(WL)으로 지정
1992.	4. 29.	미국통상대표부(USTR), 한국을 감시대상국(WL)에서 우선감시대상국(PWL)으로 상향 조정
	10. 22.~24.	제13차 한미 무역실무자 회의 개최(서울)
1993.	1. 15.	한미 지식재산권 비공식 회담 개최
	3. 16.~19.	한미 무역실무자 회의 개최(워싱턴)
	4. 30.	미국통상대표부(USTR), 한국을 우선협상대상국(PFC)으로 지목하고 수시점검국으로 분류
1994.	1. 19.	제7차 한미재계회의 운영위원회(하와이)
	4. 4.~ 5.	제16차 한미 무역실무자 회의(워싱턴)
	5. 2.	미국통상대표부(USTR), 한국을 우선협상대상국(PFC)으로 지목하고 수시점검국으로 분류
1995.	3. 4.	한미 비공식 통상실무 협의 개최
	4.	미국통상대표부(USTR), 한국을 우선협상대상국(PFC)으로 지목
1996.	4. 30.	미국통상대표부(USTR), 한국을 우선협상대상국(PFC)으로 지목
2006.	2. 3.	한미 FTA 추진 발표
	6. 5.~ 9.	한미 FTA 제1차 공식 협상 개최(워싱턴)
	7. 10.~14.	한미 FTA 제2차 공식 협상 개최(서울)
	9. 6.~ 9.	한미 FTA 제3차 공식 협상 개최(시애틀)
	10. 23.~27.	한미 FTA 제4차 공식 협상 개최(제주)

2006. 12. 4.～ 8.	한미 FTA 제5차 공식 협상 개최(몬태나)
2007. 1. 15.～19.	한미 FTA 제6차 공식 협상 개최(서울)
2. 11.～14.	한미 FTA 제7차 공식 협상 개최(워싱턴)
3. 8.～12.	한미 FTA 제8차 공식 협상 개최(서울)
4. 2.	한미 FTA 협상 타결
6. 30.	한미 정부 협정문 서명
2009. 7.～2010. 12. 1.	9번에 걸친 한미 통상 회의, 장관 회의 개최
2010. 12. 3.	한미 FTA 추가 협상 타결(제18.9조 제5항 나호)

❑ 참고문헌

단행본

양기웅. 2008. 『한국의 외교 협상』. 한림대출판부.

이해영. 2006. 『낯선 식민지, 한미 FTA』. 메이데이.

오근엽. 2010. 『한미 FTA 지재권 협상에 따른 의약품 분야 사회후생변화』. 집문당. 아산재단 연구총서.

한미 FTA저지 범국민운동본부 정책기획연구단. 2006. 『한미 FTA 국민보고서』. 그린비.

한미 FTA저지 지적재산권분야 대책위원회. 『한미 FTA 지적재산권 분야 최종평가서』. 2007. 12. 11.

논문

김기홍. 1993. "지적소유권을 중심으로 한 미국의 최근 정책 동향과 우리의 대응". 『저작권』 여름호. 저작권심의조정위원회.

김새미. 2000. "미국의 지적재산권 보호정책 : 일본, 중국, 한국 정책을 중심으로". 이화여대석사논문.

노동섭. 1993. "한미 지적소유권 협상경위와 그 성과". 『저작권』 여름호. 저작권심의조정위원회.

박종돈. 2007. "한미 FTA 협상 타결에 관한 양국 간의 문제점 및 대응방안". 『통상정보연구』 제9권 1호.

손승우. 2006. "한미 FTA와 지적재산권의 미래: 저작권 협상을 중심으로". 『국제거래법연구』 제15권 2호. 국제거래법학회.
송하성. 2000. "한미 지적재산권 분쟁과 대응방향". 『통상정보연구』 제2권 1호.
이영찬. 1995. "한국의 무역과 지적소유권에 관한 연구". 『생산성논집』 제10권 1호.
정영재 / 박희서. 2009. "한미자유무역협정에 따른 지적재산권 관련 법률개정의 효과". 『한국컴퓨터정보학회논문지』 제14권 8호.
정진섭. 1995. "한미 지적재산권 협상경과와 향후전망". 『통상법률』 2호. 법무처.
한정희 / 김기학. 2007. "지식재산권 분야 한미 FTA 협정문의 분석과 시사점". 『기업경영연구』 제25권. 한국기업경영학회.

잡지 · 신문

"지적재산권에 관한 문화부, 법무부 공동입장". 『한겨레』. 2007. 6. 5.
"지적재산권 협상 어려워". 『내일신문』. 2007. 2. 15.
"〔한미 FTA 비준〕 특허권 강화… 제약업계 기반 붕괴 우려". 『동아일보』. 2011. 11. 22.
"한미 FTA 지적재산권 피해 연간 70억~80억". 『이데일리』. 2007. 4. 4.
"〔한미 FTA 협정문 공개〕 지적재산권". 『서울경제』. 2007. 5. 25.
"〔FTA 타결〕 지적재산권 분야 대폭 양보". 『미디어오늘』. 2007. 4. 2.

기타

외교통상부. 『한미 FTA 상세 설명자료』.
WIPO(World Intellectual Property Organization) "What is Intellectual Property?" http://www.wipo.int/about-ip/en/;http://www.gwangyang.go.kr/idea/sub_02_001.jsp

제 12 장

미 · 중 지식재산권 협상(1991~1996)

1. 배경

미국은 첨단기술이 증가하고 신기술의 개발이 점증함에 따라 지식재산권을 '국제수지 및 국제경쟁력에 직접적으로 영향을 끼치는 무역 문제'로 인식하게 되었다. 미국은 지식재산권에 대한 보다 강력한 보호를 추진하였고, 이를 세계적 차원으로 확장하였다.

미국은 미 · 중 무역수지 불균형이 중국의 무역 장벽과 불공정 무역 관행에서 비롯된 것으로 보고 그 시정을 지속적으로 요구하였다. 특히 중국 시장의 개방과 지식재산권 분야에 주목하면서 1992년 미국은 중국과 시장 접근에 관한 양해각서와 지식재산권 보호에 관한 양해각서를 체결하였다. 이후 미 · 중 양국은 지식재산권 분야 통상마찰을 본격화한다.[1)]

미국은 우선 지식재산권 보호를 위하여 이른바 스페셜 301조를 제정한다. 스페셜 301조에 의하면 미국통상대표부(USTR, United States Trade Representative)가 의회에 「연간 국별 무역 장벽 실태보고서(National Trade Estimate

1) 성미나. 1998. "미 · 중 지적재산권 협상에 관한 연구 : 미국의 협박전략과 중국의 반응". 서강대석사논문. p.14.

Reports)」를 제시한 후 30일 이내에 지식재산권의 적절하고 효과적인 보호 조치를 취하지 않는 국가들을 파악하여 우선협상대상국(PFC, Priority Foreign Country) · 우선감시대상국(PWL, Priority Watch List) · 감시대상국(WL, Watch List) 등을 정해서 통상 협상과 협상 결렬 시의 보복을 의무화시키고 있다.

스페셜 301조에 의해 중국은 1991년 우선협상대상국(PFC)으로 지정된 후 '1992년 미 · 중 지식재산권에 관한 양해각서'를 체결하였고, 1993년 감시대상국(WL)으로 지정되었으나 영화 · 음반 및 컴퓨터 프로그램에 관한 저작권 침해 행위가 개선되지 않고 더욱 심해지자, 1994년 유일한 우선협상대상국(PFC)으로 지정되었다.

2. 과정

미 · 중 지식재산권 협상은 1991년 4월 26일 미국이 중국을 지식재산권 관련 우선협상대상국(PFC)으로 지정하면서 시작되었다. 특히 중국에 대해서는 일반적인 우선협상대상국(PFC) 지정 이외에도 '의약품 및 기타 화학품'에 대해 물질특허 보호를 이행하지 않고 있으며, 미국의 저작권을 보호하지 않는 유일한 국가이며, 상표권은 원소유자가 아닌 최초의 등록자에게 인정하고 있으며 영업 비밀이 적절히 보호되지 않고 있다는 등의 불공정 행위를 추가적으로 지적하여 지식재산권 문제를 둘러싼 양국 간의 마찰이 본격화되었다.

미 · 중 양국은 몇 차례의 협상 끝에 1992년 1월 16일 협상을 디결짓고 '1992년 3월 지식재산권 보호에 관한 양해각서(1992 Memorandum of Understanding between the Government of the U. S. and the Government of PRC on the Protection of Intellectual Property)'를 교환하면서 협상을 마무리한다.

1992년 양해각서를 이행하기 위해 중국은 1992년 6월 전국인민대표대회 제28차 상무위원회에서 특허법 개정안을 비준하였고, 7월 10일에는 문학과 예술 작품 보호에 관한 베른협약(Berne Convention. 본디는 문학 및 미술 저작물 보호에 관한 베른협약, 즉 Berne Convention for the Protection of Literary and Artistic Works)에 가입하였으며, 동년 7월 30일에는 세계저작권협약(UCC, Universal Copyright Convention)에 가입하였다. 중국은 또한 1993년 2월 상표법을 수정하여 상표도용에 관한 범죄처벌 규칙을 개정하고 국내와 외국 상표에 적용하는 한편, 9월에는 비등록 상표와 상호 영업 비밀 등의 보호를 위한 불공정경쟁방지법을 채택하여 12월 1일 발효하기도 하였다. 또한 중국이 1994년 1월 1일 세계지식재산권기구(WIPO, World Intellectual Property Organization)의 특허협력조약(PCT, Patent Cooperation Treaty)에 가입함으로써 중국 특허청은 국제 특허 관련 기구의 감시와 조사를 받게 되었다.

하지만 미국은 1994년 중국을 또다시 지식재산권 부문 우선협상대상국(PFC)으로 지정했다. 1994년 6월 30일, 미국통상대표부(USTR)는 1974년 무역법 302조[2)]에 근거하여 지식재산권의 정확하고 효과적인 보호를 부정하는 중국 정부의 행동, 정책 그리고 관행에 대해 자체 조사를 개시했다. 중국의 지식재산권 보호가 충분하지 않다고 판단했기 때문이다.

이런 가운데 1994년 광둥성 소재 29곳 CD 및 LD제조공장의 불법복제 수출이 도화선이 되어 미 · 중 지식재산권 분쟁이 재연되었다. 미국은 1992년 양해각서의 결과로 중국의 지식재산권에 관한 법체제가 개선을 이루었다는 점은 인정하지만, 중국 측의 영상물 · 소프트웨어 · 서적 · 음악 등의 불

2) 미국의 통상법 체계를 간략히 정리하면 다음과 같다. 301조와 관련된 미국 통상법은 크게 ① 1974년 무역법(Trade Act of 1974) 제301~309조(통칭 일반 301조 혹은 Regular 301조), ② 1974년 무역법 제310조(이 조항은 1988년 종합무역법(Omnibus Trade and Competitiveness Act of 1988) 제1302조에 의해서 1974년 무역법에 신설되었다. 이것이 슈퍼 301조라고 부르는 것으로, 이 법은 한시법으로서 1991년 실효하였으나 이후 1994~1995년 대통령 행정명령으로 부활, 다시 1996~1997년까지 연장, 1998년 실효, 1999~2001년 3년 부활, 2001년 4월에 최종 실효되었다), ③ 1974년 무역법 제182조(이 조항은 1988년 종합무역법 제1303조에 의해 개정. 통칭 스페셜 301조)가 있다. 일반적으로 통상법 301조라고 하면 1974년 무역법 제301~309조를 포괄적으로 지칭하는데, 그 내용은 다음과 같다. 301조(대통령의 조치), 302조(조사의 개시), 303조(조사 개시와 협의), 304조(USTR의 판정), 305조(조치의 시행), 306조(외국의 준수 상태 감시), 307조(조치의 종료), 308조(정보의 요청), 309조(행정업무) 등.

법복제로 인한 미국 기업의 피해액은 4억 1500만 달러(1993)에 달하고, 중국의 불법 CD생산량은 연 7500만 개에 달할 뿐 아니라 이들 중 7000만 개가 아시아 · 중남미 · 캐나다 · 미국 등으로 수출되고 있다는 것이 문제라고 했다. 또한 컴퓨터 소프트웨어의 94퍼센트가 복제품이고 CD, LD, 카세트테이프, 서적, 비디오게임 및 영화는 100퍼센트 복제되고 있었다. 따라서 미국은 1994년 12월 31일, "중국의 지식재산권 보호 관행이 불합리하며 미국의 통상이익에 부담과 제한을 가하고 있다"라는 1차 평가를 내리면서 중국에 대한 28억 달러 상당의 예비제재목록을 발표하고, 동시에 양국 간 협상시한을 1995년 2월 4일로 연장하는 조치를 발표했다.[3)]

이에 중국은 대외무역법 7조에 의거하여 즉각적인 대응보복조치를 발표한다. 중국 대외무역경제합작부 대변인은 "미국의 대중무역 보복조치가 철회되지 않을 경우 미국은 무자비한 대응보복조치에 직면하게 될 것"이라고 강조했다. 동시에 대변인은 "중국은 지난해 158만 달러 규모의 서적과 220만 달러 상당의 레이저디스크 불법복제 행위를 적발했고 불법 소프트웨어 업체를 폐쇄하는 등 지식재산권 보호 노력을 지속해 왔다"며 "미국의 대중무역 보복조치는 어불성설"이라고 비난했다.[4)] 이와 더불어 중국의 관영 『신화통신』은 1995년 1월 1일자 사설을 통해 "미국의 무역보복조치는 야만적 행위"이며 "이번과 같은 무역보복조치는 미국의 이익만을 고려한 상투적인 압력 수단으로 다른 부분에서의 요구를 관철시키기 위한 억지 수법"이라고 강력하게 비판했다.[5)]

미국통상대표부(USTR)는 2월 26일 이전까지 중국이 개선조치를 취하지 않을 경우, 동일(1995년 2월 26일) 12시를 기해 미 통상법 301조를 자동 발

---

3) 최의현. 1996. "미 · 중 간 지적재산권 분쟁과 그 전망". 『지역경제』 제5권 8호. 대외경제정책연구원 부설 지역정보센터. pp.100-106.

4) 성미나. 앞의 논문(주 1). p.25에서 재인용.

5) "미, 무역보복대상 23품목 잠정발표 / 지재권 보호 미 · 중 마찰 확대". 『한국경제』. 1995. 1. 4.

동하여 35개 품목 약 10억 8000만 달러 어치의 중국산 수입제품에 최고 100퍼센트 보복관세를 부과하겠다고 위협하였다. 그러나 협상은 결렬되었고 1995년 2월 4일 캔터 대표는 중국의 지식재산권 보호 강화 실패에 대해 10억 8000만 달러 이상의 중국산 수입품에 100퍼센트 보복관세를 부과할 것이라고 공식 발표했다.[6)]

중국도 맞대응조치를 취했다. 중국은 협상을 앞두고 곡물 수입을 취소하는 등 미국에 대해 초강경 자세를 취했다. 중국은 미국 측에 수입하기로 예정했던 63만 톤의 옥수수와 영화 「트루 라이스(True Lies)」의 수입을 취소할 것이라고 통보하는 한편, 지식재산권 협상에서 "융통성을 보일 것은 물론 무리한 요구를 단념하지 않을 경우 협상 타결이 어려울 것"이라고 경고했다. 또한 곡물 수입 취소와 함께 대외무역경제합작부를 통해 "지난달 28일의 협상 결렬도 순전히 미국의 부당한 요구 탓"이라면서 대미 강경 자세를 더욱 강조하였다.[7)]

2월 15일 양국은 제9차 회담을 가졌지만 별다른 결과를 얻지 못했다. 2월 22일 샬린 바셰프스키 미국통상대표부(USTR) 부대표는 최종 타결을 위해 중국 정부의 공식초청으로 베이징을 방문했다. 이 회담에서 바셰프스키 부대표는 중국 대외무역경제합작부 부부장 쑨쩬위를 만나 지식재산권 보호 강화 노력에 관련된 데이터를 수집하고 소프트웨어 보호와 시장개방을 포함한 8개 영역에 대해 논의하는 한편, 중국 최고인민재판소의 재판관과는 법체제를, 주요 검찰관계자와는 중국의 지식재산권 보호 강화 노력을 논의하였으며, 24일에는 우이 대외무역경제합작부장을 만나 협의를 진행하였다.[8)] 그 결과, 미국은 중국 내 불법복제공장 29개소 중 4개소를 우선

---

6) 성미나. 앞의 논문(주 1). p.23.

7) 성미나. 앞의 논문(주 1). p.25에서 재인용.

8) USTR(22 Feb 1995). "Statement by Ambassador Mickey Kantor". USTR Press Releases 95-12a. http://www.ustr.gov/releases/1995/02/95-12(8 Apr 1999).

폐쇄시키고 2000년에는 지식재산 상품 시장을 개방할 것이라는 약속을 얻어 냈다.[9)]

1995년 3월 11일 미·중 양국은 저작권, 특허권, 상표권 등 지식재산권 보호에 관한 '8개항의 합의(eight-points accords)'를 도출했다. 이로써 미국 통상대표부(USTR)는 스페셜 301조 조사를 끝내고, 중국 상품에 대한 제재 명령과 중국에 대한 우선협상대상국(PFC) 지정을 철회하였다. 물론 미국은 협정 이행에 대한 모니터링의 강한 의지를 표명했다. 306조(외국의 준수 상태 감시)에 의해 합의사항의 이행에 관한 감시를 시작할 것이라고 발표하면서 중국의 지식재산권 침해 활동을 지속적으로 점검할 것을 명백히 했다.

그런데 중국이 1995년 맺은 협상을 불이행한다고 판단한 미국 정부는 1995년 12월 20~21일 미국통상대표부(USTR)가 이끄는 협상팀을 중국에 보내 지식재산권 강화 협의를 논의할 계획이라고 발표했다.[10)] 하지만 협상 진행이 어려워지자, 1996년 1월 20일 미국 정부는 비디오테이프, CD, 컴퓨터 소프트웨어 등의 불법복제에 대해 중국 정부가 미온적 태도를 취하고 있다고 지적하고 광범위한 제재를 준비 중이라고 발표했다. 미국 정부는 보복조치로 중국의 WTO 가입 반대와 중국의 대미 수출품에 대한 관세 확대 등을 고려하고 있다고 덧붙였다.[11)]

미국의 경고와 압력에 부응하여 1996년 2월 4일 『신화통신』은 "중국은 미국이 지식재산권 보호 요구를 강력히 해옴에 따라 조만간 지식재산권 보호를 위한 새로운 조치를 발표할 방침"이라고 보도했다. 이 통신은 중국 정부 고위관리의 말을 인용하여 이같이 보도하고 이번 조치는 주로 무단

9) "강대국 무역전쟁 벼랑 끝 대타협 / 미·중 지재권 타결 안팎". 『서울신문』. 1995. 2. 27.

10) USTR(14 Dec 1995). "USTR Kantor Says China Must Take Immediate Action to Curb Piracy". USTR Press Releases 95-92. http://www.ustr.gov/releases/1995/12/95-92.html (8 Apr 1999).

11) "미·중 저작권 침해 보복 경고 / CD·SW 등 불법복제 시정 미흡불만". 『매일경제』. 1996. 1. 22.

복제된 LD 및 CD와 컴퓨터 소프트웨어, CD-ROM 등에 초점을 맞출 것이라고 전했다.[12)]

1996년 2월 6일 지식재산권 위반실태 조사를 위해 중국을 방문한 미국통상대표부(USTR) 조사단은 중국 정부가 해적판 소프트웨어 생산업자를 처벌하고 있다는 확고한 증거를 확인할 것이라며 해적판 생산업자에 대한 단속을 촉구했다. 조사단은 중국이 지식재산권 보호정책이 거래업자를 표적으로 하고 있을 뿐, 직접적으로 생산 활동을 하고 있는 36개소 공장에 대한 단속은 하지 않고 있다고 지적하면서 공장폐쇄조치를 취해 줄 것을 요구했다.

결국 미국은 다시 보복조치를 들고 나왔다. 1996년 3월 15일 미국통상대표부(USTR)는 306조하에서 중국의 지식재산권 보호 실태에 관한 조사에 기반하여 중국이 만족할 만한 이행을 하고 있지 않다고 평가했고, 1996년 4월 30일 발표한 「연례 지식재산권 보호 실태조사 보고서」[13)]에서 중국을 유일한 우선협상대상국(PFC)으로 지정하였다. 5월 8일 클린턴은 1995년 체결된 미·중지식재산권협정에 대한 이행 부족과 관련하여, 5월 15일까지 획기적인 개선조치가 마련되지 않으면 20억 달러 규모의 중국의 대미 수출품에 대해 보복관세를 부과하기로 결정하였다.

이에 중국은 지식재산권 침해 행위 단속실적 홍보와 함께 지방정부에 '긴급통지문'을 하달, 중앙정부의 허가를 받지 않은 CD 생산공장의 조업을 중단시키고 신규면허 금지를 지시하는 등 지식재산권 보호 노력을 전개하는 한편, 중국의 1995년 협정이행에 관한 합의를 위해 중국을 방문한 샌즈 미국통상대표부(USTR) 대표에게 광둥성 지역에서 VCD와 LD를 불법

---

12) "중, 지재권 보호조치 / CD·SW 초점". 『매일경제』. 1996. 2. 6.

13) USTR(2 May 1996). "Special 301 on Intellectual Property Rights and 1996 Title VII Decision". USTR Special 301 Fact Sheets. http://www.ustr.gov/reports/factsheets/sec301.html(26 Nov 1998).

생산해 온 회사 3곳의 생산라인 4개와 불법 제품매장 4곳을 폐쇄하고 18만 6000장의 불법복제품을 폐기한 데 이어 불법복제 공장 3곳에 대한 허가를 취소했다고 통보했다.

이후 미 · 중 양국 정부는 1996년 6월 14일 베이징에서 재협상을 갖고 6월 17일 마침내 중국 측이 영화와 음반 및 소프트웨어 불법복제 공장에 대한 미국 측의 추가단속 요구를 받아들임으로써 합의에 도달하게 된다.

3. 쟁점

미 · 중 지식재산권 협상 쟁점은 1992년 협상, 1995년 협상, 1996년 협상으로 나누어 살펴볼 수 있다. 먼저 1992년 협상의 쟁점은, 첫째 미국의 저작권 보호, 둘째 상표권의 소유자 인정, 셋째 중국의 베른협약 및 세계저작권협약(CUCC)의 가입으로 볼 수 있다.

1995년 협상의 쟁점은, 첫째 미 · 중 간의 무역 불균형 심화, 둘째 중국의 지식재산권 보호, 셋째 1994년 광둥성 소재 29곳 CD 및 LD 제조공장의 불법복제 상품의 수출, 넷째 1992년 양해각서 내용의 불이행, 다섯째 미국의 중국에 대한 행정적 실행조치 요구, 여섯째 중국의 지식재산권 보호에 대한 개선조치 요구로 볼 수 있다.

1996년 협상의 쟁점은, 첫째 중국 지식재산권 보호 노력에 대한 미국의 지속적인 불만 표출, 둘째 지식재산권 침해자에 대한 강력한 처벌 요구 및 처벌 강화, 셋째 중국의 WTO 가입으로 볼 수 있다.[14)]

4. 전략

협상 전략은 주요 행위자 즉 미국 행정부, 미 의회, 중국 정부의 전략으로 나누어 살펴볼 수 있다. 미국 정부의 협상 전략은 '이슈연계, 협박과 보

14) 성미나. 앞의 논문(주 1). pp.27-30.

복'전략으로 요약할 수 있다. 미국통상대표부(USTR)는 협상에서 강력한 협박전략을 구사하였다. 1995년 협상에서 미국은 중국에 대해 '스페셜 301조'를 '협박수단'으로 이용하고 있다. 스페셜 301조는 협상 결렬 시 상대국 상품에 100퍼센트 관세를 부과할 수 있는 강도 높은 협박 수단이다. 1995년 협상에서 미국은 중국에게 제시한 10억 달러의 보복관세 부과액은 유례없는 사상 최고의 금액이었다.

또한 미 행정부는 이를 의회의 '최혜국대우(MFN, Most Favored Nation Treatment) 연장 거부' 요구와 연계시킴으로써 협박의 신빙성을 높일 수 있었다. 이러한 미 행정부의 전략은 1996년 협상에서 더욱 강화된다. 미 행정부는 1996년 협상에서 '스페셜 301조'와 '의회의 최혜국대우(MFN) 거부' 뿐만 아니라 중국의 이해가 첨예하게 달려 있는 '중국의 WTO 가입 반대'라는 이슈를 연계하고 있다. 미국은 중국의 지식재산권 상황의 개선을 중국의 WTO 가입의 전제 조건으로 제시한 것이다.[15)]

그리고 미국 의회의 대중 강경파들은 인권 문제와 대중 무역을 연계하는 전략을 구사했다. 1996년 협상진행 시점에 의회는 공화당과 민주당이 연합을 하여 행정부를 압박함으로써 보다 강력한 대중 협상 자세를 요구하였고, 미 행정부는 이를 협상 수단으로 사용할 수 있었다.

중국이 1995년 대항 협박을 보내는 등 강경한 대응태도를 취하다 1996년 순응적인 태도로 선회한 것은 미 의회 내 분위기가 강경하여 미국 정부의 협박이 실제로 실행될지도 모른다는 우려 때문이었다고 해석할 수 있다. 1996년 의회에서의 강경론의 대두는 미 행정부의 협박의 강도와 신빙성을 높이는 효과를 가져왔다.[16)]

중국은 미국이 정한 최종 시한까지 행위나 정책을 변경하지 않고 시간을 끄는 지연전략으로 대응했다. 1995년 협상에서 중국은 지연전략을 구

15) 『매일경제』. 앞의 기사(주 11).
16) 성미나. 앞의 논문(주 1). p.48.

사했지만, 미국이 이미 경계하고 있었기 때문에 큰 효과를 보지 못했다.

1995년 협상의 전반을 살펴보면 중국은 미국 내 업계를 역보복의 타깃으로 하여 미국의 협박의 실행 가능성을 약화시키는 한편, 일련의 지식재산권 보호 강화 행위를 보임으로써 대중 강경화 분위기를 약화시키려 했다는 점을 발견할 수 있다. 중국은 지식재산권을 대중 투자와 연계함으로써 국내 여론의 분열을 유도해 미국의 협박 실행 가능성을 약화시켰다.

하지만 1996년 협상에서 중국은 1995년의 강경한 입장과는 다른 모습을 보여 미국의 요구에 순응하는 것처럼 보였다. 1996년 초 미국통상대표부(USTR)가 대중제재조치를 발표하자 중국은 즉각적으로 지식재산권 보호를 위한 새로운 조치를 발표하였고, 이후 중국의 국내적인 지식재산권 보호와 위반 처벌 강화 노력을 지속적으로 보도하기도 했다.

5. 결과

미 · 중 지식재산권 협상 결과는 크게 세 가지로 볼 수 있다. 첫째, 중국의 베른협약(Berne Convention. 본디는 문학 및 미술 저작물 보호에 관한 베른협약 즉 Berne Convention for the Protection of Literary and Artistic Works), 제네바음반협약(Geneva Convention. 본디는 음반의 무단복제로부터 음반 제작자를 보호하기 위한 협약 즉 Convention for the Protection of Producers of Phonograms against Unauthorised Duplication of Their Phonograms) 가입이다. 둘째, 저작권 보호기준과 불법복제품에 대한 감시 확대를 합의했다. 셋째, 지식재산권 보호에 관한 법률 및 규제 투명성을 향상시키고 법률을 엄격하게 집행하는 것에 합의했다.

미 · 중 양국의 지식재산권 마찰은 현재에도 지속되고 있으며, 미국은 여전히 지식재산권 문제를 미 · 중 무역수지 불균형 문제의 주요한 원인으로 인식하고 있다.

❑ 주요 연표

1991. 4. 26.	미, 중국을 지식재산권 관련 우선협상대상국(PFC)으로 지정
1992. 1. 16.	최종 협상을 타결
3.	지식재산권 보호에 관한 양해각서 교환
1994. 4.	미, 중국을 지식재산권 부문 우선협상대상국(PFC)으로 재선정
6. 30.	미국통상대표부(USTR), 중국에 스페셜 301조 조사 자체 발의 향후 6개월간의 조사 실시 발표
12. 31.	미국통상대표부(USTR), 예비 제재 품목 발표(2월 4일로 시한 연장)
1995. 1. 1.	중국, 대응조치 발표
1. 18.~19.	제8차 회담 결렬
1. 24.~25.	미국통상대표부(USTR) 공청회 개최, 최종 보복 품목 결정
2. 4.	미국통상대표부(USTR), 보복관세 부과 발표(2월 26일 자동발동)
2. 6.	중국 대외무역경제합작부 협상 재개 제의
2. 13.~15.	제9차 베이징 회담
2. 15.	제9차 회담 결렬
2. 24.	샬린 바셰프스키 · 우이 회담
2. 26.	미 · 중 지식재산권 보호 강화 협상 타결
3. 11.	미 · 중 8개 항의 합의 조인
6. 2.	클린턴, 중국에 대한 최혜국대우(MFN) 지위 연장 결정
11. 29.	미국통상대표부(USTR), 중국의 지식재산권 보호 미흡 경고 2월 26일까지로 시한 결정
12. 20.	미국 협상팀 중국 방문
1996. 1. 31.	미국통상대표부(USTR), 중국의 WTO 가입 저지 발표
2. 6.	미국통상대표부(USTR) 조사단 방중

1996. 4. 30.	미국통상대표부(USTR), 중국을 우선협상대상국(PFC)으로 지정
5. 8.	클린턴, 보복관세 부과 결정(5월 15일까지로 시한 결정)
5. 14.	협상 결렬(미국 보복관세 부과 발표)
6. 3.	클린턴, 중국에 대한 최혜국대우(MFN) 연장 발표
6. 14.	미 · 중 베이징 회담 개최
6. 17.	최종 합의 도달

❑ 참고문헌

1차 자료

USTR(22 Feb 1995). "Statement by Ambassador Mickey Kantor". USTR Press Releases 95-12a. http://www.ustr.gov/releases/1995/02/95-12(8 Apr 1999).

USTR(14 Dec 1995). "USTR Kantor Says China Must Take Immediate Action to Curb Piracy". USTR Press Releases 95-92. http://www.ustr.gov/releases/1995/12/95-92.html(8 Apr 1999).

USTR(2 May 1996). "Special 301 on Intellectual Property Rights and 1996 Title VII Decision". USTR Special 301 Fact Sheets. http://www.ustr.gov/reports/factsheets/sec301.html(26 Nov 1998).

단행본

채현위 편 / 김익겸 옮김. 1998. 『21세기 중국은 무엇을 꿈꾸는가』. 한국경제신문사.

해리 하딩 / 안인해 옮김. 1995. 『중국과 미국: 패권의 딜레마』. 나남.

논문

김성준. 1995. "미 · 중 간 지적재산권분쟁과 미국통상법". 『통상법률』 제2호.

김태한. 2005. "지적재산권을 둘러싼 국제적 동향". 『정치정보연구』 제8권 1호.

배영자. 2011. "미국과 중국의 IT협력과 갈등". 『사이버 커뮤니케이션학보』 제28권 1호.

성미나. 1998. “미 · 중 지적재산권 협상에 관한 연구 : 미국의 협박전략과 중국의 반응”. 서강대석사논문.

양효량. 2007. “중국의 지적재산권 보호제도”. 『기업법연구』 제21권 1호.

유예리. 2010. “중국의 지적재산권 사법심사제도에 관한 고찰”. 『한양법학』 제31권.

이재곤. 2007. “지적재산권의 국제적 규제체제”. 『법학연구』 제18권 1호.

최의현. 1996. “미 · 중 간 지적재산권 분쟁과 그 전망”. 『지역경제』 제5권 8호. 대외경제정책연구원 부설 지역정보센터.

잡지 · 신문

“강대국 무역전쟁 벼랑 끝 대타협 / 미 · 중 지재권 타결 안팎”. 『서울신문』. 1995. 2. 27.

『동아일보』 1995. 2. 5.

“미, 무역보복대상 23품목 잠정발표 / 지재권 보호 미중 마찰 확대”. 『한국경제』. 1995. 1. 4.

“미 · 중 지재권 침해 보복 경고 / CD · SW 등 불법복제 시정 미흡불만”. 『매일경제』. 1996. 1. 22.

“중, 지재권 보호조치 / CD · SW 초점”. 『매일경제』. 1996. 2. 6.

제
13
장

한미 법률 시장개방 협상(2003~2012)

1. 배경

1993년 12월 타결된 우루과이 라운드에서도 한국의 법률 서비스 시장개방은 제외되었다. 그런 한국의 법률 서비스 시장개방이 쟁점이 된 것은 1996년 경제협력개발기구(OECD, Organization for Economic Cooperation and Development. 이하 OECD) 가입 협상 과정이었다. OECD 가입 과정에서 한국은 OECD 산하 7개 위원회의 심사와 4개 위원회의 정책 검토를 받았는데, 그 가입심사 과정 중 한국의 법률 서비스 시장개방 문제가 쟁점의 하나로 제기되었던 것이다.

한국 정부는 1996년 사법시험 입시자격으로 국적 요건을 철폐하여 외국인도 사법시험에만 합격하면 한국 변호사가 될 수 있도록 자발적인 개방 조치를 취했다. 또한 한국 정부는 대법원 및 대한변호사협회와의 의견 조정을 거쳐 국내 변호사 자격을 취득한 외국인에 대해서는 법률사무소 개설 등 국내에 투자할 수 있도록 허용하는 선에서 법무 서비스를 일부 개방하였다. 또한 OECD 가입 협상 과정에서 문제가 제기됨에 따라서 한국은 법무 서비스의 일부 개방을 위해 변호사법과 당시 외자도입법 제9조에 근거한 외국인 투자에 관한 규정(재정경제부 고시, 현재는 산업자원부의 '외국인 투자 및 기술도입에 관한 규정'으로 변경) 등을 개정하였다. 1997년에는 외국인 투자에 관한 재정경제원 고시를 개정해 국내 변호사 자격을 취득한 외국인의 경우 법률사무소 개설 등에 관한 투자를 허용했다.[1)]

2001년 11월 14일, 카타르 도하에서 개최된 제4차 WTO 각료 회의에서 새로이 출범시킨 도하 라운드는 GATT · WTO의 9번째 다자간 무역 협상이다. 도하 라운드 협상에서 새로운 서비스 교역에 대한 논의가 시작되었는데, 여기에는 법률 시장개방에 관한 논의가 포함되어 있었다.[2)] 한국은 2002년 6월부터 2003년 2월까지 미국 · EU · 캐나다 · 호주 · 뉴질랜드 · 스위스 · 일본 · 중국 · 싱가포르 · 파키스탄 · 대만 등 11개국으로부터 법률 서비스 개방에 대한 요구를 받았고, 이러한 타 회원국의 요구와 관련 업계 등의 입장을 종합하여 2003년 3월 법률 서비스 개방에 대한 내용을 담은 제1차 양허안을 제출하였다.

하지만 2003년 칸쿤 회의를 거치면서 도하 라운드 협상이 사실상 중단되자, 각국은 FTA 등 양자 간 FTA 혹은 지역 무역협정을 통하여 자유화를 추진하였고, 이러한 맥락에서 한국은 미국과의 FTA 협상에서 법률 서비스 개방을 논의하게 되었다.

2. 과정

2003년 한국 정부는 FTA 추진 로드맵을 마련하고 중장기적 과제로 미

---

1) 장인종. 1997. 5. "OECD와 법무 서비스 개방". 『인권과 정의』. 대한변호사협회. pp.9-10.

2) 도하 라운드는 2004년 7월 도하 라운드 프레임워크에 관한 이른바 '7월 패키지(July Package)'에 합의했는데, 7월 페기지에시는 2005년 5월 말까지 개선된 서비스 분야 양허안을 제출하기로 결정하였고, 특히 개발도상국에서 높은 관심을 보이고 있는 공급 형태인 '자연인의 주재(Presence of Natural Persons, Mode 4)'에 대한 높은 질적 수준을 확보하도록 노력할 것을 촉구한 바 있다. 김지연. 2005. "한국 법률 서비스 시장개방의 전망과 과제에 대한 연구". 연세대 석사논문. p.28.

국과의 FTA 추진을 상정했고, 2006년부터 미국과의 FTA 공식 협상을 시작했다. 한미 양국은 서비스·투자 유보안에 대한 개방 리스트를 교환한 후 3차 협상에서 유보안을 중심으로 본격 협상을 시작했다. 마침내 8차 협상에서 한국 법률 시장의 단계적 개방에 합의했다.

3. 쟁점

한미 FTA 협상 과정에서 미국 측 수석대표는 한국의 법률 시장개방 문제를 우선협상대상국으로 지정하면서 시장개방 압력의 수위를 높였다. 이에 대해 한국 측 협상자들은 로펌들의 반대를 명분으로 하여 단계별 개방 원칙을 제시했다.[3)]

미국 측은 미국 변호사에게 미국법에 대한 자문 제공을 허용함은 물론, 한국 변호사 고용과 로펌과의 합작까지 허용해 달라는 가장 높은 수준의 개방을 요구하였다. 하지만 한국 측은 아직까지 법률 시장을 개방하고 있지 않은 상황에서 곧바로 전면 개방을 할 경우, 국내 법률 시장에 급격한 혼란을 초래할 수 있기 때문에 법률 시장을 단계별로 개방하겠다는 '단계별 개방원칙'으로 대응하였다.

이렇듯 한국 측 협상단은 미국의 개방 압력과 국내 이익단체 등의 개방 반대 속에서 대외 협상과 국내 협상을 동시에 진행해야 했고, 이 두 압력 사이에서 절충점을 찾고자 했다.

4. 전략

한미 양국은 개방 수준을 높이기 위하여 서비스 분야에서 네거티브 리스트 방식을 택했다. 이 방식에 의하면, 서비스산업에 대한 접근금지 또는 외국인 서비스공급자에 대한 차별조치를 유지하기 위해서는 유보안에 내

3) 한국의 주요 로펌들은 경쟁력 차이와 초대형 외국 로펌의 국내 시장 장악이 법조 공공성을 훼손할 수 있다는 논리로 법률 시장개방 자체를 반대했다.

용을 기재해야 하며, 기재하지 않은 분야는 상대국에 개방한 것이 되고 기재하지 않은 조치는 상대국에 대하여는 없는 것으로 간주된다.

미국은 처음부터 높은 수준의 한국 법률 시장개방을 요구하였다. 이에 대해 한국은 국내적 상황 및 이익집단의 반발을 들며 단계적 개방원칙으로 대응하자, 미국은 다른 협상 분야, 특히 건설·교통 분야에 대한 양보를 요구하는 이슈연계전략을 구사했다.

5. 결과

한국과 미국은 2007년 12월 8차 협상을 통해 한국의 법률 시장에 대해 FTA 발효 후 5년에 걸쳐 3단계로 나누어 개방하는 단계별 개방원칙에 합의했다.

1단계 개방 시기는 FTA 발효와 동시에 시작되는데, 미국 변호사가 미국법과 국제조약 및 국제공법에 관한 법률자문을 할 수 있고 외국법 자문사무소 형태로 국내에 사무소를 설립할 수 있다. 하지만 이 단계에서는 국내 변호사와의 제휴, 동업 및 고용은 금지된다. 1단계의 핵심 내용은 외국로펌의 국내사무소 개설 허용에 있다.

2단계는 발효 2년 이내로, 미국 로펌이 한국의 로펌과 업무 제휴를 허용하는 것이다. 이와 같이 업무 제휴가 허용되면 미국 법률회사와 국내 법률회사는 국내법 사무와 외국법 자문 사무가 혼재된 사건을 공동으로 수임하여 처리할 수 있고 그 수익을 분배받을 수 있게 된다. 이러한 업무 제휴의 구체적인 방식이나 요건은 국내법으로 다시 정할 수 있도록 되어 있다. 2단계의 핵심 내용은 외국 로펌과 국내 로펌 사이의 업무제휴를 허용하는 데 있다.

3단계는 발효 5년 이내에 시행하며, 3단계 개방 시기에는 미국 로펌과 한국 로펌의 동업(합작기업)이 허용되고 일정한 요건하에 미국 로펌이 한국 변호사를 구성원 또는 소속변호사로 고용할 수 있다. 다만, 국내 법률로써 이러한 동업 법률회사에 대한 미국 법률회사의 경영지분 혹은 의결권을 제한하여, 미국 법률회사에 의한 국내 법률회사의 인수·합병으로 인해 야기될 수 있는 국내 법률업계에의 타격을 방지하기 위한 안전 조치를 마련하였다. 이러한 동업과 고용의 구체적 형태는 추후 국내법에서 규정될 것이어서 현재로서는 정확한 내용을 추측하기는 어렵다.[4)]

〈표 13-1〉 한미 FTA에 따른 법률 시장개방 결과

구분	시기	내용	참고 사항
1단계	한미 FTA 발효 직후	미국 로펌의 국내사무소 개설 허용 및 미국 변호사의 미국법 및 국제공법(국제조약)에 대한 자문 허용	협정 발효 이전에 외국법자문사법 제정 시행
2단계	발효 후 2년 내	미국 로펌 국내사무소와 국내 로펌 간 업무제휴 허용	외국법자문사법 개정
3단계	발효 후 5년 내	국내 로펌과 미국 로펌 간 동업(또는 인수·합병) 허용 및 내국인 변호사 고용 허용	동업 로펌의 외국계 경영 지분 제한

한미 FTA에 따른 법률 서비스 개방 수준은 단계적이기는 하나 결코 낮은 수준의 개방은 아니다. 두 번째 단계인 국내 법률회사와 미국 법률회사 간의 특별협력약정을 인정하는 것은 더 높은 수준의 개방을 준비하기 위한 과도기적 개방조치이며, 세 번째 단계인 합작기업의 인정은 비록 외국 로펌에 대해 지분제한 조항을 두고 있기는 하지만 실질적으로 높은 수준의 개방조치를 약속한 것임에는 변함없다.

법률 서비스 시장개방의 예상 이익은 다음과 같다. 첫째, 국내 기업들은 국제거래에 관한 업무와 관련하여 해외 로펌을 고용하기보다는 국내에

4) 김갑유. 2007. "한미 FTA 체결과 법률 시장개방 대처방안: 한미 FTA 체결과 법률 시장개방 이후 전망 — 외국법자문사법안의 주요 내용을 중심으로 —". 『법조』 제56권 12호. pp.64-79.

서 필요한 국제적 수준의 법률 서비스를 보다 쉽게 제공받을 수 있다는 점은 비용 면에서 유리할 수 있다.

둘째, 외국 로펌의 국내 진출은 법률 서비스 시장에서 전관예우나 학연 같은 인맥보다는 서비스 수준에 대한 평가와 업무경쟁력을 중요시할 것이다. 아울러 현재와 같은 대형 로펌 중심의 독과점 형태의 산업구조가 개선될 수도 있다.

셋째, 시장이 개방되면 법률 서비스의 공급 증가와 함께 경쟁으로 가격이 내려가는 효과가 있을 것이다. 정부는 조세 측면에서 더 많은 수입을 거둘 수 있을 것이다. 또한 시장개방으로 인해 들어오게 될 세계적 로펌들의 네트워크를 통해 한국의 위상이 높아지고 투자처로서의 경쟁력을 갖추게 되어 외국인직접투자(FDI, Foreign Direct Investment)를 유치하는 데 유리한 환경을 조성할 수 있다.

반면에 예상되는 불이익도 있다. 대한변호사협회 측에서는 법조인 증원 정책으로 인해 변호사업계가 과다경쟁 등으로 수익률이 떨어지고 해마다 양산되는 법조인들이 일자리를 구하는 데 어려움이 많다고 호소하고 있다. 시장개방이 이러한 상황을 더욱 악화시킬 것으로 예측되고 있다. 하지만 시장개방으로 대규모의 국제적 로펌이 들어온다고 해서 국내 로펌에서 할 수 있는 일을 소비자가 굳이 국제적 로펌으로 찾아가는 상황은 벌어지지 않을 것이다. 차후에 동업과 고용이 허용된다고 하더라도 서비스를 차별화하고 소비자가 동의할 수 있는 수준의 가격 체계를 갖춘다면, 오히려 국내 로펌의 경쟁력 강화와 국내 변호사들의 취업 기회 확대를 가져올 수도 있을 것으로 기대된다.

서비스 분야에 대한 시장개방은 피해 갈 수 없는 세계적 추세이고 경쟁력 강화를 위한 좋은 기회일 수 있다. 서비스 분야에 대한 수요자들의 기대욕구가 갈수록 높아지는 가운데 국내의 해당 서비스산업이 이 수요에 제대로 부응하지 못하면 서비스지출이 계속해서 해외로 빠져나갈 것이다.

2004년 해외여행 경비로 95억 달러, 해외유학·연수 비용으로 25억 달러 등이 두 부문에서만 120억 달러, 원화로 13조 7000억 원이 해외의 해당 서비스업에 지출되었다. 이 밖에 기업부문에서는 각종 컨설팅, 회계, 법률 서비스, 건설감리, 첨단기술 용역비 등 국내 해당 산업기반 자체가 극히 취약한 '사업서비스' 부문의 해외지출액은 2004년 134억 달러에 달했다. 이제는 서비스산업의 자유화와 개방을 통해 경기회복을 지속적인 성장으로 선순환하기 위해 경쟁력 강화를 강력히 추진할 필요가 있다.[5] 서비스 시장개방과 선진화는 고용창출과 성장 동력 유지를 위해서라도 매우 시급한 과제이다.

❑ 주요 연표

2003. 8.	한국 정부, FTA 추진 로드맵 마련
2004. 5.	미국통상대표부(USTR, United States Trade Representative) 부대표, 한미 FTA 체결에 대한 관심 표명
11.	APEC 계기 한미 통상장관 회담(칠레)에서 FTA 추진 가능성 점검을 위한 사전실무점검 회의 개최 합의
2005. 2. 3.	한미 FTA 사전실무점검 제1차 회의 개최(서울)
3. 28.~29.	한미 FTA 사전실무점검 제2차 회의 개최(워싱턴)
4. 28.~29.	한미 FTA 사전실무점검 제3차 회의 개최(워싱턴)
5. 2.	OECD 각료 이사회 계기 한미 통상장관 회담(파리)
6. 3.	APEC 계기 한미 통상장관 회담(제주)
9.	미 행정부, 한국 등 4개국을 FTA 우선협상대상국으로 선정
9. 20.	한미 통상장관 회담(워싱턴)
10. 11.	한미 통상장관 회담(제네바)

5) 김지연, 앞의 논문(주 2), p.38.

2005. 11. 16.	APEC 계기 한미 통상장관 회담(부산)
2006. 2. 2.	한미 FTA 추진 관련 공청회 개최, 대외경제장관회의 보고 및 결정
2. 3.	한미 FTA 추진 발표(워싱턴 미 상원의사당)
3. 6.	한미 FTA 제1차 비공식 사전준비 협의 개최
4. 17.~18.	한미 FTA 제2차 비공식 사전준비 협의 개최
6. 5.~ 9.	한미 FTA 제1차 공식 협상 개최(워싱턴)
6. 27.	한미 FTA 추진 관련 공청회 개최
7. 10.~14.	한미 FTA 제2차 공식 협상 개최(서울)
9. 6.~ 9.	한미 FTA 제3차 공식 협상 개최(시애틀)
10. 23.~27.	한미 FTA 제4차 공식 협상 개최(제주)
12. 4.~ 8.	한미 FTA 제5차 공식 협상 개최(몬태나)
2007. 1. 15.~19.	한미 FTA 제6차 공식 협상 개최(서울)
2. 11.~14.	한미 FTA 제7차 공식 협상 개최(워싱턴)
3. 8.~12.	한미 FTA 제8차 공식 협상 개최(서울)
3. 19.~22.	한미 FTA 고위급 협상 개최(워싱턴)
3. 26.~ 4. 2.	한미 FTA 통상장관 회의 개최(서울)
4. 2.	한미 FTA 협상 타결
5. 29.~ 6. 6.	법률 검토 회의(워싱턴)
6. 21.~22.	추가 협의(서울)
6. 25.~26.	추가 협의(워싱턴)
6. 30.	한미 FTA 서명(워싱턴)
9. 7.	한미 FTA 비준동의안 17대 국회 제출
2008. 10. 8.	한미 FTA 비준동의안 18대 국회 제출
2009. 4. 22.	국회 외교통상통일위원회 통과
2010. 11. 30.~12. 3.	한미 FTA 통상장관 회의 개최(메릴랜드주 컬럼비아시)
12. 3.	한미 FTA 추가 협상 타결
2011. 2. 10.	한미 FTA 추가 협상 합의문서 서명 및 교환
5. 4.	한미 FTA 비준동의안 철회(외교통상통일위원회)
6. 3.	한미 FTA 비준 동의안 국회 제출

2011. 9. 16.	한미 FTA 비준 동의안 외통위 상정
10. 3.	한미 FTA 이행법안의 미 의회 제출
10. 5.	미 하원 세입위원회 한미 FTA 이행법안 통과
10. 11.	미 상원 재무위원회 한미 FTA 이행법안 통과
10. 12.	미 상하원 본회의 한미 FTA 이행법안 통과
10. 21.	미 오바마 대통령 한미 FTA 이행법안 서명
11. 22.	한미 FTA 비준 동의안 한국 국회 통과
12. 5.~6.	한미 FTA 이행 준비 상황 점검 협의(워싱턴)
12. 19.~20.	한미 FTA 이행 준비 상황 점검 협의(워싱턴)
2012. 1. 27.~28.	한미 FTA 이행 점검 협의(로스앤젤레스)
2. 19.~20.	한미 FTA 이행 준비 상황 점검 협의(시애틀)
3. 15.	한미 FTA 발효

❑ 참고문헌

1차 자료

외교통상부. 『한미 FTA 상세설명자료』. 2007. 5.

외교통상부. 『한미 FTA 추가 협상 결과 합의문서 상세 설명자료』. 2011. 2.

제17대 국회 제268회 제8차 『본회의 회의록』. 2007. 6. 20.

제17대 국회 제268회 제9차 『본회의 회의록』. 2007. 7. 2.

단행본

국회도서관. 2009. 『한미 FTA 한눈에 보기』. 국회도서관.

이해영 / 정인교. 2008. 『한미 FTA 하나의 협정, 엇갈린 '진실'』. 시대의창.

정인교. 2006. 『한미 FTA 논쟁, 그 진실은?』. 해남.

최낙균 외. 2007. 『한미 FTA 협상의 분야별 평가와 정책과제』. 대외경제정책연구원.

최병일. 2006. 『한미 FTA 역전 시나리오』. 랜덤하우스.

학술단체협의회 편. 2007. 『한미 FTA와 한국의 선택』. 한울.

한미FTA저지 범국민운동본부. 2006. 『한미 FTA 국민보고서』. 그린비.

논문

고준성. 2007. “한미 FTA 체결이 법률 시장에 미치는 영향과 그에 대한 대책”. 『고시계』 제52권 5호.

김갑유. 2007. “한미 FTA 체결과 법률 시장개방 대처방안: 한미 FTA 체결과 법률 시장개방 이후 전망 — 외국법자문사법안의 주요 내용을 중심으로 —”. 『법조』 제56권 12호.

김지연. 2005. “한국법률 서비스 시장개방의 전망과 과제에 대한 연구”. 연세대 석사논문.

김형준. 2005. “법률 시장개방 협상 현황과 향후과제”. 『법조』 제54권 3호.

윤성욱. 2009. “자유무역협정(FTA)에 따른 한국의 법률 서비스 시장개방에 대한 고찰: 외국법자문사법과 주변국의 법률 서비스 시장개방의 비교를 중심으로”. 『동아법학』 제45호.

이기영. 2011. “법률 시장개방과 개정 외국법자문사법 연구”. 『법조』 제60권 10호.

임효미. 2006. “법률 서비스 시장의 개방과 한국법률회사의 형태: 법률회사 결합형태에 관한 비교법적 시각”. 고려대석사논문.

장인종. 1997. “OECD와 법무 서비스 개방”. 『인권과 정의』. 대한변호사협회.

잡지 · 신문

“미국 · EU 등 10개국서 법률 시장개방압력”. 『로타임스』. 2002. 10. 1.

“법률 시장개방 대비한 개정변호사법 시행 6개월”. 『로타임스』. 2006. 1. 23.

“법률 시장개방 드디어 협상 돌입”. 『로타임스』. 2006. 7. 8.

“법률 시장개방 문제 11월 본격 논의”. 『로타임스』. 2001. 8. 30.

“법률 시장개방에 임하는 자세”. 『로타임스』. 2007. 4. 7.

“법률 시장개방을 앞두고”. 『로타임스』. 2007. 4. 5.

기타

민주사회를 위한 변호사모임 홈페이지 http://minbyun.org/?document_srl=5876

산업통상자원부 자유무역협정 http://www.fta.go.kr

시민과 함께 하는 변호사들 인터넷 홈페이지 http://www.sibyun.co.kr

제
14
장

미 · 일 법률 시장개방 협상(1982~2003)

1. 배경

1974년 미국변호사협회(ABA, American Bar Association)는 일본에 법률 서비스 시장개방을 요구하는 서한을 발송하였다. 특히 관련 법령이 정비되기 전인 1977년 7월 변호사 아이작 사피로가 비자를 받고 도쿄사무소를 개설하면서 본격적인 시장개방 논쟁이 처음으로 촉발되었다.[1)]

하지만 일본의 법률 시장개방 문제가 본격화된 것은 1980년대 이후부터이다. 1970년대 이후 미국의 경상수지 적자 폭이 급격히 확대되어 갔고, 특히 미 · 일 무역수지 불균형은 심각한 수준에 도달했다. 1980년대에 접어들면서 미국의 통상정책 기조는 자국 시장을 보호하기 위한 수입규제를 강화하는 정책에서 무역 상대국의 시장을 공격적으로 개방하는 정책으로 전환되었고, 대일 시장개방 요구의 일환으로 법률 서비스 시장개방을 무역 장벽 제거 차원에서 요구하게 되었다.

하지만 일본 정부는 일본변호사연합회(JEBA, The Japan Federation of Bar

1) 문재완. 2007. "법률 시장 확대 개방과 제한적 동업허용에 관한 연구—일본과 싱가포르 사례를 중심으로". 『법조』 제56권 7호. p.227.

Association. 이하 일변련)와 함께 미국의 시장개방 요구에 반발했다. 일본은 이미 1876년 대변인규칙에서 외국인이 원고인 때에만 피고로 하여금 외국인을 대변인으로 삼아 답변할 수 있도록 하는 제도를 만들었다. 또한 1933년 구 변호사법에서도 당시 세계적으로 보기 드문 외국변호사제도를 수용하고 있었다. 그리고 1949년에는 변호사법 제205호 제7조에서 "일본의 법률에 관하여 상당한 지식을 갖고 있는 외국 변호사로 하여금 최고재판소의 승인을 얻어 일본 변호사가 하는 직무를 할 수 있도록 허용"해 왔다면서 미국의 압력에 반발했다.[2)]

2. 과정

1974년 뉴욕 변호사의 대표자들은 일본 내에서 뉴욕 변호사의 법률영업을 허용할 것을 일변련에 요청하면서 문제가 부상하였으나, 1982년 3월 미국과의 무역마찰의 일환으로 외국 변호사 문제를 미 · 일 간 서비스 분야의 자유화 문제와 관련시키면서 일본의 법률 시장개방 문제를 본격적으로 다루기 시작했다.

일본 정부는 일본 변호사의 강한 자치권을 이유로 개방 문제를 변호사들의 자주적 결정에 따를 수밖에 없다는 입장을 내세웠다. 1982년 5월 일본 정부는 2차 시장개방 대책에서 미국변호사협회(ABA)와 일변련의 교섭 촉진에 노력한다는 방침을 공표하였고, 같은 해 11월부터 미국변호사협회(ABA) 대표단과 일변련 대표 사이에 회담이 시작되었다.

1984년 4월 정부는 경제대책관계회의에서 대외경제대책의 하나로서 원칙적으로 외국변호사제도의 도입을 결정하기에 이르렀다. 이는 일변련의 자주성을 존중하면서 가급적 빠른 시일 내에 적절한 해결을 도모하도록 노력한다는 취지에 의한 것이었다.

---

2) 법무부. 2004. 『법률 시장개방국들의 외국변호사 관리감독제도』. 법무부 국제법무과. p.74.

1985년 12월 일변련은 외국변호사제도의 기본 방침을 승인하였고, 1986년 2월 일변련은 외국변호사제도 요강을 채택하여 법무성에 입법화를 요망하기에 이르렀다. 이러한 회담 결과에 맞추어 1986년 5월, 「외국 변호사에 의한 법률사무의 취급에 관한 특별조치법」(이하 외변법)을 제정하여 1987년 4월 시행하기에 이르렀다.[3)]

이로써 외국 변호사가 일본에서 제한된 법률업무를 취급할 수 있는 '외국법사무변호사제도'가 창설되었다. 이후 2003년까지 10차례에 걸친 개정을 통해 2004년에 외국 변호사가 일본 변호사를 고용하거나 동업할 수 있는 완전한 개방에 이르게 된다.[4)]

3. 쟁점

다른 통상 이슈와는 달리 일본 정부는 법률 서비스 시장개방은 일변련의 자주성과 자치권을 전면에 내세웠다. 일본 정부와 일변련은 '법률서비스 시장개방 문제는 일본의 사법제도, 특히 사법제도 내에서 중요한 역할을 맡고 있는 변호사제도와 관련 깊은 문제이므로 단순히 경제적 관점으로만 처리하는 것은 타당하지 않다'라는 공통의 인식을 갖고 대처하였다. 일본 정부는 '일본 변호사제도의 가장 큰 특징이 변호사들에게 고도의 자치권을 부여한다는 점에 있는데, 외국 변호사 문제는 결국 이러한 일본 변호사제도 자체의 변혁을 가져오는 것이므로 변호사의 자주성을 존중하면서 해결해야 할 문제라는 기본적인 인식을 갖고 그 해결에 임한다'는 방침을 세우고 이를 관철하려고 했다.

---

3) 법무부. 앞의 책(주 2). p.78.

4) 일본의 법률 서비스 시장개방에 관해서는 다음 문헌들을 참고했다. 김순석. 2004. "법무 서비스 시장개방의 주요쟁점". 『법조』 제579권. pp.22-34 ; 문재완. 앞의 논문(주 1). pp.221-262 ; 민성기. 1999. "법률 서비스 시장개방에 관한 연구". 동아대석사논문. pp.30-45 ; 신왕철. 2004. "법률 시장개방에 관한 연구". 부산외국어대석사논문. pp.42-106 ; 小原望. 2000. "외국변호사제도와 법률업무의 국제적 규제 완화를 향한 움직임". 『인권과 정의』 제290권. pp.175-182.

한편 일변련은 '외국변호사대책위원회'를 설치하였고, 법률 서비스개방에 관한 문제는 자치권을 갖고 있는 일변련이 자주적으로 해결해 나가야 하는 문제이기에 일변련을 제외하고 협상해서는 안 된다고 주장하였다. 일변련은 총회에서 외국변호사제도의 도입을 조건부 승인을 하였다. 일변련의 초기 주장을 정리하면 크게 세 가지 정도로 요약된다. 첫째 상호주의에 입각할 것, 둘째 외국법 사무변호사는 일변련 회원이 되어야 하고, 일변련의 지도 · 감독에 복종할 것, 셋째 일본법은 취급 불가하며 일본 변호사와의 공동경영 및 일본인 변호사 고용은 금지할 것 등이 일변련의 초기 입장이라고 할 수 있다.

미국도 이 같은 일변련의 주장을 유보조건 없이 수용하였다. 이렇게 해서 1986년 외변법의 제정으로 외국 변호사 수용과 관련된 통상마찰은 일단 회피할 수 있었다.

하지만 1989년 4월 미국통상대표부(USTR, United States Trade Representative)는 외변법의 완화를 다시 요구하고 나섰다. 미국통상대표부(USTR)는 무역 장벽 제거 차원에서 외변법의 규제 완화를 요구하는 문서를 일본 측에 전달했다. 미국에서 미국 변호사와 다른 외국 변호사가 경쟁하는 정도로 일본에서도 충분한 범위의 법률 서비스를 제공할 수 있도록 하기 위해서는, 외국 변호사의 활동과 업무 범위를 제한하고 있는 외변법을 완화해야 한다는 것이 미국통상대표부(USTR)의 논리였다.

미국의 요구에 따라 1992년 5월 이래 월 1회 이상의 빈도로 법무성과 일변련 간에 검토 회의를 개최하여 해결책을 모색하였으나, 결론을 도출하지 못했다. 그러나 이 문제는 대외 협상 차원뿐 아니라 국내적으로 큰 관심의 대상이 되었다. 결국 1992년 6월 법무성과 일변련의 공동주최 아래 외국변호사문제연구회를 설치하여 바람직한 변호사제도 및 외국 변호사와의 바람직한 협력 방식, 외국변호사수용제도에 관한 조사 · 연구를 거쳐 미국 측의 규제 완화 요구를 받아들이게 되었다.

1993년 1월 초 부시 미국 대통령의 방일을 전후하여 규제 완화 문제가 큰 쟁점이 되었다. 미국에서는 법률 서비스의 자유화라는 관점에서 이 문제의 조기해결에 강한 관심을 보였기 때문에 1992년 말부터 1993년 초에 걸쳐 미국과 일본 정부 간에 이 문제의 취급을 둘러싼 협의가 행해졌다. 그 결과 1993년 1월 9일 '글로벌 파트너십 행동계획(Global Partnership Action Plan)'에서 "일본 정부는 국제적인 사안의 처리에 변호사가 수행하는 중요한 역할을 고려하면서 외국법 사무변호사에 관한 문제해결을 위해 이후 더욱 노력한다"라고 표명하기에 이르렀다. 〈표 14-1〉은 미국의 요구를 정리한 것이다.[5)]

〈표 14-1〉 미국통상대표부(USTR)의 일본에 대한 법률 시장개방 요구 사항

쟁점	미국 측 요구 사항
동업	일본 변호사와의 동업
고용	일본 변호사 고용
로펌 명칭	본국 로펌의 명칭을 사용하여 일본에서 업무 수행
직무 경험 요건	직무 경험 요건 완화
의뢰인의 대리	국제 중재절차에서 의뢰인의 대리 허용

1994년 외변법 개정을 통해 특정 공동사업과 소속 로펌의 명칭 사용을 허용하였다. 그리고 1996년에는 5차 개정을 통해 국제 중재절차에 있어서 대리를 허용하였고, 1998년 직무 경험 완화조치를 실시하였다.

2003년 7월 개정된 외변법은 외국 변호사에 대한 거의 모든 규제를 철폐하였다. 규제가 철폐되기까지 일본 정부는 법률 시장의 국제화에 따른 국제거래 사건을 종합적이고 효율적으로 처리하는 데 중점을 두었으며, 더

5) 小原望, 앞의 논문(주 4), p.177.

불어 개방 후 외국 변호사를 관리 · 감독하는 방법까지 검토하였다. 2003년 외국 변호사와 일본 변호사의 공동사업 허용, 외국 변호사의 일본 변호사 고용 허용, 특정 공동사업제도의 폐지 등의 조치를 취함으로써 17년에 걸친 외변법 개정 과정을 통하여 일본의 법률 서비스 시장을 완전 개방하게 되었다.[6)]

하지만 규제 완화와 완전 개방에도 불구하고 외국 변호사에 대한 규제를 합법화시키는 법안을 마련했다. 예를 들어 외국 변호사는 법무대신의 승인을 받아야만 활동할 수 있는 자격이 주어지며, 일변련에는 일정한 사정이 있는 경우 등록을 거절할 수 있는 권한을 주었다. 또한 외국 변호사는 일변련의 회칙을 준수해야 하며 신고해야 하는 의무를 부과했다. 더불어 위반 시 징계를 강화하기에 이르렀다.

미 · 일 법률 시장개방 협상을 요약하면 다음과 같다. 첫째 일본 정부와 일변련이 공동대응을 했다는 점, 둘째 일본 정부가 외국 변호사 문제를 단순한 법률 서비스 시장개방이라는 경제적 문제 외에도 사법제도의 근간과 관련한 문제로 보아 이의 해결 주체로 일변련을 인정했다는 점, 셋째 1986년 외변법 제정에서는 조건부 시장개방을 했다는 점, 넷째 법률 시장 전면 개방을 위한 2003년 외변법 개정까지 17년이라는 협상 기간을 가짐으로써 새로운 환경에 일본 법조계가 적응할 수 있는 시간을 벌어 주었다는 점 등이 특징이라고 할 수 있다.

---

6) 일본 정부는 2005년 4월 외국 변호사가 일본 변호사와 동업을 할 수 있도록 제약조건을 철폐하였다. 자세한 내용은 다음의 두 자료를 참소. "What is this Agreement and what does it do?". the Trade Guide of Trade Compliance Center of the United States of America. http://tcc.export.gov/Trade_Agreements/Exporters_Guides/List_All_Guides/exp_005534.asp ; "New Laws Enhance Japanese Legal Services". JETRO Japan Economic Monthly. November 2005. http://www.jetro.go.jp/en/reports/market/pdf/2005_71_u.pdf

4. 전략

첫째, 일본은 법률 서비스 시장개방 문제를 무역 이슈에서 사법제도 이슈로 전환시키는 일종의 프레임전환전략을 협상에 이용하였다. 이 전략은 성공적이어서 일변련이 주요 협상당사자의 자격을 획득했고, 일본 변호사법의 틀 내에서 외국변호사제도를 수용하는 방향으로 협상을 주도할 수 있었다. 일본에서는 법률 시장개방 문제를 무역마찰의 문제나 통상 문제로 접근하기보다는 사법제도가 각국마다 다른 역사적 · 문화적 맥락을 갖고 있다는 점에 착안하여 이를 명분으로 방어적 입장을 유지할 수 있었다.

둘째, 일본은 지연전략을 사용했다. 1차 개방에 해당하는 1986년 외변법 제정 이후 전면 개방을 약속하는 2003년 외변법 개정까지 약 17년 동안 개방의 부작용을 최소화하면서 천천히 개방 정도를 높여 갔다.

셋째, 협상 후반부에 가면서 일본 정부는 일본 국내의 규제 완화 내압을 활용하여 일변련의 개방안보다 더 적극적인 전면 개방안을 채택할 수 있었다. 일본 정부와 일변련 사이에는 네 가지 개방안을 놓고 논쟁과 대립이 있었다. 그 네 가지 개방안은 1안 특정공동사업의 목적요건 완화안, 2안 공동사업 금지규정의 철폐안, 3안 공동사업 금지 및 고용 금지 규정의 동시 철폐안, 4안 공동사업 금지 · 고용 금지 · 수익배분 금지 규정의 철폐안이었다.[7] 일변련은 '1안 특정공동사업의 목적요건 완화안'을 지지했다. 1안대로 가면 공동사업은 일부 가능하지만 일본 변호사의 고용과 수익분배는 불가능하나. 하지만 일본사법제도 개혁추진본부는 국내적 규제 완화의 압력을 활용하여 일변련의 반발을 누르면서 '4안 공동사업 금지 · 고용 금지 · 수익배분 금지 규정의 철폐안'을 추진하기로 의견을 모았다. 이렇게 되면 공동사업, 고용, 수익배분이 모두 가능해진다. 마침내 약 17년간 유지되었던 외국법사무변호사법의 제반 규제를 철폐하기에 이르렀다.

7) 법무부, 앞의 책(주 2), p.92.

미국의 협상 전략은 일본의 법률 서비스 시장개방 문제를 우루과이 라운드 서비스 무역자유화 이슈에 포함시킴으로써 이 문제를 다자간 협상 의제로 만드는 것이었다. 미국 측은 이 문제를 전 세계적 차원에서 행해지고 있던 규제개혁의 트렌드 속에 집어넣음으로써 보다 높은 수준의 시장개방을 이끌어 낼 수 있었다.

5. 결과

일본의 법률 시장개방 문제는 처음에는 외압에서 촉발되어 진행되었다. 1986년 외변법의 성립과 1998년 5월의 제6차 외변법 개정까지 다른 법률의 제정 · 개정으로 인한 조문정리작업 등을 제외한 3차례의 외변법 개정은 모두 외부의 강도 높은 개방 압력에 의한 것이었다.

하지만 법률 시장의 완전 개방을 약속한 2003년 외변법은 외압과 더불어 일본 국내의 내압이 그 개정의 동력으로 작용했다는 점이 흥미롭다. 일본은 규제개혁이라는 큰 사회적 화두 속에서 예전의 방어적 태도를 벗어나 적극적인 자세로 폭넓은 법률 시장개방을 준비하였다. 변호사와 유사자격사(세무사, 법무사, 변리사 등) 간 동업(MDP, Multi-Disciplinary Practice) 문제, 변호사사무소의 법인화 작업이나 광고 규제의 철폐 등이 그것이다.

일본은 처음 외변법을 제정함으로써 법률 서비스 시장을 부분 개방하였다. 이후 개정을 통해 1994년 특정공동사업을 허용하였고, 소속 로펌의 명칭 사용을 허용하였다. 그리고 1996년 5차 개정을 통해 국제 중재절차에서의 대리 허용, 1998년 직무 경험 완화, 2003년 외국 변호사와 일본 변호사의 공동사업 허용, 외국 변호사의 일본 변호사 고용 허용, 특정공동사업제도의 폐지를 통해 17년간에 걸친 개정으로 완전 개방을 하기에 이르렀다.

❑ 주요 연표

1974.	미국변호사협회(ABA), 일본 법률 시장개방 요구 서한
1977. 7.	미국 변호사 아이작 사피로, 일본 비자 받고 도쿄사무소 개설
1982. 3.	미·일 무역 분쟁의 대상으로서 일본의 법률 시장개방 문제 제기
1986. 5.	일본, 외변법 제정(1987. 4.)
1987. 4.	외국 변호사, '외국법사무변호사'로서 해외시장 진출을 위한 일본 기업을 지원·섭외업무 시작
1993. 9.	일변련, 우루과이 라운드 협상 최종 타결 국면에서 미국변호사협회(ABA)와 직접 협상 방안 제시
1994. 6.	일부 개정(1995. 1. 시행) 상호주의 완화, 특정 공동사업의 허용, 직무 경험 요건의 완화, 소속 로펌 명칭의 사용 허용
1996. 6.	제5차 개정(1996. 9. 시행) 국제 중재절차에서의 대리 허용
1998. 5.	제6차 개정(1998. 8. 시행) 특정공동사업의 목적 제한 완화(섭외적 요소를 포함하는 법률사무에 있어서는 소송사무 등을 목적으로 하는 공동사업도 가능), 직무 경험 요건의 완화(직무 경험 5년에서 3년으로 단축), 제삼국법 취급 허용(유자격자의 서면에 의한 조언 있는 경우)
2002. 7.	일본사법제도 개혁추진본부, 제9차 회의에서 특정공동사업제도 폐지 결정
2003. 7.	제10차 개정(2004. 4. 시행) 외국법 사무변호사와 일본 변호사의 공동사업 허용, 외국법 사무변호사의 일본 변호사 고용 허용, 특정공동사업제도 폐지

❑ 참고문헌

단행본

법무부. 2000. 『법무 서비스 개방 문제 연구』. 법무부.

______. 2004. 『법률 시장개방국들의 외국변호사 관리감독제도』. 법무부 국제법무과.

서진교 외. 2008. 『WTO체제의 개혁 방향과 한국의 대응』. 대외경제정책연구원 연구보고서 08-05.

논문

김순석. 2004. "법무 서비스 시장개방의 주요쟁점". 『법조』 제579권.

문재완. 2007. "법률 시장 확대 개방과 제한적 동업허용에 관한 연구 — 일본과 싱가포르 사례를 중심으로". 『법조』 제56권 7호.

민성기. 1999. "법률 서비스 시장개방에 관한 연구". 동아대석사논문.

신왕철. 2004. "법률 시장개방에 관한 연구". 부산외국어대석사논문.

小原望. 2000. "외국변호사제도와 법률업무의 국제적 규제 완화를 향한 움직임". 『인권과 정의』 제290권.

잡지 · 신문

"미국무역적자와 상호주의". 『매일경제』. 1982. 3. 17.

"법률 시장개방 압력 거셀 듯". 『경향신문』. 1995. 2. 21.

"전문직서비스 시장 美, 개별적 개방압력". 『매일경제』. 1990. 10. 14.

"日 법률 시장개방". 『매일경제』. 1987. 2. 28.

"日 · 美 변호사 첫영업허가". 『매일경제』. 1987. 5. 23.

"日 19년에 걸쳐 개방… 경쟁력 갖춰". 『문화일보』. 2011. 3. 9.

"Foreign lawyers to be admitted to practice under severe restrictions". The Japan Economic Journal. 1984. 12. 18.

"Issue of foreign lawyers' admission faces rough going". The Japan Economic Journal. 1984. 2. 28.

"Law firm first from Japan to open office in U. S.". The Nikkei Weekly. 1992. 4. 18.

"US-JAPAN LAWYERS' PACT ; Long-shut legal doors opened". Christian Science Monitor. 1987. 4. 2.

제5부

동아시아의 투자 협상

제15장

한일투자협정 협상(1998~2002)

1. 배경

1997년 외환위기 극복 과정에서 외국인 투자는 시급한 외화의 조달원으로서, 부실화된 국내 기업의 인수원으로서, 그리고 세계화 속에서 한국 경제의 경쟁력 강화의 기회로서 그 중요성이 크게 부각되었다.[1)]

한국 정부는 IMF 경제위기 이후 한국 경제의 안정적이고 지속적인 성장을 위해서는 미국 · 일본 등 선진 외국 기업의 투자 유치 확대가 중요하다는 인식하에 한국 경제의 개방화 · 자유화에 대한 정부의 강력한 의지를 대외적으로 천명하고, 이를 구체적으로 실행하기 위한 방안으로서 한일투자협정 체결을 추진했다.[2)]

한일 양국은 경쟁적이면서도 상호 보완성이 높은 산업구조, 활발한 무역과 투자관계, 지리적 인접성, 문화적 유사성 등 경제협력을 위한 좋은

1) 김관호. 2000. "한일투자협정의 의의와 동북아 투자 보장 협정의 구상". 『동북아경제연구』 제12권. pp.55-74.

2) 산업연구원. 2002. 『한일투자협정 발효로 인한 일본의 대한 투자진흥효과 분석 · 대응방안』. pp.1-136.

조건을 갖고 있다.

한일투자협정을 추진했던 한국의 동기로는, 첫째 동아시아 지역 협력체 결성에 주도적으로 참여하고자 하는 의도가 있었고, 둘째 일본의 투자를 유치하여 부품산업을 육성하면서 국내 산업구조를 고도화하려 했으며, 셋째 단기적으로는 외환위기 극복을 위한 외자도입의 의도가 강하게 작용했다.

일본의 동기를 살펴보면, 첫째 동아시아 지역에서의 협력체 구성에서 중국을 견제하면서 지역협력체 구성의 주도권 장악을 위해 한국과의 협력을 강화하고, 둘째 장기침체에서 벗어나고자 동아시아에 대한 수출을 증대시키려 했고 이를 위해 동아시아 국가들과 FTA와 투자 협정을 적극적으로 체결하고자 했던 것이다.[3)]

2. 과정

1998년 10월 한일 양국의 정상은 21세기 한일 파트너십 공동선언 및 행동계획을 채택하고 매년 외무장관 회담에서 행동계획의 추진 상황을 점검·보완키로 합의하였다.[4)] 이후 한일 양국은 1998년 11월 APEC 회의를 계기로 개최된 한일 통상장관 회담에서 양자 간 투자 협정 체결을 추진하기로 합의하고, 1999년 2월 외교부 지역통상 국장이 일본을 방문하여 한국 측 협정안을 전달하였다.[5)] 그리고 2월에 1차 예비 회의가 한국 측의 외교부 아태통상 과장과 일본 측의 외무성 북동아시아 과장을 수석대표로 하여 서울에서 개최되었다. 1999년 3월 서울에서 개최된 한일 정상회담에서 투자 협정 체결을 가속화해야 한다는 데 두 정상 모두 합의하였고 1999년 4월 21일 도쿄에서 제2차 예비협회가 개최되었다. 그리고 9월 1차

3) 신황호. 2001. "한·중·일 투자협력의 증진방안". 『국제학술대회논문집』. 한국무역학회. pp.297-322.

4) 양기웅. 2008. 『한국의 외교 협상』. 한림대출판부.

5) 小城德勇. 2004. "한일투자협정의 법적·경제적 함의에 대한 연구". 서울대석사논문; 김관호. 앞의 논문(주 1). pp.55-74.

본회의를 시작으로 2001년 11월 14일 제12차 실무회의를 서울에서 개최했다. 2001년 12월 22일 제9차 본회의를 개최하여 문안을 합의하였고 2002년 3월 22일 한일투자협정이 서명되었다.[6] 참고로 당시 양국의 투자규모는 다음과 같다. 한국의 대일 투자는 1997년 6400만 달러, 1998년 2300만 달러, 1999년 4800만 달러였고, 일본의 대한 투자는 1997년 2억 3500만 달러, 1998년 4억 1400만 달러, 1999년 8억 600만 달러였다.[7]

3. 쟁점

한일투자협정 협상의 쟁점은 다음과 같다. 첫째 투자자유화 규정[외국인 투자의 원칙적 자유화, 내외국인 동등 대우 문제, 최혜국대우(MFN, Most Favored Nation Treatment) 문제, 국내 제도의 투명화 문제, 투자 관련 핵심인력의 자유로운 이동 보장 문제], 둘째 투자자 보호 규정(국제 분쟁 해결절차의 보장, 외국인 투자에 대한 강제적 이행의무의 부과 금지, 투자자산의 국유화 등의 경우 보상 의무 문제, 투자자산의 송금 보장), 셋째 국가의 안전보장 및 금융시장 안정 등을 위한 특별 규정(일반적 예외 및 일시적 세이프가드 도입, 금융 분쟁과 국제 중재 패널 회부 문제), 넷째 기타 의제(환경보호 조항, 합동위원회 설치, 노동 조항 등) 등이 있다.

특히 논란이 되었던 쟁점은 투자의 범위를 어디까지로 할 것인가? 즉 직접투자뿐만 아니라 포트폴리오 투자까지 투자 개념에 포함할 것인가, 또 언제부터 내국민대우(NT, National Treatment)를 허용할 것인가[투자가 성립되기 전부터 내국민대우(NT)를 부여할 것인가, 아니면 투자 성립 이후부터 부여할 것인가], "노사분쟁이 발생할 경우, 양국 정부가 진지하게 대응한다"는 이른바 '진지 조항'을 채택할 것인가 등에 관한 것이었다.

---

6) 산업연구원. 앞의 책(주 2). pp.1-136.

7) 재정경제부. 2000. 1.『국제투자 및 기술도입 동향』; 1999. 12.『해외직접투자 동향』.

4. 전략

한일투자협정의 쟁점에 관한 양국 협상자의 입장 차이는 크지 않았다. 양국 정부는 투자 협정을 계기로 FTA로 발전시킨다는 거시목표를 공유하고 있었기 때문에 높은 수준의 투자 협정 체결에 대해 일정한 공감대를 형성하고 있었던 것이다.

그러나 의견 조율이 필요한 쟁점들도 있었다. 투자자 대 정부 간 분쟁해결절차에 있어 현지법인의 제소권 인정 문제, 국제 중재의 전제 조건으로서 피소국 정부의 사전 동의 문제, 금융 관련 분쟁의 특수분쟁 해결절차 문제 등이 양국의 입장 조율이 필요한 의제였다. 또한 이행의무 규정, 현상 동결 관련 규정 등도 논의가 필요했다. 하지만 이러한 쟁점들은 한일투자협정 고유의 의제는 아니고 포괄 투자 협정에서는 항상 쟁점이 되는 사항들이라고 할 수 있다.

한일투자협정 협상에서 사회적으로 큰 논란을 불러일으킨 이슈는 '노동조항'이었다. 노사분쟁이 발생할 경우, 양국 정부는 진지하게 대응한다는 이른바 진지 조항을 요구하는 일본과 국내 노동계의 반발을 의식하여 이 조항을 완화하려는 한국은 의견 차이를 보였다. 양국은 이 문제를 협정 전문에 "협력적 노사관계의 중요성(importance of cooperative relationship between laborer-manager)"을 명시하는 것으로 절충하였다.

노동 관련 규정은 기존의 투자 협정에서는 거의 보이지 않는 독특한 규정이었다. 일본 측이 이런 규정의 도입을 주장한 데에는 한국 내 일본계 기업들이 느끼는 투자 애로사항 중 노사 관련 문제가 가장 큰 비중을 차지하고 있었기 때문이다.[8] 한편 한국의 노동계에서는 이 조항이 노동자들의 기본권인 단체행동권, 파업권, 자율교섭권을 원천적으로 제한하는 의도를 가진 것으로 보고 강력하게 반대하였다.

---

8) 외교통상부 보도자료. "한일투자협정 서명". 『한일투자협정 참고자료』. 2002. 3. 22.

이 협상의 특징은 협상자 사이의 협상 수용 가능성은 높았지만 국내 비준자들의 반대로 인하여 협상 선택지들의 집합, 즉 윈셋(win-set)이 제한되었다는 점이다. 이런 경우에는 협상자 사이의 공모가 발생하기 쉬운 경향이 있다. 한일투자협상에서도 한일 양국의 협상자는 노동 조항을 본문에서 빼서 전문으로 옮기고 그 표현을 진지 조항에서 '협력적 노사관계의 중요성'이라고 완화한 것도 일종의 협상자 사이의 공모(collusion)라고 해석할 수 있다.

5. 결과

투자자유화 규정

양국의 협상자들은 다음과 같은 항목을 협의하였다. 첫째 외국인 투자의 원칙적 자유화 및 내외국인 동등 대우, 둘째 투자자유화 예외 분야로서 방위산업, 영화산업, 신문방송업, 어업, 해상·항공운송업, 전기산업, 가스산업 등 일부 공기업, 벼·보리 재배업, 육우사육업 등 일부 농림 분야는 외국인 투자 제한 분야로 지정한다. 셋째, 직접투자뿐만 아니라 포트폴리오까지 투자개념에 포함시킨다. 넷째, 이전의 전통적인 투자 보장 협정은 투자 설립 후 단계에서부터 내국민대우(NT)를 부여하였지만, 한일투자협정에서는 투자가 성립되기 전 단계부터 내국민대우(NT)를 부여한다. 다섯째, 체약국의 투자자 또는 투자에 대해서는 투자유치국이 외국투자자에게 부여하는 대우 중 가장 나은 대우를 부여하고, 투자 관련 핵심인력의 자유로운 이동을 보장한다.[9] 한일투자협정은 한일 양국 간 모든 자본거래가 사실상 자유화되며, 투자 자산의 운용 과정에서 어떠한 차별대우도 허용되지 않는 것을 목표로 하고 있었다.

9) 산업연구원, 앞의 책(주 2), pp.1-136.

〈표 15-1〉 투자자유화 예외 분야[10)]

	한국 측	일본 측
부속서 1	방위산업, 방송산업, 수산업, 전력산업, 가스산업 등 17개 분야	수산업, 항공기산업, 방송산업, 전력산업, 가스산업 등 13개 분야
부속서 2	벼·보리 재배업, 육우사육업, 해상·항공운송업 등 10개 분야	석유산업, 광업, 철도산업, 해상·항공운송업 등 16개 분야

투자자 보호 규정

투자자 대 국가의 분쟁에 대해서도 국제적인 분쟁 해결절차의 이용을 보장하고 설립 전 단계(preestablishment)의 투자에 대한 보호를 위해 실제로 투자가 이루어지기 전 단계에 대해서도 내국민대우(NT) 및 최혜국대우(MFN)를 부여하도록 규정하고 있다.[11)] 외국인 투자에 대한 강제적 이행의무의 부과금지를 규정한다. 즉 외국인 투자의 조건으로 생산되는 재화와 용역에 대해 일정 수준의 수출의무, 일정 수준의 내국산 자재 사용의무, 기술·생산공정 또는 자산 가치 있는 지식의 이전 의무, 일정 수준의 연구·개발의무, 일정 수준의 내국민 고용의무(장애인·국가유공자 의무 고용은 예외) 등의 이행의무의 부과를 금지한다. 그리고 투자자산의 국유화 등의 경우는 보상해야 하는 의무가 있고, 외국인 투자자의 투자원금 및 이에 따른 과실의 국내외 송금을 보장한다. 그리고 국가가 환경·복지·보건·노동법 보호 등의 이유로 사기업의 이익을 침해하지 못하고 사기업의 자산을 수용할 수 없으며, 만약 한국 정부가 일본 기업의 이익을 침해할 경우 일본 기업은 한국 정부에게 손해배상을 청구할 수 있고, 손해배상의

10) 외교통상부 보도자료. 『한일 투자 협정관련 첨부자료』. 부속서1: 향후 외국인 투자 제한 강화 허용 가능 분야; 부속서2: 향후 외국인 투자 제한 강화 금지 분야. 2002. 12. 2.

11) 이한영/최계영/류정우. 2000. 『한미·한일투자협정, 한·칠레 자유무역협정, WTO뉴라운드 협상 등 최근 진행 중인 정보통신 관련 무역·투자 협정 연구』. 정보통신정책연구원. pp.1-245.

보상금은 국고에서 출연할 것을 규정하고 있다.

국가의 안정 보장 및 금융시장 안정 등을 위한 특별 규정

전쟁 · 소요 등 부득이한 경우에는 외국인 투자자에게 내국인과 차별적 조치를 취할 수 있는 근거를 마련했고, 국제수지 악화 · 외환위기 등 예외적인 상황에서 자본거래 또는 투자자산의 송금을 일시적으로 제한할 수 있는 규정을 두었다. 외환위기 등의 심각한 경제위기 상황 같은 경우에 취하는 일시적 송금제한(일시적 세이프가드) 및 금융제도의 건전성 유지를 위한 조치(건전성 조치)와 관련된 투자 분쟁은 금융 분야의 특수성을 감안하여 국제적인 분쟁 해결절차의 이용 대상에서 제외하기로 합의했다.

기타

외국인 투자를 촉진하기 위하여 환경적 규제를 완화하지 못하도록 함으로써 세계적인 환경보호 추세에 부응하도록 규정하였다. 그리고 쟁점 사항이었던 노동 분야에 대해서는 협정 전문에 노사 간 문제를 원만하게 해결한다는 문안을 삽입하는 것으로 양국이 절충하기로 했다.

그런데 한일투자협정은 기존의 투자 협정들과는 다른 측면을 갖고 있다.[12] 일반적으로 상호 투자 협정은 투자관계가 비대칭적인 나라 사이에서 이루어지는 경우가 많다. 예를 들어 A 선진국이 B 개발도상국에 대해 투자가 많다면, 투자자 보호를 원하는 A국의 필요에 의해서 B국과 투자 협정을 체결하게 되는 것이다. 미국의 경우도 투자 협정 대상국들은 주로 체제전환국 및 최빈국들로 구성되어 있다. 캐나다 역시 캐나다가 투자 보장이 강화된 신개념의 투자 협정을 체결한 나라들은 태국, 필리핀 등이다. 여기에서 신개념의 투자 협정은 이전의 투자 보장 협정에 비해 그 목적이

---

12) 윤정은. 2008. "한일 FTA 필요성과 경제적 파급효과". 경북대석사논문.

'고도의 투자자유화'로 확대되고, 허가단계부터 내국민대우(NT)를 보장한다. 또한 투자자에 대한 강제적 이행의무(국산품 사용 요구, 수출입균형 요구, 수출 요구, 외환규제, 기술이전 요구 등)를 금지하는 등 광범위한 투자자 보호의 방향으로 나아가고 있다. 이렇게 보면 한일투자협정은 불필요한 것일 수도 있다. 한국의 투자보장체제는 개발도상국 수준보다 훨씬 앞서 있다. 일본계 기업이 한국에서 투자를 몰수당할 염려는 전혀 없었다. 그럼에도 양국 간 투자 협정이 체결된 것은 한일 FTA를 위한 가교로 양국 정부가 그 필요성을 인식했기 때문이다.

한일투자협정의 주요 내용은 크게 내국민대우(NT), 최혜국대우(MFN) 등 투자의 원칙적 자유화를 규정하는 실체적 권리와 협정안 위반에 대한 투자자의 권리 보호를 위한 재판절차를 규정하는 절차적 권리의 보장으로 이루어져 있다.[13] 한일투자협정의 체결은 부품, 소재 분야 일본 기업의 한국 투자와 IT 분야 한국 기업의 일본 진출 등 양국 간 산업구조를 상호 보완 및 통합을 통해, 양국의 산업 경쟁력을 한 차원 높일 수 있는 역사적 계기를 만들고자 하는 의도가 작용했다. 또한 이 협정에는 중국 경제의 부상에 대응하여 한일 양국이 21세기의 새로운 전략적 파트너로서 공동으로 대처하고자 하는 전략적 의도가 있었다.

한일투자협정을 성공적으로 체결한 한일 양국은 2003년 10월 APEC 정상회담을 통해 2005년 한일 FTA 체결을 목표로 공식 협상을 출범시킨다고 공표했다. 하지만 기대와는 한일 FTA 협상은 정치적·경제적 이유로 장기간 정체되어 체결되지 못하고 있다.

13) 한찬식 / 이원희 / 유영준. 2003. 『한일투자협정 해설』. 산업연구원.

❑ 주요 연표

1998. 10. 8.	한덕수 통상교섭 본부장, 일본의 곤노 히데히로 통산성 통산정책 국장을 면담하는 자리에서 한일 FTA의 전 단계로서 한일투자협정을 체결하는 것이 필요할 수 있다고 언급
11. 13.	APEC 계기 한일 통상대신 회담에서 한덕수 한국 통상교섭 본부장, 요사노 통산대신에게 한일투자협정 체결 제의
11. 17.	김대중 대통령, 한일투자협정 체결 추진 지시
11. 28.	한일 양국 외무장관, 투자 협정 체결 추진을 위한 사전협의 개시 합의(제1차 한일 각료 간담회)
1999. 2. 23.	제1차 예비 협의(서울)
3. 20.	한일 정상회담에서 투자 협정 체결 가속화 합의
4. 20.~21.	도쿄에서 제2차 예비 협의 개최
9. 30.~10. 1.	도쿄에서 제1차 본회의 개최. 한국 측 외교부 지역통상국 정해문 심의관과 일본 측 외무성 아시아국 사사에 참사관을 수석대표로 하여 진행. 주요 논의 내용은 협정의 명칭, 투자자산의 정의, 내국민대우(NT)·최혜국대우(MFN)·공정공평대우(FET, Fair and Equitable Treatment), 내국민대우(NT)·최혜국대우(MFN)의 예외, 투명성 조항, 송금보장, 국가 대 국가·투자자 대 국가 간 분쟁 해결절차 등 일본 측이 제안한 투자 협정 초안의 모든 조항에 대하여 양측이 개략적인 입장 개진
11. 30.~12. 1.	제1차 양국 실무자 간 회의 서울에서 개최
12. 20.	제2차 실무회의 도쿄에서 개최
2000. 1. 26.	제3차 실무회의 서울에서 개최
1. 27.~ 1. 28.	제2차 본회의 서울에서 개최. 비자 발급 시 인원 수 제한 금지, 지식재산권 예외 규정 합의 등 일부 성과가 있었으나, 노동 문제 현지법인 국제 중재 제소권 인정

문제, 건전성 규제, 금융분쟁 특별 해결절차 등 중요 쟁점에서 한일 간 입장 차이가 커서 전체적으로 큰 성과 없이 종료

2000. 4. 25. 제4차 실무회의 서울에서 개최. 이 회의의 주제는 회의 직전 교환한 한일투자협정상의 양국 간 투자제한 제도에 대한 토의와 내국민대우(NT) 유보와 일반적 예외 사유와의 관계에 대한 논의가 중심. 이외에도 유보업종 리스트에 대한 사실 확인 작업 및 투자제한 사유 등에 대한 의견을 교환했으며, 향후 유보업종을 리스트화하기 위해 기초 자료로 활용키로 하고 회의 종료

8. 2. 제5차 실무회의 도쿄에서 개최. 이 회의에서는 제4차 실무회의에서 교환된 유보 리스트에 대한 의견 교환이 진행되었으며, 전체적으로 제4차 실무회의에서 논의한 수준에서 회의를 종료

8. 3. ~ 4. 제3차 본회의 도쿄에서 개최. 영토 조항, 경제적 수요심사, 이행의무 조항 중 내국민 고용의무 · 지분제한 금지의무, 수용 시 보상이자율, 세이프가드 발동 요건, 건전성 조치의 예외범위, 중앙은행의 협정 적용 여부, 금융분쟁 특별 해결절차, 투자자 대 국가 간 분쟁 해결절차 조항에서 국내 구제절차의 이용 여부 · 현지법인의 제소권, 노동조합, 지방자치단체에 대한 협정 적용 여부, 일반적 예외 요건, 방산업체에 대한 한국의 외국인 투자자 제한 내용 등 거의 모든 조항에 대해 양측의 이해가 부족하거나 입장이 첨예하게 대립되어 협상의 진전은 거의 없는 상태로 종결

9. 5. ~ 6. 제4차 본회의 서울에서 개최. 이 회의에서는 양국 간의 미합의 쟁점 사항에 대한 심도 있는 논의가 있었으나, 한일 양측은 기존의 입장을 되풀이하는 선에서 회의를 종료

11. 1. 도쿄에서 제6차 실무회의 개최. 이번 실무회의에서는 양국이 상호 교환한 유보 리스트에 대해 집중적으로

논의. 전체적으로 일본 측은 한국 측이 시행 중인 제한조치에 대해 추가적인 개방을 요구하지는 않았으나, 가능한 한 많은 업종에 대해 현행 동결원칙과 점진적 완화원칙이 적용되어 현행 수준의 조치보다 후퇴하는 일이 없도록 하는 데 관심이 있음을 강조. 한국 측은 양국의 현행 제도가 다른 상황에서 단순히 현행 동결원칙과 점진적 완화원칙이 적용되는 업종의 수를 비교하는 것은 의미가 없다는 점과 한국 측 리스트에 대한 현행 동결원칙과 점진적 완화 적용이 갖는 의미를 재차 설명하는 선에서 회의를 종료

2000. 11. 27.~28.	도쿄에서 제5차 본회의 개최. 양측 수석대표 간의 협상 진행 의지에도 불구하고 중앙은행 협정 적용 여부, 건전성 조치, 지방정부의 협정 적용 여부 등 금융 관련 핵심 조항과 노동조합의 협정 본문 포함 여부에 대해서는 기존의 입장을 되풀이함으로써 큰 진전을 이루지 못하고 종료
12. 20.~21.	서울에서 제7차 실무회의 개최. 이 회의는 유보 리스트 교환 후 갖는 두 번째 실무회의로, 한국 측에서는 외교통상부 · 재정경제부 · 산업자원부뿐만 아니라 유보 업종과 관련된 국방부 · 문화관광부 · 농림부 · 정보통신부 · 방송위원회 · 건설교통부 · 환경부 등 관계부처 실무자가 모두 참석. 전체적으로 동 회의는 한일 양측이 양국 간 유보 내용에 대해 상호 이해 수준을 한 단계 높이는 계기가 된 회의였다고 평가할 수 있음. 상호 간 유보 내용 중 이해가 되지 않거나 한국 측 방위산업과 독점 및 공기업의 취급에 대해서는 다음 실무회의 의제로 남겨 두는 선에서 정리
2001. 2. 15.	도쿄에서 제8차 실무회의 개최. 이 회의에서는 제7차 실무회의에서 마무리되지 못했던 양측의 유보 업종 리스트에 대한 토의, 한국의 방위산업, 독점 및 공기업의 취급, 협정 발효 후 새로운 업종 출현 시 협정상

	취급 방법 등을 중심으로 협상이 진행
2001. 3. 21.	제9차 실무회의 서울에서 개최. 이 회의에서는 주로 점진적 완화원칙과 관련한 해석 문제와 방위산업체에 대한 일본 측의 동의기록 문안, 신규 업종 발생 시 취급 문제 등을 논의. 전체적으로 제9차 실무회의에서는 제8차 실무회의와 동일한 주제와 동일한 맥락에서 심도 있는 논의를 진행하였으며, 특별히 큰 진전을 이룬 사항은 없었다고 할 수 있음
3. 22.~23.	서울에서 제6차 본회의 개최. 양측의 기존 입장을 확인하는 선에서 본회의는 종료
7. 10.	제10차 실무회의 도쿄에서 개최. 이 회의에서는 공기업의 정의, 신규 업종 발생 시 취급 문제, 보조금에 대한 협정 적용 여부, 내항해운업의 유보 리스트 포함 문제, 부속서 작성 방법에 대해 실무적으로 논의. 전체적으로 해결해야 할 실무적 논의사항이 많은 편이었으며, 특히 신규 업종 발생 시 협의 혹은 합의 문제, 보조금에 대한 협정 적용 여부 문제, 내항해운업의 유보 리스트 포함 문제에 대해서는 양국 간 입장 차이가 현격
7. 11.	제7차 본회의 도쿄에서 개최. 이 회의에서는 금융 관련 3개 쟁점에 대해 부분적이나마 실질적인 진전을 이룸으로써 향후 협상 타결 전망을 밝게 함. 그런데 이와 같은 협정 타결에 대한 양국의 결연한 의지와 밝은 전망에도 불구하고 노동 조항에 대한 양국의 입장 차이는 여전히 좁혀지지 않았음
9. 18.	제11차 실무회의 서울에서 개최
10. 5.~9.	고이즈미 총리의 취임 이후 방한 일정이 논의되면서 한일투자협정의 실질적 진전을 위해 대외경제장관회의 실무조정회의(10. 5)와 대외경제장관회의(10. 9)를 연쇄적으로 개최. 동 회의에서는 노동 조항의 협정문안 삽입 문제에 대하여 노동 조항의 협정문안 포함 불가라는 기존 입장을 계속 견지하되, 협상 타결을 위해

불가피한 경우 협정 전문에 선언적 수준의 문안을 포함하는 방향으로 한국 측 입장을 정리하였고, 금융분쟁 특별 해결절차의 경우 협의 주체와 협의의 효력 등 세부 내용에 대해서는 한일 양국의 실무당국이 협의하여 해결하는 것을 내용으로 결론

2001. 10. 15. 김대중 대통령과 고이즈미 총리의 정상회담에서 '상호 호혜적인 투자 및 산업협력의 확대를 위한 한일투자 협정과 관련, 가능한 한 11월 본회의에서 교섭을 타결하고 협정의 연내 서명을 목표로 적극 협의해 나가는 한편, 동 투자 협정 체결을 계기로 상호 보완적인 기술 및 산업 분야의 협력을 한층 강화함으로써 공동 시장 개척 등 시너지 효과를 극대화할 수 있는 여건을 확충해 나가는 기반을 마련키로 합의

11. 13. 서울에서 제12차 실무회의 개최. 이 회의에 앞서 일본 외무성에서 11월 9일 사전 실무협의를 개최하여, 실무회의의 효율성을 높이기 위한 양국 실무자 간 비공식 접촉이 있었음. 이 사전 실무 접촉에서 한국 측이 요구한 대부분의 핵심 쟁점을 일본 측이 수용함으로써 협상의 실질적 진전을 위한 교두보 마련. 제12차 실무회의에서는 사전 실무 접촉에서 중요한 쟁점을 정해서 항공 협정 등 여타 협정과 투자 협정과의 관계, 보조금에 대한 내국민 대우, 정부 조달과 투자 협정과의 관계, 연안 해운업 유보 문제 등 네 가지 문제만 미결 쟁점으로 남겨 두고 회의 종료

11. 14. 서울에서 제8차 본회의 개최. 한국 측이 노동 관련 조항을 전문에 삽입할 것을 제안하고 일본 측이 이를 수용함으로써, 투자 협정 체결의 가장 큰 걸림돌이었던 핵심적인 쟁점이 타결. 금융분쟁 특별 해결절차와 관련하여서도 권한 있는 당국이 통상의 분쟁 해결절차에 우선한다는 한국 측의 입장을 일본 측이 수용. 그러나 경제적 수요 심사와 협의용 범위 등 두 가지 쟁

점에 대해서는 합의에 이르지 못함으로써 협정의 기본 합의 도출에는 결국 실패. 제8차 본회의 종결 이후 일본 측은 금융분쟁 특별 해결절차와 관련, 관계부처에서 새로이 입장을 변경함에 따라 불가피하게 제8차 본회의에서 금융분쟁 특별 해결절차에 대해 한국 측 안대로 합의한 내용을 번복하게 되었음을 외교 경로를 통해 전달

2001. 12. 21. 도쿄에서 제13차 실무회의 개최. 이 회의에서는 공기업 민영화, 신규 업종 예외조치, 유보 리스트의 연안해운업 유보, 항공 협정 등 여타 협정과 투자 협정과의 관계, 정부 조달과 투자 협정과의 관계, 보조금에 대한 내국민대우(NT)에 대한 논의, 대부분의 쟁점에서 한일 양측이 합의에 도달

12. 22. 제9차 본회의 도쿄에서 개최. 이번 본회의에서는 노동 문제, 경제적 수요 문제, 지방정부의 협정 적용 문제, 금융분쟁 특별 해결절차 문제 등 네 가지 잔여 쟁점 문제에 대하여 합의

3년 3개월 만에 최종 타결

2002. 3. 22. 서울에서 한국의 김대중 대통령과 일본의 고이즈미 총리의 입회하에 한일투자협정에 관한 공식 서명 거행

5. 29. 일본 측 비준절차로 일본 참의원 통과

10. 30. 한국 측 비준절차로 한국 국회 본회의 통과

12. 2. 서울에서 양국 국내 절차가 완료되었다는 외교공한이 최성홍 외교통상부 장관과 데라다 데루스케 주한 일본 대사 사이에 교환됨으로써, 외교 공한 교환 후 30일째 발효된다는 협정안 제23조에 따라 한일투자협정은 2003년 1월 1일부터 정식으로 발효

❑ 참고문헌

1차 자료

외교통상부 보도자료. 『한일투자협정관련 첨부자료』. 2002. 12. 2.

외교통상부 보도자료. "한일투자협정 서명". 『한일투자협정 참고자료』. 2002. 3. 22.

단행본

김관호. 1996. 『투자 보호에 관한 국제규범 : 양자 간 투자 협정과 MAI의 비교』. 대외경제정책연구원 정책자료.

김양희. 2001. 『한일자유무역협정이 외국인 투자에 미치는 영향과 정책적 시사점』. 대외경제정책연구원.

산업연구원. 2002. 『한일투자협정 발효로 인한 일본의 대한 투자진흥효과 분석 · 대응방안』.

양기웅. 2008. 『한국의 외교 협상』. 한림대출판부.

이한영 / 최계영 / 류정우. 2000. 『한미 · 한일투자협정, 한 · 칠레 자유무역협정, WTO뉴라운드 협상 등 최근 진행 중인 정보통신 관련 무역 · 투자 협정 연구』. 정보통신정책연구원.

이호창. 2001. 『한일투자협정에 대한 인식과 대응』. 한국노총중앙연구원.

재정경제부. 1999. 『해외직접투자 동향』.

__________. 2000. 『국제투자 및 기술도입 동향』.

한찬식 / 이원희 / 유영준. 2003. 『한일투자협정 해설』. 산업연구원.

논문

김관호. 2000. "한일투자협정의 의의와 동북아 투자 보장 협정의 구상". 『동북아경제연구』 제12권.

신황호. 2001. "한 · 중 · 일 투자협력의 증진방안". 『국제학술대회논문집』. 한국무역학회.

양동석. 2007. "NAFTA의 투자에 관한 조항과 한 · 중 · 일의 투자 협정 비교연구". 『기업법연구』 제23권 2호.

윤정은. 2008. "한일 FTA 필요성과 경제적 파급효과". 경북대석사논문.

이창근. 2000. “금융세계화, 한미·한일투자협정 그리고 우리의 대응”. 『진보평론』 제4호. 한국노동이론정책연구소.
小城德勇. 2004. “한일투자협정의 법적·경제적 함의에 대한 연구”. 서울대석사논문.

잡지·신문

“공기업 민영화와 한일투자협정”. 『월간 말』 175호. 2001. 1.

제16장

한중투자협정 협상(1992~2007)

1. 배경

한중 수교 전해인 1991년 한중 교역액은 44억 달러 정도였다. 무역사무소 설치와 투자보장협정[1] 체결 등으로 한중 양국은 경제교류를 본격화하였다. 1992년 한중 수교 이래 한국의 대중국 교역량은 비약적으로 증가했고, 중국은 투자건수 면에서 한국의 최대 투자 대상국이며, 투자금액 면에서 미국 다음의 비중을 차지하게 되었다.[2] 2002년 중국에 대한 투자금액은 8억 600만 달러로 미국에 대한 투자금액 4억 9200만 달러를 넘어섰다. 2003년에는 미국을 제치고 중국은 한국이 가장 많은 수출을 하는 국가(한국의 제1 수출 대상국)가 되었고, 2004년에는 미국을 제치고 한국이 두 번째로 많은 수입을 하는 국가(한국의 제2 수입 대상국)가 되었다. 특히 2003년 노무현 대통령과 후진타오 국가주석 간 정상회담에서 향후 5년 내 교역규

1) 투자 협정에는 투자촉진 및 투자보장 협정(IPPA, Investment Promotion and Protection Agreement)과 투자자유화협정, FTA에서 논의되는 투자 협정 등이 있다.

2) 김관호. 2008. "중국의 투자협정정책의 변화와 한중투자협정 고찰". 『동북아경제연구』 제20권 1호. pp.207-239.

모 1000억 달러 달성을 상호 합의한 바 있는데,[3] 아래 통계표를 보면 2008년 무역규모는 1000억 달러를 크게 초과하여 1680억 달러에 달한다.

〈표 16-1〉 한중 수출입 동향(1990~2012)[4]

(단위: 천 달러, %)

연도별	대중 수출	증가율	대중 수입	증가율	연도별	대중 수출	증가율	대중 수입	증가율
1990	584,854	33.7	2,268,137	33.1	2001	18,190,190	−1.4	13,302,675	3.9
1991	1,002,511	71.4	3,440,548	51.7	2002	23,753,586	30.6	17,399,779	30.8
1992	2,653,639	164.7	3,724,941	8.3	2003	35,109,715	47.8	21,909,127	25.9
1993	5,150,992	94.1	3,928,741	5.5	2004	49,763,175	41.7	29,584,874	35
1994	6,202,986	20.4	5,462,849	39	2005	61,914,983	24.4	38,648,243	30.6
1995	9,143,588	47.4	7,401,196	35.5	2006	69,459,178	12.2	48,556,675	25.6
1996	11,377,068	24.4	8,538,568	15.4	2007	81,985,183	18	63,027,802	29.8
1997	13,572,463	19.3	10,116,861	18.5	2008	91,388,900	11.5	76,930,272	22.1
1998	11,943,990	−12	6,483,958	−35.9	2009	86,703,245	−5.1	54,246,056	−29.5
1999	13,684,599	14.6	8,866,667	36.7	2010	116,837,833	34.8	71,573,603	31.9
2000	18,454,540	34.9	12,798,728	44.3	2011	134,185,009	14.8	86,432,238	20.8
					2012	134,322,564		80,784,595	

중국 정부는 1979년 개방 이후 외국인 투자와 관련된 국내 법규를 제정하고 각종 투자 유인을 제공하였으며 경제특구, 개방지역 등을 설치하여 투자 환경을 개선하였다. 중국 정부의 유인에 따라 외국인 투자가 증가하면서 외국인 투자자들은 중국 내에서의 투자 자산에 대한 보호와 제도적 안정성의 보장을 중국 정부에 요구하기 시작하였다. 중국 정부는 이에 응하여 투자 협정을 받아들이고 점진적으로 국제적 교류를 수용하는 입장으

3) 양동석. 2009. “NAFTA의 투자에 관한 조항과 한·중·일의 투자 협정 비교연구”. 『기업법연구』 제23권 2호. pp.267-292.

4) 한국무역협회. “국가별 수출입통계”에서 직접 작성.

로 변화하였다.[5)]

한국과 중국 양국은 무역을 원활하게 하기 위하여 김대중 정부 때 합의했던 한중투자협력위원회를 개최했다.[6)] 한국과 중국은 1992년 투자보장협정을 이미 체결한 바 있다. 하지만 이 협정은 투자자유화에 대한 내용을 포함하지 않은 전통적인 투자보장협정이다. 이에 기존의 한중투자보장협정을 투자 협정으로 대체하여 투자자유화와 보장을 함께 포괄하는 높은 수준의 협정으로 대체하는 협상을 시작한 것이다.[7)]

2. 과정

2000년 10월 주룽지 중국 총리 방한 시 김대중 대통령과의 확대회담에서 양국 정부는 한중 간 투자 협력관계를 확대 · 발전시키기 위한 정부 간 공식채널인 한중투자협력위원회를 구성하기로 합의하였다.[8)] 한중투자협력위원회는 한국의 산업자원부 장관과 중국의 대외무역경제합작부 부장(현 상무부장)이 공동위원장이 되고, 양국의 관계부처 · 단체 · 업계 및 전문가가 폭넓게 참여하여 중국 내 한국 진출 기업의 경영애로 해소 및 제도 개선, 중국 서부 대개발사업 참여 등을 논의하는 양국 간 투자 관련 최고위 협의채널이다.

2002년 5월 서울에서 개최된 제1차 한중투자협력위원회에서 양국은 상호 투자 협력 확대를 위한 기반 조성을 위하여 한중투자기금 설치, 투자정보교류 시스템 구축 및 민관 합동의 투자설명회의 상호 개최 등을 협의 · 추진해 나가기로 하였으며 중소 · 벤처기업 지원을 위한 '한중중소기업협력센터' 설치 추진에 합의하였다. 중국 광둥성 LNG 인수기지 건설,

---

5) 김관호. 앞의 논문(주 2). p.217.

6) 양동석. 앞의 논문(주 3).

7) 이성봉. 2007. "투자 분야 협상이 왜 중요한가 : 높은 수준의 투자자유화협정 포함시켜야". 『Chindia Journal』 제10권. pp.34-35.

8) 김관호. 앞의 논문(주 2).

베이징·상하이 간 고속철도 건설, 고양시 차이나타운 건립 등에 한국 기업이 참여할 수 있도록 요청하였으며, 중국 측은 신산업 분야와 중서부 지역에 대한 한국 기업의 투자확대 등을 요청하였다.

제2차 한중투자협력위원회는 2003년 7월 베이징에서 개최되어 한중 정상회담에서 합의한 자원개발사업, 서부 대개발사업 등 10대 경협사업 및 미래지향적 협력사업의 이행 방안 등에 대해 협의하였다. 동 회의에서 양국은 상호 투자 확대를 위한 제도 개선의 일환인 한중투자보장협정 개정 등에 관해 협의하고, 양국 간 협력 수요가 지속적으로 증대되고 있는 전력사업·자원개발사업 등에 대한 협력 방안과 중국이 균형 발전을 위해 핵심적으로 추진 중인 서부 대개발사업에 대한 한국 기업의 투자 확대 등에 대해 협의하였다.

2004년 12월 베이징에서 개최된 제3차 한중투자협력위원회에서는 원자력 및 화력발전소 중국 진출·공동 자원개발·유통물류·전자무역 등 2003년 7월 양국 정상이 합의한 10대 경협사업 추진 방안을 협의하였으며, 한국 기업의 대중 투자 애로 해소와 한중투자보장협정 개정 요청 등 대중 투자 환경 개선 방안 등을 협의하였다.

2005년 11월 18일 부산에서 열린 제4차 한중투자협력위원회에서는 그동안 투자 문제 중심으로 협의를 진행해 온 한중투자협력위원회에서 무역 분야 협력사업도 함께 논의해 나가기로 했다.[9] 특히 한중투자협력위원회의 역할을 강화하기 위해 중국 상무부는 세관을 비롯한 주요 중앙부처가 다음 회의부터 참석하도록 하는 한편 회의 시간 연장, 산업자원부·상무부 공동 투자환경설명회 및 세미나 개최 등의 활동을 강화키로 했다. 4차 위원회의 가장 큰 성과는 '한중 무역투자 정보망'의 구축 합의인데, 양국은 회의에서 기업들에 양국의 법제도·정책 및 시장동향 정보를 인터넷을 통

9) 변웅재. 2007. 10. "한중투자보호협정 개정 주요 내용 및 그 효과 검토". 중국경제동향점검회의 발표논문. http://www.bkl.co.kr/kor/publication/publication_detail.asp?seq=247

해 제공하기 위해 산업자원부와 중국 상무부 공동으로 한중 무역투자 정보망을 구축키로 하고 세부 사항에 대한 실무협의를 조속히 진행키로 했다.

2006년 하반기 개통된 한중 무역투자 정보망은 한국과 중국 지역의 무역 및 투자와 관련된 정부 정책은 물론 각종 통계 현황 등 내용이 총망라되어 있다. 사이트 구축 실무 작업은 한국에서는 산업연구원이 담당하였으며, 중국 상무부 정보의 한글 번역과 중국 측 관련 사이트 링크를 맡았다.[10)]

3. 쟁점

1992년 체결한 투자 협정은 상대 국가의 투자자에 대한 보호와 안전만을 규정했을 뿐 공정 공평한 대우의 부여에 대한 내용을 언급하지 않았다. 이에 2007년 개정 협정 시 양국 간 투자자에 대한 공정 공평한 대우 조항을 명시하였다. 이 같은 규정은 중국 정부의 비합리적이고 부당한 처사로부터 국내 투자자가 보호받을 수 있는 근거를 만드는 데 목적이 있었다.[11)]

또한 개정 협정에는 투명성 조항도 명시하였다. 즉 중국 정부는 한국 투자자 관련 법규 및 행정절차, 사법적 결정 등 투자에 영향을 줄 수 있는 정보를 투자자에게 의무적으로 제공해야 한다. 이는 한국 정부도 마찬가지이다. 이는 중국의 행정 수준을 고려할 때 국내 투자자들에게 유용한 규정이 될 것으로 예측되었다. 투명성은 투자자와 투자의 보호를 위해 필수적인 요건이지만, 개정 전의 투자 보장 협정에서는 이 규정이 기재되어 있지 않았고 국제적으로 보편화되어 있지 않았다.[12)]

다른 세부 쟁점을 살펴보면 다음과 같다.[13)]

---

10) 국가기록원 나라기록. "한중투자협력위 개최". http://contents.archives.go.kr/next/content/listSubjectDescription.do?id=003098&pageFlag=

11) 김관호. 앞의 논문(주 2). p.228.

12) 김관호. 앞의 논문(주 2). p.229.

13) 양동석. 앞의 논문(주 3).

국제 중재를 통한 분쟁 해결

중국의 투자 협정은 투자자와 상대국 정부 간의 투자 분쟁에 관하여 투자자의 요청에 따라 국제 중재에 회부할 수 있도록 하고, 상대국 정부는 사전에 이에 대한 동의를 하도록 명시하고 있다. 한국과 중국 간 협정의 경우에는 투자 협정상의 의무위반으로 투자에 손실이나 피해가 발생된 분쟁에 한하여 국제 중재에 회부할 수 있도록 하였다. 이는 외국 투자자에 대한 중국 관계당국의 위법 행위를 중재 회부 이전에 교정하려는 취지이다.

내국민대우(NT)

중국은 상대국 투자자 및 투자에 대하여 내국민대우(NT)를 하도록 규정하고 있다. 그러나 현재 내국민대우(NT)에 위배되는 조치들을 당장 폐지하는 것이 아니라 점진적으로 제거하기 위한 조치를 취한다고 되어 있다. 또한 내국민대우(NT)에 위배되는 새로운 규제조치의 도입이 금지되며, 기존의 비부합 조치의 경우에도 차별성을 확대하는 개정은 허용되지 않는다. 내국민대우(NT) 조항은 위배조치의 현상동 결과 점진적 철폐원칙으로 정리할 수 있다.

수용 및 보상

중국의 투자 협정은 종래의 수용 시 적당한 보상이라는 기존의 원칙에서 탈피하여 수용재산의 공정한 시장가격에 따라 충분한 보상을 할 것을 규정하고, 수용일부터 보상일까지의 정상적인 이자 지급을 규정하고 있다. 이는 최근의 국제적 기준을 받아들인 결과이다.

이행 요건의 금지

동 개정 협정은 국내 부품 조달, 기술 이전, 수출 성과 등의 요건과 관련하여 투자자에게 비합리적이고 차별적인 조치를 취해서는 안 된다고 규정하고 있다. 북미자유무역협정(NAFTA, North American Free Trade Agreement)의 이행 요건 금지 규정과 비교하면 이행의무를 전면적으로 금지한 것이 아니라 비합리적이고 차별적인 조치만을 금하고 있기 때문에 해석상의 논란이 예상되지만, 이행의무 금지의 성격을 부분적으로 반영하고 있다고 본다.

지방정부의 협정 준수

개정 협정은 체약 당사자인 중앙정부뿐만 아니라 지방정부가 이 협정을 준수하도록 보장하기 위하여 이용 가능한 합리적 조치를 취하도록 하였다. 중국에 투자한 국내 투자자들이 주로 지방정부와의 관계에서 애로사항을 호소하고 있기 때문에 향후 본 규정의 효력을 기대할 수 있을 것이다.

〈표 16-2〉 1992년 한중투자보장협정의 내용과 국제 규정[14)]

	투자 보장 협정의 표준 내용	한중투자보장협정의 내용
지리적 적용 범위	체약국의 주권이 행사되는 전 영역, 영해의 규정 외측 한계에 인접한 해상 및 해양지역 포함	규정 없음
투자의 허용	체약국의 법 규정에 따름	최혜국대우(MFN)의 의무 규정
허용된 투자의 일반적 대우원칙	항시적 보호 및 공정공평대우 국내 법 규정에 따라 내국민대우(NT) · 최혜국대우(MFN)	공정공평대우 규정 없음 내국민대우(NT) · 최혜국대우(MFN) 국가 안보, 공공목적, 국가경제의 건전한 발전을 위해 불가피한 경우 내국민대우(NT) 의무 예외
분쟁으로부터 보호	보상 시 내국민대우(NT) · 최혜국대우(MFN)	보상 시 최혜국대우(MFN) 기준
투자자 대 정부 간 분쟁 해결절차	국제투자분쟁해결센터(ICSID, International Centre for Settlement of Investment Disputes) 등 국제 중재 기관 언급	양국 간 중재위원회에서 처리

14) 이성봉 외. 1999. 『동북아경제협력 : 투자협력』. 대외경제정책연구원. p.76.

간접 투자에 대한 적용	규정 없음	일방 체약국의 투자자가 실질적인 이익을 갖고 있는 제삼국 기업의 타방 체약국에의 투자에 대해 협정의 적용 문제 언급
공동위원회에 대한 설치	규정 없음	협정의 원활한 이행, 양국의 외국인 투자 관련 법규 및 정책의 검토, 양국 정부에의 권고 등을 목적으로 한 공동위원회 설치

4. 전략

한국 정부의 협상 전략은 중국 자신이 국제규범과 기준을 적극적으로 수용하는 시점에 한중투자보장협정의 개정 협상을 전개하는 적절한 타이밍 설정과 관련이 있다. 중국의 WTO 가입은 국제 통상에 관한 국제적 기준을 도입함으로써 국내 개혁을 달성하겠다는 동기를 지니고 있다. 그리고 중국의 새로운 투자 협정 도입은 국내 개혁이라는 중국의 국가 과제와 연결되어 있다고 볼 수 있다.[15] 이런 맥락에서 적절한 협상 타이밍을 설정한 한국 정부는 비교적 쉽게 기존의 투자 보장 협정 개정 협상을 추진할 수 있었다.

5. 결과

개정된 한중투자보장협정을 보면 투자자 대 정부 간 분쟁 시 국제 중재절차, 내국민대우(NT), 자유송금 규정 등 WTO에 명시되어 있는 기본적 협정 내용을 비롯해 우산 조항(umbrella clause)[16]을 받아들이고 있다. 이 조항은 투자 협정 중 약 40퍼센트의 협정에서 명시되어 있는 것으로 파악

15) 김관호, 앞의 논문(주 2), p.224.

16) 투자자의 투자에 대해 현지국 정부가 지니는 여타의 의무를 준수해야 함을 명시하는 규정이다. 현지국 정부가 투자자와 체결한 투자 관련 계약상의 의무를 준수하지 않는 경우, 이 조항을 위배하는 것이 되어 투자 협정상의 분쟁 해결절차의 대상이 될 수 있다.

되는데, 투자 협정상의 의무 위반뿐만 아니라 중국 정부가 외국인 투자자와 체결한 투자계약상의 의무 위반 시에도 외국인 투자자가 투자 협정상의 분쟁 해결절차에 따라 국제 중재를 통해 구제할 수 있다는 점에서 중국 정부에 상당한 부담이 따르는 조항이 될 전망이다.[17)]

〈표 16-3〉 한중투자협정 개정 협상 결과[18)]

	1992년 협정 내용	개정 협상 결과
투자의 정의	투자, 투자자, 수익만 정의	투자, 투자자, 수익정의 명료화. 그 외 국제투자분쟁해결센터(ICSID), 국제연합국제상거래법위원회(UNCITRAL, United Nations Commission on International Trade Law) 등 규정
투자의 최소 대우	최소 대우 규정 범위 – 항구적(constant) 보호만 규정	2조에서 명확화 – 공평공평대우(FET, Fair and Equitable Treatment) – 완전하고 항구적인 보호(full and constant protection)
투자의 대우	내국민대우(NT), 최혜국대우(MFN)의 적용 범위 불분명 내국민대우(NT), 최혜국대우(MFN)가 2~3조에 걸쳐 규정되어 불명확 의정서에서 내국민대우(NT) 관련 예외 규정	내국민대우(NT), 최혜국대우(MFN)의 적용 범위 명확화 내국민대우(NT), 최혜국대우(MFN)를 투자의 대우 조항에서 분리, 독립화 내국민대우(NT)에 대한 예외를 최소화해 규정하되 점진적 감축 및 사후 더욱 제한적으로 개정할 수 없도록 단서 조항 삽입
수용	간접수용 암시 규정 존재 적법절차(due process) 없음 수용원칙, 보상 방법 등을 산만히 규정	간접수용명확화 적법절차(due process) 반영 수용원칙, 보상대우 명확화
송금	의정서에 자유송금의 예외 규정 송금 지연 시 6개월 명시	의정서 없이 본문에 모두 반영하되, 예외 사유를 명확화 송금 지연 시 2개월로 단축

17) 김관호, 앞의 논문(주 2), pp.225-228.

18) 외교통상부 보도자료 첨부파일, "한중투자보장 개정협정 서명", 『주요개정 결과』 참조, 2007. 9. 7.

분쟁 해결	투자자는 사실상 보상금 관련 분쟁만 중재재판에 제소 가능 보상금 관련 분쟁과 기타 분쟁을 구분	투자 관련 분쟁 전부 국제투자분쟁해결센터(ICSID)에 제소 가능 사전 동의 조항 명문화 국제 중재 제소 위한 사전 협의 기간을 6개월에서 4개월로 단축
투명성	규정 없음	11조에서 새로 규정
지식재산권	협정 의정서에 규정	10조에서 규정
이행의무 부과 금지	규정 없음	2조에서 새로 규정
지방정부에 협정 적용	규정 없음	10조에서 새로 삽입

중국은 개도국 중 최대 외국인 투자 유치국이며, 최다 투자 협정 체결국이다. 그럼에도 불구하고 중국 정부가 투자 협정상의 의무 위반을 이유로 외국인 투자자에 의해 국제중재기관에 제소당하는 투자 분쟁이 발생한 경우는 아직까지 단 한 건도 없다. 2006년 국제연합 무역개발회의(UNCTAD, United Nations Conference on Trade and Development)가 집계한 바에 따르면, 전 세계적으로 투자 협정 위반을 이유로 한 국제 중재 건수는 1990년대 후반부터 급격히 증가하여 2006년 11월까지의 누적 건수는 255건에 이르며, 특히 2003~2005년 3년 동안은 매년 40여 건 이상의 투자 분쟁이 발생한 것으로 나타나고 있다. 그리고 현재까지 70여 개국의 정부가 적어도 한 건 이상 외국인 투자자에 의해 국제 중재에 제소당한 것으로 나타나고 있다.[19)]

이러한 세계적 추세에도 불구하고 중국 정부가 아직까지 투자 분쟁으로부터 안전할 수 있었던 이유는 중국이 국제 중재를 통한 투자자 대 정부간 분쟁 해결절차를 사실상 수용하지 않았기 때문이라 할 수 있다. 하지만 중국이 신세대 투자 협정에서 국제적 수준에 부합하는 투자자 대 정부간 분쟁 해결절차 규정을 도입함으로써 중국 정부도 투자 분쟁의 위험에

19) 김관호, 앞의 논문(주 2), pp.207-239.

전면적으로 노출된 것이다.

거시적 관점에서 2000년대 이후 중국의 투자 협정정책의 변화를 살펴보면, 이는 외국인 투자 유치국으로서뿐만 아니라 해외 투자국으로서의 위상 강화라는 중국의 국제 투자 포지션 변화와 함께 국제기준과 규범을 수용해 가고 있는 중국 경제의 자신감을 반영하고 있다고 할 수 있다.[20]

❑ 주요 연표

1992. 5. 2.	한중투자보장협정 체결
6. 27.	한중투자보장협정 정부 승인 문서 교환
7. 27.	한중투자보장협정 발효
2000. 10.	양국, 한중투자협력위원회 구성 합의
2002. 5. 12.	서울에서 제1차 한중투자협력위원회 개최
2003. 7. 8.	중국 베이징에서 제2차 한중투자협력위원회 개최
2004. 12. 10.	중국 베이징에서 제3차 한중투자협력위원회 개최
2005. 11. 18.	한국 부산에서 제4차 한중투자협력위원회 개최
2007. 3. 27.	중국 베이징에서 한중투자보장협정 개정 최종 협의
4. 10.	서울에서 한중 정상회담
4. 26.	중국 허난성에서 제5차 한중투자협력위원회 개최
9. 7.	한중투자보장협정 개정 협정 서명
10. 1.	신협정 발효

❑ 참고문헌

1차 자료

외교통상부 보도자료 첨부파일. “한중투자보장 개정협정 서명”. 『주요개정 결과』 참조. 2007. 9. 7.

20) 허흥호 / 정윤세. 2009. “한중 FTA에 대한 한중 양국의 입장”. 『경영사학』 제52권. pp.251-271.

단행본

김관호. 1996.『투자 보호에 관한 국제규범 : 양자 간 투자 협정과 MAI의 비교』. 대외경제정책연구원.

법무부. 2010.『한국의 투자 협정 해설서』. 법무부 국제법무과.

양기웅. 2008.『한국의 외교 협상』. 한림대출판부.

이성봉 외. 1999.『동북아경제협력 : 투자협력』. 대외경제정책연구원.

논문

김경환. 2006. "중국의 투자환경 변화와 대응방안".『한중사회과학연구』 제7권.

김관호. 2008. "중국의 투자협정정책의 변화와 한중투자협정 고찰".『동북아경제연구』 제20권 1호.

김시중. 1991.『중국의 외국인직접투자 유치와 한국의 진출전망』. 대외경제정책연구원.

김화섭. 2004.『중국의 해외직접투자 전략과 시사점』. 산업연구원 이슈페이퍼 2000-154.

양동석. 2009. "NAFTA의 투자에 관한 조항과 한 · 중 · 일의 투자 협정 비교연구".『기업법연구』 제23권 2호.

이성봉. 2007. "투자 분야 협상이 왜 중요한가 : 높은 수준의 투자자유화협정 포함시켜야".『Chindia Journal』 제10권.

허흥호 / 정윤세. 2009. "한중 FTA에 대한 한중 양국의 입장".『경영사학』 제52권.

홍석우. 2007. "지금이 양국 투자관계의 전환점이다 — 한중투자보장협정 개정과 한미 FTA 타결이 던지는 화두".『Chindia Journal』 제9권.

기타

국가기록원 나라기록. "한중투자협력위 개최". http://contents.archives.go.kr/next/content/listSubjectDescription.do?id=003098&pageFlag=

변웅재. 2007. 10. "한중투자보호협정 개정 주요 내용 및 그 효과 검토". 중국경제동향점검회의 발표논문. http://www.bkl.co.kr/kor/publication/publication_detail.asp?seq=247

제6부

동아시아의 환율 협상

제 17 장

미 · 일 환율 협상(1969~1998)

1. 배경

1971년 닉슨 독트린으로 미국은 금태환정지조치를 발표하고 고정환율제가 변동환율제로 이행한 후 미국 · 일본 · 서독 등은 거시경제정책 협조를 통해 달러화 가치를 안정적으로 유지하기 위해 노력했지만, 1970년대 전반에 걸쳐 높은 물가 · 실직 · 경기 후퇴 등의 현상과 동시에 심각한 인플레이션으로 고통을 받았다.[1)]

1~2차 석유파동을 겪으면서 물가가 크게 상승하자, 볼커 미 연방준비제도이사회(Federal Reserve Board) 의장은 1970년대 말부터 강도 높은 통화긴축정책을 시행하였으며 그 여파로 달러 가치가 급등하였다. 이 같은 상황은 1980년대까지 지속되었다. 달러 가치의 급격한 상승은 미국인의 수입품 소비 증가와 더불어 미국 상품의 가격 상승에 따른 수출 감소를 초래했고, 당시 레이건 행정부가 실시하던 세수감소정책과 맞물려 미국 정부의 대외무역, 내수 경제의 적자규모를 천문학적으로 확대시킴으로써 미

1) 한국은행. 2010. 11. “1985년 플라자합의의 이행 과정과 시사점”. 『해외경제 포커스』 제2010-44호.

국 제조업의 붕괴를 가져왔다.[2)]

이에 미국 정부와 의회는 무역수지균형화 및 경제성장에 초점을 맞추면서 당시 대미 무역에서 막대한 흑자를 보고 있던 일본과 독일에 대한 압박 수위를 높여 갔다. 무역수지와 재정수지 적자가 동시에 늘어나는 이른바 쌍둥이 적자(twin deficit)에 대한 해결책으로서, 미국 상하원은 1985년 여름 미국에 대해 대규모 무역흑자를 보이는 국가의 상품에 관세를 부과할 수 있는 보호무역적 법안을 제출하였다.

2. 과정

제2차 세계대전 이후 패전의 폐허 속에서 다시 일어선 일본은 제조업 부문, 특히 자동차를 시작으로 미국의 주요 산업이던 반도체와 컴퓨터 등 첨단산업으로 점차 그 영역을 확대해 나가며 미국의 산업경쟁력을 무서운 속도로 따라잡기 시작했다.

이 같은 성장에 따라 일본의 대미 무역은 1976년 이래 지속적인 흑자를 유지해 왔으며, 1985년에 들어 미국의 1260억 달러 무역적자 중 37퍼센트인 466억 달러가 대일 적자로 인해 발생하는 사태가 발생했고, 2년 뒤인 1987년에는 563억 달러의 대일 적자를 기록했다(1987년 일본의 경상수지 흑자 총액은 870억 달러). 이 적자규모는 1987년 미국 GDP 4조 7420억 달러의 약 1.18퍼센트에 해당하는 것으로 미국 경제에 심각한 압박 요인이 되었다.[3)]

---

2) 왕양 / 김태일 옮김. 2011. 『세계 경제 패권을 향한 환율전쟁』. 평단문화사. p.196.

3) 1987년 미국 GDP 통계는 다음을 참조. http://www.census.gov/compendia/statab/hist_stats.html ; 1985~1987년 미국의 대일 무역수지 통계는 다음을 참조. http://www.census.gov/foreign trade/balance/c5880.html#1987 ; 1987년 일본의 경상수지 통계는 다음을 참조. http://www.stat.go.jp/english/data/chouki/18.htm

플라자합의

플라자합의가 체결되기까지 미국 정부가 가장 큰 쟁점으로 삼은 것은 미국을 포함한 세계 무역의 불균형 문제였다. 이 시기 미국은 자국의 경제적 불황 및 재정적자 해소를 위해 대미 무역에 있어 최대의 흑자를 지속하고 있던 일본 엔화 절상의 필요성을 절실히 느끼고 있었다.

당시 일본과 독일은 대외수출에 따른 막대한 무역흑자를 유지하고 있던 반면, 미국은 무역적자와 재정적자라는 쌍둥이 적자로 고민하고 있었다. 이 같은 상황이 지속된다면 미국 경제는 사상 최악의 침체와 파탄을 겪게 될 것이라는 어두운 전망이 등장하기 시작했다. 미국 경제의 파탄은 대미 무역에 있어 지속적인 흑자를 유지하고 있는 독일과 일본에게도 결코 유리한 상황은 아니었다. 특히 세계 기축통화의 역할을 담당하고 있는 달러에 가치 하락 및 신뢰성의 부재가 발생하는 것은 세계경제 차원에서도 심각한 위기가 될 수 있다.

독일과 일본은 미국 시장 의존도가 상당히 높았고 달러 가치가 폭락하면 큰 자산 손실을 입을 상황이었으며, 수입 물량 조정 · 관세 인상과 같은 직접적이고 미시적인 조치로 타격을 받는 것보다는 환율 조정으로 자국의 정책 여력이 커지는 것이 더 바람직하다는 판단하에서 1985년 마르크화와 엔화의 절상을 유도하는 '플라자합의' 체결에 동의했던 것이다.[4)]

3. 쟁점

마침내 미국은 1985년 뉴욕 플라자 호텔에서 G5(Group of 5. 미국, 영국, 독일, 프랑스, 일본) 재무장관들이 모인 가운데 이른바 플라자합의를 도출했다. 그 주요 내용은 ① 미 달러화 가치가 하락할 수 있도록 노력하고, ② 대외불균형 축소를 위해 재정 및 통화정책을 공조해 나갈 것 등의 내용을

4) 한국은행, 앞의 논문(주 1), pp.1–15.

담고 있다. 미 달러화 가치를 얼마나 조정할 것인지는 합의서에 언급되어 있지 않았지만, 플라자합의 1주일 전인 9월 15일 G5의 런던 회담에서 비밀리에 구체적 실행계획이 논의되었던 것으로 알려졌다. 그 내용은 단기간에 달러화 가치를 10~12퍼센트 하락시키고 이를 위해 6주간 180억 달러의 협조 개입을 실시하며 개입 재원은 미국 및 일본이 각각 30퍼센트, 독일이 25퍼센트, 프랑스가 10퍼센트, 영국이 5퍼센트를 분담하는 것으로 되어 있었다.[5)]

루브르합의

플라자합의 이후 독일 마르크화와 일본의 엔화는 급격히 상승하고 달러의 가치는 하락하기 시작했다. 일본은 합의를 가장 적극적으로 이행했다. 플라자합의 후 달러 · 엔 환율이 연말에는 일본 측이 목표치라고 생각했던 200엔 전후로 높아져 엔고가 되었다. 그런데 플라자합의 초기의 전망과는 달리 달러 하락과 엔화 상승은 미국 경제의 회복에 큰 도움을 주지 못했고, 미국이 대일 무역적자는 조금도 줄어들지 않았고 달러 가치는 지속적으로 하락했다.

미국과 플라자합의 당사국들은 당초 예상과 달리 진행되는 이 같은 현상에 대한 새로운 조정의 필요성을 인식하기 시작했다. 달러의 가치가 지속적으로 하락할 경우, 미국 경제의 회복은 물론이고 세계경제에도 큰 위험으로 확대될 가능성이 높아질 것이기 때문이었다.

결국 미국을 포함한 G7 국가들은 1987년 프랑스 파리에서 달러의 가치를 일정 범위 내에서 유지토록 하면서 독일을 비롯한 일본 등 대미 흑자국의 내수확대 등의 구조조정을 통한 미국 경제 회생 방안을 담은 '루브르합의'를 체결하였다.

---

5) 한국은행, 앞의 논문(주 1), pp.1–15.

4. 전략

미국의 전략

미 · 일 간 환율 협상 과정에서 미국이 보여 준 전략은 일종의 '대마불사'전략이다. 이를 시기별로 나누어 보면, 첫 번째는 1985년 플라자합의와 1987년 루브르합의의 시기이다. 이 시기에 미국도 패권국의 지위를 활용하면서 자국의 경제위기가 바로 세계경제 위기로 발전될 수 있음을 명분으로 G5 국가들의 정책 협조를 이끌어 내는 전략을 구사했다. 당시 미국은 대미 무역에서 막대한 흑자를 유지하고 있던 독일과 일본에 대한 화폐가치 절상을 위해 G5 국가들에게 협조를 요구하여 플라자합의를 이루어 냈으며, 이후에도 지속적인 무역적자가 해결되지 않고 달러 가치가 급속히 하락하자, 다시 이를 해결하기 위해 루브르합의를 체결한 것은 미국이 패권국가이기 때문에 가능한 정책 대안이었다.

두 번째는 1995년의 이른바 '역플라자합의'의 시기이다. 1995년 4월 18일 도쿄 외환시장에서 엔 · 달러 환율 80엔이 무너지자, 다음 달 세계경제 안정을 위해 G7이 달러 가치 부양을 목적으로 합의한 '역플라자합의'를 도출해 낸다. 미국은 자국의 경제 회생 과정에서 발생한 엔고현상과 이로 인해 등장한 일본의 버블경제 붕괴에 따른 자국 경제의 피해를 방지하기 위한 방편으로 일본에 직접적인 통화 조작과 내수 경제 회복정책을 주문했는데, 이 또한 패권국가만이 할 수 있는 일이다.

물론 플라자합의나 역플라자합의를 미국이 단독으로 도출할 수 있는 능력은 없다. 하지만 미국 경제가 곧 세계경제이고 미국 달러화가 기축통화이기 때문에 미국의 문제는 곧 세계의 문제가 되며 G5 혹은 G7 국가의 자발적 정책 협조를 얻어 낼 수 있는 것이다.

일본의 전략

일본은 미 · 일 환율 협상에서 자발적 순응전략을 선택했다. 일본은 1985년 플라자합의, 1987년 루브르합의, 1995년 역플라자합의 과정에서 미국의 요구에 순응했다. 일본이 미국을 추종한 이유는, 첫째 일본의 대미 시장 의존도가 높았고, 둘째 대미 무역수지는 천문학적인 수치를 연일 갱신하고 있는 반면 미국의 쌍둥이 적자와 경기침체는 날로 심각해져 세계경제의 위기를 초래할 수 있다는 위기감을 증폭시켰고, 셋째 플라자합의에 의해 초래될 엔고현상이 수출을 감소시키겠지만 일본의 국부는 증가되고 내수경기활성화를 유도할 것이라는 낙관론을 갖고 있었던 것으로 볼 수 있다.

하지만 플라자합의 이후의 상황은 일본 정부의 낙관론과 정반대 방향으로 전개되어 갔다. 국내로 유입된 해외자산은 부동산 투자로 집중되면서 일본 경제의 버블화를 초래하였고, 마침내 버블경제의 붕괴와 함께 일본 경제의 '잃어버린 10년 혹은 잃어버린 20년'이라 불리는 장기침체를 초래했다.

5. 결과

플라자합의가 채택된 지 1주일 만에 달러화에 대해 독일 마르크화는 약 7퍼센트, 일본 엔화는 8.3퍼센트 오르는 즉각적인 변화가 나타났고, 이후 2년 동안 달러 가치는 30퍼센트 이상 급락했다. 미국과 G5 국가들은 통화정책 면에서 국제 공조를 이루었으나 미국의 시장금리가 더 빠르게 하락하여 내외 금리차가 축소되었고, 1986년 미국의 이란 · 콘트라스캔들, 중간선거에서 집권당이 패배하는 정치적 악재도 달러화 가치 급락에 일조하였다. 결국 미국을 비롯한 각국 재무장관은 기축통화로서 달러 가치의 안정이 필요하다는 인식에 동의하여 1987년 루브르합의를 체결하기에 이르렀다.

플라자합의와 루브르합의의 체결은 미국 제조업체들이 달러 약세로 높아진 가격경쟁력을 바탕으로 1990년대 이후 해외시장에서 점유율을 확대해 나가는 계기로 작용하기 시작했다. 미국 경제는 1990년대 초반 부시 대통령의 증세정책을 기반으로 한 클린턴 행정부의 경제회복정책과 플라자합의 등의 결과로 인해 점차 재정수지의 균형을 이룩하였으며, 이후 흑자로의 전환을 이루어 냈다.

〈표 17-1〉 플라자합의에 의한 국가별 세부 정책 과제[6)]

	기본 정책 방향	구체적 정책 과제
미국	· 인플레이션 없는 성장 · 민간 부문의 참여와 역할극대화 · 정부 부문의 규모와 역할 축소 · 시장개방 지속	· 재정적자 축소와 민간 부문으로의 생산 자원 이전 · 세입 중립적인 세제개혁 · 저축 장려, 고용 유인 제고
일본	· 인플레이션 없는 성장 · 국내 시장에 대한 개방 확대 · 엔의 국제화 · 내수 진작	· 상품 및 서비스 시장개방 확대 · 정부 규제 완화를 통한 민간 경제 활력의 제고 · 엔화의 환율 동향에 적절한 주의를 기울이는 탄력적인 금융정책 시행 · 금융·자본시장자유화 · 공공투자 확대 · 소비자 금융 및 주택 금융시장활성화
독일	· 물가 안정 · 낮은 수준의 금리 유지 · 지속적 성장을 통한 고용 창출	· 민간 투자 촉진을 위한 공공 부문의 역할 축소 · 감세조치 등 중기적 세제개혁의 지속적 추진 · 고용에 관한 각종 정책, 규제 및 관행의 개선을 통하여 노동시장의 경직성을 완화 · 안정 지향적인 금융정책을 통해 내수가 지속적으로 확대될 수 있는 환경 조성
영국	· 인플레이션 억제 · 생산의 지속적 증대 및 고용 증진 · 시장 기능 제고를 위해 규제 축소 · 외환 규제 철폐	· 물가안정을 위한 금융정책 시행 · 주요 국영기업의 민영화 · 조세 부담 경감 및 자원의 효율적 이용 도모 · 노동시장의 효과적 개선을 위한 추가 조치 강구 · 금융시장의 자유화 추진

6) 한국은행, 앞의 논문(주 1).

프랑스	· 대외수지 개선 · 구조조정과 산업근대화를 위한 노력 강화	· 공공지출의 점진적 축소 · 기업투자의 회복 촉진 · 금융시장의 자유화 · 근대화를 지향하는 조치 강구 · 교육훈련 강화 및 고용창출 도모

〈표 17-2〉 루브르합의에 의한 국가별 정책 과제[7)]

	정책 과제	달성 목표치 및 구체적 정책 수단
미국	재정적자 축소 및 경쟁력 향상	· 국민총생산(GNP, Gross National Product) 대비 재정적자 비율을 FY1987의 3.4%에서 FY1988에는 2.3%로 축소 · FY1988 중 정부 지출의 증가를 1% 이내로 억제 · 경쟁력을 높이고 경제적 효율성을 제고하기 위해 경쟁 제한적 규제를 완화
일본	내수 확대와 무역수지 흑자 축소	· 개인 소득세 및 법인세의 한계세율 인하 · 내수 진작을 위한 종합경제 대책을 마련 · 일본 은행의 재할인율을 루브르합의 발표 직후 0.5% 인하
독일	민간 부분의 경제 활력 제고와 '작은 정부' 실현	· 소득세와 법인세 경감을 위한 세제개혁—1988년 중 실시될 예정인 감세규모 확대 · 지속적 경제성장을 도모하는 방향으로 금융정책은 운용

* FY는 Fiscal Year, 즉 회계연도.

그러나 일본 경제는 엔고현상과 이후 발생한 버블경세의 붕괴로 인한 엔저현상 등 화폐가치의 커다란 변동 폭 속에 '잃어버린 10년'이라는 장기 불황의 터널 속으로 들어갔다. 엔화 절상 초기, 일본 경제는 엔고현상에 의해 내수 경제의 호황을 만끽하면서 세계경제 패권을 꿈꾸는 절정감을 맛보았다. 하지만 내수 경제 호황은 부동산 버블로 이어졌고, 일본 경제의 거품이 사라지면서 멈추지 않는 추락을 경험하게 된다.

7) 한국은행, 앞의 논문(주 1).

달러 가치의 하락으로 일본 수출업체들의 보유 자본 가치는 하락하기 시작했고, 엔화 가치의 갑작스러운 상승은 일본 제품의 가격 상승으로 이어져 해외 수출이 점차 감소되고 막대한 해외 자산이 국내에 유입되었다. 해외 자금의 유입은 일본 경제의 호황을 촉발시켰다. 자금 수요를 국내로 돌리기 시작한 일본인은 자신들이 가진 모든 돈을 토지 및 부동산 매매에 집중했다. 일본 버블경제가 최대 수준에 도달하자, 점차 그 내부에 잠재되어 있던 문제점들에 의한 균열이 드러나기 시작했다. 실물경제와 개인 투자가 극에 달한 금융 및 부동산 부문의 뚜렷한 격차, 즉 개인의 소득 수준 및 생산 수준이 자산의 폭등 가치를 더 이상 지탱할 수 없는 단계에 도달하고 말았다.[8)]

일본 경제는 거의 10년간 불황의 늪에서 헤어 나오지 못했다. 1997~1998년의 경제성장률은 전후 처음으로 2년 연속 마이너스를 기록했으며, 버블경제의 붕괴로 인한 기업들의 투자 심리 저하와 주가 폭락은 GDP의 감소를 가져오는 동시에 이에 따른 경기 불황의 지속으로 기업이 줄도산하는 악순환이 확대되어 갔고, 일본의 실업률은 사상 최대를 기록했다.

플라자합의와 루브르합의로 점차 경제 회복에 나서고 있던 미국의 입장은 일본 경제의 지속적인 침체 확대가 자국의 경제적 이익에 부합되지 않는다는 인식을 가졌다. 미국의 개입은 일본 엔화 절하 압력과 재정 지원을 통해 정상화를 유도하고 구조조정 및 내수 경제 회복을 위한 일본 정부의 정책을 요구하는 방식으로 이루어졌다. 1985년 플라자합의가 미국내 경제불황을 회복하기 위해 엔화에 대한 일종의 제재조치였다면, 이제는 일본 경제의 불황을 회복시켜 아시아 지역의 경제 파트너를 안정화하기 위해 엔화에 대한 일련의 조치가 필요했다. 또한 1995년 한신대지진으로 엔화 가치가 상승하자, G7 중앙은행 총재들은 엔저 유도에 동의했다.

---

8) 왕양 / 김태일 옮김. 앞의 책(주 2). p.204.

이는 플라자합의와 반대되는 내용이기 때문에 역플라자합의로 불린다.[9)]

플라자합의에 대한 역사적 평가는 엇갈리고 있으나 1970년대 초반의 세계적 경제위기를 G7 국가들의 정책 협조로 극복했다는 점, 달러 가치 하락과 세계적 무역수지 불균형이 완화되었다는 점에 대해서는 긍정적인 평가가 이루어지고 있다. 한편 플라자합의에 대한 부정적 평가는, 세계적 무역수지 불균형은 거시경제정책의 변화에 의해 시정되어야 하는데 이에 대한 각국의 정책 협조에는 국내의 정치적 제약으로 인한 한계가 있었고, 이는 곧 세계적인 금융 불안정과 일본의 장기불황을 초래했다는 것이다.

2010년 6월 중국은 다시 관리변동환율제로 복귀하였지만, 위안화 절상 속도가 지나치게 완만하다는 비판은 여전히 제기되고 있다. 따라서 이러한 중국의 위안화 환율정책이 대중 무역적자의 중요한 요인이며 미국의 일자리 감소 원인이라고 판단한 미국 하원은, 중국을 겨냥하여 2010년 9월 환율 조작 의심국에서 수입되는 상품에 보복관세를 매길 수 있는 법안을 통과시켰다. 이에 대해 중국은 위안화 환율을 핑계로 중국에 보호무역주의를 강화하면서 중국의 부상을 견제하려는 미국의 전략이 숨겨져 있다고 강력하게 반발하고 있다.[10)]

2010년 6월 이후 세계경제는 플라자합의 당시의 상황과 유사한 점이 많다. 쌍둥이 적자에 시달리고 있는 미국은 달러화 가치 하락을 위해 보복관세 부과 등을 무기로 경상수지 흑자국을 압박하고 있으며, 흑자국들은 미국의 거시경제정책 기조 전환을 전제 조건으로 촉구하고 있다. 최근 미 · 일 환율 협상에 대한 역사적 재평가가 주목받고 있는 것은 바로 미국과 중국의 환율전쟁이라는 현재의 상황과 관련이 깊다.[11)]

---

9) "제2차 역플라자 합의". 『매경이코노미』. 2011. 4. 6.

10) 이장규 외. 2010. 『글로벌 경제위기에 대한 중국의 대응과 미 · 중경제관계 연구보고서 10-11』. 대외경제정책연구원. pp.161-162.

11) 한국은행. 앞의 논문(주 1). pp.1-15.

❑ 주요 연표

1969~1970	미국, 스태그플레이션 발생 경기 후퇴에도 불구하고 소비자물가 지속적으로 상승
1971	미국 닉슨 대통령, 금태환제도 정지 선언 브레턴우즈체제 사실상 붕괴 세계 각국 고정환율제에서 변동환율제로 전환
1973~1980	세계석유수출기구(OPEC, Organization of Petroleum Exporting Countries)에 의한 1차·2차 석유파동 발생 석유의존도가 매우 높던 미국 물가 더욱 급속히 상승 물가 상승에 의한 임금 상승으로 미국 기업들의 감원 실시 증가
1980	로널드 레이건, 미합중국 제40대 대통령 당선 미국, 경제 재활성화를 위해 세출 삭감·소득세 감소·정부 규제 완화가 주요 골자인 레이거노믹스 실시 미국, 국가재정 수입 삭감의 상황에서도 여전한 소련과의 군비경쟁에 의한 재정 적자 확대
1984	대외 무역적자 지속적으로 확대 미국의 경상수지 적자, 역대 최고치인 1000억 달러 기록
1985	미국 경제 회복을 위한 G5 플라자합의 체결 대미 무역에서 최대 흑자를 기록 중이던 독일과 일본의 화폐 가치 절상
1987	플라자합의에 따른 미국과 유럽의 무역적자 폭 감소 대일 무역 과거 상태 유지, 플라자합의 이유로 일본의 관세장벽정책 확대 플라자합의에 따른 달러 가치 하락 급속히 진행, 달러 안정화정책 필요 달러가치안정화를 위한 루브르합의 프랑스 파리에서 체결
1989	조지 허버트 워커 부시, 미합중국 제41대 대통령 당선 재임 초기, 레이건 정부 영향에 의한 증세정책 없을

	것이라 약속
	지속되는 재정적자 확대로 인해 걸프전 승리 이후 증세정책 실시
1990	일본 버블경제 파탄, 잃어버린 10년 시작
	플라자합의 당시의 엔화 절상에 의한 엔고현상 확대
	엔고에 따른 일본 기업들의 대외수출 감소
	일본 내수 시장 확대로 인해 부동산 및 주식 투기 급증
	일본, 정부의 고금리정책에 의한 경기 수축 등이 버블경제 파탄의 주요 원인으로 작용
1990~1998	일본 정부, 경기활성화를 위한 정부지출 확대
	지출 확대에 비해 경기활성화 폭 둔화 — 일본 정부의 채무 증가
	일본 정부, 지출 확대에 비해 경기활성화 폭이 둔화되어 정부의 채무 증가와 채권 매각을 통한 국민으로부터 자금조달의 악순환이 지속
	미국, 통화 조작 및 재정 지원을 통한 일본 경제 활성화 지원 추진

❑ 참고문헌

단행본

김종만. 1993.『일본환율정책의 방향과 우리나라 수출입에 미치는 영향』. 대외경제정책연구원.

안례홍 / 이주경. 1991.『플라자合意 이후 國際的 政策協調의 成果와 限界』. 한국은행 조사통계월보.

양기웅. 2008.『한국의 외교 협상』. 한림대출판부.

왕양 / 김태일 옮김. 2011.『세계 경제 패권을 향한 환율전쟁』. 평단문화사.

이장규 외. 2010.『글로벌 경제위기에 대한 중국의 대응과 미·중경제관계 연구보고서 10-11』. 대외경제정책연구원.

논문

김정한. 2011. “플라자합의 및 G20 합의 간의 비교와 시사점”. 『주간금융브리프』 제20권 7호.

김효진. 2012. “위안화 환율갈등과 미·중관계”. 『사회과학연구』 제28권 2호.

박태진. 2003. “일본 버블경제의 금융적 메커니즘”. 『대한경영학회지』 제35호.

윤일현/ 강철구. 2012. “일본의 경제위기 : 잃어버린 10년 혹은 20년?”. 『한림일본학』 제21권.

이근. 2000. “환율정책과 국가권력”. 『국제지역연구』 제9권 4호.

한국은행. 2010. 11. “1985년 플라자합의의 이행 과정과 시사점”. 『해외경제 포커스』 제2010-44호.

현진덕. 2007. “국제관리통화론의 관점에서 본 일본의 버블경제”. 『일본문화연구』 제24권.

잡지·신문

“제2차 역플라자 합의”. 『매경이코노미』. 2011. 4. 6.

기타

캐나다 토론토대학교 산하 G8 정보센터 공식 인터넷 홈페이지 http://www.g8.utoronto.ca/

제18장

미 · 중 환율 협상(1994~2010)

1. 배경

1979년 수교 당시 24억 달러에 불과하던 미 · 중 무역규모는 2001년 중국의 WTO 가입을 계기로 급속히 증가하여 2008년 4092억 달러로 1979년에 비해 무려 170배나 늘어났다. 2009년 현재 미국은 중국의 최대 수출 상대국이며, 세 번째 수입 상대국으로 주요 교역관계를 형성하고 있다. 하지만 양국 간 무역규모 증가와 함께 무역불균형이 심화되었는데, 미국의 대중 적자는 2002년 1000억 달러를 넘어선 지 3년 만에 2000억 달러를 초과했고, 중국은 2001년 이후 미국의 최대 무역적자 대상국으로 부상하였다.

특히 글로벌 경제위기 중 미국의 대중 무역적자 비중이 확대되는 양상을 보였다. 미국 전체 무역적자규모는 2008년 8347억 달러에서 2009년 5069억 달러로 감소했음에도 불구하고 대중 무역적자가 전체 적자에서 차지하는 비중은 32.1퍼센트에서 44.7퍼센트로 오히려 증가하여 역대 최고 수준을 보였다.

바로 여기가 미국의 위안화 절상 압력 및 미 · 중 통상마찰이 발생하는

원점이다.[1)]

미 · 중 환율 협상이 본격화된 것은 오바마 정부 출범부터이다. 2008년 금융위기 속에서 출범한 오바마 정부는 중국이 환율을 조작한다고 보고 있으며 위안화 절상을 해야 한다는 인식을 갖고 있었다. 물론 중국의 입장은 전혀 달랐다.

중국은 위안화 절상 압력은 미국의 보호주의화를 반영한 것이며 자국 산업과 경제구조 보호를 위해서는 고정환율제도를 채택하는 것이 불가피하다는 입장을 보이면서 미국과 팽팽하게 대립하여 왔다. 중국은 미국이 소비중독에서 벗어나 저축을 늘려야 하고 보호주의를 강화하는 정치적 압박을 중지해야 하며, 경제 발전에 필요한 첨단장비들의 수출금지를 풀어야 한다고 주장한다.

미국은 위안화 가치가 연간 15~20퍼센트 절상되어야 한다고 주장하지만, 중국의 입장은 연간 3~5퍼센트 수준으로 지속적으로 절상한다는 것이다. 중국도 위안화의 점진적인 절상에는 동의하고 있다. 그 이유는 국내적 요인 때문이다. 무역흑자 누적과 외국인 투자 유입 급증과 고정환율제하에서 환율 유지를 위하여 시장 개입을 통한 외화매입과 위안화 매각 과정으로 외환 보유는 7000억 달러에 이르렀고 시중에 유동성이 풀려 물가불안과 부동산 가격 급등 등 많은 부작용을 초래하게 되었다. 급팽창하는 무역흑자로 인한 인플레이션에 대한 우려가 높아지고 있고 저평가된 위안화를 기반으로 한 수출 공세에 미국은 물론 유럽과 일본도 위안화 평가절상을 요구하고 나섰기 때문이다.[2)]

---

1) 이장규 외. 2010.『글로벌 경제위기에 대한 중국의 대응과 미 · 중경제관계 연구보고서 10-11』. 대외경제정책연구원. pp.158-159.

2) 윤근로. 2005. "중국위안화 절상".『아태지역동향』 제164권. pp.5-7.

2. 과정

미국은 이미 서브프라임 모기지 사태 이전부터 중국에 대한 위안화 절상을 계속 요구하고 있었고, 미국의 수많은 학자는 중국의 위안화가 달러에 비해 대단히 저평가되어 있으며 이 같은 상황이 미국 경제 전반에 심각한 영향을 초래하고 있다는 연구 분석들을 쏟아 내기 시작했다.

〈표 18-1〉 달러 대비 위안화 저평가 정도에 관한 추정치(A)[3)]

접근법	설명	위안화 불균형 정도	기준 연도	연구자 / 기관
절대적 구매력평가	세계발전지표 구매력 평가(WDI PPP) 사용	−50%	2008	World Bank
절대적 구매력평가	빅맥(Big Mac)지수	−67%	2010. 1.	The Economist
절대적 구매력평가	펜효과(Penn Effect) 고려	+5%	2008. 말	Cheung, Chinn, and Fujii(2010)
절대적 구매력평가	펜효과(Penn Effect) 고려	14.5~ −47.5%	2005	Subramanian (2010)
상대적 구매력평가	1980~2009년 장기실질실효환율평균 기준	−7.5%	2009. 말	Cheung, Chinn, and Fujii(2010)
행태균형환율 (BEER)	기초경제변수로 생산성 격차와 교역기주 사용	−2.7%	2009. 4분기	Goldman Sachs
기초균형환율 (FEER)	경상수지 흑자 GDP 3% 이내 기준	−32.8%	2009. 3.	Cline and Williamson(2010)
기초균형환율 (FEER)	중국 경상수지 균형	−20~ 25%	2008. 말	Goldstein and Lardy(2009)

* 세계발전지표 구매력평가(WDI PPP, World Development Indicator Purchasing Power Parity), 행태균형환율(BEER, Behavioral Equilibrium Exchange Rate), 기초균형환율(FEER, Fundamental Equilibrium Exchange Rate)

---

3) 조종화 외. 2010. 『중국의 외환정책과 국제통화질서: 위안화의 절상과 국제화를 중심으로 연구보고서 10-09』. 대외경제정책연구원. p.85.

〈표 18-1〉 달러 대비 위안화 저평가 정도에 관한 추정치(B)[4]

구분	피터슨 연구소	크루그먼	국제통화기금 (IMF)	미 의회	중국 베이징대	Lardy and Goldstein	하버드대 케네디 스쿨
저평가율	25~40%	40%	76%	30~50%	10% 미만	12~16%	30~50%
발표 시기	2009. 10.	2010. 3.	2009. 10.	–	–	–	–

이 같은 연구분석 결과에 힘입어 미국 정부도 중국 정부에 대한 압력의 수위를 점차 높여 나가기 시작했다. 오바마 대통령은 이례적으로 자신의 취임식에서 중국의 위안화 절상에 대해 거론했으며, 가이트너 미 재무장관 및 미 상원의원들은 미 하원의 환율조작 제재 법안과 마찬가지로 중국을 환율조작국으로 지정하여 미국에 수출되는 중국산 제품에 전반적으로 고관세를 매기는 정책을 추진했다.

이에 대해 중국의 원자바오 부총리는 2010년 3월 14일 전국인민대표회의 연설에서, 위안화는 결코 저평가되고 있지 않으며 강제적인 위안화 절상 요구를 단호히 거절한다고 중국 정부의 입장을 분명히 표명했다.[5]

〈표 18-2〉 미·중 환율 갈등 일지 및 향후 일정[6]

일자	내용
2010. 3. 6.	저우샤오촨 중국인민은행장, 위안화 환율체제 변화 올 수 있다고 발언

4) 각종 언론보도기사에서 종합(강영춘. 2010. "중국 통화가치의 적정성에 관한 문헌연구". 한양대 석사논문. p.17에서 재인용).

5) 강영춘. 2010. "중국 통화가치의 적정성에 관한 문헌연구". 한양대석사논문. p.22.

6) "세계는 지금 한치 양보 없는 G2 환율 전쟁". 『세계일보』. 2010. 3. 21.

2010. 3. 11.	버락 오바마 미국 대통령, 중국에 시장 친화적 환율제도 전환 촉구
2010. 3. 14.	원자바오 중국 총리, 위안화 절상 압력에 반대
2010. 3. 15.	미 하원의원 130명, 재무장관과 상무장관에게 중국을 환율조작국으로 지정하도록 촉구
2010. 3. 16.	미 상원의원 5명, 환율 왜곡 국가에 대한 보복관세 부과법안 제출
2010. 3. 24.~26.	중 상무부 중산 부부장, 미국 방문 무역 갈등 문제 논의
2010. 4. 15.	미 재무부, 상반기 연례환율조작국 지정보고서 발표
2010. 5. 15.~25.	게리 로크 미 상무장관, 중국 방문
2010. 5.	베이징에서 미·중 전략 경제대회 개최
2010. 6. 26.~27.	캐나다 토론토에서 G20 정상회의
2010. 11. 2.	미 의회 중간선거
2010. 11.	서울에서 G20 정상회의
2010. 11.~12.	후진타오 중국 국가주석, 미국 방문

3. 쟁점

미국의 주장

미국은 글로벌 경제위기의 주요 원인 중 하나로 '글로벌 불균형(국제수지 불균형)'에 주목하고, 이를 해소하기 위해서는 미국의 최대 무역적자 대상국인 중국과의 무역불균형을 개선해야 한다는 강경한 입장을 취하고 있다.[7] 이 같은 미국 등의 지속적인 절상 요구로 2005년 중국 정부 또한 자국

7) 이장규 외. 앞의 책(주 1). p.81.

위안화의 가치를 2.1퍼센트 절상하는 개혁을 단행했으나, 그 결과는 위안화 상대국들에게 결코 만족스럽지 못한 것이었다. 미 의회는 중국의 불공정한 무역 행위(위안화 환율 조작, 덤핑 및 보조금 지급 등)로 자국 산업과 노동자가 큰 피해를 입고 있다고 주장하며, 중국에 대해 강도 높은 규제의 필요성을 강조하였다. 이와 함께 경제위기 이후 부진에 빠져 있는 미국의 산업계와 관련 노조들도 중국의 덤핑 및 보조금 지급행위에 대한 비난 수위를 높이며 의회와 행정부에 중국에 대한 무역제재조치를 강력하게 요청하였다.[8)]

중국의 주장

중국은 위안화 저평가가 자국 경제불황의 가장 큰 원인으로 작용하고 있다는 미국의 입장에 거세게 반발하고 있는 상황이다. 중국 정부의 고위 관리들은, 미국의 경제불황이 자국 위안화에 의한 것이 아니라 미국 스스로의 막대한 재정지출과 내부 개혁의 부재에서 오는 결과라는 강경한 입장을 취하고 있다.

중국 정부는 아직 경쟁력이 부족한 자국의 기업들이 위안화 절상이라는 상황과 맞물릴 경우, 국제가격경쟁력 하락에 의한 수출둔화현상이 발생하고 기업 경영이 악화되어 결국에는 경제성장을 하락시키고 실업률이 확대되어 중국 경제의 황금기에 막대한 부정적 영향을 미칠 것으로 보고 있다. 이외에도 중국 정부의 위안화 절상 거부의 중요한 원인 중 또 하나는 위안화의 갑작스러운 절상 개혁 시 자국 금융기관들이 보유하고 있는 달러의 가치가 급락하여 금융기관들의 건전성이 심각하게 손상될 것이라는 우려도 하고 있다.

결국 중국으로서는 현재 상대적으로 부족한 자국 기업들의 경쟁력과 개

---

8) 이장규 외. 앞의 책(주 1). p.82.

혁개방 이후 지속적으로 확대되고 있는 높은 경제성장률 두 가지를 모두 지켜 내고 싶은 입장에서 미국의 위안화 절상 요구를 강력히 거부하고 있다고 분석할 수 있다. 미 · 중의 환율 · 통상마찰은 일종의 치킨게임 양상을 보이고 있고 양국의 견해 차이는 분명해 보인다. 오늘날의 미 · 중 관계를 보면 1980년대 미 · 일 통상마찰을 다시 보는 듯한 착시감마저 불러일으키고 있다.

〈표 18-3〉 미 · 중 전략경제대화의 주요 의제[9)]

	시기	내용
제1차	2006. 12.	무역 불균형 해소, 위안화 환율 유연성 확대, 무역투자 촉진, 에너지 안보 및 환경보호
제2차	2007. 5.	시장 접근 확대, 금융 개방, 에너지 안보 및 환경보호, 법치 강화
제3차	2007. 12.	무역 및 제품 안전성, 금융개혁, 에너지 효율성 및 기후 변화, 환경보호, 양자 간 투자, 투명성, 기술혁신
제4차	2008. 6.	거시경제 협력, 금융 서비스, 제품 품질과 식품 안전, 에너지 및 환경 협력, 무역과 경쟁, 투자
제5차	2008. 12.	거시경제 협력, 금융 서비스, 에너지 및 환경 협력, 무역 장벽 대응과 투자 환경 개선, 제품 품질과 식품 안전, 국제경제 협력
제6차	2009. 7.	거시경제정책 공조, 금융시스템 부넝성 강화, 외국인 투자자 보호 및 중국 조달 시장개방, 국제 금융기구 거버넌스 개선

4. 전략

미국의 전략

미 · 중 환율 협상에서 나타나는 미국의 대중국 전략은 기본적으로 위안화 절상을 위한 전방위압박전략으로 요약할 수 있다. 첫째, 미 · 중 전략적

9) 조종화 외. 앞의 책(주 3). 대외경제정책연구원. p.88.

경제대화 및 다양한 레벨의 양자 회담에서 위안화 절상을 압박한다. 둘째, 미국은 중국산 수입품에 대한 보복관세 부과나 반덤핑조사조치를 예전에 비해 훨씬 빈번하게 취함으로써 중국을 압박한다. 셋째, 2010년 9월 29일 미국 하원이 통과시킨 「공정무역을 위한 환율개혁법안(H. R. 2378 : Currency Reform for Fair Trade Act 2010)」과 같은 입법 수단을 통하여 중국에 대한 전면적인 신빙성 있는 무역 제재의 시그널을 보냄으로써 위안화 절상 압력을 가중시킨다. 넷째, 미국은 국제통화기금(IMF, International Monetary Fund. 이하 IMF)·WTO·G7·G20[10] 등과 같은 국제기구를 통하여 중국에게 압력을 행사하려 한다. 다섯째, 미국은 최근 G20 서울정상회의 직전에 제2차 양적 완화, 소위 QE2(Quantitative Easing 2)로 불리는 경기부양정책을 발표했다.[11] 미국은 양적 완화를 통하여 기업의 차입 혹은 주택모기지에 적용되는 장기금리를 낮추고, 채권금리가 낮아지면서 주식투자로 자금이 몰리게 하는 효과를 기대하고 있다. 또한 달러화 환율이 낮아지면 미국의 수출이 증가할 수 있는 효과를 같이 기대할 수 있다.

2010년 G20 서울정상회의에서 미국이 경상수지에 관한 예시적 가이드라인(indicative guideline)을 마련하자고 제안한 것도 이런 맥락에서 이해된다. 그리고 미국은 경상수지 목표제를 제안하였다. 이것은 글로벌 불균형 문제를 해결하기 위해 효과가 불분명한 환율 논쟁에서 탈피하여 직접적으로 경상수지 불균형 및 저축·소비 불균형의 문제로 전환시키는 계기로 볼 수 있다.

10) Group of 20. G7(독일·프랑스·영국·미국·일본·이탈리아·캐나다)과 EU의 의장국, 신흥시장 12개국(한국·중국·인도·인도네시아·사우디아라비아·멕시코·아르헨티나·브라질·러시아·터키·남아프리카공화국·호주)이 구성원이다.

11) 이장규 외, 앞의 책(주 1), pp.10–11.

〈표 18-4〉 중국 위안화 저평가 대응을 위한 미국의 주요 법률안[12)]

법안연번(제출연도)	주요 내용 및 특징
S.1586(2003. 4)	· 부당한 경쟁 우위 획득을 목적으로 환율을 조작한 경우, 27.5%의 종가세 부과 가능 · WTO의 안보상의 이익보호 조장에 근거
S.1607(2007)	· 무역구제조치의 조건으로 '의도적인 환율조작(manipulation)' 대신 '근본적인 불균형(fundamentally misaligned)'으로 대체함으로써 조건 완화 · 불균형 판정 180일 이내 시정조치 없을 시 반덤핑 관세 부과, 정부구매 중지, 시장경제 지위 변경 등 일방적 조치 가능
S.3134(2010)	· 과거에 제출된 다양한 법안의 내용을 통합 · 환율조작을 수출보조금의 일부로 간주하여 상계관세 부과 등 무역구제조치를 취할 수 있도록 함

중국의 전략

현재 중국의 환율시스템은 기본적으로 복수통화바스켓제도, 즉 교역 상대국의 통화가치 변동을 감안하여 환율을 결정하는 시스템에 기반하여 운영되고 있다.[13)] 중국의 대미 환율 협상전략은 대결전략과 보호주의로 요약된다.

중국은 2005년 이전만 해도 고정환율제를 국가 환율정책의 기반시스템으로 운영해 왔다. 그러나 중국 경제의 고도성장과 대외무역에서 차지하는 무역흑자 비중이 점차 증가하기 시작하자, 미국을 비롯한 유럽 등 경제 강국들의 끊임없는 절상 요구가 이어졌고 중국 정부는 2005년 7월 21일 기존의 고정환율제 대신 통화바스켓제도를 기본으로 하는 관리변동환율제를 시행하기 시작했다.[14)]

12) 조종화 외. 앞의 책(주 3). 대외경제정책연구원. p.92.

13) 왕양 / 김태일 옮김. 2011. 『세계 경제 패권을 향한 환율전쟁』. 평단문화사. p.306.

14) 강영춘. 앞의 논문(주 5). p.14.

하지만 미국을 비롯한 주요 선진국은 현재까지 중국의 위안화 절상 폭이 매우 미미한 수준이며 자신들의 요구를 만족시키지 못하다는 입장을 표명하면서 다각도에서 위안화 절상을 요구하고 있다.

이에 반해 중국은 2005년 변동환율제 실시 이후 지속적인 위안화의 절상을 시행, 어느 정도 달러와 가치 균형을 이루고 있다는 입장을 유지하고 있다. 이 같은 중국의 입장 표명은 가치 절상이 더 이상 실시될 경우 자국 경제에 큰 부담으로 작용할 것, 즉 위안화의 가치가 대폭 상승되어 자국 무역업체들의 수출 감소가 증가하여 매년 신기록을 갱신하고 있는 자국의 고도경제성장정책에 큰 걸림돌로 작용할 것이 분명하다는 판단하에 이루어지고 있다고 분석할 수 있다.

〔그림 18-1〕 위안화와 달러의 환율 변동 비교[15)]

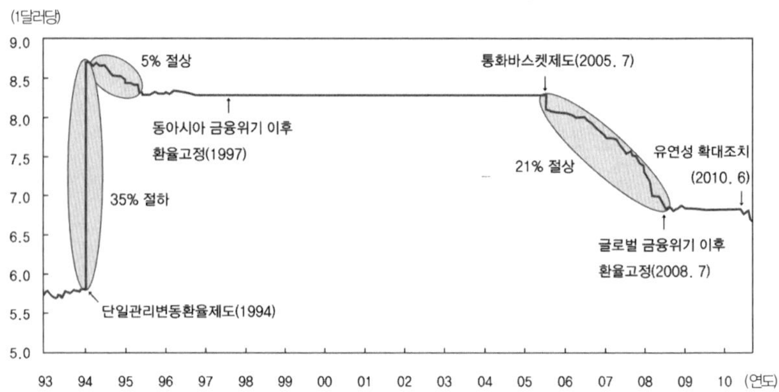

15) 강영춘. 2010. "위안화 절상 관련 논의와 우리 무역에 미치는 영향". 한국무역협회 국제무역연구원. p.26에서 재인용.

5. 결과

미 · 중 환율 협상은 양국의 입장 차이가 커서 아직도 팽팽한 대립을 계속하는 중이다. 미국은 중국에 대한 위안화 절상 압력을 전방위적으로 시도하고 있으며, 특히 오바마 취임 이후 그 압력의 강도가 더욱 거세지고 있음을 알 수 있다.

미국은 2010년 서울에서 개최된 G20 정상회담에서도 중국 위안화 절상 문제를 최대 의제로 삼아 중국의 양보를 얻어 낼 목표를 세웠지만, 경상수지 목표제를 제안하고 중국 및 각국의 환율가치 균형을 위한 노력을 확대해 나간다는 공동성명서를 발표하는 수준에서 만족해야 했다.

미 · 중 환율 분쟁과 협상을 보는 또 다른 시각도 존재한다. 미 · 중 환율 분쟁을 단순한 무역수지 차원에서 보는 것이 아니라 세계경제 패권을 둘러싼 대결로 해석하는 견해이다. 미국의 위안화에 대한 절상 요구는 경제적 동기뿐 아니라 세계 패권국가로서의 미국의 지위를 재확인시키고, 미국 중심의 국제질서에 중국을 편입시키고자 하는 세계전략의 일환이라고 분석할 수 있으며, 위안화 절상 거부는 미국 패권에 대한 중국의 도전으로 해석된다.

미 · 중 환율 마찰과 협상 과정을 보면 1980년대 미 · 일 마찰을 다시 보는 듯한 착각이 든다. 당시 1980년대 미 · 일 경제 관계는 2010년 이후 미 · 중 관계와 매우 유사한 특징을 보여 주고 있다. 다만, 당시 일본은 미국의 패권에 순응하여 플라자합의를 받아들인 것에 반해, 현재 중국은 그것을 거부하고 있다는 점이 '두 개의 세계적 양자관계'의 결정적인 차이점이다.

❑ 주요 연표

1994. 1. 1.	중국 위안화, 달러화에 대해 33퍼센트 절상
1995. 1.	미 재무부, 중국 더 이상 환율 조작국 아님을 선언
1997. 7. 2.	태국 바트화 절상, 아시아 금융위기 촉발
9.	로버트 루빈 미 재무장관, 중국이 1300억 달러의 외환 보유보다 미국산 제품을 사는 것이 더 합리적이라며 위안화 절상 제안
1998. 1.	주룽지 중국 총리, 로런스 서머스 미 재무차관과 회담 전 위안화 환율 유지할 것이라고 표명
2001. 12. 11.	중국 WTO 가입, 가입 조건에 환율시스템에 대한 언급은 없음
2002. 5.	미국, 대중 무역적자규모 사상 첫 1000억 달러 돌파
7.	앨런 그린스펀 미 연방준비제도이사회 의장, 중국에 고정환율은 물가 인상을 불러온다며 환율을 조정해야 한다고 발언
9.	미국, G7 재무장관 회의에서 중국을 상대로 시장 메커니즘에 기초해 더욱 유연한 환율제도를 채택하도록 촉구 성명 발표
	미 재무부, 중국의 환율 문제에 대한 개입 강화
2002. 10.	미·중 경제안보검토위원회 위안화 환율 15~20퍼센트 절상해야 한다는 의견 제시
	중국 인민은행, 9년 만에 기준금리 인상
2005. 3.	원자바오 중국 총리, 위안화개혁의 목표가 시장에 기반하면서 관리 가능한 유연환율(관리변동환율제도)을 만드는 데 있으며 환율 변경이 예기치 않게 올 수 있다고 발언
	전국인민대표대회, 원자바오 총리 제안 과잉투자 시도 저지. 적절한 긴축예산정책 법안 통과
4. 29.	중국 위안화 약 20분간 환율의 통상 변동 폭을 벗어나 거래

2005. 5.	존 스노 미 재무장관, 중국 11월 전 환율 변경 없으면 환율 조작국 리스트에 재등록하겠다고 발언
	상하이에서 중국 시중 은행들이 위안화를 제외한 세계 통화를 국제 환율로 거래할 수 있는 외환거래시스템 가동
6.	린지 그레이엄과 찰스 슈머 미 상원의원, 미국으로 들여오는 중국산 제품에 대한 평균 27.5퍼센트의 보호관세 부과 법안 마련
	그린스펀 의장과 스노 재무장관이 중국이 곧 환율을 조정할 것이라 증언한 후 법안 상정 유보
7. 21.	중국, 1달러당 위안 환율 8.28위안에서 8.11위안으로 2.1퍼센트 절상 발표
	달러에 대한 고정환율제 폐지 및 통화바스켓제도 시행 발표
	말레이시아, 달러에 대한 고정환율제 폐지 및 관리변동환율제 시행 발표
2007.	미국, 서브프라임 모기지 사태 발생
2008. 9.	AIG, 연방준비은행(FRB, Federal Reserve Bank)으로부터 850억 달러의 구제금융
2009. 1.	오바마, 미합중국 제44대 대통령 취임
2010. 9. 30.	환율 조작 제재법안 미 하원 통과
10. 23.	경주에서 G20 재무장관 회담, 경쟁적 통화 평가절하 자제 공동성명서 발표

❑ 참고문헌

단행본

권혁재 외. 2012. 『중국의 부상과 미·중 통상 분쟁』. 삼성경제연구원.

김규판 외. 2012. 『G2 시대 일본의 대중 경제협력 현황과 시사점 연구보고서 12-15』. 대외경제정책연구원.

박복영 외. 2011.『국제금융에서 중국의 위상 변화와 시사점 연구보고서 11-04』. 대외경제정책연구원.
왕양 / 김태일 옮김. 2011.『세계 경제 패권을 향한 환율전쟁』. 평단문화사.
윤덕룡 외. 2011.『신국제통화체제 : 필요성 및 대안분석 연구보고서 11-03』. 대외경제정책연구원.
이장규 외. 2010.『글로벌 경제위기에 대한 중국의 대응과 미 · 중경제관계 연구보고서 10-11』. 대외경제정책연구원.
조종화 외. 2010.『중국의 외환정책과 국제통화질서 : 위안화의 절상과 국제화를 중심으로 연구보고서 10-09』. 대외경제정책연구원.

논문

강영춘. 2010. "위안화 절상 관련 논의와 우리 무역에 미치는 영향". 한국무역협회 국제무역연구원.
______. 2010. "중국 통화가치의 적정성에 관한 문헌연구". 한양대석사논문.
윤근로. 2005. "중국위안화 절상".『아태지역동향』제164권.
전용복. 2011. "이슈분석 : 위안화 절상이 세계 무역불균형 해결책일까?".『Chindia Journal』제64권.
한광수. 2006. "위안화 환율변동과 미중통상관계".『현대중국연구』제9권 1호.
______. 2011. "위안화 환율을 둘러싼 환율전쟁 : 미 · 중게임으로 본 위안화 절상 문제".『Chindia Journal』제53권.
한국금융연구원. 2009. "중국의 위안화 절상 딜레마 및 향후진로".『주간금융브리프』제18권 46호.
____________. 2011. "중국 위안화의 절상기조 변화 및 파급효과".『주간금융브리프』제21권 1호.
한국은행. 2010. "위안화 절상 요구에 대한 중국의 입장".『해외경제 포커스』제2010-38호.

잡지 · 신문

"가이트너 '中, 진전 보인다면 美 기술 접근 허용'".『머니투데이』. 2012. 4. 27.
"낡은 중국관 버려라 중국 單極시대 온다".『주간조선』. 2129호. 2010.
"세계는 지금 한치 양보 없는 G2 환율 전쟁".『세계일보』. 2010. 3. 21.

"위안화 절상 의견 접근… 미 · 중 환율 전쟁 종전 임박". 『세계일보』. 2010. 4. 9.
"한치 양보 없는 G2 환율 전쟁". 『세계일보』. 2010. 3. 21.
"美 의회, 中정부 압박… 위안화절상 촉구 법안 추진". 『SBS뉴스』. 2010. 9. 17.
"美 · 中 또 환율갈등". 『서울경제』. 2011. 10. 7.
"美 · 中 전략경제대화 앞두고 위안화 초강세". 『머니투데이』. 2012. 5. 2.
"美 · 中회담, 주요 합의 논의 내용". 『연합뉴스』. 2010. 5. 25.

기타

캐나다 토론토대학교 산하 G8 정보센터 공식 인터넷 홈페이지 http://www.g8.utoronto.ca/

제7부

결론

제 19 장

비교 협상 사례 연구 시론 : 한미 FTA와 한·EU FTA

1. 한미 FTA 개관

한국은 2003년 8월부터 전반적인 FTA 추진전략을 마련하고 이에 따라 대륙별 '교두보' 국가와 FTA를 체결하고 거대 경제권과의 FTA를 본격 추진하기로 하였다. 한미 FTA는 2004년 11월 한미 FTA 추진과 관련 실무적인 검토에 합의하면서 본격적으로 논의를 시작하였다. 한미 FTA는 한동안 스크린쿼터 등의 문제로 진척을 보이지 못하다가 2006년 한국 정부가 스크린쿼터 축소에 합의하면서 본격적인 협상 과정을 거쳐 2007년 6월 30일 양국 정부가 서명하기에 이르렀다.

한미 FTA 협상에서 최대 쟁점 분야는 농업, 의약품, 자동차, 투자자·국가 간 분쟁해결제도(ISD, Investor-State Dispute Settlement), 개성공단 제품의 원산지 인정 문제 등이었다. 농업 분야는 막대한 피해가 예상되었는데 협상 대상 품목 1531개 중 민감한 품목은 관세 철폐 기간을 최장 20년까지 설정하였고, 쌀은 협상 초기부터 협상 대상에서 제외시켰다. 의약품과 관련해서는 약값 인상 논란이 있었고, 자동차 분야는 미국이 강하게 양보를 요구한 분야였으며, 투자자·국가 간 분쟁해결제도(ISD)는 찬반 양론이 첨예하게 대립한 사안이었다. 한미 FTA는 2007년 6월 양국 정부가 합의에 도달하여 서명을 했지만 2011년 10월의 미국 의회 비준, 11월의 한국 의회 비준까지는 5년 이상의 정체와 추가 협상의 시간이 더 필요했다.

한미 FTA에서 보여 준 한미 양국의 협상전략은 대조적이다. 한국 정부는 공세적 접근 방식으로의 전환을 강조하면서 '최종시한'전략을 구사했다. 이에 비해 미국 측은 지연전략으로 대응하면서 협상을 장기화시킴으로써 추가적인 양보를 더 얻어 내는 전략을 구사했다.

2. 한·EU FTA 개관

한국은, GDP가 16조 3000억 달러로 미국을 능가하는 세계 제1의 경제권이며 2010년을 기준으로 무역량 922억 달러(수출 535억 달러)로 한국에게 제2의 교역 파트너이면서 제1의 투자 파트너인 EU와의 FTA 협상을 개시하였다. 한국은 EU와의 FTA 협상에 성공함으로써 아시아, 유럽, 미국을 연결하는 동아시아의 FTA 허브가 되기를 기대했다. EU 또한 2006년 ASEAN, 인도, 한국을 유력한 FTA 후보국으로 선정하였고 한국과의 FTA에 적극적인 태도를 보였다.

한·EU FTA 협상에서의 최대 쟁점은 비관세장벽(NTB, Non-Tariff Barrier) 규제, 무역에 대한 기술적 장벽(TBT, Technical Barriers to Trade), 위생 및 식물위생조치(SPS, Sanitary and Phytosanitary Measures), 정부 조달, 서비스 분야 등이다. 제1차 협상에서 양측은 농산물을 포함한 모든 상품의 95퍼센트를 10년 이내에 자유화하고 공산품의 경우에는 같은 기간에 100퍼센트 완전 개방하기로 합의하였다. 제2차 협상에서는 EU가 상대적으로 보수적인 한국 측 양허안에 대한 추가 개방을 압박하고 지식재산권 및 정부조달에서 새로운 요구를 하였다. 제3차 협상에서는 양측 간 비공식 협의를 통해 차기 협상에서 한미 FTA를 기준으로 양측 양허안에 대한 산업부문별 비교 평가 등 의견을 교환키로 하였다. 제4차 협상에서는 원산지 통관, 서비스 투자, 지식재산권 분야 협상에서 일부 쟁점에 대한 합의를 도출하였다. 제5차 협상에서는 자동차 표준 문제와 관련해서 협상 타결의 걸림돌이 있었으나, 비핵심 쟁점을 정리하고 양측이 합의하였다. 제6차 협상에서는 대부분의 분야에서 완전히 합의된 문안을 도출하였다. 제7차 협상에서는 상당 부분 이견을 해소하였으나, 자동차 관세 및 표준 문제는 계속 대립하였다. 또 EU의 KORUS plus 요구에 한국 측은 수용 불가 입장을 분명히 하여 이견이 계속되었다. 제8차 협상에서 한국과 EU 양측은 정치적 성격의 이슈를 제외한 거의 모든 쟁점에 대하여 잠정적인 합의를 도출하였다.

양측은 관세 환급에 대해 현행 제도를 유지하되 보호 장치를 마련하는 것으로 잠정 합의하면서 2009년 9월 브뤼셀에서 한·EU 최종 쟁점 협상을 거쳐 최종 합의에 도달하여 2009년 10월 한·EU FTA에 가서명을, 2010년 10월 정식 서명을 했고 양측의 비준절차를 거쳐 2011년 7월 잠정 발효되었다.

3. 협상의 비교

협상 배경

• 한미 FTA

한국은 한미 FTA와 한·EU FTA를 체결함으로써 동아시아, 유럽, 미국을 연결하는 세계적인 자유무역 네트워크의 허브 국가가 되고자 했다. 한국은 싱가포르를 제외하면 아시아에서 최초로 미국과 FTA를 체결하는 국가가 되었다. 미국은 한국과의 FTA를 통하여 멕시코 이후 최대 규모의 FTA를 체결하여 수출 증대와 고용 창출을 촉진하려고 했다.

• 한·EU FTA

한국은 EU와의 협상을 통하여 장기침체 상태에 빠진 한미 FTA의 비준과정에 자극을 주고자 하는 전략적 의도와 함께 EU와 FTA를 체결함으로써 아시아, 유럽, 미국을 연결하는 자유무역 네트워크를 완성하고자 했다. EU는 한국과의 FTA를 통하여 한국과 동아시아 시장에서 미국과 동등한 경쟁 조건을 확보하고자 했다. EU가 KORUS parity(한미 FTA와 동등 양허원칙)에 강하게 집착한 것도 바로 이 때문이다.

협상 과정

• 한미 FTA

한미 FTA 협상 과정을 보면 양국 간에 정식서명이 이루어진 것은 2007년 6월 30일인데, 양국에서 비준을 받은 것은 2011년 11월이었다. 약 5년간의 협상 정체 시기를 살펴보면 이 시기 동안 양국에서는 정권 교체가 있었고 (노무현 정부→이명박 정부/부시 정부→오바마 정부) 협상 당시의 여당이 비준 시점에서는 야당이 되는 여야당 역전극이 양측 모두에서 발생했다. 이런 협상 정체를 돌파하기 위해 한국 정부는 오바마 정부의 추가 협상 요구를 수용하여, 특히 자동차 분야에서 추가 양보를 하면서 협상 비준을 끌어냈다.

• 한·EU FTA

협상 과정에서 두드러지는 차이점은 미국이 단일국가임에 반해 EU는 27개국의 회원국을 거느리고 있는 지역통합기구라는 점이다. 따라서 EU와의 협상은 EU 집행위원회에게 주어진 권한 범위 내에서만 가능하고, 협상 결과는 EU 회원국 사이에서 복잡한 이해관계의 조율 과정을 거쳐야 한다. 미국과의 협상이 2006년 6월 1차 협상이 시작되어 2007년 4월 타결된 것에 반하여, EU와는 2007년 5월에 1차 공식 협상이 시작된 이후 2009년 10월에 타결되었다. 한미 협상이 1년, 한·EU 협상이 2년이 소요된 것은 EU의 복잡한 내부 구조와 관련이 높다.

협상 쟁점

한미, 한·EU FTA의 차이를 살펴보면, 첫째 한국은 EU에게 향후 10년 내 품목수 및 무역액 기준 95퍼센트 관세를 철폐하는 양허안을 그리고 미국에게는 3년 내 94퍼센트의 관세를 철폐하는 양허안을 각각 제시하였다. 둘째, 투자에서 미국은 투자자·국가 간 분쟁해결제도(ISD)를 포함하고 있지만 한·EU FTA에서는 이 조항이 없다. 셋째, 농업에 있어서 미국은 예외 없는 개방(쌀 제외)을 주장하는 반면, EU는 식량 안보·환경 보전 등 비교역적 기능은 인정하나 가공 생산물 개방 확대를 요구하고 있다. 넷째, 서비스에서는 미국과의 협상은 네거티브 리스트 방식이지만, 유럽과의 협상은 포지티브 리스트 방식이다. 다섯째, 노동 분야에서 EU와는 큰 쟁점이 없었지만 미국은 국제노동기구(ILO, International Labour Organization) 수준에서 재협상을 요구하였다. 여섯째, 지식재산권 분야에서 EU는 미국이 요구하지 않는 지리적 표시제를 요구했다는 특징이 있다.

협상 결과

한미 FTA와 한·EU FTA는 협상 과정에서 상호 영향을 미쳤다. 미국통상대표부(USTR, United States Trade Representative)의 캐럴 거스리 대변인은 "최근 가서명된 한·EU FTA는 KORUS FTA와 유사한 점이 있는 동시에 차이점도 있다. KORUS FTA에 대해 현재 검토 작업을 진행 중인 미국통상대표부(USTR)는 한·EU 협정을 주의 깊게 고려할 것"이라고 밝히며, 한·EU 협정이 미국에 끼치게 될 영향에 대해 지속적으로 검토할 뜻을 표명한 적이 있다.

첫째, 관세율 분야를 살펴보면 한·EU FTA는 3년 내 품목수 기준 95.8퍼센트, 수입액 기준 91.8퍼센트의 관세를 한국이 철폐하고(EU는 품목수 기준 99.4퍼센트, 수입액 기준 93.3퍼센트의 관세 철폐), 한미 FTA는 3년 내 품목수 기준 93.4퍼센트, 수입액 기준 93.7퍼센트의 관세를 한국이 철폐하기로 하였다(미국은 품목수 기준으로 92퍼센트, 수입액 기준으로 71퍼센트의 관세 철폐).

둘째, 자동차 분야를 보면 한미 FTA에서는 한국이 양국 간 협정을 통해 기대되는 이익을 저해하는 조치를 취할 경우, 한국산 자동차에 대한 관세를 되물리는 '스냅백' 조항을 포함하고 있는 반면, 한·EU FTA에서는 '스냅백'조치가 허용되지 않고 있다.

셋째, 자동차 안전기준에 대해서도 한미 FTA와 한·EU FTA는 다른 협상 결과를 산출했다. 한미 FTA는 추가 협상을 통해서 2만 5000대까지 미국 기준을 적용할 수 있도록 한 반면, 한·EU FTA에는 이러한 예외 사항 대신 한국이 EU 기준에 맞추어 안전기준 일부를 조정할 것에 대한 합의 조항이 포함되었다.

넷째, 한미 FTA에서는 미국 제조업의 주 생산품인 재제조품을 원산지 제품(originating goods)으로 인정하도록 하는 특별 조항이 포함되었는데, 한·EU 협상에서는 이 조항이 없다.

다섯째, 한미 FTA에서는 투자자·국가 간 분쟁해결제도(ISD)가 포함된 반면, 한·EU 협상에서는 이 조항이 없다.

여섯째, 한미 FTA에서는 서비스 시장개방 방식이 네거티브 리스트 방식(원칙 개방·예외적 금지)인 데 반하여, 한·EU FTA에서는 포지티브 리스트 방식(원칙 금지·예외적 허용)이 채택되었다.

〈표 19-1〉 한미 FTA와 한·EU FTA 비교

		한미 FTA 협상	한·EU FTA 협상
협상 배경	공통점	상품 무역뿐만 아니라 서비스 무역자유화, 투자 확대, 정부 조달, 지식재산권, 경쟁, 방송 서비스 등 광범위한 분야에 걸쳐 높은 수준의 자유화가 목표	
	차이점	미국은 멕시코 이래 최대 규모의 FTA를 통하여 수출 증대와 고용 창출을 기대. 미국산 쇠고기 수입 재개와 스크린쿼터의 축소 등 FTA 협상의 예비 조건이 있음	EU는 한국과의 FTA를 통하여 한국과 동아시아 시장에서 미국과 동등한 경쟁 조건을 확보하고자 함(KORUS parity)

<table>
<tr><td>협상 과정</td><td>공통점</td><td colspan="2">한미 FTA와 한·EU FTA는 서로를 의식하고 경쟁하는 협상이었음. 한국은 EU와의 협상을 통하여 한미 FTA 비준을 촉진시키려고 하였고, EU는 KORUS와의 동등성에 집착. 미국 또한 한·EU 협상을 모니터링</td></tr>
<tr><td>협상 과정</td><td>차이점</td><td>한미 FTA는 2007년 6월 30일 서명되었지만 비준은 4년 후인 2011년 11월에 이루어짐. 양국의 정권 교체 및 찬반 양론과 국내적 대립이 치열한 양상을 보임</td><td>한·EU FTA는 27개국 연합체와의 협상이었기에 양측 협상단 간 의견 절충 외에 EU 내부의 조율이라는 단계를 거침. 일종의 삼면게임(three-level game)</td></tr>
<tr><td rowspan="2">협상 쟁점</td><td>공통점</td><td colspan="2">'높은 수준의 자유화' 목표 달성을 위하여 관세율, 자동차, 농업, 서비스 등 거의 모든 분야를 협상</td></tr>
<tr><td>차이점</td><td>· 투자자·국가 간 분쟁해결제도(ISD)
· 의약품허가·특허제도 연계
· 쇠고기</td><td>· 지식재산권 분야에서 지리적 표시제</td></tr>
<tr><td rowspan="2">협상 결과</td><td>공통점</td><td colspan="2">'높은 수준의 자유화' 달성
· 한미 FTA : 3년 이내 수입액 기준 94.3%에 대해 관세 철폐
· 한·EU FTA : 3년 이내 수입액 기준 92%에 대해 관세 철폐</td></tr>
<tr><td>차이점</td><td>· 투자자·국가 간 분쟁해결제도(ISD) 조항 포함
· 농업 분야에서 '예외 없는 개방'
· 차 2만 5000대까지 안전기준 미적용
· 서비스 분야에서 네거티브 방식</td><td>· 투자자·국가 간 분쟁해결제도(ISD) 조항 없음
· 농업에서 비교역적 기능 인정
· 자동차 기술표준에서 한국이 양보
· 서비스 분야에서 포지티브 방식
· 비관세장벽(NTB) 제거에 집중</td></tr>
</table>

4. 비교분석

한미 FTA와 한·EU FTA를 협상 차원에서 비교분석하면 다음과 같은 차이점을 발견할 수 있다.

첫째, 한미 FTA는 통상 협상 차원을 넘어서 한미동맹을 강화하고자 하는 정치적 동기도 동시에 작용한 복합 동기를 가지고 있었음에 반해 한·EU 협상은 순수한 통상 협상의 성격을 띠고 있었다.

둘째, 한미 협상에서 미국 측은 협상의 전제 조건을 요구했지만(쇠고기 수입 재개 · 스크린쿼터 축소 등) 한 · EU 협상에서는 전제 조건이 없었다.

셋째, 한미 협상은 한미 양국 내부적으로 큰 국내적 찬반 양론과 대립의 정치 과정이 발생했음에 반해 한 · EU 협상에서 국내적 (혹은 EU 내부적) 반대는 별로 발견되지 않았다. 다만, 자동차 분야에서 EU 회원국 내부적으로 이해관계가 달라 어느 정도의 저항이 있었다.

넷째, 한미 협상은 '결과 지향적'인 양상을 보였지만 한 · EU 협상은 '과정 지향적'이었다. 가령 한미 협상에서 미국 측은 2만 5000대까지의 수입차에 대해서는 한국 측이 안전기준을 적용 예외로 할 것을 요구했음에 반해, EU 측은 한국 측의 안전기준을 EU 기준에 맞추어 일부 조정할 것을 요구하는 모습을 보였다.

다섯째, 한미 협상은 한 · EU 협상과 비교할 때 일부 조항에서 협상 결과 면에서 한국 측에게 상대적으로 불리한 조항이 눈에 띈다. 가령 자동차 협상에서 한미 FTA에는 한국이 양국 간 협정을 통해 기대되는 이익을 저해하는 조치를 취할 경우, 한국산 자동차에 대한 관세를 되물리는 '스냅백' 조항을 포함하고 있는 반면, 한 · EU FTA에서는 '스냅백'조치가 허용되지 않았다.

여섯째, 미국과 달리 EU는 일종의 '구조' 협상을 원했다. EU는 비관세장벽, 사회경제적 제도와 관행에 주목하면서 정부 · 기업 관계, 대기업의 연결망, 소비문화 등의 문화, 제도, 시스템에 집중하는 전략을 구사했다. 이는 한국을 포함한 동아시아의 시장이 유럽과 상이하다는 점을 알고 있다는 것으로, EU의 동아시아 인식 수준이 높다는 것을 의미한다.

두 개의 협상을 비교한 결과를 종합해 보면, 한 · EU 협상은 한미 FTA 협상과는 달리 그 성과는 불투명하고 불평등 독소 조항이라는 불필요한 국내 정치적 논란을 야기시킬 수 있는 쟁점은 처음부터 피해 가면서 시장 개방에 실질적이고 필수적인 비관세장벽(NTB)의 철폐에 집중하는 실용주의적 협상 목표를 가진 것으로 평가된다.

제
20
장

동아시아 외교 협상의 역사적 교훈과 미래를 위한 제언

이 장에서는 본론에서 다룬 동아시아 외교 협상의 사례 연구 결과를 요약하면서 동아시아 외교 협상의 발생 배경, 각국의 전략, 그리고 사례분석을 통해서 얻을 수 있는 역사적 교훈과 미래를 위한 제언을 정리하고자 한다.

제1부에서 다룬 사례는 FTA에 관한 것이다. 여기에서는 한미 FTA 협상, 한 · EU FTA 협상, 한일 FTA 협상과 한중 FTA 협상 4개의 사례를 다루었다. 미국, 중국, EU, 일본은 세계경제의 주축이면서 한국의 안보와 경제에 큰 영향을 미치는 국가, 지역이다. 장차 이 4개의 협상 사례를 다양한 분석 방법으로 비교분석하면 각국의 국내 정치, 협상 스타일, 법 문화 등 다양한 차이점과 공통점을 발견할 수 있을 것이다.

제2부에서는 농산물 협상을 다루었다. 여기에서는 한미 쌀 시장개방 협상, 미 · 일 쌀 시장개방 협상, 한중 마늘 협상, 중 · 일 신선채소 협상 4개의 사례를 분석했다. 농산물 교역은 단순한 통상 문제만이 아니다. 농산물 시장개방을 둘러싼 각국 내부의 논의를 살펴보면, 이 문제가 대단히 정치적인 이슈임을 쉽게 확인할 수 있다. 추후에 이 협상 사례들을 잘 분석하

면 각국이 어떤 국내적 조정과 보상 정책을 실시하고 있는지, 그리고 그 이면에 어떠한 정치적 이해관계와 거버넌스 차원의 특징이 숨겨져 있는지를 알 수 있을 것이다.

제3부에서는 어업 협상을 다루었다. 여기에서는 한일 어업 협상과 한중 어업 협상 2개의 사례를 다루었다. 어업 협상은 단순한 조업권 협상이 아니다. 어업 협상은 배타적 경제수역의 획정 등과 같은 해양영토 협상이라는 성격도 있다. 가령 한일어업협정에서 독도를 중간수역에 편입시킨 것은 아무리 배타적 경제수역(EEZ, Exclusive Economic Zone) 획정과는 분리된 합의라고 주장하더라도 그 연관성을 완전히 부정하기는 어렵다.

제4부에서는 서비스 협상을 다루었다. 여기에서는 한미 지식재산권 협상, 미·중 지식재산권 협상, 한미 법률 시장개방 협상, 미·일 법률 시장개방 협상 4개의 사례를 분석했다. 세계무역에서 서비스 분야가 차지하는 비중은 점점 커지고 중요해지고 있다. 그리고 서비스 시장개방은 각국의 문화, 법규, 국내적 이해관계의 분포 등과도 밀접한 관련이 있다.

제5부에서는 투자 협상을 다루었다. 여기에서는 한일투자협정 협상과 한중투자협정 협상 2개의 사례를 살펴보았다. 외국인 직접투자를 원활하게 유치하는 것은 모든 국가에게 중요하다. 한국은 일본과의 투자 협정 체결을 통해서 부품산업을 육성하면서 국내 산업구조의 고도화를 기대했고, 일본은 대한 수출을 증진시키고 동아시아 지역 협력체 결성에서 주도권을 장악하려고 했다.

제6부에서는 환율 협상을 다루었다. 여기에서는 1985년 플라자합의로 상징되는 미·일 환율 협상과 최근 세계 패권 쟁탈전이라고까지 불리는 미·중 환율 협상 2개의 사례를 살펴본다. 1980년대 '떠오르는 태양'이라고 불리던 일본이 '잃어버린 20년'이라는 장기침체의 늪에 빠지게 된 것도 환율과 큰 연관성이 있다.

여러 분야에 걸쳐 동아시아 국가 사이의 주요한 협상 사례를 살펴보는 것은 세계 정치·경제의 큰 전환점에 서 있는 현재의 우리에게 미래 예측에 반드시 필요한 역사의 교훈을 제공한다. 아울러 동아시아 외교 협상 연구는 우리에게 동아시아 주요국들이 분쟁을 평화적으로 해결하고자 하는 의지, 능력, 전략을 살펴볼 수 있는 기회를 제공한다.

1장 한미 FTA 협상(2006~2011)

한미 FTA에 대한 한국 정부의 첫 번째 동기는, 한국이 미국과 FTA 협정을 체결하면 싱가포르를 제외한 동아시아 최초의 대미 FTA 국가가 되기 때문에 중국과 일본이 역외국가가 되고 동북아 시장을 겨냥한 미국의 해외 직접투자, 그리고 미국 시장을 겨냥한 동아시아의 외국인직접투자(FDI, Foreign Direct Investment)가 한국에 집중적으로 이루어져 투자 확대에 따른 긍정적 효과를 기대할 수 있다는 것이다. 두 번째 동기는 높은 대외무역 의존도이다. 한국의 대외경제규모가 GDP의 80퍼센트 이상을 차지하고 있는 점을 고려할 때〔2009년 GDP에서 대외교역(수출+수입)이 차지하는 비중은 82.2퍼센트〕, 한국이 기존 수출시장을 유지하고 새로운 시장에 진출하기 위해 FTA 확대에 전력을 다하는 것은 당연하다는 것이다. 세 번째 동기는 국가시스템의 선진화이다. 능동적인 시장개방과 자유화를 통해 국가 전반의 시스템을 선진화하고 경제 체질을 강화하기 위해 FTA 추진이 불가피하다는 것이다.

한미 FTA에서 한국은 '최종 시한'의 협상 전략을 구사했다. 노무현 대통령은 자신의 임기 중에 한미 FTA를 해결하는 것이 모두에게 유리하다는 시그널을 지속적으로 보냈고, 한편 국내를 향해서는 미국의 신속처리법안(무역협상촉진법)이 2007년 6월 30일로 종료된다는 것을 강조했다. 또한 한국 측은 미국과의 협상이 타결되지 않으면 EU와의 FTA 협상을 먼저 추진하고자 했다.

한편 미국 측은 '지연전략'으로 대응하여 협상을 자신에게 유리한 방향으로 이끌어 갔다. 미국 측이 한미 FTA 협상에서 애초에 밝혔던 협상 마감 시한을 두 차례나 넘긴 것은 한국 쪽을 압박하기 위한 미국 쪽의 협상 전략으로 판단된다. 또한 미국 측은 한미 FTA 협상 선결 조건으로 스크린쿼터 문제의 해결을 요구함으로써, 이 문제에서 한국 정부의 양보를 얻어내는 일종의 '패키지전략'을 구사했다.

2장 한·EU FTA 협상(2006~2011)

한국이 한·EU FTA 협상을 출범시킨 것은 한국이 유럽, 동아시아, 미국을 연결하는 '동아시아 FTA 허브'로 부상하기 위한 발판을 만들고자 하는 전략적 목표가 있었기 때문이다. EU는 FTA 파트너로서 미국과 비교해서 한국에게 유리한 점을 갖고 있다. 첫째 EU는 대단히 유연한 FTA 협상 태도를 견지해 왔다는 점, 둘째 한국이 취약한 농업 분야에 EU도 취약성을 갖고 있다는 점, 셋째 EU와의 FTA는 미국과의 FTA와 경제적 효과 분석에서는 비슷하지만 산업의 보완성으로 인하여 구조조정비용이 현저히 낮게 나타난다는 점, 넷째 EU 27개국 중 26개국이 북한과 수교했으므로 남북경협에서도 유리할 것이며 개성공단 원산지 규정에 대한 이해 또한 기대된다는 점, 다섯째 EU는 한국과 이미 FTA를 발효시키고 있는 유럽자유무역연합(EFTA, European Free Trade Association)과 유럽경제지역(EEA, European Economic Area)을 통하여 사실상 단일 경제권을 형성하고 있다는 점, 여섯째 EU는 미국과 달리 견실한 중소기업이 경제의 주류를 이루고 있기 때문에 이들과의 경쟁과 협력을 통해 한국의 중소기업이 국제경쟁력을 확보할 수 있을 것으로 기대된다는 점, 일곱째 EU는 미국이나 일본보다는 기술협력에 있어 상대적으로 한국에게 관대한 편이라는 점, 여덟째 EU는 수출시장에 있어서는 중국을, 수입시장에 있어서는 일본을 부분적으로 대체해줌으로써 한국의 시장다변화전략에 크게 기여할 수 있을 것이라는 점, 아홉째 유럽은 한반도에서 미국과는 다른 이해관계를 갖고 있으므로 유럽과의 FTA에 필사적으로 반대할 국내 이익집단은 없을 것으로 예상된다는 점 등이 한·EU 협상이 갖는 장점으로 거론되었다.

협상 전략의 차원에서 한·EU FTA를 살펴보면 EU 측의 협상구조가 대외 협상 대 국내 정치라는 양면게임(two-level game)이 아니라 EU집행위원회 대 유럽의회 대 회원국 국내 정치라는 삼면게임(three-level game)의 구조를 갖고 있는 점에 주목하여 한국 측은 한미 FTA 협상에서 논의되었던 이른바 논쟁 조항 즉 네거티브 리스트 방식, 래칫 조항, 스냅백 조항, 투자자·국가 간 분쟁해결제도(ISD, Investor-State Dispute Settlement) 조항 등을 협상 의제에서 배제할 수 있었다.

EU 측은 협상에서 한국의 비관세장벽(NTB, Non-Tariff Barrier) 철폐를 가장 큰 목표로 삼았다. EU는 자신들의 기준과 다른 모든 것을 비관세장벽(NTB)의 카테고리에 넣고 있었다. EU는 비관세장벽(NTB)의 중요성을 충분히 인식하여 포괄적이면서도 높은 수준의 자유화를 추구하는 FTA를 선호하였다. 여기에는 상대국 관세 및 비관세장벽(NTB)의 철폐와 완화를 추구하는 것은 물론, 위생검역·지식재산권·무역에 대한 기술적 장벽(TBT, Technical Barriers to Trade)·원산지 규정 등 교역에 영향을 미치는 무역 관련 제도뿐 아니라, 이에 영향을 미치는 다양한 사회경제적 제도와 관행의 개선에 대한 요구까지 포함된다. EU의 협상 전략이 관세와 같은 국경조치에서 나아가 정부와 기업의 관계·대기업 연결망·소비문화 등의 비관세장벽(NTB)까지 대상으로 하고 있는 것은, EU가 일본·한국 등 동아시아 국가들과의 많은 협상 사례와 그 결과를 사전에 충분히 분석한 후 협상에 나섰음을 의미한다. EU는 제도와 시스템까지 협상테이블에 올려놓는 일종의 '제도' 협상을 원했던 것이다.

3장 한일 FTA 협상(1998~2010)

일본은 동아시아와 경제적으로 밀접한 상호 의존관계에 있다. 동아시아는 일본 무역의 약 40퍼센트 이상을 점하고 있으나, 일본의 수출품에 대한 관세율 · 서비스 · 투자 장벽이 상대적으로 높은 편이다. 이런 상황에서 일본은 동아시아 국가와 FTA를 적극 체결하여 장기 경제침체를 벗어나는 돌파구를 찾고자 했다. 일본에게 동아시아 FTA체제를 구축하기 위해서는 한국과의 FTA가 전략적으로 대단히 중요하다. 2012년 교역량을 기준으로 일본에게 한국은 미국과 중국 다음으로 중요한 3대 교역국 중 하나이며, 한국에게 일본은 마찬가지로 중국과 미국 다음 가는 3대 교역국 중 하나의 위치를 차지하고 있다.

한일 FTA는 동아시아 지역에 안정적인 시장과 통화를 지속적으로 공급하여 경제 협력을 강화함으로써 장기 경제침체의 위기를 극복하려 한 일본과, 산업구조의 고도화를 위하여 일본의 첨단기술, 부품과 소재, 직접투자 확보라는 경제적 필요성을 느낀 한국의 이해관계가 겹침으로써 협상이 시작된 것이다.

양국의 협상 전략은 다음과 같은 특징을 갖고 있다.

첫째, 한일 FTA에서 나타난 일본의 협상 전략은 '점진주의'였고, 한국의 협상 전략은 '혁신주의'였다. 일본은 순차적 · 분야별 · 쟁점 사항별 협상을 통해 합의에 도달한 것부터 FTA를 실시하자는 입장인 반면, 한국은 관세장벽과 비관세장벽(NTB)의 철폐는 물론 투자자유화 추진, 산업 기술의 이전, 상호인정협정(MRA, Mutual Recognition Agreement)을 통한 인적 교류의 확대 등 전 분야를 포괄하는 수준 높은 FTA를 체결해야 한다는 입장이었다.

둘째, 양국 협상자들의 협상 재량권이 대단히 작았다. 양국 모두 국내적인 지지와 동의를 폭넓게 동원하는 데 실패함으로써 매우 제한된 협상 재량권만으로 협상을 하다 보니, 시장개방에 대한 불일치를 해결하기 위하여 다양한 이슈 사이의 연계를 통하여 양보와 이익의 균형을 확보하는 이슈연계전략을 구사하지 못했다.

셋째, 정경분리에 실패하였다. 과거사, 야스쿠니 신사 참배, 독도 문제 등의 외교 현안이 불거지자 한일관계는 급속히 냉각되기 시작했다. 이때 양국의 리더십은 정치 문제와 FTA를 분리하는 역량을 발휘하지 못했다.

넷째, 양국의 협상 역량에도 한계가 있었다. 한국 정부는 2003년 9월 FTA 추진 로드맵을 제정·발표하면서 일본, ASEAN, 유럽, 미국 등과 동시다발적으로 FTA 협상을 추진해 감으로써 일본과의 협상에 집중하기가 어려웠다.

다섯째, 일본은 한일 FTA 협상에 외무성·경제산업성·농림수산성·재무성이 각각 공동 수석대표를 파견함으로써 처음부터 부처 간 협조가 구조적으로 어려운 상황이었고, 복수의 이슈를 연계하여 동시에 타결하는 사안 연계가 처음부터 힘들었기 때문에 협상력은 매우 제한적이었다.

4장 한중 FTA 협상(2004~2010)

중국은 사회계층 간 격차와 대립이라는 부작용을 극복하기 위해 지속적인 경제성장이 필요했고, 이를 위해서 FTA를 통하여 성장과 개방화체제를 더욱 확대할 필요가 있다. 또한 중국은 FTA를 외교안보적 차원에서도 바라보고 있다. 중국이 FTA를 적극 추진하는 데에는 외교안보적 고려가 중요하게 작용하고 있다. FTA의 첫 번째 전략 차원의 목적은 미국의 대중 봉쇄에 대항하는 것과 관련이 있다. 두 번째 전략 차원의 목적은 주변안정화와 관련이 있다. FTA를 통하여 주변 국가들과 상호 협력과 교류를 증진하여 역내 통합을 주도하게 되면, 주변 국가들과의 긴장을 완화하고 역내 리더십을 확립할 수 있는 계기가 되기 때문이다.

한국무역협회 통계에 따르면 한중 교역액은 1992년 수교 당시 64억 달러이던 것이 2005년 1000억 달러, 2010년 1800억 달러, 2011년 2200억 달러에 달했다. 수교 20년 만에 양국의 무역량은 약 35배 이상 증가했고, 연평균 증가율은 22.7퍼센트였다. 한국에게 중국은 제1위의 무역 상대국이며(한국 전체 무역규모 1조 달러 중 약 5분의 1을 대중 무역이 차지), 중국에게 한국은 미국과 일본에 이어 제3위의 무역 상대국이다. 그리고 수교 이후 대중 무역수지 흑자 누적액은 약 3000억 달러에 달한다.

한중 FTA 협상을 추진함에 있어서 한국 측이 집중해야 할 전략적 목표는 다음과 같다. 첫째, 국내 산업구조를 고도화시켜야 한다. 저부가가치산업은 한중 FTA가 체결되면 구조조정이 될 것이다. 따라서 한국 측은 비교우위에 있는 고부가가치산업으로의 고도화전략을 추진해야 한다. 둘째, 중국에 이미 진출해 있는 한국 기업에 대한 투자 보호, 지식재산권 보호를 연계하여 한중 FTA를 추진해야 한다. 셋째, 중국의 비관세장벽(NTB)을 국제표준에 맞추어 철폐할 것을 주장해야 한다. 넷째, 중소기업과 농림수산업 부분의 구조조정 혹은 경쟁력을 강화해야 한다. 다섯째, 이미 중국과 FTA를 체결한 국가들의 협상 전략과 경험을 연구하고 활용해야 한다.

성공적인 한중 FTA 협상을 위해서는 최소한 다음의 두 가지 협상 목표를 잘 유지해야 한다.

첫 번째 목표는 포괄적이면서 높은 수준의 FTA를 체결하는 것이다. 한중 FTA 협상에는 상품무역 분야는 물론이고 서비스 시장개방, 투자 보호, 지식재산권 보호, 글로벌 스탠더드 도입, 비관세장벽(NTB)의 철폐, 정책의 투명성 등의 분야까지 포괄하는 수준 높은 FTA를 해야 한다. 중국은 최근 뉴질랜드 및 페루와의 FTA 협상에서는 높은 수준의 FTA를 체결한 바 있지만, 대체로 상품무역협정을 먼저 체결하고 서비스분야 협정을 나중에 체결하는 전략을 고수해 왔다. 만약 한중 FTA가 상품무역 중심의 낮은 수준의 FTA가 되면 중국으로부터의 수입이 급증할 것이다.

두 번째 목표는 국내 협상 전략을 체계적으로 수립해야 하는 것이다. 피해가 예상되는 농수산 분야와 중소기업 부문에 대한 국내적 대책을 철저히 마련해야 하며, 중국과의 협상에서 이에 대한 충분한 양보를 얻어 내야 한다. 국내 협상에서 실패하면 한중 FTA는 성공할 수 없다. 쇠고기 협상과 촛불 집회의 경험을 타산지석으로 삼아야 한다.

한편 성공적인 국내 협상을 위해서는 다음과 같은 조건이 필요하다. 첫째, 구조조정 프로그램을 작성할 때 해당 산업의 대표자들이 실질적으로 참여하여 동의할 수 있는 구조조정 플랜을 만들어야 한다. 어설픈 밀실 협상은 제2의 촛불집회를 촉발시킬 것이다. 둘째, 당사자부담원칙에 입각해서 해당 산업 분야도 일정한 비용 부담을 해야 한다. 이렇게 되지 않으면 정부의 예산 부담은 물론이고 해당 산업의 도덕적 해이도 문제가 될 수 있다.

5장 한국의 쌀 시장개방 협상(1987~2005)

1987년 2월부터 시작된 GATT 우루과이 라운드 이전까지 농산물은 국제 자유무역의 예외로 취급되어 관세화가 이루어지지 않았고 GATT체제 밖에서 규제를 받지 않았다. 농산물은 정치적·사회적 요인, 식량 안보, 식량민족주의 등의 요인이 작용하여 각국 정부가 보조금 지급, 수입 장벽의 설치, 각종 규제 등의 조치로 자국시장을 보호해 왔던 것이다.

이에 미국을 중심으로 하는 농산물 무역도 GATT체제 속으로 들어와야 하고 무역자유화를 위한 다자간 규범 제정이 필요하다는 주장을 제기했고, 결국 1986년 9월 우루과이의 푼타델에스테에서 우루과이 라운드의 개시가 선언된 이후 1987년 2월부터 농산물 협상을 시작하였다.

이 협상에서 한국 정부는 다음과 같은 협상 전략을 사용하였다.

첫째, 일본·대만 등 한국과 입장이 비슷한 국가들과 국제적인 공동 대응을 취하는 '국제공조'전략을 구사했다. 우루과이 라운드가 예상된 타결 시한을 넘긴 것은 미국과 EU 사이의 농업 보조금 문제에 대한 불일치의 영향이 컸지만, 한국·일본·대만 등의 강경한 개방 불가 입장이 우루과이 라운드 타결을 지연시킨 것도 사실이다.

둘째, 한국 측은 농업 분야에서 개발도상국 지위를 확보함으로써 선진국 지위를 가진 일본(6년)에 비해 긴 관세화 유예조치(10년)를 인정받을 수 있었다. 농업 분야에서 개발도상국 지위를 인정받은 것은 향후 관세화 전환 시에도 유리한 조건이 적용될 수 있기 때문에 아주 중요한 협상 성과라고 할 수 있다.

셋째, 한국 측은 쌀의 관세화 유예 인정을 받기 위해 다른 농산물 분야에서 더 양보하는 이슈연계전략을 채택했다. 가령 농산물의 과세감축률을 개발도상국 최소감축률인 24퍼센트에서 26.7퍼센트로 확대해서 최종 이행 보고서를 제출한 것이 여기에 해당된다. 이러한 이슈연계전략은 쌀의 관세화 유예조치를 이끌어 내는 것에는 유용했지만, 다른 분야에서 더 많이 양보했다는 점에서는 국내적으로 논쟁의 대상이 되었다.

넷째, 한국 정부는 대외적으로는 관세화 유예조치를 인정받는 데 협상력을 집중하면서 국내적으로는 농민들에게 많은 국내적 보상을 약속함으로써 쌀 시장개방에 대한 국내적 반대와 저항을 최소화하려고 했다. 쌀과 농업에 대한 국민적 감정, 식량민족주의, 식량안보론 등의 명분에 힘입어 한국 정부는 천문학적인 예산을 농업 분야에 투입했다. 하지만 이 전략에 대한 평가는 복잡하다. 10년간의 관세화 유예가 관세화에 비해서 더 많은 쌀을 수입하게 했으며, 천문학적인 농촌 보조금이 오히려 농업의 구조조정의 시기를 늦추는 부작용을 초래했다는 비판이 바로 그것이다.

6장 일본의 쌀 시장개방 협상(1986~1999)

1955년 GATT 가입 이후에도 오랫동안 보호받고 규제되던 일본의 쌀 시장에 시장개방의 외압이 전달된 것은 1986년이었다. 1986년 9월, 미국 쌀도정협회(RMA, Rice Millers' Association)는 미국 통상법 301조에 근거하여 일본의 쌀 무역 장벽을 완화시킬 수 있도록 해달라는 청원서를 두 차례에 걸쳐 미국통상대표부(USTR, United States Trade Representative)에 제출했다. 청원서는 기각되었다. 미국통상대표부(USTR)가 미국 쌀도정협회(RMA)의 요구를 받아들이기보다 일본을 우루과이 라운드 협상테이블로 끌어들여 쌀 시장개방을 유도하겠다고 판단했기 때문이다. 하지만 비록 청원서는 기각되었지만, 1986년 이후 일본의 쌀 시장개방은 미·일 양자 협상의 의제가 되었고 곧 우루과이 라운드의 협상 의제가 된다.

일본 협상 전략의 특징은 다음과 같다.

첫째, 1986년부터 일본 쌀 시장에 대한 미국 업체의 제소가 있었다. 이에 일본 측은 미국 정부와의 양자 협상보다는 우루과이 라운드라는 다자 협상에서 이 문제를 해결하겠다고 약속함으로써, 쌀 시장개방이 양자 협상 구도 속으로 들어가는 것을 미연에 방지하였다. 당시 미국 업체가 요구하는 일본의 쌀 시장개방 폭은 결과적으로 일본이 우루과이 라운드 협상에서 개방한 것보다 훨씬 높은 수준이었다.

둘째, 우루과이 라운드 협상에서 쌀 시장개방을 둘러싼 정체 상황을 타개하기 위하여 일본은 최소시장접근(MMA, Minimum Market Access)이라는 새로운 아이디어를 제시함으로써 협상 정체를 해결할 계기를 제시할 수 있었다. 즉 당시 우루과이 라운드 협상의 '예외 없는 관세화'원칙에 예외를 만들어 내기 위하여 최소시장접근(MMA)이라는 보상을 관계국에게 제공함으로써, 쌀에 대한 관세화 유예라는 절충안을 도출할 수 있었던 것이다.

셋째, 일본은 우루과이 라운드에서 보장받은 6년간이라는 관세화 유예기간을 2년이나 남겨 두고 1999년에 조기관세화조치로 전환하는 결정을 내렸다. 이 과정에서 일본은 관세장벽을 높게 설정하기 위하여 관세상당치(TE, Tariff Equivalent) 계산을 자국에게 가장 유리하게 실시하였고, 결과적으로 관세화 이후에도 의무 수입을 해야 하는 관세율할당(TRQ, Tariff Rate Quota) 물량 이외 관세 수입 물량은 거의 제로 수준으로 억제하는 데 성공했다. 이행계획서(CS, Country Schedule) 수정안 공시 과정에서 이의를 제기한 이해 당사국을 설득하고, 미국이 이의를 공식적으로 제기하지 않도록 물밑 협상을 성공적으로 이루어 낸 것도 일본의 외교 성과라고 할 수 있다.

넷째, 일본 측은 관세화 전환에 대비하여 국내 이해 당사자들과 신뢰관계를 구축함으로써 충분한 국내적 협의 과정을 성공적으로 거쳤다. 합리적인 국내적 보상 체계를 구축하고 정책 일관성을 유지함으로써 'WTO 삼자회의'를 설치하여 정부(농림수산대신), 의회(자민당 농림수산물무역대책특별위원장), 생산자 단체(전국농업협동조합중앙회 회장) 사이에서 관세화 전환의 합의를 도출할 수 있었다. 이들의 합의 내용은, ①뉴라운드에서의 행동통일, ②식료 · 농업 · 농촌기본법에 근거한 농정을 국제적인 규정에 정당하게 위치하도록 대책 강구, ③국내 농업을 기본으로 한 식량의 안정적인 공급, ④최소시장접근(MMA) 수입 쌀에 대한 정부의 책임 있는 대응 등이다.

7장 한중 마늘 협상(1999~2001)

양국 간의 경제관계가 긴밀할수록 통상 분쟁의 빈도는 증가한다. 1992년 수교한 이후 한중 교역규모는 급신장하여 2005년 1005억 달러를 달성하였고, 한국에게 중국은 미국을 능가하는 제1의 교역국이 되었다. 하지만 교역량의 증대는 곧 무역 규제와 통상마찰의 증가로 이어진다. 한중 간에는 무역, 투자, 지식재산권, 경쟁정책, 환경 등 다양한 분야에서 갈등과 분쟁이 이어진다.

한중 마늘 협상은 한중 경제관계의 한 단면을 볼 수 있는 중요한 사례이다. 한국은 수입이 제한되어 왔던 품목인 마늘을 우루과이 라운드 협상에서 마늘 수입의 관세 수준을 가공도(신선마늘, 냉장마늘, 건조마늘, 일시저장마늘, 냉동마늘, 초산조제마늘 등)에 따라 맞추어 조정하였다. 신선마늘 · 냉장마늘(통마늘 또는 껍질을 벗긴 깐마늘)은 최소시장접근(MMA) 물량(1만 1252톤) 이내에서는 기본 관세 50퍼센트를 부과하고, 초과 물량에 대해서는 고율관세(1995~2004년 10년간 396퍼센트에서 매년 4퍼센트 감소)를 적용하기로 하였으나, 냉동마늘이나 초산조제마늘의 경우에는 국내 수요가 없거나 미미할 것으로 판단하여 30퍼센트의 관세로 개방할 것을 약속했다. 하지만 당초 정부의 예상과는 달리 협정 발효 이후 양국 간 마늘 가격의 차이가 현격해지자, 신선마늘을 비롯하여 냉동마늘과 초산조제마늘의 수입이 크게 급증했다.

1999년 9월 말 국내 마늘 농가의 피해를 우려한 농협이 중국산 마늘에 대한 피해 구제를 신청하게 되었다. 이후 조사 결과 피해가 있다고 판정한 재정경제부는 2000년 6월 중국산 냉동마늘과 초산조제마늘의 관세율을 30퍼센트에서 최고 315퍼센트로 대폭 올리는 세이프가드조치를 취했으나, 중국은 이를 받아들이지 않았고 1주일 뒤 한국산 휴대전화와 폴리에틸렌의 수입을 잠정 중단한다는 보복조치를 발표했다. 이와 같은 중국의 조치는 국제규정에 어긋난 것이지만, 당시 중국이 WTO 비가입국이었기 때문에 제소나 중재를 요청할 방법이 없어 양국은 양자 협상을 통하여 이 문제를 해결할 수밖에 없었다.

한중 마늘 협상에서 한국 측은 다음과 같은 협상 전략을 사용하였다.

첫째, 비록 중국이 WTO 가입을 하지 않은 상태였지만 한국 정부는 WTO 규정과 절차에 근거하여 대중국 세이프가드조치를 발동했다. 이는 중국의 대응조치 또한 WTO 규정 내에서 취해질 것을 기대한 측면이 있다. 하지만 중국은 한국의 긴급 수입제한조치에 대한 보복조치를 취함에 있어서 WTO가 정한 '비례성의 원칙'에 어긋나는 대량 보복을 감행했다.

둘째, 한국 측은 중국의 대량 보복전략에 순응하는 전략을 채택했다. 2000년 6월 7일 중국 정부가 한국산 휴대용 무선전화기와 폴리에틸렌에 대한 수입제한조치를 취하자, 바로 협상에 들어가 7월 15일 합의를 도출하는데 중국의 한국 시장에 대한 마늘 수출 거의 전량을 최소시장접근(MMA) 및 관세율할당(TRQ)의 낮은 관세로 수입하는 것을 정부가 보장해 주었다. 이는 한국 측으로서는 협상 결렬비용이 너무 컸기 때문에 양보한 것으로 해석할 수 있다. 2000년 당시 한국의 대중 무역흑자는 58억 달러에 달하고 있었는데, 중국은 막대한 무역적자 속에서 농축산물 분야에서만 겨우 3억~5억 달러 수준의 흑자를 내는 상황이었다. 따라서 한국 측이 820만 달러의 마늘 수입에서 양보하면서 휴대전화 4100만 달러, 폴리에틸렌 4억 7100만 달러의 약 60배 이상의 수출 이익을 지키는 선택을 하면서 천문학적인 대중 흑자 기조를 안정적으로 유지하고자 했다.

셋째, 국내 마늘 농가에 대한 지원책을 제시함으로써 '대외적 위기'에 '국내적 보상'으로 대응하는 패턴이 반복되었다. 1999년 마늘 재배 농가는 약 42만 호로서 한국 전체 농가 138만 호의 약 31퍼센트를 차지하고 있었고, 금액적으로는 연간 7350억 원(1999년 기준)의 생산규모로서 한국의 4대 주요 작물(쌀 · 고추 · 감귤 · 마늘순)의 하나였다.

넷째, 2차 한중 마늘 협상에서 한국 측은 약 1만 톤의 물량을 2001년 8월 말까지 추가 수입하기로 합의했다. 수입한 마늘 전량을 홍콩 등 제삼국으로 수출하기로 하고, 그 수입비용(약 81억 6000만 원)을 농림부(농수산물가격안정기금) · 폴리에틸렌업계 · 휴대전화업계가 각각 3분의 1씩 부담하기로 했다. 이 같은 국내적 비용 분담에 대해 패자 산업의 피해를 승자 산업이 보전하게 하는 것으로 반시장경제적 정책이라고 비판하는 주장이 있지만, 통상마찰을 극복하기 위한 민관협력체제의 구축 사례로도 볼 수 있을 것이나.

다섯째, 한국 측은 비밀협상전략을 사용했다. 2001년 한중합의록 작성 시 양국 정부 대표는 부속서에 "2003년 이후 마늘 수입을 자유롭게 할 수 있다"라는 문구를 삽입했지만, 한국 정부는 이를 국내에 발표하지 않았다가 2002년 6월 농협중앙회가 마늘 세이프가드를 2006년 말까지 4년 연장해 줄 것을 무역위원회에 요청하면서 이 조항이 드러남으로써 엄청난 국내적 파문이 확산되었다.

중국의 협상 전략은, 첫째 협상 과정에서 강성협상전략, 투쟁적 협상 등의 경쟁협상전략을 사용하였다. 이 전략은 한중 마늘 협상을 제로섬게임으로, 한국을 적대자로 간주하고 상대에게 최대의 양보를 얻어 내는 전략이다. 둘째, 보복위협전략이 있다. 보복위협전략에 근거한 경쟁협상전략을 구사함으로써 중국은 실제로 상당한 협상 성과를 거두었다. 이에 굴복한 한국 정부가 그동안 민간이 자율적으로 수입하던 마늘을 의무적으로 수입하겠다고 양보한 것이다. 셋째, 중국은 수요 독점적 지위를 활용하는 전략을 사용했다. 중국은 대중국 시장의존도가 높은 한국의 휴대전화와 폴리에틸렌이라는 산업 분야를 타깃으로 삼아 보복 협박을 한 것이다.

8장 중·일 신선채소 협상(2000~2002)

일본은 1960년대 전반까지 거의 모든 채소 품목에 대한 수입자유화를 실시했다. 그런데 1970년대는 수입 증가가 완만하였으나 1980년대 중반 이후 1985년 9월의 플라자합의와 엔고, 외식산업과 식품가공산업의 발달, 국내 생산력 저하 등의 원인으로 채소 수입이 급증하기 시작한다.

외국 채소 수입 증가가 일본 내 채소 가격 하락을 조장하고 결국 채소 재배 농가의 경영을 악화시킴에 따라, 일본의 채소 재배 농가들은 정부에 채소 수입 억제를 위한 긴급 수입제한조치를 취해 줄 것을 강력하게 요구하면서 중·일 농산물 분쟁이 발생하게 된 것이다.

일본 정부의 협상 전략은 다음과 같은 특징이 있다. 일본 정부잠정조치를 발동한 것은 잠정조치 발동 기간 내에 중국의 수출 자주 규제를 이끌어 내려는 전략이라고 볼 수 있다. 잠정조치는, 일반 세이프가드에 대한 정부 조사가 시작되었지만 조사 완료 전에라도 충분한 증거로 수입 증가 사실 및 수입 증가가 국내 산업에 중대한 손실을 준다는 것을 추정할 수 있고 국민경제상 긴급히 필요할 경우 발동할 수 있다. 일반 세이프가드가 수입량 제한과 관세율 인상을 실시할 수 있는 데 반해, 잠정조치는 관세 인상만 실시할 수 있고 실시 기간은 200일로 한정되어 있다. 이번 잠정조치에서는 일본 국내 가격의 급등으로 인한 소비자의 반발과 중·일 관계 등을 고려하여 관세율할당(TRQ)을 도입했다. 즉 관세율할당(TRQ) 물량에 대해서는 현행의 관세를 부과하고, 그것을 초과하는 수입량에 대해서만 고율 관세(종량세)를 부과하게 된다.

중국이 일본과의 분쟁에서 보복조치를 발동한 것은 미·중 통상 협상과 미일 통상 협상의 경험에서 기인한 것으로 분석된다. 중국은 1992년, 1994년, 1996년 미국과의 지식재산권에 관한 스페셜 301조 관련 분쟁에서 보복전략의 효과를 충분히 경험했다. 미국도 자국의 슈퍼 301조 발동을 통한 일방적 보복 위협 등을 WTO가 출범한 이후에도 행사한 경험이 있다. 중국 정부는 미국과의 통상 분쟁 경험과 미·일 통상 분쟁 경험을 분석하여 보복전략의 유용성을 발견한 것으로 추정된다. 미·중, 미·일 협상을 보면 일방이 충분한 보복 능력이 있는 경우 보복전략은 대단히 효과적이다. 위협과 보복을 받게 되는 국가 내부가 적전 분열의 양상을 보이기도 한다. 이번 사례를 보면 중국이 WTO에 가입하더라도 일방적 보복조치를 통한 통상 이익의 확보전략은 쉽게 변할 것 같지 않다. 결론적으로 말해 중·일 대파, 표고버섯, 골풀 협상은 중국이 미·중 통상 협상을 통해서 학습한 일방적이며 공격적인 무역제한조치를 처음으로 활용한 사례라고 볼 수 있다.

9장 한일 어업 협상(1965~1999)

한국과 일본은 1965년 체결된 한일기본조약과 동시에 어업 협성을 체결했다. 1951년 협상 개시 이후 15년 만의 일이었다. 이 협정은 양국이 대등한 주권 국가라는 차원에서 어업권을 결정한 최초의 협정이었다. 한일 어업 협상 체결 당시에는 기국주의원칙에 따른 데다 넓은 공동규제수역과 좁은 전관수역 때문에 일본 어선은 한국 근해까지 자유롭게 조업하는 반면 조업 능력이 부족한 한국에게는 매우 불리한 상황이었다.

하지만 1970년대 중반에 접어들자 상황은 역전되기 시작했다. 한국 어선들이 어족 자원이 풍부한 홋카이도 근해까지 활발하게 진출하면서 한일 어민 간의 충돌이 빈발하자, 일본의 어민들은 자국 정부에 한국 어선의 단속을 요구했지만 기국주의 조항 때문에 단속이 어려운 상황이었다. 한일 간 어업분쟁이 격화되자, 양국은 1980년 10월 합의를 통해 자율 규제라는 일종의 신사협정을 맺었다.

1980년대에 들어 국제해양법 질서가 크게 재편되기 시작했다. 1982년 유엔해양법협약(United Nations Convention on the Law of the Sea)이 채택되고 1994년 11월부터 공식적으로 효력이 발생하면서, 1965년에 체결된 한일어업협정도 새로운 국제해양 질서에 맞게 정비하지 않을 수 없었다. 한일 양국은 1996년 경쟁적으로 유엔해양법협약에 대한 비준절차를 마치고 각각 「배타적 경제수역법」, 「배타적 경제수역 및 대륙붕에 관한 법률」을 선포함으로써 본격적으로 새로운 해양법 질서에 적응해 갔다. 또한 수산업계로부터 오랫동안 압박을 받아 오던 일본 정부는 새로운 유엔해양법협약을 명분으로 한국 정부에 어업 협정 개정을 강력히 요구하게 되었다.

2차 한일 어업 협상을 분석하다 보면 한 가지 큰 의문이 떠오른다. 일본이 일방적으로 파기한 1차 어업협정 개정 협상에 한국 측이 왜 그렇게 일찍 응했으며 많은 양보를 했는가? 선행연구 가운데 이 의문에 대한 해답을 찾고자 여러 가지 가설을 제시하고 그 가설을 각각 검토해 본 것이 있는데, 이 연구의 결론은 국내적 차원에 협력적인 정치가(김대중 대통령)가 있고 대외적 차원에 IMF 통화위기가 있어서 이 두 가지가 상호 작용한 결과가 바로 2차 어업 협상의 타결이라는 것이다.

1차 어업협정체제의 변경을 일본 측이 사실상 요구하기 시작한 1970년 후반 이후부터 1998년까지를 놓고 보면 현상 유지를 원했던 한국 측이 지연전략을 사용한 것을 알 수 있다. 한국 측은 1980년대에는 자율조업이라는 카드로 현상을 유지하다가 유엔해양법협약이 제정된 이후에도 동 국제법이 발효될 때까지 한일 협상을 최대한 지연시켰다.

일본 측의 협상 전략을 분석하면 다음과 같다.

첫째, 일본 측은 협박과 보복전략을 사용했다. 1965년 체결된 한일어업협정에서 일본은 전 해안에 통상기선 방식을 적용하고 우리나라는 동해에는 통상기선을, 남해와 서해 일부에는 직선기선 방식을 적용하기로 합의하였다. 그리고 일본은 1977년 5월 영해법을 제정하였을 때에도 여전히 통상기선을 택하고 있었다. 그런데 어업 협정 개정을 위한 협상이 시작된 지 얼마 되지 않아 일본은 영해법을 「영해 및 접속수역에 관한 법률」로 개정하면서 직선기선제도를 택하였고, 1997년 1월 1일부터 영해 직선기선제도를 시행하였다. 게다가 일본은 이처럼 일방적으로 설정한 직선기선을 근거로 한국 어선을 나포하기 시작하였다.

둘째, 일본은 다다익선의 전략을 채택했다. 1997년 말 한국이 경제위기를 맞이하면서 1997년 12월 초 유종하 외무부 장관과 고무라 일본 외무차관의 2회에 걸친 협상에서 한국이 많은 것을 양보하는 협상안을 제시하여 합의가 이루어졌음에도 불구하고, 일본은 어업 협정을 파기하면서까지 더 많은 양보를 요구하고 나왔다.

셋째, 일본은 의제선점전략을 구사했다. 1994년 11월 16일 유엔해양법협약의 발효와 1996년 2월 20일 한일 양국이 200해리 배타적 경제수역(EEZ) 선포 방침을 나란히 발표함에 따라 독도 문제와 직결되는 배타적 경제수역(EEZ) 경계 획정 및 어업 분쟁 등은 양국 관계의 현안으로 등장하여 일본의 어업 협정 개정 요구를 무시할 수 없게 되었으며, 1996년 5월부터 어업 협정 개정을 위한 한일 어업 협상이 시작되었다. 한국은 유엔해양법협약의 비준이 일본보다 5개월 정도 빨랐음에도 불구하고 그 이후는 일본의 조치를 뒤따르기만 하였다. 일본이 적극적으로 자국에 유리하게 배타적 경제수역(EEZ)을 사용한 반면, 한국은 일본의 공격을 방어하는 입장이 되었다. 이러한 한발 앞선 일련의 행동은 어업 협정의 개정에 소극적이던 한국 측의 태도를 바꾸고, 배타적 경제수역(EEZ)의 선포와 함께 독도 영유권 문제를 제기하기 위한 일본의 의제선점전략의 일환이라고 볼 수 있다.

10장 한중 어업 협상(1993~2000)

한국과 일본은 1965년 국교정상화와 동시에 한일어업협정을 체결했고, 중국과 일본은 1972년 국교정상화 3년 후인 1975년에 어업 협정을 체결했다. 그런데 한국과 중국은 1992년 8월 국교정상화를 선언한 후 10년간의 긴 협상 과정을 거쳐 2001년 체결할 수 있었다. 협정 체결까지의 소요 시간을 보면 한국과 중국 사이의 바다, 즉 서해와 남해 혹은 황해와 동중국해 사이의 어업 질서를 구축하는 것이 쉽지 않은 일이었음을 짐작하게 한다.

한중 어업 현황을 보면 1980년대 초반까지는 한국 어선이 중국 연안에서 더 많이 조업해 왔지만, 1980년대 중반 이후 중국의 급격한 경제성장과 함께 어업 능력이 향상되면서 상황이 반전되어 중국 어선의 한국 측 수역 내 조업이 급증했고 어획량이 한국을 추월하게 되었다.

그런데 한중 어업관계의 가장 큰 문제점은 중국 어선이 한국 영해까지 들어와 조업하는 일이 빈번했고, 어족자원 고갈 · 환경오염 · 해상 사고 등 여러 문제가 발생함에도 불구하고 양국 간 어업을 규율할 법적인 제도가 없다는 점에 있었다.

1994년 유엔해양법협약 발효로 인하여 새로운 어업 질서 수립이 필요해졌고, 중국도 한국과 일본에 이어 1996년 7월에 동 협약을 발효하였다. 새로운 유엔해양법협약에 따르면 200해리의 배타적 경제수역(EEZ)을 설정하여 자국의 어족 자원과 해양 자원 등을 보호할 권리를 갖게 되는데, 한국의 황해와 중국의 동중국해는 한중 양국의 배타적 경제수역(EEZ)이 중첩되는 지역이 생기므로 한중 양국은 어업 협정의 필요성에 동의하여 협상을 시작했다.

한국 측은 자국 연안에서 중국 어선에 의한 남획을 방지하기 위해서는 배타적 경제수역(EEZ)의 범위를 최대한 넓히는 것이 유리하다는 공간 차원의 목표와 어업 협정을 가급적 조속히 해결해야 한다는 시간 차원의 목표를 갖고 있었다. 그런데 한국에게는 유리한 조건과 불리한 조건이 동시에 있었다. 유리한 조건은 배타적 경제수역(EEZ)의 범위를 최대한 넓게 책정하자는 한국 측의 주장이 유엔해양법협약의 정신과 일치한다는 점이었다. 불리한 조건은 시간이 갈수록 한국 측의 손실이 커지므로 협상을 빨리 타결해야 한다는 것이었다.

반면 중국 측은 시간끌기가 유리했다. 협정이 체결되면 적어도 20만 톤 이상의 중국 측 어획량 감소가 예상되었다. 1993년 협상을 시작해서 1998년 가서명, 2000년 정식 서명이라는 긴 협상 과정이 바로 중국 측의 시간끌기전략이 반영된 것이라고 할 수 있다.

결국 양국은 서로의 유리함을 협상 지렛대로 삼아 타협안을 만들어 내는 데 성공했다. 과도수역은 장기적으로 보면 배타적 경제수역(EEZ)의 범위를 확대하고자 하는 한국 측 주장이 반영된 것이고, 단기적으로 보면 공동 어로수역 혹은 잠정조치수역을 확대하고자 하는 중국 측의 의도가 반영된 것이다.

11장 한미 지식재산권 협상(1981~2010)

지식재산권이 통상마찰과 협상의 대상이 된 배경은 무엇인가? 첫째, 복제품의 범람이다. 1970년대부터 특허와 상표의 도용 및 저작물의 무단복제가 광범위하게 이루어지고 상당량이 국제적으로 거래되었다. 둘째, 국가경쟁력 및 하이테크산업 발전에서 지식재산권의 중요성이 높아졌기 때문이다. 국제적 비교우위의 변동에 따라 선신국들은 막대한 기술개발비가 소요되는 하이테크산업으로 산업고도화를 해야 하는데, 이때 지식재산권의 강력한 보호가 전제 조건이 된다. 셋째, 선진국의 무역수지와 소득 및 고용에 미치는 영향력 때문이다. 제조업의 해외 진출로 인하여 제조업 분야에서 공동화, 무역수지 적자를 겪고 있는 선진국들은 지식재산권을 강하게 보호해야만 기술, 서비스 분야에서 무역수지를 개선하고 관련 산업을 통하여 고용을 창출할 수 있다. 특히 지식재산권 분야에서 가장 큰 이해관계를 가진 국가는 바로 미국이다. 미국은 대외 무역적자가 심화되자, 1980년대부터 전방위적인 시장개방 압력과 지식재산권의 강력한 보호를 요구한다.

1985~1996년 협상에서 한국과 미국의 협상 전략 특징은 다음과 같다.

한미 지식재산권 협상의 경우, 미국은 일반특혜관세(GSP, Generalized System of Preferences) 공여 연장과 섬유류 수입에 대한 규제 등 한국의 수출에 치명적인 타격을 줄 수 있는 이슈들을 한국의 지식재산권 보호와 연계시켰다. 따라서 지식재산권 협상이 실패하면 한국 내 많은 산업과 기업의 피해가 예상되었기 때문에 이런 이슈연계전략은 지식재산권 협상의 조기 타결에 대한 한국 내 반대를 약화시키는 데 효과적인 역할을 했다.

한국 측은 '손목묶기전략'을 구사하였다. 협상의 과정과 결과가 국내에서 고도로 정치화되고 특히 협상 결과에 대해 국내에서의 반대가 거셀 경우, 자신은 양보를 하지 않으면서 상대방에게 양보를 얻어 내기가 쉽다. 손목묶기전략은 협상 정보를 국내에 공개함으로써 국내적 반대를 키워서 자신의 협상 재량권을 스스로 축소하는 전략을 말한다.

한편 당시 한국은 대미 협상에 통상 이슈를 안보 이슈와 연계지어서 미국 측의 압력을 완화시키는 전략을 종종 구사해 왔는데, 이 협상에서는 이 전략이 통용되지 않았다.

12장 미·중 지식재산권 협상(1991~1996)

미국은 첨단기술이 증가하고 신기술의 개발이 점증함에 따라 지식재산권을 '국제수지 및 국제경쟁력에 직접적으로 영향을 끼치는 무역 문제'로 인식하게 되었다. 미국은 지식재산권에 대한 보다 강력한 보호를 추진하게 하였고, 이를 세계적 차원으로 확장하였다.

미국은 미·중 무역수지 불균형이 중국의 무역 장벽과 불공정 무역 관행에서 비롯된 것으로 보고 그 시정을 지속적으로 요구하였다. 특히 중국 시장의 개방과 지식재산권 분야에 주목하면서 1992년 미국은 중국과 시장 접근에 관한 양해각서와 지식재산권 보호에 관한 양해각서를 체결하였다. 이후 미·중 양국은 지식재산권 분야 통상마찰을 본격화하게 된다.

미국은 우선 지식재산권 보호를 위하여 이른바 스페셜 301조를 제정한다. 스페셜 301조에 의하면 미국통상대표부(USTR)가 의회에 「연간 국별 무역 장벽 실태보고서(National Trade Estimate Reports)」를 제시한 후 30일 이내에 지식재산권의 적절하고 효과적인 보호조치를 취하지 않는 국가들을 파악하여 우선협상대상국(PFC, Priority Foreign Country), 우선감시대상국(PWL, Priority Watch List), 감시대상국(WL, Watch List) 등으로 정해서 통상협상과 협상 결렬 시 보복을 의무화하고 있다.

스페셜 301조에 의해서 중국은 1991년 우선협상대상국(PFC)으로 지정된 후 '1992년 미·중 지식재산권에 관한 양해각서' 체결하였고, 1993년 감시대상국(WL)으로 지정되었으나 영화·음반 및 컴퓨터 프로그램에 관한 저작권 침해 행위가 개선되지 않고 더욱 심해지자, 1994년 유일한 우선협상대상국(PFC)으로 지정되었다.

이 사례에서 나타난 협상 전략은 주요 행위자, 즉 미국 행정부·미 의회·중국 정부의 전략으로 나누어 살펴볼 수 있다. 미국 정부의 협상 전략은 '이슈연계, 협박과 보복'전략으로 요약할 수 있다. 미국통상대표부(USTR)는 협상에서 강력한 협박전략을 구사하였다. 1995년 협상에서 미국은 중국에 대해 '스페셜 301조'를 '협박 수단'으로 사용하고 있다. 스페셜 301조는 협상 결렬 시 상대국 상품에 대해 100퍼센트 관세를 부과할 수 있는 강도 높은 협박 수단이다. 1995년 협상에서 미국은 중국에게 제시한 10억 달러의 보복관세 부과액은 유례없는 사상 최고의 금액이었다.

또한 미 행정부는 이를 의회의 '최혜국대우(MFN), 연장 거부' 요구와 연계함으로써 협박의 신빙성을 높일 수 있었다. 이러한 미 행정부의 전략은 1996년 협상에서 더욱 강화되어 1996년 협상에서 '스페셜 301조'와 '의회의 최혜국대우(MFN) 거부'뿐만 아니라 중국의 이해가 첨예하게 달려 있는 '중국의 WTO 가입 반대'라는 이슈를 연계하고 있다. 미국은 중국의 지식재산권 상황의 개선을 중국의 WTO 가입의 전제 조건으로 제시한 것이다.

그리고 미국 의회의 대중 강경파는 인권 문제와 대중 무역을 연계하는 전략을 구사했다. 1996년 협상 진행 시점에 의회는 공화당과 민주당이 연합하여 행정부를 압박함으로써 보다 강력한 대중 협상 자세를 요구하였고, 미 행정부는 이를 협상 수단으로 사용할 수 있었다.

중국이 1995년 대항 협박을 보내는 등 강경한 대응 태도에서 1996년 순응적인 태도로 선회한 것은 미 의회 내 분위기가 강경하여 미국 정부의 협박이 실제로 실행될지도 모른다는 우려 때문이었다고 해석할 수 있다. 1996년 의회에서 강경론의 대두는 미 행정부의 협박의 강도와 신빙성을 높이는 효과를 가져왔다.

중국의 대응전략은 지연전략이었다. 지연전략은 미국이 정한 최종 시한까지 행위나 정책을 변경하지 않고 시간을 끄는 것이다. 1995년 협상에서 중국은 지연전략을 구사했다. 하지만 중국의 지연전략을 미국이 이미 경계하고 있었기 때문에 큰 효과를 보지 못했다.

1995년 협상의 전반을 살펴보면 중국은 미국 내 업계를 역보복의 타깃으로 하여 미국의 협박의 실행 가능성을 약화시키는 한편, 일련의 지식재산권 보호 강화 행위를 보임으로써 대중강경화 분위기를 약화시키려 했다는 점을 발견할 수 있다. 중국은 지식재산권을 대중 투자와 연계함으로써 국내 여론의 분열을 유도해 미국의 협박 실행 가능성을 약화시켰다.

하지만 1996년 협상에서 중국은 1995년도의 강경한 입장과는 달리 미국의 요구에 순응하는 것처럼 보였다. 1996년 초 미국통상대표부(USTR)가 대중제재조치를 발표하자, 중국은 즉각적으로 지식재산권 보호를 위한 새로운 조치를 발표하였고, 이후 중국의 국내적인 지식재산권 보호와 위반 처벌 강화 노력을 지속적으로 보도하기도 했다.

13장 한미 법률 시장개방 협상(2003~2012)

1993년 12월 타결된 우루과이 라운드에서도 한국의 법률 서비스 시장개방은 제외되었다. 그런 한국의 법률 서비스 시장개방이 쟁점이 된 것은 1996년 OECD 가입 협상 과정이었다. OECD 가입 과정에서 한국은 OECD 산하 7개 위원회의 심사와 4개 위원회의 정책 검토를 받았는데, 그 가입 심사 과정 중에 한국의 법률 서비스 시장개방 문제가 쟁점의 하나로 제기되었던 것이다.

한국 정부는 OECD 가입 협상 과정에서 문제가 제기됨에 따라서 한국은 법무 서비스의 일부 개방을 위해 변호사법과 당시 외자도입법 제9조에 근거한 외국인 투자에 관한 규정(재정경제원 고시, 현재는 산업통상자원부의 '외국인투자 및 기술도입에 관한 규정'으로 변경) 등을 개정하였다. 1997년에는 외국인 투자에 관한 재정경제원 고시를 개정해 국내 변호사 자격을 취득한 외국인의 경우, 법률사무소 개설 등에 관한 투자를 허용했다.

2001년 11월 14일, 카타르 도하에서 개최된 제4차 WTO 각료회의에서 새로이 출범시킨 도하 라운드는 GATT · WTO의 9번째의 다자간 무역 협상이다. 도하 라운드 협상에서 새로운 서비스 교역에 대한 논의가 시작되었는데, 여기에는 법률 시장개방에 관한 논의가 포함되어 있었다. 한국은 2003년 3월 법률 서비스 개방에 대한 내용을 담은 제1차 양허안을 제출하였다.

하지만 2003년 칸쿤 회의를 거치면서 도하 라운드가 사실상 중단되자 각국은 FTA 등 양자 간 자유무역협정 혹은 지역 무역협정을 통하여 자유화를 추진하였고, 이러한 맥락에서 한국은 미국과의 FTA 협상에서 법률 서비스 개방을 논의하게 되었다.

한미 양국은 개방 수준을 높이기 위하여 서비스 분야에서 네거티브 리스트 방식을 선택했다. 이 방식에 의하면, 서비스산업에 대한 접근 금지 또는 외국인 서비스 공급자에 대한 차별조치를 유지하기 위해서는 유보안에 내용을 기재해야 하며, 기재하지 않은 분야는 상대국에 대하여 개방한 것이 되고 기재하지 않은 조치는 상대국에 대하여는 없는 것으로 간주된다.

미국은 처음부터 높은 수준의 한국 법률 시장개방을 요구하였다. 이에 대해 한국은 국내적 상황 및 이익집단의 반발을 들며 단계적 개방원칙으로 대응했다. 이에 미국은 다른 협상 분야—특히 건설, 교통 분야에 대한 양보를 요구하는 이슈연계전략을 구사했다.

14장 미 · 일 법률 시장개방 협상(1982~2003)

일본의 법률 시장개방 문제가 본격화된 것은 1980년대 이후부터이다. 1970년대 이후 미국의 경상수지 적자 폭이 급격히 확대되어 갔고, 특히 미 · 일 무역수지 불균형은 심각한 수준에 도달했다. 1980년대에 접어들면서 미국의 통상정책 기조는 자국 시장을 보호하기 위한 수입 규제를 강화하는 정책에서 무역 상대국의 시장을 공격적으로 개방하는 정책으로 전환되었고, 대일 시장개방 요구의 일환으로 법률 서비스 시장개방을 무역 장벽 제거 차원에서 요구하게 되었다.

이 사례에서 보여 준 일본의 협상 전략은 다음과 같은 특징을 갖고 있다.

첫째, 일본은 법률 서비스 시장개방 문제를 무역 이슈에서 사법제도 이슈로 전환하는 일종의 프레임전환전략을 사용하였다. 이 전략은 성공적이어서 일변련이 주요 협상 당사자의 자격을 획득했고 일본 변호사법의 틀 내에서 외국변호사제도를 수용하는 방향으로 협상을 주도할 수 있었다. 일본에서는 법률 시장개방 문제를 무역마찰의 문제나 통상 문제로 접근하기보다는 사법제도가 각국마다 다른 역사적 · 문화적 맥락을 갖고 있다는 점에 착안하여 이를 명분으로 내세워 방어적 입장을 유지할 수 있었다.

둘째, 일본은 지연전략을 사용했다. 1차 개방에 해당하는 1986년 외변법 제정 이후 전면개방을 약속하는 2003년 외변법 개정까지 약 17년 동안 개방의 부작용을 최소화하면서 천천히 개방 정도를 높여 갔다.

셋째, 협상 후반부에 가면서 일본 정부는 국내의 규제 완화 내압을 활용하여 일변련의 개방안보다 더 적극적인 전면 개방안을 채택할 수 있었다. 일본 정부와 일변련 사이에는 네 가지 개방안을 놓고 논쟁과 대립이 있었다. 그 네 가지 개방안에는 1안 특정 공동사업의 목적 요건 완화안, 2안 공동사업 금지 규정의 철폐안, 3안 공동사업 금지 및 고용 금지 규정의 동시 철폐안, 4안 공동사업 금지, 고용 금지, 수익 배분 금지 규정의 철폐안 등이 포함되어 있었다. 일변련은 '1안 특정 공동사업의 목적 요건 완화안'을 지지했다. 1안대로 가면 공동사업은 일부 가능하지만 일본 변호사의 고용과 수익 분배는 불가능하다. 하지만 일본사법제도개혁추진본부는 국내적 규제 완화의 압력을 활용하여 일변련의 반발을 누르면서 '4안 공동사업 금지, 고용 금지, 수익 배분 금지 규정의 철폐안'을 추진하기로 의견을 모았다. 이렇게 되면 공동사업, 고용, 수익 배분이 모두 가능해진다. 마침내 약 17년간 유지되었던 외국법사무변호사법의 제반 규제를 철폐하기에 이르렀다.

미국의 협상 전략은 일본의 법률 서비스 시장개방 문제를 우루과이 라운드 서비스무역자유화 이슈에 포함시킴으로써 이 문제를 다자간 협상 의제로 만드는 것이었다. 미국 측은 이 문제를 전 세계적 차원에서 행해지고 있던 규제개혁의 트렌드 속으로 집어넣음으로써 보다 높은 수준의 시장개방을 이끌어 낼 수 있었다.

15장 한일투자협정 협상(1998~2002)

한국 정부는 IMF 경제위기 이후 한국 경제의 안정적이고 지속적인 성장을 위해서는 미국 · 일본 등 선진 외국 기업의 투자 유치 확대가 중요하다는 인식하에 한국 경제의 개방화 · 자유화에 대한 정부의 강력한 의지를 대외적으로 천명하고, 이를 구체적으로 실행하기 위한 방안으로서 한일투자협정 체결을 추진했다.

한일 양국은 경쟁적이면서도 상호 보완성이 높은 산업구조, 활발한 무역과 투자관계, 지리적 인접성, 문화적 유사성 등 경제 협력을 위한 좋은 조건을 갖고 있다.

한일투자협정을 추진했던 한국의 동기로서는, 첫째 동아시아 지역 협력체 결성에 주도적으로 참여하고자 하는 의도가 있었고, 둘째 일본의 투자를 유치하여 부품산업을 육성하면서 국내 산업구조를 고도화하려 했으며, 셋째 단기적으로는 외환위기 극복을 위한 외자 도입의 의도가 강하게 작용했다.

일본의 동기를 살펴보면, 첫째 동아시아 지역의 협력체 구성에서 중국을 견제하면서 주도권 장악을 위해서 한국과의 협력을 강화하고, 둘째 장기침체에서 벗어나기 위해서 동아시아에 대한 수출을 증대시키고자 했고 이를 위해 동아시아 국가들과 FTA와 투자 협정을 적극적으로 체결하고자 했던 것이다.

한일투자협정의 쟁점에 관한 양국의 입장 차이는 크지 않았다. 양국 정부는 투자 협정을 계기로 자유무역협정으로 발전시킨다는 거시 목표를 공유하고 있었기 때문에 높은 수준의 투자 협정 체결에 대해 일정한 공감대를 형성하고 있었던 것이다.

물론 양국의 의견 조율이 필요한 쟁점들도 있었다. 투자자 대 정부 간 분쟁 해결절차에 있어 현지 법인의 제소권 인정 문제, 국제 중재의 전제 조건으로서 피소국 정부의 사전 동의 문제, 금융 관련 분쟁의 특수 분쟁 해결절차 문제 등이 양국의 입장 조율이 필요한 의제였다. 이행 의무 규정, 현상 동결 관련 규정 등 또한 논의가 필요했다. 하지만 이러한 쟁점들은 한일투자협정 고유의 의제는 아니고 포괄 투자 협정에서는 항상 쟁점이 되는 사항들이라고 할 수 있다.

한일투자협정 협상에서 사회적으로 큰 논란을 불러일으킨 이슈는 '노동조항'이었다. 노사분쟁이 발생할 경우, 일본은 양국 정부가 진지하게 대응한다는 이른바 '진지 조항'을 요구하는 한편 한국은 국내 노동계의 반발을 의식하여 이 조항을 완화시키고자 했다. 양국은 이 문제를 협정 전문에 '협력적 노사관계의 중요성(importance of cooperative relationship between laborer-manager)'을 명시하는 것으로 절충하였다.

노동 관련 규정은 기존의 투자 협정에서는 거의 보이지 않는 독특한 규정이었다. 일본 측이 이런 규정의 도입을 주장한 데에는 한국 내 일본계 기업들이 느끼는 투자 애로 사항 중 노사 관련 문제가 가장 큰 비중을 차지하고 있었기 때문이다. 한편 한국의 노동계에서는 이 조항이 노동자들의 기본권인 단체행동권, 파업권, 자율교섭권을 원천적으로 제한하는 의도를 가진 것으로 보고 강력하게 반대하였다.

이 협상의 특징은 협상자 사이의 협상 수용 가능성은 높았지만 국내 비준자들의 반대로 인하여 협상 선택지들의 집합, 즉 윈셋(win-set)이 제한되었다는 점이다. 이런 경우에는 협상자 사이의 공모가 발생하기 쉬운 경향이 있다. 한일투자협정 협상에서도 한일 양국의 협상자는 노동 조항을 본문에서 빼서 전문으로 옮기고 그 표현을 '진지 조항'에서 '협력적 노사관계의 중요성'이라는 것으로 완화시킨 것도 일종의 협상자 사이의 공모(collusion)라고 해석할 수 있다.

16장 한중투자협정 협상(1992~2007)

한중 수교 전해인 1991년 한중 교역액은 44억 달러 정도였다. 무역사무소 설치와 투자 보장 협정 체결 등으로 한중 양국은 경제 교류를 본격화하였다. 1992년 한중 수교 이래 한국의 대중국 교역량은 비약적으로 증가했고, 중국은 투자 건수 면에서 한국의 최대 투자 대상국이며, 투자 금액 면에서 미국 다음의 비중을 차지하게 되었다. 2002년 중국에 대한 투자금액은 8억 600만 달러로 오히려 미국에 대한 투자금액 4억 9200만 달러를 넘어섰다. 2003년에는 미국을 제치고 중국은 한국이 가장 많은 수출을 하는 국가(한국의 제1 수출 대상국)가 되었고, 2004년에는 미국을 제치고 한국이 두 번째로 많은 수입을 하는 국가(한국의 제2 수입 대상국)이 되었다. 특히 2003년 노무현 대통령과 후진타오 국가 주석 간의 정상회담에서 향후 5년 내 교역규모 1000억 달러 달성을 상호 합의한 바 있는데, 실제로 2008년 무역규모는 1000억 달러를 훨씬 초과하여 1680억 달러에 달한다.

한국과 중국 양국은 무역을 원활하게 하기 위하여 김대중 정부 때 합의했던 '한중투자협력위원회'를 개최했다. 한국과 중국은 1992년에 이미 한중투자보장협정을 체결한 바 있다. 하지만 이 협정은 투자자유화에 대한 내용은 포함하지 않은 전통적인 투자 보장 협정이다. 이에 기존의 한중투자보장협정을 투자 협정으로 대체하여 투자자유화와 보장을 함께 포괄하는 높은 수준의 협정으로 대체하는 협상을 시작한 것이다.

한국 정부의 협상 전략은 중국 자신이 국제규범과 기준을 적극적으로 수용하는 시점에 한중투자보장협정의 개정 협상을 전개하는 적절한 타이밍 설정과 관련이 있다. 중국의 WTO 가입은 국제 통상에 관한 국제적 기준을 도입함으로써 국내 개혁을 달성하겠다는 동기를 지니고 있다. 그리고 중국의 새로운 투자 협정 도입도 국내 개혁이라는 중국의 국가적 과제와 연결되어 있다고 볼 수 있다. 이런 맥락에서 적절한 협상 타이밍을 설정한 한국 정부는 비교적 쉽게 기존 투자 보장 협정의 개정 협상을 추진할 수 있었다.

17장 미 · 일 환율 협상(1969~1998)

1971년 닉슨 독트린으로 미국은 금태환정지조치를 발표하고 고정환율제가 변동환율제로 이행한 후 미국 · 일본 · 서독 등은 거시경제정책 협조를 통해 달러화 가치를 안정적으로 유지하기 위해 노력했지만, 1970년대 전반에 걸쳐 미국은 높은 물가 · 실직 · 경기 후퇴 등의 현상과 동시에 심각한 인플레이션으로 고통을 받았다.

1~2차 석유파동을 겪으면서 물가가 크게 상승하자 볼커 미 연방준비제도이사회(Federal Reserve Board) 의장은 1970년대 말부터 강도 높은 통화긴축정책을 시행하였으며 그 여파로 달러 가치가 급등하였다. 이 같은 상황은 1980년대까지 지속되었다. 달러 가치의 급격한 상승은 미국인들의 수입품 소비 증가, 반대로 미국 상품의 가격 상승에 따른 수출 감소를 초래했고, 당시 레이건 행정부가 실시하던 세수감소정책과 맞물려 미국 정부의 대외무역, 내수 경제의 적자규모를 천문학적으로 확대시킴으로써 미국 제조업의 붕괴를 가져왔다.

이에 미국 정부와 의회는 무역수지균형화 및 경제성장에 초점을 맞추면서 당시 대미 무역에서 막대한 흑자를 보고 있던 일본과 독일에 대한 압박 수위를 높여 갔다. 미 의회는 무역수지와 재정수지 적자가 동시에 커지는 이른바 쌍둥이 적자(twin deficit)의 해결책으로서, 미국 상하원은 1985년 여름 미국에 대해 대규모 무역흑자를 보이는 국가의 상품에 관세를 부과할 수 있는 보호무역적 법안을 제출하였다.

미·일 간 환율 협상 과정에서 미국이 보여 준 전략은 일종의 '대마불사'전략이다. 이를 시기별로 나누어서 보면, 첫째 플라자합의와 루브르합의의 도출 과정에서 미국이 패권국의 지위를 활용하면서 미국의 경제위기가 바로 세계경제 위기로 발전될 수 있음을 명분으로 하여 G5(Group of 5. 미국, 영국, 독일, 프랑스, 일본) 국가들의 정책 협조를 이끌어 내는 선략을 구사했음을 알 수 있다. 당시 미국은 대미 무역에서 막대한 흑자를 유지하고 있던 독일과 일본에 대한 화폐 가치 절상을 위해 G5 국가들의 협조를 요구, 플라자합의를 이루어 냈으며 이후에도 지속적인 무역적자가 해결되지 않고 달러 가치가 급속히 하락하자, 다시 이를 해결하기 위해서 루브르합의를 체결한 것은 미국이 패권 국가이기에 가능한 정책 대안이었다.

두 번째 시기는 1995년 4월 18일 도쿄 외환 시장에서 엔·달러 환율 80엔이 무너지자 다음 달 세계경제 안정을 위해 G7이 달러 가치 부양을 목적으로 합의를 한 이른바 '역플라자합의'이다. 미국은 자국의 경제 회생 과정에서 발생한 엔고현상과 이를 바탕으로 등장한 일본의 버블경제 붕괴로 인한 자국 경제의 피해를 방지하기 위한 방편으로 일본에 대한 직접적인 통화 조작과 일본 정부의 내수경제회복정책의 주문을 요구하고 있는데, 이 또한 패권 국가만이 할 수 있는 일이다.

물론 플라자합의나 역플라자합의를 미국이 단독으로 도출할 수 있는 능력은 없다. 하지만 미국 경제가 곧 세계경제이고 미국 달러화가 기축통화이기 때문에, 미국의 문제는 곧 세계의 문제가 되며 G5 혹은 G7 국가의 자발적 정책 협조를 얻어 낼 수 있는 것이다.

일본은 미 · 일 환율 협상에서 자발적 순응전략을 선택했다. 일본은 1985년 플라자합의, 1987년 루브르합의, 1995년 역플라자합의 과정에서 미국의 요구에 순응해 갔다. 일본이 미국을 추종한 것은, 첫째 일본의 대미 시장 의존도가 높았고, 둘째 일본의 대미 무역수지는 천문학적인 수치를 연일 갱신한 반면 미국의 쌍둥이 적자와 경기침체는 세계경제의 위기를 초래할 수 있다는 위기감을 증폭시켰기 때문이다. 셋째, 일본 정부는 플라자합의에 의해 초래될 엔고현상이 수출을 감소시킬 수는 있지만 국부를 증가시키고, 내수경기활성화를 유도할 수 있을 것이라는 낙관론을 가지고 있었기 때문이다.

하지만 플라자합의 이후의 상황은 일본 정부의 낙관론과 정반대 방향으로 전개되어 갔다. 국내로 유입된 해외 자산은 부동산 투자로 집중되면서 일본 경제의 버블화를 초래했고, 마침내 버블경제의 붕괴와 함께 일본 경제의 '잃어버린 10년 혹은 잃어버린 20년'이라는 장기침체를 초래했다.

18장 미 · 중 환율 협상(1994~2010)

1979년 수교 당시 24억 달러에 불과했던 미 · 중 무역규모는 2001년 중국의 WTO 가입을 계기로 급속히 증가하여 1979년에 비해 2008년 4092억 달러로 무려 170배나 늘어났다. 2009년 현재 미국은 중국의 최대 수출 상대국이며, 세 번째 수입 상대국으로 주요 교역관계를 형성하고 있다. 하지만 양국 간 무역규모 증가와 함께 무역 불균형이 심화되었는데, 미국의 대중 적자는 2002년 1000억 달러를 넘어선 지 3년 만에 2000억 달러를 초과했고, 중국은 2001년 이후 미국의 최대 무역적자 대상국으로 부상하였다. 특히 글로벌 경제위기 중 미국의 대중 무역적자 비중이 확대되는 양상을 보였다. 미국 전체 무역적자규모는 2008년 8347억 달러에서 2009년 5069억 달러로 감소했음에도 불구하고 대중 무역적자가 전체 적자에서 차지하는 비중은 32.1퍼센트에서 44.7퍼센트로 오히려 증가하여 역대 최고 수준을 보였다. 바로 여기가 미국의 위안화 절상 압력 및 미·중 통상마찰이 발생하는 원점이다.

미·중 환율 협상이 본격화된 것은 오바마 정부 출범부터이다. 2008년 금융위기 속에서 출범한 오바마 정부는 중국이 환율을 조작한다고 보고 있으며 위안화 절상을 해야 한다는 인식을 갖고 있었다. 물론 중국의 입장은 전혀 달랐다.

중국은 위안화 절상 압력은 미국의 보호주의화를 반영한 것이며 자국 산업과 경제구조 보호를 위해서는 고정환율제도를 채택하는 것이 불가피하다는 입장을 보이면서 미국과 팽팽하게 대립하여 왔다. 중국은 미국이 소비 중독에서 벗어나 저축을 늘려야 하며, 보호주의를 강화하는 정치적 압박을 중지해야 하며, 경제 발전에 필요한 첨단장비들의 수출 금지를 풀어야 한다고 주장한다.

미국은 위안화 가치가 연간 15~20퍼센트 절상되어야 한다고 주장하지만, 중국의 입장은 연간 3~5퍼센트 수준으로 지속적으로 절상한다는 것이다. 중국도 위안화의 점진적인 절상에는 동의하고 있다. 그 이유는 국내적 요인 때문이다. 무역흑자의 누적과 외국인 투자 유입 급증, 고정환율제하에서 환율 유지를 위하여 시장 개입을 통한 외화 매입과 위안화 매각 과정에서 외환 보유는 7000억 달러에 이르렀고 시중에 유동성이 풀려 물가 불안과 부동산 가격 급등 등 많은 부작용이 초래되었다. 급팽창하는 무역흑자로 인한 인플레이션에 대한 우려가 높아지고 있고 저평가된 위안화를 기반으로 한 수출 공세에 미국은 물론 유럽과 일본도 위안화 평가절상을 요구하고 나섰기 때문이다.

미·중 환율 협상에서 나타나는 미국의 대중국전략은 기본적으로 위안화 절상을 위한 전방위압박전략으로 요약할 수 있다. 미국은, 첫째 미·중 전략적 경제 대화 및 다양한 레벨의 양자회담에서 위안화 절상을 압박한다. 둘째, 미국은 중국산 수입품에 대한 보복관세 부과나 반덤핑조사조치를 예전에 비해 훨씬 빈번하게 취함으로써 중국을 압박한다. 셋째, 2010년 9월 29일 미국 하원이 통과시킨 「공정무역을 위한 환율개혁법안(H. R. 2378 : Currency Reform for Fair Trade Act 2010)」과 같은 입법 수단을 통하여 중국에 대한 전면적인 무역 제재의 신빙성 있는 시그널을 보냄으로써 위안화 절상 압력을 가중시킨다. 넷째, 미국은 IMF · WTO · G7 · G20 등과 같은 국제기구를 통하여 중국에게 압력을 행사하려 한다. 다섯째, 미국은 최근 G20 서울정상회의 직전 제2차 양적 완화, 소위 QE2(Quantitative Easing 2)로 불리는 경기부양정책을 발표했다. 미국은 양적 완화를 통하여 기업의 차입 혹은 주택모기지에 적용되는 장기금리와 채권금리가 낮아지면서 주식투자로 자금이 몰리게 하는 효과를 기대하고 있다. 또한 미 달러화 환율이 낮아지면 미국의 수출이 증가할 수 있는 효과도 같이 기대할 수 있다.

2010년 G20 서울정상회의에서 미국이 경상수지에 관한 예시적 가이드라인(indicative guideline)을 마련하자고 제안한 것도 이런 맥락에서 이해된다. 그리고 미국은 경상수지 목표제를 제안하였다. 이것은 글로벌 불균형 문제를 해결하기 위해 효과가 불분명한 환율 논쟁에서 탈피하여 직접적으로 경상수지 불균형 및 저축·소비 불균형의 문제로 전환시키는 계기로 볼 수 있다.

중국의 대미 환율 협상 전략은 대결전략과 보호주의로 요약된다. 중국은 2005년 전까지만 해도 고정환율제를 국가 환율정책의 기반시스템으로 운영해 왔다. 그러나 중국 경제의 고도성장과 대외무역에서 차지하는 무역흑자 비중이 점차 증가하기 시작하자 미국을 비롯한 유럽 등 경제 강국들의 끊임없는 절상 요구가 이어졌고, 중국 정부는 2005년 7월 21일 기존의 고정환율제 대신 통화바스켓제도를 기본으로 하는 관리변동환율제를 시행하기 시작했다.

하지만 미국을 비롯한 주요 선진국은 현재까지 중국의 위안화 절상 폭이 매우 미미한 수준이며 자신들의 요구를 만족시키지 못하다는 입장을 표명하면서 다각도에서 위안화에 대한 절상을 요구하고 있다.

이에 반해 중국은 2005년 변동환율제 실시 이후 지속적인 위안화의 절상을 시행, 달러와 가치 균형을 어느 정도 이루고 있다는 입장을 유지하고 있다. 이 같은 중국의 입장 표명은 더 이상의 가치 절상이 실시될 경우 자국 경제에 큰 부담으로 작용할 것, 즉 위안화의 가치가 대폭 상승되어 자국 무역업체들의 수출 감소가 증가하고 수출 감소의 증가는 곧 매년 신기록을 갱신하고 있는 자국의 고도경제성장정책에 큰 걸림돌로 작용할 것이 분명하다는 판단하에 이루어지고 있다고 분석할 수 있다.

용어 모음

▮우리말

ㄱ

감시대상국 WL Watch List
경제협력개발기구 OECD Organization for Economic Cooperation and Development
공정공평대우 FET Fair and Equitable Treatment
관세상당치 TE Tariff Equivalent
관세와 무역에 관한 일반 협정 GATT General Agreement on Tariffs and Trade
관세율할당 TRQ Tariff Rate Quota
국내총생산 GDP Gross Domestic Product
국무원발전연구중심 DRC Development Research Center of State Council
국민총생산 GNP Gross National Product
국제노동기구 ILO International Labour Organization
국제연합 국제상거래법위원회 UNCITRAL United Nations Commission on International Trade Law
국제연합 무역개발회의 UNCTAD United Nations Convention on Trade and Development
국제통화기금 IMF International Monetary Fund
국제투자분쟁해결센터 ICSID International Centre for Settlement of Investment Disputes
기초균형환율 FEER Fundamental Equilibrium Exchange Rate

ㄴ

내국민대우 NT National Treatment

ㄷ

대외경제정책연구원 KIEP Korea Institute for International Economic Policy
도하개발어젠다 즉 DDA Doha Development Agenda. 통칭 도하 라운드 Doha Round
동남아시아국가연합 ASEAN Association of Southeast Asian Nations
동시매매입찰 SBS Simultaneous Buy and Sell

ㅁ

무역에 대한 기술적 장벽 TBT Technical Barriers to Trade

무역협상위원회 TNC Tariff Negotiations Committee

미국변호사협회 ABA American Bar Association

미국통상대표부 USTR United States Trade Representative

ㅂ

배출가스 자기진단장치 OBD On Board Diagnostics

배타적 경제수역 EEZ Exclusive Economic Zone

베른협약 Berne Convention. 본디는 문학 및 미술 저작물 보호에 관한 베른협약 즉 Berne Convention for the Protection of Literary and Artistic Works

변호사와 유사 자격사 간 동업 MDP Multi-Disciplinary Practice

본선인도조건 FOB Free on Board

부다페스트협약 Budapest Convention. 본디는 사이버범죄에 관한 부다페스트협약 Budapest Convention on Cybercrime

북미자유무역협정 NAFTA North American Free Trade Agreement

비관세장벽 NTB Non-Tariff Barrier

비관세조치 NTMs Non-Tariff Measures

빅맥지수 Big Mac Index

ㅅ

상호인정협정 MRA Mutual Recognition Arrangement

세계무역기구 WTO World Trade Organization

세계발전지표 구매력평가 WDI PPP World Development Indicators Purchasing Power Parity

세계석유수출기구 OPEC Organization of Petroleum Exporting Countries

세계저작권협약 UCC Universal Copyright Convention. 본디는 1971년 7월 24일 파리에서 개정된 세계저작권협약 Universal Copyright Convention, as Revised at Paris on 24 July 1971

세계지식재산권기구 WIPO World Intellectual Property Organization

쌀도정협회 RMA Rice Millers' Association

ㅇ

아시아경제연구소 IDE Institute of Developing Economies
아시아·유럽정상회의 ASEM Asia-Europe Meeting
아시아·태평양경제협력체 APEC Asia-Pacific Economic Cooperation
아프리카·카리브해 태평양 지역국가 ACP African Caribbean and Pacific Group of States
양자 간 투자협정 BIT Bilateral Investment Treaty
연방준비은행 FRB Federal Reserve Bank / 연방준비제도 Federal Reserve System
연방준비제도이사회 Federal Reserve Board
외국 변호사에 의한 법률사무의 취급에 관한 특별조치법(외변법) 外國辯護士による法律事務の取扱いに關する特別措置法
외국인직접투자 FDI Foreign Direct Investment
우루과이 라운드 Uruguay Round
우선감시대상국 PWL Priority Watch List
우선협상대상국 PFC Priority Foreign Country
위생 및 식물위생조치 SPS Sanitary and Phytosanitary Measures
유럽경제지역 EEA European Economic Area
유럽공동체 EC European Community
유럽연합 EU European Union
유럽자유무역연합 EFTA European Free Trade Association
유엔해양법협약 United Nations Convention on the Law of the Sea
이행계획서 CS Country Schedule
일반특혜관세 GSP Generalized System of Preferences
일본변호사연합(일변련) JFBA The Japan Federation of Bar Association

ㅈ

자유무역협상 FTA Free Trade Agreement
전국농업협동조합중앙회(전중) 全國農業協同組合中央會
제2차 양적 완화 QE2 Quantitative Easing 2
제네바음반협약 Geneva Convention. 본디는 음반의 무단 복제로부터 음반 제작자를 보호하기 위한 협약 즉 Convention for the Protection of Producers of Phonograms against Unauthorised Duplication of Their Phonograms
지식재산권협정 TRIPS Trade-Related Aspects of Intellectual Property Right

ㅊ

최소시장접근 MMA Minimum Market Access

최혜국대우 MFN Most Favored Nation Treatment

ㅌ

투자자·국가 간 분쟁해결제도 ISD Investor-State Dispute Settlement

특허협력조약 PCT Patent Cooperation Treaty

ㅍ

페르시아만안협력회의 GCC Gulf Cooperation Council

펜효과 Penn Effect

ㅎ

행태균형환율 BEER Behavioural Equilibrium Exchange Rate

회계연도 FY Fiscal Year

기타

G20 Group of 20. G7과 EU의 의장국, 신흥시장 12개국의 정상회담

G5 Group of 5 서방5개국정상회담

G7 Group of 7. 본디는 서방7개국정상회담 World Economic Conference of the Western Industrial Countries

JA Japan Agricultural Cooperatives 전국농업협동조합중앙회(전중)

1974년 무역법 Trade Act of 1974

1988년 종합무역법 Omnibus Trade and Competitiveness Act of 1988

▮영문

A

ABA American Bar Association 미국변호사협회

ACP African Caribbean and Pacific Group of States 아프리카 · 카리브해 태평양 지역국가

APEC Asia-Pacific Economic Cooperation 아시아 · 태평양경제협력체

ASEAN Association of Southeast Asian Nations 동남아시아국가연합

ASEM Asia-Europe Meeting 아시아 · 유럽정상회의

B

BEER Behavioural Equilibrium Exchange Rate 행태균형환율

Berne Convention 베른협약. 본디는 문학 및 미술 저작물 보호에 관한 베른협약 즉 Berne Convention for the Protection of Literary and Artistic Works

Big Mac Index 빅맥지수

BIT Bilateral Investment Treaty 양자 간 투자협정

Budapest Convention 부다페스트협약. 본디는 사이버범죄에 관한 부다페스트협약 Budapest Convention on Cybercrime

C

CS Country Schedule 이행계획서

D

DDA Doha Development Agenda 도하개발어젠다. 통칭 Doha Round 도하 라운드

DRC Development Research Center of State Council 국무원발전연구중심

E

EC European Community 유럽공동체

EEA European Economic Area 유럽경제지역

EEZ Exclusive Economic Zone 배타적 경제수역

EFTA European Free Trade Association 유럽자유무역연합

EU European Union 유럽연합

F

FDI Foreign Direct Investment 외국인직접투자

FEER Fundamental Equilibrium Exchange Rate 기초균형환율

FET Fair and Equitable Treatment 공정공평대우

FOB Free on Board 본선인도조건

FRB Federal Reserve Bank 연방준비은행 / Federal Reserve System 연방준비제도

FRB Federal Reserve Board 연방준비제도이사회

FTA Free Trade Agreement 자유무역협상

FY Fiscal Year 회계연도

G

G20 Group of 20. G7과 EU의 의장국, 신흥시장 12개국의 정상회담

G5 Group of 5 서방5개국정상회담

G7 Group of 7. 본디는 World Economic Conference of the Western Industrial Countries 서방7개국정상회담

GATT General Agreement on Tariffs and Trade 관세와 무역에 관한 일반 협정

GCC Gulf Cooperation Council 페르시아만안협력회의

GDP Gross Domestic Product 국내총생산

Geneva Convention 제네바음반협약. 본디는 음반의 무단복제로부터 음반 제작자를 보호하기 위한 협약 즉 Convention for the Protection of Producers of Phonograms against Unauthorised Duplication of Their Phonograms

GNP Gross National Product 국민총생산

GSP Generalized System of Preferences 일반특혜관세

I

ICSID International Centre for Settlement of Investment Disputes 국제투자분쟁해결센터

IDE Institute of Developing Economies 아시아경제연구소

ILO International Labour Organization 국제노동기구

IMF International Monetary Fund 국제통화기금

ISD Investor-State Dispute Settlement 투자자 · 국가 간 분쟁해결제도

J

JA Japan Agricultural Cooperatives 전국농업협동조합중앙회(전중)

JFBA The Japan Federation of Bar Association 일본변호사연합(일변련)

K

KIEP Korea Institute for International Economic Policy 대외경제정책연구원

M

MDP Multi-Disciplinary Practice 변호사와 유사 자격사 간 동업

MFN Most Favored Nation Treatment 최혜국대우

MMA Minimum Market Access 최소시장접근

MRA Mutual Recognition Arrangement 상호인정협정

N

NAFTA North American Free Trade Agreement 북미자유무역협정

NT National Treatment 내국민대우

NTB Non-Tariff Barrier 비관세장벽

NTMs Non-Tariff Measures 비관세조치

O

OBD On Board Diagnostics 배출가스 자기진단장치

OECD Organization for Economic Cooperation and Development 경제협력개발기구

Omnibus Trade and Competitiveness Act of 1988 1988년 종합무역법

OPEC Organization of Petroleum Exporting Countries 세계석유수출기구

P

PCT Patent Cooperation Treaty 특허협력조약

Penn Effect 펜효과

PFC Priority Foreign Country 우선협상대상국

PWL Priority Watch List 우선감시대상국

Q

QE2 Quantitative Easing 2 제2차 양적 완화

R

RMA Rice Millers' Association 쌀도정협회

S

SBS Simultaneous Buy and Sell 동시매매입찰

SPS Sanitary and Phytosanitary Measures 위생 및 식물위생조치

T

TBT Technical Barriers to Trade 무역에 대한 기술적 장벽

TE Tariff Equivalent 관세상당치

TNC Tariff Negotiations Committee 무역협상위원회

Trade Act of 1974 1974년 무역법

TRIPS Trade-Related Aspects of Intellectual Property Right 지식재산권협정

TRQ Tariff Rate Quota 관세율할당

U

UCC Universal Copyright Convention 세계저작권협약. 본디는 1971년 7월 24일 파리에서 개정된 세계저작권협약 Universal Copyright Convention, as Revised at Paris on 24 July 1971

UNCITRAL United Nations Commission on International Trade Law 국제연합 국제상거래법위원회

UNCTAD United Nations Conference on Trade and Development 국제연합 무역개발회의

United Nations Convention on the Law of the Sea 유엔해양법협약

Uruguay Round 우루과이 라운느

USTR United States Trade Representative 미국통상대표부

W

WDI PPP World Development Indicators Purchasing Power Parity 세계발전지표 구매력평가

WIPO World Intellectual Property Organization 세계지식재산권기구

WL Watch List 감시대상국

WTO World Trade Organization 세계무역기구

기타

外國辯護士による法律事務の取扱いに關する特別措置法 외국 변호사에 의한 법률사무의 취급에 관한 특별조치법(외변법)

全國農業協同組合中央會 전국농업협동조합중앙회(전중)

부록

부록 차례

1부 동아시아의 FTA 협상

1장 한미자유무역협정(FTA. 2003~2011)

대한민국과 미합중국 간의 자유무역협정

Free Trade Agreement between
the Republic of Korea and the United States of America

서문

대한민국 정부(대한민국)와 미합중국 정부(미합중국)(양 당사국)는, 양국의 오랜 그리고 강한 동반자 관계를 인정하고, 양국 간의 긴밀한 경제 관계를 강화하기를 희망하며, 자유무역지대가 그들의 영역에서 확장되고 확고한 상품 및 서비스 시장을 창출하고 안정적이고 예측 가능한 투자환경을 창출하여 그들 기업의 세계시장에서의 경쟁력을 증진할 것임을 확신하며, 양국 영역 간 무역 및 투자를 자유화하고 확대함으로써, 양국의 영역에서 생활수준을 제고하고, 경제성장과 안정을 증진하며, 새로운 고용기회를 창출하고, 일반적인 복지를 향상시키기를 희망하며, 양국의 무역 및 투자를 규율하는 명확하고 상호 유익한 규칙의 제정과 양국 영역 간 무역 및 투자에 대한 장벽의 축소 또는 철폐를 추구하면서, 국내법에 따른 투자자 권리의 보호가 미합중국에 있어서와 같이 이 협정에 규정된 것과 같거나 이를 상회하는 경우, 외국 투자자는 국내법에 따른 국내 투자자보다 이로써 투자보호에 대한 더 큰 실질적인 권리를 부여받지 아니한다는 것에 동의하면서, 자유무역지대의 창설을 통하여 무역에 대한 장벽을 제거함으로써 세계무역의 조화로운 발전과 확장에 기여하고, 이 협정의 혜택을 축소할 수 있는 양국 영역 간 무역 또는 투자에 대한 새로운 장벽의 설치를 회피하기로 결의하며, 노동 및 환경법과 정책의 개발과 집행을 강화하고, 노동자의 기본적 권리와 지속 가능한 발전을 증진하며, 이 협정을 환경 보호 및 보전과 합치하는 방식으로 이행하기를 희망하며, 세계무역기구 설립을 위한 마라케시 협정과 양 당사국이 당사국인 그 밖의 다자적 · 지역적 및 양자적 협정과 약정상의 그들 각각의 권리 및 의무에 기초하여, 그리고 특히 아시아 태평양 지역에서의 무역 및 투자에 대한 장벽 축소를 추구함으로써 이 지역에서의 경제적 지도력을 증진하기를 결의하여, 다음과 같이 합의하였다.

http://www.fta.go.kr/korus/main/index.asp
http://www.fta.go.kr/korus/img/pdf/kor/k01.pdf

제22장 제도 규정 및 분쟁해결

제1절 제도 규정 및 행정

제22.1조 접촉선

1. 각 당사국은 이 협정의 적용대상이 되는 사안에 대하여 양 당사국 간의 의사소통을 원활히 하기 위하여 하나 이상의 접촉선을 지정한다.
2. 다른 쪽 당사국의 요청이 있는 경우, 당사국의 접촉선은 그 사안에 대하여 담당하는 부서 또는 공무원을 확인하고, 필요한 경우, 다른 쪽 당사국과의 의사소통을 원활히 하도록 지원한다.

제22.2조 공동위원회

1. 양 당사국은 각 당사국의 공무원으로 구성되고, 대한민국의 통상교섭본부장과 미합중국 무역대표 또는 그들이 각각 지명하는 자가 공동의장이 되는 공동위원회를 설치한다.
2. 공동위원회는
   가. 이 협정의 이행을 감독한다.
   나. 이 협정에 따라 설치된 모든 위원회 · 작업반 및 그 밖의 기구의 업무를 감독한다.
   다. 양 당사국 간 무역 관계를 보다 증진시키기 위한 방안을 검토한다.
   라. 이 협정의 해석 또는 적용에 관하여 발생할 수 있는 분쟁의 해결을 위하여 노력한다.
   마. 패널위원에게 지불될 보수 및 비용을 결정한다. 그리고
   바. 이 협정의 운영에 영향을 미칠 수 있는 그 밖의 사안을 검토한다.
3. 공동위원회는
   가. 임시 및 상설 위원회, 작업반 또는 그 밖의 기구를 설치하고 이에 책임을 위임할 수 있다.
   나. 비정부 인 또는 단체의 조언을 구할 수 있다.

다. 이 협정의 개정을 검토하거나 이 협정상의 약속을 수정할 수 있다.

라. 제11.22조(준거법) 및 제11.23조(부속서의 해석)에 규정된 것을 포함하여, 이 협정 규정에 대한 해석을 내릴 수 있다.

마. 자신의 의사진행규칙을 채택할 수 있다. 그리고

바. 양 당사국이 합의하는 대로 그 기능을 수행함에 있어서 그 밖의 조치를 취할 수 있다.

4. 양 당사국이 달리 합의하지 아니하는 한, 공동위원회는

가. 각 당사국의 영역에서 교대로 개최되는 것으로 하여 정기 회기로 매년 회합한다. 그리고

나. 다른 쪽 당사국의 영역에서 개최되거나 양 당사국이 합의하는 장소에서 개최되는 것으로 하여 어느 한쪽 당사국의 요청 후 30일 이내에 특별 회기로 회합한다.

5. 각 당사국은 공동위원회 또는 제3항 가호에 따라 설치된 기구의 회의와 관련하여 교환된 비밀정보를 그 정보를 제공한 당사국과 같은 기준으로 취급한다.

6. 투명성 및 개방성의 중요성을 인정하면서, 양 당사국은 이 협정의 이행에 있어 광범위한 시각을 수렴하기 위하여 대중 구성원의 견해를 고려하는 각자의 관행을 확인한다.

7. 공동위원회와 이 협정에 따라 설치된 모든 위원회·작업반 및 그 밖의 기구의 모든 결정은 양 당사국의 컨센서스로 정한다.

제2절 분쟁해결절차

제22.3조 협력

양 당사국은 이 협정의 해석 및 적용에 대하여 합의하도록 노력하며, 그 운영에 영향을 미칠 수 있는 모든 사안에 대하여 상호 만족할 만한 해결에 이르기 위하여 협력 및 협의를 통한 모든 시도를 한다.

제22.4조 적용 범위

이 협정에서 달리 규정되거나 양 당사국이 달리 합의하는 경우를 제외하고, 이 절

은 이 협정의 해석 또는 적용에 관한 양 당사국 간의 모든 분쟁의 회피 또는 해결에 대하여, 또는 당사국이 다음과 같이 판단하는 경우에는 언제나, 적용된다.

가. 다른 쪽 당사국의 조치가 이 협정상의 의무와 불합치하다.

나. 다른 쪽 당사국이 이 협정상의 자국의 의무를 달리 이행하지 못하였다. 또는

다. 이 협정에 불합치하지 아니하는 조치의 결과로서 제2장(상품에 대한 내국민 대우 및 시장 접근), 제3장(농업), 제4장(섬유 및 의류), 제6장(원산지 규정 및 원산지 절차), 제12장(국경 간 서비스무역), 제17장(정부조달) 또는 제18장(지적재산권)[1] 상 자국에 발생할 것으로 합리적으로 기대할 수 있었던 혜택이 무효화되거나 침해되고 있다. 다만, 그 조치가 제23.1조(일반적 예외)상 예외의 적용대상이 되는 경우에는 어떠한 당사국도 제12장(국경 간 서비스무역) 또는 제18장(지적재산권)상의 혜택에 대하여 이 호를 원용할 수 없다.

제22.5조 분쟁해결절차의 운영

각 당사국은 제22.9조에 따라 설치된 패널에 대하여 행정적 지원의 제공을 담당할 부서를 지정한다. 각 당사국은 지정된 부서의 운영 및 비용을 책임지고 그 소재지를 다른 쪽 당사국에게 통보한다.

제22.6조 분쟁해결절차의 선택

1. 어떠한 사안에 대한 분쟁이 이 협정과 세계무역기구협정 또는 양 당사국이 당사국인 그 밖의 협정에서 발생하는 경우, 제소 당사국은 그 분쟁을 해결하기 위한 분쟁해결절차를 선택할 수 있다.
2. 제소 당사국이 제1항에 언급된 협정 중의 하나에 따라 분쟁해결패널의 설치를 요구하였거나 사안을 분쟁해결패널에 회부하였으면, 선택된 분쟁해결절차는 다른 절차를 배제하고 이용된다.

---

1) 어떠한 당사국도 세계무역기구 회원국이 무역 관련 지적재산권에 관한 협정상 1994년도 GATT 제23조 제1항 나호에 규정된 유형의 제소를 개시하지 아니하기로 합의한 모든 기간 동안에는 제18장(지적재산권)에 따른 혜택에 영향을 미치는 조치에 대하여 다호를 원용하지 아니할 것이다.

제22.7조 협의

1. 어느 한쪽 당사국은 다른 쪽 당사국에게 서면통보를 전달함으로써 제22.4조에 기술된 사안에 대하여 다른 쪽 당사국에 협의를 요청할 수 있다. 제소 당사국은 문제가 되는 조치 또는 그 밖의 사안에 대한 적시와 제소의 법적 근거에 대한 표시를 포함하여 그 요청의 사유를 제시한다. 다른 쪽 당사국은 그 요청에 대하여 신속하게 응답하고 협의를 개시한다.
2. 이 조에 따라 협의를 요청하거나 협의 요청을 접수한 후 신속하게, 각 당사국은 광범위한 시각을 수렴하기 위하여 그 사안에 대하여 이해당사자 및 그 밖의 대중 구성원의 견해를 구한다.
3. 각 당사국은
   가. 협의의 대상이 되는 사안이 이 협정의 운영에 어떻게 영향을 미칠 수 있는지에 대한 충분한 검토가 가능하도록 협의를 통하여 충분한 정보를 제공한다. 그리고
   나. 협의 과정에서 교환된 비밀정보를 그 정보를 제공한 당사국과 같은 기준으로 취급한다.
4. 당사국은 협의의 대상이 되는 사안에 대하여 전문성을 가지고 있는 다른 쪽 당사국의 정부 기관 또는 그 밖의 규제기관의 직원을 이 조에 따른 협의 동안 활용 가능하도록 다른 쪽 당사국에 요청할 수 있다.

제22.8조 공동위원회 회부

1. 양 당사국이 제22.7조에 따른 협의요청의 전달로부터 60일 이내에, 또는 사안이 부패성 상품[2)]에 관한 것인 경우 20일 이내에, 사안을 해결하지 못하는 경우, 어느 한쪽 당사국은 다른 쪽 당사국에게 서면통보를 전달함으로써 그 사안을 공동위원회에 회부할 수 있다.
2. 양 당사국이 제19.7조(노동 협의) 또는 제20.9조(환경 협의 및 패널절차)에 따른 협의 요청의 전달로부터 60일 이내에 사안을 해결하지 못하는 경우, 어느 한쪽

2) 보다 명확히 하기 위하여, 부패성 상품이라 함은 통일상품명 및 부호체계의 제1류 내지 제24류에 분류된 부패성 농수산물을 말한다.

당사국은 다른 쪽 당사국에게 서면통보를 전달함으로써 그 사안을 공동위원회에 또한 회부할 수 있다.

3. 공동위원회는 신속하게 회합하고, 그 사안을 해결하기 위하여 노력한다.

제22.9조 패널의 설치[3)]

1. 제22.8조에 규정된 통보의 전달 후 60일 이내에, 사안이 부패성 상품에 관한 것인 경우에는 30일 이내에, 또는 양 당사국이 합의하는 그 밖의 기간 이내에 공동위원회가 사안을 해결하지 못하는 경우, 제소 당사국은 다른 쪽 당사국에게 서면통보를 전달함으로써 분쟁해결패널에 그 사안을 회부할 수 있다. 제소 당사국은 문제가 되는 조치 또는 그 밖의 사안의 적시와 문제를 분명하게 제시하기에 충분한 제소의 법적 근거에 대한 간략한 요약을 포함한 요청의 사유를 명시한다.
2. 양 당사국이 달리 합의하지 아니하는 한, 양 당사국은 패널을 선정함에 있어 다음의 절차를 적용한다.
   가. 패널은 3인의 위원으로 구성된다.
   나. 각 당사국은 패널에 사안이 회부된 후 28일 이내에 1인의 패널위원을 제안한다. 어느 한쪽 당사국이 그 기간 내에 패널위원을 제안하지 못하는 경우, 양 당사국은 7일 이내에 회합하여 제3항에 따라 작성된 후보명부의 구성원으로서 그 당사국의 국민인 구성원 중에서 추첨으로 패널위원을 선정한다.
   다. 당사국은 후보명부에 등재되지 아니한 개인에 대하여 그 개인이 패널위원으로 제안된 후 14일 이내에 기피권을 행사할 수 있다. 어느 한쪽 당사국이 기피권을 3회 행사하는 경우, 다른 쪽 당사국은 후보명부에서 패널위원을 선정한다.
   라. 양 당사국은 의장 직무를 수행할 세 번째 패널위원에 대하여 합의하도록 노력한다.
   마. 양 당사국이 두 번째 패널위원이 임명된 날 후 28일 이내에 의장에 대하여 합의할 수 없는 경우, 양 당사국은 7일 이내에 회합하여 제3항에 따라 작

3) 제13.18조(분쟁해결)는 제13장(금융서비스)에서 발생하는 사안을 위한 패널의 설치에 관하여 추가적인 규정을 포함한다.

성된 후보명부의 구성원으로서 어느 당사국의 국민도 아닌 구성원 중에서 추첨으로 의장을 선정한다.[4)]

바. 패널위원은 그 인이 나호에 따라 제안되고 다호에 따른 기피권이 행사되지 아니하는 때, 또는 그 인이 이 항에 따라 후보명부에서 선정되는 때, 패널에 임명된 것으로 간주된다.

3. 이 협정의 발효일로부터 180일 이내에, 양 당사국은 패널위원의 직무를 수행할 의사와 능력이 있는 개인의 후보명부를 작성한다. 양 당사국이 달리 합의하지 아니하는 한, 후보명부는 각 당사국의 국민 최소 6인과 어느 당사국의 국민도 아닌 개인 최소 8인을 포함한다. 후보명부상의 개인은 최소 3년의 임기로 양 당사국의 합의에 따라 임명되며, 그 개인이 대체되거나 직무를 수행할 수 없을 때까지 후보명부에 존치된다. 양 당사국은 3년마다 후보명부를 검토하고, 적절한 경우 명부상의 개인을 대체할 수 있다. 양 당사국은 후보명부의 구성원이 직무를 수행할 수 없게 되는 경우 대체자를 또한 임명할 수 있다.

4. 제2항에 따라 패널에 또는 제3항에 따라 후보명부에 임명된 개인은

가. 객관성, 신뢰성 및 건전한 판단에 엄격하게 기초하여 선정된다.

나. 법 · 국제무역 또는 국제무역협정에서 발생하는 분쟁의 해결에 대하여 전문성이나 경험을 보유한다.

다. 어느 한쪽 당사국으로부터도 독립적이고, 제휴 관계가 없으며, 또한 지시를 받지 아니한다. 그리고

라. 공동위원회에 의하여 제정될 행동규범을 준수한다.

이에 추가하여, 제19장(노동) 또는 제20장(환경)에서 발생하는 분쟁의 경우, 후보명부에서 추첨으로 선정되는 패널위원 이외의 패널위원은 분쟁대상과 관련된 전문지식 또는 경험을 보유한다. 제2항 다호는 제19장 또는 제20장에서

---

4) 나호 또는 마호에 따라 추첨으로 선정된 패널위원이 패널에서 직무를 수행할 수 없는 경우, 양 당사국은 후보명부의 나머지 구성원으로서, 관련 당사국의 국민인 자 중에서(나호의 경우) 또는 어느 당사국의 국민도 아닌 자 중에서(마호의 경우) 추첨으로 다른 패널위원을 선정하기 위하여 그 패널위원이 이용 가능하지 아니함을 안 때로부터 7일 이내에 회합한다. 패널위원이 절차의 과정 중에 또는 패널이 제22.13조나 제22.14조에 따라 재소집되는 때, 직무를 수행하지 못하게 되는 경우, 그 패널위원이 직무를 수행하지 못하게 되는 경우를 알게 된 때로부터 7일 이내에 관련 당사국은 후보명부에서 대체 패널위원을 선정하고, 의장의 경우에는, 양 당사국이 후보명부의 구성원으로서 어느 당사국의 국민도 아닌 구성원 중에서 대체의장을 추첨으로 선정하기 위하여 회합한다.

발생하는 분쟁에는 적용되지 아니한다.

제22.10조 절차 규칙

1. 이 협정의 발효일까지 양 당사국은 다음을 보장하는 모범 절차규칙을 제정한다.
   가. 패널에서 최소 1회의 심리를 받을 수 있는 권리
   나. 바호를 조건으로, 패널에서의 모든 심리가 대중에 공개될 것
   다. 각 당사국이 최초 및 반박 입장을 제출할 수 있는 기회
   라. 각 당사국의 서면입장, 구두진술의 서면본 및 패널로부터의 요청이나 질문에 대한 서면 답변서가 제출된 후 7일 이내에 바호를 조건으로 대중에 이용 가능하도록 할 것
   마. 양 당사국의 입장 및 주장을 평가하는 데 있어 패널에게 도움을 줄 수 있는 분쟁에 대한 서면의견을 제공하겠다는 양 당사국의 영역에 소재하는 비정부기관으로부터의 요청을 패널이 고려할 것. 그리고
   바. 비밀정보의 보호
2. 양 당사국이 달리 합의하지 아니하는 한, 패널은 모범 절차규칙을 준수하고, 양 당사국과의 협의 후, 모범 절차규칙에 불합치하지 아니하는 추가적인 절차규칙을 채택할 수 있다.
3. 패널 설치의 요청을 전달한 날로부터 20일 이내에 양 당사국이 달리 합의하지 아니하는 한, 패널의 위임사항은 다음과 같다.
   "패널 설치 요청에서 언급된 사안을 이 협정의 관련 규정에 비추어 조사하고, 제22.11조 제1항 및 제2항에 규정된 대로 조사·판정 및 권고를 하며, 제22.11조 제1항 및 제4항에 언급된 서면 보고서를 제출하는 것"
4. 패널은, 어느 한쪽 당사국의 요청이 있는 경우 또는 자체 발의로, 적질하다고 간주하는 개인이나 기관으로부터 정보 및 기술적 자문을 구할 수 있다. 다만, 이는 양 당사국이 그렇게 합의하는 경우에 한하고 양 당사국이 합의하는 조건에 따른다.

제22.11조 패널 보고서

1. 양 당사국이 달리 합의하지 아니하는 한, 패널은 의장이 임명된 후 180일 이내

에 사실의 조사 결과와 다음에 대한 판정, 그리고 그 조사 결과 및 판정에 대한 사유를 포함한 최초 보고서를 양 당사국에 제출한다.

가. 1) 문제가 되는 조치가 이 협정의 의무에 불합치하는지 여부
   2) 당사국이 이 협정상의 의무를 달리 이행하지 못하였는지 여부, 또는
   3) 문제가 되는 조치가 제22.4조 다호의 의미상의 무효화 또는 침해를 초래하고 있는지 여부, 그리고

나. 패널이 다루도록 양 당사국이 공동으로 요청한 그 밖의 모든 사안

2. 패널은 이 협정의 관련 규정과 양 당사국의 입장 및 주장에 기초하여 보고서를 작성한다. 패널은 조약법에 관한 비엔나 협약(1969년) 제31조 내지 제33조에 반영된 국제공법에 관한 관습적인 해석규칙에 따라 이 협정을 검토한다. 양 당사국의 요청이 있는 경우, 패널은 분쟁의 해결을 위한 권고를 할 수 있다.
3. 각 당사국은 최초 보고서의 제출로부터 14일 이내에 보고서에 대한 서면 의견을 패널에 제출할 수 있다. 최초 보고서에 대한 양 당사국의 서면 의견을 고려한 후, 패널은 보고서를 수정하고 적절하다고 판단하는 추가 검토를 할 수 있다.
4. 양 당사국이 달리 합의하지 아니하는 한, 패널은 최초 보고서의 제출로부터 45일 이내에 최종 보고서를 양 당사국에 제출한다. 양 당사국은 비밀정보의 보호를 조건으로 그로부터 15일 이내에 최종 보고서를 공개한다.

제22.12조 최종 보고서의 이행

1. 패널의 최종보고서를 접수하면, 양 당사국은 패널의 판정과, 권고가 있을 경우 그 권고에, 통상적으로 합치하는 분쟁해결에 합의한다.
2. 패널이 최종보고서에서 어느 한쪽 당사국이 이 협정상의 의무에 합치하지 아니하였다고 판정하거나 당사국의 조치가 제22.4조 다호의 의미상의 무효화 또는 침해를 초래하고 있다고 판정한 경우, 가능한 때에는 언제나, 그 불합치나 무효화 또는 침해를 제거하여 분쟁을 해결한다.

제22.13조 불이행

1. 패널이 제22.12조 제2항에 기술된 유형의 판정을 내렸고 양 당사국이 최종보고서 접수 후 45일 이내에 또는 양 당사국이 합의하는 그 밖의 기간 내에 제

22.12조 제1항에 따른 분쟁해결에 대한 합의에 이르지 못하는 경우, 피소 당사국은 상호 수용 가능한 보상을 마련하기 위하여 제소 당사국과 협상을 개시한다.

2. 양 당사국이
   가. 그러한 보상을 마련하기 위한 기간이 개시된 후 30일 이내에 보상에 관하여 합의하지 못하거나
   나. 보상 또는 제22.12조 제1항에 따른 분쟁해결에 합의하였으나, 피소 당사국이 합의 조건을 준수하지 못하였다고 제소 당사국이 판단하는 경우

   제소 당사국은 피소 당사국에 대하여 동등한 효과를 갖는 혜택의 적용을 정지하고자 한다는 서면통보를 그 이후 언제라도 피소 당사국에게 할 수 있다. 그 통보에는 제소 당사국이 정지하겠다고 제안한 혜택의 수준이 명시된다. 제5항을 조건으로, 제소 당사국은, 각 경우에 맞게, 이 항에 따라 다른 쪽 당사국에게 통보하거나 패널이 제3항에 따라 판정을 내린 날 중 나중에 도래하는 날로부터 30일 이후에 혜택의 정지를 개시할 수 있다.
3. 피소 당사국이
   가. 제소 당사국이 정지하겠다고 제안한 혜택의 수준이 명백히 과도하다고 판단하거나
   나. 패널이 판정한 불합치나 무효화 또는 침해를 제거하였다고 판단하는 경우

   피소 당사국은, 제소 당사국이 제2항에 따라 통보를 한 후 30일 이내에, 패널이 그 사안을 검토하기 위하여 재소집되도록 요청할 수 있다. 피소 당사국은 자국의 요청을 서면으로 제소 당사국에게 전달한다. 패널은 그 요청의 전달 후 가능한 한 조속히 재소집하고, 가호 또는 나호 중 하나의 요청을 검토하기 위하여 재소집한 후 90일 이내에, 또는 가호 및 나호 모두의 요청에 대하여는 120일 이내에, 자신의 판정을 양 당사국에게 제출한다. 정지하겠다고 제안된 혜택의 수준이 명백히 과도하다고 패널이 판성하는 경우, 패널은 동등한 효과를 갖는 것으로 판단하는 혜택의 수준을 판정한다.
4. 피소 당사국이 불합치나 무효화 또는 침해를 제거하였다고 패널이 판정하지 아니하는 한, 제소 당사국은 제3항에 따라 패널이 판정한 수준, 또는 패널이 그 수준을 판정하지 아니한 경우에는 그 당사국이 제2항에 따라 정지하겠다고 제안한 수준까지 혜택을 정지할 수 있다.
5. 혜택을 정지하겠다는 의사를 서면으로 통보한 후 30일 이내에, 또는 제3항에 따라 패널이 재소집된 경우에는 패널이 판정을 내린 후 20일 이내에 피소 당

사국이 연간 금전적 평가액을 지불하겠다고 다른 쪽 당사국에게 서면으로 통보하는 경우, 제소 당사국은 혜택을 정지할 수 없다. 피소 당사국이 통보한 후 10일 이내에 시작하여 양 당사국은 평가금액에 관한 합의에 이르기 위하여 협의한다. 협의가 개시된 이후 30일 이내에 양 당사국이 합의에 이르지 못하는 경우, 평가금액은 패널이 동등한 효과를 가진다고 제3항에 따라 판정한 혜택의 수준의 50퍼센트와 같은 수준, 또는 패널이 그 수준을 판정하지 아니하는 경우에는 제소 당사국이 제2항에 따라 정지하겠다고 제안한 수준의 50퍼센트와 같은 수준에서 미화로 결정된다.

6. 공동위원회가 달리 결정하지 아니하는 한, 금전적 평가액은 피소 당사국이 평가액을 지불하겠다는 의사를 통보한 후 60일부터 시작하여 분기별로 균등한 액수의 미화로, 또는 그에 상당하는 액수의 한화로 제소 당사국에게 지불된다. 상황이 정당화되는 경우, 공동위원회는, 불합리한 무역장벽을 더욱 축소하거나 어느 한쪽 당사국이 이 협정상의 의무를 수행하는 것을 지원하는 것을 포함하여 양 당사국 간 무역을 촉진하는 적절한 이니셔티브를 위하여 공동위원회에 의하여 설치되고 공동위원회의 지시에 따라 지출되는 기금에 평가액이 지불되도록 결정할 수 있다.
7. 피소 당사국이 금전적 평가액을 지불하지 못하는 경우, 제소 당사국은 제4항에 따라 피소 당사국에 대한 혜택의 적용을 정지할 수 있다.

제22.14조 이행 검토

1. 제22.13조 제3항에 규정된 절차를 저해함이 없이, 패널이 판정한 불합치나 무효화 또는 침해를 제거하였다고 피소 당사국이 판단하는 경우, 그 피소 당사국은 제소 당사국에게 서면으로 통보함으로써 그 사안을 그 패널에 회부할 수 있다. 패널은 요청의 전달 후 가능한 한 신속히 재소집하여 피소 당사국이 통보를 한 후 90일 이내에 그 사안에 대한 보고서를 제출한다.
2. 피소 당사국이 불합치나 무효화 또는 침해를 제거하였다고 패널이 판정하는 경우, 제소 당사국은 자국이 제22.13조에 따라 정지하였던 혜택을 신속하게 복원하고, 피소 당사국은 제22.13조 제5항에 따라 지불하기로 동의한 금전적 평가액을 지불하도록 더 이상 요구되지 아니한다.

제22.15조 5년 검토

공동위원회는 이 협정 발효일 후 5년 이내에, 또는 이 장에 따라 개시된 5건의 절차에서 혜택이 정지되었거나 금전적 평가액이 지불된 후 6월 이내 중 먼저 도래하는 시기에, 제22.13조의 운영 및 효과를 검토한다.

제3절 국내절차 및 민간 상사분쟁 해결

제22.16조 사적 권리

어떠한 당사국도 다른 쪽 당사국의 조치가 이 협정에 불합치하다는 것을 근거로 다른 쪽 당사국에 대한 자국법상의 제소권을 규정할 수 없다.

제22.17조 대체적 분쟁해결

1. 각 당사국은 제1.1조(자유무역지대의 창설)에 따라 설립된 자유무역지대에서 사적 당사자 간에 국제상사분쟁의 해결을 위하여 중재와 그 밖의 대체적 분쟁해결 수단의 사용을 가능한 한 최대한 장려하고 촉진한다.
2. 이러한 목적으로, 각 당사국은 중재협정의 준수를 보장하고 그러한 분쟁에서의 중재판정의 승인 및 집행을 위한 적절한 절차를 규정한다.
3. 당사국이 1958년 6월 10일 뉴욕에서 채택된 외국 중재판정의 승인 및 집행에 관한 국제연합협약의 당사국이면서 이를 준수하고 있는 경우, 그 당사국은 제2항을 준수하는 것으로 간주된다.

부속서 22-가 자동차에 관한 대체적 분쟁절차

자동차와 관련된 제22.4조에 기술된 사안에 대하여, 당사국은 제22.7조 내지 제22.13조에 규정된 절차를 대신하여 이 부속서에 규정된 분쟁해결절차를 개시할 수 있다.

양 당사국이 달리 합의하지 아니하는 한,

1. 제소 당사국은 피소 당사국에게 서면통보를 전달함으로써 사안을 공동위원회에 회부할 수 있다. 공동위원회는 신속하게 회합하여 사안을 해결하도록 노력한다.
2. 공동위원회가 제1항에 기술된 통보의 전달 후 30일 이내에 사안을 해결하지 못한 경우, 제소 당사국은 분쟁해결패널에 사안을 회부한다는 것을 피소 당사국에게 서면으로 통보할 수 있다.
3. 제소 당사국이 제2항에 따라 서면통보를 전달한 후 7일 이내에 양 당사국은 회합하여 패널위원으로 직무를 수행할 각 당사국 국민 1인씩과, 패널 의장으로 직무를 수행할 어느 쪽 당사국의 국민도 아닌 1인을 제22.9조 제3항에서 작성된 후보명부에서 추첨으로 선정한다. 추첨으로 선정된 개인이 패널에서 직무를 수행할 수 없는 경우, 양 당사국은 추첨으로 대체자를 선정하기 위하여 신속하게 회합한다. 패널위원 선정이 완료되면 패널이 설치된 것으로 간주된다.
4. 제22.10조 및 제22.11조에 규정된 절차는 다음을 제외하고 이 부속서상의 패널 절차에 적용된다.
   가. 패널은 불합치나 무효화 또는 침해가 있을 경우, 그러한 불합치나 무효화 또는 침해가 제소 당사국의 원산지 상품의 판매 · 판매를 위한 제의 · 구매 · 운송 · 유통 또는 사용에 실질적으로 영향을 미쳤는지 여부에 대하여 또한 판정한다.
   나. 패널은 패널이 설치된 후 120일 이내에 사안에 대한 최초 보고서를 양 당사국에 제시한다.
   다. 각 당사국은 최초 보고서에 대한 서면 의견을 보고서의 제시로부터 7일 이내에 패널에 제출할 수 있다. 그리고
   라. 패널은 최초 보고서를 제시한 후 21일 이내에 최종 보고서를 제출한다.
5. 최종 보고서에서 패널이 다음을 판정하는 경우, 제소 당사국은 관세세번 8703호의 원산지 상품에 대하여 그러한 상품에 대한 현행 최혜국 실행관세율을 초과하지 아니하는 수준까지 관세율을 인상할 수 있다.
   가. 피소 당사국이 이 협정상의 의무에 합치하지 아니하였거나, 또는 피소 당사국의 조치가 제22.4조 다호의 의미상의 무효화 또는 침해를 초래하고 있다. 그리고
   나. 패널이 판정한 불합치나 무효화 또는 침해가 제소 당사국의 원산지 상품의 판매 · 판매를 위한 제의 · 구매 · 운송 · 유통 또는 사용에 실질적으로 영향

을 주었다.[5)]

6. 제소 당사국이 제5항에 따라 관세를 인상하였을 경우, 제소 당사국은 피소 당사국이 불합치나 무효화 또는 침해를 제거한 때에 인상된 관세를 철회한다.
7. 제소 당사국이 제6항에 합치되게 인상된 관세를 철회하지 못하였다고 피소 당사국이 판단하는 경우, 피소 당사국은 패널을 재소집하도록 제소 당사국에 서면으로 요청을 전달할 수 있다. 패널은 요청의 전달 후 가능한 한 조속히 재소집되고, 재소집된 후 90일 이내에 자신의 판정을 양 당사국에게 제출한다. 피소 당사국이 불합치나 무효화 또는 침해를 제거하였다고 패널이 판정하는 경우, 제소 당사국은 인상된 관세를 신속하게 철회한다.
8. 이 부속서에 규정된 절차는 이 협정 발효일로부터 10년 후에 종료된다. 다만, 이는 이 부속서에 따라 그 기간 동안 설치된 어떠한 패널도 어느 한쪽 당사국이 이 협정상의 자국의 의무에 합치하지 못하였다거나 그 당사국의 조치가 제22.4조 다호의 의미상의 무효화 또는 침해를 초래하였다고 판정하지 아니하였을 경우에 한한다.

부속서22-나 한반도 역외가공지역 위원회

1. 대한민국의 헌법상 위임 및 안보 이익과, 미합중국의 상응하는 이익을 인정하면서, 양 당사국은 한반도 역외가공지역 위원회를 설립한다. 위원회는 한반도에서의 상황이 역외가공지역들의 설립 및 개발을 통한 추가적 경제개발에 적절한지 여부를 검토한다.
2. 위원회는 각 당사국의 공무원들로 구성된다. 위원회는 이 협정 발효 1주년이 되는 일자에 회합하며, 그후 매년 최소 1회 또는 상호 합의하는 대로 어느 때나 회합한다.
3. 위원회는 역외가공지역들로 지정될 수 있는 지리적 구역들을 확인한다. 위원회는 역외가공지역으로부터의 상품이 이 협정의 목적상 원산지 상품으로 간주될 수 있기 전에 충족되어야 하는 기준을 수립한다. 그 기준은 다음을 포함하

5) 패널이 판정한 불합치나 무효화 또는 침해가 제소 당사국의 원산지 상품의 판매·판매를 위한 제의·구매·운송·유통 또는 사용에 실질적으로 영향을 주지 아니하였다고 패널이 판정하는 경우, 제22.12조 및 제22.13조에 규정된 절차가 적용된다.

나 이에 한정되지 아니한다.

- 한반도 비핵화를 향한 진전
- 역외가공지역들이 남북한 관계에 미치는 영향, 그리고
- 그 역외가공지역에서 일반적인 환경 기준, 노동 기준 및 관행, 임금 관행과 영업 및 경영 관행. 이 경우 현지 경제의 그 밖의 곳에서 일반적인 상황 및 관련 국제규범을 적절하게 참고한다.

4. 위원회는 그러한 역외가공지역이 위원회가 수립한 기준을 충족하였는지 여부를 결정한다. 위원회는 또한 역외가공지역의 지리적 구역 내에서 원산지 최종 상품에 추가될 수 있는 총투입가치의 최대 한도를 설정한다.
5. 위원회의 일치된 동의에 따라 내려진 결정은 양 당사국에게 권고되며, 양 당사국은 역외가공지역들에 대하여 이 협정의 개정을 위한 입법적 승인을 구할 책임을 진다.

부속서22-다 수산위원회

1. 양 당사국은 수산 사안에 대하여 양 당사국 간 협력을 증진하기 위하여 각 당사국의 대표로 구성된 수산위원회를 설치한다.
2. 위원회는 다음을 논의한다.
   가. 자국 배타적 경제수역 내에서의 상업적 활동에 대한 각 당사국의 정책
   나. 상호 관심을 가지고 있는 수산 사안에 관한 과학적 연구에 대한 협력, 그리고
   다. 상호 관심을 가지고 있는 세계적 수산 문제
3. 위원회는 이 협정의 발효일 후 1년 이내에, 그리고 그 이후에는 양 당사국이 달리 합의하지 아니하는 한 매년 회합한다. 위원회는 공동위원회에 각 회의의 결과를 알린다.

제24장 최종 규정

제24.1조 부속서, 부록 및 각주

이 협정의 부속서, 부록 및 각주는 이 협정의 불가분의 일부를 구성한다.

제24.2조 개정

양 당사국은 이 협정의 개정에 서면으로 합의할 수 있다. 개정은 양 당사국이 각자 적용 가능한 법적 요건 및 절차를 완료하였음을 증명하는 서면통보를 교환한 후 양 당사국이 합의하는 날에 발효한다.

제24.3조 세계무역기구협정의 개정

양 당사국이 이 협정에 통합한 세계무역기구협정의 규정이 개정되는 경우, 양 당사국은 제24.2조에 따라 적절한 경우 이 협정의 관련 규정의 개정을 검토하기 위하여 협의한다.

제24.4조 가입

1. 어떠한 국가 또는 국가집단도, 그 국가나 국가집단과 양 당사국 간에 합의될 수 있는 조건에 따라, 그리고 각 당사국과 가입국의 적용 가능한 법적 요건 및 절차에 따른 승인 후에, 이 협정에 가입할 수 있다.
2. 제1항에 기술된 합의 시점에 당사국이나 가입국 또는 가입 국가집단 중 하나가 그러한 적용에 동의하지 아니하는 경우, 이 협정은 그러한 당사국과 가입국 또는 가입 국가집단 간에는 적용되지 아니한다.

제24.5조 발효 및 종료

1. 이 협정은 양 당사국이 각자의 적용 가능한 법적 요건 및 절차를 완료하였음을

증명하는 서면통보를 교환한 날부터 60일 후 또는 양 당사국이 합의하는 다른 날에 발효한다.

2. 이 협정은 어느 한쪽 당사국이 다른 쪽 당사국에게 이 협정의 종료를 희망함을 서면으로 통보한 날부터 180일 후에 종료된다.
3. 제2항에 따라 당사국이 통보를 한 후 30일 이내에, 어느 한쪽 당사국은 이 협정의 규정 중에서 제2항에서 규정된 날 이후에 종료되어야 할 규정이 있는지 여부에 대하여 협의를 개시할 것을 다른 쪽 당사국에게 서면으로 요청할 수 있다. 협의는 당사국이 자국의 요청을 전달한 후 30일 이내에 개시된다.

제24.6조 정본

이 협정의 한국어본 및 영어본은 동등한 정본이다.

이상의 증거로, 아래의 서명자는 각자의 정부로부터 정당하게 권한을 위임받아 이 협정에 서명하였다.

2007년 6월 30일 워싱턴 디씨에서 한국어 및 영어로 각 2부씩 작성하였다.

대한민국 정부를 위하여 미합중국 정부를 위하여

http://www.fta.go.kr/korus/main/index.asp

http://www.fta.go.kr/korus/pds/kor_us_list.html

한미 FTA 추가협상 합의문 서한교환

Exchange of Letters between the Government of the Republic of Korea and the Government of the United States of America for Legal Texts Reflecting December 3, 2010 Agreement

번역 2011. 2. 10

김종훈 통상교섭본부장
대한민국 서울

김종훈 본부장 귀하,

본인은 「대한민국과 미합중국 간의 자유무역협정」("한미 자유무역협정")과 관련되는 사안에 관한 논의 과정에서 대한민국 정부와 미합중국 정부("양 당사국")의 대표들 간에 도달한 다음의 양해를 확인하는 영광을 가지는 바입니다.

제1절 관세

1. 한미 자유무역협정 제2.3조 제2항 및 부속서 2-나의 미합중국 양허표에도 불구하고, 미합중국은 특정 상품에 대한 관세를 다음과 같이 철폐한다.
   가. 단계별 양허유형 A 또는 C의 대상이 되는 제8703호의 원산지 상품에 대하여, 관세는 이행 1년차부터 이행 4년차까지 기준관세율을 유지한다. 이행 5년차 1월 1일부터 그 상품에 대하여 무관세가 적용된다.
   나. 소호 870390의 원산지 상품에 대하여, 관세는 5단계에 걸쳐 매년 균등하게 철폐되어, 이행 5년차 1월 1일부터 그 상품에 대하여 무관세가 적용된다. 그리고,
   다. 단계별 양허유형 G의 대상이 되는 제8704호의 원산지 상품에 대하여, 관세는 이행 1년차부터 이행 7년차까지 기준관세율을 유지한다. 그 상품에 대한 관세는 이행 8년차 1월 1일을 시작으로 3단계에 걸쳐 매년 균등하게 철폐되어, 이행 10년차 1월 1일부터 그 상품에 대하여 무관세가 적용된다.
2. 한미 자유무역협정 제2.3조 제2항 및 부속서 2-나의 대한민국 양허표에도 불

구하고, 대한민국은 특정 상품에 대한 관세를 다음과 같이 철폐한다.

가. 단계별 양허유형 A의 대상이 되는 제8703호의 원산지 상품에 대하여, 관세는 한미 자유무역협정 발효일에 종가세 4퍼센트로 인하된다. 관세는 이행 1년차부터 이행 4년차까지 종가세 4퍼센트를 유지하여, 이행 5년차 1월 1일부터 그 상품에 대하여 무관세가 적용된다.

나. 소호 870390의 원산지 상품에 대하여, 관세는 한미 자유무역협정 발효일에 종가세 4퍼센트로 인하된다. 관세는 이행 2년차 1월 1일을 시작으로 4단계에 걸쳐 매년 균등하게 철폐되어, 이행 5년차 1월 1일부터 그 상품에 대하여 무관세가 적용된다. 그리고,

다. 0203299000의 원산지 상품에 대하여, 관세는 2012년 1월 1일부터 종가세 16퍼센트, 2013년 1월 1일부터 종가세 12퍼센트, 2014년 1월 1일부터 종가세 8퍼센트, 2015년 1월 1일부터 종가세 4퍼센트로 인하되어, 2016년 1월 1일부터 그 상품에 대하여 무관세가 적용된다.[1)]

제2절 안전기준

1. 한미 자유무역협정 제9장에 관하여 양 당사국이 2007년 6월 30일 교환한 서한의 자기인증 조항 나호 1목 및 나호 2목을 대신하여, 대한민국은 직전 연도 동안 대한민국 영역 내에서 25,000대 이하의 원산지 자동차를 판매한 제작사가 생산한 원산지 자동차[2)]는 그 제작사가 미합중국 연방 자동차 안전기준을 준수한다고 인증하는 경우, 그 자동차는 대한민국 자동차 안전기준을 준수하는 것으로 간주된다고 규정한다.[3)·4)]

---

1) 보다 명확히 하기 위하여, 관세는 2011년 12월 31일 또는 한미 자유무역협정이 발효하는 날 중 더 나중의 날까지 기본 세율을 유지한다.

2) "원산지 자동차"란 한미 자유무역협정의 목적상 미합중국 원산지 상품으로서의 자격을 갖춘 자동차를 말한다.

3) 이 절의 목적상, 「미합중국 연방 자동차 안전기준」은 특정한 종류의 자동차가 미합중국 내에서 판매되거나 판매할 목적으로 제공되기 위하여 준수해야만 하는 안전기준의 총체를 지칭한다.

4) 보다 명확히 하기 위하여, 이 항의 그 어떠한 규정도 대한민국이 원산지 자동차의 미합중국 연방 자동차 안전기준 준수 여부를 검증하기 위하여 시판 후 검증에 관한 대한민국의 「자동차관리법」(법이 개정된 경우에도 같다)의 관련 조항과 시험 참관 및 적합 조사 결과에 대한 의견에 관한 관련 규정을 적용하는 것을 방해하지 아니한다. 그러한 목적을 위하여, 미합중국은 「미합중국 연방 자동차 안전기준」과 관련된 과학적이고 기술적인 정보를 요청 시 대한민국에 제공한다.

2. 양 당사국이 원산지 자동차 제작사의 대한민국 영역 내에서의 연간 판매가 제1항에 규정된 25,000대 기준에 근접하고 있다고 판단할 때, 그리고, 어느 한쪽 당사국의 요청에 따라 양 당사국은 제1항 운용의 추가 수용을 고려하기 위한 검토를 실시한다.
3. 제1항에도 불구하고, 상용차[5]는 별첨 부속서에서 확인된 대한민국 자동차 안전기준 항목을 준수한다. 어느 한쪽 당사국의 요청이 있는 경우 한미 자유무역협정 부속서 9-나에 의하여 설치되는 자동차 작업반은 이 부속서의 적용 범위를 포함하여 그 수정에 대하여 논의한다.
4. 가. 예외적인 상황에서, 실증된 과학적 또는 기술적 정보에 근거하여 제1항의 운용이 도로 안전, 인간의 건강 또는 환경에 대한 중대한 위험을 초래하는 경우, 대한민국은 그 위험을 다루기 위하여 필요한 조치를 취할 수 있다. 다만, 그러한 조치는 다른 쪽 당사국의 제품에 대하여 자의적이거나 정당화될 수 없는 차별의 수단 또는 무역에 대한 위장된 제한을 구성하게 될 방식으로 적용되어서는 아니 된다.
   나. 대한민국은 그러한 일시적인 긴급조치를 시행하기 전에, 그리고 실행 가능한 한 조속히, 미합중국 및 수입자에게 통보하고, 그 조치의 동기에 대한 객관적이고, 논증되며 충분히 자세한 설명을 제공한다. 대한민국은 대부분의 경우, 그 조치에 대한 의견을 제시할 합리적인 기회를 이해관계인 및 미합중국에게 제공하여야 할 것이다.
5. 가. 어떠한 당사국도 신기술이나 새로운 특성이 인간의 건강, 안전 또는 환경에 위험을 초래한다는 것을 과학적 또는 기술적 정보에 근거하여 증명할 수 있는 경우를 제외하고, 자동차 제품이 아직 규제되지 아니한 그러한 신기술이나 새로운 특성을 포함하고 있다는 것을 이유로 그 제품의 출시를 방해하거나 이를 과도하게 지체시켜서는 아니 된다.
   나. 당사국이 자동차 제품이 인간의 건강, 안전 또는 환경에 위험을 초래하는 신기술이나 새로운 특성을 포함하고 있음을 이유로 그 제품의 출시를 거절하거나 자국 시장에서 회수할 것을 요구하는 결정을 한 때에, 다른 쪽 당사국과 그 제품의 수입자에게 자신의 결정을 즉시 통보한다. 이 통보는

5) "상용차"는 차량 총중량이 4.5톤 이하이고, 그 차종에 관련된 모든 미합중국 연방 자동차 안전기준을 준수하며, 특정 주문에 따라 맞춤형으로 제작되기보다는 일반 소비자를 위하여 생산되는 픽업트럭은 포함하지 아니한다.

모든 관련된 과학적 또는 기술적 정보를 포함한다.

제3절 투명성

1. 「무역에 대한 기술장벽에 관한 협정」 제2.10조 및 제5.7조에 언급된 그러한 긴급한 상황을 제외하고, 자동차 디자인 또는 기술에 있어 실질적인 변화를 요구하게 될 어떠한 기술 규정 또는 적합성 평가절차에 대해서도 각 당사국은 그 기술 규정 또는 적합성 평가절차의 공포일과 그 조치의 준수가 강제력을 갖는 날 사이에 보통 12개월 이상의 기간을 부여한다.
2. 각 당사국은 자동차에 영향을 미치는 기존의 중요한 규정에 대한 사후이행검토를 주기적으로[6] 실시한다. 이 항의 목적상, "사후이행검토"란 명시된 목표를 달성하는지에 대한 평가, 그 부담 정도, 그리고 당사국이 채택하는 그 밖의 표준, 기술 규정 또는 적합성 평가절차와의 양립 가능성을 포함하여, 표준, 기술 규정 또는 적합성 평가절차가 이행된 이후 그 효과성에 대한 심사를 말한다. 이 항은 한미 자유무역협정이 발효된 다음 날부터 2년이 지난 시점부터 대한민국에 적용된다.
3. 한미 자유무역협정 제23.3조에도 불구하고, 한미 자유무역협정 제21.1조는 연비 또는 온실가스 배출에 기반한 자동차에 관한 대한민국의 새로운 과세조치에 적용된다. 양 당사국은 이 항의 운용에 영향을 미칠 수 있는 모든 사안에 대하여 상호 만족할 만한 해결에 이르기 위하여 협력 및 협의를 통한 모든 시도를 한다. 어떠한 당사국도 이 항에서 발생하는 어떠한 사안에 대해서도 이 양해상의 분쟁해결을 이용할 수 없다.

제4절 자동차 긴급수입제한조치

당사국은 제8703호 또는 제8704호의 자동차에 대하여 다음의 절차적 수정을 가한 한미 자유무역협정 제10장에 규정된 절차를 사용하여 긴급수입제한조치를 적용할 수 있다.[7]

---

6) "주기적으로"란 보통 조치가 채택된 다음 날부터 10년 이내에 최소 한 번 그리고 그 이후에는 적절한 때를 말한다.

7) 보다 명확히 하기 위하여, 이 양해의 제1절에 언급된 자동차 상품에 대한 긴급수입제한조치의

가. 제10.2조 제5항 나호를 대신하여 다음이 적용된다.

어떠한 당사국도 긴급수입제한조치 적용의 총기간이 최초 적용 기간과 이에 대한 연장을 포함하여 4년을 초과하지 아니하는 한, 수입 당사국의 권한 있는 당국이 그 조치가 심각한 피해를 방지하거나 구제하기 위하여 그리고 구조조정을 촉진하기 위하여 지속적으로 필요하다는 것과 그 산업이 구조조정되고 있다는 증거가 있다는 것을 제10.2조에 명시된 절차에 합치되게 판정하는 경우에는 그 기간이 2년까지 연장될 수 있다는 것을 제외하고, 2년을 초과하는 기간 동안에 긴급수입제한조치를 적용할 수 없다.

나. 제10.2조 제6항 및 제7항, 그리고 제10.3조 제2항은 적용되지 아니한다.

다. 제10.4조를 대신하여 다음이 적용된다.[8)]

1) 양자 간 긴급수입제한조치를 적용하는 당사국은 실질적으로 동등한 무역 효과를 가지거나 긴급수입제한조치로부터 발생할 것으로 기대되는 추가적인 관세액과 동등한 양허의 형태로 된 적절한 무역자유화 보상에 관해 상호 합의하기 위하여 다른 쪽 당사국과 협의한다. 그 당사국은 양자 간 긴급수입제한조치의 적용 후 30일 이내에 그러한 협의를 위한 기회를 제공한다.

2) 제1목에 따른 협의가 협의 개시 후 30일 이내에 무역자유화 보상에 관한 합의에 이르지 못하는 경우, 자신의 상품이 긴급수입제한조치의 적용을 받는 당사국은 긴급수입제한조치를 적용하는 당사국에 대하여 실질적으로 동등한 양허의 적용을 정지할 수 있다. 그리고,

3) 제2목에 언급된 정지할 수 있는 권리는, 긴급수입제한조치가 이 양해의 절차와 함께 한미 자유무역협정의 규정에 합치되는 한, 그 긴급수입제한조치가 유효한 최초 24개월 동안 실행되어서는 아니 된다. 그리고,

라. 제10.6조에 포함된 과도 기간의 정의 대신, 다음의 정의가 적용된다. 과도 기간이란 한미 자유무역협정이 발효되는 날에 시작되어 각 상품에 대하여 경우에 맞게 관세철폐 기간이 종료된 후 10년이 되는 날에 끝나는 기간을 말한다.

목적상, 제10장의 "협정" 또는 당사국의 "양허표"에 대한 언급은 이 양해의 제1절을 지칭하는 것으로 이해되며, "관세철폐 기간의 종료"라는 용어는 이 양해의 제1절에서 그 상품에 대하여 규정된 관세철폐 기간의 종료를 지칭하는 것으로 이해된다.

8) 정지할 수 있는 권리의 소멸에 대한 규정의 부재는 이 항에 대한 패널의 해석을 저해하지 아니한다.

제5절 의약품과 관련된 조치

한미 자유무역협정 제18.12조 제1항에도 불구하고, 한미 자유무역협정 제18.9조 제5항 나호는 한미 자유무역협정이 발효된 다음 날부터 3년이 지난 시점부터 대한민국에 적용된다.

제6절 최종 규정 및 분쟁해결

1. 양 당사국은 한미 자유무역협정 제1.3조(의무의 범위), 부속서 2-나의 제2항부터 제5항까지, 제22.16조(사적 권리), 제23.1조 제1항(일반적 예외), 제23.2조(필수적 안보), 제23.4조(정보의 공개) 및 제24.6조(정본)를 필요한 변경을 가하여 이 양해에 적용한다.
2. 이 양해에 달리 규정된 경우를 제외하고, 이 양해에 사용된 것으로서 한미 자유무역협정의 제1.4조, 제2.15조, 제9.10조 또는 제10.6조에서 부여된 의미를 가진 용어는 이 양해의 목적상 그 부여된 의미를 가진다.
3. 한미 자유무역협정에 따라 설치된 공동위원회는 이 양해에서 발생하는 사안을 다루고, 이러한 목적을 위하여 양 당사국은 한미 자유무역협정의 제22장 제1절을 필요한 변경을 가하여 이 양해에 적용한다.
4. 양 당사국은 한미 자유무역협정 제22장 제2절 및 부속서 22-가를 필요한 변경을 가하여 이 양해에 적용한다.[9)]

---

9) 보다 명확히 하기 위하여,

가. 한미 자유무역협정 및 이 양해에서 사안이 발생하는 경우, 당사국은 둘 중 하나 또는 두 합의의 규정에 관한 청구를 하나의 협의 요청, 공동위원회 회부 그리고 패널 요청에 포함시킬 수 있고, 하나의 분쟁해결절차가 그 당사국이 제기한 사안을 다룬다.

나. 한미 자유무역협정 제22장의 후보명부, 모범 절차규칙과 행동규범은 이 양해를 위하여 사용된다.

다. 이 양해의 목적상, 제22.4조 다호의 "자국에 발생할 것으로 합리적으로 기대할 수 있었던 혜택"은 그 당사국이 이 양해의 제1절에 따라 자국에 발생할 것으로 합리적으로 기대할 수 있었던 혜택을 지칭한다.

라. 이 양해의 목적상, 제22.13조에서 당사국이 정지할 수 있는 "혜택"에 대한 언급은 이 양해에서 다른 쪽 당사국에 발생하는 혜택과 한미 자유무역협정에서 다른 쪽 당사국에 발생하는 혜택을 포함한다. 그리고,

마. 어느 당사국도 어떠한 조치가 이 양해의 관련 규정에 합치할 경우에는 그 조치가 한미 자유무역협정의 하나 또는 그 이상의 규정에 불합치한다는 주장을 분쟁해결절차에서 할 수 없다.

5. 이 양해의 부속서와 각주는 이 양해의 불가분의 일부를 구성한다.

본인은 이 서한과 귀 정부가 이 양해를 공유한다는 것을 확인하는 귀하의 회답 서한이 우리 양국 정부 간 합의를 구성하고, 이 합의는 한미 자유무역협정이 발효되는 날에 발효되고 한미 자유무역협정이 종료되는 날에 종료됨을 제안하는 영광을 가지는 바입니다.

론 커크

첨부

부속서

번호	대한민국 자동차 안전기준 항목	대한민국 자동차 안전기준 조항
1	최대 길이 · 너비 · 높이	제4조
2	최대 차량 총중량	제6조
3	중량분포	제7조
4	최대안전경사각도	제8조
5	최소회전반경	제9조
6	주행장치 : 흙받이	제12조 제3항
7	조향장치	제14조, 제89조
8	제동장치(바퀴잠김방지식 주제동장치 설치 여부를 불문하며, 승용차는 제외한다)	제15조, 제90조(제90조 제1항은 제외한다)
9	연료장치(액화석유가스용기를 포함한다)	제17조
10	차대 및 차체 : 측면보호대	세19조 제3항
11	후부안전판(피견인차는 제외한다)	제19조 제4항, 제96조
12	입석 승객을 위한 차실 내부 높이 및 너비	제28조, 제31조
13	군용화 장치 : 핀틀후크	제46조
14	후부반사기	제49조, 제107조
15	속도계	제54조 제1항, 제110조
16	최고속도제한장치	제54조 제2항~제4항, 제110조의2

2011. 2. 10

론 커크 대사 미합중국 무역대표
워싱턴 디씨

론 커크 대사 귀하,
본인은 다음과 같은 내용의 금일자 귀하의 서한을 접수하였음을 확인하는 영광을 가지는 바입니다.

> "본인은 「대한민국과 미합중국 간의 자유무역협정」("한미 자유무역협정")과 관련되는 사안에 관한 논의 과정에서 대한민국 정부와 미합중국 정부("양 당사국")의 대표들 간에 도달한 다음의 양해를 확인하는 영광을 가지는 바입니다.

제1절 관세

1. 한미 자유무역협정 제2.3조 제2항 및 부속서 2-나의 미합중국 양허표에도 불구하고, 미합중국은 특정 상품에 대한 관세를 다음과 같이 철폐한다.
   가. 단계별 양허유형 A 또는 C의 대상이 되는 제8703호의 원산지 상품에 대하여, 관세는 이행 1년차부터 이행 4년차까지 기준관세율을 유지한다. 이행 5년차 1월 1일부터 그 상품에 대하여 무관세가 적용된다.
   나. 소호 870390의 원산지 상품에 대하여, 관세는 5단계에 걸쳐 매년 균등하게 철폐되어, 이행 5년차 1월 1일부터 그 상품에 대하여 무관세가 적용된다. 그리고,
   다. 단계별 양허유형 G의 대상이 되는 제8704호의 원산지 상품에 대하여, 관세는 이행 1년차부터 이행 7년차까지 기준관세율을 유지한다. 그 상품에 대한 관세는 이행 8년차 1월 1일을 시작으로 3단계에 걸쳐 매년 균등하게 철폐되어, 이행 10년차 1월 1일부터 그 상품에 대하여 무관세가 적용된다.
2. 한미 자유무역협정 제2.3조 제2항 및 부속서 2-나의 대한민국 양허표에도 불구하고, 대한민국은 특정 상품에 대한 관세를 다음과 같이 철폐한다.
   가. 단계별 양허유형 A의 대상이 되는 제8703호의 원산지 상품에 대하여, 관세는 한미 자유무역협정 발효일에 종가세 4퍼센트로 인하된다. 관세는 이행 1년차부터 이행 4년차까지 종가세 4퍼센트를 유지하여, 이행 5년차 1월

1일부터 그 상품에 대하여 무관세가 적용된다.

나. 소호 870390의 원산지 상품에 대하여, 관세는 한미 자유무역협정 발효일에 종가세 4퍼센트로 인하된다. 관세는 이행 2년차 1월 1일을 시작으로 4단계에 걸쳐 매년 균등하게 철폐되어, 이행 5년차 1월 1일부터 그 상품에 대하여 무관세가 적용된다. 그리고,

다. 0203299000의 원산지 상품에 대하여, 관세는 2012년 1월 1일부터 종가세 16퍼센트, 2013년 1월 1일부터 종가세 12퍼센트, 2014년 1월 1일부터 종가세 8퍼센트, 2015년 1월 1일부터 종가세 4퍼센트로 인하되어, 2016년 1월 1일부터 그 상품에 대하여 무관세가 적용된다.[1)]

제2절 안전기준

1. 한미 자유무역협정 제9장에 관하여 양 당사국이 2007년 6월 30일 교환한 서한의 자기인증 조항 나호 1목 및 나호 2목을 대신하여, 대한민국은 직전 연도 동안 대한민국 영역 내에서 25,000대 이하의 원산지 자동차를 판매한 제작사가 생산한 원산지 자동차[2)]는 그 제작사가 미합중국 연방 자동차 안전기준을 준수한다고 인증하는 경우, 그 자동차는 대한민국 자동차 안전기준을 준수하는 것으로 간주된다고 규정한다.[3)·4)]
2. 양 당사국이 원산지 자동차 제작사의 대한민국 영역 내에서의 연간 판매가 제1항에 규정된 25,000대 기준에 근접하고 있다고 판단할 때, 그리고, 어느 한쪽 당사국의 요청에 따라 양 당사국은 제1항 운용의 추가 수용을 고려하기 위한 검토를 실시한다.

---

1) 보다 명확히 하기 위하여, 관세는 2011년 12월 31일 또는 한미 자유무역협정이 발효하는 날 중 더 나중의 날까지 기본 세율을 유지한다.

2) "원산지 자동차"란 한미 자유무역협정의 목적상 미합중국 원산지 상품으로서의 자격을 갖춘 자동차를 말한다.

3) 이 절의 목적상, 「미합중국 연방 자동차 안전기준」은 특정한 종류의 자동차가 미합중국 내에서 판매되거나 판매할 목적으로 제공되기 위하여 준수해야만 하는 안전기준의 총체를 지칭한다.

4) 보다 명확히 하기 위하여, 이 항의 그 어떠한 규정도 대한민국이 원산지 자동차의 미합중국 연방 자동차 안전기준 준수 여부를 검증하기 위하여 시판 후 검증에 관한 대한민국의 「자동차관리법」(법이 개정된 경우에도 같다)의 관련 조항과 시험 참관 및 적합 조사 결과에 대한 의견에 관한 관련 규정을 적용하는 것을 방해하지 아니한다. 그러한 목적을 위하여, 미합중국은 「미합중국 연방 자동차 안전기준」과 관련된 과학적이고 기술적인 정보를 요청 시 대한민국에 제공한다.

3. 제1항에도 불구하고, 상용차[5)]는 별첨 부속서에서 확인된 대한민국 자동차 안전기준 항목을 준수한다. 어느 한쪽 당사국의 요청이 있는 경우 한미 자유무역협정 부속서 9-나에 의하여 설치되는 자동차 작업반은 이 부속서의 적용 범위를 포함하여 그 수정에 대하여 논의한다.

4. 가. 예외적인 상황에서, 실증된 과학적 또는 기술적 정보에 근거하여 제1항의 운용이 도로 안전, 인간의 건강 또는 환경에 대한 중대한 위험을 초래하는 경우, 대한민국은 그 위험을 다루기 위하여 필요한 조치를 취할 수 있다. 다만, 그러한 조치는 다른 쪽 당사국의 제품에 대하여 자의적이거나 정당화될 수 없는 차별의 수단 또는 무역에 대한 위장된 제한을 구성하게 될 방식으로 적용되어서는 아니 된다.

   나. 대한민국은 그러한 일시적인 긴급조치를 시행하기 전에, 그리고 실행 가능한 한 조속히, 미합중국 및 수입자에게 통보하고, 그 조치의 동기에 대한 객관적이고, 논증되며 충분히 자세한 설명을 제공한다. 대한민국은 대부분의 경우, 그 조치에 대한 의견을 제시할 합리적인 기회를 이해관계인 및 미합중국에게 제공하여야 할 것이다.

5. 가. 어떠한 당사국도 신기술이나 새로운 특성이 인간의 건강, 안전 또는 환경에 위험을 초래한다는 것을 과학적 또는 기술적 정보에 근거하여 증명할 수 있는 경우를 제외하고, 자동차 제품이 아직 규제되지 아니한 그러한 신기술이나 새로운 특성을 포함하고 있다는 것을 이유로 그 제품의 출시를 방해하거나 이를 과도하게 지체시켜서는 아니 된다.

   나. 당사국이 자동차 제품이 인간의 건강, 안전 또는 환경에 위험을 초래하는 신기술이나 새로운 특성을 포함하고 있음을 이유로 그 제품의 출시를 거절하거나 자국 시장에서 회수할 것을 요구하는 결정을 한 때에, 다른 쪽 당사국과 그 제품의 수입자에게 자신의 결정을 즉시 통보한다. 이 통보는 모든 관련된 과학적 또는 기술적 정보를 포함한다.

---

5) "상용차"는 차량 총중량이 4.5톤 이하이고, 그 차종에 관련된 모든 미합중국 연방 자동차 안전기준을 준수하며, 특정 주문에 따라 맞춤형으로 제작되기보다는 일반 소비자를 위하여 생산되는 픽업트럭은 포함하지 아니한다.

제3절 투명성

1. 「무역에 대한 기술장벽에 관한 협정」 제2.10조 및 제5.7조에 언급된 그러한 긴급한 상황을 제외하고, 자동차 디자인 또는 기술에 있어 실질적인 변화를 요구하게 될 어떠한 기술 규정 또는 적합성 평가절차에 대해서도 각 당사국은 그 기술 규정 또는 적합성 평가절차의 공포일과 그 조치의 준수가 강제력을 갖는 날 사이에 보통 12개월 이상의 기간을 부여한다.
2. 각 당사국은 자동차에 영향을 미치는 기존의 중요한 규정에 대한 사후이행검토를 주기적으로[6] 실시한다. 이 항의 목적상, "사후이행검토"란 명시된 목표를 달성하는지에 대한 평가, 그 부담 정도, 그리고 당사국이 채택하는 그 밖의 표준, 기술 규정 또는 적합성 평가절차와의 양립 가능성을 포함하여, 표준, 기술 규정 또는 적합성 평가절차가 이행된 이후 그 효과성에 대한 심사를 말한다. 이 항은 한미 자유무역협정이 발효된 다음 날부터 2년이 지난 시점부터 대한민국에 적용된다.
3. 한미 자유무역협정 제23.3조에도 불구하고, 한미 자유무역협정 제21.1조는 연비 또는 온실가스 배출에 기반한 자동차에 관한 대한민국의 새로운 과세조치에 적용된다. 양 당사국은 이 항의 운용에 영향을 미칠 수 있는 모든 사안에 대하여 상호 만족할 만한 해결에 이르기 위하여 협력 및 협의를 통한 모든 시도를 한다. 어떠한 당사국도 이 항에서 발생하는 어떠한 사안에 대해서도 이 양해상의 분쟁해결을 이용할 수 없다.

제4절 자동차 긴급수입제한조치

당사국은 제8703호 또는 제8704호의 자동차에 대하여 다음의 절차적 수정을 가한 한미 자유무역협정 제10장에 규정된 절차를 사용하여 긴급수입제한조치를 적용할 수 있다.[7]

---

6) "주기적으로"란 보통 조치가 채택된 다음 날부터 10년 이내에 최소 한 번 그리고 그 이후에는 적절한 때를 말한다.

7) 보다 명확히 하기 위하여, 이 양해의 제1절에 언급된 자동차 상품에 대한 긴급수입제한조치의 목적상, 제10장의 "협정" 또는 당사국의 "양허표"에 대한 언급은 이 양해의 제1절을 지칭하는 것으로 이해되며, "관세철폐 기간의 종료"라는 용어는 이 양해의 제1절에서 그 상품에 대하여 규정된 관세철폐 기간의 종료를 지칭하는 것으로 이해된다.

가. 제10.2조 제5항 나호를 대신하여 다음이 적용된다.
어떠한 당사국도 긴급수입제한조치 적용의 총기간이 최초 적용 기간과 이에 대한 연장을 포함하여 4년을 초과하지 아니하는 한, 수입 당사국의 권한 있는 당국이 그 조치가 심각한 피해를 방지하거나 구제하기 위하여 그리고 구조조정을 촉진하기 위하여 지속적으로 필요하다는 것과 그 산업이 구조조정되고 있다는 증거가 있다는 것을 제10.2조에 명시된 절차에 합치되게 판정하는 경우에는 그 기간이 2년까지 연장될 수 있다는 것을 제외하고, 2년을 초과하는 기간 동안에 긴급수입제한조치를 적용할 수 없다.

나. 제10.2조 제6항 및 제7항, 그리고 제10.3조 제2항은 적용되지 아니한다.

다. 제10.4조를 대신하여 다음이 적용된다.[8)]

1) 양자 간 긴급수입제한조치를 적용하는 당사국은 실질적으로 동등한 무역효과를 가지거나 긴급수입제한조치로부터 발생할 것으로 기대되는 추가적인 관세액과 동등한 양허의 형태로 된 적절한 무역자유화 보상에 관해 상호 합의하기 위하여 다른 쪽 당사국과 협의한다. 그 당사국은 양자 간 긴급수입제한조치의 적용 후 30일 이내에 그러한 협의를 위한 기회를 제공한다.

2) 제1목에 따른 협의가 협의 개시 후 30일 이내에 무역자유화 보상에 관한 합의에 이르지 못하는 경우, 자신의 상품이 긴급수입제한조치의 적용을 받는 당사국은 긴급수입제한조치를 적용하는 당사국에 대하여 실질적으로 동등한 양허의 적용을 정지할 수 있다. 그리고,

3) 제2목에 언급된 정지할 수 있는 권리는, 긴급수입제한조치가 이 양해의 절차와 함께 한미 자유무역협정의 규정에 합치되는 한, 그 긴급수입제한조치가 유효한 최초 24개월 동안 실행되어서는 아니 된다. 그리고,

라. 제10.6조에 포함된 과도 기간의 정의 대신, 다음의 정의가 적용된다. 과도기간이란 한미 자유무역협정이 발효되는 날에 시작되어 각 상품에 대하여 경우에 맞게 관세철폐 기간이 종료된 후 10년이 되는 날에 끝나는 기간을 말한다.

8) 정지할 수 있는 권리의 소멸에 대한 규정의 부재는 이 항에 대한 패널의 해석을 저해하지 아니한다.

제5절 의약품과 관련된 조치

한미 자유무역협정 제18.12조 제1항에도 불구하고, 한미 자유무역협정 제18.9조 제5항 나호는 한미 자유무역협정이 발효된 다음 날부터 3년이 지난 시점부터 대한민국에 적용된다.

제6절 최종 규정 및 분쟁해결

1. 양 당사국은 한미 자유무역협정 제1.3조(의무의 범위), 부속서 2-나의 제2항부터 제5항까지, 제22.16조(사적 권리), 제23.1조 제1항(일반적 예외), 제23.2조(필수적 안보), 제23.4조(정보의 공개) 및 제24.6조(정본)를 필요한 변경을 가하여 이 양해에 적용한다.
2. 이 양해에 달리 규정된 경우를 제외하고, 이 양해에 사용된 것으로서 한미 자유무역협정의 제1.4조, 제2.15조, 제9.10조 또는 제10.6조에서 부여된 의미를 가진 용어는 이 양해의 목적상 그 부여된 의미를 가진다.
3. 한미 자유무역협정에 따라 설치된 공동위원회는 이 양해에서 발생하는 사안을 다루고, 이러한 목적을 위하여 양 당사국은 한미 자유무역협정의 제22장 제1절을 필요한 변경을 가하여 이 양해에 적용한다.
4. 양 당사국은 한미 자유무역협정 제22장 제2절 및 부속서 22-가를 필요한 변경을 가하여 이 양해에 적용한다.[9)]

---

9) 보다 명확히 하기 위하여,

가. 한미 자유무역협정 및 이 양해에서 사안이 발생하는 경우, 당사국은 둘 중 하나 또는 두 합의의 규정에 관한 청구를 하나의 협의 요청, 공동위원회 회부 그리고 패널 요청에 포함시킬 수 있고, 하나의 분쟁해결절차가 그 당사국이 제기한 사안을 다룬다.

나. 한미 자유무역협정 제22장의 후보명부, 모범 절차규칙과 행동규범은 이 양해를 위하여 사용된다.

다. 이 양해의 목적상, 제22.4조 다호의 "자국에 발생할 것으로 합리적으로 기대할 수 있었던 혜택"은 그 당사국이 이 양해의 제1절에 따라 자국에 발생할 것으로 합리적으로 기대할 수 있었던 혜택을 지칭한다.

라. 이 양해의 목적상, 제22.13조에서 당사국이 정지할 수 있는 "혜택"에 대한 언급은 이 양해에서 다른 쪽 당사국에 발생하는 혜택과 한미 자유무역협정에서 다른 쪽 당사국에 발생하는 혜택을 포함한다. 그리고,

마. 어느 당사국도 어떠한 조치가 이 양해의 관련 규정에 합치할 경우에는 그 조치가 한미 자유무역협정의 하나 또는 그 이상의 규정에 불합치한다는 주장을 분쟁해결절차에서 할 수 없다.

5. 이 양해의 부속서와 각주는 이 양해의 불가분의 일부를 구성한다.

본인은 이 서한과 귀 정부가 이 양해를 공유한다는 것을 확인하는 귀하의 회답 서한이 우리 양국 정부 간 합의를 구성하고, 이 합의는 한미 자유무역협정이 발효되는 날에 발효되고 한미 자유무역협정이 종료되는 날에 종료됨을 제안하는 영광을 가지는 바입니다."

본인은 더 나아가 우리 정부가 이 양해를 공유한다는 것과 귀하의 서한과 이 회답 서한이 우리 양국 정부 간 합의를 구성하고 이 합의는 한미 자유무역협정이 발효되는 날에 발효되고 한미 자유무역협정이 종료되는 날에 종료된다는 것을 확인하는 영광을 가지는 바입니다.

김종훈

첨부

부속서

번호	대한민국 자동차 안전기준 항목	대한민국 자동차 안전기준 조항
1	최대 길이 · 너비 · 높이	제4조
2	최대 차량 총중량	제6조
3	중량분포	제7조
4	최대안전경사각도	제8조
5	최소회전반경	제9조
6	주행장치 : 흙받이	제12조 제3항
7	조향장치	제14조, 제89조
8	제동장치(바퀴잠김방지식 주제동장치 설치 여부를 불문하며, 승용차는 제외한다)	제15조, 제90조(제90조 제1항은 제외한다)
9	연료장치(액화석유가스용기를 포함한다)	제17조
10	차대 및 차체 : 측면보호대	제19조 제3항
11	후부안전판(피견인차는 제외한다)	제19조 제4항, 제96조

12	입석 승객을 위한 차실 내부 높이 및 너비	제28조, 제31조
13	군용화 장치 : 핀틀후크	제46조
14	후부반사기	제49조, 제107조
15	속도계	제54조 제1항, 제110조
16	최고속도제한장치	제54조 제2항~제4항, 제110조의2

http://www.fta.go.kr/korus/main/index.asp

http://www.fta.go.kr/korus/img/pdf/kor/서한교환_한글.pdf

2장 한 · EU자유무역협정(FTA)

대한민국과 유럽연합 및 그 회원국 간의 자유무역협정

Free Trade Agreement between the Republic of Korea, of the One Part, and the European Union and Its Members States, of the Other Part

서문

한쪽 당사자인 대한민국(이하 "대한민국"이라 한다)과, 다른 쪽 당사자로서 유럽연합 조약 및 유럽연합의 기능에 관한 조약의 당사자(이하 "유럽연합 회원국"이라 한다)인, 벨기에왕국, 불가리아공화국, 체코공화국, 덴마크왕국, 독일연방공화국, 에스토니아공화국, 아일랜드, 그리스공화국, 스페인왕국, 프랑스공화국, 이탈리아공화국, 사이프러스공화국, 라트비아공화국, 리투아니아공화국, 룩셈부르크대공국, 헝가리공화국, 몰타, 네덜란드왕국, 오스트리아공화국, 폴란드공화국, 포르투갈공화국, 루마니아, 슬로베니아공화국, 슬로바키아공화국, 핀란드공화국, 스웨덴왕국, 영국과 유럽연합은 기본 협정에 반영된 공통의 원칙과 가치에 기초한 확고하고 오랜 동반자 관계를 인정하고, 양 당사자의 전반적 관계의 일부분으로서 그리고 전반적 관계와 일치되는 방식으로 양 당사자의 밀접한 경제 관계를 더욱 강화하기를 희망하고 이 협정이 양 당사자 간의 무역 및 투자 발전을 위한 새로운 환경을 조성할 것임을 확신하며, 이 협정이 확장되고 확고한 상품 및 서비스 시장과 안정적이고 예측 가능한 투자 환경을 조성하여 그들 기업의 세계시장에서의 경쟁력을 증진할 것임을 확신하고, 1945년 6월 26일 샌프란시스코에서 서명된 국제연합헌장과 1948년 12월 10일 국제연합 총회에서 채택된 세계인권선언에 대한 약속을 재확인하며, 지속 가능한 발전에 대한 신념을 재확인하고 국제무역이 경제발전, 빈곤감소 모두를 위한 완전하고 생산적인 고용과 양질의 일자리 그리고 환경과 천연자원의 보호 및 보존을 포함한 경제 · 사회 및 환경 차원에서 지속 가능한 발전에 기여함을 재확인하고, 양 당사자가, 이 협정에 반영된 대로, 적절하다고 판단하는 보호 수준에 근거하여 정당한 공공정책 목적을 달성하기 위하여 필요한 조치가 부당한 차별 또는 국제무역에 대한 위장된 제한의 수단을 구성하지 아니하는 한 그러한 조치를 할 양 당사자의 권리를 인정하며, 민간 부문 및 시민 사회 조직을 포함한 모든 관련 이해당사자에 대하여 투명성을 증진할 것을 결의하고, 상호 무역 및 투자를 자유화하고 확대함으로써 생활수준을 향상시키고 경제성장과 안정을 증진하며 새로운 고용기회를 창출하고 전반적인 복지를 향상시키기를 희망하며, 양 당사자의 무역 및 투자를 규율하는 명확하고 상호 유익한 규칙의 제정과 상호 무역 및 투자에 대한 장벽의 축소 또는 철폐를 추구하고, 이 협정을 통하여 무역장벽을 제거함으로써 세계무역의 조화로운 발전과 확장에 기여할 것과 이 협정의 혜택을 축소할 수 있는 양 당사자 영역 간 무역 또는 투자에 대한 새로운 장벽의 설치를 회피할 것을 결의하며, 노동 및 환경법과 정책의 개발과 집행을 강화하고 노동자의 기본적인 권리와 지속 가능한 발전을 증진하며 이 목적에 일치하는 방식으로 이 협정을 이행하기를 희망하고, 1994년 4월 5일 작성된 세계무역기구 설립을 위한 마라케시 협정(이하 "세계무역기구협정"이라 한다)과 양 당사자가 당사자인 그 밖의 다자적 · 지역적 및 양자적 협정과 약정상의 그들 각각의 권리 및 의무에 기초하여, 다음과 같이 합의하였다.

제14장 분쟁해결

제1절 목적 및 적용 범위

제14.1조 목적

이 장은 이 협정의 신의성실한 적용에 관한 양 당사자 간 분쟁을 회피하고 해결하며 가능한 경우 상호 합의된 해결에 이르는 것을 목적으로 한다.

제14.2조 적용 범위

이 장은, 달리 규정되지 아니하는 한, 이 협정의 규정의 해석과 적용에 관한 어떠한 분쟁에 대해서도 적용된다.[1)]

제2절 협의

제14.3조 협의

1. 양 당사자는 상호 합의된 해결에 이르기 위하여 신의성실하게 협의에 임함으로써 제14.2조에 언급된 규정의 해석과 적용에 관한 모든 분쟁을 해결하기 위해 노력한다.
2. 어느 한쪽 당사자는 문제가 되는 조치와 적용 가능하다고 간주하는 이 협정의 규정을 적시하여 다른 쪽 당사자에게 서면 요청으로 협의를 구한다. 협의 요청서의 사본은 무역위원회에 전달된다.
3. 협의는 요청의 제출일부터 30일 이내에 개최되며, 양 당사자가 달리 합의하지 아니하는 한, 피소 당사자의 영역에서 개최된다. 양 당사자가 협의를 지속하기로 합의하지 아니하는 한, 협의는 요청의 제출일부터 30일 이내에 종결되는 것

---

1) 문화협력에 관한 의정서와 관련되는 분쟁에 대하여, 이 장에서 무역위원회에 대한 모든 언급은 문화협력위원회를 언급하는 것으로 양해된다.

으로 간주된다. 협의하는 동안 공개된 모든 정보는 비밀로 유지된다.

4. 부패성 상품 또는 계절 상품[2]에 관한 것을 포함한 긴급 사안에 대한 협의는 요청의 제출일부터 15일 이내에 개최되고, 요청의 제출일부터 15일 이내에 종결되는 것으로 간주된다.
5. 제3항 또는 제4항에 각각 규정된 기한 내에 협의가 개최되지 아니한 경우나, 협의가 종결되고 상호 합의된 해결에 이르지 아니한 경우, 제소 당사자는 제14.4조에 따라 중재패널의 설치를 요청할 수 있다.

제3절 분쟁해결절차

제1관 중재절차

제14.4조 중재절차 개시

1. 양 당사자가 제14.3조에 규정된 협의를 이용하여 분쟁을 해결하지 못한 경우, 제소 당사자는 중재패널의 설치를 요청할 수 있다.
2. 중재패널의 설치에 대한 요청은 피소 당사자와 무역위원회에 서면으로 한다. 제소 당사자는, 문제가 되는 특정 조치를 그 요청에 적시하고, 그러한 조치가 어떻게 제14.2조에 언급된 규정의 위반을 구성하는지에 대하여 설명한다.

제14.5조 중재패널 설치

1. 중재패널은 3인의 중재인으로 구성된다.
2. 무역위원회에 중재패널의 설치를 위한 요청이 제출된 날부터 10일 이내에, 양 당사자는 중재패널의 구성에 관한 합의에 이르기 위해 협의한다.
3. 양 당사자가 제2항에 규정된 기한 내에 중재패널의 구성에 합의할 수 없는 경우, 어느 한쪽 당사자는 무역위원회 의장이나 의장의 대리인에게, 제14.18조에 따라 작성된 명부에서 추첨으로 제소 당사자가 제안한 개인 중 1인, 피소 당사자가 제안한 개인 중 1인과 의장 역할을 하도록 양 당사자가 선정한 개인 중 1인으

2) 계절 상품이란, 그 수입이 대표적인 기간 중, 연중 분산되지 아니하고 계절적인 요인으로 그 해의 특정 기간에 집중되는 상품이다.

로 된, 모두 3인의 구성원을 선정하도록 요청할 수 있다. 양 당사자가 하나 이상의 중재패널 구성원에 합의하는 경우, 나머지 구성원은 동일한 절차로 선정된다.

4. 중재패널의 설치일은 3인의 중재인이 선정된 날이다.

제14.6조 패널 잠정 보고서

1. 중재패널은, 중재패널의 설치일부터 90일 이내에 사실의 조사 결과, 관련 규정의 적용 가능성과 중재패널이 내린 조사 결과 및 권고에 대한 기본 근거를 제시하는 잠정 보고서를 양 당사자에게 제출한다. 중재패널이 이 기한을 맞출 수 없다고 판단하는 경우, 중재패널의 의장은 지연의 이유와 패널이 잠정 보고서를 제출하기로 계획한 날을 적시하여 양 당사자와 무역위원회에 서면으로 통보해야 한다. 어떠한 경우에도 잠정 보고서는 중재패널의 설치일 후 120일 이내에 제출되어야 할 것이다.
2. 어떠한 당사자도 중재패널이 잠정 보고서의 특정 측면을 검토하도록 잠정 보고서의 제출로부터 14일 이내에 서면 요청을 제출할 수 있다.
3. 부패성 상품 또는 계절 상품과 관련되는 것을 포함한 긴급사건의 경우, 제1항 및 제2항에 따른 각 기간의 절반 이내에, 중재패널은 잠정 보고서를 제출하도록 모든 노력을 하고, 어떠한 당사자도 중재패널이 잠정 보고서의 특정 측면을 검토하도록 서면 요청을 제출할 수 있다.
4. 잠정 보고서에 관한 양 당사자의 서면 의견을 고려한 후, 중재패널은 보고서를 수정하고 적절하다고 판단하는 추가 검토를 할 수 있다. 최종 중재패널 판정은 중간 검토 단계에서 이루어진 주장에 대한 논의를 포함한다.

제14.7조 중재패널 판정

1. 중재패널은 중재패널의 설치일부터 120일 이내에 양 당사자와 무역위원회에 판정을 제출한다. 중재패널이 이 기한을 맞출 수 없다고 판단하는 경우, 중재패널의 의장은 양 당사자와 무역위원회에 지연의 이유와 패널이 판정을 제출하기로 계획한 날을 적시하여 서면으로 통보해야 한다. 어떠한 경우에도 판정은 중재패널의 설치일 후 150일 이내에 제출되어야 할 것이다.
2. 부패성 상품 또는 계절 상품과 관련되는 것을 포함한 긴급 사건의 경우, 중재

패널은 그 설치일부터 60일 이내에 판정을 제출하도록 모든 노력을 한다. 어떠한 경우에도 그 설치 후 75일을 초과하여 소요되어서는 아니 될 것이다. 중재패널은 그 사건을 긴급한 것으로 간주할지 여부에 관한 예비 판정을 그 설치로부터 10일 이내에 내릴 수 있다.

제2관 이행

제14.8조 중재패널 판정의 이행

각 당사자는 중재패널 판정을 신의성실하게 이행하기 위해 필요한 모든 조치를 하고, 양 당사자는 그 판정을 이행하는 기간에 대해 합의하도록 노력한다.

제14.9조 이행을 위한 합리적인 기간

1. 양 당사자에게 중재패널 판정이 제출된 후 30일 이내에, 피소 당사자는 제소 당사자와 무역위원회에 이행을 위해 필요한 기간을 통보한다.
2. 중재패널 판정을 이행할 합리적인 기간에 대해 양 당사자 간 합의가 이루어지지 아니하는 경우, 제소 당사자는 원 중재패널이 합리적인 기간을 결정하도록 피소 당사자가 제1항에 따라 행한 통보로부터 20일 이내에 서면으로 요청한다. 그러한 요청은 다른 쪽 당사자와 무역위원회에 통보된다. 중재패널은 요청의 제출일부터 20일 이내에 양 당사자와 무역위원회에 판정을 제출한다.
3. 원 중재패널의 어느 한 구성원이 더 이상 직무를 수행할 수 없는 경우, 제14.5조에 규정된 절차가 적용된다. 판정을 제출하는 기한은 제2항에 언급된 요청의 제출일부터 35일이다.
4. 피소 당사자는 합리적인 기간의 만료 최소 1개월 전에 중재패널 판정의 이행에 대한 진전 상황을 제소 당사자에게 서면으로 알려 줄 것이다.
5. 합리적인 기간은 양 당사자의 상호 합의에 의해 연장될 수 있다.

제14.10조 중재패널 판정을 이행하기 위해 취해진 조치의 검토

1. 피소 당사자는 자신이 중재패널 판정을 이행하기 위해 취한 조치를 제소 당사

자와 무역위원회에 합리적인 기간의 종료 전에 통보한다.

2. 조치의 존재나, 제1항에 따라 통보된 조치의 제14.2조에 언급된 규정과의 합치에 관해 양 당사자 간 합의가 이루어지지 아니하는 경우, 제소 당사자는 원 중재패널이 그 사안에 대해 판정하도록 서면으로 요청할 수 있다. 그러한 요청에는 문제가 되는 특정 조치가 적시되고, 그러한 조치가 어떻게 제14.2조에 언급된 규정과 양립 불가능한지 설명된다. 중재패널은 요청의 제출일부터 45일 이내에 판정을 제출한다.
3. 원 중재패널의 어느 한 구성원이 더 이상 직무를 수행할 수 없는 경우, 제14.5조에 규정된 절차가 적용된다. 판정을 제출하는 기한은 제2항에 언급된 요청의 제출일부터 60일이다.

제14.11조 불이행의 경우 일시적 구제

1. 피소 당사자가 합리적인 기간의 만료 전에 중재패널 판정을 이행하기 위해 취한 조치를 통보하지 못한 경우, 또는 이행하기 위해 취해진 조치가 존재하지 아니한다거나 제14.10조 제1항에 따라 통보된 조치가 제14.2조에 언급된 규정에 따른 그 당사자의 의무에 불합치한다고 중재패널이 판정하는 경우, 피소 당사자는, 제소 당사자가 그렇게 요청할 경우, 일시적 보상에 대한 제안을 한다.
2. 합리적인 기간의 종료로부터 30일 이내에, 또는 이행하기 위하여 취해진 조치가 존재하지 아니한다거나 제14.10조 제1항에 따라 통보된 조치가 제14.2조에 언급된 규정에 불합치한다는 제14.10조에 따른 중재패널 판정의 제출로부터 30일 이내에 보상에 대한 합의에 이르지 아니한 경우, 제소 당사자는 그 위반으로 야기된 무효화 또는 침해와 동등한 수준으로 제14.2조에 언급된 모든 규정으로부터 발생하는 의무를 정지할 권한을 피소 당사자와 무역위원회에 통보하는 즉시 갖는다. 그 통보에는 제소 당사자가 정지하고자 하는 의무의 수준이 명시된다. 피소 당사자가 제4항에 따른 중재를 요청한 경우를 제외하고, 제소 당사자는 통보일부터 10일 이후 그 정지를 시행할 수 있다.
3. 의무를 정지함에 있어 제소 당사자는 관세율의 인상으로 곱해진 무역량이 그 위반으로 야기된 무효화 또는 침해의 가치와 같게 되도록 결정되는 무역량에 대하여 그 밖의 세계무역기구 회원국에게 적용되는 수준까지 관세율을 인상하는 것을 선택할 수 있다.

4. 정지의 수준이 그 위반으로 야기된 무효화 또는 침해와 동등하지 아니하다고 피소 당사자가 판단하는 경우, 그 당사자는 원 중재패널이 그 사안을 판정하도록 서면으로 요청할 수 있다. 그러한 요청은 제2항에서 언급된 10일의 기간 만료 전에 제소 당사자와 무역위원회에 통보된다. 원 중재패널은 양 당사자와 무역위원회에 의무의 정지 수준에 대한 판정을 그 요청의 제출일부터 30일 이내에 제출한다. 원 중재패널이 판정을 제출하기 전까지 의무가 정지되어서는 아니 되고, 어떠한 정지도 중재패널 판정에 합치되어야 한다.
5. 원 중재패널의 어느 한 구성원이 더 이상 직무를 수행할 수 없는 경우, 제14.5조에 규정된 절차가 적용된다. 그 판정을 제출하는 기간은 제4항에 언급된 요청의 제출일부터 45일이다.
6. 의무의 정지는 일시적이어야 하고, 제14.2조에 언급된 규정에 불합치하다고 판명된 조치가 제14.12조에 따라 정하여진 대로 그러한 규정에 합치되도록 철회 또는 개정된 때까지, 또는 양 당사자가 분쟁을 해결하기로 합의하였을 때까지만 적용된다.

제14.12조 의무의 정지 후 이행하기 위해 취해진 조치의 검토

1. 피소 당사자는 중재패널의 판정을 이행하기 위해 취해진 조치와 제소 당사자가 신청한 의무의 정지에 대한 종료 요청을 제소 당사자와 무역위원회에 통보한다.
2. 통보된 조치의 제14.2조에 언급된 규정과의 양립 가능성에 관하여 통보일부터 30일 이내에 양 당사자가 합의에 이르지 아니하는 경우, 제소 당사자는 원 중재패널이 그 사안을 판정하도록 서면으로 요청한다. 그러한 요청은 피소 당사자와 무역위원회에 통보된다. 중재패널 판정은 그 요청의 제출일부터 45일 이내에 양 당사자와 무역위원회에 제출된다. 이행하기 위해 취해진 조치가 제14.2조에 언급된 규정에 합치된다고 중재패널이 판정하는 경우, 의무의 정지가 종료된다.
3. 원 중재패널의 어느 한 구성원이 더 이상 직무를 수행할 수 없는 경우, 제14.5조에 규정된 절차가 적용된다. 그 판정을 제출하는 기간은 제2항에 언급된 요청의 제출일부터 60일이다.

제3관 공통 규정

제14.13조 상호 합의된 해결

양 당사자는 언제라도 이 장에 따른 분쟁에 대하여 상호 합의된 해결에 이를 수 있다. 양 당사자는 모든 그러한 해결책을 무역위원회에 통보한다. 상호 합의된 해결책이 통보되는 즉시, 절차는 종료된다.

제14.14조 절차 규칙

1. 이 장에 따른 분쟁해결절차는 부속서 14-나의 규율을 받는다.
2. 중재패널의 모든 심리는 부속서 14-나에 따라 일반에 공개된다.

제14.15조 정보 및 기술적 조언

어느 한쪽 당사자의 요청이 있는 경우 또는 자체 발의로, 중재패널은 분쟁에 관련된 당사자를 포함하여 중재패널절차에 적절하다고 간주하는 모든 정보원으로부터 정보를 획득할 수 있다. 중재패널은 또한 자신이 적절하다고 간주하는 전문가의 관련 의견을 구할 권리를 가진다. 이러한 방식으로 획득된 정보는 양 당사자에게 공개되어야 하며, 이에 대해 양 당사자는 의견을 제출할 수 있다. 이해관계가 있는 양 당사자의 자연인 또는 법인은 부속서 14-나에 따라 외부조언자의 의견서를 중재패널에 제출하는 것이 승인된다.

제14.16조 해석 규칙

중재패널은 조약법에 관한 비엔나 협약에 성문화된 규칙을 포함한 국제공법의 해석에 관한 관례적인 규칙에 따라 제14.2조에 언급된 규정을 해석한다. 이 협정상의 의무가 세계무역기구협정상의 의무와 동일한 경우, 중재패널은 세계무역기구 분쟁해결기구(이하 "분쟁해결기구"라 한다)의 판정에서 수립된 관련 해석과 합치하는 해석을 채택한다. 중재패널의 판정은 제14.2조에 언급된 조항에 규정된 권리와 의무를 증가시키거나 축소시킬 수 없다.

제14.17조 중재패널 결정 및 판정

1. 중재패널은 컨센서스로 결정을 취하기 위하여 모든 노력을 다한다. 그럼에도 불구하고 컨센서스로 결정에 이를 수 없는 경우, 문제가 되는 사안은 다수결로 결정된다. 어떠한 경우에도 중재인의 반대의견은 공표되지 아니한다.
2. 중재패널의 판정은 양 당사자를 구속하고, 자연인 또는 법인에 대하여 어떠한 권리나 의무도 창설하지 아니한다. 판정은 사실의 조사 결과, 이 협정의 관련 규정의 적용 가능성, 그리고 조사 결과 및 결론에 대한 기본 근거를 제시한다. 무역위원회는, 그렇게 하지 아니하도록 결정하지 아니하는 한, 중재패널 판정을 전부 공개한다.

제4절 일반 규정

제14.18조 중재인 명부

1. 무역위원회는 이 협정의 발효 후 6개월 이내에 중재인으로 직무를 수행할 의사와 능력이 있는 15인의 명부를 작성한다. 각 당사자는 중재인으로서 직무를 수행할 개인 5인을 제안한다. 양 당사자는 또한 어느 한쪽 당사자의 국민이 아니면서 중재패널의 의장 역할을 할 5인을 선정한다. 무역위원회는 그 명부가 이 수준으로 항상 유지되도록 보장할 것이다.
2. 중재인은 법과 국제무역에 대한 전문 지식 또는 경험을 보유한다. 중재인은 독립적이고, 개인 자격으로 업무를 수행하며, 분쟁과 관련된 사안에 대하여 어떠한 조직이나 정부로부터 지시를 받거나 어떠한 당사자 정부와 연계되지 아니하고, 부속서 14-다를 준수한다.

제14.19조 세계무역기구 의무와의 관계

1. 이 장의 분쟁해결 규정의 이용은, 분쟁해결조치를 포함한 세계무역기구 체제에서의 어떠한 조치도 저해하지 아니한다.
2. 그러나, 특정 조치에 대하여 당사자가 이 장 또는 세계무역기구협정 중 어느 한쪽에 따라 분쟁해결절차를 개시하는 경우, 그 당사자는 첫 번째 절차가 종결

될 때까지 다른 쪽 포럼에서 동일한 조치에 대한 분쟁해결절차를 개시할 수 없다. 이에 더하여, 당사자는 이 협정과 세계무역기구협정상 동일한 의무의 시정을 그 두 포럼에서 구하여서는 아니 된다. 그러한 경우에 하나의 분쟁해결절차가 개시되면, 선택된 포럼이 절차적 또는 관할적인 이유로 그 의무의 시정을 구하는 주장에 대한 판정을 내리지 못하는 경우를 제외하고, 당사자는 다른 협정상의 동일한 의무의 시정을 구하려는 주장을 다른 쪽 포럼에서 제기하여서는 아니 된다.

3. 제2항의 목적상,

가. 세계무역기구협정에 따른 분쟁해결절차는, 세계무역기구협정의 부속서 2에 포함된 분쟁해결 규칙 및 절차에 관한 양해(이하 "분쟁해결 규칙 및 절차에 관한 양해"라 한다) 제6조에 따라 당사자의 패널 설치 요청으로 개시되는 것으로 간주되고, 분쟁해결기구가 분쟁해결 규칙 및 절차에 관한 양해 제16조 및 제17.14조에 따라, 각 경우에 맞게, 패널보고서 및 상소기구보고서를 채택하는 때 종결되는 것으로 간주된다. 그리고

나. 이 장에 따른 분쟁해결절차는 제14.4조 제1항에 따른 당사자의 중재패널 설치 요청으로 개시되는 것으로 간주되고, 중재패널이 제14.7조에 따라 양 당사자와 무역위원회에 판정을 제출하는 때 종결되는 것으로 간주된다.

4. 이 협정의 어떠한 규정도 당사자가 분쟁해결기구가 승인한 의무의 정지를 이행하는 것을 막지 아니한다. 세계무역기구협정은 당사자가 이 장에 따른 의무를 정지하는 것을 막기 위하여 원용되지 아니한다.

제14.20조 기한

1. 중재패널이 판정을 제출하는 기한을 포함하여 이 장에 규정된 모든 기한은 달력상의 일로 기산되고, 첫째 날은 그 기한이 관련되는 행위 또는 사실의 다음 날이 된다.
2. 이 장에 언급된 어떠한 기한도 양 당사자의 상호 합의로 연장될 수 있다.

제15장 제도 · 일반 및 최종 규정

제15.1조 무역위원회

1. 양 당사자는 대한민국의 대표와 유럽연합 당사자의 대표로 구성되는 무역위원회[3)]를 설치한다.
2. 무역위원회는 브뤼셀과 서울에서 교대로 1년에 한 번 또는 한쪽 당사자의 요청에 따라 회합한다. 무역위원회는 대한민국 통상교섭본부장과 무역을 담당하는 유럽 집행위원회 위원, 또는 그들 각각의 지명자들이 공동의장이 된다. 무역위원회는 회합 일정에 대해 합의하고 그 의제를 정한다.
3. 무역위원회는
   가. 이 협정이 적절하게 운영되도록 보장한다.
   나. 이 협정의 이행과 적용을 감독하고 촉진하며 협정의 일반 목표를 증진한다.
   다. 이 협정에 따라 설치된 전문위원회, 작업반 및 다른 기관의 업무를 감독한다.
   라. 양 당사자 간의 무역 관계를 더욱 증진시키기 위한 방안을 검토한다.
   마. 제14장(분쟁해결) 및 부속서 14-가(비관세조치에 대한 중개 메커니즘)에서 부여된 권리를 저해함이 없이, 이 협정의 적용대상인 분야에서 발생할 수 있는 문제를 차단하거나 이 협정의 해석이나 적용에 관해 발생할 수 있는 분쟁을 해결하는 적절한 방안과 방법을 구한다.
   바. 양 당사자 간 무역의 발전을 연구한다. 그리고
   사. 이 협정의 적용대상이 되는 분야에 관련된 그 밖의 관심 사안을 검토한다.
4. 무역위원회는
   가. 전문위원회, 작업반 또는 다른 기관을 설치하고 이에 책임을 위임하기로 결정할 수 있다.
   나. 민간 부문과 시민 사회 조직을 포함한 모든 이해당사자와 의사 교환을 할 수 있다.
   다. 이 협정의 개정을 검토하거나 이 협정에서 특별히 규정된 경우 이 협정의

---

3) 문화협력의정서에 규정된 바와 같이, 무역위원회는 그 의정서에 관하여 어떠한 관할권도 가지지 아니하고 문화협력위원회는 문화협력의정서의 이행을 위하여 무역위원회의 기능이 관련될 경우에 그 의정서에 관하여 무역위원회의 모든 기능을 수행한다.

규정을 개정할 수 있다.

라. 이 협정의 규정에 대한 해석을 채택할 수 있다.

마. 이 협정이 상정한 대로 권고를 하거나 결정을 채택할 수 있다.

바. 자신의 의사진행규칙을 채택할 수 있다. 그리고

사. 그 기능을 수행함에 있어 양 당사자가 합의하는 대로 그 밖의 조치를 할 수 있다.

5. 무역위원회는 공동위원회의 각 정기 회합에서 자신의 활동과 전문위원회, 작업반 그리고 다른 기관의 활동을 공동위원회에 통보한다.

6. 제14장(분쟁해결) 및 부속서 14-가(비관세조치에 대한 중개 메커니즘)에서 부여된 권리를 저해함이 없이, 어느 한쪽 당사자는 이 협정의 해석 또는 적용과 관련된 어떠한 문제라도 무역위원회에 회부할 수 있다.

7. 당사자가 자신의 법과 규정에 따라 비밀로 간주되는 정보를 무역위원회, 전문위원회, 작업반 또는 그 밖의 다른 기관에 제출하는 때에는, 다른 쪽 당사자는 그 정보를 비밀로 취급한다.

8. 투명성과 개방성의 중요성을 인정하면서, 양 당사자는 이 협정의 이행에 광범위한 시각을 수렴하기 위하여 공중구성원의 견해를 고려하는 각자의 관행을 확인한다.

제15.2조 전문위원회

1. 다음의 전문위원회가 무역위원회 산하에 설치된다.

가. 제2.16조(상품무역 위원회)에 따른 상품무역 위원회

나. 제5.10조(위생 및 식물위생 조치 위원회)에 따른 위생 및 식물위생 조치 위원회

다. 제6.16조(관세위원회)에 따른 관세위원회. 세관협정의 배타적 적용대상이 되는 사안에서 관세위원회는 그 협정에 따라 설치된 세관협력 공동위원회로서 기능한다.

라. 제7.3조(서비스무역 · 설립 및 전자상거래 위원회)에 따른 서비스무역 · 설립 및 전자상거래 위원회

마. 제13.12조(제도적 장치)에 따른 무역과 지속가능발전 위원회, 그리고

바. '원산지 상품'의 정의 및 행정협력의 방법에 관한 의정서의 부속서 4에 따른 한반도 역외가공지역 위원회

설치된 전문위원회의 활동 범위와 임무는 이 협정의 관련되는 장과 의정서에서 정의된다.

2. 무역위원회는 자신의 임무 수행을 지원하기 위해 다른 전문위원회를 설치하기로 결정할 수 있다. 무역위원회는 이 조에 따라 설치되는 전문위원회의 구성, 임무 및 기능을 결정한다.
3. 이 협정에서 달리 규정하지 아니하는 한, 전문위원회는 통상적으로 1년에 한 번 적절한 급에서 브뤼셀과 서울에서 교대로, 또는 어느 한쪽 당사자나 무역위원회의 요청이 있는 경우 회합하고, 대한민국과 유럽연합의 대표가 공동의장이 된다. 전문위원회는 회합 일정에 대해 합의하고 의제를 정한다.
4. 전문위원회는 자신의 회합에 충분히 앞서, 자신의 일정 및 의제를 무역위원회에 알린다. 전문위원회는 무역위원회의 각 정기 회합에서 자신의 활동을 무역위원회에 보고한다. 전문위원회의 창설 또는 존재는 어느 한쪽 당사자가 어떠한 사안을 무역위원회에 직접 제기하는 것을 방해하지 아니한다.
5. 무역위원회는 전문위원회에 할당된 임무를 변경 또는 수행하기로 결정하거나 전문위원회를 해산할 수 있다.

제15.3조 작업반

1. 다음의 작업반이 무역위원회 산하에 설치된다.
   가. 부속서 2-다(자동차 및 부품) 제9조(자동차 및 부품 작업반) 제2항에 따른 자동차 및 부품 작업반
   나. 부속서 2-라(의약품 및 의료기기) 제5조(규제 협력) 제3항에 따른 의약품 및 의료기기 작업반
   나. 부속서 2-바(화학물질) 세4항에 따른 화학물질 작입반
   라. 제3.16조(무역구제 협력 작업반) 제1항에 따른 무역구제 협력 작업반
   마. 제7.21조(상호인정) 제6항에 따른 상호인정협정 작업반
   바. 제9.3조(정부조달 작업반)에 따른 정부조달 작업반, 그리고
   사. 제10.25조(지리적 표시 작업반)에 따른 지리적 표시 작업반
2. 무역위원회는 특별 임무 또는 대상을 위한 다른 작업반을 설치하기로 결정할 수 있다. 무역위원회는 작업반의 구성, 임무 및 기능을 결정한다. 그 작업이 이 협정의 적용대상이 되는 사안을 다루는 양 당사자 간 모든 정기 또는 임시

회합은 이 조의 의미에서 작업반으로 간주된다.

3. 이 협정에서 달리 규정하지 아니하는 한, 작업반은 상황이 요구하는 경우 또는 어느 한쪽 당사자나 무역위원회의 요청이 있는 경우 적절한 급에서 회합한다. 작업반은 대한민국과 유럽연합의 대표가 공동의장이 된다. 작업반은 회합 일정에 대해 합의하고 의제를 정한다.
4. 작업반은 자신의 회합에 충분히 앞서, 자신의 일정 및 의제를 무역위원회에 알린다. 작업반은 무역위원회의 각 정기 회합에서 자신의 활동을 무역위원회에 보고한다. 작업반의 창설 또는 존재는 어느 한쪽 당사자가 어떠한 사안을 무역위원회에 직접 제기하는 것을 방해하지 아니한다.
5. 무역위원회는 작업반에 할당된 임무를 변경 또는 수행하기로 결정하거나 작업반을 해산할 수 있다.

제15.4조 의사결정

1. 무역위원회는 이 협정의 목적을 달성하기 위하여 이 협정에 규정된 경우 모든 사안에 관하여 결정을 내리는 권한을 가진다.
2. 취해진 결정은 양 당사자를 구속하고, 양 당사자는 취해진 결정의 이행을 위해 필요한 조치를 한다. 무역위원회는 또한 적절한 권고를 할 수 있다.
3. 무역위원회는 양 당사자 간의 합의로 결정과 권고를 작성한다.

제15.5조 개정

1. 양 당사자는 이 협정의 개정을 서면으로 합의할 수 있다. 개정은 양 당사자가 각자의 적용 가능한 법적 요건 및 절차를 완료하였음을 증명하는 서면 통보를 교환한 후, 양 당사자가 합의하는 날에 발효한다.
2. 제1항에도 불구하고, 무역위원회는 이 협정의 부속서, 부록, 의정서 및 주석의 개정을 결정할 수 있다. 양 당사자는 각자의 적용 가능한 법적 요건 및 절차를 조건으로 그 결정을 채택할 수 있다.

제15.6조 접촉선

1. 의사소통을 원활하게 하고 이 협정의 효과적인 이행을 보장하기 위해 양 당사자는 이 협정의 발효 시에 조정자를 지정한다. 조정자의 지정은 이 협정의 특정 장에 따른 권한 있는 당국의 특정한 지정을 저해하지 아니한다.
2. 어느 한쪽 당사자의 요청이 있는 경우, 다른 쪽 당사자의 조정자는 이 협정의 이행과 관계된 사안을 담당하는 기관 또는 공무원을 적시하고 요청 당사자와의 의사소통을 원활하게 하기 위해 요구되는 지원을 제공한다.
3. 자신의 법령상 가능한 범위에서, 각 당사자는 다른 쪽 당사자의 요청에 대해 자신의 조정자를 통해 정보를 제공하고 양 당사자 간의 무역에 영향을 미칠 수 있는 실제 또는 제안된 조치에 관한 다른 쪽 당사자의 질의에 신속히 답변한다.

제15.7조 과세

1. 이 협정은 과세조치에 대한 이 협정의 적용이, 이 협정의 규정에 효력을 부여하는 데 필요한 한도 내에서만 과세조치에 적용된다.
2. 이 협정의 어떠한 규정도 대한민국과 각 유럽연합 회원국 간의 조세협약상의 어느 한쪽 당사자의 권리 및 의무에 영향을 미치지 아니한다. 이 협정과 그러한 협약 사이에 불합치가 있는 경우, 그 불합치의 한도에서 그 협약이 우선한다. 대한민국과 각 유럽연합 회원국 간의 조세협약의 경우, 그 협약상의 권한 있는 당국들이 이 협정과 그 협약 간에 불합치가 존재하는지 여부를 공동으로 결정하는 데 전적인 책임을 진다.
3. 이 협정의 어떠한 규정도 양 당사자가 각자의 재정법령 관련 조항의 적용에서, 동일한 상황에 있지 아니하는 납세자를, 특히 납세자의 거주지와 납세자의 자본이 투자된 장소에 대하여, 구별하는 것을 방해하는 것으로 해석되지 아니한다.
4. 이 협정의 어떠한 규정도 이중 과세를 방지하기 위한 협정, 그 밖의 조세 약정 또는 국내 재정법령의 과세 조항에 따라 조세의 방지 또는 회피를 막기 위한 어떠한 조치의 채택이나 집행을 방해하는 것으로 해석되지 아니한다.

제15.8조 국제수지 예외

1. 당사자가 심각한 국제수지 및 대외 금융상의 어려움 또는 그러한 위협에 처한 경우 그 당사자는 상품무역, 서비스무역 및 설립에 대한 제한조치를 채택하거나 유지할 수 있다.
2. 양 당사자는 제1항에 언급된 제한조치의 적용을 회피하기 위해 노력한다. 이 조에 따라 채택되거나 유지되는 어떠한 제한조치라도 비차별적이고 그 기간이 제한되며, 국제수지 및 대외 금융 상황의 구제를 위해 필요한 이상을 넘어서는 아니 된다. 제한조치는 세계무역기구협정에서 수립된 조건을 따르고 적용 가능한 대로 국제통화기금협정 조항과 합치된다.
3. 제한조치 또는 이에 대한 변경을 유지하거나 채택한 당사자는 이를 다른 쪽 당사자에게 신속히 통보하고 그 제거를 위한 시간계획을 가능한 한 조속히 제출한다.
4. 제한이 채택되거나 유지되는 경우, 무역위원회에서 협의가 신속히 개최된다. 그러한 협의는 관련 당사자의 국제수지 상황과 이 조에 따라 채택되거나 유지되는 제한을 특히 다음의 요소를 고려하여 평가한다.
   가. 국제수지 및 대외 금융상의 어려움의 성격과 범위
   나. 대외 경제 및 교역 환경, 또는
   다. 이용 가능할 수 있는 대안적인 시정조치

   협의는 제한조치가 제3항 및 제4항을 준수하는지를 다룬다. 외환, 통화 보유고 및 국제수지와 관련되는 국제통화기금(이하 "국제통화기금"이라 한다)이 제출한 통계 및 그 밖의 사실에 대한 조사 결과는 수용되어야 하고, 결론은 관련 당사자의 국제수지 및 대외 금융 상황에 대한 국제통화기금의 평가에 근거한다.

제15.9조 안보 예외

이 협정의 어떠한 규정도 다음과 같이 해석되지 아니한다.

가. 공개되면 자신의 필수적인 안보 이익에 반한다고 당사자가 판단하는 정보를 당사자가 제공하도록 요구하는 것
나. 자신의 필수적인 안보 이익 보호를 위해 필요하다고 당사자가 판단하는 다음의 조치를 하는 것을 방해하는 것

1) 무기, 탄약 또는 전쟁물자의 생산이나 거래와 관계되거나 군사시설에 공급할 목적으로 직접 또는 간접적으로 수행하는 경제적 활동과 관련되는 조치
2) 핵분열성 및 핵융합성 물질 또는 이들의 원료가 되는 물질과 관련된 조치, 또는
3) 전시 또는 국제 관계에서의 그 밖의 비상시에 취해지는 조치, 또는

다. 당사자가 국제 평화와 안보 유지의 목적을 위한 자신의 국제적 의무를 수행하기 위해 조치를 하는 것을 방해하는 것

제15.10조 발효

1. 이 협정은 각자의 절차에 따라 양 당사자에 의해 승인된다.
2. 이 협정은 양 당사자가 각자의 적용 가능한 법적 요건 및 절차를 완료하였음을 증명하는 서면 통보를 교환한 날부터 60일 후 또는 양 당사자가 합의하는 다른 날에 발효한다.
3. 제2항 및 제5항에도 불구하고, 대한민국이 제2항 또는 제5항에서 언급된 통보의 교환 전에 2005년 10월 20일 파리에서 채택된 문화적 표현의 다양성 보호와 증진을 위한 유네스코 협약(이하 "유네스코 협약"이라 한다)의 비준서를 기탁하지 아니한 경우, 양 당사자는 대한민국이 유네스코 협약의 비준서를 파리에 있는 유네스코 사무국에 기탁한 날의 다음 세 번째 달 첫째 일부터 문화협력에 관한 의정서를 적용한다.
4. 통보는 대한민국 외교통상부 또는 그 승계기관과 유럽연합 이사회 사무총장에게 송부된다.
5. 가. 이 협정은 대한민국과 유럽연합 당사자가 그들 각각의 관련 절차의 완료를 상호 통보한 날의 다음 달 첫째 일부터 잠정적으로 적용된다.
   나. 이 협정의 어느 규정이 잠정적으로 적용될 수 없는 경우, 그러한 잠정 적용을 할 수 없는 당사자는 다른 쪽 당사자에게 잠정 적용될 수 없는 규정을 통보한다. 가호에도 불구하고, 다른 쪽 당사자가 필요한 절차를 완료하고 어느 규정이 잠정 적용될 수 없다는 통보로부터 10일 이내에 잠정 적용에 반대하지 아니할 경우, 통보되지 아니한 이 협정의 규정은 통보의 다음 달 첫째 일부터 잠정적으로 적용된다.

다. 어느 한쪽 당사자는 다른 쪽 당사자에 대한 서면 통보로 잠정 적용을 종료할 수 있다. 그러한 종료는 통보의 다음 달 첫째 일부터 효력이 발생한다.
라. 이 협정 또는 이 협정의 어느 규정이 잠정적으로 적용되는 경우, "이 협정의 발효"라는 용어는 잠정 적용일을 의미하는 것으로 양해된다.

제15.11조 존속 기간

1. 이 협정은 무기한 효력이 있다.
2. 어느 한쪽 당사자는 다른 쪽 당사자에게 서면으로 이 협정의 폐기의사를 통보할 수 있다.
3. 폐기는 제2항에 따른 통보 6개월 후에 효력을 발생한다.

제15.12조 의무 이행

1. 양 당사자는 이 협정상의 각자의 의무를 이행하기 위해 요구되는 일반 또는 특정 조치를 한다. 양 당사자는 이 협정에 규정된 목적이 달성되도록 한다.
2. 어느 한쪽 당사자는 국제법의 일반 규칙에 의해 승인되지 아니하는 이 협정의 폐기의 경우 국제법에 따라 즉시 적절한 조치를 할 수 있다.

제15.13조 부속서 · 부록 · 의정서 및 주석

이 협정의 부속서, 부록, 의정서 및 주석은 이 협정의 불가분의 일부를 구성한다.

제15.14조 다른 협정과의 관계

1. 달리 명시되지 아니하는 한, 대한민국과 유럽연합 회원국 및/또는 유럽공동체 및/또는 유럽연합 간의 이전 협정은 이 협정에 의해 대체되거나 종료되지 아니한다.
2. 이 협정은 기본 협정이 규율하는 전반적인 양자 관계의 불가분의 일부가 된다. 이 협정은 기본 협정의 의미에서 무역 규정에 효과를 부여하는 특정 협정을 구성한다.

3. 관세 사안에서의 상호 행정지원에 관한 의정서는 상호 행정지원에 관한 규정에 대하여 세관협정을 대체한다.
4. 양 당사자는 이 협정의 어떠한 규정도 양 당사자가 세계무역기구협정상의 의무에 불합치하는 방식으로 행동할 것을 요구하지 아니한다는 것에 동의한다.

제15.15조 영역적 적용

1. 이 협정은 한편으로는 대한민국의 영역에 적용되며, 다른 한편으로는 유럽연합 조약 및 유럽연합의 기능에 관한 조약이 적용되는 영역에 그 조약들이 규정하는 조건에 따라 적용된다. 이 협정에서 “영역”이라는 언급은 달리 명시적으로 기술되지 아니하는 한, 이러한 의미로 이해된다.
2. 상품의 관세 대우와 관련된 규정에 관한 한, 이 협정은 제1항의 적용대상이 아닌 유럽연합 관세 영역 지역에도 적용된다.

제15.16조 정본

이 협정은 한국어, 불가리아어, 체코어, 덴마크어, 네덜란드어, 영어, 에스토니아어, 핀란드어, 프랑스어, 독일어, 그리스어, 헝가리어, 이탈리아어, 라트비아어, 리투아니아어, 몰타어, 폴란드어, 포르투갈어, 루마니아어, 슬로바키아어, 슬로베니아어, 스페인어 및 스웨덴어로 각 2부씩 작성되었으며 각 언어본은 동등하게 정본이다.

2005. 12. 15

http://www.fta.go.kr/eu/main/index.asp

http://www.fta.go.kr/eu/layout_sub02/sub02_01.asp

3장 한일자유무역협정(FTA) 협상

한일 FTA 제1차 협상 개최

2003. 12. 13

1. 한일 양국은 2003. 12. 22(월) 서울에서 한일 자유무역협정(Free Trade Agreement) 체결을 위한 제1차 협상을 개최한다.
   - 우리 측에서는 외교통상부 김현종(金鉉宗) 통상교섭조정관을 수석대표로 외교통상부, 재경부, 산자부, 농림부 등 관계 부처에서 약 40명 참석
   - 일본 측에서는 외무성 후지사키 외무심의관(차관보급)을 수석대표로 외무성, 경제산업성, 농림성, 재무성 등에서 약 30명 참석
2. 양국은 지난 10. 20 방콕에서 개최된 APEC 정상회의 계기 정상회담에서 금년 중 양국 간 FTA 협상을 개시하여 2005년 중 종료할 것을 목표로 협상을 추진하기로 합의한 바 있다.
3. 한일 FTA 협상은 상품무역에서의 관세, 비관세장벽의 철폐뿐만 아니라, 서비스무역의 자유화, 투자확대, 정부조달, 지적재산권, 경쟁정책 그리고 무역투자협력, 중소기업협력, 과학기술협력 등의 경제협력사업들까지 포함하는 광범위한 분야에 걸쳐 진행될 예정이다.
4. 정부는 협상 개시에 대비, 의제별 대응방안과 협상전략을 논의하기 위하여 12. 15(월) 10시 외교통상부 국제회의실(3층)에서 관계 부처 및 민간 전문가들이 참석하는 연찬회를 개최한다. 사실상 한일 FTA 협상단의 발대식을 겸하게 되는 동 행사에는 외교통상부 등 21개 관계 부처는 물론 대외경제정책연구원(KIEP), 산업연구원(KIET) 등의 연구소 및 학계 인사 등 100여 명의 각 협상 분야별 전문가가 참석한다.
5. 정부는 이번 연찬회에서 한일 FTA 협상의 의제별 쟁점사항에 대한 우리 측 입장에 대해 토론하고, 향후 작업계획을 논의할 계획이다. 정부는 협상안 마련과 협상과정에서 각계의 의견을 적극 수렴하고, 범정부적 협조 체제하에서 협상

을 추진하기 위하여 이와 같은 연찬회를 앞으로도 개최할 계획이다.

외교통상부 대변인

한일 FTA 제1차 협상 결과

2003. 12. 22

□ 오늘 우리나라와 일본은 양국 간 FTA 체결을 위한 제1차 협상을 가졌음.

□ 오늘 협상에서 양측은 협상그룹의 구조, 향후 협상일정 등 협상의 절차와 추진 방안에 대해 합의하였으며, 협정문 및 양허안 작성방향 등 주요 협상의제에 대한 의견을 교환하였음.

□ 오늘 협상은 우리 측에서 본인(金鉉宗 통상교섭조정관)을 수석대표로 20여 개 부처에서 약 50여 명이, 일본 측에서는 외무성 후지사키(藤崎一郎) 외무심의관을 수석대표로 약 30여 명이 참석하였음.

□ 오늘 협상 결과를 간략히 말씀드리겠음.

- 먼저, 양국은 지난 10월 방콕에서 양국 정상이 합의한 바와 같이 포괄적이고 실질적인 자유화를 추진하고 양국의 공동이익을 도모하며 WTO 협정에 일치하는 FTA를 추진한다는 원칙을 재확인하였음.
- 둘째, 양국은 분야별 협상단위로 6개의 협상분과를 설치하기로 하였으며, 상호인정협상 분야는 기술적으로 확인이 필요한 사항에 대해 양측 간 확인작업을 거친 후 결정키로 함.
- 셋째, 양국은 2005년에 협상을 실질적으로 종료하는 것을 목표로 추진한다는 원칙을 재확인하였음.

□ 이상으로 간단히 제1차 협상 결과를 말씀드렸으며, 이제부터 질의응답 시간을 갖도록 하겠음.

외교통상부 대변인

한일 FTA 제2차 협상 개최

2004. 2. 19

1. 한일 양국은 2004. 2. 23(월)~25(수)간 동경에서 자유무역협정(Free Trade Agreement) 체결을 위한 제2차 협상을 개최한다.
   - 우리 측에서는 외교통상부 김현종(金鉉宗) 통상교섭조정관을 수석대표로 외교부, 재경부, 산자부, 농림부 등 17개 관계 부처에서 약 46명 참석
   - 일측에서는 외무성 후지사키 외무심의관(차관보급)을 수석대표로 외무성, 경제산업성, 농림수산성, 재무성 등에서 약 100명 참석
2. 이번 협상에서 양국은 전체 회의에서 상품양허안 교환 방식 및 일정, 협정문안 작성방향 등의 향후 작업계획을 협의하고, 6개 분과 중 ① 상품무역, ② 비관세조치(Non-tariff Measures), ③ 투자 및 서비스무역, ④ 기타 무역규범(정부조달, 경쟁, 지적재산권), ⑤ 협력 등 5개 분과별 협상을 통하여 분야별 주요 쟁점을 논의할 예정이다.
   - 양국의 법률 및 제도를 분석하고, 양국이 기 체결한 FTA 협정문을 비교함으로써 한일 FTA에 반영되어야 할 사항을 발굴할 계획
   - 아울러 양국은 제1차 협상 시 기술적 사항을 추가 검토한 이후 협상분과 설치 여부를 재논의키로 하였던 상호인정협정(Mutual Recognition Agreement) 분과의 설치 여부를 협의할 계획
3. 양국은 2003. 10. 20 방콕에서 개최된 APEC 정상회의 계기 양국 정상회담에서 2005년에 협상 타결을 목표로 양국 간 FTA 협상을 개시하기로 합의하였으며, 이에 따라 양국은 2003. 12. 22(월) 서울에서 제1차 협상을 개최하여 협상 체제 및 협상일정 등 협상의 기본 골격을 합의하였다. 양국은 매 2개월 간격으로 양국을 번갈아 가며 협상을 개최할 계획이다.
4. 정부는 제2차 협상 개최에 대비, 2. 17(화) 외교통상부 국제회의실에서 관계 부처 및 민간 전문가 100여 명이 참석한 연찬회를 개최하여 협상안 마련과 협상과정에서 각계의 의견을 적극 수렴하고, 우리의 전체적인 협상전략과 분야별 쟁점사항을 점검하였다. 정부는 앞으로도 범정부적 협조 체제하에서 협상을 추진하기 위하여 이와 같은 연찬회를 개최해 나갈 계획이다.

외교통상부 대변인

한일 FTA 제2차 협상 결과

2004. 2. 25

1. 한일 양국은 2004. 2. 23(월)~25(수)간 동경에서 한일 자유무역협정(Free Trade Agreement) 체결을 위한 제2차 협상을 개최하였다.
   - 우리 측에서는 외교통상부 김현종(金鉉宗) 통상교섭조정관을 수석대표로 외교부, 재경부, 산자부, 농림부 등 17개 관계 부처에서 50명 참석
   - 일측에서는 외무성 후지사키 외무심의관(차관보급)을 수석대표로 외무성, 경제산업성, 농림수산성, 재무성 등 13개 부처에서 약 120여 명 참석
2. 이번 협상에서 양국은 ① 상품무역, ② 비관세조치(Non-tariff Measures), ③ 투자 및 서비스무역, ④ 기타 무역규범(정부조달, 경쟁정책, 지적재산권), ⑤ 협력 등 5개 협상분과와 상호인정협정(MRA)에 대한 협의를 통해 분야별 주요 쟁점을 협의하였다.
3. 이번 협상에서의 분야별 주요 논의 내용은 아래와 같다.
   - 양국 간 무역 및 투자 증대를 위하여 농업을 포함하는 상품, 서비스의 포괄적 자유화 원칙을 재확인함.
   - 우회수입방지를 위한 원산지 규정, 통관절차 간소화 등 분야에서 FTA 체결의 이익을 최대화할 수 있는 방안을 모색하기로 함.
   - FTA 체결의 이익을 극대화하기 위하여 가급적 많은 무역규범 분야에서 수준 높은 FTA를 추구하는 것이 바람직하다는 데 인식을 같이함.
   - 비관세조치 분야에 있어서는 협의회를 계속 유지키로 하고 앞으로 구체적인 사례를 바탕으로 논의를 진행하기로 함.
   - 양국 간 경제통합을 실질적으로 실현하고, FTA 효과를 극대화하기 위하여 무역투자협력, 기술협력 등 각종 협력사업을 발굴, 추진키로 함.
   - 양국 간 기술규격을 상호 인정하기 위하여 상호인정(Mutual Recognition) 분과

를 설치하기로 함.

- 이에 따라 금번에 논의되지 않은 분쟁해결 분과와 함께 총 7개 협상분과가 설치됨.
- 차기 협상에서는 양측이 협정문안 초안을 준비하여, 이를 바탕으로 보다 구체적인 논의를 진행하기로 함.

4. 양측은 2003. 10월 양국 정상이 합의한 2005년 중 협상 종료 목표를 달성하기 위하여 매 2개월 간격으로 협상을 진행할 계획이며, 차기회의(제3차)는 4. 26~28 서울에서 개최키로 하였다.

첨부 : 1. 한일 FTA 추진 경과
　　　2. 한일 FTA 경제적 효과와 산업별 영향

외교통상부 대변인

한일 FTA 제3차 협상 개최

2004. 4. 23

1. 한일 양국은 2004. 4. 26(월)~28(수)간 서울에서 자유무역협정(Free Trade Agreement) 체결을 위한 제3차 협상을 개최한다.
   - 우리 측에서는 외교통상부 김현종(金鉉宗) 통상교섭조정관을 수석대표로 외교부, 재경부, 산자부, 농림부 등 17개 관계 부처에서 90여 명 참석
   - 일측에서는 외무성 후지사키 외무심의관(차관보급)을 수석대표로 외무성, 경제산업성, 농림수산성, 재무성 등에서 100여 명 참석
2. 이번 협상부터 협정문에 대한 협상이 시작됨에 따라 양국은 4. 16(협상 개최 1주일 전) 협정문 초안을 상호 교환하였으며, 이번 협상에서 동 협정문 초안을 기초로 ① 상품무역, ② 비관세조치(Non-tariff Measures), ③ 투자 및 서비스무역, ④ 기타 무역규범(정부조달, 경쟁), ⑤ 상호인정(Mutual Recognition), ⑥ 분쟁해결

등 6개 분과에서 분야별 주요 쟁점을 논의할 예정이다. 협력분과의 경우, 무역투자, 과학기술, 산업, 환경 등의 분야에서 양국 간 협력 확대방안을 협의할 계획이다.

3. 우리 측 협정문 초안은 양국 간 FTA가 포괄적인 분야에서 높은 수준의 자유화와 협력을 목표로 하여야 한다는 취지하에 검사검역(SPS), 정부조달, 상호인정, 비관세조치 등에서 우리 측 입장을 반영하는 규정을 다수 포함하였다. 또한 특혜관세 혜택을 받고 수입되는 상품에 대한 통관절차상의 모호함을 줄이기 위하여 통관절차를 가급적 상세히 규정하였다.
4. 참고로 양국은 2003. 10. 20 방콕에서 개최된 APEC 정상회의 계기 양국 정상회담에서 2005년 협상 타결을 목표로 양국 간 FTA 협상을 개시하기로 합의하였으며, 금년 가을 1차 상품양허안을 교환함으로써 양국 간 협상이 본격화될 것으로 보인다.

첨부 : 한일 FTA 추진 현황

외교통상부 대변인

한일 FTA 제3차 협상 결과

2004. 4. 28

1. 한일 양국은 2004. 4. 26~28간 서울에서 한일 자유무역협정(Free Trade Agreement) 체결을 위한 제3차 협상을 개최하였다.
   - 우리 측에서는 김현종 외교부 통상교섭조정관을 수석대표로 외교부, 재경부, 산자부, 농림부 등 관계 부처에서 94명 참석
   - 일본 측에서는 후지사키 외무성 외무심의관을 수석대표로 외무성, 경산성, 농림성 등 관계 부처에서 108명 참석
2. 금번 협상은 ① 상품무역 ② 서비스 / 투자 ③ 비관세조치(NTM) ④ 상호인정

⑤ 기타 무역규범 ⑥ 분쟁해결 ⑦ 협력 등 7개 분과별로 양측에서 사전에 교환한 협정문 초안을 기초로 협상을 진행하였다.

* 양측은 지난 4. 16 한일 FTA 협정문 초안을 상호 교환하였으며, 우리 측은 동 초안에서 양국 간 FTA가 포괄적인 분야에서 높은 수준의 자유화와 협력을 목표로 하여야 한다는 취지하에 검사검역(SPS), 정부조달, 상호인정, 비관세조치 등에서 우리 측 입장을 반영하는 규정을 다수 포함하였다.

3. 양측은 금번 협상에서 포괄적이고 수준 높은 FTA를 체결한다는 기본 원칙을 재확인하고, 각 협상 분야별로 쟁점사항에 대한 양측의 기본 입장과 협정문안, 향후 작업계획 등에 대하여 논의를 하였다.
4. 양측은 금번 협의를 바탕으로 차기 협상에서는 협정문안에 대한 축조심의를 하면서 각 분야별로 통합협정문안(consolidated text)을 만드는 작업을 진행할 계획이다.
5. 차기 협상은 6. 23~25간 동경에서 개최될 예정이다.

첨부 : 한일 FTA 추진 현황

외교통상부 대변인

한일 FTA 제4차 협상 개최

2004. 6. 21

1. 한일 양국은 2004. 6. 23(수)~25(금)간 동경에서 자유무역협정(Free Trade Agreement) 체결을 위한 제4차 협상을 개최한다.
   - 우리 측에서는 외교통상부 김현종(金鉉宗) 통상교섭조정관을 수석대표로 외교부, 재경부, 산자부, 농림부 등 19개 관계 부처에서 80명 참석
   - 일측에서는 외무성 후지사키 외무심의관(차관보급)을 수석대표로 외무성, 경제산업성, 농림수산성, 재무성 등에서 160명 참석

2. 이번 협상에서 양국은 7개의 협상분과를 중심으로 지난 제3차 협상 시 교환된 협정문 초안을 기초로 분야별 양국의 입장을 협의할 예정이며, 이를 통해 각 분야별로 통합협정문(consolidated text)을 만드는 것을 목표로 하고 있다.
   * 7개 협상분과는 상품무역, 서비스/투자, 비관세조치, 상호인정, 기타 무역 규범(정부조달, 경쟁, 지재권), 협력, 분쟁해결 분과이며, 이 중 분쟁해결 분과는 이번에는 비공식 협의만 진행할 계획
3. 우리 측은 이번 협상에서 특히 우리 업계에서 관심을 가지고 있는 비관세조치, 상호인정(MR), 정부조달 분야에 중점을 두고 일측과 협의할 계획이다. 앞으로도 우리 측은 양국 간 FTA가 포괄적인 분야에서 높은 수준의 자유화와 협력을 이루기 위하여, 전통적 분야인 상품관세철폐뿐만 아니라 비관세장벽, 위생 및 검사검역(SPS) 등 우리 측의 관심사항에 있어서 적극적으로 의제를 발굴하여 협상에 임할 계획이다.
4. 아울러 양국은 금년 가을부터 진행될 상품양허안 협상에 대비하여, 양허안 교환시기, 방법 및 공산품 및 농수산물 양허안의 전반적 수준 등에 대해 일차적 의견을 교환할 예정이다.
5. 참고로 양국은 2003. 10. 20 방콕에서 개최된 APEC 정상회의 계기 양국 정상회담에서 2005년 협상 타결을 목표로 양국 간 FTA 협상을 개시하기로 합의하였으며, 매 2개월마다 협상을 진행하고 있다.

첨부 : 한일 FTA 추진 현황

외교통상부 대변인

한일 FTA 제4차 협상 결과

2004. 6. 25

1. 한일 양국은 2004. 6. 23~25간 동경에서 한일 자유무역협정(Free Trade Agreement)

체결을 위한 제4차 협상을 개최하였다.

• 우리 측에서는 김현종 외교부 통상교섭조정관을 수석대표로 외교부, 재경부, 산자부, 농림부 등 관계 부처에서 80명 참석

• 일본 측에서는 후지사키 외무성 외무심의관을 수석대표로 외무성, 경산성, 농림수산성 등 관계 부처에서 159명 참석

2. 이번 협상에서 양측은 포괄적이고 수준 높은 FTA를 체결한다는 기본 원칙을 재확인하고, 상품 및 서비스 무역 자유화 등 6개 협상분과별로(분쟁해결 분과는 미개최) FTA 협상의 주요 쟁점에 대해 협정문을 기초로 논의를 진행하였다.

3. 금번 협상에서 우리 측은 비관세조치(NTM), 상호인정(MRA), 정부조달 등 우리 측 관심 분야에서 다양한 의제를 발굴, 적극 제기하였으며, 일본 측은 지재권 분야에 대해 많은 관심을 보였다. 아울러 양국은 상품 양허안 교환 시기 및 양허안의 수준에 대해 일반적 의견을 나누었다.

4. 양국은 차기 협상에서 협정문 초안에 대한 그동안 논의를 바탕으로 각 분야별로 통합협정문(consolidated text)을 작성하고 상품양허안 교환을 위한 준비작업을 진행할 계획이다.

5. 차기 협상은 2004. 8. 23~25간 한국에서 개최될 예정이다.

첨부 : 한일 FTA 추진 현황

외교통상부 대변인

한일 FTA 제5차 협상 개최

2004. 8. 19

1. 한일 양국은 2004. 8. 23(월)~25(수)간 경주에서 자유무역협정(Free Trade Agreement) 체결을 위한 제5차 협상을 개최한다.

• 우리 측에서는 외교통상부 정우성(丁宇聲) 통상교섭조정관을 수석대표로 외

교부, 재경부, 산자부, 농림부 등 20개 관계 부처에서 103명 참석

- 일측에서는 외무성 후지사키 외무심의관(차관보급)을 수석대표로 외무성, 경제산업성, 농림수산성, 재무성 등 12개 부처에서 111명 참석

2. 금번 협상에서 양국은 7개의 협상분과를 중심으로 지난 제3차 협상 시 교환된 협정문 초안을 기초로 분야별 양국의 입장을 협의할 예정이며, 그동안의 논의 결과를 바탕으로 협정문을 수정, 보완하여 통합협정문(consolidated text)을 만들어 가는 데 중점을 둘 예정이다.

  * 7개 협상분과 : 상품무역, 서비스/투자, 비관세조치, 상호인정, 기타 무역규범(정부조달, 경쟁, 지재권), 협력, 분쟁해결 분과

3. 우리 측은 금번 협상에 대비 상품무역 통합협정문과 전자상거래, 기술장벽(TBT), 정부조달 등 분야에서 수정문안을 사전에 일측에 제시하였다. 또한 우리 측은 특히 우리 업계에서 관심을 가지고 있는 비관세조치, 상호인정(MR), 정부조달 분야에 중점을 두고 일측과 협의할 계획이다.
4. 아울러 양국은 금년 가을부터 진행될 상품양허안 협상에 대비하여, 양허안 교환시기, 방법 및 공산품 및 농수산물 양허안의 전반적 자유화 수준 등에 대해서도 의견 교환을 지속할 예정이다.
5. 한편 지금까지 양국의 수도에서만 개최하던 FTA 협상을 금번에는 지방도시인 경주에서 개최하게 되었는데, 이를 통하여 지방에서도 한일 FTA에 대한 인식이 확대되는 계기가 되기를 기대하고 있다. 또한 우리 측 수석대표를 포함한 일부 대표단은 우리 업계의 관심사항을 현장에서 직접 확인하여 향후 협상에 반영하기 위해 금번 협상 종료 후 울산 지역 몇 개 기업을 방문할 예정이다.
6. 참고로 한일 양국은 2003. 10. 20 방콕에서 개최된 APEC 정상회의 계기 양국 정상회담에서 2005년 협상 타결을 목표로 양국 간 FTA 협상을 개시하기로 합의하였으며, 매 2개월마다 협상을 진행하고 있다.

첨부 : 한일 FTA 추진 현황

외교통상부 대변인

한일 FTA 제5차 협상 결과

2004. 8. 25

1. 한일 양국은 2004. 8. 23(월)~25(수)간 경주에서 한일 자유무역협정(Free Trade Agreement) 체결을 위한 제5차 협상을 개최하였다.
   - 우리 측에서는 김한수 외교통상부 FTA 담당심의관을 수석대표로 외교부, 재경부, 산자부, 농림부 등 20개 관계 부처에서 100여 명 참석
   - 일측에서는 니시미야 외무성 북동아심의관을 수석대표로 외무성, 경제산업성, 농림수산성, 재무성 등 12개 부처에서 100여 명 참석
2. 금번 협상에서 양측은 포괄적이고 수준 높은 FTA를 체결한다는 기본 원칙을 재확인하고, 상품 및 서비스무역 자유화 등 7개 협상분과별로 FTA 협상의 주요쟁점에 대해 협정문 초안을 기초로 논의를 진행하였다.
   * 7개 협상분과 : 상품무역, 서비스 / 투자, 비관세조치, 상호인정, 기타 무역규범(정부조달, 경쟁, 지재권), 협력, 분쟁해결 분과
3. 금번 협상에서 우리 측은 비관세조치, 정부조달 등 우리 측 관심분야에서 다양한 의제를 발굴, 적극 제기하였다. 아울러 양국은 상품양허안 및 서비스 / 투자유보안 교환과 관련하여 일반적인 의견을 교환하였다.
4. 양국은 차기협상에서 협정문 초안에 대한 그동안의 논의를 바탕으로 각 분야별로 통합협정문(consolidated text)을 보다 발전시키는 등 양국 간 의견차를 좁혀 나갈 계획이다.
5. 차기 협상은 2004. 11. 1~3간 일본에서 개최될 예정이다.

첨부 : 한일 FTA 추진 현황

외교통상부 대변인

한일 FTA 제6차 협상 개최

2004. 10. 29

1. 한일 양국은 2004년 11월 1일부터 3일까지 일본 도쿄에서 자유무역협정(FTA; Free Trade Agreement) 체결을 위한 협상 제6차 회의를 개최한다.
   - 우리 측에서는 수석대표 홍종기(洪宗崎) 외교통상부 통상교섭조정관 외에 외교통상부, 재정경제부, 산업자원부, 농림부, 해양수산부 등 15개 부처의 관계관 80여 명으로 구성된 대표단이 참석 예정
   - 일측에서는 수석대표 외무성 시부야 미노루(澁谷 實) 외무성 국제무역 · 경제담당 대사 외에 외무성, 재무성, 경제산업성, 농림수산성 등 12개 부처의 관계관 160여 명으로 구성된 대표단이 참석 예정
2. 금번 회의에서 양국은 7개 협상분과별 회의를 통하여 협상 제3차 회의(2004년 4월 26~28일, 서울) 시 양국이 각각의 협정문 초안을 교환한 이래로 진행되고 있는 통합협정문 작성작업을 계속할 예정이다.
   - 7개 협상분과는 상품무역, 서비스/투자, 비관세조치, 상호인정, 기타 무역규범(정부조달, 지적재산권, 경쟁), 협력, 분쟁해결 분과로 구성
3. 아울러 양국은 FTA의 핵심인 상품양허안의 교환시기, 교환방법, 공산품 및 농수산물 양허안의 전반적인 자유화 수준 등에 대해서도 합의를 이룰 수 있도록 노력할 예정이다.
4. 한일 양국은 2003년 10월 20일 태국 방콕에서 개최된 APEC 정상회의 계기 한일 정상회담에서 2005년 내 협상 타결을 목표로 양국 간 FTA 체결 협상을 개시하기로 합의하였으며, 2004년 12월 첫 협상 회의 이래로 약 2개월 간격으로 협상을 진행하고 있다.

첨부 : 한일 FTA 추진 현황

외교통상부 대변인

한일 FTA 제6차 협상 결과

2004. 11. 3

1. 한일 양국은 2004년 11월 1일부터 3일까지 일본 도쿄에서 자유무역협정(FTA; Free Trade Agreement) 체결을 위한 협상 제6차 회의를 개최하였다.
   - 우리 측에서는 수석대표 홍종기(洪宗崎) 외교통상부 통상교섭조정관 외에 외교통상부, 재정경제부, 산업자원부, 농림부, 해양수산부 등 15개 부처의 관계관 80여 명으로 구성된 대표단이 참석
   - 일측에서는 수석대표 외무성 시부야 미노루(澁谷 實) 외무성 국제무역 · 경제담당 대사 외에 외무성, 재무성, 경제산업성, 농림수산성 등 12개 부처의 관계관 160여 명으로 구성된 대표단이 참석
2. 금번 회의에서 양국은 7개 협상분과별 회의를 통하여 협상 제3차 회의(2004년 4월 26~28일, 서울) 시 양국이 각각의 협정문 초안을 교환한 이래로 진행되고 있는 통합협정문 작성작업을 계속하였다.
   - 7개 협상분과는 상품무역, 서비스 / 투자, 비관세조치, 상호인정, 기타 무역규범(정부조달, 지적재산권, 경쟁), 협력, 분쟁해결 분과로 구성
3. 아울러 양국은 FTA의 핵심인 상품양허안에 관해서도 계속 협의해 나가기로 합의하였다.
4. 한일 양국은 2003년 10월 20일 태국 방콕에서 개최된 APEC 정상회의 계기 한일 정상회담에서 2005년 내 협상 타결을 목표로 양국 간 FTA 체결 협상을 개시하기로 합의하였으며, 2003년 12월 첫 협상 회의 이래로 약 2개월 간격으로 협상을 진행하고 있다.
5. 차기 협상 일정과 관련, 양국은 외교경로를 통한 협의를 거쳐서 확정하기로 합의하였다.

첨부 : 한일 FTA 추진 현황

외교통상부 대변인

'한일 FTA 협상 재개' 제하 언론보도 관련

2008. 2. 22

오는 2. 25 서울에서 열리는 한일 정상회담에서 양국이 한일 FTA 협상 재개에 합의할 것이라는 내용의 일본 니혼게이자이 신문보도(2. 22) 관련 외교부 입장을 알려드립니다.

1. 양측이 2. 25 개최 예정인 한일 정상회담에서 한일 FTA 협상을 재개하기로 합의하고, 이를 위해 가까운 시일 내에 양국 간 국장급 예비협의를 개최한다는 보도 내용은 사실과 다릅니다.
   ※ 한일 FTA 협상은 2003년 12월 개시, 2004년 11월 제5차 협상 이후 사실상 중단
2. 우리 정부는 기본적으로 한일 간 교역은 계속 확대 · 균형을 지향해 나가야 하며, 양국 간 FTA 체결이 이를 위한 좋은 수단이 될 수 있으므로, FTA 협상 재개를 위하여 일본 측과 협의할 용의가 있으나,
   - 한일 양국이 서로 win-win 하는 FTA 체결을 위해서는 FTA 협상 출범 당시 합의한 높은 수준의 포괄적 FTA를 지향한다는 기본 원칙이 반드시 준수되어야 하며,
   - 우리 측 관심 사항인 일본 농수산물 시장 개방 수준 제고, 비관세장벽 해소, 정부조달 시장 개방, 산업협력 및 개성공단 생산품에 대한 특혜원산지 부여 등에 대한 일측의 확실한 개선 의지가 전제되어야만 협상 재개가 성공적인 타결로 이어질 수 있다는 입장입니다.

외교통상부 대변인

http://www.mofa.go.kr/news/pressinformation/index.jsp?menu=m_20_30

4장 한중자유무역협정(FTA) 협상

한중 통상장관 회담 결과(한중 FTA 협상 개시 선언)

2012. 5. 2

1. 박태호 통상교섭본부장과 천더밍(陳德銘) 중국 상무부장은 금 5. 2(수) 북경에서 양국 통상장관 회담을 갖고 한중 FTA 협상 개시를 공식 선언하고, 아래 내용의 협상 원칙이 담긴 양국 통상장관 간 공동성명문을 발표하였다. (상세 별첨 1 참고)
   ① (단계별 협상) 민감품목 보호를 위하여 협상을 2단계로 나누어 진행
   - 1단계 협상 : 상품, 서비스, 투자 분야 모달리티(분야별 협상지침) 합의 → 2단계 협상 : 합의된 모달리티에 기초한 전면 협상 진행

   ② (민감 분야 보호방식) 상품 분야 모달리티는 양국의 민감성을 반영하기 위해 일반품목군과 민감품목군을 설치하고, 민감품목군은 다시 일반민감품목과 초민감품목으로 나누어 장기관세철폐, 부분감축, 양허 제외 등의 방식으로 보호
   ③ (서비스 · 투자) 서비스 분야는 WTO 협정보다 높은 수준의 자유화를, 투자 분야는 한중 양국이 기 체결한 여타 투자협정을 고려하면서 양자 투자 흐름과 관련된 사항이 적절히 다루어지도록 규정
   ④ (역외가공지역) 한중 FTA에 양국이 지정하는 역외가공지역 관련 조항이 포함될 것임을 확인
2. 한중 FTA 협상 개시는 지난 2005년 민간 공동연구 이후 7년간의 검토 및 준비 기간을 거쳤으며, 2010년 9월부터 최근까지 진행된 민감성 보호를 위한 양국 정부 간 사전협의가 종료됨에 따라 이루어진 것이다.
   - 정부는 지난 1. 9 한중 정상회담 시 "한국의 국내 절차가 완료되는 대로 양국 간 FTA 협상을 개시한다"는 정상 간 합의 이후 금번 협상 개시 결정까지 법정 국내 절차는 물론 약 110여 차례의 범정부적 의견 수렴 과정을 거쳤으

며, 통상절차법을 준용하여 한중 FTA 추진계획을 국회에 보고(4. 23)

※ 4. 23 현재 각 부처별 의견 수렴 현황: 외교부(22회), 농식품부(58회), 지경부(10회), 복지부(5회), 국토부(5회), 환경부(2회), 문화부(1회), 교과부(1회), 산림청(4회), 특허청(3회), 방통위(8회)

3. 한중 FTA 체결로 인한 효과는 아래와 같을 것으로 기대된다. (상세 별첨 2 참고)

(경제적 효과)

- 중국 내수시장 선점을 통한 우리 경제의 미래 성장동력 확보

– 현재 우리의 대중수출은 가공무역 중심(51.4퍼센트)으로 중국의 대세계수출에 동조되어 있는 상황을 개선하여, 내수시장 중심으로 전환함에 있어 FTA가 크게 기여할 수 있을 것으로 기대

※ 금년 4분의 1분기의 경우, 중국의 대세계 수출증가율 둔화(21.3 → 6.9퍼센트)로 우리의 대중수출 증가율도 대폭 감소(16.7 → 3.7퍼센트)

- 중국 내 우리 기업 및 국민의 이익보호를 위한 제도적 기반 구축

※ 중국 진출 우리 기업은 약 2만 3천 개(우리 제조업 300대 기업 중 70퍼센트가 진출)

- 외국인의 국내 투자 증가를 통한 일자리 창출

– 미국, EU, 중국과의 FTA로 이들 국가를 겨냥한 투자 유입 효과 기대

(정치적 효과)

- 동아시아 경제통합 주도적 역할 수행 및 글로벌 FTA 허브국가 완성
- 중국과의 전략적 협력 동반자 관계 강화 및 한반도 평화 안정에의 기여

(거시 경제 효과: 2. 24 공청회 시 KIEP 발표자료)

- 양허수준에 따라 우리나라의 GDP는 한중 FTA 발효 후 5년 내 0.95~1.25퍼센트, 10년 내 2.28~3.04퍼센트 증가, 후생은 발효 후 5년 내 177억~233억 달러, 10년 내 276~366억 달러 증가

4. 정부는 한중 FTA 협상을 통하여 상품, 서비스·투자, 규범 및 비관세장벽 등 모든 분야에서 우리 국익을 추구해 나가는 한편, 협상 진행 과정에서 국내 이해관계자들의 의견을 최대한 수렴, 우리 입장에 반영해 나갈 예정이다.

첨부: 1. 한중 통상장관 공동성명문(영문/비공식 국문 번역본)

2. 한중 FTA 추진 참고자료

① 한중 FTA 추진경위

② 대내외 통상환경
③ 한중 FTA 추진 필요성 및 기대효과
④ 한중 FTA 체결 목표
⑤ 한중 FTA 향후 진행방향
⑥ 참고 : 한중 교류 현황

외교통상부 대변인

http://www.mofa.go.kr/news/pressinformation/index.jsp?menu=m_20_30

2부 동아시아의 농산물 협상

5장 한미쌀시장개방협정

우루과이라운드 다자간무역협상 결과를 구현하는 최종 의정서

Final Act Embodying the Results of the Uruguay Round of Multilateral Trade Negotiations

1. 무역협상위원회 회원국인 정부 및 구주공동체의 대표들은 우루과이라운드 다자간무역협상을 종결짓기 위해 회합하여 이 최종 의정서의 부속서에 첨부된 세계무역기구 설립을 위한 협정(이하 이 최종의정서에서는 "세계무역기구협정"이라 한다), 각료 선언 및 결정과 금융서비스 약속에 관한 양해가 그들의 협상 결과를 구현하며 이 최종 의정서의 불가분의 일부를 구성한다는 데 동의한다.
2. 대표들은 이 최종 의정서에 서명함으로써,
   가. 자기 나라의 절차에 따라 승인을 구하기 위하여 세계무역기구협정을 적절히 자기 나라의 관할 당국의 심의에 회부하기로 동의하며,
   나. 각료 선언 및 결정을 채택하는 데에 동의한다.
3. 대표들은 세계무역기구협정이 1995년 1월 1일까지 발효하거나, 그 이후 가능한 한 조속히 발효하도록 모든 우루과이라운드 다자간무역협상 참가국들이(이하 "참가국들"이라 한다) 동 협정을 수락하는 것이 바람직하다는 데에 동의한다. 각료들은 푼타델에스테 각료 선언의 마지막 항에 따라 발효 시점을 포함하여 협상 결과의 국제적 이행을 결정하기 위하여 1994년 말 이전에 회합한다.

4. 대표들은 모든 참가국들이 세계무역기구협정 제14조에 따라 서명 또는 다른 방법으로 동 협정을 전체적으로 수락하도록 동 협정이 개방되는 데에 동의한다. 세계무역기구협정의 부속서 4에 포함된 복수국 간 무역협정의 수락 및 발효는 동 협정의 규정에 따른다.
5. 관세 및 무역에 관한 일반 협정(이하 "GATT"라 한다)의 체약 당사자가 아닌 참가국들은 세계무역기구협정을 수락하기 이전에 먼저 동 협정 가입을 위한 협상을 종결하고 동 협정의 체약 당사자가 되어야 한다. 이 최종 의정서의 일자 당시 GATT의 체약 당사자가 아닌 참가국의 경우 양허표는 확정적인 것이 아니며 GATT 가입 및 세계무역기구협정 수락 목적을 위하여 추후 완성되어야 한다.
6. 이 최종 의정서와 이에 첨부된 원본들은 GATT 체약 당사자단의 사무총장에게 기탁되며, 사무총장은 기탁된 문서의 인증등본을 각 참가국에게 신속히 송부한다.

1994년 4월 15일 마라케시에서 동등하게 정본인 영어, 프랑스어, 스페인어로 각 한 부씩 작성하였다.

세계무역기구 설립을 위한 마라케시 협정
Marrakesh Agreement Establishing World Trade Organization(WTO)

이 협정의 당사자들은, 상이한 경제발전 단계에서의 각각의 필요와 관심에 일치하는 방법으로 환경을 보호하고 보존하며 이를 위한 수단의 강화를 모색하면서, 지속 가능한 개발이라는 목적에 일치하는 세계자원의 최적 이용을 고려하는 한편, 생활수준의 향상, 완전고용의 달성, 높은 수준의 실질소득과 유효수요의 지속적인 양적 증대 및 상품과 서비스의 생산 및 무역의 증대를 목적으로 무역 및 경제활동 분야에서의 상호 관계가 이루어져야 한다는 점을 인식하고, 개발도상국, 그리고 특히 그중 최빈개도국이 국제무역의 성장에서 자기 나라의 경제를 발전시키는 데 필요한 만큼의 몫을 확보하는 것을 보장하기 위하여 적극적인 노력을 기울여야 할 필요성이 있다는 점을 인식하고, 관세 및 그 밖의 무역장벽의 실질적인 삭감과 국제무역 관계에 있어서의 차별대우의 폐지를 지향하는 상호 호혜적인 약정의 체결을 통하여 이러한 목적에 기여하기를 희망하며, 따라서 관세 및 무역에 관한 일반 협정, 과거의 무역자유화 노력의 결과 및 모든 우루과이라운드 다자간 무역협상 결과 전체를 포괄하는 통합되고 보다 존속 가능하고 항구적인 다자간 무역 체제를 발전시켜 나갈 것을 결의하고, 이러한 다자간 무역 체제의 기초가 되는 기본 원칙을 보존하고 목적을 증진하기로 결정하여, 다음과 같이 합의한다.

제1조 기구의 설립

이 협정에 따라 세계무역기구가 설립된다.

제2조 세계무역기구의 범위

1. 세계무역기구는 이 협정의 부속서에 포함된 협정 및 관련 법적 문서와 관련된 사항에 있어서 회원국 간의 무역 관계의 수행을 위한 공동의 제도적인 틀을 제공한다.
2. 부속서 1, 2 및 3에 포함된 협정 및 관련 법적 문서(이하 "다자간무역협정"이라 한다)는 이 협정의 불가분의 일부를 구성하며, 모든 회원국에 대하여 구속력을 갖는다.

3. 또한 부속서 4에 포함된 협정 및 관련 법적 문서(이하 "복수국 간 무역협정"이라 한다)는 이를 수락한 회원국에 대하여 이 협정의 일부를 구성하며 이를 수락한 회원국에 대하여 구속력을 갖는다. 복수국 간 무역협정은 이를 수락하지 아니한 회원국에게 의무를 지우거나 권리를 부여하지 아니한다.
4. 부속서 1가에 명시된 1994년도 관세 및 무역에 관한 일반 협정(이하 "1994년도 GATT"라 한다)은 국제연합 무역과 고용회의 준비위원회 제2차 회의 종결 시 채택된 최종 의정서에 부속된 1947년 10월 30일자 관세 및 무역에 관한 일반 협정이 그 이후 정정, 개정 또는 수정된 일반 협정(이하 "1947년도 GATT"라 한다)과 법적으로 구별된다.

제3조 세계무역기구의 기능

1. 세계무역기구는 이 협정 및 다자간무역협정의 이행, 관리 및 운영을 촉진하고 그 목적을 증진하며 또한 복수국 간 무역협정의 이행, 관리 및 운영을 위한 틀을 제공한다.
2. 세계무역기구는 이 협정의 부속서에 포함된 협정에서 다루어지는 사안과 관련된 회원국 간의 다자간 무역 관계에 관하여 그들 간의 협상을 위한 장을 제공한다. 세계무역기구는 또한 각료회의에 의하여 결정되는 바에 따라 회원국 간의 다자간 무역 관계에 관한 추가적인 협상을 위한 토론의 장 및 이러한 협상 결과의 이행을 위한 틀을 제공한다.
3. 세계무역기구는 이 협정 부속서 2의 분쟁해결 규칙 및 절차에 관한 양해(이하 "분쟁해결양해"라 한다)를 시행한다.
4. 세계무역기구는 이 협정 부속서 3에 규정된 무역정책검토제도를 시행한다.
5. 세계무역기구는 세계경제 정책결정에 있어서의 일관성 제고를 위하여 적절히 국제통화기금과 국제부흥개발은행 및 관련 산하기구들과 협력한다.

제4조 세계무역기구의 구조

1. 모든 회원국 대표로 구성되며 최소 2년에 1회 개최되는 각료회의가 설치된다. 각료회의는 세계무역기구의 기능을 수행하며 이를 위하여 필요한 조치를 취한다. 각료회의는 회원국이 요청하는 경우, 이 협정과 다자간무역협정의 구체적

인 의사결정 요건에 따라 다자간무역협정의 모든 사항에 대하여 결정을 내릴 권한을 갖는다.

2. 모든 회원국 대표로 구성되며 필요에 따라 개최되는 일반 이사회가 설치된다. 일반 이사회는 각료회의 비회기 중에 각료회의의 기능을 수행한다. 일반 이사회는 또한 이 협정에 의하여 부여된 기능을 수행한다. 일반 이사회는 자체적인 의사 규칙을 제정하고 제7항에 규정된 위원회의 의사 규칙을 승인한다.
3. 일반 이사회는 분쟁해결 양해에 규정된 분쟁해결기구의 임무를 이행하기 위하여 적절히 개최된다. 분쟁해결기구는 자체적인 의장을 둘 수 있으며 동 임무이행을 위하여 필요하다고 판단하는 의사 규칙을 제정한다.
4. 일반 이사회는 무역정책검토제도에 규정된 무역정책검토기구의 임무를 이행하기 위하여 적절히 개최된다. 무역정책검토기구는 자체적인 의장을 둘 수 있으며 동 임무 이행을 위하여 필요하다고 판단되는 의사 규칙을 제정한다.
5. 일반 이사회의 일반적인 지도에 따라 운영되는 상품무역 이사회, 서비스무역 이사회 및 무역 관련 지적재산권 이사회가 설치된다. 상품무역 이사회는 부속서 1가의 다자간무역협정의 운영을 감독한다. 서비스무역 이사회는 서비스무역에 관한 일반 협정의 운영을 감독한다. 무역 관련 지적재산권 이사회는 무역 관련 지적재산권에 관한 협정의 운영을 감독한다. 이들 이사회는 각각의 협정과 일반 이사회에 의하여 부여된 기능을 수행한다. 이들 이사회는 일반 이사회의 승인에 따라 각각의 의사 규칙을 제정한다. 이들 이사회에의 가입은 모든 회원국 대표에게 개방된다. 이들 이사회는 자신의 기능을 수행하기 위하여 필요할 때마다 회합한다.
6. 상품무역 이사회, 서비스무역 이사회 및 무역 관련 지적재산권 이사회는 필요에 따라 보조기구를 설치한다. 이들 보조기구는 각각의 이사회의 승인에 따라 각각의 의사 규칙을 제정한다.
7. 각료회의는 무역개발 위원회, 국제수지제한 위원회 및 예산·재정·관리 위원회를 설치하며 이들은 이 협정 및 다자간무역협정에 의하여 자신에게 부여된 기능 및 일반 이사회가 자신에게 부여하는 추가적인 기능을 수행하며, 적절하다고 판단되는 기능을 갖는 추가적인 위원회를 설치할 수 있다. 무역개발 위원회는 자신의 기능의 일부로서 최빈개도국 회원국을 위한 다자간무역협정의 특별 조항을 정기적으로 검토하고 적절한 조치를 위하여 일반 이사회에 보고한다. 이러한 위원회에의 가입은 모든 회원국에게 개방된다.

8. 복수국 간 무역협정에 규정된 기구는 동 협정에 의하여 자신에게 부여되는 기능을 수행하며 세계무역기구의 제도적인 틀 안에서 운용된다. 이들 기구는 일반 이사회에 자신의 활동 상황을 정기적으로 통보한다.

제5조 그 밖의 국제기구와의 관계

1. 일반 이사회는 세계무역기구의 책임과 관련된 책임을 갖는 그 밖의 정부 간 기구와의 효과적인 협력을 위하여 적절한 조치를 취한다.
2. 일반 이사회는 세계무역기구의 소관 사항과 관련된 사항과 관계가 있는 비정부 간 기구와의 협의 및 협력을 위하여 적절한 조치를 취할 수 있다.

제6조 사무국

1. 사무총장을 최고책임자로 하는 세계무역기구 사무국(이하 "사무국"이라 한다)이 설치된다.
2. 각료회의는 사무총장을 임명하고 사무총장의 권한, 의무, 근무조건 및 임기를 명시하는 규정을 채택한다.
3. 사무총장은 각료회의가 채택하는 규정에 따라 사무국 직원을 임명하고 이들의 의무와 근무조건을 결정한다.
4. 사무총장 및 사무국 직원의 임무는 전적으로 국제적인 성격을 갖는다. 사무총장과 사무국 직원은 자신의 의무를 수행하는 데 있어서 어떠한 정부나 세계무역기구 밖의 당국으로부터 지시를 구하거나 받아서는 아니 된다. 이들은 국제관리로서 자신의 지위를 손상시킬 어떠한 행위도 삼가한다. 세계무역기구 회원국은 사무총장 및 사무국 직원의 임무의 국제적인 성격을 존중하며, 이들이 의무를 수행하는 데 있어서 영향력을 행사하려고 하지 아니한다.

제7조 예산 및 분담금

1. 사무총장은 예산 · 재정 · 관리 위원회에 세계무역기구의 연간예산안 및 재정보고서를 제출한다. 예산 · 재정 · 관리 위원회는 사무총장이 제출하는 연간예산안 및 재정보고서를 검토하고 이에 대하여 일반 이사회에 권고한다. 연간예산

안은 일반 이사회의 승인을 받아야 한다.

2. 예산 · 재정 · 관리 위원회는 아래 사항을 포함하는 재정 규정을 일반 이사회에 제안한다.

   가. 세계무역기구의 지출경비를 회원국 간에 배분하는 분담금의 비율, 그리고

   나. 분담금 체납회원국에 대하여 취하여야 할 조치

   재정 규정은 실행 가능한 한 1947년도 GATT의 규정 및 관행에 기초한다.

3. 일반 이사회는 재정 규정 및 연간예산안을 세계무역기구 회원국의 반 이상을 포함하는 3분의 2 다수결에 의하여 채택한다.

4. 회원국은 일반 이사회에서 채택되는 재정 규정에 따라 세계무역기구의 지출경비 중 자기 나라의 분담금을 세계무역기구에 신속하게 납부한다.

제8조 세계무역기구의 지위

1. 세계무역기구는 법인격을 가지며 각 회원국은 세계무역기구에 대하여 이 기구가 자신의 기능을 수행하는 데 필요한 법적 능력을 부여한다.
2. 각 회원국은 세계무역기구에 대하여 이 기구가 자신의 기능을 수행하는 데 필요한 특권과 면제를 부여한다.
3. 각 회원국은 또한 세계무역기구의 관리와 이 기구의 회원국 대표에 대하여도 이들이 세계무역기구와 관련하여 자신의 기능을 독자적으로 수행하는 데 필요한 특권과 면제를 부여한다.
4. 회원국이 세계무역기구, 이 기구의 관리 및 이 기구 회원국 대표에게 부여하는 특권과 면제는 1947년 11월 21일 국제연합 총회에서 승인된 전문기구의 특권과 면제에 관한 협약에 규정된 특권과 면제와 유사하여야 한다.
5. 세계무역기구는 본부 협정을 체결할 수 있다.

제9조 의사결정

1. 세계무역기구는 1947년도 GATT에서 지켜졌던 컨센서스에 의한 결정의 관행을 계속 유지한다.[1] 달리 규정되지 아니하는 한, 컨센서스에 의하여 결정이 이루어

1) 관련 기구는 결정을 하는 회의에 참석한 회원국 중 어느 회원국도 공식적으로 반대하지 않는 한

지지 아니하는 경우에는 문제가 된 사안은 표결에 의한다. 각료회의와 일반 이사회에서 세계무역기구 각 회원국은 하나의 투표권을 갖는다. 구주공동체가 투표권을 행사할 때는, 세계무역기구의 회원국인 구주공동체 회원국 수와 동일한 수의 투표권을 갖는다.[2] 이 협정 또는 다자간무역협정에 달리 규정되어 있는 경우를 제외하고는, 각료회의와 일반 이사회의 결정은 투표과반수에 의한다.[3]

2. 각료회의와 일반 이사회는 이 협정과 다자간무역협정의 해석을 채택하는 독점적인 권한을 갖는다. 부속서 1의 다자간무역협정의 해석의 경우 이들은 동 협정의 운영을 감독하는 이사회의 권고사항에 기초하여 자신의 권한을 행사한다. 해석의 채택에 대한 결정은 회원국 4분의 3 다수결에 의한다. 이 항은 제10조의 개정 규정을 저해하는 방법으로 사용되지 아니한다.
3. 예외적인 상황에서 각료회의는 이 협정이나 다자간무역협정이 회원국에게 지우는 의무를 면제하기로 결정할 수 있다. 다만 이러한 결정은 이 항에 달리 규정되어 있는 경우를 제외하고는 세계무역기구 회원국 4분의 3 다수결에 의한다.[4]
   가. 이 협정과 관련한 면제 요청은 컨센서스에 의한 결정의 관행에 따라 각료회의에 검토를 위하여 제출한다. 각료회의는 동 요청을 검토하기 위하여 90일을 초과하지 아니하는 기간을 설정한다. 동 기간 동안 컨센서스가 도출되지 아니하는 경우, 면제 부여는 회원국의 4분의 3 다수결로 결정한다.
   나. 부속서 1가, 1나 또는 1다의 다자간무역협정과 그들의 부속서와 관련한 면제 요청은 90일 이내의 기간 동안의 검토를 위하여 상품무역 이사회, 서비스무역 이사회 또는 무역 관련 지적재산권 이사회에 각각 제출된다. 동 기간의 만료 시 관련 이사회는 각료회의에 보고서를 제출한다.
4. 면제를 부여하는 각료회의의 결정은 동 결정을 정당화하는 예외적인 상황, 면제의 적용을 규율하는 제반 조건 및 면제 종료일자를 명시한다. 1년보다 긴 기간 동안 부여되는 면제의 경우 각료회의는 면제 부여 후 1년 이내 및 그 이후 면제 종료 시까지 매년 면제를 검토한다. 각료회의는 매 검토 시마다 의무면제

검토를 위하여 제출된 사항에 대하여 컨센서스에 의하여 결정되었다고 간주된다.

2) 구주공동체와 그 회원국의 투표수는 어떠한 경우에도 구주공동체의 회원국 수를 초과할 수 없다.

3) 분쟁해결기구로서 개최된 일반 이사회의 결정은 분쟁해결 양해 제2조 제4항에 따라서만 이루어진다.

4) 과도 기간이나 단계별 이행 기간을 조건으로 하는 의무로서 의무면제 요청회원국이 관련 기간의 종료 시까지 이행하지 못한 의무에 대한 면제 부여는 컨센서스에 의하여서만 결정된다.

부여를 정당화하는 예외적인 상황이 계속 존재하는지 여부 및 면제에 첨부된 조건이 충족되었는지 여부를 조사한다. 각료회의는 연례검토를 기초로 면제를 연장, 수정 또는 종료할 수 있다.

5. 해석 및 면제에 관한 모든 결정을 포함하여, 복수국 간 무역협정에 의한 결정은 동 협정의 규정에 따른다.

제10조 개정

1. 세계무역기구 회원국은 각료회의에 개정안을 제출함으로써 이 협정 또는 부속서 1의 다자간무역협정에 대한 개정을 발의할 수 있다. 제4조 제5항에 열거된 이사회도 자신이 그 운영을 감독하는 부속서 1의 다자간무역협정의 규정에 대한 개정안을 각료회의에 제출할 수 있다. 각료회의가 보다 긴 기간을 결정하지 아니하는 한, 각료회의에 개정안이 공식적으로 상정된 날로부터 90일 동안에 각료회의는 개정안을 회원국의 수락을 위하여 회원국에게 제출할 것인지 여부에 관하여 컨센서스에 의하여 결정한다. 제2항, 제5항 또는 제6항이 적용되지 아니하는 경우, 동 결정은 제3항 또는 제4항의 규정 중 어느 것이 적용될 것인지 명시한다. 컨센서스가 이루어지는 경우, 각료회의는 즉시 동 개정안을 회원국의 수락을 위하여 회원국에게 제출한다. 정해진 기간 내에 각료회의에서 컨센서스가 이루어지지 아니할 경우, 각료회의는 동 개정안을 회원국의 수락을 위하여 회원국에게 제출할 것인지 여부를 회원국 3분의 2 다수결로 결정한다. 각료회의가 회원국 4분의 3 다수결로 제4항의 규정이 적용된다고 결정하지 아니하는 한, 제2항, 제5항 및 제6항에 규정된 경우를 제외하고는 제3항의 규정이 동 개정안에 적용된다.
2. 이 규정과 아래 열거된 규정에 대한 개정은 모든 회원국이 수락하는 경우에만 발효한다.

   이 협정 제9조, 1994년도 GATT 제1조 및 제2조, 서비스무역에 관한 일반 협정 제2조 제1항, 무역 관련 지적재산권에 관한 협정 제4조
3. 제2항 및 제6항에 열거된 규정을 제외하고, 이 협정이나 부속서 1가 및 부속서 1다의 다자간무역협정의 규정에 대한 개정으로서 회원국의 권리와 의무를 변경시키는 성격의 개정은 회원국 3분의 2 수락으로 수락회원국에 대하여만 발효하며, 그 이후 수락하는 회원국에 대하여는 수락한 때부터 발효한다. 각료회

의는 이 항에 따라 발효된 개정의 성격상 각료회의가 각각의 경우에 명시한 기간 내에 이를 수락하지 아니한 회원국이 자유로이 세계무역기구를 탈퇴하거나 또는 각료회의의 동의를 얻어 회원국으로 남아 있을 수 있다고 회원국 4분의 3 다수결로 결정할 수 있다.

4. 제2항 및 제6항에 열거된 규정을 제외하고 이 협정이나 부속서 1가 및 1다의 다자간무역협정의 규정에 대한 개정으로서 회원국의 권리와 의무를 변경시키지 아니하는 성격의 개정은 회원국 3분의 2 수락으로 모든 회원국에 대하여 발효한다.
5. 제2항에 규정된 것을 제외하고, 서비스무역에 관한 일반 협정의 제1부, 제2부 및 제3부와 각 부속서에 대한 개정은 회원국 3분의 2 수락으로 수락회원국에 대하여만 발효하며, 그 이후 수락하는 회원국에 대하여는 수락한 때부터 발효한다. 각료회의는 선행 규정에 따라 발효된 개정의 성격상 각료회의가 각각의 경우에 명시한 기간 내에 이를 수락하지 아니한 회원국이 자유로이 세계무역기구를 탈퇴하거나 또는 각료회의의 동의를 얻어 회원국으로 남아 있을 수 있다고 회원국 4분의 3 다수결로 결정할 수 있다. 서비스무역에 관한 일반 협정 제4부, 제5부 및 제6부와 각 부속서에 대한 개정은 회원국 3분의 2 수락으로 모든 회원국에 대하여 발효한다.
6. 이 조의 그 밖의 규정에도 불구하고, 무역 관련 지적재산권에 관한 협정에 대한 개정은 동 협정 제71조 제2항의 요건에 합치하는 경우 추가적인 공식 수락 절차 없이 각료회의에서 채택될 수 있다.
7. 이 협정 또는 부속서 1의 다자간무역협정에 대한 개정을 수락하는 회원국은 각료회의가 명시한 수락 기간 내에 세계무역기구 사무총장에게 수락서를 기탁한다.
8. 세계무역기구 회원국은 각료회의에 개정안을 제출함으로써 부속서 2와 3의 다자간무역협정에 대한 개정을 발의할 수 있다. 부속서 2의 다자간무역협정에 대한 개정의 승인은 컨센서스에 의하여 결정되며, 이러한 개정은 각료회의의 승인에 따라 모든 회원국에 대하여 발효한다. 부속서 3의 다자간무역협정에 대한 개정의 승인결정은 각료회의의 승인에 따라 모든 회원국에 대하여 발효한다.
9. 각료회의는 특정 무역협정의 당사자인 회원국들의 요청에 따라 전적으로 컨센서스에 의해서만 동 협정을 부속서 4에 추가하도록 결정할 수 있다. 각료회의는 복수국가 간 무역협정의 당사자인 회원국들의 요청에 따라 동 협정을 부속서 4로부터 삭제할 수 있다.

10. 복수국가 간 무역협정에 대한 개정은 동 협정의 규정에 따른다.

제11조 원회원국

1. 이 협정 및 다자간무역협정을 수락하고, 자기 나라의 양허 및 약속표가 1994년도 GATT에 부속되며 서비스무역에 관한 일반 협정에 자기 나라의 구체적 약속표가 부속된 국가로서 이 협정 발효일 당시 1947년도 GATT 체약 당사자와 구주공동체는 세계무역기구의 원회원국이 된다.
2. 국제연합이 최빈개도국으로 인정한 국가는 자기 나라의 개별적인 개발, 금융 및 무역의 필요나 행정 및 제도적인 능력에 합치하는 범위 내에서 약속 및 양허를 하도록 요구된다.

제12조 가입

1. 국가 또는 자신의 대외무역 관계 및 이 협정과 다자간무역협정에 규정된 그 밖의 사항을 수행하는 데에 있어서 완전한 자치권을 보유하는 독자적 관세 영역은 자신과 세계무역기구 사이에 합의되는 조건에 따라 이 협정에 가입할 수 있다. 이러한 가입은 이 협정 및 이 협정에 부속된 다자간무역협정에 대하여 적용된다.
2. 가입은 각료회의가 결정한다. 각료회의는 세계무역기구 회원국 3분의 2 다수결에 의하여 가입조건에 관한 합의를 승인한다.
3. 복수국 간 무역협정에의 가입은 동 협정의 규정에 따른다.

제13조 특정 회원국 간의 다자간무역협정 비적용

1. 특정 회원국이 세계무역기구 회원국이 되는 때에 다른 특정 회원국에 대한 적용에 동의하지 아니하는 경우, 이 협정 및 부속서 1과 2의 다자간무역협정은 이들 양 회원국 간에 적용되지 아니한다.
2. 제1항은 1947년도 GATT 체약 당사자였던 세계무역기구의 원회원국 간에 있어서는 1947년도 GATT 제35조가 이미 원용되었고, 또한 이 협정 발효 시에 동 체약 당사자에게 효력이 있었던 경우에 한하여 원용될 수 있다.
3. 특정 회원국과 제12조에 따라 가입한 다른 회원국 간의 관계에 있어서 제1항

은 적용에 동의하지 않는 회원국이 각료회의가 가입조건에 관한 합의사항을 승인하기 이전에 각료회의에 협정 비적용 의사를 통보한 경우에만 적용된다.

4. 각료회의는 회원국의 요청에 따라 특수한 경우에 있어서 이 조의 운영을 검토하고 적절한 권고를 할 수 있다.
5. 복수국 간 무역협정의 당사자 간의 동 협정 비적용은 동 협정의 규정에 따른다.

제14조 수락, 발효 및 기탁

1. 이 협정은 서명 또는 다른 방법에 의하여 이 협정 제11조에 따라 세계무역기구의 원회원국이 될 자격이 있는 1947년도 GATT 체약 당사자 및 구주공동체의 수락을 위하여 개방된다. 이러한 수락은 이 협정 및 이 협정에 부속된 다자간 무역협정에 적용된다. 이 협정과 이 협정에 부속된 다자간무역협정은 우루과이라운드 다자간무역협상 결과를 구현하는 최종 의정서 제3항에 따라 각료들이 결정하는 날 발효하며, 각료들이 달리 결정하지 아니하는 한 그날로부터 2년의 기간 동안 수락을 위하여 개방된다. 이 협정 발효 이후의 수락은 수락한 날로부터 30일째 되는 날 발효한다.
2. 이 협정 발효 이후 이 협정을 수락하는 회원국은 이 협정 발효와 함께 개시되는 기간에 걸쳐 이행하여야 하는 다자간무역협정의 양허 및 의무를 이 협정 발효일에 이 협정을 수락한 것처럼 이행한다.
3. 이 협정 발효 시까지 이 협정문 및 다자간무역협정은 1947년도 GATT 체약 당사자단의 사무총장에게 기탁된다. 동 사무총장은 신속하게 이 협정 및 다자간무역협정의 인증등본 및 각 수락 통보문을 이 협정을 수락한 각국 정부와 구주공동체에 송부한다. 이 협정 및 다자간무역협정과 이에 대한 모든 개정은 이 협정 발효 시 세계무역기구 사무총장에게 기탁된다.
4. 복수국 간 무역협정의 수락 및 발효는 동 협정의 규정에 따른다. 이러한 협정은 1947년도 GATT 체약 당사자단의 사무총장에게 기탁된다. 이러한 협정은 이 협정 발효 시 세계무역기구 사무총장에게 기탁된다.

제15조 탈퇴

1. 회원국은 이 협정으로부터 탈퇴할 수 있다. 이러한 탈퇴는 이 협정 및 다자간

무역협정에 대하여 적용되며, 서면 탈퇴통보가 세계무역기구 사무총장에게 접수된 날로부터 6월이 경과한 날 발효한다.

2. 복수국 간 무역협정으로부터의 탈퇴는 동 협정의 규정에 따른다.

제16조 기타 조항

1. 이 협정 또는 다자간무역협정에 달리 규정되지 아니하는 한, 세계무역기구는 1947년도 GATT 체약국단 및 1947년도 GATT의 틀 내에서 설립된 기구의 결정, 절차 및 통상적인 관행에 따른다.
2. 실행 가능한 범위 내에서, 1947년도 GATT 사무국이 세계무역기구의 사무국이 되며 이 협정 제6조 제2항에 따라 각료회의가 사무총장을 임명할 때까지 1947년도 GATT 사무총장이 세계무역기구 사무총장이 된다.
3. 이 협정의 규정과 다자간무역협정의 규정이 상충하는 경우 상충의 범위 내에서 이 협정의 규정이 우선한다.
4. 각 회원국은 자기 나라의 법률, 규정 및 행정절차가 부속 협정에 규정된 자기 나라의 의무에 합치될 것을 보장한다.
5. 이 협정의 어느 규정에 대하여서도 유보를 할 수 없다. 다자간무역협정의 규정에 대한 유보는 동 협정에 명시된 범위 내에서만 할 수 있다. 복수국 간 무역협정의 규정에 대한 유보는 동 협정의 규정에 따른다.
6. 이 협정은 국제연합헌장 제102조의 규정에 따라 등록된다.

1994년 4월 15일 마라케시에서 동등하게 정본인 영어, 프랑스어 및 스페인어로 각 한 부씩 작성하였다.

주석 : 이 협정과 다자간무역협정에 사용된 "국가"나 "국가들"은 세계무역기구의 독자적 관세 영역 회원국을 포함하는 것으로 양해된다.
세계무역기구의 독자적 관세 영역 회원국의 경우, 이 협정이나 다자간무역협정에서의 표현이 "국가"라는 용어로 수식되는 경우 이는 특별히 달리 명시되어 있지 않는 한 동 관세 영역에 관한 것으로 해석되어야 한다.

부속서 목록

부속서 1

부속서 1 가: 상품무역에 관한 다자간협정

1994년도 관세 및 무역에 관한 일반 협정

농업에 관한 협정

위생 및 식물위생 조치의 적용에 관한 협정

섬유 및 의류에 관한 협정

무역에 대한 기술장벽에 관한 협정

무역 관련 투자조치에 관한 협정

1994년도 GATT 제6조의 이행에 관한 협정

1994년도 GATT 제7조의 이행에 관한 협정

선적전검사에 관한 협정

원산지 규정에 관한 협정

수입허가절차에 관한 협정

보조금 및 상계조치에 관한 협정

긴급수입제한조치에 관한 협정

부속서 1 나: 서비스무역에 관한 일반 협정 및 부속서

부속서 1 다: 무역 관련 지적재산권에 관한 협정

부속서 2

분쟁해결 규칙 및 절차에 관한 양해

부속서 3

무역정책검토제도

부속서 4: 복수국 간 무역협정

민간항공기 무역에 관한 협정

정부조달에 관한 협정

국제 낙농 협정

국제 우육 협정

농업에 관한 협정

Agreement on Agriculture

회원국들은, 푼타델에스테 선언에 명시된 협상 목적에 따라 농산물무역의 개혁과정을 개시하기 위한 기초를 마련하기로 결정하고, 우루과이라운드의 중간 평가 시 합의된 장기 목적이 공정하고 시장지향적인 농산물무역 체제의 확립이며, 개혁과정은 보조 및 보호에 관한 약속 협상 및 강화되고 운영상 보다 효율적인 GATT 규칙과 규율의 수립을 통하여 개시되어야 한다는 점을 상기하고, 나아가 위에서 언급된 장기 목적이 합의된 기간 동안에 걸쳐 지속된 농업 보조 및 보호를 실질적이고 점진적으로 감축함으로써 결과적으로 세계 농산물시장에서의 규제와 왜곡을 시정하고 방지하는 데 있음을 상기하고, 시장접근, 국내보조 및 수출경쟁의 각 분야에서 구체적이고 구속력 있는 약속을 달성할 것과 위생 및 식물위생 문제에 관한 합의에 도달할 것을 약속하고, 선진국 회원국이 자기 나라의 시장접근에 관한 약속을 이행함에 있어서 중간 평가 시 합의한 바 있는 열대농산물무역의 완전자유화를 포함하여 개발도상 회원국의 특별한 관심품목과 불법적인 마약작물의 재배로부터의 작목 전환에 특별히 중요한 품목에 대하여 시장접근 기회 및 조건을 더욱 개선함으로써 개발도상 회원국의 특별한 필요와 조건을 충분히 고려한다는 데에 합의하였으며, 식량안보 및 환경보호의 필요성을 포함하여 비교역적 관심 사항을 유의하고 개발도상국에 대한 특별하고 차등적인 대우가 협상의 불가분의 일부를 구성한다는 합의에 유의하고, 아울러 개혁계획의 이행이 최빈개도국과 식량 순수입 개발도상국에게 미칠 가능성이 있는 부정적 효과를 고려하여 개혁계획에 따른 약속은 모든 회원국 간에 공평한 방법으로 마련되어야 한다는 점을 주목하면서, 다음과 같이 합의한다.

제1부

제1조 용어의 정의

이 협정에서 문맥상 달리 요구하지 않는 한 다음과 같다.

가. "보조총액측정치"는 기초 농산물의 생산자를 위하여 특정 농산물에 제공된

보조 또는 농산물생산자 일반을 위하여 제공된 품목 불특정적인 보조로서, 화폐단위로 표시한 연간 보조 수준을 의미한다. 단, 이 협정 부속서 2의 감축으로부터 면제되는 계획에 따라 제공되는 보조는 제외된다. 동 보조총액측정치는

(1) 기준 기간 동안에 제공된 보조와 관련, 회원국의 양허표 제4부에 인용됨으로써 통합된 보조자료의 관련 표에 명시된다. 그리고

(2) 이행 기간 중 특정 연도와 그 이후에 제공된 보조와 관련, 회원국의 양허표 제4부에 인용됨으로써 통합된 보조자료의 표에서 사용된 구성자료와 방법을 고려하여 이 협정의 부속서 3의 규정에 따라 계산된다.

나. 국내보조 약속과 관련하여 "기초농산물"이란 회원국의 양허표와 관련 보조자료에 명시되어 있는 최초 판매 시점과 현실적으로 가장 근접한 품목을 말한다.

다. "재정지출" 또는 "지출"에는 징수감면액이 포함된다.

라. "보조상당측정치"는 하나 또는 그 이상의 조치를 통하여 기초농산물의 생산자에게 제공된 보조로서 보조총액측정치 계산방식에 따라 계산이 불가능한 보조로서 화폐 단위로 표시한 연간 보조 수준을 의미한다. 단, 이 협정 부속서 2의 감축으로부터 면제되는 계획에 따라 제공되는 보조는 제외된다. 또한 동 보조상당측정치는

(1) 기준 기간 동안에 제공된 보조와 관련, 회원국의 양허표 제4부에 인용됨으로써 통합된 보조자료의 관련 표에 명시된다. 그리고

(2) 이행 기간의 특정 연도와 그 이후에 제공된 보조와 관련, 회원국의 양허표 제4부에 인용됨으로써 통합된 보조자료의 표에서 사용된 구성자료와 방법을 고려하여 이 협정의 부속서 4의 규정에 따라 계산된다.

마. "수출보조금"은 이 협정 제9조에 열거된 수출보조를 포함하여 수출 실적을 조건으로 지급되는 보조를 말한다.

바. "이행 기간"은 제13조의 목적상 1995년 시작되는 9년의 기간을 제외하고는, 1995년 시작되는 6년의 기간을 의미한다.

사. "시장접근양허"는 이 협정에 따라 행한 모든 시장접근 약속을 포함한다.

아. "보조총액측정치합계"는 농업생산자를 위하여 제공되는 모든 국내보조를 합한 것으로서 기초농산물에 대한 모든 보조총액측정치와 모든 품목 불특정적인 보조총액측정치 그리고 농산물에 대한 모든 보조상당측정치의 합을 의미

한다. 또한 동 보조총액측정치합계는

(1) 기준 기간 동안 제공된 보조(즉 "기준 보조총액측정치합계")와 이행 기간 중의 특정 연도 또는 그 이후에 제공이 허용된 최대보조(즉 "연간 및 최종 양허약속수준")와 관련, 회원국의 양허표 제4부에 명시된 바와 같다. 그리고

(2) 이행 기간 중의 특정 연도 및 그 이후에 실제로 제공된 보조(즉 "현행 보조총액측정치합계")와 관련, 제6조를 포함하여 이 협정의 규정에 따라 그리고 회원국의 양허표 제4부에 인용됨으로써 통합된 보조자료의 표에서 사용된 구성자료와 방법에 따라 계산된다.

자. 바호에 언급된 그리고 회원국의 구체적인 약속과 관련된 "연도"는 회원국의 양허표에 명시된 역년, 회계 연도 또는 유통 연도를 의미한다.

제2조 대상품목 범위

이 협정은 이 협정 부속서 1에 열거된 품목에 적용되며, 이하 농산물이라 한다.

제2부

제3조 양허 및 약속의 통합

1. 각 회원국의 양허표 제4부의 국내보조 및 수출보조금 약속은 보조금 지급을 제한하는 약속을 구성하며, 이로써 1994년도 GATT의 불가분의 일부를 구성한다.
2. 제6조의 규정을 조건으로, 회원국은 자기 나라의 양허표 제4부 제1절에 명시된 약속 수준을 초과하여 국내 생산자를 위하여 보조를 제공하지 아니한다.
3. 제9조 제2항 나호와 제4항의 규정에 따라 회원국은 자기 나라의 양허표 제4부 제2절에 명시된 농산물 또는 동 품목군과 관련 동 절에 명시된 재정지출 및 물량에 대한 약속 수준을 초과하여 제9조 제1항에 열거된 수출보조금을 제공하여서는 아니 되며, 자기 나라 양허표의 동 절에 명시되지 아니한 농산물과 관련하여 이러한 보조금을 제공하지 아니한다.

제3부

제4조 시장접근

1. 양허표에 포함된 시장접근양허는 관세의 양허 및 감축과 양허표에 명시된 다른 시장접근 약속에 관련된다.
2. 회원국은 제5조와 부속서 5에 달리 규정된 경우를 제외하고는 일반 관세로 전환하도록 요구된 어떠한 종류의 조치[1]도 유지 또는 이용하거나 동 조치로 복귀하지 아니한다.

제5조 특별 긴급수입제한규정

1. 1994년도 GATT 제2조 제1항(b)의 규정에도 불구하고, 회원국은 이 협정 제4조 제2항에 언급된 조치가 일반 관세로 전환한 농산물로서 자기 나라의 양허표에 "SSG"라는 기호로 이 조의 규정을 원용할 수 있는 양허의 대상으로 명시한 농산물의 수입과 관련하여 아래 제4항과 제5항의 규정을 다음의 경우에 원용할 수 있다.
   가. 양허를 한 회원국의 관세 영역으로 들어오는 동 품목의 수입물량이 특정 연도에 제4항에 명시된 기존의 시장접근 기회와 관련되는 발동 수준을 초과하는 경우, 또는, 그러나 비동시적으로
   나. 양허를 한 회원국의 관세 영역으로 들어오는 동 품목의 수입가격이 운임·보험료 포함 수입가격을 기준으로 하여 자기 나라 통화로 환산 시 동 품목의 1986~1988년 평균참조가격[2]인 발동가격 이하로 하락하는 경우
2. 위의 제1항에 언급된 양허의 일부로서 설정된 현행 및 최소시장접근 약속하의

---

1) 이러한 조치는 1947년도 GATT의 규정으로부터의 국별의무 일탈에 따라 유지되는지 여부에 관계없이 수입수량제한, 가변수입부과금, 최소수입가격, 임의적인 수입허가, 국영무역을 통하여 유지되는 비관세조치, 수출자율규제, 일반 관세 이외의 유사한 국경조치를 포함한다. 단 1994년도 GATT나 세계무역기구 부속서 1가의 국제수지규정 또는 다른 일반적, 비농업특정적 규정에 따라 유지되는 조치는 포함하지 않는다.

2) 이 호의 규정의 원용을 위해 사용되는 참조가격은 일반적으로 관련 품목의 단위당 평균 운임·보험료 포함 수입가격 또는 해당 품목의 품질 및 가공단계 등을 적절히 감안한 가격을 말한다. 참조가격은 처음 사용된 후 공개적으로 명시되어야 하며, 다른 회원국이 부과될 추가적인 관세를 산정할 수 있도록 필요한 범위 내에서 제공되어야 한다.

수입은 제1항 가호와 제4항의 규정 원용을 위해 필요한 수입물량 산정에는 포함되나, 이러한 약속에 따른 수입은 제1항 가호 및 제4항 또는 제1항 나호 및 제5항에 따라 부과되는 추가적인 관세에 의하여 영향을 받지 아니한다.

3. 제1항 가호와 제4항의 규정에 따라 추가적인 관세가 부과되기 이전에 체결된 계약을 기초로 운송 중에 있는 당해 품목의 공급물량은 추가적인 관세로부터 면제된다. 단, 동 물량은 다음 해에 제1항 가호의 규정을 발동할 목적으로 동 품목의 다음 해의 수입량에 산입할 수 있다.

4. 제1항 가호에 따라 부과되는 추가적인 관세는 동 추가 관세가 부과된 당해 연도의 말까지만 유지되며, 또한 조치가 취해지는 해에 유효한 일반 관세의 3분의 1 수준을 초과하는 수준으로 부과되지 아니한다. 발동 수준은 시장접근 기회에 기초한 아래 표에 따라 설정하되 동 시장접근 기회는 자료입수가 가능한 이전 3년 동안의 당해 품목의 국내소비[3)]에 대한 수입비율로서 정의된다.

   가. 당해 품목의 시장접근 기회가 10퍼센트 이하인 경우, 기준발동 수준은 125퍼센트가 된다.

   나. 당해 품목의 시장접근 기회가 10퍼센트보다 크고 30퍼센트 이하인 경우, 기준발동 수준은 110퍼센트가 된다.

   다. 당해 품목의 시장접근 기회가 30퍼센트보다 큰 경우, 기준발동 수준은 105퍼센트가 된다.

   모든 경우에 있어서 특정 연도의 추가적인 관세는 당해 연도에 양허를 행한 회원국의 관세 영역 안으로 들어오는 당해 품목의 절대수입량이 상기에 설정된 기준발동 수준에 자료입수가 가능한 최근 3년간의 평균수입량을 곱한 것(x)과 자료입수가 가능한 가장 최근 연도의 당해 품목의 국내소비량의 전년도대비 절대변화량(y)을 더한 합계를 초과하는 경우에 부과할 수 있다. 단, 발동 수준은 상기(x)에 있어서 평균수입량의 105퍼센트 미만이 되지 아니한다.

5. 제1항 나호에 따라 부과되는 추가적인 관세는 다음의 표에 따라 설정된다.

   가. 국내통화로 환산한 운임 · 보험료 포함 수입가격(이하 "수입가격"이라 한다)과 제1항 나호에 따라 규정된 발동가격과의 차이가 발동가격의 10퍼센트 이하인 경우, 추가적인 관세는 부과되지 아니한다.

   나. 수입가격과 발동가격과의 차이(이하 "가격차"라 한다)가 발동가격의 10퍼센

---

3) 국내소비가 고려되지 아니하는 경우 제4항 가호에 따라 기준발동 수준이 적용된다.

트보다 크고 40퍼센트 이하인 경우, 추가적인 관세는 가격차가 10퍼센트를 초과하는 부분의 30퍼센트가 된다.

다. 가격차가 발동가격의 40퍼센트보다 크고 60퍼센트 이하인 경우, 추가적인 관세는 가격차가 40퍼센트를 초과하는 부분의 50퍼센트에 나호에 따라 허용된 추가적인 관세를 더한 수치가 된다.

라. 가격차가 60퍼센트보다 크고 75퍼센트 이하인 경우, 추가적인 관세는 가격차가 발동가격의 60퍼센트를 초과하는 부분의 70퍼센트에 나호와 다호에 따라 허용된 추가적인 관세를 더한 수치가 된다.

마. 가격차가 발동가격의 75퍼센트보다 큰 경우, 가격차가 75퍼센트를 초과하는 부분의 90퍼센트에 나호, 다호 및 라호에 따라 허용된 추가적인 관세를 더한 수치가 된다.

6. 부패성 및 계절성이 있는 품목의 경우 위의 조건들은 이러한 품목의 특성을 고려할 수 있는 방법으로 적용된다. 특히, 제1항 가호와 제4항에서의 보다 짧은 기간은 기준 기간 중의 상응한 기간과 관련하여 사용될 수 있으며 상이한 기간에 대한 상이한 참조가격은 제1항 나호에 따라 사용될 수 있다.

7. 특별 긴급수입제한조치의 운영은 투명한 방법으로 이루어진다. 위의 제1항 가호에 따라 조치를 취하는 회원국은 실행 가능한 한 사전에, 그리고 늦어도 이러한 조치 이행 후 10일 이내에 농업위원회에 관련 자료를 포함하여 서면으로 통보한다. 소비량의 변화량이 제4항에 의한 조치대상이 되는 개별 관세품목 분류번호에 할당되어야 하는 경우, 이러한 변화량을 할당하는 데 사용된 정보나 방법이 관련 자료에 포함된다. 제4항에 따라 조치를 취하는 회원국은 동 조치의 발동조건에 관하여 모든 이해당사회원국에게 협의 기회를 부여한다. 위의 제1항 나호에 따라 조치를 취하는 회원국은 첫 번째 조치 이행 후 10일 이내에 농업위원회에 관련 자료를 포함하여 서면으로 통보하여야 하며 부패성 및 계절성이 있는 품목의 경우는 어느 기간에도 첫 번째 조치 이행 후 10일 이내에 통보한다. 회원국은 당해 품목의 수입량이 감소하는 경우 가능한 한 위의 제1항 나호 규정을 이용하지 않을 것을 약속한다. 어떠한 경우에도 이러한 조치를 취하는 회원국은 모든 이해당사회원국에 대하여 동 조치의 적용조건에 관하여 협의의 기회를 부여한다.

8. 위의 제1항부터 제7항까지의 규정에 합치하여 조치가 취해지는 경우, 회원국은 1994년도 GATT 제19조 제1항(a)와 제3항 또는 긴급수입제한조치에 관한

협정 제8조 제2항의 규정을 이용하지 않을 것을 약속한다.

9. 이 조의 규정은 제20조에 따라 결정되는 개혁 과정의 존속 기간 동안 효력을 갖는다.

제4부

제6조 국내보조 약속

1. 각 회원국의 양허표 제4부에 포함된 국내보조 감축약속은 이 조와 이 협정 부속서 2에 규정된 기준에 따라 감축대상이 아닌 국내조치를 제외한 농업생산자를 위한 모든 국내보조조치에 적용된다. 약속은 보조총액측정치의 합계와 "연간 및 최종 양허약속 수준"으로 표시된다.
2. 농업 및 농촌 개발을 장려하기 위한 정부의 직간접 지원조치는 개발도상국의 개발계획의 불가분의 일부라는 중간평가합의에 따라, 개발도상 회원국에서 농업에 대해 일반적으로 제공되는 투자보조금과 개발도상 회원국의 저소득 또는 자원빈약 생산자에게 일반적으로 제공되는 농업투입재 보조금은 그 밖의 경우에는 적용되는 국내보조 감축약속에서 면제되며, 또한 불법적인 마약작물의 재배로부터의 작목 전환 장려를 위하여 개발도상 회원국의 생산자에게 지급되는 국내보조도 국내보조 감축약속에서 면제된다. 이 항의 기준을 충족하는 국내보조는 회원국의 현행 보조총액측정치 합계의 계산에 포함되도록 요구되지 아니한다.
3. 회원국은 특정 연도에 현행 보조총액측정치 합계에 따라 표시된 농업생산자를 위한 국내보조가 자기 나라의 양허표 제4부에 명시된 당해 연간 또는 최종 양허약속 수준을 초과하지 아니하는 경우 자기 나라의 국내보조 감축약속을 준수하는 것으로 간주된다.
4. 가. 회원국은 아래 사항에 해당되는 보조를 현행 보조총액측정치 합계에 산입하도록 요구되지 아니하며 이를 감축하도록 요구되지 아니한다.
   (1) 그 밖의 경우 회원국의 현행 보조총액측정치의 계산에 포함되도록 요구되나 당해 연도 중 이러한 보조가 동 회원국의 기초농산물의 총생산가의 5퍼센트를 초과하지 아니하는 품목특정적 국내보조, 그리고
   (2) 그 밖의 경우 회원국의 현행 보조총액측정치의 계산에 포함되도록 요

구되나 이러한 보조가 동 회원국의 총농업생산가의 5퍼센트를 초과하지 아니하는 품목불특정적 국내보조로서

나. 개발도상 회원국에 대하여는 이 항에 따른 최소허용비율은 10퍼센트로 한다.

5. 가. 아래의 경우 생산제한계획에 따른 직접지불은 국내보조 감축약속대상에서 면제된다.

(1) 이러한 지불이 고정된 면적과 수확량을 기준으로 하는 경우, 또는

(2) 이러한 지불이 기준 생산 수준의 85퍼센트 이하에 대하여 이루어지는 경우, 또는

(3) 축산에 대한 지불이 고정된 사육두수에 대하여 이루어지는 경우

나. 위의 기준을 충족시키는 직접지불에 대한 감축약속의 면제는 회원국의 현행 보조총액측정치 합계를 계산할 때 직접지불액을 제외시킴으로써 반영된다.

제7조 국내보조에 관한 일반 규율

1. 각 회원국은 이 협정 부속서 2에 설정된 기준에 합치하기 때문에 감축약속의 대상이 되지 아니하는 농업생산자를 위한 국내보조조치가 동 기준에 합치되게 유지되도록 보장한다.

2. 가. 국내보조조치의 수정을 포함하여 농업생산자를 위한 국내보조조치와 추후 도입되는 조치로서 이 협정 부속서 2의 기준을 충족시키거나 혹은 이 협정의 다른 규정에 따라 감축으로부터 면제되는 것으로 판명되지 아니하는 조치는 회원국의 현행 보조총액측정치 합계의 계산에 포함된다.

나. 회원국의 양허표 제4부에 보조총액측정치 합계에 대한 약속이 존재하지 아니하는 경우에 동 회원국은 제6조 제4항에 명시된 관련 최소허용 수준을 초과하여 농업생산자에게 보조를 제공하지 아니한다.

제5부

제8조 수출경쟁 약속

각 회원국은 이 협정과 자기 나라의 양허표에 명시된 약속에 합치하지 않는 방법

으로 수출보조금을 제공하지 않을 것을 약속한다.

제9조 수출보조금 약속

1. 다음의 수출보조금은 이 협정에 따라 감축약속의 대상이 된다.
   가. 수출실적을 조건으로 기업, 산업, 농업 생산자, 이러한 생산자 조합이나 다른 협회 또는 유통위원회에 대한 정부 또는 정부대행기관의 현물지급을 포함한 직접보조금의 제공
   나. 국내시장의 구매자에게 동종 상품에 대해 부과되는 비교 가능한 가격보다 낮은 가격으로 정부 또는 정부대행기관에 의해 농산물의 비상업적 재고의 수출 목적의 판매 또는 처분
   다. 관련 농산물 또는 수출품의 원료가 되는 농산물에 대한 부과금을 재원으로 한 지불을 포함하여, 공공회계의 부담 여부에 관계없이 정부의 활동을 통하여 조성된 재원에 의한 농산물 수출에 대한 지불
   라. 취급, 등급 향상과 다른 가공비용 및 국제운송비용을 포함하여, 농산물 수출에 대한 유통비용 절감을 목적으로 한 보조금의 제공(광범위하게 이용 가능한 수출증진 및 자문서비스는 제외)
   마. 국내 수송물량에 비해서 보다 유리한 조건으로 정부가 제공하거나 의무화한 수출물량에 대한 국내 운송비
   바. 수출상품에 포함되는 것을 조건으로 한 농산물보조금
2. 가. 아래 나호에 규정된 경우를 제외하고는 회원국의 양허표에 명시된 이행 기간 중 각 연도별 수출보조금 약속 수준은 제1항에 열거된 수출보조금과 관련하여 아래 사항을 의미한다.
      (1) 재정지출 감축약속의 경우, 동 연도 중 관련 농산물 또는 농산물품목군에 할당되거나 발생할 수 있는 이러한 보조금을 위한 재정지출의 최대 수준, 그리고
      (2) 수출물량 감축약속의 경우, 동 연도 중 이러한 수출보조금이 제공될 수 있는 농산물 또는 농산물품목군의 최대물량
   나. 아래와 같은 조건하에, 회원국은 이행 기간의 제2차 연도에서 제5차 연도의 기간 중 어느 특정 연도에 자기 나라의 양허표 제4부에 명시된 품목 또는 품목군에 대한 해당 연간 약속 수준을 초과하여 위의 제1항에 열거된

수출보조금을 제공할 수 있다.

(1) 이행 기간 초부터 당해 연도 말까지의 기간 중 이러한 보조금을 위한 누적된 재정지출액이 회원국의 양허표에 명시된 관련 연간지출 약속 수준을 완전히 이행했을 경우의 누적액을 이러한 재정지출의 기준 기간 수준의 3퍼센트 이상만큼을 초과하지 아니할 것,

(2) 이행 기간 초부터 당해 연도 말까지의 기간 중 이러한 수출보조금 혜택을 받고 수출되는 누적물량이 회원국의 양허표에 명시된 관련 연간물량 약속 수준을 완전히 이행했을 경우의 누적물량을 기준 기간 물량의 1.75퍼센트 이상만큼을 초과하지 아니할 것,

(3) 전체 이행 기간 중 이러한 수출보조금을 위한 재정지출액의 누적액과 수출보조금 혜택을 받는 물량이 회원국의 양허표에 명시된 관련 연간 약속 수준을 완전히 이행했을 경우의 합계를 초과하지 아니할 것, 그리고

(4) 이행 기간 종료 시의 수출보조금을 위한 회원국의 재정지출액 및 이러한 보조혜택을 받는 물량이 각각 1986~1990년의 기준 기간 수준의 64퍼센트와 79퍼센트를 초과하지 아니할 것. 단 개발도상 회원국에 대하여는 동 비율이 각각 76퍼센트 및 86퍼센트가 된다.

3. 수출보조금 지급의 범위 확대에 대한 제한과 관련된 약속은 양허표에 명시된 바와 같다.

4. 이행 기간 동안 개발도상 회원국은 위의 제1항 라호 및 마호에 열거된 수출보조금과 관련한 약속을 이행할 의무가 요구되지 아니한다. 단, 동 수출보조금이 감축약속을 우회하는 방법으로 적용되어서는 아니 된다.

제10조 수출보조금 약속의 우회방지

1. 제9조 제1항에 열거되지 아니한 수출보조금이 수출보조금 약속을 우회하는 결과를 초래하거나 또는 그러한 우려가 있는 방법으로 적용되지 아니하며, 비상업적 거래도 이러한 약속을 우회하기 위하여 사용되지 아니한다.

2. 회원국은 수출신용, 수출신용보증 또는 보험계획의 제공을 통제하기 위하여 국제적으로 합의된 규율을 발전시켜 나가기 위하여 노력할 것을 약속하며, 이러한 규율에 대한 합의가 이루어진 후에는 동 규율에 합치하여서만 수출신용, 수출신용보증 또는 보험계획을 제공할 것을 약속한다.

3. 감축약속 수준을 초과한 수출물량이 보조금을 받지 아니하였다고 주장하는 회원국은 당해 수출물량에 대해 이 협정 제9조에 열거된 수출보조금인지의 여부에 관계없이 어떠한 수출보조금도 제공되지 않았다는 것을 입증하여야 한다.
4. 국제식량원조 공여국인 회원국은 다음 사항을 보장한다.
   가. 국제식량원조의 제공이 수혜국가에 대한 농산물의 상업적 수출과 직접 또는 간접적으로 연계되지 아니한다.
   나. 금전화된 양국 간의 식량원조를 포함하여 국제식량원조 거래는 적절한 경우 통상판매요건제도를 포함하여 식량농업기구의 "잉여농산물 처분과 협의의무의 원칙"에 따라 수행된다. 그리고
   다. 이러한 원조는 가능한 범위 내에서 완전한 무상공여의 형태이거나 1986년 식량원조협약 제4조에 규정된 조건과 같거나 그 이상으로 특혜적인 조건으로 제공된다.

제11조 원료농산물

원료 1차농산물에 지급되는 단위당 보조금액은 어떠한 경우에도 동 1차농산물 자체의 수출에 지급되는 단위당 수출보조금액을 초과할 수 없다.

제6부

제12조 수출 금지 및 제한에 관한 규율

1. 1994년도 GATT 제11조 제2항 (a)에 따라 식량에 대한 새로운 수출 금지 또는 제한을 실시하는 회원국은 아래 규정을 준수한다.
   가. 수출 금지 또는 제한을 실시하는 회원국은 동 금지 또는 제한이 수입국의 식량안보에 미치는 영향에 대하여 적절한 고려를 한다.
   나. 회원국은 수출 금지 또는 제한을 실시하기에 앞서 가능한 한 사전에 동 조치의 성격, 지속 기간 등의 정보를 포함하는 서면통고를 농업위원회에 제출하며, 요청이 있는 경우 수입국으로서 실질적인 이해관계를 가진 회원국과 당해 조치와 관련된 어떠한 사항에 대하여도 협의한다. 이러한 수출 금지 또는 제한을 실시하는 회원국은 요청이 있는 경우 이러한 회원국에게

필요한 정보를 제공한다.

2. 동 조치가 관련 특정 식량의 순수출국인 개발도상 회원국에 의해 취하여진 것이 아닌 한, 이 조의 규정은 개발도상 회원국에게 적용되지 아니한다.

제7부

제13조 적절한 자제

1994년도 GATT와 보조금 및 상계조치에 관한 협정(이 조에서는 "보조금협정"이라 한다)의 규정에도 불구하고, 이행 기간 동안

가. 이 협정 부속서 2의 규정에 완전히 합치하는 국내보조조치는

(1) 상계관세[4]의 목적상 허용보조금이 된다.

(2) 1994년도 GATT 제16조 및 보조금협정 제3부에 근거한 조치로부터 면제된다. 그리고

(3) 1994년도 GATT 제23조 제1항 (b)의 의미상, 1994년도 GATT 제2조에 따라 다른 회원국이 향유하는 관세양허의 이익의 비위반 무효화 또는 침해에 근거한 조치로부터 면제된다.

나. 이 협정 제6조 제5항의 요건에 합치하는 직접지불을 포함하여 각 회원국의 양허표에 반영되어 있는 이 협정 제6조의 규정에 완전히 합치하는 국내보조조치와 최소허용 수준 이내의 보조로서 제6조 제2항에 합치하는 국내보조는

(1) 1994년도 GATT 제6조 및 보조금협정 제5부에 따라 피해 또는 피해의 우려 판정이 내려지지 않는 한 상계관세 부과로부터 면제되며, 상계관세 조사를 개시함에 있어서 적절한 자제가 발휘되어야 한다.

(2) 동 조치로 인하여 특정 품목에 대해 1992년 유통 연도 중에 결정된 보조를 초과하는 보조가 제공되지 않는 한, 1994년도 GATT 제16조 제1항 또는 보조금협정 제5조 및 제6조에 근거한 조치로부터 면제된다. 그리고

(3) 동 조치로 인하여 특정 품목에 대해 1992년 유통 연도 중에 결정된 보조를 초과하는 보조가 제공되지 않는 한 1994년도 GATT 제23조 제1항 (b)의 의미상, 1994년도 GATT 제2조에 따라 다른 회원국이 향유하는 관세

---

4) 이 조에 언급된 "상계관세"란 1994년도 GATT 제6조와 보조금 및 상계조치에 관한 협정 제5부의 대상이 되는 상계관세를 의미한다.

양허의 이익의 비위반 무효화 또는 침해에 근거한 조치로부터 면제된다.

다. 각 회원국의 양허표에 반영된 이 협정 제5부의 규정에 완전히 부합하는 수출 보조금은

(1) 1994년도 GATT 제6조 및 보조금협정 제5부에 따라 물량, 가격에 미치는 효과 또는 결과적인 영향에 근거한 피해 또는 피해의 우려 판정 시에 상계관세의 대상이 되며, 상계관세 조사를 개시함에 있어서 적절한 자제가 발휘되어야 한다. 그리고

(2) 1994년도 GATT 제16조 또는 보조금협정 제3조, 제5조 및 제6조에 근거한 조치로부터 면제된다.

제8부

제14조 위생 및 식물위생조치

회원국은 위생 및 식물위생조치의 적용에 관한 협정을 시행하는 데에 합의한다.

제9부

제15조 특별 및 차등 대우

1. 개발도상 회원국을 위한 차등적이고 보다 유리한 대우가 협상의 불가분의 일부라는 인식에 따라, 약속과 관련한 특별 및 차등 대우는 이 협정의 관련 조항에 규정되고 양허 및 약속표에 구현되어 있는 바와 같이 제공된다.
2. 개발도상 회원국은 10년까지의 기간에 걸쳐 감축약속을 이행하는 융통성을 갖는다. 최빈개도국 회원국에게는 감축약속의 이행이 요구되지 아니한다.

제10부

제16조 최빈개도국과 식량 순수입 개발도상국

1. 선진국 회원국은 최빈개도국 및 식량 순수입 개발도상국에 대한 개혁계획의

있을 수 있는 부정적 효과와 관련한 조치에 대한 결정의 틀 안에 규정된 조치를 취한다.

2. 농업위원회는 동 결정에 대한 후속조치를 적절히 감시한다.

제11부

제17조 농업위원회

이 협정에 따라 농업위원회가 설치된다.

제18조 약속이행의 검토

1. 우루과이라운드 개혁계획에 따라 협상된 약속의 이행에 있어서의 진전은 농업위원회가 검토한다.
2. 동 검토과정은 결정될 사항 및 주기와 관련하여 회원국이 제출하는 통고사항과, 검토과정을 용이하게 하기 위하여 사무국이 요청에 따라 마련한 자료를 기초로 실시된다.
3. 제2항에 따라 제출되는 통고사항 이외에 감축으로부터 면제되었다고 주장되는 새로운 국내보조조치 또는 기존 조치의 수정 내용은 신속히 통고된다. 동 통고사항에는 신규 또는 수정된 조치의 상세 사항과 동 조치가 이 협정 제6조 혹은 부속서 2에 규정된 합의된 기준에 일치하는지 여부가 포함된다.
4. 회원국은 검토과정에서 과도한 물가상승률이 회원국의 국내보조 약속을 준수하는 능력에 미치는 영향을 적절히 고려한다.
5. 회원국은 이 협정의 수출보조금 약속의 틀 안에서 세계 농산물무역의 정상적인 증가에 참여하는 것과 관련하여 농업위원회에서 매년 협의할 것을 합의한다.
6. 검토과정에서 회원국은 이 협정에 규정된 개혁계획에 따른 약속의 이행과 관련된 어떠한 문제도 제기할 수 있는 기회가 부여된다.
7. 회원국은 다른 회원국이 통보하였어야 한다고 자신이 간주하는 조치에 관하여 농업위원회의 주의를 환기할 수 있다.

제19조 협의 및 분쟁해결

분쟁해결양해에 의하여 발전되고 적용되는 1994년도 GATT 제22조와 제23조의 규정이 이 협정의 협의 및 분쟁해결에 적용된다.

제12부

제20조 개혁과정의 계속

회원국은 근본적인 개혁을 초래하는 보조 및 보호에 대한 실질적이고 점진적인 감축이라는 장기 목적이 계속적인 진행과정이라는 점을 인식하고 아래 사항을 고려하여 동 과정을 계속하기 위한 협상을 이행 기간 종료로부터 1년 전에 개시할 것에 합의한다.

가. 그날까지의 감축약속 이행 경험

나. 감축약속이 세계 농산물무역에 미치는 영향

다. 비교역적 관심 사항, 개발도상 회원국에 대한 특별 및 차등 대우, 공정하고 시장 지향적인 농산물무역 체제의 확립 목적 및 이 협정 전문에 언급된 그 밖의 목적 및 관심 사항

라. 위에 언급된 장기 목적의 달성을 위하여 필요한 추가적인 약속

제13부

제21조 최종 조항

1. 1994년도 GATT의 규정 및 세계무역기구협정 부속서 1가의 다른 다자간무역협정의 규정은 이 협정의 규정을 조건으로 적용된다.
2. 이 협정에 따라 이 협정의 부속서는 이 협정의 불가분의 일부를 구성한다.

부속서 1

대상품목 범위

1. 이 협정은 다음 품목을 대상으로 한다.
   (1) 통일상품명 및 부호체계 어류 및 수산물을 제외하고 1류로부터 24류까지, 그리고[5]
   (2) 통일상품명 및 부호체계 코드2905.43(만니톨)
   코드2905.44(소르비톨)
   호33.01(정유)
   호35.01-35.05(단백질계 물질, 변성전분 및 글루우)
   코드3809.10(전분질을 기제로 한 것)
   코드3823.60(소르비톨, 2905.44의 소르비톨을 제외한다)
   호41.01-41.03(원피와 가죽)
   호43.01(생모피)
   호50.01-50.03(생사와 견웨이스트)
   호51.01-51.03(양모와 동물의 털)
   호52.01-52.03(원면, 면웨이스트, 카드 또는 코움한 면)
   호53.01(천연아마)
   호53.02(천연대마)
2. 전 항은 위생 및 식물위생 조치의 적용에 관한 협정의 대상품목 범위를 제한하지 아니한다.

5) 괄호 안의 품목명은 반드시 총망라적인 것은 아니다.

부속서 2

국내보조 : 감축약속으로부터의 면제를 위한 기초

1. 감축약속으로부터의 면제가 주장된 국내보조조치는 무역왜곡 효과나 생산에 미치는 효과가 없거나 있더라도 미미하여야 한다는 기본적인 요건을 충족한다. 따라서, 면제가 주장되는 모든 조치는 아래 기본적인 기준에 합치한다.
   가. 당해 보조가 소비자로부터의 소득 이전을 수반하지 아니하면서, 공적으로 재원이 조달되는 정부의 계획(정부의 징수감면 포함)에 의하여 제공되며, 그리고
   나. 당해 보조는 생산자에 대한 가격지지 효과가 없어야 한다.
   이에 추가하여 아래에 명시된 정책특정적인 기준 및 조건에 합치한다.

정부서비스 계획

2. 일반 서비스
   이 범주에 속하는 정책은 농업 또는 농촌 사회에 서비스 또는 혜택을 제공하는 계획과 관련된 지출(또는 징수감면)을 수반한다. 이러한 정책은 생산자 또는 가공업자에 대한 직접지불을 수반하지 아니한다. 아래 목록을 포함하나 이에 국한되지 아니하는 이러한 계획은 위의 제1항의 일반적인 기준과 아래에 규정된 정책특정적인 조건을 충족한다.
   가. 일반 연구, 환경계획 관련 연구 및 특정 품목 관련 연구계획을 포함하는 연구
   나. 조기경보체제, 검역 및 박멸 등 일반적 및 품목특정적 병해충 방세조치를 포함하는 병해충 방제
   다. 일반 및 전문가 훈련시설 양자를 포함하는 훈련서비스
   라. 생산자와 소비자에게 정보 및 연구 결과의 전달을 촉진하기 위한 수단의 제공을 포함하는 지도 및 자문 서비스
   마. 일반적인 검사서비스 및 특정 품목에 대한 위생, 안전, 등급화 또는 표준화 목적을 위한 검사를 포함하는 검사서비스
   바. 특정 품목에 관한 시장정보, 조언 및 판매촉진을 포함하는 시장확대 및 판

매촉진서비스. 단, 판매가격을 인하하거나 구매자에게 직접적인 경제적 이익을 부여하기 위하여 판매자에 의하여 사용될 수 있는 명시되지 아니한 목적을 위한 지출은 제외한다. 그리고

사. 전력공급망 설치, 도로 및 기타 운송수단, 시장 및 항만시설, 용수공급시설, 댐 및 배수계획, 환경계획과 관련된 하부구조사업을 포함하는 하부구조서비스. 이 모든 경우에 있어서 지출은 단지 고정설비의 제공이나 건설에 직결되며, 일반적으로 사용 가능한 공익사업망을 위한 것이 아닌 농업시설 공급을 위한 보조는 제외된다. 투입재보조, 운영비용보조 또는 특혜적인 사용자 요금은 이에 포함되지 아니한다.

3. 식량안보 목적의 공공비축[6)]

국내법에 명시된 식량안보계획의 불가분의 일부를 구성하는 품목의 재고 비축 및 유지와 관련된 지출(또는 징수감면). 이러한 계획의 일환으로서의 민간의 농산물 저장에 대한 정부의 지원도 이에 포함될 수 있다.

이러한 재고의 물량 및 비축은 전적으로 식량안보와 관련하여 사전 결정된 목표량에 상응한다. 재고의 비축과 처분과정은 재정적으로 투명하여야 한다. 정부에 의한 식량구매는 현행 시장가격에 의하며, 식량안보용 재고의 판매는 당해 품목 및 품질에 대한 현행 국내 시장가격보다 낮지 않은 가격에 의한다.

4. 국내식량구호[7)]

빈곤한 국민계층에 대한 국내식량구호의 제공에 관련된 지출(또는 징수감면) 식량구호의 수혜자격은 영양학적 목적과 관련하여 명백하게 정의된 기준에 따른다. 이러한 구호는 관련 대상자에 대한 직접적인 식량 공급 형식 또는 수혜대상자가 식량을 시장가격 또는 보조가격으로 구매할 수 있도록 허용하는 형식이 된다. 정부의 식량구매는 현행 시장가격에 의하며, 동 구호에 대한 자금

6) 이 부속서 제3항의 목적상, 그 운영이 투명하고 공식적으로 공표된 객관적 기준 또는 지침에 따라 운영되는 개발도상국의 식량안보 목적의 정부 비축계획은, 식량안보 목적의 식량의 재고물량을 관리가격으로 구매·방출하는 계획을 포함하여, 이 항의 규정에 합치하는 것으로 간주된다. 단, 구매가격과 외부 참조가격과의 차이는 보조총액측정치에 반영된다. 이 부속서 제3항 및 제4항의 목적상, 합리적인 가격으로 정기적으로 개발도상국의 도시와 농촌의 빈민층의 식량소요의 충족 목표를 위한 보조가격에 의한 식량의 제공은 이 항의 규정에 합치되는 것으로 간주된다.

7) 이 부속서 제3항 및 제4항의 목적상, 합리적인 가격으로 정기적으로 개발도상국의 도시와 농촌의 빈민층의 식량소요의 충족 목표를 위한 보조가격에 의한 식량의 제공은 이 항의 규정에 합치되는 것으로 간주된다.

조달 및 관리는 투명하여야 한다.

5. 생산자에 대한 직접지불

생산자에 대한 직접지불(또는 현물지급을 포함하여, 징수감면)을 통해 제공된 보조로서 감축약속으로부터의 면제가 주장되는 보조는 위의 제1항에 명시된 기본적인 기준과 아울러 아래 제6항부터 제13항까지에 명시된 직접지불의 개별적인 형태에 적용되는 구체적인 기준을 충족한다. 아래 제6항부터 제13항까지에 명시된 것 이외의 기존 또는 새로운 형태의 직접지불에 대하여 감축으로부터의 면제가 주장되는 경우, 이 감축면제는 제1항에 명시된 일반적인 기준에 추가하여 제6항의 나호로부터 마호까지의 기준에 합치한다.

6. 비연계소득보조

가. 이러한 지불의 수혜자격은 명시되고 고정된 기준 기간 중의 소득, 생산자 또는 농지소유자로서의 지위, 생산요소의 사용 또는 생산 수준 등과 같은 명백하게 정의된 기준에 따라 결정된다.

나. 특정 연도의 이러한 지불의 금액은 기준 기간 이후 특정 연도에 생산자가 행한 생산량 또는 생산형태(가축단위 포함)에 관련되거나 이를 기초로 하여서는 아니 된다.

다. 특정 연도의 이러한 지불의 금액의 기준 기간 이후 특정 연도에 행하여진 모든 생산에 적용되는 국내 또는 국제 가격에 관련되거나 이를 기초로 하여서는 아니 된다.

라. 특정 연도의 이러한 지불의 금액은 기준 기간 이후 특정 연도에 사용되는 생산요소에 관련되거나 이를 기초로 하여서는 아니 된다.

마. 이러한 지불을 받기 위하여 생산이 요구되지 아니한다.

7. 소득보험 및 소득안전망 계획에 대한 정부의 재정적 참여

가. 이러한 지불의 수혜자격은, 농업으로부터 파생되는 소득만을 고려하여, 이전 3년간 또는 이전 5년 기간 중 최고치와 최저치를 제외한 3년간의 평균 총수입 또는 순소득을 기준으로 한 상당치(이와 동일하거나 유사한 계획으로부터의 지불은 제외)의 30퍼센트를 초과하는 소득의 손실에 의하여 결정된다. 이 조건을 충족하는 모든 생산자는 동 지불의 수혜자격을 갖는다.

나. 이러한 지불의 금액은 생산자가 동 지원에 대한 수혜자격을 갖게 되는 연도의 생산자 소득손실의 70퍼센트 미만을 보상한다.

다. 이러한 지불의 금액은 오직 소득에만 관련되며, 생산자의 생산형태나 생산

량(가축 단위 포함), 이러한 생산에 적용되는 국내 또는 국제 가격 또는 사용된 생산요소에 관련되어서는 아니 된다.

라. 생산자가 같은 연도에 이 항과 제8항(자연재해구호)에 따라 지불을 받는 경우, 이러한 지불의 총액은 생산자 총 손실의 100퍼센트 미만이 된다.

8. 자연재해로부터의 구호를 위한 지불(직접적인 또는 농작물보험계획에 대한 정부의 재정적 참여를 통한 지불)

가. 이러한 지불에 대한 수혜자격은 정부당국이 자연제해 또는 이와 유사한 재해(병의 발발, 병해충, 핵사고, 관련 회원국 영토 내에서의 전쟁)가 발생하였거나 또는 발생 중임을 공식 인정한 이후에만 발생하며, 이전 3년간 또는 이전 5년 기간 중 최고치와 최소치를 제외한 3년 평균생산의 30퍼센트를 초과하는 생산손실에 의하여 결정된다.

나. 재해에 따른 지불은 당해 자연재해에 기인한 소득, 가축(동물의 수의적 치료와 관련된 지불포함), 토지 또는 그 밖의 생산요소의 손실과 관련되어서만 적용된다.

다. 지불은 이러한 손실의 복구에 필요한 총비용을 초과하여 보상하지 아니하며 또한 미래의 생산형태 또는 물량을 요구 또는 명시하지 아니한다.

라. 재해기간 동안 이루어진 지불은 위의 나호의 기준에 정의된 추가적인 손실을 방지하거나 경감시키는 데 필요한 수준을 초과하지 아니한다.

마. 생산자가 이 항과 제7항(소득보험 및 소득안전망 계획)에 의한 지불을 같은 연도에 받는 경우, 이러한 지불의 총액은 생산자의 총 손실의 100퍼센트 미만이 된다.

9. 생산자 은퇴계획을 통하여 제공되는 구조조정지원

가. 이러한 지불에 대한 수혜자격은 상업적 농업생산에 종사하는 사람의 은퇴 또는 동인이 비농업 활동으로 이동하는 것을 용이하게 하기 위하여 입안된 계획에 명백하게 정의된 기준에 따라 결정된다.

나. 지불은 수혜자가 상업적 농업생산으로부터 완전하고 영구적으로 은퇴하는 것을 조건으로 한다.

10. 자원 폐기계획을 통한 구조조정지원

가. 이러한 지불에 대한 수혜자격은 토지 또는 가축을 포함한 그 밖의 자원을 상업적 농업생산으로부터 제외시키기 위하여 입안된 계획에 명백하게 정의된 기준에 따라 결정된다.

나. 지불은 농지를 최소한 3년 동안 상업적 농업생산으로부터 휴경하는 것을 조건으로 하며, 가축의 경우는 도살 또는 확정적인 영구 처분을 조건으로 한다.

다. 지불은 상업적 농산물의 생산을 수반하는 토지 또는 그 밖의 자원의 다른 대체 용도를 요구 또는 명시하지 아니한다.

라. 지불은 생산형태 생산량에 관련되거나 또는 생산에 잔류하는 농지 또는 그 밖의 자원을 사용하여 이루어지는 생산에 적용되는 국내 또는 국제 가격에 관련되지 아니한다.

11. 투자지원을 통하여 제공되는 구조조정지원

가. 이러한 지불에 대한 수혜자격은 객관적으로 입증된 구조적으로 불리한 여건에 대응하여 생산자의 활동의 재정적 또는 물리적인 구조조정을 지원하기 위하여 입안된 정부의 계획에 명백하게 정의된 기준에 따라 결정된다. 또한 이러한 계획에 대한 수혜자격은 농업토지의 재사유화를 위하여 명백하게 정의된 정부계획을 기초로 할 수 있다.

나. 특정 연도의 지불금액은 아래 마호에 규정된 경우를 제외하고는 기준 기간 이후의 특정 연도에 생산자가 행한 생산형태나 생산량(가축단위 포함)에 관계되거나 이에 기초하여서는 아니 된다.

다. 특정 연도의 이러한 지불금액은 기준 기간 이후의 특정 연도에 행하여진 생산에 적용되는 국내 또는 국제 가격과 관련되거나 이에 기초하지 아니한다.

라. 지불은 그 대상이 되는 투자의 실현에 필요한 기간 동안 한하여 지급된다.

마. 지불은 특정 품목의 생산금지를 요구하는 것 이외에 수혜자에게 특정 품목의 생산을 의무화하거나 또는 어떠한 방법으로든 생산될 농산물을 지정하지 아니한다.

바. 지불은 구조적으로 불리한 여건을 보상하기 위하여 요구되는 금액에 한정된다.

12. 환경계획에 따른 지불

가. 이러한 지불의 수혜자격은 명백하게 정의된 정부의 환경 또는 보존계획의 일환으로 결정되며, 또한 생산방법 또는 투입요소에 관련된 조건을 포함하여 정부의 계획에 따른 특정 조건의 이행에 의존한다.

나. 지불금액은 정부의 계획을 준수함으로써 발생하는 추가비용 또는 소득손

실에 한정된다.

13. 지역지원계획에 따른 지불

가. 이러한 지불의 수혜자격은 낙후된 지역의 생산자에게 한정된다. 이러한 각 지역은 법 또는 규정에 명백하게 규정되고 당해 지역의 어려움이 일시적인 사정만으로 발생하는 것이 아님을 나타내는 중립적이고 객관적인 기준에 기초하여 낙후되었다고 간주되며, 명시 가능한 경제적 및 행정적 실체를 갖춘 명백히 지정된 지리적 인접구역이어야 한다.

나. 특정 연도의 이러한 지불금액은 생산감축의 경우를 제외하고는 기준 기간 이후의 특정 연도에 생산자가 행한 생산형태 또는 생산량(가축단위 포함)에 관련되거나 이를 기초로 하지 아니한다.

다. 특정 연도의 이러한 지불금액은 기준 기간 이후 특정 연도에 행하여진 생산에 적용되는 국내 또는 국제 가격에 관련되거나 이를 기초로 하여서는 아니된다.

라. 지불은 수혜대상 지역의 생산자에게만 제공되나, 이러한 지역 내의 모든 생산자에게 일반적으로 제공된다.

마. 생산요소와 관련되는 경우, 지불은 관련 요소의 한계 수준 이상에서는 체감비율로 이루어진다.

바. 지불은 지정된 지역에서 농업생산을 행함으로써 발생하는 추가비용 또는 소득손실에 한정된다.

부속서 3

국내보조 : 보조총액측정치의 계산

1. 제6조의 규정에 따라 보조총액측정치는 시장가격지지, 비면제 직접지불 또는 감축약속으로부터 면제되지 아니하는 그 밖의 보조금(다른 비면제 정책)을 받고 있는 각각의 기초농산물에 대해 품목 특정적으로 산출된다. 품목 불특정적 보조는 총화폐 단위로 단일의 품목 불특정적 보조총액측정치로 합산된다.
2. 제1항에 따른 보조는 정부 또는 정부대행기관의 재정지출 및 징수감면액을 모

두 포함한다.

3. 중앙 및 지방수준의 보조가 모두 포함된다.
4. 생산자가 부담하는 특정 농업부과금이나 수수료는 보조총액측정치에서 공제된다.
5. 기준 기간 동안 아래에 설명된 바에 따라 계산된 보조총액측정치는 국내보조 감축약속 이행의 기준 수준을 구성한다.
6. 각 기초농산물에 대해 총화폐가치 단위로 표시된 구체적인 보조총액측정치가 설정된다.
7. 보조총액측정치는 관련 기초농산물의 최초 판매 시점과 현실적으로 가장 근접하여 계산된다. 농산물 가공업자에 대한 조치는 이러한 조치가 기초농산물의 생산자에게 혜택을 주는 만큼 보조총액측정치의 계산에 포함된다.
8. 시장가격지지 : 시장가격지지는 고정외부참조가격과 적용관리가격과의 차에 적용관리가격의 적용대상이 되는 생산량을 곱하여 계산된다. 동 가격차를 유지하기 위하여 소요되는 구매 또는 저장비용 등의 재정지출은 보조총액측정치에 포함되지 아니한다.
9. 고정외부참조가격은 1986년부터 1988년까지의 기간을 기초로 하여 일반적으로 순수출국의 경우에는 기준 기간 동안의 관련 기초농산물의 평균 본선인도가격이 되고, 순수입국의 경우에는 기준 기간 동안의 관련 기초농산물의 평균운임·보험료 포함 수입가격이 된다. 고정참조가격은 필요 시 품질의 차이를 반영하기 위하여 조정될 수 있다.
10. 비면제 직접지불 : 가격 차이에 기초하는 비면제 직접지불은 고정참조가격과 적용관리가격과의 차에 관리가격의 적용대상이 되는 생산량을 곱하여 계산되거나 또는 재정지출을 사용하여 계산된다.
11. 고정참조가격은 1986년부터 1988년까지의 기간을 기초로 하며 일반적으로 지불비율을 결정하기 위하여 사용되는 실제가격이 된다.
12. 가격 이외의 요소에 기초한 비면제 직접지불은 재정지출을 사용하여 측정된다.
13. 투입재 보조금 및 판매비용 절감조치와 같은 그 밖의 조치를 포함하는 그 밖의 비면제조치 : 이러한 조치의 금액이 정부의 재정지출을 사용하여 측정되거나 재정지출의 사용이 관련 보조금을 완전히 반영하지 아니하는 경우, 보조금 계산의 기초는 보조를 받은 품목 또는 서비스의 가격과 유사품목 또는 서비스의 대표적 시장가격과의 차에 동 품목 또는 서비스의 양을 곱한 것이 된다.

부속서 4

국내보조 : 보조상당측정치의 계산

1. 제6조의 규정에 따라 보조상당측정치는 부속서 3에 정의된 시장가격지지가 존재하나 보조총액측정치의 구성요소의 계산이 비현실적인 모든 기초농산물에 대하여 계산된다. 이러한 품목의 경우, 국내보조 감축약속 이행을 위한 기준수준은 아래 제2항에 따라 보조상당측정치로 표시되는 시장가격지지 요소와 아래 제3항에 규정된 바에 따라 평가되는 비면제 직접지불과 다른 비면제보조로 구성된다. 중앙 및 지방수준의 보조도 모두 포함된다.
2. 제1항에 규정된 보조상당측정치는 시장가격지지를 받고 있으며, 최초의 판매시점과 가장 근접한 기초농산물에 대해 품목 특정적인 기준으로 계산되며, 보조총액치 중 시장가격지지 구성요소의 계산이 비현실적인 품목에 한한다. 이러한 기초농산물의 경우 시장가격지지의 보조상당측정치는 적용관리가격과 동 가격의 적용대상이 되는 생산량을 사용하거나 이러한 방법이 현실적이지 못할 경우 생산자 가격을 유지하는 데 사용되는 재정지출을 사용하여 계산한다.
3. 제1항에 해당되는 기초농산물이 비면제 직접지불 또는 감축약속으로부터 면제되지 아니한 다른 품목 특정적인 보조금의 대상이 되는 경우, 이러한 조치와 관련된 보조상당 측정치의 기초는 상응하는 보조총액측정치의 구성요소에 대한 계산이 된다. (부속서 3의 제10항부터 제13항까지에 명시됨)
4. 보조상당측정치는 관련 기초농산물의 최초 판매시점과 현실적으로 가장 근접한 보조금액을 기준으로 계산한다. 농산물 가공업자에 대한 정책은 동 정책이 기초농산물 생산자에게 이익을 주는 만큼 포함된다. 생산자가 부담하는 특정의 농업부과금 또는 수수료는 상응하는 금액만큼 보조상당측정치를 감소시킨다.

부속서 5

제4조 제2항과 관련한 특별대우

제1절

1. 제4조 제2항의 규정은 세계무역기구협정 발효와 동시에 아래 조건에 합치하는 1차농산물과 그 가공품 및/또는 관련 조제품("지정품목")에 대하여 적용되지 아니한다. (이하 "특별대우"라 한다)
   가. 지정품목의 수입이 1986~1988년 기준 기간("기준 기간") 중의 해당 국내소비량의 3퍼센트 미만일 것
   나. 기준 기간 개시 이후 지정품목에 대하여 수출보조금이 제공되지 아니하였을 것
   다. 동 1차농산물에 효과적인 생산제한조치가 적용될 것
   라. 이러한 품목은 식량안보 및 환경보호와 같은 비교역적 관심사항의 요소를 반영하는 특별대우의 대상으로서 마라케시 의정서에 부속된 회원국의 양허표 제1부 제1절 B에 "ST-Annex 5"로 지정될 것, 그리고
   마. 관련 회원국의 양허표 제1부 제1절 B에 명시된 지정품목과 관련한 최소접근 기회는 이행 기간의 제1차 연도의 초부터 지정품목의 기준 기간의 국내소비량의 4퍼센트에 해당하며, 그 이후 잔여 이행 기간 동안 매년 기준 기간의 상응하는 국내소비량의 0.8퍼센트씩 증가될 것
2. 이행 기간 중 특정 연도 초에 회원국은 아래 제6항의 규정을 준수함으로써 지정품목에 대한 특별대우의 적용을 중단할 수 있다. 이러한 경우 관련 회원국은 동 시점에서 이미 유효한 최소접근 기회를 유지하며, 잔여 이행 기간 동안 최소접근 기회를 매년 기준 기간의 상응하는 국내소비량의 0.4퍼센트씩 증가시킨다. 그 이후 이 공식으로 인한 이행 기간 최종 연도의 최소접근 기회의 수준은 관련 회원국의 양허표에 유지된다.
3. 이행 기간의 종료 이후, 제1항에 규정된 특별대우의 계속이 가능한지 여부의 문제에 관한 협상은 비교역적 관심 사항의 요소를 고려하여 이 협정 제20조에 규정된 협상의 일부로서 이행 기간 그 자체의 시간 범위 내에서 종결된다.
4. 제3항에 언급된 협상의 결과로서 회원국이 특별대우를 계속 적용할 수 있도록

합의되는 경우 동 회원국은 동 협상에서 결정된 바에 따라 추가적이고 수락 가능한 양허를 부여한다.

5. 이행 기간 종료 시 특별대우가 계속되지 아니하는 경우, 관련 회원국은 제6항의 규정을 이행한다. 이러한 경우, 이행 기간 종료 후 지정품목에 대한 최소접근 기회는 기준 기간의 상응하는 국내소비량의 8퍼센트 수준에서 동 회원국의 양허표에 유지된다.
6. 지정품목과 관련하여 유지되는 일반 관세 이외의 국경조치는 특별대우의 적용이 종료되는 연도 초부터 유효하게 제4조 제2항의 규정의 대상이 된다. 동 품목은 특별 취급이 종료되는 연도 초부터 그리고 그 이후 관련 회원국의 양허표에 양허되는 일반 관세의 대상이 되며, 동 관세의 세율은 이행 기간 동안 매년 균등하게 최소 15퍼센트 감축이 시행되었을 경우 적용될 수준이 된다. 동 관세는 이 부속서의 첨부물에 규정된 지침에 따라 계산되는 관세상당치에 기초하여 설정된다.

제2절

7. 제4조 제2항의 규정은 또한 어느 개발도상 회원국의 전통적 식생활에 있어 가장 중요한 주식이면서 그리고 제1항 가호로부터 제1항 라호까지에 명시된 관련 품목에 적용되는 조건에 추가하여 아래 조건에 합치하는 1차농산물에 대하여는 세계무역기구협정 발효와 동시에 적용되지 아니한다.
   가. 관련 개발도상 회원국의 양허표 제1부 제1절 B에 명시된 관련 품목에 대한 최소접근 기회는 이행 기간 제1차 연도의 초부터 동 품목의 기준 기간의 국내소비량의 1퍼센트에 해당하며, 이행 기간 제5차 연도 초까지 기준 기간의 상응하는 국내소비량의 2퍼센트로 매년 균등하게 증가된다. 이행 기간 제6차 연도 초부터 관련 품목에 대한 최소접근 기회는 기준 기간의 상응하는 국내소비량의 2퍼센트에 해당되며, 제10차 연도 초까지 기준 기간의 상응하는 국내소비량의 4퍼센트로 매년 균등하게 증가된다. 그 이후 이 공식으로 인한 제10차 연도의 최소접근 기회 수준은 관련 개발도상 회원국의 양허표에 유지된다.
   나. 이 협정의 다른 품목에 대하여 적절한 시장접근 기회가 부여되었다.
8. 이행 기간의 개시로부터 제10차연도가 종료된 이후 제7항에 명시된 특별대우

의 계속이 가능한지 여부의 문제에 관한 협상은 이행 기간 개시 이후 제10차 연도 그 해의 시간 범위 내에 개시되고 종결된다.

9. 제8항에 언급된 협상의 결과 회원국이 특별대우를 계속 적용할 수 있도록 합의가 이루어지는 경우 동 회원국은 동 협상에서 결정된 바에 따라 추가적이고 수락 가능한 양허를 부여한다.

10. 제7항에 따른 특별대우가 이행 기간의 개시로부터 제10차 연도 종료 이후 계속되지 않는 경우, 관련 품목은 이 부속서의 첨부물에 규정된 지침에 따라 계산되는 관세상당치에 기초하여 설정된 일반 관세의 대상이 되며, 동 일반 관세는 관련 회원국의 양허표에 양허된다. 다른 측면에서는 제6항의 규정이 이 협정에 따라 개발도상 회원국에게 부여된 관련 특별 및 차등 대우에 의하여 수정되어 적용된다.

부속서 5에 대한 첨부물

이 부속서 제6항과 제10항에 명시된 특정 목적을 위한 관세상당치 계산 지침

1. 종가세 또는 종량세로 표시되었는지 여부에 관계없이, 관세상당치의 계산은 투명한 방법으로 실제 국내외 가격차를 이용하여 이루어진다. 1986년부터 1988년의 기간에 해당하는 자료가 이용된다. 관세상당치는

   가. 일차적으로 통일상품명 및 부호체계 4단위 수준에서 설정된다.

   나. 적절한 경우에는 언제나 통일상품명 및 부호체계 6단위 혹은 보다 세분된 수준에서 설정된다.

   다. 가공품 및/또는 조제품의 경우 동 제품에 포함되어 있는 1차농산물에 대한 구체적인 관세상당치에 적절히 가치 기준 또는 물리적 기준에 따른 비율을 곱하여 계산하고, 필요 시 산업에 대해 현재 보호를 제공하는 모든 추가적인 요소를 고려한다.

2. 외부가격은 일반적으로 수입국의 경우 실제 평균 운임·보험료 포함 단가가 된다. 평균 운임·보험료 포함 단가가 이용 가능하지 않거나 부적절할 경우 외부가격은

가. 인접국의 적절한 평균 운임·보험료 포함 단가가 되거나, 또는

나. 주요 수출국의 평균 본선인도 단가에 보험, 운임 및 수입국에 대한 다른 관련 비용 추정치를 가산하여 조정, 산정한다.

3. 외부가격은 일반적으로 가격 관련 자료와 동일한 기간 동안의 연평균 시장환율을 사용하여 국내통화로 환산된다.
4. 국내가격은 일반적으로 국내시장에서 지배적인 대표도매가격 또는 적절한 자료가 없을 경우 동 가격의 추산치가 된다.
5. 최초 관세상당치는 필요한 경우, 품질 혹은 품종 차이를 고려하기 위하여 적절한 계수를 이용하여 조정할 수 있다.
6. 이러한 지침에 따른 관세상당치가 음수이거나 혹은 현행 양허세율보다 낮은 경우, 최초 관세상당치는 현행 양허관세율이나 해당 품목에 대한 국별 제안에 기초하여 설정될 수 있다.
7. 위의 지침에 따른 관세상당치 수준을 조정하였을 경우, 관련 회원국은 요청이 있는 경우 적절한 해결책을 협상하기 위한 충분한 협의 기회를 제공한다.

1994. 4. 15

http://www.mofa.go.kr/trade/treatylaw/treatyinformation/multilateral/index.jsp?menu=m_30_50_40&tabmenu=t_2

* 미·일쌀시장개방협정(1986~1994)은 5장의 내용과 동일하여 생략한다.

6장 한중마늘협정

한중 마늘 교역에 관한 합의서 서명

2000. 8. 1

1. 한중 양국대표(한국 측 辛正承 주중대사관 공사, 중국 측 대외무역경제합작부 劉國勝 무역관리국장)는 7월 31일 17시(한국 시각) 북경에서 양국 간 마늘 교역에 관한 합의서에 정식 서명하였으며, 동 합의서는 8월 2일 발효한다.
   정부는 전반적인 한중 우호협력 관계의 중요성에 비추어 마늘 문제로 야기된 통상마찰을 대화와 협의를 통해 해결하는 것이 바람직하다는 판단하에 지난 6. 29부터 7. 15까지 북경에서 중국 측과 양자 협상을 개최하여 7. 15 새벽 가서명한 바 있다.
2. 한중 마늘 협상이 정식 타결됨에 따라 우리는 금년부터 3년간 관세할당(Tariff Quota) 방식으로 매년 일정량의 중국산 마늘을 수입(상세: 별첨 1 참조)키로 하고, 중국은 폴리에틸렌 및 휴대전화기 등 우리 제품에 대한 잠정수입중단조치를 8월 2일자로 철회키로 하였다. 이에 따라 이들 제품의 對中수출이 재개될 뿐만 아니라 석유화학 및 정보통신 분야에서 양국 간 산업협력도 지속될 것이다.
3. 금번 협상에서 중국은 우리의 마늘에 대한 긴급수입제한(Safeguard)조치 철회를 요구하였으나, 우리 측은 동 조치의 당위성과 필요성을 중국 측에 설명하면서, 양측에 상호 유익한 방향으로 협상을 진행시킨 결과, 6. 1부터 시행하고 있는 마늘에 대한 긴급수입제한조치의 틀을 유지하면서 일정 물량의 마늘 도입을 보장하는 선에서 합의를 보게 되었다. 이번 합의로 30퍼센트의 저율관세하에서 자유롭게 수입되던 냉동 및 초산조제마늘의 수입물량은 1999년도 수입물량 수준 이하로 사실상 동결되었다.
4. 정부는 마늘 수입이 국내 마늘가격 안정에 영향을 주지 않도록 하기 위해 여러 가지 조치를 취해오고 있는바, 지난 7. 11부터 농가 희망물량을 제한 없이 최저보장가격(1,200원/kg)으로 수매하고 있다. 또한 마늘농가의 생산성 향상을 통한 경쟁력 제고를 위해 기술지원 등의 사업도 계속 추진해 나갈 것이다.

5. 양측은 또한, 양국 간 경제통상 협력이 확대됨에 따라 발생할 수 있는 통상마찰을 사전에 예방하기 위하여 우리 외교부와 중국 대외무역경제합작부 간 상시 협의채널을 가동키로 하였으며, 부득이 마찰 발생 시에도 관련 부처 간의 긴밀한 협조하에 상호 대화와 협의를 통해 이를 조기에 원만히 해결할 수 있도록 할 예정이다.

첨부: 1. 향후 3년간 중국산 마늘 도입 규모
　　　2. 수입마늘에 대한 긴급수입제한조치 발동 배경, 경위 및 내용
　　　3. 한중 교역 현황

외교통상부 대변인

http://www.mofa.go.kr/news/pressinformation/index.jsp?mofat=001&menu=m_20_30

7장 중·일신선채소협정

ねぎ等3品目に関するセーフガード暫定措置について

2001. 4. 10

財務省
経済産業省
農林水産省

WTOセーフガード協定等及び関税定率法に基づき、ねぎ、生しいたけ及び畳表に関するセーフガード暫定措置を下記のとおり発動することとする。実施期間は平成13年4月23日から200日(平成13年11月8日で)とする(関係政令の閣議決定は4月17日を予定している)。
なお、3品目の主要輸出国である中国とは、今後とも協議を継続していくとともに、3品目の国内生産については、生産性の向上を図る等国内生産の体質強化を進めていくこととする。

1. 関税割当

以下の関税割当数量については現行の関税率を維持する。
なお割当は、過去3年間の輸入通関実績等を勘案して行う。
(1) ねぎ:5,383トン〔年換算 9,823トン〕
(2) 生しいたけ:8,003トン〔年換算 29,684トン〕
(3) 畳表:7,949トン〔年換算 18,440トン〕

2. 関税

上記関税割当数量を超える輸入については、品目ごとに、現行関税率に加え、次の関税率を課す。

(1) ねぎ : 225円 / kg(256%相当)〔現行関税率 3%〕

(2) 生しいたけ : 635円 / kg(266%相当)〔現行関税率 4.3%〕

(3) 畳表 : 303円 / kg(106%相当)〔現行関税率 6%〕

(注) 上記の現行関税率及び追加する関税率は、協定税率適用対象国を原産地とするものに適用される。

3品目のセーフガード暫定措置

1. ねぎ

割当数量	5,383トン〔200日分〕 〔9,823トン / 年〕 (H9～11年)
関税額	225円 / kg(256% 相当)
国産品卸売市場価格	337円 / kg (H8, 9, 11年)
輸入後価格	112円 / kg〔通常関税 3%, 出荷経費含む〕 (H13年1～2月)

2. 生しいたけ

割当数量	8,003トン〔200日分〕 〔29,684トン / 年〕 (H9～11年)
関税額	635円 / kg(266%相当)
国産品卸売価格	927円 / kg (H9～11年)
輸入後価格	292円 / kg〔通常関税 4.3%, 出荷経費含む〕 (H12年)

3. 畳表

割当数量	4,676千枚〔200日分〕 〔10,847千枚 / 年〕 (H9～11年)
関税額	306円 / kg(106%相当)
国産品産地市場価格	629円 / kg (H9～11年)
輸入後価格	323円 / kg〔通常関税 6%, 出荷経費含む〕 (H12年)

http://warp.ndl.go.jp/info:ndljp/pid/1022127/
www.mof.go.jp/singikai/kanzegaita/siryou/kanb130508b.pdf

3부 동아시아의 어업 협상

8장 한일어업협정

대한민국과 일본국 간의 어업에 관한 협정
Agreement on Fisheries between the Republic of Korea and Japan

대한민국 및 일본국은, 양국이 공통의 관심을 갖는 수역에서의 어업자원의 최대의 지속적 생산성이 유지되어야 함을 희망하고, 전기의 자원의 보존 및 그 합리적 개발과 발전을 도모함이 양국의 이익에 도움이 됨을 확신하고, 공해 자유의 원칙이 본 협정에 특별한 규정이 있는 경우를 제외하고는 존중되어야 한다는 것을 확인하고, 양국의 지리적 근접성과 양국 어업상의 교착으로부터 발생할 수 있는 분쟁의 원인을 제거하는 것이 요망됨을 인정하고, 양국 어업의 발전을 위하여 상호 협력할 것을 희망하여, 다음과 같이 합의하였다.

제1조

1. 양 체약국은 각 체약국이 자국의 연안의 기선부터 측정하여 12해리까지의 수역을 자국이 어업에 관하여 배타적 관할권을 행사하는 수역(이하 "어업에 관한 수역"이라 함)으로서 설정하는 권리를 갖음을 상호 인정한다. 단, 일방 체약국이 어업에 관한 수역의 설정에 있어서 직선기선을 사용하는 경우에는 그 직선기선은 타방 체약국과 협의하여 결정한다.
2. 양 체약국은 일방 체약국이 자국의 어업에 관한 수역에서 타방 체약국의 어선

이 어업에 종사하는 것을 배제하는 데 대하여 상호 이의를 제기하지 아니한다.

3. 양 체약국의 어업에 관한 수역이 중복하는 부분에 대하여는, 그 부분의 최대의 폭을 나타내는 직선을 이등분하는 점과 그 중복하는 부분이 끝나는 2점을 각각 연결하는 직선에 의하여 양분한다.

제2조

양 체약국은 다음 각 선으로 둘러싸이는 수역(영해 및 대한민국의 어업에 관한 수역을 제외함)을 공동규제수역으로 설정한다.

(a) 북위 37도 30분 이북의 동경 124도의 경선

(b) 다음 각 점을 차례로 연결하는 선

(i) 북위 37도 30분과 동경 124도의 교점

(ii) 북위 36도 45분과 동경 124도 30분의 교점

(iii) 북위 33도 30분과 동경 124도 30분의 교점

(iv) 북위 32도 30분과 동경 126도의 교점

(v) 북위 32도 30분과 동경 127도의 교점

(vi) 북위 34도 34분 30초와 동경 129도 2분 50초의 교점

(vii) 북위 34도 44분 10초와 동경 129도 8분의 교점

(viii) 북위 34도 50분과 동경 129도 14분의 교점

(ix) 북위 35도 30분과 동경 130도의 교점

(x) 북위 37도 30분과 동경 131도 10분의 교점

(xi) 우암령 고정

제3조

양 체약국은 공동규제수역에서, 어업자원의 최대의 지속적 생산성을 확보하기 위하여 필요한 보존조치가 충분한 과학적 조사에 의거하여 실시될 때까지, 저인망어업, 선망어업 및 60톤 이상의 어선에 의한 고등어 낚시 어업에 대하여, 본 협정의 불가분의 일부를 이루는 부속서에 규정한 잠정적 어업 규제조치를 실시한다("톤"이라 함은 총톤수에 의하는 것으로 하며 선내 거주구 개선을 위한 허용톤수를 감한 톤수에 의하여 표시함).

제4조

1. 어업에 관한 수역의 외측에서의 단속(정선 및 임검을 포함함) 및 재판 관할권은 어선이 속하는 체약국만이 행하며, 또한 행사한다.
2. 어느 체약국도 그 국민 및 어선이 잠정적 어업 규제조치를 성실하게 준수하도록 함을 확보하기 위하여 적절한 지도 및 감독을 행하며, 위반에 대한 적당한 벌칙을 포함하는 국내조치를 실시한다.

제5조

공동규제수역의 외측에 공동자원조사수역이 설정된다. 그 수역의 범위 및 동 수역 안에서 행하여지는 조사에 대하여는, 제6조에 규정되는 어업공동위원회가 행할 권고에 의거하여, 양 체약국 간의 협의에 따라 결정된다.

제6조

1. 양 체약국은 본 협정의 목적을 달성하기 위하여 한일어업공동위원회(이하 "위원회"라고 함)를 설치하고 유지한다.
2. 위원회는 두개의 국별 위원부로 구성되며 각국별 위원부는 각 체약국 정부가 임명하는 3인의 위원으로 구성한다.
3. 위원회의 모든 결의, 권고 및 기타의 결정은 국별 위원부 간의 합의에 의하여서만 행한다.
4. 위원회는 그 회의의 운영에 관한 규칙을 결정하고 필요가 있을 때에는 이를 수정할 수 있다.
5. 위원회는 매년 적어도 1회 회합하고 또 그 외에 일방의 국별 위원부의 요청에 의하여 회합할 수 있다. 제1회 회의의 일자 및 장소는 양 체약국 간의 합의로 결정한다.
6. 위원회는 제1회 회의에서 의장 및 부의장을 상이한 국별 위원부에서 선정한다. 의장 및 부의장의 임기는 1년으로 한다. 국별 위원부로부터의 의장 및 부의장의 선정은 매년 각 체약국이 그 지위에 순번으로 대표되도록 한다.
7. 위원회 밑에 그 사무를 수행하기 위한 상설 사무국이 설치된다.

8. 위원회의 공용어는 한국어 및 일본어로 한다. 제안 및 자료는 어느 공용어로도 제출할 수 있으며, 또한 필요에 따라 영어로도 제출할 수 있다.
9. 위원회가 공동의 경비를 필요하다고 인정할 때에는 위원회가 권고하고 또한 양 체약국이 승인한 형식 및 비율에 따라 양 체약국이 부담하는 분담금에 의하여 위원회가 지불한다.
10. 위원회는 공동 경비를 위한 자금의 지출을 위임할 수 있다.

제7조

1. 위원회는 다음 임무를 수행한다.
   (a) 양 체약국이 공통의 관심을 갖는 수역에서의 어업자원의 연구를 위하여 행하는 과학적 조사에 대하여, 또한 그 조사와 연구의 결과에 의거하여 취할 공동 규제수역 안에서의 규제조치에 대하여 양 체약국에 권고한다.
   (b) 공동자원 조사수역의 범위에 대하여 양 체약국에 권고한다.
   (c) 필요에 따라 잠정적 어업 규제조치에 관한 사항에 대하여 검토하고, 또한 그 결과에 의거하여 취할 조치(당해 규제조치의 수정을 포함함)에 대하여 양 체약국에 권고한다.
   (d) 양 체약국 어선 간의 조업의 안전과 질서에 관한 필요한 사항 및 해상에서의 양 체약국 어선 간의 사고에 대한 일반적인 취급방침에 대하여 검토하고 또한 그 결과에 의거하여 취할 조치에 대하여 양 체약국에 권고한다.
   (e) 위원회의 요청에 의하여 양 체약국이 제공하여야 할 자료, 통계 및 기록을 편집하고 연구한다.
   (f) 본 협정의 위반에 관한 동등한 형의 세목 제정에 대하여 심의하고 또한 양 체약국에 권고한다.
   (g) 매년 위원회의 사업보고를 양 체약국에 제출한다.
   (h) 이외에 본 협정의 실시에 따르는 기술적인 제 문제에 대하여 검토하고 또한 필요하다고 인정할 때에는 취할 조치에 대하여 양 체약국에 권고한다.
2. 위원회는 그 임무를 수행하기 위하여 필요에 따라 전문가로 구성되는 하부기구를 설치할 수 있다.
3. 양 체약국 정부는 1의 규정에 의거하여 행하여진 위원회의 권고를 가능한 한 존중한다.

제8조

1. 양 체약국은 각각 자국의 국민 및 어선에 대하여 항행에 관한 국제 관행을 준수시키기 위하여 양 체약국 어선 간의 조업의 안전을 도모하고 그 정상적인 질서를 유지하기 위하여, 또한 해상에서의 양 체약국 어선 간의 사고의 원활하고 신속한 해결을 도모하기 위하여 적절하다고 인정하는 조치를 취한다.
2. 1에 열거한 목적을 위하여 양 체약국의 관계 당국은 가능한 한 상호 밀접하게 연락하고 협력한다.

제9조

1. 본 협정의 해석 및 실시에 관한 양 체약국 간의 분쟁은 우선 외교상의 경로를 통하여 해결한다.
2. 1의 규정에 의하여 해결할 수 없었던 분쟁은 어느 일방 체약국의 정부가 타방 체약국의 정부로부터 분쟁의 중재를 요청하는 공한을 접수한 날로부터 30일의 기간 내에 각 체약국 정부가 임명하는 1인의 중재위원과 이와 같이 선정된 2인의 중재위원이 당해 기간 후 30일의 기간 내에 합의하는 제3의 중재위원 또는 당해 기간 내에 이들 2인의 중재위원이 합의하는 제3국의 정부가 지명하는 제3의 중재위원과의 3인의 중재위원으로 구성되는 중재위원회에 결정을 위하여 회부한다. 단, 제3의 중재위원은 양 체약국 중의 어느 편의 국민이어서는 아니된다.
3. 어느 일방 체약국의 정부가 당해 기간 내에 중재위원을 임명하지 아니하였을 때, 또는 제3의 중재위원 또는 제3국에 대하여 당해 기간 내에 합의하지 못하였을 때에는 중재위원회는 양 체약국 정부가 각각 30일의 기간 내에 선정하는 국가의 정부가 지명하는 각 1인의 중재위원과 이들 정부가 협의에 의하여 결정하는 제3국의 정부가 지명하는 제3의 중재위원으로 구성한다.
4. 양 체약국 정부는 본조의 규정에 의거한 중재위원회의 결정에 복한다.

제10조

1. 본 협정은 비준되어야 한다. 비준서는 가능한 한 조속히 서울에서 교환한다.

본 협정은 비준서가 교환된 날로부터 효력을 발생한다.

2. 본 협정은 5년간 효력을 가지며, 그후에는 어느 일방 체약국이 타방 체약국에 본 협정을 종결시킬 의사를 통고하는 날로부터 1년간 효력을 가진다.

이상의 증거로서, 하기 대표는 각자의 정부로부터 정당한 위임을 받아 본 협정에 서명하였다.

1965년 6월 22일 도쿄에서 동등히 정본인 한국어 및 일본어로 본서 2통을 작성하였다.

대한민국을 위하여	일본국을 위하여
(서명) 이동원	(서명) 시이나 에쓰사부로
김동조	다키스기 신이치

부속서

본 협정 제3조에 규정된 잠정적 어업 규제조치는 양 체약국에 각각 적용되며 그 내용은 다음과 같다.

1. 최고 출어 척수 또는 통수(공동 규제수역 안에서의 조업을 위하여 감찰을 소지하고 또한 표지를 부착하고 동시에 동 수역 안에 출어하고 있는 어선의 척수 또는 통수의 최고 한도를 말함)
   (a) 50톤 미만의 어선에 의한 저인망 어업에 대하여는 115척
   (b) 50톤 이상의 어선에 의한 저인망 어업에 대하여는
      (i) 11월 1일부터 익년 4월 30일까지의 기간에는 270척
      (ii) 5월 1일부터 10월 31일까지의 기간에는 100척
   (c) 선망 어업에 대하여는
      (i) 1월 16일부터 5월 15일까지의 기간에는 60통
      (ii) 5월 16일부터 익년 1월 15일까지의 기간에는 120통
   (d) 60톤 이상의 어선에 의한 고등어 낚시 어업에 대하여는 15척
   단, 조업 기간은 6월 1일부터 12월 31일까지로 하며, 조업구역은 대한민국의 경상북도와 경상남도의 경계선과 해안선의 교점과 북위 35도 30분과

동경 130도의 교점을 연결하는 직선 이남(단 제주도의 서측에 있어서는 북위 33도 30분 이남)의 수역으로 한다.

(e) 대한민국의 어선과 일본국의 어선의 어획능력의 격차가 있는 동안 대한민국의 출어 척수 또는 통수는 양 체약국 정부 간의 협의에 따라 본 협정의 최고 출어 척수 또는 통수를 기준으로 하고 그 격차를 고려하여 조정한다.

2. 어선규모

(a) 저인망 어업 중에서

(i) 트롤 어업 이외의 것에 대하여는 30톤 이상 170톤 이하

(ii) 트롤 어업에 대하여는 100톤 이상 550톤 이하

단, 50톤 이상의 어선에 의한 저인망 어업(대한민국이 동해에서 인정하고 있는 60톤 미만의 어선에 의한 새우 저인망 어업을 제외함)은 동경 128도 이동의 수역에서는 행하지 아니한다.

(b) 선망 어업에 대하여는 망선 40톤 이상 100톤 이하

단, 본 협정 서명일에 일본국에 현존하는 100톤 이상의 선망 망선 1척은 당분간 예외로 인정한다.

(c) 60톤 이상의 어선에 의한 고등어 낚시 어업에 대하여는 100톤 이하

3. 망목(해중에서의 내경으로 함)

(a) 50톤 미만의 어선에 의한 저인망 어업에 대하여는 33밀리미터 이상

(b) 50톤 이상의 어선에 의한 저인망 어업에 대하여는 54밀리미터 이상

(c) 선망 어집중 전갱이 또는 고등어를 대상으로 하는 어망의 신망의 주요 부분에 대하여는 30밀리미터 이상

4. 집어등의 광력(발전기의 총 설비 용량)

(a) 선망 어업에 대하여는 1통당 10킬로와트 이하의 등선 2척 및 7.5킬로와트 이하의 등선 1척으로 하고, 합계 27.5킬로와트 이하

(b) 60톤 이상의 어선에 의한 고등어 낚시 어업에 대하여는 10킬로와트 이하

5. 감찰 및 표지

(a) 공동 규제 수역 안에 출어하는 어선은 각 정부가 발급하는 감찰을 소지하고 또한 표지를 부착하여야 한다. 단, 선망 어업에 종사하는 어선에 대하여는 망선 이외의 어선은 감찰을 소지할 필요가 없으며, 또한 망선은 정 표지, 망선 이외의 어선은 정 표지에 부합하는 부표지를 각각 부착하여야 한다.

(b) 감찰 및 표지의 총수(저인망 어업 및 고등어 낚시 어업에 종사하는 어선에 대하

여는 각 어선에 부착하는 2매의 표지를 하나로 계산하고, 선망 어업에 종사하는 어선에 대하여는 망선에 부착하는 2매의 정 표지를 하나로 계산함)는 잠정적 어업 규제조치의 대상이 되는 어업별로 당해 어업에 관한 최고 출어 척수 및 통수와 동수로 한다. 단, 어업의 실태에 비추어 50톤 이상의 어선에 의한 저인망 어업에 대하여는 그 최고 출어 척수의 15퍼센트까지, 50톤 미만의 어선에 의한 저인망 어업에 대하여는 그 최고 출어 척수의 20퍼센트까지 각각 증가 발급할 수 있다.

(c) 표지의 양식 및 부착장소는 양 체약국 정부 간의 협의에 의하여 정하여진다.

http://www.mofa.go.kr/trade/treatylaw/treatyinformation/bilateral/index.jsp?mofat=001&menu=m_30_50_40

대한민국과 일본국 간의 어업에 관한 협정

대한민국과 일본국은, 해양생물자원의 합리적인 보존·관리 및 최적이용의 중요성을 인식하고, 1965년 6월 22일 도쿄에서 서명된 "대한민국과 일본국 간의 어업에 관한 협정"을 기초로 유지되어 왔던 양국 간 어업 분야에 있어서의 협력 관계의 전통을 상기하고, 양국이 1982년 12월 10일 작성된 "해양법에 관한 국제연합협약"(이하 "국제연합해양법협약"이라 한다)의 당사국임을 유념하고, 국제연합해양법협약에 기초하여, 양국 간 새로운 어업질서를 확립하고, 양국 간에 어업 분야에서의 협력 관계를 더욱 발전시킬 것을 희망하여, 다음과 같이 합의하였다.

제1조

이 협정은 대한민국의 배타적 경제수역과 일본국의 배타적 경제수역(이하 "협정수역"이라 한다)에 적용한다.

제2조

각 체약국은 호혜의 원칙에 입각하여 이 협정 및 자국의 관계 법령에 따라 자국의 배타적 경제수역에서 타방 체약국 국민 및 어선이 어획하는 것을 허가한다.

제3조

1. 각 체약국은 자국의 배타적 경제수역에서의 타방 체약국 국민 및 어선의 어획이 인정되는 어종·어획할당량·조업구역 및 기타 조업에 관한 구체적인 조건을 매년 결정하고, 이 결정을 타방 체약국에 서면으로 통보한다.
2. 각 체약국은 제1항의 결정을 함에 있어서, 제12조의 규정에 의하여 설치되는 한일어업공동위원회의 협의 결과를 존중하고, 자국의 배타적 경제수역에서의 해양생물자원의 상태, 자국의 어획능력, 상호 입어의 상황 및 기타 관련 요소를 고려한다.

제4조

1. 각 체약국의 권한 있는 당국은 타방 체약국으로부터 제3조에서 규정하는 결정에 관하여 서면에 의한 통보를 받은 후, 타방 체약국의 배타적 경제수역에서 어획하는 것을 희망하는 자국의 국민 및 어선에 대한 허가증 발급을 타방 체약국의 권한 있는 당국에 신청한다. 해당 타방 체약국의 권한 있는 당국은 이 협정 및 어업에 관한 자국의 관계 법령에 따라 이 허가증을 발급한다.
2. 허가를 받은 어선은 허가증을 조타실의 보이기 쉬운 장소에 게시하고 어선의 표지를 명확히 표시하여 조업한다.
3. 각 체약국의 권한 있는 당국은 허가증의 신청 및 발급, 어획실적에 관한 보고, 어선의 표지 및 조업일지의 기재에 관한 규칙을 포함한 절차규칙을 타방 체약국의 권한 있는 당국에 서면으로 통보한다.
4. 각 체약국의 권한 있는 당국은 입어료 및 허가증 발급에 관한 타당한 요금을 징수할 수 있다.

제5조

1. 각 체약국의 국민 및 어선이 타방 체약국의 배타적 경제수역에서 어획할 때에는 이 협정 및 어업에 관한 타방 체약국의 관계 법령을 준수한다.
2. 각 체약국은 자국의 국민 및 어선이 타방 체약국의 배타적 경제수역에서 어획할 때에는 제3조의 규정에 따라 타방 체약국이 결정하는 타방 체약국의 배타적 경제수역에서의 조업에 관한 구체적인 조건과 이 협정의 규정을 준수하도록 필요한 조치를 취한다. 이 조치는 타방 체약국의 배타적 경제수역에서의 자국의 국민 및 어선에 대한 임검·정선 및 기타의 단속을 포함하지 아니한다.

제6조

1. 각 체약국은 타방 체약국의 국민 및 어선이 자국의 배타적 경제수역에서 어획할 때에는 제3조의 규정에 따라 자국이 결정하는 자국의 배타적 경제수역에서의 조업에 관한 구체적인 조건과 이 협정의 규정을 준수하도록 국제법에 따라 자국의 배타적 경제수역에서 필요한 조치를 취할 수 있다.

2. 각 체약국의 권한 있는 당국은 제1항의 조치로서 타방 체약국의 어선 및 그 승무원을 나포 또는 억류한 경우에는 취하여진 조치 및 그후 부과된 벌에 관하여 외교경로를 통하여 타방 체약국에 신속히 통보한다.
3. 나포 또는 억류된 어선 및 그 승무원은 적절한 담보금 또는 그 제공을 보증하는 서류를 제출한 후에는 신속히 석방된다.
4. 각 체약국은 어업에 관한 자국의 관계 법령에서 정하는 해양생물자원의 보존조치 및 기타 조건을 타방 체약국에 지체 없이 통보한다.

제7조

1. 각 체약국은 다음 각목의 점을 순차적으로 직선으로 연결하는 선에 의한 자국측의 협정수역에서 어업에 관한 주권적 권리를 행사하며, 제2조 내지 제6조의 규정의 적용상도 이 수역을 자국의 배타적 경제수역으로 간주한다.

   가. 북위 32도 57.0분, 동경 127도 41.1분의 점
   나. 북위 32도 57.5분, 동경 127도 41.9분의 점
   다. 북위 33도 01.3분, 동경 127도 44.0분의 점
   라. 북위 33도 08.7분, 동경 127도 48.3분의 점
   마. 북위 33도 13.7분, 동경 127도 51.6분의 점
   바. 북위 33도 16.2분, 동경 127도 52.3분의 점
   사. 북위 33도 45.1분, 동경 128도 21.7분의 점
   아. 북위 33도 47.4분, 동경 128도 25.5분의 점
   자. 북위 33도 50.4분, 동경 128도 26.1분의 점
   차. 북위 34도 08.2분, 동경 128도 41.3분의 점
   카. 북위 34도 13.0분, 동경 128도 47.6분의 점
   타. 북위 34도 18.0분, 동경 128도 52.8분의 점
   파. 북위 34도 18.5분, 동경 128도 53.3분의 점
   하. 북위 34도 24.5분, 동경 128도 57.3분의 점
   거. 북위 34도 27.6분, 동경 128도 59.4분의 점
   너. 북위 34도 29.2분, 동경 129도 00.2분의 점
   더. 북위 34도 32.1분, 동경 129도 00.8분의 점
   러. 북위 34도 32.6분, 동경 129도 00.8분의 점

머. 북위 34도 40.3분, 동경 129도 03.1분의 점
버. 북위 34도 49.7분, 동경 129도 12.1분의 점
서. 북위 34도 50.6분, 동경 129도 13.0분의 점
어. 북위 34도 52.4분, 동경 129도 15.8분의 점
저. 북위 34도 54.3분, 동경 129도 18.4분의 점
처. 북위 34도 57.0분, 동경 129도 21.7분의 점
커. 북위 34도 57.6분, 동경 129도 22.6분의 점
터. 북위 34도 58.6분, 동경 129도 25.3분의 점
퍼. 북위 35도 01.2분, 동경 129도 32.9분의 점
허. 북위 35도 04.1분, 동경 129도 40.7분의 점
고. 북위 35도 06.8분, 동경 130도 07.5분의 점
노. 북위 35도 07.0분, 동경 130도 16.4분의 점
도. 북위 35도 18.2분, 동경 130도 23.3분의 점
로. 북위 35도 33.7분, 동경 130도 34.1분의 점
모. 북위 35도 42.3분, 동경 130도 42.7분의 점
보. 북위 36도 03.8분, 동경 131도 08.3분의 점
소. 북위 36도 10.0분, 동경 131도 15.9분의 점

2. 각 체약국은 제1항의 선에 의한 타방 체약국 측의 협정수역에서 어업에 관한 주권적 권리를 행사하지 아니하며, 제2조 내지 제6조의 규정의 적용상도 이 수역을 타방 체약국의 배타적 경제수역으로 간주한다.

제8조

제2조 내지 제6조의 규정은 협정수역 중 다음 가목 및 나목의 수역에는 적용하지 아니한다.

가. 제9조 제1항에서 정하는 수역
나. 제9조 제2항에서 정하는 수역

제9조

1. 다음 각목의 점을 순차적으로 직선으로 연결하는 선에 의하여 둘러싸이는 수

역에 있어서는 부속서 I의 제2항의 규정을 적용한다.

가. 북위 36도 10.0분, 동경 131도 15.9분의 점

나. 북위 35도 33.75분, 동경 131도 46.5분의 점

다. 북위 35도 59.5분, 동경 132도 13.7분의 점

라. 북위 36도 18.5분, 동경 132도 13.7분의 점

마. 북위 36도 56.2분, 동경 132도 55.8분의 점

바. 북위 36도 56.2분, 동경 135도 30.0분의 점

사. 북위 38도 37.0분, 동경 135도 30.0분의 점

아. 북위 39도 51.75분, 동경 134도 11.5분의 점

자. 북위 38도 37.0분, 동경 132도 59.8분의 점

차. 북위 38도 37.0분, 동경 131도 40.0분의 점

카. 북위 37도 25.5분, 동경 131도 40.0분의 점

타. 북위 37도 08.0분, 동경 131도 34.0분의 점

파. 북위 36도 52.0분, 동경 131도 10.0분의 점

하. 북위 36도 52.0분, 동경 130도 22.5분의 점

거. 북위 36도 10.0분, 동경 130도 22.5분의 점

너. 북위 36도 10.0분, 동경 131도 15.9분의 점

2. 다음 각목의 선에 의하여 둘러싸이는 수역 중 대한민국의 배타적 경제수역의 최남단의 위도선 이북의 수역에 있어서는 부속서 I의 제3항의 규정을 적용한다.

가. 북위 32도 57.0분, 동경 127도 41.1분의 점과 북위 32도 34.0분, 동경 127도 9.0분의 점을 연결하는 직선

나. 북위 32도 34.0분, 동경 127도 9.0분의 점과 북위 31도 0.0분, 동경 125도 51.5분의 점을 연결하는 직선

다. 북위 31도 0.0분, 동경 125도 51.5분의 점에서 시작하여 북위 30도 56.0분, 동경 125도 52.0분의 점을 통과하는 직선

라. 북위 32도 57.0분, 동경 127도 41.1분의 점과 북위 31도 20.0분, 동경 127도 13.0분의 점을 연결하는 직선

마. 북위 31도 20.0분, 동경 127도 13.0분의 점에서 시작하여 북위 31도 0.0분, 동경 127도 5.0분의 점을 통과하는 직선

제10조

양 체약국은 협정수역에서의 해양생물자원의 합리적인 보존·관리 및 최적이용에 관하여 상호 협력한다. 이 협력은 해당 해양생물자원의 통계학적 정보와 수산업 자료의 교환을 포함한다.

제11조

1. 양 체약국은 각각 자국의 국민과 어선에 대하여 항행에 관한 국제법규의 준수, 양 체약국 어선 간 조업의 안전과 질서의 유지 및 해상에서의 양 체약국 어선 간 사고의 원활하고 신속한 해결을 위하여 적절한 조치를 취한다.
2. 제1항에 열거한 목적을 위하여 양 체약국의 관계 당국은 가능한 한 긴밀하게 상호 연락하고 협력한다.

제12조

1. 양 체약국은 이 협정의 목적을 효율적으로 달성하기 위하여 한일 어업공동위원회(이하 "위원회"라 한다)를 설치한다.
2. 위원회는 양 체약국 정부가 각각 임명하는 1인의 대표 및 1인의 위원으로 구성되며, 필요한 경우 전문가로 구성되는 하부기구를 설치할 수 있다.
3. 위원회는 매년 1회 양국에서 교대로 개최하고 양 체약국이 합의할 경우에는 임시로 개최할 수 있다. 제2항의 하부기구가 설치되는 경우에는 해당 하부기구는 위원회의 양 체약국 정부대표의 합의에 의하여 언제라도 개최할 수 있다.
4. 위원회는 다음 사항에 관하여 협의하고, 협의 결과를 양 체약국에 권고한다. 양 체약국은 위원회의 권고를 존중한다.
   가. 제3조에 규정하는 조업에 대한 구체적인 조건에 관한 사항
   나. 조업질서유지에 관한 사항
   다. 해양생물자원의 실태에 관한 사항
   라. 양국 간 어업 분야에서의 협력에 관한 사항
   마. 제9조 제1항에서 정하는 수역에서의 해양생물자원의 보존·관리에 관한 사항

바. 기타 이 협정의 실시와 관련되는 사항

5. 위원회는 제9조 제2항에서 정하는 수역에서의 해양생물자원의 보존·관리에 관한 사항에 관하여 협의하고 결정한다.

6. 위원회의 모든 권고 및 결정은 양 체약국 정부의 대표 간의 합의에 의하여서만 이를 한다.

제13조

1. 이 협정의 해석이나 적용에 관한 양 체약국 간의 분쟁은 먼저 협의에 의하여 해결한다.

2. 제1항에서 언급하는 분쟁이 협의에 의하여 해결되지 아니하는 경우에는 그러한 분쟁은 양 체약국의 동의에 의하여 다음에 정하는 절차에 따라 해결한다.

   가. 어느 일방 체약국의 정부가 타방 체약국의 정부로부터 분쟁의 원인이 기재된 당해 분쟁의 중재를 요청하는 공문을 받은 경우에 있어서 그 요청에 응하는 통보를 타방 체약국 정부에 대하여 행할 때에는 그 분쟁은 그 통보를 받은 날부터 30일의 기간 내에 각 체약국 정부가 임명하는 각 1인의 중재위원과 이와 같이 선정된 2인의 중재위원이 그 기간 후 30일 이내에 합의하는 제3의 중재위원 또는 그 기간 후 30일 이내에 그 2인의 중재위원이 합의하는 제3국의 정부가 지명하는 제3의 중재위원과의 3인의 중재위원으로 구성된 중재위원회에 결정을 위하여 회부된다. 다만, 제3의 중재위원은 어느 일방 체약국의 국민이어서는 아니 된다.

   나. 어느 일방 체약국의 정부가 가.에서 정하고 있는 기간 내에 중재위원을 임명하지 못한 경우, 또는 제3의 중재위원 또는 제3국에 대하여 가.에서 정하고 있는 기간 내에 합의되지 아니하는 경우, 중재위원회는 각 경우에 있어서의 가.에서 정하고 있는 기간 후 30일 이내에 각 체약국 정부가 선정하는 국가의 정부가 지명하는 각 1인의 중재위원과 이들 정부가 협의에 의하여 결정하는 제3국 정부가 지명하는 제3의 중재위원으로 구성된다.

   다. 각 체약국은 자국의 정부가 임명한 중재위원 또는 자국의 정부가 선정하는 국가의 정부가 지명하는 중재위원에 관한 비용 및 자국의 정부가 중재에 참가하는 비용을 각각 부담한다. 제3의 중재위원이 그 직무를 수행하기 위한 비용은 양 체약국이 절반씩 부담한다.

라. 양 체약국 정부는 이 조의 규정에 의한 중재위원회의 다수결에 의한 결정에 따른다.

제14조

이 협정의 부속서I 및 부속서II는 이 협정의 불가분의 일부를 이룬다.

제15조

이 협정의 어떠한 규정도 어업에 관한 사항 외의 국제법상 문제에 관한 각 체약국의 입장을 해하는 것으로 간주되어서는 아니 된다.

제16조

1. 이 협정은 비준되어야 한다. 비준서는 가능한 한 신속히 서울에서 교환한다. 이 협정은 비준서를 교환하는 날부터 효력을 발생한다.
2. 이 협정은 효력이 발생하는 날부터 3년간 효력을 가진다. 그 이후에는 어느 일방 체약국도 이 협정을 종료시킬 의사를 타방 체약국에 서면으로 통고할 수 있으며, 이 협정은 그러한 통고가 있는 날부터 6월 후에 종료하며, 그와 같이 종료하지 아니하는 한 계속 효력을 가진다.

제17조

1965년 6월 22일 도쿄에서 서명된 "대한민국과 일본국 간의 어업에 관한 협정"은 이 협정이 발효하는 날에 그 효력을 상실한다.

이상의 증거로 아래 대표는 각자의 정부로부터 정당한 위임을 받아 이 협정에 서명하였다.
1998년 11월 28일 가고시마에서 동등하게 정본인 한국어 및 일본어로 각 2부를 작성하였다.
대한민국을 위하여 일본국을 위하여

부속서 I

1. 양 체약국은 배타적 경제수역의 조속한 경계획정을 위하여 성의를 가지고 계속 교섭한다.
2. 양 체약국은 이 협정 제9조 제1항에서 정하는 수역에서 해양생물자원의 유지가 과도한 개발에 의하여 위협받지 아니하도록 하기 위하여 다음 각목의 규정에 따라 협력한다.
   가. 각 체약국은 이 수역에서 타방 체약국 국민 및 어선에 대하여 어업에 관한 자국의 관계 법령을 적용하지 아니한다.
   나. 각 체약국은 이 협정 제12조의 규정에 의하여 설치되는 한일어업공동위원회(이하 "위원회"라 한다)의 협의 결과에 따른 권고를 존중하여, 이 수역에서의 해양생물자원의 보존 및 어업종류별 어선의 최고조업척수를 포함하는 적절한 관리에 필요한 조치를 자국 국민 및 어선에 대하여 취한다.
   다. 각 체약국은 이 수역에서 각각 자국 국민 및 어선에 대하여 실시하고 있는 조치를 타방 체약국에 통보하고, 양 체약국은 위원회의 자국 정부대표를 나목의 권고를 위한 협의에 참가시킴에 있어서 그 통보내용을 충분히 배려하도록 한다.
   라. 각 체약국은 이 수역에서 어획하는 자국의 국민 및 어선에 의한 어업종류별 및 어종별 어획량 기타 관련 정보를 타방 체약국에 제공한다.
   마. 일방 체약국은 타방 체약국의 국민 및 어선이 이 수역에서 타방 체약국이 나목의 규정에 따라 실시하는 조치를 위반하고 있는 것을 발견한 경우, 그 사실 및 관련 상황을 타방 체약국에 통보할 수 있다. 해당 타방 체약국은 자국의 국민 및 어선을 단속함에 있어서 그 통보와 관련된 사실을 확인하고 필요한 조치를 취한 후 그 결과를 해당 일방 체약국에 통보한다.
3. 양 체약국은 이 협정 제9조 제2항에서 정하는 수역에서 해양생물자원의 유지가 과도한 개발에 의하여 위협받지 아니하도록 하기 위하여 다음 각목의 규정에 따라 협력한다.
   가. 각 체약국은 이 수역에서 타방 체약국 국민 및 어선에 대하여 어업에 관한 자국의 관계 법령을 적용하지 아니한다.
   나. 각 체약국은 위원회의 결정에 따라, 이 수역에서의 해양생물자원의 보존

및 어업종류별 어선의 최고조업척수를 포함하는 적절한 관리에 필요한 조치를 자국 국민 및 어선에 대하여 취한다.

다. 각 체약국은 이 수역에서 각각 자국 국민 및 어선에 대하여 실시하고 있는 조치를 타방 체약국에 통보하고, 양 체약국은 위원회의 자국 정부대표를 나목의 결정을 위한 협의에 참가시킴에 있어서 그 통보내용을 충분히 배려하도록 한다.

라. 각 체약국은 이 수역에서 어획하는 자국의 국민 및 어선에 의한 어업 종류별 및 어종별 어획량 기타 관련 정보를 타방 체약국에 제공한다.

마. 일방 체약국은 타방 체약국의 국민 및 어선이 이 수역에서 타방 체약국이 나목의 규정에 따라 실시하는 조치를 위반하고 있는 것을 발견한 경우, 그 사실 및 관련 상황을 타방 체약국에 통보할 수 있다. 해당 타방 체약국은 자국의 국민 및 어선을 단속함에 있어서 그 통보와 관련된 사실을 확인하고 필요한 조치를 취한 후 그 결과를 해당 일방 체약국에 통보한다.

부속서 II

1. 각 체약국은 이 협정 제9조 제1항 및 제2항에서 정하는 수역을 기준으로 자국측의 협정수역에서 어업에 관한 주권적 권리를 행사하며, 이 협정 제2조 내지 제6조의 규정의 적용상도 이 수역을 자국의 배타적 경제수역으로 간주한다.
2. 각 체약국은 이 협정 제9조 제1항 및 제2항에서 정하는 수역을 기준으로 타방 체약국 측의 협정수역에서 어업에 관한 주권적 권리를 행사하지 아니하며, 이 협정 제2조 내지 제6조의 규정의 적용상도 이 수역을 타방 체약국의 배타적 경제수역으로 간주한다.
3. 제1항 및 제2항의 규정은 다음 각목의 점을 순차적으로 직선으로 연결하는 선의 북서쪽 수역의 일부 협정수역에는 적용되지 아니한다. 또한 각 체약국은 이 수역에 있어서는 어업에 관한 자국의 관계 법령을 타방 체약국의 국민 및 어선에 대하여 적용하지 아니한다.

가. 북위 38도 37.0분, 동경 131도 40.0분의 점

나. 북위 38도 37.0분, 동경 132도 59.8분의 점

다. 북위 39도 51.75분, 동경 134도 11.5분의 점

합의의사록

대한민국 정부 대표 및 일본국 정부 대표는 금일 서명된 대한민국과 일본국 간의 어업에 관한 협정(이하 "협정"이라 한다)의 관계 조항과 관련하여 다음 사항을 기록하는 것에 합의하였다.

1. 양국 정부는 동중국해에 있어서 원활한 어업질서를 유지하기 위하여 긴밀히 협력한다.
2. 대한민국 정부는 협정 제9조 제2항에서 정하는 수역의 설정과 관련하여, 동중국해의 일부 수역에 있어서 일본국이 제3국과 구축한 어업 관계가 손상되지 않도록 일본국 정부에 대하여 협력할 의향을 가진다. 다만 이는 일본국이 당해 제3국과 체결한 어업협정에 관한 대한민국의 입장을 해하는 것으로 간주되어서는 아니 된다.
3. 일본국 정부는 협정 제9조 제2항에서 정하는 수역의 설정과 관련하여, 대한민국의 국민 및 어선이 동중국해의 다른 일부 수역에 있어서 일본국이 제3국과 구축한 어업 관계하에서 일정 어업활동이 가능하도록 당해 제3국 정부에 대하여 협력을 구할 의향을 가진다.
4. 양국 정부는 협정 및 양국이 각각 제3국과 체결하였거나 또는 체결할 어업협정에 기초하여 동중국해에 있어서 원활한 어업질서를 유지하기 위한 구체적인 방안을 협정 제12조에 의거하여 설치되는 한일 어업공동위원회 및 당해 제3국과의 어업협정에 의거하여 설치되는 유사한 공동위원회를 통하여 협의할 의향을 가진다.

가고시마, 1998년 11월 28일

대한민국 정부를 위하여　　　　　일본국 정부를 위하여

http://www.mofa.go.kr/trade/treatylaw/treatyinformation/bilateral/index.jsp?mofat=001&menu=m_30_50_40

9장 한중어업협정

대한민국 정부와 중화인민공화국 정부 간의 어업에 관한 협정

Agreement on Fisheries between the Goverment of the Republic of Korea and the Goverment of the People's Republic of China

대한민국 정부와 중화인민공화국 정부는, 1982년 12월 10일자 "해양법에 관한 국제연합협약"의 관련 규정에 따라, 공동 관심 사항인 해양생물자원의 보존과 합리적 이용을 도모하고, 해상에서의 정상적인 조업질서를 유지하며, 어업 분야에서의 상호 협력을 강화·증진하기 위하여, 우호적인 협상을 통하여, 다음과 같이 합의하였다.

제1조

이 협정이 적용되는 수역(이하 "협정수역"이라 한다)은 대한민국의 배타적 경제수역과 중화인민공화국의 배타적 경제수역으로 한다.

제2조

1. 각 체약 당사자는 이 협정과 자국의 관계 법령의 규정에 따라, 자국의 배타적 경제수역에서 타방 체약 당사자의 국민 및 어선이 어업활동을 하는 것을 허가한다.
2. 각 체약 당사자의 권한 있는 당국은 이 협정의 부속서 I 및 자국의 관계 법령의 규정에 따라 타방 체약 당사자의 국민 및 어선에 대하여 입어허가증을 발급한다.

제3조

1. 각 체약 당사자는 자국의 배타적 경제수역에서 타방 체약 당사자의 국민 및 어선에게 허용하는 어획가능어종 · 어획할당량 · 조업기간 · 조업구역 및 기타 조업조건을 매년 결정하고, 이를 타방 체약 당사자에게 통보한다.
2. 각 체약 당사자는 제1항에 정한 사항을 결정함에 있어서 자국의 배타적 경제수역 내 해양생물자원의 상태, 자국의 어획능력, 전통적 어업활동, 상호입어의 상황 및 기타 관련 요소를 고려하여야 하며, 제13조의 규정에 의하여 설치되는 한중 어업공동위원회의 협의 결과를 존중하여야 한다.

제4조

1. 일방 체약 당사자의 국민 및 어선은 타방 체약 당사자의 배타적 경제수역에서 어업활동을 함에 있어서 이 협정과 타방 체약 당사자의 관계 법령의 규정을 준수하여야 한다.
2. 각 체약 당사자는 자국의 국민 및 어선이 타방 체약 당사자의 배타적 경제수역에서 어업활동을 함에 있어서 타방 체약 당사자의 관계 법령에 규정된 해양생물자원의 보존조치 및 기타 조건과 이 협정의 규정을 준수하도록 필요한 조치를 취하여야 한다.
3. 각 체약 당사자는 자국의 관계 법령에 규정된 해양생물자원의 보존조치와 기타 조건을 타방 체약 당사자에게 지체 없이 통보하여야 한다.

제5조

1. 각 체약 당사자는 자국의 관계 법령에 규정된 해양생물자원의 보존조치와 기타 조건을 타방 체약 당사자의 국민 및 어선이 준수하도록 국제법에 따라 자국의 배타적 경제수역에서 필요한 조치를 취할 수 있다.
2. 나포되거나 억류된 어선 또는 승무원은 적절한 보증금이나 기타 담보를 제공한 후에는 즉시 석방되어야 한다.
3. 일방 체약 당사자는 타방 체약 당사자의 어선 또는 승무원을 나포하거나 억류한 경우에는 취하여진 조치와 그후에 부과된 처벌에 관하여 타방 체약 당사자

에게 적절한 경로를 통하여 신속하게 통보하여야 한다.

제6조

제2조 내지 제5조의 규정은 협정수역 중 제7조 · 제8조 및 제9조에서 지정한 수역을 제외한 부분에 대하여 적용한다.

제7조

1. 다음 각목의 점을 순차적으로 직선으로 연결하는 선에 의하여 둘러싸이는 수역(이하 "잠정조치수역"이라 한다)에 대하여는 제2항 및 제3항의 규정을 적용한다.
   가. 북위 37도 00분, 동경 123도 40분의 점(a1)
   나. 북위 36도 22분 23초, 동경 123도 10분 52초의 점(a2)
   다. 북위 35도 30분, 동경 122도 11분 54초의 점(a3)
   라. 북위 35도 30분, 동경 122도 01분 54초의 점(a4)
   마. 북위 34도 00분, 동경 122도 01분 54초의 점(a5)
   바. 북위 34도 00분, 동경 122도 11분 54초의 점(a6)
   사. 북위 33도 20분, 동경 122도 41분의 점(a7)
   아. 북위 32도 20분, 동경 123도 45분의 점(a8)
   자. 북위 32도 11분, 동경 123도 49분 30초의 점(a9)
   차. 북위 32도 11분, 동경 125도 25분의 점(a10)
   카. 북위 33도 20분, 동경 124도 08분의 점(a11)
   타. 북위 34도 00분, 동경 124도 00분 30초의 점(a12)
   파. 북위 35도 00분, 동경 124도 07분 30초의 점(a13)
   하. 북위 35도 30분, 동경 124도 30분의 점(a14)
   거. 북위 36도 45분, 동경 124도 30분의 점(a15)
   너. 북위 37도 00분, 동경 124도 20분의 점(a16)
   더. 북위 37도 00분, 동경 123도 40분의 점(a17)
2. 양 체약 당사자는 해양생물자원의 보존과 합리적 이용을 위하여, 제13조의 규정에 의하여 설치되는 한중 어업공동위원회의 결정에 따라 잠정조치수역에서 공동의 보존조치 및 양적인 관리조치를 취하여야 한다.

3. 각 체약 당사자는 잠정조치수역에서 어업활동을 하는 자국의 국민 및 어선에 대하여 관리 및 기타 필요한 조치를 취하고, 타방 체약 당사자의 국민 및 어선에 대하여는 관리 및 기타 조치를 취하지 아니한다. 일방 체약 당사자가 타방 체약 당사자의 국민 및 어선이 한중 어업공동위원회의 결정을 위반하는 것을 발견한 경우, 그 사실에 대하여 해당 국민 및 어선의 주의를 환기시킬 수 있으며, 그 사실 및 관련 정황을 타방 체약 당사자에게 통보할 수 있다. 타방 체약 당사자는 그 통보를 존중하여야 하며, 필요한 조치를 취한 후 그 결과를 상대방에게 통보한다.

제8조

1. 이 협정이 발효한 날부터 4년까지 다음 (1) 및 (2)의 각 점을 순차적으로 직선으로 연결하는 선에 의하여 둘러싸이는 수역(이하 "과도수역"이라 한다)에 대하여는 제2항 내지 제4항의 규정을 적용한다.
   (1) 한국 측 과도수역 좌표
      가. 북위 35도 30분, 동경 124도 30분의 점(k1)
      나. 북위 35도 00분, 동경 124도 07분 30초의 점(k2)
      다. 북위 34도 00분, 동경 124도 00분 30초의 점(k3)
      라. 북위 33도 20분, 동경 124도 08분의 점(k4)
      마. 북위 32도 11분, 동경 125도 25분의 점(k5)
      바. 북위 32도 11분, 동경 126도 45분의 점(k6)
      사. 북위 32도 40분, 동경 127도 00분의 점(k7)
      아. 북위 32도 24분 30초, 동경 126도 17분의 점(k8)
      자. 북위 32도 29분, 동경 125도 57분 30초의 점(k9)
      차. 북위 33도 20분, 동경 125도 28분의 점(k10)
      카. 북위 34도 00분, 동경 124도 35분의 점(k11)
      타. 북위 34도 25분, 동경 124도 33분의 점(k12)
      파. 북위 35도 30분, 동경 124도 48분의 점(k13)
      하. 북위 35도 30분, 동경 124도 30분의 점(k14)
   (2) 중국 측 과도수역 좌표
      가. 북위 35도 30분, 동경 121도 55분의 점(c1)

나. 북위 35도 00분, 동경 121도 30분의 점(c2)
다. 북위 34도 00분, 동경 121도 30분의 점(c3)
라. 북위 33도 20분, 동경 122도 00분의 점(c4)
마. 북위 31도 50분, 동경 123도 00분의 점(c5)
바. 북위 31도 50분, 동경 124도 00분의 점(c6)
사. 북위 32도 20분, 동경 123도 45분의 점(c7)
아. 북위 33도 20분, 동경 122도 41분의 점(c8)
자. 북위 34도 00분, 동경 122도 11분 54초의 점(c9)
차. 북위 34도 00분, 동경 122도 01분 54초의 점(c10)
카. 북위 35도 30분, 동경 122도 01분 54초의 점(c11)
타. 북위 35도 30분, 동경 121도 55분의 점(c12)

2. 각 체약 당사자는 과도수역에서 점진적으로 배타적 경제수역 제도를 실시하기 위하여 적절한 조치를 취하여야 하며, 타방 체약 당사자 측 과도수역에서 조업을 하는 자국의 국민 및 어선의 어업활동을 점진적으로 조정 · 감축하여 균형을 이루도록 노력한다.
3. 양 체약 당사자는 과도수역에서 제7조 제2항 및 제3항과 동일한 보존 및 관리 조치를 취하여야 하고, 또한 공동승선 · 정선 · 승선검색 등을 포함한 공동감독검사 조치를 취할 수 있다.
4. 양 체약 당사자는 각각 타방 체약 당사자 측 과도수역에서 조업하는 자국 어선에게 허가증을 발급하고, 또한 그 어선의 명부를 상호 교환한다.
5. 이 협정이 발효한 날부터 4년이 경과한 후에는 과도수역에 대하여 제2조 내지 제5조의 규정이 적용된다.

제9조

양 체약 당사자는 제7조 제1항에 지정된 잠정조치수역의 북단이 위치한 위도선 이북의 일부 수역과 제7조 제1항에 지정된 잠정조치수역 및 제8조 제1항에 지정된 과도수역 이남의 일부 수역에서는 양 체약 당사자 간에 별도의 합의가 없는 한 현행 어업활동을 유지하며 어업에 관한 자국의 법령을 타방 체약 당사자의 국민과 어선에 대하여 적용하지 아니한다.

제10조

각 체약 당사자는 항행 및 조업의 안전을 확보하고, 해상에서의 정상적인 조업질서를 유지하며, 해상사고를 원활하고 신속하게 처리하기 위하여 자국의 국민 및 어선에 대하여 지도 기타 필요한 조치를 취하여야 한다.

제11조

1. 일방 체약 당사자의 국민 및 어선이 타방 체약 당사자의 연안에서 해난이나 기타 긴급사태를 당한 경우, 타방 체약 당사자는 가능한 한 구조 및 보호를 제공함과 동시에 이에 관한 상황을 일방 체약 당사자의 관계 당국에게 신속히 통보하여야 한다.
2. 일방 체약 당사자의 국민 및 어선은 악천후나 기타 긴급한 사태로 피난할 필요가 있을 때에는 이 협정의 부속서II의 규정에 따라 타방 체약 당사자의 관계 당국에 연락을 취하고 타방 체약 당사자의 항구 등에 피난할 수 있다. 해당 국민 및 어선은 타방 체약 당사자의 관계 법령을 준수하고 관계 당국의 지시를 따라야 한다.

제12조

양 체약 당사자는 해양생물자원의 보존과 합리적 이용에 관한 과학적 연구(필요한 자료교환을 포함한다)를 위하여 협력을 강화하여야 한다.

제13조

1. 양 체약 당사자는 이 협정의 실시를 더욱 용이하게 하기 위하여 한중 어업공동위원회(이하 "위원회"라 한다)를 설치한다. 위원회는 양 체약 당사자가 각각 임명하는 1인의 대표 및 약간 명의 위원으로 구성되며, 필요한 경우 전문분과위원회를 설치할 수 있다.
2. 위원회의 임무는 다음과 같다.

   (1) 아래 사항을 협의하고 양 체약 당사자의 정부에게 권고한다.

가. 제3조의 규정에 의하여 타방 체약 당사자의 국민 및 어선에게 허용하는 어획가능어종·어획할당량 기타 구체적 조업조건에 관한 사항
나. 조업질서의 유지에 관한 사항
다. 해양생물자원의 상태와 보존에 관한 사항
라. 양국 간 어업협력에 관한 사항

(2) 필요한 경우, 이 협정의 부속서의 개정과 관련하여 양 체약 당사자의 정부에게 권고할 수 있다.
(3) 제7조 및 제8조의 규정에 관한 사항을 협의하고 결정한다.
(4) 이 협정의 집행현황과 기타 이 협정과 관련된 사항을 연구한다.

3. 위원회의 모든 권고와 결정은 양 체약 당사자 대표 간의 합의에 의하여서만 이를 한다.
4. 양 체약 당사자의 정부는 제2항 (1)의 권고를 존중하고, 제2항 (3)의 결정에 따라 필요한 조치를 취하여야 한다.
5. 위원회는 대한민국과 중화인민공화국에서 교대로 매년 한 차례씩 회의를 개최한다. 필요한 경우 양 체약 당사자의 합의를 거쳐 임시회의를 개최할 수 있다.

제14조

이 협정의 어떠한 규정도 해양법상의 제반 사안에 관한 각 체약 당사자의 입장을 저해하는 것으로 해석되어서는 아니 된다.

제15조

이 협정의 부속서는 이 협정의 불가분의 일부를 구성한다.

제16조

1. 이 협정은 양 체약 당사자가 각자 국내법상의 절차를 완료한 후, 이를 통보하는 공한을 서로 교환하는 날부터 그효력이 발생한다.
2. 이 협정은 5년간 유효하며, 그후에는 제3항의 규정에 따라 종료될 때까지 계속하여 유효하다.

3. 일방 체약 당사자는 타방 체약 당사자에게 1년 전에 서면으로 통보하여 최초 5년 기한의 만료 시 또는 그후 언제라도 이 협정을 종료시킬 수 있다.

이상의 증거로서 아래 대표는 각자의 정부로부터 정당하게 권한을 위임받아 이 협정에 서명하였다.
2000년 8월 3일 북경에서 서명하였으며, 동등하게 정본인 한국어 및 중국어로 각 2부 작성하였다.
대한민국 정부를 위하여 중화인민공화국 정부를 위하여

부속서 I

각 체약 당사자는 이 협정 제2조 제2항의 규정에 의하여 입어허가에 관한 아래 조치를 취한다.

1. 각 체약 당사자의 권한 있는 당국은 타방 체약 당사자의 권한 있는 당국으로부터 이 협정 제3조에 정한 결정을 서면으로 통보받은 후 타방 체약 당사자의 권한 있는 당국에게 타방 체약 당사자의 배타적 경제수역에서 어업활동을 하고자 하는 자국의 국민과 어선에 대한 입어허가증의 발급을 신청한다. 타방 체약 당사자의 권한 있는 당국은 이 협정 및 자국의 관계 법령의 규정에 따라 허가증을 발급한다. 각 체약 당사자의 권한 있는 당국은 허가증의 발급에 있어 적절한 요금을 징수할 수 있다.
2. 각 체약 당사자의 권한 있는 당국은 입어에 관한 절차규정(허가증의 신청과 발급, 어획량에 관한 통계자료 제출, 어선의 표지 및 조업일지의 기재 등)을 타방 체약 당사자의 권한 있는 당국에게 서면으로 통보하여야 한다.
3. 허가를 받은 어선은 허가증을 조타실의 보이기 쉬운 장소에 부착하고, 타방 체약 당사자가 규정한 어선 표지를 명확히 표시하여야 한다.

부속서 II

이 협정 제11조 제2항의 규정은 아래 규정에 따라 실시한다.

1. 대한민국 정부가 지정하는 연락처는 해양경찰관서로 한다. 중화인민공화국 정부가 지정하는 연락처는 관련 항구를 관할하는 항구감독기관으로 한다.
2. 구체적인 연락방법에 대하여는 이 협정 제13조의 규정에 의하여 설치되는 한중어업공동위원회에서 상호 통보한다.
3. 각 체약 당사자의 어선이 타방 체약 당사자가 지정하는 연락처에 연락하는 내용은 다음과 같다.
   선박명 · 호출신호 · 현재 위치(위도 · 경도) · 선적항 · 총톤수 · 전장 · 선장의 성명 · 선원수 · 피난이유 · 피난요청목적지 · 도착예정시각 및 통신연락방법

http://www.mofa.go.kr/trade/treatylaw/treatyinformation/bilateral/index.jsp?mofat=001&menu=m_30_50_40

4부 동아시아의 서비스 협상

10장 한미지식재산권협정

제법특허 출원의 물질특허 보호제공에 관한 대한민국 정부와 미합중국 정부 간의 서한교환

Exchange of Letters between the Government of the Republic of Korea and the Government of the United States of America Concerning the Provision of Product Patent Protection for Certain Pending Process Patent Applications

한국 측 제안서한

1986. 8. 28

야이터 대사 귀하

본 서한은 계류 중인 일정한 제법특허 출원에 대하여 물질특허 보호를 제공하기 위하여 대한민국 정부가 취할 조치를 열거하고 있습니다.

새로운 법률의 발효일 현재 대한민국에 계류 중인 제법특허 출원은 출원인의 신청에 의하여 물질특허 청구를 포함하도록 보정될 수 있습니다. 물질특허 청구신청 기간은 대한민국 특허법의 발효일 이후 90일간입니다. 이러한 보정신청을 위한 구체적 절차는 현행 법률에 규정된 절차와 실질적으로 동일합니다.

이러한 조치들은 대한민국 정부가 국회의 동의를 포함하여 대한민국의 국내절차를 완료하였음을 미합중국 정부에 통고하는 일자에 유효하게 될 것입니다.

대사 김경원

미국 측 회답서한

1986. 8. 28

김경원 대사 각하

본인은 다음과 같은 금일자 귀하의 서한을 접수하였음을 통지하는 영광을 가지는 바입니다.

"…… 한국 측 제안서한 ……"

본 서한교환은 대한민국 정부와 미합중국 정부 간의 지적소유권보호에 관한 합의를 구성합니다.

미합중국 통상대표
클레이턴 야이터

대한민국과 미합중국 간의 자유무역협정

Free Trade Agreement between the Republic of Korea and the United States of America(Intellectual Property Rights)

제18장 지적재산권

제18.1조 일반 규정

1. 각 당사국은 최소한 이 장에 효력을 부여한다.

국제 협정

2. 제1.2조(다른 협정과의 관계)에 더하여, 양 당사국은 무역 관련 지적재산권에 관한 협정상 서로에 대한 자국의 기존의 권리 및 의무를 확인한다.
3. 각 당사국은 이 협정의 발효일까지 다음의 협정을 비준하거나 가입한다.
   가. 1979년에 개정된 특허협력 조약(1970년)
   나. 산업재산권의 보호에 관한 파리 협약(1967년)(파리 협약)
   다. 문학 · 예술 저작물의 보호를 위한 베른 협약(1971년)(베른 협약)
   라. 위성에 의하여 송신되는 프로그램 전달 신호의 배포에 관한 협약(1974년)
   마. 표장의 국제등록에 관한 마드리드 협정에 대한 의정서(1989년)
   바. 1980년에 개정된 특허절차상 미생물 기탁의 국제적 승인에 관한 부다페스트 조약(1977년)
   사. 식물신품종보호를 위한 국제협약(1991년)
   아. 상표법조약(1994년)[1)]
   자. 세계지적재산기구 저작권 조약(1996년), 그리고
   차. 세계지적재산기구 실연 · 음반 조약(1996년)
4. 각 당사국은 다음 협정을 비준하거나 가입하기 위하여 모든 합리적인 노력을 한다.

---

1) 당사국은 상표법에 관한 싱가포르 조약(2006년)을 비준하거나 가입함으로써 제18.1조 제3항 아호의 의무를 충족할 수 있다. 다만 이는 그 조약이 발효된 경우에 한한다.

가. 특허법 조약(2000년)
나. 산업디자인의 국제 등록에 관한 헤이그 협정(1999년), 그리고
다. 상표법에 관한 싱가포르 조약(2006년)

더 광범위한 보호 및 집행

5. 당사국은 지적재산권에 대하여 이 장이 요구하는 것보다 더 광범위한 보호 및 집행을 자국법으로 규정할 수 있다. 다만, 그러한 더 광범위한 보호는 이 장에 저촉되지 아니하여야 한다.

내국민 대우

6. 이 장의 적용대상이 되는 모든 범주의 지적재산에 관하여, 각 당사국은 그러한 지적재산권과 그러한 권리로부터 파생되는 모든 혜택의 보호[2] 및 향유에 대하여 자국의 국민[3]에게 부여하는 것보다 불리하지 아니한 대우를 다른 쪽 당사국의 국민에게 부여한다. 다만, 아날로그 통신, 아날로그 무료 공중파 라디오 방송, 그리고 아날로그 무료 공중파 텔레비전 방송의 수단에 의한 음반의 이차적인 사용에 대하여는, 당사국은 다른 쪽 당사국의 실연자와 음반제작자의 권리를 다른 쪽 당사국의 영역에서 자국의 인에게 부여되는 권리로 제한할 수 있다.
7. 당사국은 자국 영역에서 이루어지는 송달을 위한 주소지를 지정하거나 자국 영역에서 대리인을 임명하도록 다른 쪽 당사국의 국민에게 요구하는 것을 포함하여, 자국의 사법 및 행정 절차와 관련하여 제6항으로부터 이탈할 수 있다. 다만, 그러한 이탈은
   가. 이 장에 불합치하지 아니하는 법 및 규정의 준수를 확보하기 위하여 필요하여야 한다. 그리고

2) 제6항의 목적상, "보호"는 다음을 포함한다. (1) 구체적으로 이 장의 적용대상이 되는 지적재산권의 사용에 영향을 미치는 사안뿐만 아니라 지적재산권의 이용 가능성·취득·범위·유지 및 집행에 영향을 미치는 사안, 그리고, (2) 제18.4조 제7항에 규정된 효과적인 기술조치의 우회 금지와 제18.4조 제8항에 규정된 권리관리정보에 관한 권리 및 의무

3) 제6항, 제7항, 제18.2조 제14항 가호 및 제18.6조 제1항의 목적상, 당사국의 "국민"은 관련 권리에 관하여 제3항에 열거된 협정 및 무역 관련 지적재산권에 관한 협정에 규정된 그 권리의 보호를 위한 적격성 기준을 충족하게 될 그 당사국의[제1.4조(정의)에서 정의된] 모든 인을 포함한다.

나. 무역에 대한 위장된 제한을 구성하게 될 방식으로 적용되지 아니하여야 한다.
8. 제6항은 지적재산권의 획득 또는 유지와 관련하여 세계지적재산기구의 주관하에 체결된 어느 한쪽 당사국이 당사국인 다자 협정에 규정된 절차에는 적용되지 아니한다.

기존의 대상물 및 이전의 행위에 대한 협정의 적용

9. 제18.4조 제5항을 포함하여 달리 규정된 경우를 제외하고, 이 장은 이 협정 발효일에 이미 존재하여, 보호가 주장되는 당사국의 영역에서 그 날짜에 보호되고 있거나, 이 장에 따른 보호 기준을 충족하거나 이후에 충족하게 되는 모든 대상물에 대하여 의무를 발생시킨다.
10. 제18.4조 제5항을 포함하여 이 장에 달리 규정된 경우를 제외하고, 당사국은 보호가 주장되는 당사국의 영역에서 이 협정의 발효일에 이미 공공의 영역에 속하게 된 대상물에 관한 보호를 회복하도록 요구되지 아니한다.
11. 이 장은 이 협정의 발효일 전에 일어난 행위에 대하여 의무를 발생시키지 아니한다.

투명성

12. 제21.1조(공표)에 더하여, 그리고 지적재산권의 보호 및 집행을 투명하게 하기 위한 목적으로 각 당사국은 지적재산권의 보호 또는 집행에 관한 모든 법·규정 및 절차가 명문화되고 공표[4]되거나, 공표가 실행 가능하지 아니한 경우에는 정부들 및 권리자가 그 내용을 인지할 수 있도록 하는 방식으로 자국의 언어로 공개되도록 보장한다.

제18.2조 지리적 표시를 포함한 상표

1. 어떠한 당사국도 등록의 요건으로 표지가 시각적으로 인식 가능할 것을 요구할 수 없으며 어떠한 당사국도 상표를 구성하는 표지가 소리 또는 냄새라는 이

4) 보다 명확히 하기 위하여, 당사국은 법·규정 또는 절차를 인터넷에 공개함으로써 제12항의 공표 요건을 충족할 수 있다.

유만으로 상표의 등록을 거부할 수 없다.

2. 각 당사국은 상표가 증명표장을 포함하도록 규정한다. 각 당사국은 또한 지리적 표시가 상표로서 보호될 자격이 있음을 규정한다.[5)]
3. 각 당사국은, 상품 또는 서비스의 보통명칭으로서 통용어에서 관습적으로 사용되는 용어(보통명칭)와의 관계에서 상표의 상대적 크기, 위치 또는 사용양식에 관한 요건을 특히 포함하여, 그 보통명칭의 사용을 강제하는 자국의 조치가, 그러한 상품 또는 서비스에 관하여 사용되는 상표의 사용이나 유효성을 손상시키지 아니하도록 보장한다.
4. 각 당사국은, 등록된 상표의 소유자가 소유자의 동의를 얻지 아니한 모든 제3자가 소유자의 등록된 상표에 관한 상품 또는 서비스와 최소한 동일하거나 유사한 상품 또는 서비스에 대하여, 지리적 표시를 포함하여 동일하거나 유사한 표지를 거래의 과정에서 사용하여, 그 사용으로 인하여 혼동 가능성을 야기할 경우 그러한 사용을 금지할 수 있는 배타적 권리를 가지도록 규정한다. 지리적 표시를 포함하여, 동일한 상품 또는 서비스에 대한 동일한 표지 사용의 경우, 혼동 가능성이 있는 것으로 추정된다.
5. 각 당사국은 서술적 용어의 공정한 사용과 같이 상표에 의하여 부여되는 권리에 제한적인 예외를 규정할 수 있다. 다만, 그러한 예외는 상표권자와 제3자의 정당한 이익을 고려하여야 한다.
6. 어떠한 당사국도 어떠한 표장이 유명 표장인지를 결정하는 조건으로 그 표장이 그 당사국의 영역 또는 다른 관할권에 등록되어 있을 것을 요구할 수 없다. 이에 추가하여, 어떠한 당사국도 다음이 결여되었다는 이유만으로 유명 표장에 대한 구제를 거부할 수 없다.

   가. 등록

   나. 유명 표장 목록에의 등재, 또는

   다. 표장의 유명성에 대한 사전 인식

---

5) 이 장의 목적상, **지리적 표시**라 함은 상품의 특정 품질, 명성 또는 그 밖의 특성이 본질적으로 지리적 근원에서 비롯되는 경우, 당사국의 영역이나 당사국 영역의 지역 또는 지방을 원산지로 하는 상품임을 명시하는 표시를 말한다. 어떠한 표지(예: 문자, 숫자, 도형적인 요소 및 단색을 포함하는 색채뿐만 아니라, 지리적 명칭 및 개인의 이름을 포함하는 단어) 또는 표지의 조합도 어떤 형식이든 간에 지리적 표시가 될 자격이 있다. 이 장에서 "원산지"는 제1.4조(정의)에서 그 용어에 부여된 의미를 가지지 아니한다.

7. 파리 협약 제6조의2는, 등록 여부와 관계없이, 유명상표[6]에 의하여 확인되는 상품 또는 서비스와 동일하거나 유사하지 아니한 상품 또는 서비스에 준용된다. 다만, 그 상품 또는 서비스에 관련된 그 상표의 사용이 그 상품 또는 서비스와 상표권자 사이의 연관성을 나타내어야 할 것이며, 상표권자의 이익이 그러한 사용에 의하여 손상될 가능성이 있어야 한다.

8. 각 당사국은 관련 상품 또는 서비스에 대하여 유명상표와 동일하거나 유사한 상표 또는 지리적 표시의 사용이 혼동을 야기할 가능성이 있거나, 오인을 초래할 가능성이 있거나, 기만할 가능성이 있거나 그 상표 또는 지리적 표시와 유명 상표권자를 연관시킬 위험이 있을 가능성이 있거나, 유명상표의 명성에 대한 불공정한 이용을 구성하는 경우, 그러한 상표 또는 지리적 표시의 등록을 거절하거나 취소하고 사용을 금지하는 적절한 조치를 규정한다.

9. 각 당사국은 다음을 포함하는 상표등록제도를 규정한다.

   가. 상표 등록의 거절 이유에 대한 통지를 출원인에게 서면으로 제공하는 요건. 통지는 전자적으로 제공될 수 있다.

   나. 출원인이 상표당국으로부터의 통지에 대하여 답변하고, 최초 거절에 대하여 이의를 제기하며, 최종적인 등록 거절에 대하여 사법적으로 불복청구할 수 있는 기회

   다. 이해당사자가 상표 출원에 대하여 이의를 제기하고 상표가 등록된 후 그 상표의 취소를 구할 수 있는 기회, 그리고

   라. 이의제기 및 취소절차에서의 결정은 이유가 설명되어야 하며 서면으로 이루어져야 한다는 요건. 서면 결정은 전자적으로 제공될 수 있다.

10. 각 당사국은 다음을 규정한다.

   가. 상표에 대한 전자적 출원과 상표의 전자적 처리·등록 및 유지를 위한 제도, 그리고

   나. 온라인 데이터베이스를 포함하여 상표 출원 및 등록에 관한 공중에게 이용 가능한 전자적 데이터베이스

11. 각 당사국은 다음을 규정한다.

   가. 상표 출원 또는 등록에 관계되고 상품 또는 서비스를 표시하는 각 등록 및

---

6) 표장이 유명한지 여부를 결정하는 목적상, 어떠한 당사국도 상표의 명성이 관련 상품 또는 서비스를 통상적으로 다루는 분야의 일반인의 범위를 넘어설 것을 요구할 수 없다.

공표는, 수정되고 개정된 표장의 등록을 위한 상품 및 서비스의 국제분류에 관한 니스 협정(1979년)(니스 분류)에 의하여 설정된 분류상의 유별로 분류하여 그 상품 또는 서비스를 그 명칭에 의해 표시한다. 그리고

나. 상품 또는 서비스는 등록이나 공표에서 니스 분류상 동일한 유로 나타난다는 이유만으로 서로 유사한 것으로 간주될 수 없다. 역으로, 각 당사국은 상품 또는 서비스가 등록이나 공표에서 니스 분류상 다른 유로 나타난다는 이유만으로 서로 유사하지 아니하다고 간주될 수 없도록 규정한다.

12. 각 당사국은 상표의 최초 등록 및 각 등록 갱신이 10년 이상의 기간이 되도록 규정한다.

13. 어떠한 당사국도 사용권의 유효성을 확립하거나, 상표에 대한 권리를 주장하거나, 또는 그 밖의 다른 목적을 위하여 상표 사용권을 등록할 것을 요구할 수 없다.

14. 당사국이 상표보호제도를 통하거나 다른 방법으로, 지리적 표시의 보호를 위하여 출원하거나 이의 인정을 청원할 수 있는 수단을 제공하는 경우, 그 당사국은 그러한 출원 및 청원(당사국이 선택한 수단과 관련되는 경우)에 대하여,

가. 자국민을 대신한 당사국의 관여를 요구함이 없이, 그러한 출원 및 청원을 접수한다.

나. 그러한 출원 및 청원을 최소한의 형식으로 처리한다.

다. 그러한 출원 및 청원의 제출을 규율하는 자국의 규정이 대중에게 쉽게 이용가능하도록 하고 이러한 조치를 위한 절차를 명확하게 규정하도록 보장한다.

라. 일반적인 출원 및 청원의 제출 절차와 출원 및 청원의 처리과정에 관한 지침을 일반 대중이 획득할 수 있도록, 그리고 출원인, 청원인, 또는 그의 대리인이 특정 출원 및 청원의 상황을 확인하고 그에 관련된 절차적인 지침을 획득할 수 있도록, 충분한 연락정보를 이용 가능하게 한다. 그리고

마. 지리적 표시를 위한 출원 및 청원이 이의제기가 가능하게 공표되도록 보장하고, 출원 또는 청원의 대상인 지리적 표시에 대한 이의제기절차를 규정한다. 각 당사국은 또한 출원 또는 청원의 결과로 생긴 등록을 취소할 수 있는 절차를 규정한다.

15. 가. 각 당사국은 다음의 각 사항이 지리적 표시의 보호 또는 인정의 거절 그리고 이의제기 및 취소의 근거가 되도록 규정한다.

1) 지리적 표시가, 그 당사국의 영역에서 선의로 출원 또는 등록 중이며

그 영역에서 그 지리적 표시의 보호 또는 인정일보다 앞선 우선일을 가진 상표와 혼동을 야기할 가능성이 있는 경우

2) 지리적 표시가, 선의의 사용을 통하여 그 당사국의 영역에서 상표에 대한 권리를 획득하고 그 영역에서 그 지리적 표시의 보호 또는 인정일보다 앞선 우선일을 가진 상표와 혼동을 야기할 가능성이 있는 경우, 그리고

3) 지리적 표시가, 그 당사국의 영역에서 유명하게 되었고 그 영역에서 그 지리적 표시의 보호 또는 인정일보다 앞선 우선일을 가진 상표와 혼동을 야기할 가능성이 있는 경우

나. 가호의 목적상, 당사국의 영역에서 지리적 표시의 보호일은 다음이 된다.

1) 출원 또는 청원의 결과로 제공되는 보호 또는 인정의 경우, 그 출원 또는 청원일, 그리고

2) 그 밖의 수단을 통하여 제공되는 보호 또는 인정의 경우, 그 당사국의 법에 따른 보호 또는 인정일

제18.3조 인터넷상 도메인이름

1. 상표권의 사이버상 침해 문제를 다루기 위하여, 각 당사국은 국가코드 최상위 도메인의 관리에 있어서 통일 도메인이름 분쟁해결정책에서 수립된 원칙에 기초하여 적절한 분쟁해결절차가 규정되도록 요구한다.
2. 각 당사국은 자국의 국가코드 최상위도메인의 관리에 있어서 도메인이름 등록자에 관한 연락정보의 신뢰할 수 있고 정확한 데이터베이스에 대한 온라인상 공중의 접근이 제공되도록 요구한다.

제18.4조 저작권 및 저작인접권

1. 각 당사국은, 저작자·실연자 및 음반제작자[7]가 어떠한 방식이나 형태로, 영구적 또는 일시적으로(전자적 형태의 일시적 저장을 포함한다), 그의 저작물·실연[8]

7) 이 장의 "저작자", "실연자" 및 "음반제작자"는 권리승계인도 지칭한다.

8) 저작권 및 저작인접권에 대하여, 달리 명시되지 아니하는 한, 이 장의 목적상 **실연**이라 함은 음반에 고정된 실연을 말한다.

및 음반의 모든 복제를 허락하거나 금지할 권리[9]를 가지도록 규정[10]한다.[11]

2. 각 당사국은 저작자 · 실연자 및 음반제작자에게 판매 또는 그 밖의 소유권의 이전을 통하여, 그의 저작물 · 실연 및 음반의 원본과 복제물[12]을 공중에게 이용 가능하도록 하는 것을 허락하거나 금지할 수 있는 권리를 제공한다.
3. 한편으로는 저작자의 권리, 또 다른 편으로는 실연자 및 음반제작자의 권리 간에 서열관계가 성립되지 아니하도록 보장하기 위하여, 각 당사국은 음반에 체화된 저작물의 저작자와 그 음반에 대한 권리를 가지는 실연자 또는 음반제작자의 허락이 모두 필요한 경우에, 실연자 또는 음반제작자의 허락이 또한 필요하다는 것 때문에 저작자의 허락을 받을 필요가 없어지지는 않음을 규정한다. 마찬가지로, 각 당사국은 음반에 체화된 저작물의 저작자의 허락과 그 음반에 대한 권리를 가지는 실연자 또는 음반제작자의 허락이 모두 필요한 경우에, 저작자의 허락이 또한 필요하다는 것 때문에 실연자 또는 음반제작자의 허락을 받을 필요가 없어지지는 않음을 규정한다.
4. 각 당사국은 저작물 사진(저작물을 포함한다) · 실연 또는 음반의 보호 기간을 산정하는 경우, 다음을 규정한다.
   가. 자연인의 수명에 기초하는 경우, 그 기간은 저작자의 생존 기간과 저작자의 사후 70년 이상이다. 그리고
   나. 자연인의 수명 이외의 것에 기초하는 경우, 그 기간은
      1) 저작물 · 실연 또는 음반이 최초로 허락되어 발행된 연도 말로부터 70년 이상이다. 또는
      2) 저작물 · 실연 또는 음반의 창작으로부터 25년 이내에 그러한 허락된 발

---

9) 저작권 및 저작인접권에 대하여, 이 장의 목적상 "허락하거나 금지할 권리"는 배타직 권리를 지칭한다.

10) 양 당사국은 저작물과 음반이 어떠한 유형의 형태로 고정되지 아니하는 한, 저작권에 의하여 보호되지 아니한다고 규정하는 것은 각 당사국 법의 사안임을 재확인한다.

11) 각 당사국은 제1항에서 기술된 권리에 대한 제한 또는 예외를 그 저작물, 실연 또는 음반의 통상적인 이용과 충돌하지 아니하고, 그 권리자의 정당한 이익을 불합리하게 저해하지 아니하는 특정한 경우로 한정한다. 보다 명확히 하기 위하여, 각 당사국은 공정이용을 위하여 제1항에서 기술된 권리에 대한 제한 또는 예외를 채택하거나 유지할 수 있다. 다만, 그러한 제한 또는 예외는 이전 문장에서 기술된 대로 한정되어야 한다.

12) 제2항에서 사용된 대로, 이 항의 배포권의 적용대상인 "복제물"과 "원본과 복제물"은 유형물로 유포될 수 있는 고정된 복제물만을 지칭한다.

행을 하지 못한 경우, 저작물 · 실연 또는 음반이 창작된 연도 말로부터 70년 이상이다.

5. 각 당사국은 베른 협약 제18조와 무역 관련 지적재산권에 관한 협정 제14조 제6항을 이 조, 제18.5조 및 제18.6조상의 대상물 · 권리 및 의무에 준용한다.

6. 각 당사국은 저작권 및 저작인접권에 대하여, 저작물 · 실연 또는 음반에 대한 어떠한 경제적 권리를 취득하거나 보유한 인이 다음을 하도록 규정한다.
   가. 그 권리를 계약에 의하여 자유롭게 개별적으로 양도할 수 있다. 그리고
   나. 저작물 · 실연 및 음반의 창작의 바탕이 되는 고용계약을 포함한 계약에 의하여, 그 권리를 그 자신의 이름으로 행사할 수 있고 그 권리로부터 파생되는 혜택을 충분히 향유할 수 있어야 한다.

7. 가. 저작자 · 실연자 및 음반제작자가 자신의 권리 행사와 관련하여 사용하고 그의 저작물 · 실연 및 음반과 관련한 허락받지 아니한 행위를 제한하는 효과적인 기술조치의 우회에 대하여 충분한 법적 보호와 효과적인 법적 구제를 제공하기 위하여, 각 당사국은 다음의 인이 제18.10조 제13항에 규정된 구제[13]에 대하여 책임이 있고 그 적용대상이 되도록 규정한다.
      1) 보호되는 저작물 · 실연 · 음반 또는 그 밖의 대상물에 대한 접근을 통제하는 효과적인 기술조치를, 알면서 또는 알 만한 합리적인 근거를 가지고, 권한 없이 우회하는 인, 또는
      2) 다음의 장치 · 제품 또는 구성품을 제조, 수입, 배포, 공중에게 제의, 제공 또는 달리 밀거래하거나, 다음의 서비스를 공중에게 제의하거나 제공하는 인
         가) 효과적인 기술조치의 우회를 목적으로, 그 인이, 또는 그 인과 협력하여 그리고 그 인이 이를 알고 있는 상태에서 행동하는 다른 인이 홍보 · 광고 또는 마케팅하는 것
         나) 효과적인 기술조치를 우회하는 것 이외에는 제한적인 상업적 의미가 있는 목적 또는 용도만 있는 것, 또는
         다) 효과적인 기술조치를 우회하는 것을 가능하게 하거나 용이하게 하

13) 이에 더하여, 각 당사국은 보호되는 저작물 · 실연 · 음반 또는 그 밖의 대상물에 대한 접근을 통제하는 효과적인 기술조치를, 알지 못하고 알 만한 합리적인 근거 없이, 권한 없이 우회하는 인은 최소한 제18.10조 제13항 가호, 다호 및 라호에 규정된 구제에 대하여 책임이 있고 그 적용대상이 되도록 규정한다.

는 것을 주목적으로 고안·제작되거나 기능하는 것

각 당사국은, 비영리 도서관, 기록보존소, 교육기관 또는 공공의 비상업적 방송기관 이외의, 어떠한 인이 고의로 그리고 상업적 이익 또는 사적인 금전적 이득을 얻을 목적으로 위의 행위 중 어느 하나에 관여한 것으로 판명되는 때에 적용될 형사 절차 및 처벌을 규정한다. 그러한 형사 절차 및 처벌은, 침해에 대하여 적용 가능한 대로 제18.10조 제27항의 가호·나호 및 마호에 열거된 구제 및 권한을 그러한 행위에 준용하는 것을 포함한다.

나. 가호를 이행함에 있어, 어떠한 당사국도, 소비자 전자·통신 또는 컴퓨터 제품이 가호를 이행하는 어떠한 조치도 달리 위반하지 아니하는 한, 이들 제품의 고안 또는 이들 제품의 부품 및 구성품의 고안 및 선정이 어떠한 특정한 기술조치에 반응하도록 요구할 의무를 지지 아니한다.

다. 각 당사국은 이 항을 이행하는 조치의 위반이 저작권 및 저작인접권에 관한 그 당사국의 법에 따라 발생할 수 있는 어떠한 침해로부터도 독립적인 별개의 소송 원인임을 규정한다.

라. 각 당사국은 가호를 이행하는 조치에 대한 예외 및 제한을 다음 행위로 한정하되, 이는 마호에 따라 관련 조치에 적용된다.[14]

1) 독립적으로 창작된 컴퓨터 프로그램의 다른 프로그램과의 호환성을 얻는 것을 유일한 목적으로 비침해 리버스 엔지니어링 행위에 관여한 인에게 쉽게 이용 가능하지 아니하였던 그 컴퓨터 프로그램의 특정 요소에 대하여 선의로 수행된, 적법하게 획득된 컴퓨터 프로그램의 복제물에 대한 비침해 리버스 엔지니어링 행위

2) 저작물·실연 또는 음반의 복제물, 고정되지 아니한 실연 또는 현시물을 적법하게 획득하였고 선의의 비침해 행위에 대한 허락을 얻기 위하여 선의의 노력을 한 적절한 자격을 갖춘 연구자에 의하여 정보의 스크램블 및 디스크램블을 위한 기술의 흠결 및 취약성을 확인하고 분석하는 것으로 이루어진 연구를 유일한 목적으로 필요한 한도에서 수행된 선의의 비침해 행위

3) 부적절한 온라인 콘텐츠에 미성년자가 접근하는 것을 방지하는 것을 유일한 목적으로, 가호 2목을 이행하는 조치하에서 그 자체로 금지되지 아

14) 어느 한쪽 당사국은 이 협정의 발효일 이후 당사국이 확인하는 유사한 성격의 행위를 라호에서 어떻게 다룰지를 검토하기 위하여 다른 쪽 당사국과의 협의를 요청할 수 있다.

니하는 기술 · 제품 · 서비스 또는 장치에 구성품이나 부품을 포함하는 것

4) 컴퓨터, 컴퓨터 시스템 또는 컴퓨터 네트워크의 보안성을 검사 · 조사 또는 보정하는 것을 유일한 목적으로 그 컴퓨터, 컴퓨터 시스템 또는 컴퓨터 네트워크의 소유자에 의하여 허락된 선의의 비침해 행위

5) 저작물에 접근할 수 있는 인의 능력에 그 밖의 영향을 미치지 아니하는 방법으로, 자연인의 온라인 행위를 반영하는 개인 식별 정보를 비공개적으로 수집하거나 유포할 수 있는 능력을 확인하고 이를 무력화하는 것을 유일한 목적으로 하는 비침해 행위

6) 정부 직원, 대리인 또는 계약업자가 법 집행 · 정보 활동 · 필수적 안보 또는 이와 유사한 정부 목적을 위하여 수행하는 적법하게 허락된 행위

7) 취득 여부의 결정을 유일한 목적으로 비영리 도서관, 기록보존소, 또는 교육기관이 자신에게 달리 이용 가능하지 아니한 저작물 · 실연 또는 음반에 접근하는 것, 그리고

8) 비침해 이용에 미치는 실제적 또는 개연성 있는 부정적 영향이 입법 또는 행정 절차에서 실질적 증거에 의하여 입증된 경우, 특정 종류의 저작물 · 실연 또는 음반에 있어서 저작물 · 실연 또는 음반의 비침해 이용. 다만, 이 목에 근거하여 채택되는 제한이나 예외는 그러한 절차의 종료일로부터 갱신 가능한 3년 이하의 기간 동안 효력을 가져야 한다.

마. 가호를 이행하는 조치에 대한 예외 및 제한은 라호에 규정된 행위에 대하여 다음과 같이만 적용될 수 있으며 그러한 예외와 제한이 효과적인 기술조치의 우회에 대한 법적 보호의 적정성 또는 법적 구제의 유효성을 손상시키지 아니하는 한도에서만 적용될 수 있다.

1) 가호 1목을 이행하는 조치는 라호에 규정된 각 행위에 대하여 예외 및 제한의 적용대상이 될 수 있다.

2) 가호 2목을 이행하는 조치는, 그러한 조치가 저작물 · 실연 또는 음반에 대한 접근을 통제하는 효과적인 기술조치에 적용되는 경우에 라호 1목 · 2목 · 3목 · 4목 및 6목에 규정된 행위에 대하여 예외 및 제한의 적용대상이 될 수 있다.

3) 가호 2목을 이행하는 조치는, 그러한 조치가 저작권 또는 저작인접권을 보호하는 효과적인 기술조치에 적용되는 경우에는, 라호 1목 및 6목에 규정된 행위에 대하여 예외 및 제한의 적용대상이 될 수 있다.

바. **효과적인 기술조치**라 함은 보호되는 저작물 · 실연 · 음반 또는 그 밖의 보호되는 대상물에의 접근을 통상적인 작동과정에서 통제하거나 저작권 또는 저작인접권을 통상적인 작동과정에서 보호하는 기술 · 장치 또는 구성품을 말한다.

8. 권리관리정보를 보호하기 위한 충분하고 효과적인 법적 구제를 제공하기 위하여

가. 각 당사국은, 권한 없이, 그리고 저작권 또는 저작인접권의 침해를 유인 · 가능 · 용이하게 하거나 은폐하게 할 것을 알면서 또는 민사구제에 대하여는 이를 알 만한 합리적인 근거가 있으면서, 다음을 하는 인은 제18.10조 제13항에 규정된 구제에 대하여 책임이 있고, 그 대상이 되도록 규정한다.

1) 알면서 권리관리정보를 제거하거나 변경하는 것

2) 권리관리정보가 권한 없이 제거되었거나 변경되었다는 것을 알면서 그 권리관리정보를 배포하거나 배포를 위하여 수입하는 것, 또는

3) 권리관리정보가 권한 없이 제거되었거나 변경되었다는 것을 알면서 저작물 · 실연 또는 음반의 복제물을 배포하거나, 배포를 위하여 수입하거나, 방송 또는 공중전달하거나 공중이 이용 가능하게 하는 것

각 당사국은, 비영리 도서관, 기록보존소, 교육기관 또는 공공의 비상업적 방송기관 이외의 어떠한 인이 고의로 그리고 상업적 이익 또는 사적인 금전적 이득을 목적으로 위의 행위 중의 어느 하나에 관여한 것으로 판명되는 때에 적용될 형사 절차 및 처벌을 규정한다. 이러한 형사 절차 및 처벌은 침해에 대하여 적용 가능한 대로 제18.10조 제27항의 가호 · 나호 및 마호에 열거된 구제 및 권한을 그러한 행위에 준용하는 것을 포함한다.

나. 각 당사국은 가호를 이행하는 조치에 대한 예외 및 제한을 정부 직원, 대리인 또는 계약업자가 법 집행 · 정보 활동 · 필수적 안보 또는 이와 유사한 정부 목적을 위하여 수행하는 적법하게 허락된 행위로 한정한다.

다. **권리관리정보**라 함은 다음 중의 어느 하나가 저작물 · 실연 또는 음반의 복제물에 부착되거나, 저작물 · 실연 또는 음반의 공중전달 또는 공중에게 이용 가능하게 하는 것과 관련하여 나타나는 때에, 다음을 말한다.

1) 저작물 · 실연 또는 음반, 저작자 · 실연자 또는 음반제작자, 또는 저작물 · 실연 또는 음반에 관한 권리자를 식별하는 정보

2) 저작물 · 실연 또는 음반의 이용 조건에 관한 정보, 또는

3) 그러한 정보를 나타내는 어떠한 숫자 또는 코드

라. 보다 명확히 하기 위하여, 이 항의 어떠한 규정도 당사국이 저작물 · 실연 또는 음반의 권리자에게, 권리관리정보를 저작물 · 실연 또는 음반의 복제물에 부착하게 하거나, 저작물 · 실연 또는 음반의 공중전달과 관련하여 권리관리정보가 나타나도록 요구할 것을 의무화하는 것으로 해석되지 아니한다.

9. 각 당사국은, 자국의 중앙 정부기관이 저작권 또는 저작인접권으로 보호되는 컴퓨터 소프트웨어 및 그 밖의 대상물을 침해하여 사용하지 아니하며, 오로지 관련 사용권에 의하여 허락된 대로 저작권 또는 저작인접권으로 보호되는 컴퓨터 소프트웨어 및 그 밖의 대상물을 사용하도록 규정하는 적절한 법 · 명령 · 규정 · 정부지침이나 행정령 또는 집행령을 제공한다. 이러한 조치는 저작권 또는 저작인접권에 의하여 보호되는 정부 사용을 위한 소프트웨어 및 그 밖의 대상물의 취득 및 관리에 대한 규칙을 규정한다.

10. 가. 이 조, 제18.5조 및 제18.6조에 대하여, 각 당사국은 배타적 권리에 대한 제한 또는 예외를 저작물 · 실연 또는 음반의 통상적인 이용과 충돌하지 아니하고 권리자의 정당한 이익을 불합리하게 저해하지 아니하는 특정한 경우로 한정한다.

나. 가호와 제18.6조 제3항 나호에도 불구하고, 어떠한 당사국도 텔레비전 신호(지상파, 케이블 또는 위성을 불문한다)를, 신호 내용의 권리자 또는 권리자들의, 그리고 신호 그 자체에 대하여 권리자가 있는 경우 그 권리자 또는 그 권리자들의 허락 없이, 인터넷상에서 재송신하는 것을 허용할 수 없다.[15)]

제18.5조 저작권

베른 협약 제11조 제1항 2호, 제11조의2 제1항 1호 및 2호, 제11조의3 제1항 2호, 제14조 제1항 2호, 그리고 제14조의2를 저해함이 없이, 각 당사국은, 공중의 구성원이 개별적으로 선택한 장소와 시간에 저작물에 접근할 수 있는 방법으로 그 저작물을 공중이 이용 가능하게 하는 것을 포함하여, 저작자에게 그의 저작물을 유선 또는 무선의 수단에 의하여 공중에게 전달하는 것을 허락하거나 금지할 수 있는 배타적 권리를 제공한다.

---

15) 나호의 목적상 그리고 보다 명확히 하기 위하여, 당사국의 영역 밖으로부터 접근 불가능한 폐쇄적이고 한정된 가입자망을 통한 그 당사국 영역 내에서의 재송신은 인터넷상에서 재송신을 구성하지 아니한다.

제18.6조 저작인접권

1. 실연자와 음반제작자에게 이 장에서 부여되는 권리에 대하여, 각 당사국은
   가. 다른 쪽 당사국의 국민인 그 실연자와 음반제작자에게 그러한 권리를 부여하고
   나. 다른 쪽 당사국의 영역에서 최초로 발행되거나 최초로 고정된[16] 실연과 음반에 대하여 그러한 권리를 부여한다.[17]
2. 각 당사국은 실연자에게 다음을 허락하거나 금지할 권리를 제공한다.
   가. 실연이 이미 방송된 실연인 경우를 제외하고, 자신의 고정되지 아니한 실연을 방송하고 공중에 전달하는 것, 그리고
   나. 자신의 고정되지 아니한 실연을 고정하는 것
3. 가. 각 당사국은, 공중의 구성원이 개별적으로 선택한 장소와 시간에 실연 및 음반에 접근할 수 있는 방법으로 공중이 이용 가능하게 하는 것을 포함하여, 실연자 및 음반제작자에게 그의 실연 또는 음반을 유선 또는 무선의 수단에 의하여 방송하고 공중에게 전달하는 것을 허락하거나 금지할 권리를 제공한다.
   나. 가호 및 제18.4조 제10항에도 불구하고, 이 권리의 아날로그 송신 및 무료 공중파 방송에 대한 적용과 그러한 행위를 위한 이 권리에 대한 예외 또는 제한은 각 당사국 법의 문제이다.
   다. 각 당사국은 제18.4조 제10항에 따라 그 밖의 비쌍방향적 송신에 대하여 이러한 권리에 대한 제한을 채택할 수 있다. 다만, 그 제한은 공평한 보상을 획득할 수 있는 실연자 또는 음반제작자의 권리를 저해하지 아니하여야 한다.
4. 어떠한 당사국도 이 장에 규정된 실연자 및 음반제작자의 권리의 향유와 행사에 있어 어떤 형식에 따를 것을 조건으로 할 수 없다.
5. 이 조 및 제18.4조의 목적상, 실연자 및 음반제작자에 대하여 다음의 정의가 적용된다.
   가. **방송**이라 함은 무선수단 또는 위성에 의하여 소리 또는 소리와 이미지 또는 그의 표현물을 공중에게 송신하는 것을 말하며, 복호화 수단이 방송기

16) 제18.6조의 목적상, "고정"은 마스터 테이프의 완성 또는 이에 상당하는 것을 포함한다.
17) 음반의 보호에 대하여, 당사국은 발행 기준 대신에 고정 기준을 적용할 수 있다.

관에 의하여 또는 방송기관의 동의를 받아 공중에게 제공된 경우에 암호화된 신호의 무선송신을 포함한다. "방송"은 컴퓨터 네트워크를 통한 송신 또는 공중의 구성원이 수신의 시간과 장소를 개별적으로 선택할 수 있는 송신은 포함하지 아니한다.

나. 실연 또는 음반의 **공중전달**이라 함은 방송 이외의 모든 매체에 의하여 실연의 소리 또는 음반에 고정된 소리나 소리의 표현물을 공중에게 송신하는 것을 말한다.

다. **고정**이라 함은 소리 또는 소리의 표현물의 체화로서, 장치를 통하여 소리 또는 소리의 표현물이 인지 · 재생 또는 전달될 수 있는 것을 말한다.

라. **실연자**라 함은 배우 · 가수 · 연주자 · 무용가와 문학 또는 예술저작물 또는 민간전승물의 표현을 연기 · 가창 · 전달 · 낭독 · 연주해석 또는 달리 실연하는 그 밖의 인을 말한다.

마. **음반**이라 함은 영화 또는 그 밖의 영상저작물에 수록된 고정물의 형태 이외의 실연의 소리, 그 밖의 소리 또는 소리의 표현물의 고정물을 말한다.

바. **음반제작자**라 함은 실연의 소리, 그 밖의 소리 또는 소리의 표현물을 최초로 고정하는 것을 주도하고 이를 책임지는 인 또는 법적 실체를 말한다. 그리고

사. 실연 또는 음반의 **발행**이라 함은 실연 또는 음반의 복제물을 권리자의 동의를 받아 공중에 제공하는 것을 말한다. 다만, 복제물은 합리적인 수량으로 공중에 제공되어야 한다.

제18.7조 암호화된 프로그램 전달 위성 및 케이블 신호의 보호

1. 각 당사국은 다음을 형사 범죄로 한다.

가. 유형 또는 무형의 장치 또는 시스템이 암호화된 프로그램 전달 위성 또는 케이블 신호를 그러한 신호의 적법한 배포자의 허락 없이 해독하는 데 주로 도움이 될 것을 알거나 알 만한 이유가 있으면서, 그 장치 또는 시스템을 제조 · 조립 · 변경 · 수입 · 수출 · 판매 · 리스 또는 달리 배포하는 것, 그리고

나. 암호화된 위성 또는 케이블 신호로 고안된 프로그램 전달 신호를 그 신호의 적법한 배포자의 허락 없이 해독되었다는 것을 알면서, 고의로 수신하

여 사용[18]하거나 재배포하는 것, 또는 신호의 적법한 배포자의 허락을 얻어 신호가 해독된 경우, 그러한 신호가 암호화된 프로그램 전달 신호로 고안되었다는 것과 그러한 신호를 재배포하는 행위에 대하여 적법한 신호 배포자의 허락이 없었다는 것을 알면서, 상업적 이익을 목적으로 그 신호를 고의적으로 재배포하는 것

2. 각 당사국은 암호화된 프로그램 신호 또는 그 내용에 이해관계를 가진 인을 포함하여, 제1항에 기술된 행위에 의하여 피해를 입은 모든 인을 위하여 손해배상을 포함한 민사 구제를 규정한다.

제18.8조 특허

1. 각 당사국은, 모든 기술 분야에서 물건 또는 방법에 관한 어떠한 발명에 대하여도 특허가 가능하도록 한다. 다만, 발명이 신규성이 있고 진보성을 수반하며 산업상 이용 가능하여야만 한다. 이에 추가하여, 각 당사국은 알려진 물건의 새로운 용도 또는 사용방법에 대하여 특허가 가능하다는 것을 확인한다.[19]
2. 각 당사국은 다음 사항만을 특허대상으로부터 제외할 수 있다.
   가. 인간·동물 또는 식물의 생명이나 건강을 보호하거나 환경에의 심각한 피해를 회피하기 위한 것을 포함하여, 공공질서 또는 선량한 풍속을 보호하기 위하여 상업적 이용을 자국의 영역 안에서 금지하는 것이 필요한 발명. 다만, 그러한 제외는 그 이용이 자국 법으로 금지되어 있다는 이유만으로 이루어져서는 아니 된다. 그리고
   나. 인간 또는 동물의 치료를 위한 진단방법·치료방법 및 외과적 방법
3. 각 당사국은 특허에 의하여 부여되는 배타적 권리에 대하여 제한적인 예외를 규정할 수 있다. 다만, 그러한 예외는 제3자의 정당한 이익을 고려하여 특허의 통상적인 이용에 불합리하게 저촉되지 아니하고 특허권자의 정당한 이익을 불합리하게 저해하지 아니하여야 한다.
4. 각 당사국은 특허 허여의 거절을 정당화하였을 근거에 의하여만 특허가 취소

18) 보다 명확히 하기 위하여, "사용하다"라 함은 사적 또는 상업적인지 여부에 관계없이 신호를 시청하는 것을 포함한다.

19) 제18.8조의 목적상, 당사국은 "진보성" 및 "산업상 이용 가능성"이라는 용어를 각각 "비자명성" 및 "유용성"과 동의어로 취급할 수 있다.

될 수 있도록 규정한다. 또한 당사국은 사기, 허위진술 또는 불공정 행위가 특허를 취소하거나 특허를 행사할 수 없도록 하는 사유가 될 수 있음을 규정할 수 있다. 당사국이 특허 허여에 대하여 제3자가 이의 신청을 할 수 있도록 하는 절차를 규정하는 경우, 그 당사국은 특허의 허여 이전에는 그러한 절차가 이용 가능하지 아니하도록 한다.

5. 제3항과 합치하게, 당사국이 제3자가 의약품의 시판허가의 신청을 뒷받침하는데 필요한 정보를 생산하기 위하여 존속하는 특허의 대상물을 사용하도록 허용하는 경우, 그 당사국은 그러한 허용에 따라 생산된 제품이 그 당사국의 시판허가 요건을 충족하기 위한 신청을 뒷받침하기 위하여 그러한 정보를 생산하는 것과 관련된 목적 이외에는 그 당사국의 영역에서 제조·사용 또는 판매되지 아니하도록 규정하며, 그 당사국이 그러한 제품의 수출을 허용하는 경우, 그 당사국은 자국의 시판허가 요건을 충족하기 위한 신청을 뒷받침하기 위하여 정보를 생산하는 목적으로만 그 제품이 그 당사국 영역 밖으로 수출되도록 규정한다.

6. 가. 각 당사국은 특허를 허여하는 데 발생한 불합리한 지연을 보상하기 위하여, 특허권자의 요청이 있는 경우 특허존속 기간을 조정한다. 이 호의 목적상, 불합리한 지연이란 당사국 영역에서 출원일로부터 4년 또는 출원에 대한 심사청구 후 3년의 기간 중 더 늦은 기간을 초과하는 특허 설정등록의 지연을 최소한 포함한다. 특허출원인의 행위에 기인하는 기간은 그러한 지연의 결정에 포함될 필요가 없다.[20)]

   나. 당사국의 영역에서 시판이 허가된 신규 의약품[21)] 및 당사국의 영역에서 시판이 허가된 신규 의약품의 제조 또는 사용방법을 대상으로 하는 특허에 대하여, 각 당사국은 특허권자의 요청이 있는 경우, 그 당사국 영역에서 신규 의약품의 최초의 상업적 사용과 관련된 시판허가 절차의 결과로 유효한 특허존속 기간이 불합리하게 단축된 데 대하여 특허권자에게 보상하기 위하여, 신규 의약품, 그것의 허가된 사용방법 또는 그 제품의 제조방법을 대상으로 하는 특허의 특허존속 기간 또는 특허권의 기간 조정을 가능하게 한다. 이 호에 따른 모든 조정은, 동일한 제한과 예외에 따라, 원

---

20) 제18.1조 제9항에도 불구하고, 가호는 2008년 1월 1일부터 제출되는 모든 특허출원에 적용된다.

21) 보다 명확히 하기 위하여, 나호에서 **신규 의약품**이라 함은 그 당사국의 영역에서 이전에 의약품으로 허가된 적이 없는 적어도 하나의 신규화학물질을 포함한 제품을 말한다.

래 설정등록된 특허에서의 제품·사용방법 또는 제조방법에 대한 특허청구 범위의 모든 배타적인 권리를 적용 가능한 대로 그 제품과 그 제품의 허가된 사용방법에 부여한다.[22)]

7. 각 당사국은 공지가 다음에 해당하는 경우, 발명이 신규성 또는 진보성이 있는지 여부를 결정하기 위하여 사용되는, 공지에 포함된 정보를 무시한다.
   가. 공지가 특허출원인에 의하여 실시 또는 승인되거나, 특허출원인으로부터 기인한 경우, 그리고
   나. 공지가 당사국의 영역에서 출원일 이전 12월 이내에 발생한 경우[23)]
8. 각 당사국은 특허출원인에게 자신의 출원과 관련하여 보정, 정정 및 의견진술을 할 수 있는 기회를 최소 1회 제공한다.
9. 각 당사국은 청구된 발명의 개시(開示)가 출원일 현재 그 분야의 기술자에 의하여 과도한 실험 없이 그 발명이 이루어져 사용될 수 있도록 하는 정보를 제공하는 경우 그 개시(開示)가 충분히 명확하고 완전한 것으로 간주되도록 규정한다.
10. 각 당사국은 다음을 규정한다.
   가. 청구된 발명의 개시(開示)가 그 분야의 기술자로 하여금 그 기재된 내용을 특허청구 범위의 전체 범위로 확장할 수 있도록 하고, 그렇게 함으로써 출원인이 출원일에 인지하여 기술하지 아니하였거나 완성하지 아니하였던 대상을 청구하지 아니한다는 것을 보여 주는 경우, 청구된 발명은 그 개시(開示)에 의하여 충분히 뒷받침된다. 그리고
   나. 청구된 발명이 구체적이고 실질적이며 신뢰할 수 있는 유용성이 있는 경우, 산업상 이용 가능하다.
11. 양 당사국은 검색 및 심사업무의 상호 이용을 위한 진전의 기초로서 양국의 특허기관 간 협력을 위한 틀을 수립하기 위하여 노력한다.

제18.9조 특정 규제제품과 관련된 조치

1. 가. 당사국이 신규 의약품 또는 신규 농약품의 시판허가를 부여하는 조건으로,

22) 나호의 목적상, **유효한 특허존속 기간**이라 함은 제품의 허가일로부터 특허의 원래의 만료일까지의 기간을 말한다.

23) 제18.1조 제9항에도 불구하고, 제7항은 2008년 1월 1일부터 신청된 모든 특허 출원에 적용된다.

그 제품의 안전성 또는 유효성에 관하여 작성에 상당한 노력이 소요된 정보의 제출을 요구하거나 허용하는 경우, 당사국은 그 당사국의 영역에서 시판허가를 획득하기 위하여 그러한 안전성 또는 유효성 정보를 이전에 제출한 인의 동의가 없이는 다른 인이 다음에 기초하여 동일하거나 유사한 제품을 시판하는 것을 그 당사국의 영역에서의 시판허가일로부터 의약품에 대하여는 최소한 5년 그리고 농약품에 대하여는 최소한 10년간 승인하여서는 아니 된다.

1) 그 시판허가를 뒷받침하기 위하여 제출된 안전성 또는 유효성 정보, 또는

2) 그 시판허가의 증거

나. 당사국이 신규 의약품 또는 신규 농약품의 시판허가를 부여하는 것과 관련하여, 다른 영역에서의 이전 시판허가의 증거와 같은, 그 다른 영역에서 이전에 허가된 제품의 안전성 또는 유효성에 관한 증거의 제출을 요구하거나 허용하는 경우, 당사국은 그 다른 영역에서 시판허가를 획득하기 위하여 안전성 또는 유효성 정보를 이전에 제출한 인의 동의가 없이는 다른 인이 다음에 기초하여 동일하거나 유사한 제품을 시판하는 것을 그 당사국의 영역에서의 신규 제품의 시판허가일로부터 의약품에 대하여는 최소한 5년 그리고 농약품에 대하여는 최소한 10년간 승인하여서는 아니 된다.[24)]

1) 그 다른 영역에서 이전 시판허가를 뒷받침하기 위하여 제출된 안전성 또는 유효성 정보, 또는

2) 그 다른 영역에서 이전 시판허가의 증거

다. 이 조의 목적상, **신규 의약품**은 의약품에서의 사용을 위하여 그 당사국의 영역에서 이전에 허가된 화학물질을 포함하지 아니하는 것이며, **신규 농약품**은 농약품에서의 사용을 위하여 그 당사국의 영역에서 이전에 허가되지 아니한 화학물질을 포함한 것이다.

2. 가. 당사국이 다른 의약품의 시판을 위하여 이전에 허가된 화학물질을 포함한 의약품에 대하여 시판허가를 부여하는 조건으로, 생물학적 동등성과 관련

---

24) 양 당사국은 이 협정의 서명일에 어떠한 당사국도 다른 영역에서 시판허가를 획득하기 위하여 안전성 또는 유효성 정보를 이전에 제출한 인의 동의가 없는 인이 그러한 정보 또는 그러한 다른 영역에서의 이전 시판허가의 증거에 기초하여, 당사국의 영역에서 동일하거나 유사한 제품을 시판하는 것을 허용하지 아니함을 인정한다.

된 정보 이외에 이전에 허가된 화학물질을 포함하는 의약품의 허가에 필수적인 새로운 임상정보의 제출을 요구하거나 허용하는 경우, 당사국은 그 당사국 영역에서 시판허가를 획득하기 위하여 그러한 새로운 임상정보를 이전에 제출한 인의 동의가 없이는 다른 인이 다음에 기초하여 동일하거나 유사한 제품을 시판하는 것을 그 당사국 영역에서의 시판허가일로부터 최소한 3년간 승인하여서는 아니 된다.

1) 그 시판허가를 뒷받침하기 위하여 제출된 새로운 임상정보, 또는

2) 새로운 임상정보에 기초한 그 시판허가의 증거

나. 당사국이 가호에 규정된 유형의 의약품에 대하여 시판허가를 부여하는 것과 관련하여, 생물학적 동등성과 관련된 정보의 증거 이외에 새로운 임상정보에 기초한 이전의 시판허가의 증거와 같은, 그 새로운 임상정보에 기초하여 다른 영역에서 이전에 허가된 제품에 대하여 새로운 임상정보에 관한 증거의 제출을 요구하거나 허용하는 경우, 그 당사국은 그 다른 영역에서 시판허가를 획득하기 위하여 그러한 새로운 임상정보를 이전에 제출한 인의 동의가 없이는 다른 인이 다음에 기초하여 동일하거나 유사한 제품을 시판하는 것을 그 당사국 영역에서의 새로운 임상정보에 기초한 시판허가일로부터 최소한 3년간 승인하여서는 아니 된다.

1) 그 다른 영역에서 이전 시판허가를 뒷받침하기 위하여 제출된 새로운 임상정보, 또는

2) 그 다른 영역에서 새로운 임상정보에 기초한 이전 시판허가의 증거

다. 당사국이 그 당사국의 영역에서 이전에 허가된 농약품의 새로운 용도에 대하여 시판허가를 부여하는 조건으로, 작성에 상당한 노력이 소요된 안전성 또는 유효성 정보의 제출을 요구하거나 허용하는 경우, 당사국은 그 당사국 영역에서 시판허가를 획득하기 위하여 그러한 안전성 또는 유효성 정보를 이전에 제출한 인의 동의가 없이는 다른 인이 다음에 기초하여 동일하거나 유사한 제품을 그 용도를 위하여 시판하는 것을 그 당사국 영역에서의 농약품의 원래의 시판허가일로부터 최소한 10년간 승인하여서는 아니 된다.

1) 제출된 안전성 또는 유효성 정보, 또는

2) 그 용도를 위한 시판허가의 증거

라. 당사국이 그 당사국의 영역에서 이전에 허가된 농약품의 새로운 용도에 대한 시판허가를 부여하는 것과 관련하여, 그 새로운 용도에 대한 이전의 시

판허가의 증거와 같은, 그 새로운 용도에 대하여 다른 영역에서 이전에 허가된 제품의 안전성 또는 유효성에 관한 증거의 제출을 요구하거나 허용하는 경우, 당사국은 그 다른 영역에서 시판허가를 획득하기 위하여 안전성 또는 유효성 정보를 이전에 제출한 인의 동의가 없이는 다른 인이 다음에 기초하여 동일하거나 유사한 제품을 시판하는 것을 그 당사국의 영역에서 원래의 시판허가가 부여된 날로부터 최소한 10년간 승인하여서는 아니 된다.

1) 그 다른 영역에서 그 용도에 대한 이전 시판허가를 뒷받침하기 위하여 제출된 안전성 또는 유효성 정보, 또는

2) 그 새로운 용도에 대한 다른 영역에서 이전 시판허가의 증거

3. 의약품에 대하여, 제1항 및 제2항에도 불구하고, 당사국은 다음에 따라 공중보건을 보호하는 조치를 취할 수 있다.

가. 무역 관련 지적재산권에 관한 협정 및 공중보건에 관한 선언(WT / MIN(01) / DEC / 2)(선언)

나. 선언을 이행하기 위하여 세계무역기구협정에 따라 세계무역기구 회원국들에 의하여 부여되었으며 양 당사국 간에 발효 중인 무역 관련 지적재산권에 관한 협정 조항에 대한 모든 면제, 그리고

다. 양 당사국에 대하여 발효하게 되는, 선언을 이행하기 위한 무역 관련 지적재산권에 관한 협정의 모든 개정

4. 제3항을 조건으로, 어떤 제품이 제1항 또는 제2항에 따라 당사국 영역에서 시판허가 제도의 대상이 되고 또한 그 영역에서 특허의 대상이 될 때, 그 당사국은 특허보호가 그러한 항에 명시된 보호 기간의 만료보다 더 이른 날에 종료되는 경우 그러한 항에 따라 그 당사국이 규정한 보호 기간을 변경할 수 없다.

5. 당사국이 의약품의 시판을 허가하는 조건으로, 안전성 또는 유효성 정보를 원래 제출한 인 이외의 인이 그러한 정보 또는 그 당사국의 영역 또는 다른 영역에서의 이전 시판허가의 증거와 같이 이전에 허가된 제품의 안전성 또는 유효성 정보의 증거에 의존하도록 허용하는 경우, 그 당사국은

가. 그 제품 또는 그 제품의 허가된 사용방법을 대상으로 하는 것으로 허가당국에 통보된 특허의 존속 기간 동안 시장에 진입하기 위하여 시판허가를 요청하는 모든 그러한 다른 인의 신원을 특허권자가 통보받도록 규정한다. 그리고

나. 그 제품 또는 그 제품의 허가된 사용방법을 대상으로 하는 것으로 허가당

국에 통보된 특허의 존속 기간 동안 특허권자의 동의 또는 묵인 없이 그러한 다른 인이 제품을 시판하는 것을 방지하기 위한 자국의 시판허가절차에서의 조치를 이행한다.

제18.10조 지적재산권 집행

일반적 의무

1. 각 당사국은 지적재산권의 집행과 관련하여 일반적으로 적용되는 최종사법결정과 행정판정이 서면으로 이루어지고 그 결정과 판정이 기초로 하는 관련 사실의 조사 결과 및 사유 또는 법적 근거를 명시하도록 규정한다. 각 당사국은 또한 그러한 결정과 판정이 공표[25]되거나, 공표가 실행 가능하지 아니한 경우에는 정부들과 권리자가 이를 인지하게 될 수 있는 방식으로 공중에게 자국의 언어로 달리 이용 가능하도록 규정한다.
2. 각 당사국은 자국의 민사·행정 및 형사 제도에서 지적재산권의 효과적인 집행을 제공하려는 자국의 노력에 대한 정보를 홍보하며,[26] 여기에는 그러한 목적으로 그 당사국이 수집할 수 있는 통계적 정보를 포함한다.
3. 저작권 또는 저작인접권에 관련되는 민사·행정 및 형사 절차에서, 각 당사국은, 반대되는 증거가 없는 한, 저작물·실연 또는 음반의 저작자·제작자·실연자 또는 출판자로 통상적인 방식으로 그 성명이 표시되는 인을 그러한 저작물·실연 또는 음반의 지정된 권리자로 추정하도록 규정한다. 각 당사국은 또한, 반대되는 증거가 없는 한, 그러한 대상물에 저작권 또는 저작인접권이 존재하는 것으로 추정하도록 규정한다. 상표에 관련되는 민사·행정 및 형사 절차에서 각 당사국은 등록된 상표가 유효하다는 반증 가능한 추정을 규정한다. 특허에 관련되는 민사와 행정 절차에서 각 당사국은 특허가 유효하다는 반증 가능한 추정을 규정하고, 그러한 각각의 특허 청구항은 그 밖의 청구항의 유효성과는 독립적으로 유효한 것으로 추정함을 규정한다.

---

25) 당사국은 그 결정 또는 판정을 인터넷상 공개함으로써 제1항의 공표요건을 충족시킬 수 있다.

26) 보다 명확히 하기 위하여, 제2항의 어떠한 것도 당사국이 홍보하여야 하는 정보의 공표 형태, 형식 및 방법을 규정하는 것으로 의도되지 아니한다.

4. 각 당사국은 모든 지적재산권 집행에 관한 민사 사법절차를 권리자[27]에게 이용 가능하도록 한다.
5. 각 당사국은 다음을 규정한다.
   가. 민사 사법절차에서, 사법당국은 침해자가 권리자에게 다음을 지급하도록 명령할 권한을 가진다.
      1) 침해의 결과로 권리자가 입은 피해를 보상할 수 있는 충분한 손해배상,[28] 또는
      2) 최소한 저작권 또는 저작인접권 침해 및 상표위조의 경우, 침해로 인하여 얻은 침해자의 이익. 이는 1목에 언급된 손해배상액으로 추정될 수 있다. 그리고
   나. 지적재산권 침해로 인한 손해배상을 결정함에 있어서 사법당국은 특히 시장가격, 권장소비자가격 또는 권리자가 제시한 그 밖의 정당한 가치측정에 의하여 산정된 침해된 상품 또는 서비스의 가치를 고려한다.
6. 민사 사법절차에서 각 당사국은, 최소한 저작권 또는 저작인접권에 의하여 보호되는 저작물·음반 및 실연에 대하여, 그리고 상표위조의 경우에, 권리자의 선택에 따라 이용 가능한 법정손해배상액을 수립하거나 유지한다. 법정손해배상액은 장래의 침해를 억지하고 침해로부터 야기된 피해를 권리자에게 완전히 보상하기에 충분한 액수이어야 한다.[29]
7. 각 당사국은, 예외적인 상황을 제외하고, 사법당국이 저작권 또는 저작인접권의 침해, 특허 침해 또는 상표 침해에 관한 민사 사법절차의 종결 시 패소자로 하여금 승소자에게 소송비용 또는 수수료를 지급하도록 명령할 수 있는 권한을 가지도록 규정하고, 최소한 저작권 또는 저작인접권 침해 또는 고의적인 상표위조에 관한 절차에서는 합리적인 변호사 보수의 지급을 명령할 수 있는 권

27) 제18.10조의 목적상, "권리자"는 그러한 권리를 주장할 수 있는 법적 지위와 권한을 가진 연합 또는 협회를 포함하고, 어느 지적재산에 포함된 하나 이상의 지적재산권을 배타적으로 가지고 있는 인을 또한 포함한다.

28) 특허침해의 경우, 침해를 보상하기에 충분한 손해배상은 합리적인 로열티보다 적어서는 아니 된다.

29) 어떠한 당사국도 제6항을 당사국 또는 당사국의 승인이나 동의하에 행동한 제3자에 대한 침해소송에 적용하도록 요구되지 아니한다.

한을 가지도록 규정한다. 더 나아가, 각 당사국은, 최소한 예외적인 상황에서는, 사법당국이 특허 침해에 관한 민사 사법절차의 종결 시 패소자로 하여금 합리적인 변호사 보수를 승소자에게 지급하도록 명령할 수 있는 권한을 가지도록 규정한다.

8. 저작권 또는 저작인접권 침해와 상표위조에 관한 민사 사법절차에서, 각 당사국은 사법당국이 침해행위와 관련된 침해혐의가 있는 상품·재료 및 도구의 압류 그리고 최소한 상표위조에 대하여는 침해와 관련된 증거서류의 압류를 명령할 수 있는 권한을 가지도록 규정한다.

9. 각 당사국은 다음을 규정한다.

   가. 민사 사법절차에서, 권리자의 요청이 있는 경우, 불법복제되거나 위조된 것으로 판정된 상품은 예외적인 상황을 제외하고 폐기된다.

   나. 사법당국은 그러한 불법복제되거나 위조된 상품의 제조 또는 생성에 사용된 재료와 도구가 어떠한 종류의 보상도 없이 신속하게 폐기되거나, 예외적인 상황에서는 어떠한 종류의 보상도 없이, 추가 침해에 대한 위험을 최소화하는 방식으로 상거래 밖에서 처분되도록 명령할 수 있는 권한을 가진다. 그리고

   다. 위조 상표가 부착된 상품에 관하여는, 불법적으로 부착된 상표를 단순히 제거하는 것으로는 상품이 상거래로 반출되는 것을 허용하기에 충분하지 아니하다.

10. 각 당사국은 지적재산권 집행에 관한 민사 사법절차에서 사법당국이 침해 상품 또는 서비스의 생산과 유통 또는 그 유통경로에 연루된 제3자의 신원을 포함하여 어떠한 측면으로든 침해에 연루된 인 또는 인들에 관하여, 그리고 그러한 상품 또는 서비스의 생산 수단 또는 유통경로에 관하여 침해자가 소유하거나 통제하는 모든 정보를 증거 수집의 목적으로 제공하고 그 정보를 권리자 또는 사법당국에게 제공하도록 침해자에게 명령할 수 있는 권한을 가지도록 규정한다.

11. 각 당사국은 사법당국이 다음의 권한을 가지도록 규정한다.

   가. 적절한 경우, 사법당국이 내린 유효한 명령을 지키지 못한 민사 사법절차의 당사자에게 벌금을 부과하거나, 그 당사자를 구류하거나 구금할 수 있는 권한, 그리고

   나. 소송절차에서 생산되거나 교환된 비밀정보의 보호에 관한 사법명령의 위반에 대하여, 민사 사법절차의 당사자, 변호인, 전문가 또는 법원의 관할권

이 미치는 그 밖의 인에게 제재를 부과할 수 있는 권한

12. 사건의 본안에 관한 행정적인 절차의 결과로 민사구제가 명령될 수 있는 범위에서, 각 당사국은 그러한 절차가 이 장에 명시된 원칙과 실질적으로 동등한 원칙에 부합하도록 규정한다.

13. 제18.4조 제7항 및 제8항에 기술된 행위에 관한 민사 사법절차에서, 각 당사국은 사법당국이 최소한 다음의 권한을 가지도록 규정한다.

가. 금지된 행위에 관련된 것으로 의심되는 장치 및 제품의 압류를 포함한 잠정조치를 부과할 수 있는 권한

나. 권리자가 입은 실제 손해배상액과 법정 손해배상액 중 하나의 지급을 권리자가 선택할 수 있는 기회를 제공할 수 있는 권한

다. 민사 사법절차의 종결 시 금지된 행위에 관여한 당사자가 승소한 권리자에게 소송비용과 수수료 및 합리적인 변호사 보수를 지급하도록 명령할 수 있는 권한, 그리고

라. 금지된 행위에 연루된 것으로 판정된 장치 및 제품의 폐기를 명령할 수 있는 권한

어떠한 당사국도 그 행위가 금지된 행위를 구성한다는 것을 인지하지 아니하였고 그렇게 믿었을 만한 사유가 없었음을 증명한 비영리 도서관·기록보관소·교육기관 또는 공공의 비상업적 방송기관에 대하여는 이 항에 따른 손해배상을 이용 가능하게 할 수 없다.

14. 지적재산권 집행에 관한 민사 사법절차에서, 각 당사국은 사법당국이 특히 침해 수입품의 상거래로의 반출과 그 수출을 금지하기 위하여 당사자에게 침해를 중지하도록 명령할 수 있는 권한을 가지도록 규정한다.

15. 당사국의 사법 또는 그 밖의 권한 있는 당국이 지적재산권의 집행에 관한 민사 절차에서 기술전문가 또는 그 밖의 전문가를 임명하고 소송 당사자로 하여금 그러한 전문가 비용을 부담할 것을 요구하는 경우, 그 당사국은 특히 그러한 비용이 수행된 업무의 양 및 성격에 밀접하게 관련되고 그러한 절차의 이용을 불합리하게 억지하지 아니하도록 보장하기 위하여 노력하여야 할 것이다.

대체적 분쟁해결

16. 각 당사국은 지적재산권에 관한 민사 분쟁을 해결할 수 있는 대체적 분쟁해결

절차의 사용을 허용할 수 있다.

잠정조치

17. 각 당사국은 일방적 잠정조치의 요청에 대하여 신속하게 대응한다.
18. 각 당사국은 잠정조치에 대하여 사법당국이 원고의 권리가 침해되고 있거나 그러한 침해가 임박하였다고 충분한 정도의 확실성으로 사법당국을 납득시킬 수 있도록, 합리적으로 이용 가능한 모든 증거를 제공하도록 원고에게 요구할 권한을 가지도록 규정한다. 그리고 각 당사국은 피고를 보호하고 권리남용을 방지하는 데 충분하며 그러한 절차의 이용을 불합리하게 억지하지 아니하는 수준에서 정해진 합리적인 담보 또는 이에 상당하는 보증을 제공하도록 원고에게 명령할 수 있는 권한을 가지도록 규정한다.

국경조치와 관련된 특별 요건

19. 각 당사국은 자국의 권한 있는 당국이 위조된 상표 상품이나 혼동을 일으킬 정도로 유사한 상표 상품으로 의심되는 상품, 또는 불법복제된 저작권 상품으로 의심되는 상품[30)]이 자유로운 유통에 반출되는 것을 정지시키는 절차를 개시하는 권리자는 수입국의 법상 권리자의 지적재산권에 대한 침해가 일단 성립된다고 권한 있는 당국이 납득할 만한 충분한 증거를 제공하도록, 그리고 권한 있는 당국이 의심상품을 합리적으로 인지할 수 있도록 권리자가 알고 있을 것으로 합리적으로 기대될 수 있는 충분한 정보를 제공하도록 요구되는 것으로 규정한다. 충분한 정보를 제공하라는 요건은 이러한 절차의 이용을 불합리하게 억지하지 아니하도록 한다. 각 당사국은 상품의 반출을 정지하는 신청이 자국 영역의 모든 반입 지점에 적용되며, 신청일로부터 1년 이상의 기

30) 제19항 내지 제25항의 목적상,

가) **위조된 상표 상품**이라 함은 포장을 포함하여 상품에 대하여 유효하게 등록된 상표와 동일하거나 본질적인 측면에서 그러한 상표와 식별되지 아니하는 상표를 허락 없이 부착하여, 수입국의 법에 따라 해당 상표권자의 권리를 침해한 상품을 말한다. 그리고

나) **불법복제된 저작권 상품**이라 함은 권리자 또는 제작 국가에서 권리자가 정당하게 허락한 인의 동의 없이 이루어진 복제물로, 그 복제가 수입국 법에 따라 저작권 또는 저작인접권의 침해를 구성하였을 물품으로부터 직접적으로 또는 간접적으로 제작된 모든 상품을 말한다.

간 또는 그 상품이 저작권에 의하여 보호되거나 관련 상표 등록이 유효한 기간 중 짧은 기간 동안 적용 가능하도록 규정한다.

20. 각 당사국은 자국의 권한 있는 당국이 위조된 상표 상품이나 혼동을 일으킬 정도로 유사한 상표 상품으로 의심되는 상품, 또는 불법복제된 저작권 상품으로 의심되는 상품의 반출을 정지시키는 절차를 개시하는 권리자에게, 피고 및 권한 있는 당국을 보호하고 남용을 방지하기에 충분한 합리적인 담보 또는 이에 상당하는 보증을 제공하도록 요구할 수 있는 권한을 가지도록 규정한다. 각 당사국은 담보 또는 이에 상당하는 보증이 그 절차의 이용을 불합리하게 억지하지 아니하도록 규정한다. 각 당사국은 권한 있는 당국이 그 물품이 침해 상품이 아니라고 결정한 경우, 담보가 수입자 또는 수입된 물품의 소유자가 상품의 반출 정지로 인한 손실 또는 손해로부터 피해를 보지 아니하도록 하는 조건부 증서의 형태가 될 수 있도록 규정할 수 있다. 어떠한 경우에도 수입자가 위조된 상표 상품이나 혼동을 일으킬 정도로 유사한 상표 상품으로 의심되는 상품, 또는 불법복제된 저작권 상품의 점유를 취득하기 위하여 증서 또는 그 밖의 담보를 예치하도록 허용되어서는 아니 된다.

21. 권한 있는 당국이 위조된 또는 불법복제된 상품을 압수한 경우, 당사국은 압수일로부터 30일 이내에 권리자에게 탁송인 · 수입자 · 수출자 또는 수탁인의 이름과 주소를 알리고, 그 물품의 명세, 그 물품의 수량, 알려진 경우 그 물품의 원산지국을 권리자에게 제공한다.

22. 각 당사국은 권한 있는 당국이 위조되거나 혼동을 일으킬 정도로 유사한 상표 상품 또는 불법복제된 저작권 상품으로 의심되는 수입 · 수출 또는 환적물품[31] 또는 자유무역지역의 물품에 대하여 직권으로[32] 국경조치를 개시할 수 있도록 규정한다.

23. 각 당사국은 세관당국에 의하여 반출이 정지되고 불법복제되거나 위조된 것으로 몰수된 상품은 예외적인 상황을 제외하고는 폐기되도록 규정한다. 위조된 상표 상품에 대하여는, 불법적으로 부착된 상표를 단순히 제거하는 것으로는 그 상품의 상거래로의 반출을 허용하기에 충분하지 아니하다. 예외적인 상황

31) 제22항의 목적상, **통과 중인 물품**이라 함은 통관절차의 간소화 및 조화에 관한 국제협약(교토협약)에 정의된 "보세운송"상의 상품 및 "환적된" 상품을 말한다.

32) 보다 명확히 하기 위하여, 양 당사국은, 직권조치가 사인이나 권리자로부터 공식적인 고소를 요구하지 아니하는 것으로 양해한다.

을 제외하고, 어떠한 경우에도 권한 있는 당국이 위조된 상표 상품 또는 불법복제된 저작권 상품의 수출을 허용하거나 또는 그러한 상품이 그 밖의 통관절차의 대상이 되도록 허용할 권한을 가져서는 아니 된다.

24. 지적재산권을 집행하기 위한 국경조치와 관련하여 신청수수료 또는 물품보관수수료가 산정되는 경우, 각 당사국은 그 수수료를 이러한 조치의 이용을 불합리하게 억지하는 금액으로 정하지 아니하도록 규정한다.

25. 각 당사국은 상호 합의한 조건에 따라 다른 쪽 당사국에게 지적재산권에 관한 국경조치의 집행에 관한 기술적 자문을 제공하고, 양 당사국은 이러한 사안에 대한 양자적 및 지역적 협력을 증진한다.

형사절차와 구제

26. 각 당사국은 최소한 상업적 규모의 고의적인 상표위조나 저작권 또는 저작인접권 침해의 경우에 적용될 형사 절차 및 처벌을 규정한다. 상업적 규모의 고의적인 저작권 또는 저작인접권 침해는 다음을 포함한다.

가. 직접적 또는 간접적인 금전적 이득의 동기가 없는 중대한 고의적인 저작권 또는 저작인접권의 침해, 그리고

나. 상업적 이익 또는 사적인 금전적 이득을 목적으로 하는 고의적인 침해[33)]

각 당사국은 위조되거나 불법복제된 상품의 고의적인 수입 또는 수출을 형사처벌의 대상이 되는 불법 행위로 다룬다.[34)]

27. 제26항에 더하여, 각 당사국은 다음을 규정한다.

가. 침해자의 금전적인 동기를 제거하려는 정책에 합치되게, 장래의 침해를 억지하기에 충분한 벌금형뿐만 아니라 징역형 선고를 포함하는 처벌. 각 당사국은 나아가 사법당국이 형사적 침해가 상업적 이익이나 사적인 금전적 이득을 목적으로 발생하는 때에, 실제 형기의 부과를 포함하여 장래의 침해를 억지하기에 충분한 수준에서 처벌하도록 권장한다.

나. 사법당국은 위조 또는 불법복제 의심상품과, 위법 행위를 행하는 데 사용된

33) 제26항 · 제18.4조 제7항 가호 · 제18.4조 제8항 가호와 제18.10조 제27항의 목적상 그리고, 보다 명확히 하기 위하여, "금전적 이득"은 가치를 지닌 그 어떤 것의 수령 또는 기대를 포함한다.

34) 당사국은 불법복제된 상품의 수출에 관한 제26항의 의무를 배포에 관한 자국의 조치를 통하여 준수할 수 있다.

모든 관련 재료와 도구, 위법 행위에 관련된 증거 서류, 그리고 침해 행위에 기인한 모든 자산의 압수를 명령할 수 있는 권한을 가진다. 각 당사국은 압수의 대상이 되는 품목이 그 명령에 규정된 일반적인 범주에 해당하는 한, 그러한 명령이 개별적으로 그 품목을 적시할 필요는 없는 것으로 규정한다.

다. 사법당국은 특히 침해 행위에 기인한 모든 자산의 몰수를 명령할 권한을 가진다.

라. 사법당국은 예외적인 경우를 제외하고, 다음을 명령한다.

1) 모든 위조되거나 불법복제된 상품과 위조 표장으로 구성된 모든 물품의 몰수 및 폐기, 그리고

2) 위조되거나 불법복제된 상품의 제작에 사용되었던 재료와 도구의 몰수 및/또는 폐기

각 당사국은 나아가 피고인에 대한 어떠한 종류의 보상도 없이 이 호와 다호에 따른 몰수 및 폐기가 이루어지도록 규정한다.

마. 형사사건에서, 사법 또는 그 밖의 권한 있는 당국은 폐기 예정인 상품과 그 밖의 재료의 목록을 유지하고, 손해배상을 위하여 민사 또는 행정 소송의 제기를 희망한다는 권리자의 통보가 있는 경우, 증거 보전을 용이하게 하기 위하여 이러한 재료를 폐기 명령으로부터 일시적으로 면제할 수 있는 권한을 가진다. 그리고

바. 자국의 권한 있는 당국은 이 장에 기술된 위법 행위에 대하여 사인이나 권리자의 공식적인 고소 없이 직권으로 법적 조치를 개시할 수 있다.

28. 각 당사국은, 또한 최소한 다음에 대하여 알면서 행한 밀거래의 경우, 고의적인 상표위조 또는 저작권 침해에 해당하지 아니한 경우라도 형사 절차 및 처벌이 적용되도록 규정한다.

가. 음반, 컴퓨터 프로그램이나 그 밖의 문학 저작물의 복제물, 영화나 그 밖의 영상저작물의 복제물, 또는 그러한 품목을 위한 서류나 포장에 부착·동봉 또는 첨부되거나 부착·동봉 또는 첨부되도록 고안된 위조 라벨 또는 불법 라벨, 그리고

나. 가호에 규정된 유형의 품목에 대한 위조 서류 또는 포장

29. 각 당사국은 영화 또는 그 밖의 영상저작물의 저작권자나 저작인접권자의 허락 없이 공중 영화상영 시설에서 영화 또는 그 밖의 영상저작물의 상영으로부터 그 영화나 그 밖의 영상저작물 또는 그 일부를 전송하거나 복제하기 위하여

알면서 녹화장치를 사용하거나 사용하려고 시도하는 인에 대하여 적용될 형사 절차를 또한 규정한다.

서비스 제공자의 책임 및 책임제한

30. 침해를 방지하기 위한 신속한 구제와 추가 침해를 억지하는 형사 및 민사 구제를 포함하여, 이 장의 적용대상이 되는 모든 저작권 침해 행위에 대한 효과적인 조치를 허용하는 집행절차를 제공할 목적으로, 각 당사국은 이 조에 규정된 틀에 합치되게 다음을 규정한다.

가. 저작권이 있는 자료의 무단 저장 및 전송을 억지하는 데 있어 서비스 제공자가 저작권[35]자와 협력하도록 하는 법적 유인책, 그리고

나. 이 호에서 규정된 대로, 서비스 제공자가 통제, 개시 또는 지시하지 아니한 저작권 침해이면서, 서비스 제공자가 또는 서비스 제공자를 대신하여 통제하거나 운영하는 시스템 또는 네트워크를 통하여 일어나는 저작권 침해에 대하여, 서비스 제공자를 대상으로 이용 가능한 구제의 범위에 대한 자국 법상의 제한[36]

1) 이러한 책임제한은 금전적 구제를 배제하며, 다음의 기능과 관련하여 특정 행위를 강제 또는 제지하는 법원의 구제명령에 대하여 합리적인 제약을 부과하고, 다음의 기능에 한정된다.[37]

가) 내용의 수정 없이 자료를 전송, 라우팅 또는 접속을 제공하거나, 그 과정에서 그러한 자료를 중개적이고 일시적으로 저장

나) 자동적인 처리를 통하여 수행되는 캐싱

다) 서비스 제공자에 의하여 또는 서비스 제공자를 위하여 통제되거나 운영되는 시스템 또는 네트워크에 존재하는 자료의 이용자의 지시에 따른 저장, 그리고

라) 하이퍼링크 및 디렉토리를 포함한 정보검색도구를 이용함으로써 이용자를 온라인상의 장소에 소개하거나 연결

---

35) 제30항의 목적상, "저작권"은 저작인접권을 포함한다.

36) 나호는 저작권 침해에 대한 일반적으로 적용 가능한 항변의 이용 가능성과는 무관하다.

37) 어느 한쪽 당사국은 이 협정 발효일 이후 당사국이 발견한 유사한 성질의 기능을 나호에서 어떻게 다룰지를 검토하기 위하여 다른 쪽 당사국과의 협의를 요청할 수 있다.

2) 이러한 책임제한은 서비스 제공자가 그 자료의 전송 체인을 개시하지 아니하고, 그 자료 또는 그 자료의 수신자를 선택하지 아니한 경우에만 적용된다(다만, 1목 라에 기술된 기능이 그 자체로서 어떤 형태의 선택을 수반하는 경우는 제외한다).

3) 1목 가 내지 1목 라의 각 기능에 대한 책임제한을 받는 서비스 제공자의 자격은, 4목 내지 7목에 규정된 자격 조건에 따라, 각 다른 기능에 대한 책임제한을 받는 자격과는 별도로 고려된다.

4) 1목 나에 언급된 기능에 대하여, 그 책임제한은 다음을 조건으로 한다.

가) 서비스 제공자가, 캐싱된 자료에 대한 사용자 접근에 관한 조건을 충족한 시스템 또는 네트워크의 사용자에게만 상당 부분 캐싱된 자료에 대한 접근을 허용할 것

나) 서비스 제공자가, 온라인상 자료를 이용 가능하게 하는 인이 자료를 이용 가능하게 하는 시스템 또는 네트워크에 대하여 일반적으로 인정되는 산업표준 정보통신규약에 따라 명시한 때에, 캐싱된 자료의 새로고침, 리로딩 또는 그 밖의 갱신에 관한 규칙을 준수할 것

다) 서비스 제공자가, 자료의 사용에 대한 정보를 획득하기 위하여 원 사이트에서 사용된 그 당사국의 영역에서 인정된 산업표준에 합치하는 기술을 방해하지 아니하고 그 내용을 후속 사용자에게 전송 시 수정하지 아니할 것, 그리고

라) 서비스 제공자가, 침해 주장에 대한 유효한 통보를 수령하는 경우, 원 사이트에서 삭제되었거나 접근이 무력화된 캐싱된 자료를 신속하게 제거하거나 접근을 무력화할 것

5) 1목 다 및 라에 언급된 기능에 대하여, 그 책임제한은 다음을 조건으로 한다.

가) 서비스 제공자가, 침해 행위를 통제할 권리 및 능력이 있는 상황에서, 그러한 행위에 직접적으로 기인하는 금전적 혜택을 받지 아니할 것

나) 서비스 제공자가, 침해를 실제로 알게 되거나, 9목에 따른 침해주장에 대한 유효한 통보를 통해서와 같이 침해가 명백하다는 사실 또는 정황을 인지하게 되는 경우, 서비스 제공자의 시스템 또는 네트워크에 존재하는 자료를 신속하게 제거하거나 접근을 무력화할 것, 그리고

다) 서비스 제공자가, 그러한 통보를 접수하는 대표자를 공개적으로 지

정할 것

6) 이 호의 책임제한을 받을 자격은 다음을 조건으로 한다.

가) 서비스 제공자가, 적절한 상황에서 상습 침해자의 계정을 해지하도록 규정하는 정책을 채택하고 합리적으로 이행할 것, 그리고

나) 서비스 제공자가, 저작권이 있는 자료를 보호하고 확인하며, 저작권자와 서비스 제공자의 광범위한 컨센서스에 의하여 개방되고 자발적인 과정을 통하여 개발되고, 합리적이고 비차별적인 조건으로 이용 가능하며, 그리고 서비스 제공자에게 상당한 비용을 부과하거나 그들의 시스템 또는 네트워크에 실질적인 부담을 주지 아니하는, 당사국의 영역에서 채택된 표준 기술조치를 수용하고 이를 방해하지 아니할 것

7) 이 호의 책임제한을 받는 자격은, 그러한 기술 조치와 합치되는 경우를 제외하고, 서비스 제공자가 자신의 서비스를 감시하거나, 침해행위를 나타내는 사실을 능동적으로 찾아야 하는 것을 조건으로 할 수 없다.

8) 서비스 제공자가 1목 가에 언급된 기능에 대한 책임제한을 받을 자격이 있는 경우, 특정 행위를 강제하거나 제지하는 법원의 구제명령은 특정한 계정을 해지시키거나 특정한 국외 온라인상의 장소에 대한 접근을 막기 위한 합리적인 조치를 취하는 것으로 제한된다. 서비스 제공자가 1목의 그 밖의 기능에 대한 책임제한을 받을 자격이 있는 경우, 특정 행위를 강제하거나 제지하는 법원의 구제명령은, 침해 자료의 제거 또는 이에 대한 접근의 무력화, 특정 계정의 해지, 그리고 법원이 필요하다고 판단하는 그 밖의 구제로 제한된다. 다만, 그러한 그 밖의 구제는 비슷하게 효과적인 구제 형태 중에서 서비스 제공자에게 가장 부담이 적은 조치이어야 한다. 각 당사국은, 그러한 구제가 서비스 제공자에 대한 상대적인 부담과 저작권자에 대한 피해, 기술적 실행 가능성과 구제의 실효성, 그리고 부담이 보다 적고 비슷하게 효과적인 집행 방법이 이용 가능한지 여부를 적절히 고려하여 그러한 구제명령을 내리도록 규정한다. 증거 보전을 보장하는 명령이나 서비스 제공자의 통신 네트워크의 운영에 중요한 부정적 효과가 없는 그 밖의 명령을 제외하고, 각 당사국은 서비스 제공자가 이 호에 언급된 법원 명령절차의 통보를 받고 사법당국에 출두할 기회를 가진 경우에만 그러한 구제가 이용 가

능하도록 규정한다.

9) 1목 다 및 1목 라에 언급된 기능에 대한 통보와 중단 절차의 목적상, 각 당사국은 침해주장의 효과적인 통보를 위하여, 그리고 실수 또는 오인을 통하여 자신의 자료가 제거되거나 무력화된 인에 의한 효과적인 대응통보를 위하여 자국 법 또는 규정에 적절한 절차를 수립한다. 각 당사국은 또한, 통보 또는 대응통보에서 알면서 중요한 허위 표기를 하여 서비스 제공자가 그 허위 표기에 의존한 결과로 이해당사자에게 피해를 야기한 인에 대한 금전적 구제를 규정한다.

10) 서비스 제공자가 침해주장 또는 외견상 명백한 침해에 기초하여 선의로 자료를 제거하거나 접근을 무력화한 경우, 각 당사국은 이로 인한 청구에 대한 책임으로부터 서비스 제공자가 면책되도록 규정한다. 다만, 이는 자료가 서비스 제공자의 시스템 또는 네트워크상에 존재하는 경우, 서비스 제공자가 그의 시스템 또는 네트워크상에 자료를 이용 가능하게 한 인에게 서비스 제공자가 그렇게 하였다는 것을 신속하게 통보하는 합리적 조치를 취하고, 그 인이 효과적인 대응통보를 하고 침해소송에서 관할권의 대상이 되는 경우, 유효한 일차 통보를 한 인이 합리적인 시간 이내에 법적 구제를 구하지 아니하는 한, 온라인상 자료를 복구하기 위한 합리적인 조치를 취하여야 한다.

11) 각 당사국은 침해주장에 대한 유효한 통보를 한 저작권자가 서비스 제공자가 보유하고 있는 침해 혐의자를 확인하는 정보를 신속하게 획득할 수 있도록 하는 행정 또는 사법 절차를 수립한다.

12) 1목 가에 언급된 기능의 목적상, 서비스 제공자라 함은 이용자가 선택한 자료를, 그 내용의 수정 없이 이용자가 명시하는 지점 사이에 디지털온라인 통신을 위하여 전송, 라우팅 또는 접속시키는 제공자를 말하고, 1목 나 내지 1목 라에 언급된 기능의 목적상, **서비스 제공자**라 함은 온라인 서비스 또는 네트워크 접근을 위한 설비의 제공자 또는 운영자를 말한다.

제18.11조 특정 공중보건조치에 관한 양해

1. 양 당사국은 무역 관련 지적재산권에 관한 협정 및 공중보건에 관한 선언(WT/

MIN(01) / DEC / 2)에 대한 약속을 확인한다.

2. 양 당사국은 이 장에 관하여 다음의 양해에 도달하였다.

   가. 이 장의 의무는 당사국이, 특히 극히 긴급한 상황 또는 국가 비상사태뿐만 아니라 인간면역결핍바이러스 / 후천성면역결핍증, 결핵, 말라리아 그리고 그 밖의 전염병과 같은 경우에 관하여, 모두를 위한 의약품에 대한 접근을 증진함으로써 공중보건을 보호하는 조치를 취하는 것을 금지하지 아니하며 금지하지 아니하여야 할 것이다. 이에 따라, 이 장에 대한 양 당사국의 약속을 재강조하면서, 양 당사국은 이 장이 공중보건을 보호할 각 당사국의 권리, 그리고 특히 모두를 위한 의약품에 대한 접근을 증진할 각 당사국의 권리를 지지하는 방식으로 해석되고 이행될 수 있음을, 그리고 그리하여야 할 것임을 확인한다.

   나. 무역 관련 지적재산권에 관한 협정 및 공중보건에 관한 도하선언의 제6항의 이행에 관한 2003년 8월 30일자 일반이사회의 결정(WT / L / 540)과 그 결정에 수반되는 세계무역기구 일반이사회 의장의 성명서(JOB(03) / 177, WT / GC / M / 82)(총칭하여 "무역 관련 지적재산권 / 보건 해결")에 따라 공급되는 의약품에 대한 접근에 관한 약속을 인정하면서, 이 장은 무역 관련 지적재산권 / 보건 해결의 효과적인 이용을 금지하지 아니하며 금지하지 아니하여야 할 것이다.

   다. 앞서 언급된 사안에 대하여, 무역 관련 지적재산권에 관한 협정의 개정이 양 당사국에 대하여 발효되고 당사국이 그 개정에 합치되게 조치를 적용하는 것이 이 장에 위반되는 경우, 양 당사국은 그 개정에 비추어 이 장을 적절하게 조화시키기 위하여 즉시 협의한다.

제18.12조 경과 규정

1. 각 당사국은 이 협정의 발효일에 이 장에 효력을 부여한다.
2. 제1항에도 불구하고, 대한민국은 이 협정의 발효일 후 2년 이내에 제18.4조 제4항의 의무를 완전하게 이행한다.

2007. 6. 30

부속서한(인터넷 서비스 제공자의 책임 제한)

2007. 6. 30

슈와브 대사
미합중국 무역대표
워싱턴 디씨

슈와브 대사 귀하

본인은 금일 서명되는 우리 양국 정부 간 자유무역협정 제18.10조(지적재산권 집행)제30항 나호 9목에 관한 협상과정에서 대한민국 대표단과 미합중국 대표단 간에 도달한 다음의 양해를 확인하는 영광을 가지는 바입니다.

제18.10조 제30항 나호 9목의 의무를 충족함에 있어, 미합중국은 자국 법[1]의 관련 규정 및 이에 대한 모든 개정을 적용하며, 대한민국은 가. 침해하고 있다고 주장되는 자료에 대하여 서비스 제공자에 대한 유효한 서면통보와, 나. 자신의 자료가 삭제되거나 무력화되고 자료가 실수 또는 오인을 통하여 무력화되어졌다고 주장하는 인에 의한 유효한 서면 대응통보를 위한 요건을 이 서한에 규정된 대로 채택한다. 유효한 서면통보라 함은 이 서한의 가절에 열거된 요소에 실질적으로 합치하는 통보를 말하며, 유효한 서면 대응통보라 함은 이 서한의 나절에 열거된 요소에 실질적으로 합치하는 대응통보를 말한다.

가. <u>저작권[2] 소유자 또는 배타적 권리의 소유자를 대리하도록 허락된 인에 의한 서비스 제공자의 공개적으로 지정된 대표자[3]에 대한 유효한 서면통보</u>

서비스 제공자에 대한 통보가 제18.10조 제30항 나호 9목에 규정된 관련 요건

---

1) 미합중국 법전 제17권 제512(c)(3)(A)조와 제512(g)(3)조.

2) 이 서한의 목적상, "저작권"은 저작인접권을 포함하며, "저작물"은 저작인접권의 대상물을 포함한다.

3) 양 당사국은 대표자의 이름, 물리적 및 전자 주소와 전화번호가 서비스 제공자의 웹사이트의 공개적으로 접근 가능한 부분과 또한 인터넷을 통하여 대중에게 접근 가능한 등록부에 등재되거나, 대한민국에 적절한 다른 형식 또는 방식에 따라 지정되는 경우 그 대표자가 서비스 제공자를 대신하여 통보를 수령하도록 공개적으로 지정된 것으로 양해한다.

에 합치되기 위하여서는, 그 통보는 실질적으로 다음을 포함하는 서면통지이어야 하며 이 통보는 전자적으로도 제공될 수 있다.

1) 문제제기 당사자(또는 그의 허락받은 대리인)의 신원, 주소, 전화번호 및 전자우편 주소
2) 침해되었다고 주장되는 저작물을 서비스 제공자가 식별할 수 있도록 하는 데 합리적으로 충분한 정보[4)]
3) 서비스 제공자가 자신에 의하여 또는 자신을 위하여 통제 또는 운영되는 시스템 또는 네트워크상에 있는 자료로서, 침해하고 있다고 또는 침해 행위의 대상이라고 주장되며, 제거되거나 접근이 무력화되어져야 할 자료를 식별하고 위치를 파악하는 데 합리적으로 충분한 정보[5)]
4) 문제가 제기된 방식으로 자료가 사용되는 것이 저작권 소유자, 그의 대리인 또는 법에 의하여 허락되지 아니하였다고 문제제기 당사자가 선의로 믿는다는 진술
5) 통보내의 정보가 정확하다는 진술
6) 문제제기 당사자가 침해되고 있다고 주장되는 배타적 권리의 보유자이거나 소유자를 대신하여 행동하도록 허락받았다는 내용으로서, 충분한 신뢰성의 지표(위증의 처벌 또는 이에 상당하는 법적 제재하의 진술과 같은 것)가 있는 진술, 그리고
7) 통보하는 인의 서명[6)]

나. <u>실수 또는 자료의 오인의 결과로서 자신의 자료가 제거되거나 무력화된 가입자[7)]에 의한 유효한 서면 대응통보</u>

---

4) 서비스 제공자에 의하여 또는 서비스 제공자를 위하여 통제되거나 운영되는 시스템 또는 네트워크의 단일 온라인 사이트상에 있거나, 이에 연결된 복수의 저작물이 단일 통보의 적용대상이 되는 경우, 그 사이트에 있거나 이에 연결된 저작물의 대표적 목록이 제공될 수 있다.

5) 제18.10조 제30항 나호 1목 라에 따른 정보검색도구에 관한 통보의 경우, 제공되는 정보는 서비스 제공자가 자신에 의하여 또는 자신을 위하여 통제 또는 운영되는 시스템이나 네트워크상에 있는 참조 또는 링크의 위치를 파악하는 데 합리적으로 충분하여야 한다. 다만 서비스 제공자에 의하여 또는 서비스 제공자를 위하여 통제 또는 운영되는 시스템이나 네트워크상에 있는 단일 온라인 사이트상의 상당수의 참조 또는 링크에 관한 통보의 경우, 서비스 제공자가 그 참조 또는 링크를 찾는 데 충분한 정보가 수반된다면, 그 사이트상의 그러한 참조 또는 링크의 대표적 목록이 제공될 수 있다.

6) 전자적 통지의 일부로 전송되는 서명은 이 요건을 충족한다.

7) 이 서한의 목적상, "가입자"는 이 서한의 가절에 기술된 유효한 통보의 결과로서 서비스 제공자

서비스 제공자에 대한 대응통보가 제18.10조 제30항 나호 9목에 규정된 관련 요건에 합치하기 위하여서는, 그 대응통보는 실질적으로 다음을 포함하는 서면통지이어야 하며, 이 대응통보는 전자적으로도 제공될 수 있다.

8) 가입자의 신원, 주소 및 전화번호
9) 제거되었거나 그 접근이 무력화된 자료의 확인
10) 자료가 제거되거나 그 접근이 무력화되기 전에 자료가 있었던 위치
11) 실수 또는 자료의 오인의 결과로서 자신의 자료가 제거되었거나 무력화되었다고 가입자가 선의로 믿는다는 내용으로서, 충분한 신뢰성의 지표(위증의 처벌 또는 이에 상당하는 법적 제재하의 진술과 같은 것)가 있는 진술
12) 가입자가 자신의 주소지에 대해 관할권을 가진 법원 명령의 대상이 됨에 동의한다는 진술, 또는 가입자의 주소가 당사국 영역 밖에 있는 경우에는 서비스 제공자가 있을 수 있는 당사국 영역의 어떠한 장소에 대해 관할권을 가지고 있고 침해 혐의에 대해 저작권 침해 소송이 제기될 수 있는 그 밖의 모든 법원의 명령의 대상이 됨에 동의한다는 진술
13) 가입자가 그러한 모든 소송에서 송달을 접수하겠다는 진술, 그리고
14) 가입자의 서명[8)]

본인은 이 서한과 귀 정부가 이 양해를 공유한다는 것을 확인하는 귀하의 회답 서한이 자유무역협정의 불가분의 일부를 구성함을 제안하는 영광을 가지는 바입니다.

김현종

부속서한(저작물 보호 및 효과적 집행 증진)

2007. 6. 30

슈와브 대사
미합중국 무역대표

에 의하여 자신의 자료가 제거되거나 무력화된 인을 지칭한다.

8) 전자적 통지의 일부로 전송되는 서명은 이 요건을 충족한다.

워싱턴 디씨

슈와브 대사 귀하

본인은 금일 서명되는 우리 양국 정부 간 자유무역협정의 제18장(지적재산권)에 관한 협상과정에서 대한민국 대표단과 미합중국 대표단 간에 도달한 다음의 양해를 확인하는 영광을 가지는 바입니다.

양 당사국은 대학 구내에서의 저작권이 있는 저작물의 불법 복제 및 배포의 방지와 서적 불법 복제에 대한 효과적인 집행 제공의 중요성을 인정한다. 따라서 대한민국의 2004년 5월 지적재산권에 관한 종합추진계획에 합치되게, 대한민국은 대학 구내에서의 저작권 침해 행위와 서적 불법복제에 대한 인식을 개선하고, 저작권이 있는 저작물의 불법 복제 및 배포를 줄이기 위한 노력을 계속적으로 강화하는 것에 동의한다. 이에 더 나아가, 대한민국은 이 협정 발효일 후 6월 이내에 가능한 한 조속히 다음의 조치를 취하는 것에 동의한다.

1. 대학 구내에서 학생, 강연자, 서점 및 복사업소가 적법한 자료를 사용하도록 촉진하기 위하여 노력하는 정책을 계속적으로 이행하고, 필요 시 그러한 정책을 더욱 발전시켜 이행한다. 이러한 틀 내에서, 모든 대학으로부터 협조와 정보를 구하고 후속 조치의 필요성을 고려한다.
2. 서적 불법복제에 관한 집행에 대하여 대한민국 영역 내의 훈련 활동을 증진하여, 상업적인 규모의 저작권이 있는 저작물 불법복제 활동뿐만 아니라 불법적인 서적 인쇄 행위에 대한 집행 요원의 인식을 제고한다.
3. 비밀리에 운영되는 서적 불법복제 활동에 대한 집행 활동을 증진한다. 그리고
4. 상업적인 규모의 저작권이 있는 저작물 불법복제 활동뿐만 아니라 불법적인 서적 인쇄 행위에 대한 공공 부문에서의 일반적인 인식을 제고하기 위하여 공공 교육 캠페인을 개발하고 추구한다.

본인은 이 서한과 귀 정부가 이 양해를 공유한다는 것을 확인하는 귀하의 회답 서한이 자유무역협정의 불가분의 일부를 구성함을 제안하는 영광을 가지는 바입니다.

김현종

부속서한(온라인 불법복제 방지)

2007. 6. 30

슈와브 대사
미합중국 무역대표
워싱턴 디씨

슈와브 대사 귀하

본인은 금일 서명되는 우리 양국 정부 간 자유무역협정의 제18장(지적재산권)에 관한 협상과정에서 대한민국 대표단과 미합중국 대표단 간에 도달한 다음의 양해를 확인하는 영광을 가지는 바입니다.

양 당사국은 저작물의 무단 복제·배포 또는 전송을 허용하는 인터넷 사이트를 폐쇄하는 목적, 온라인 저작권 침해를 행하는 새로운 기술적인 수단의 영향에 대하여 주기적으로 평가하고 이를 줄이기 위하여 적극적으로 노력하는 목적, 그리고 인터넷상의 지적재산권에 대하여 보다 효과적인 집행을 일반적으로 규정하는 목적에 동의한다. 대한민국은 저작권[9]으로 보호되는 저작물 및 그 밖의 대상물의 인터넷 불법복제(인터넷상에서 그러한 저작물 및 그 밖의 대상물의 무단 복제 및 배포를 포함한다)가 지적재산권에 대한 법집행상 우선순위를 가진 사안임에 동의한다. 대한민국은 또한 소위 웹하드 서비스를 포함하여 저작물의 무단 다운로드(및 그 밖의 형태의 불법복제)를 허용하는 인터넷 사이트를 폐쇄하는 목적, 그리고 특히 개인 간 파일공유서비스에 대한 것을 포함하여 인터넷상의 지적재산권에 대한 보다 효과적인 집행을 제공하는 목적에 동의한다. 이러한 목적으로, 대한민국은 대한민국에서 지적재산권의 집행을 강화할 것이고, 대한민국은 인터넷 불법복제를 방지·조사 및 기소하기 위하여 노력할 것이다. 이러한 노력의 일환으로, 대한민국은 민간부문, 그리고 미합중국 및 그 밖의 외국 당국과 협력할 것이다.

이에 더 나아가 대한민국은 가능한 한 조속히, 그러나 이 협정 발효일 후 6월 이내에, 부서 또는 합동조사팀이 온라인 불법복제에 대한 효과적인 집행에 종사하

9) 이 서한의 목적상 "저작권"은 저작인접권을 또한 포함한다.

도록 명확한 관할권을 설정하는 정책 지침을 발표하는 데 동의한다. 이 팀은 직권으로 또는 권리자의 요청이 있는 경우, 미국 및 그 밖의 외국의 저작물에 대한 것을 포함한 온라인 불법복제를 조사하고 이에 대처하기 위한 형사조치를 개시할 것이다. 그 팀은 권리자에게 투명한 방식으로 이러한 조치를 취할 것이다. 직접적인 침해자를 기소함에 더하여, 대한민국은 효과적으로 침해를 유도하는 서비스를 개발 및 유지함으로써 이익을 얻는 개인 및 기업을 기소하는 데에 동의한다.
본인은 이 서한과 귀 정부가 이 양해를 공유한다는 것을 확인하는 귀하의 회답 서한이 자유무역협정의 불가분의 일부를 구성함을 제안하는 영광을 가지는 바입니다.

김현종

번역

부속서한(의약품 특허 연계 분쟁해결)

2007. 6. 30

김현종
통상교섭본부장
대한민국 서울

김현종 본부장 귀하,

본인은 금일 서명되는 우리 양국 정부 간 자유무역협정 제18장(지적재산권)에 관한 협상과정에서 대한민국 대표단과 미합중국 대표단 간에 도달한 다음의 양해를 확인하는 영광을 가지는 바입니다.
미합중국 또는 대한민국 중 어떠한 당사국도 협정 제18.9조 제5항 나호에 따른 다른 쪽 당사국의 의무에 대하여 협정 발효일 후 처음 18월 동안 협정 제22.4조를 발동하지 아니할 것이다. 어느 한쪽 당사국이 협정 발효일 후 처음 18월 동안 제18.9조 제5항 나호에 따른 다른 쪽 당사국의 의무의 준수에 대하여 우려를 가지는 경우, 미합중국과 대한민국은 협정 제22.3조에 합치되게 그리고 어느 한쪽 당사국의 요청에 따라, 그러한 우려의 상호 만족할 만한 해결에 도달하기 위하여 협의할 것이다.
본인은 이 서한과 귀 정부가 이 양해를 공유한다는 것을 확인하는 귀하의 회답서한이 자유무역협정의 불가분의 일부를 구성함을 제안하는 영광을 가지는 바입니다.

서명
수잔 C. 슈와브

http://www.mofa.go.kr/trade/treatylaw/treatyinformation/bilateral/index.jsp?mofat=001&menu=m_30_50_40

11장 미 · 중지식재산권협정

People's Republic of China Intellectual Property Rights Memorandum of Understanding — 1992

Memorandum of Understanding between the Government of the People's Republic of China and the Government of the United States of America on the Protection of Intellectual Property

In the spirit of cooperation embodied in their bilateral Agreement on Trade Relations and consistent with the principles of the relevant international agreements, the Government of the People's Republic of China(Chinese Government) and the Government of the United States of America(U.S. Government) have reached a mutual understanding on the following provisions:

Article 1

1. The Chinese Government will provide the following levels of protection under the Patent Law of the People's Republic of China:
   (a) Patentable Subject Matter
   Patents shall be available for all chemical inventions, including pharmaceuticals and agricultural chemicals, whether products or processes.
   (b) Rights Conferred
   A patent shall confer the right to prevent others not having the patent owner's consent from making, using, or selling the subject matter of the patent. In the case of a patented process, the patent shall confer the right to prevent others not having the patent owner's consent from using that process and from using, selling, or importing the product obtained directly by that process.
   (c) Term of Protection

The term of protection for a patent of invention will be 20 years from the date of filing of the patent application.

(d) Compulsory Licenses

(i) Patent rights shall be enjoyable without discrimination as to the place of invention, the field of technology and whether products are imported or locally produced.

(ii) Where China's law allows for use of the subject matter of a patent without the authorization of the right holder, including use by the government or third parties authorized by the government, the following provisions shall be respected:

(1) authorization of such use shall be considered on its individual merits;

(2) such use may only be permitted if, prior to such use, the proposed user has made efforts to obtain authorization from the right holder on reasonable commercial terms and conditions and that such efforts have not been successful within a reasonable period of time. This requirement may be waived by the government in the case of a national emergency or other circumstances of extreme urgency or in cases of public non-commercial use. In situations of national emergency or other circumstances of extreme urgency, the right holder shall, nevertheless, be notified as soon as reasonably practicable. In the case of public non-commercial use, where the government or contractor, without making a patent search, knows or has demonstrable grounds to know that a valid patent is or will be used by or for the government, the right holder shall be informed promptly;

(3) the scope and duration of such use shall be limited to the purpose for which it was authorized;

(4) such use shall be non-exclusive;

(5) such use shall be non-assignable, except with that part of the enterprise or goodwill which enjoys such use;

(6) any such use shall be authorized predominantly for the supply of China's domestic market;

(7) authorization for such use shall be liable, subject to adequate protection of the legitimate interests of the persons so authorized, to be terminated if and when the circumstances which led to it cease to exist and are unlikely to recur. The competent authority shall have the authority to review, upon motivated request, the continued existence of these circumstances;

(8) the right holder shall be paid adequate remuneration in the circumstances of each case, taking into account the economic value of the authorization;

(9) the legal validity of any decision relating to the authorization of such use shall be subject to judicial review or other independent review by a distinct higher authority;

(10) any decision relating to the remuneration provided in respect of such use shall be subject to judicial review or other independent review by a distinct higher authority;

(11) the conditions set forth in sub-paragraphs (2) and (6) above are not required to be applied where such use is permitted to remedy a practice determined after judicial or administrative process to be anti-competitive. The need to correct anti-competitive practices may be taken into account in determining the amount of remuneration in such cases. Competent authorities shall have the authority to refuse termination of authorization if and when the conditions which led to such authorization are likely to recur;

(12) where such use is authorized to permit the exploitation of a patent ("the second patent") which cannot be exploited without infringing another patent("the first patent"), the following additional conditions shall apply:

(A) the invention claimed in the second patent shall involve an important technical advance of considerable economic significance in relation to the invention claimed in the first patent;

(B) the owner of the first patent shall be entitled to a cross-license on reasonable terms to use the invention claimed in the second patent;

and

(C) the use authorized in respect of the first patent shall be non-assignable except with the assignment of the second patent.

2. The Chinese Government will submit a bill to provide the levels of protection specified in subparagraph 1 of this Article to its legislative body and will exert its best efforts to have enacted and to implement the amended patent law by January 1, 1993.
3. Both Governments reaffirm their commitments to each other under the Paris Convention for the Protection of Industrial Property(Stockholm 1967) and their continued commitment to observe the principle of national treatment with respect to providing patent protection for the natural and legal persons of the other Party.
4. If the U.S. Government becomes a party to an international convention that requires the United States to provide a patent term of at least 20 years from the date of filing of the patent application, the United States will amend its laws to satisfy this obligation.

Article 2

Both Governments reaffirm that the principle of territoriality and independence of patents with regard to protection of patents as provided in the Paris Convention for the Protection of Industrial Property should be respected.

The Chinese Government agrees to provide administrative protection to U.S. pharmaceutical and agricultural chemical product inventions which:

(i) were not subject to protection by exclusive rights prior to the amendment of current Chinese laws;

(ii) are subject to an exclusive right to prohibit others from making, using or selling it in the United States which was granted after January 1, 1986 and before January 1, 1993;

(iii) have not been marketed in China.

The owner of the exclusive right in the United States regarding such a product invention that meets the above requirements shall provide the competent

Chinese authorities with an application for administrative protection including the following documents:

(1) a copy of the certificate issued by the competent authorities of the United States granting such exclusive right;

(2) a copy of the document issued by the competent authorities of the United States for the approval for manufacturing or sale of such product; and

(3) a copy of a contract for the manufacture and/or sale entered into between the owner of the exclusive right and a Chinese legal person (including foreign capital enterprises, joint venture enterprises, or cooperative enterprises) with respect to the manufacture and/or sale of the product in China.

The competent Chinese authorities will, in accordance with published Chinese laws and regulations relating to obtaining manufacturing or marketing approval, examine such application. No special rules or additional requirements for approval will be imposed. After examination and approval, which shall occur promptly, a certificate for administrative protection, which will provide the right to manufacture or sell the subject product, will be issued to the person seeking such protection. The competent Chinese authorities will prohibit persons who have not obtained a certificate for administrative protection from manufacturing or selling the subject product during the term of administrative protection. The term of administrative protection begins from the date on which the certificate for administrative protection of the product is obtained and remains in force for seven years and six months. The above administrative protection will become available on January 1, 1993.

Article 3

1. The Chinese Government will accede to the Berne Convention for the Protection of Literary and Artistic Works(Berne Convention)(Paris 1971). The Chinese Government will submit a bill authorizing accession to the Berne Convention to its legislative body by April 1, 1992 and will use its best efforts to have the bill enacted by June 30, 1992. Upon enactment of the authorizing bill,

the Chinese Government's instrument of accession to the Berne Convention will be submitted to the World Intellectual Property Organization with accession to be effective by October 15, 1992.

2. The Chinese Government will accede to the Convention for the Protection of Producers of Phonograms Against Unauthorized Duplication of Their Phonograms(Geneva Convention) and submit a bill to its legislative body authorizing accession by June 30, 1992. The Chinese Government will use its best efforts to have the bill enacted by February 1, 1993. The Chinese Government will deposit its instrument of ratification and the Convention will come into effect by June 1, 1993.
3. Upon China's accession to the Berne Convention and the Geneva Convention, these Conventions will be international treaties within the meaning of Article 142 of the General Principles of the Civil Code of the People's Republic of China. In accordance with the provisions of that Article, where there is an inconsistency between the provisions of the Berne Convention and the Geneva Convention on the one hand, and Chinese domestic law and regulations on the other hand, the international Conventions will prevail subject to the provisions to which China has declared a reservation, which is permitted by those Conventions.
4. In so far as China's copyright law and its implementing regulations are inconsistent with the Berne Convention, the Geneva Convention or this Memorandum of Understanding(MOU), the Chinese Government will issue new regulations to comply with these Conventions and the MOU by October 1, 1992. These new regulations will also clarify the existing regulations and in particular will explain that the exclusive right of distribution that applies to all works and sound recordings includes making copies available by rental and that this exclusive right survives the first sale of copies. Regulations implementing the Conventions and this MOU will prevail over regulations for domestic works where there is an inconsistency between the new regulations and existing regulations.

   In addition to applying to works created by nationals of Berne Union members, these new regulations will apply to all works created in the context of a contractual relationship, joint venture, or commission from foreign capital enterprises, foreign joint venture enterprises, or cooperative enterprises in which such nationals, individually or jointly with others, are intended to be owners of copyright in the resulting works.

The Chinese Government will submit a bill to amend its copyright law to its legislative body and use its best efforts to have enacted and to implement this legislation within a reasonable period of time.

5. Both Governments will indicate the status of the Berne Convention and the Geneva Convention in their respective laws and notify judicial and administrative bodies responsible for the enforcement of the copyright law and regulations of the provisions of the Conventions within 30 days after signature of this MOU or 30 days after accession to each Convention, which ever is later.

Both Governments will publish and provide to each other copies of any guidance provided to administrative or judicial bodies regarding the administration or interpretation of any laws and regulations related to the implementation of the Conventions or this MOU no later than 30 days after such guidance is issued.

6. No later than the effective date of China's accession to the Berne Convention, the Chinese Government agrees to recognize and protect computer programs as literary works under the Berne Convention, and consistent with the protection provided under that Convention shall impose no formalities on the protection of computer programs and provide a term of 50 years.

7. After China's accession to the Berne Convention, all works originating in a member of the Berne Union that are not in the public domain in their country of origin will be protected in China.

(i) With regard to any uses of an original or a copy of a U.S. work on a commercial scale undertaken before establishment of bilateral copyright relations between China and the United States, there will be no liability.

(ii) With regard to such uses undertaken after establishment of bilateral copyright relations, the provisions of the law and regulations will fully apply. With regards to a natural or legal person who owned and used a particular copy of a work for a particular purpose prior to establishment of bilateral copyright relations between China and the United States, that person may continue to make such use of that copy of the work without liability, provided that such copy is neither reproduced nor used in any manner that unreasonably prejudices the legitimate interests of the copyright owner of that work.

8. The principles of paragraph 7 above, including the limitations on liability, shall. apply to sound recordings.
9. The Chinese Government will recognize this MOU as an agreement under Article 2 of the Copyright Law of the People's Republic of China which shall provide a basis for protection of works, including computer programs, and sound recordings of U.S. nationals published outside of China until such time as China accedes to the Berne Convention and the Geneva Convention. Such protection shall become effective 60 days after signature of this MOU. Based on the commitments set forth in this MOU, the U.S. Government will take the necessary steps to secure to Chinese nationals and their works eligibility for protection under the copyright law of the United States which shall become effective no later than 60 days after signature of this MOU.

Article 4

1. For the purpose of ensuring effective protection against unfair competition as provided for in Article 10 bis of the Paris Convention for the Protection of Industrial Property, the Chinese Government will prevent trade secrets from being disclosed to, acquired by, or used by others without the consent of the trade secret owner in a manner contrary to honest commercial practices including the acquisition, use or disclosure of trade secrets by third parties who knew, or had reasonable grounds to know, that such practices were involved in their acquisition of such information.
2. The term of protection for trade secrets shall continue so long as the conditions for protection are met.
3. The competent authorities of the Chinese Government will submit the bill

necessary to provide the levels of protection specified in this Article to its legislative body by July 1, 1993 and will exert its best efforts to enact and implement this bill before January 1, 1994.

Article 5

Both Governments will provide effective procedures and remedies to prevent or stop, internally and at their borders, infringement of intellectual property rights and to deter further infringement. In applying these procedures and remedies, both Government's will provide safeguards against abuse and shall avoid creating obstacles to legitimate trade.

Article 6

Both Governments agree, at the request of either Party, to consult promptly on matters relating to the protection and enforcement of intellectual property rights, in particular with respect to the obligations of this MOU. Both Governments agree that the first consultations pursuant to this MOU will include discussions on the new implementing regulations for the Berne Convention and this MOU and that these discussions will be taken into consideration in the drafting of the regulations.

Article 7

In recognition of the progress in improving the protection of intellectual property rights that the Chinese Government has made and of further progress that will result from the steps that the Chinese Government has agreed to take, and in the expectation that these commitments will be fully implemented, the U.S. Government will terminate the investigation initiated pursuant to the "special 301" provisions of U.S. trade law and China's designation as a priority foreign country will be revoked effective on the date of signature of this MOU. Signed in Washington, D.C., this seventeenth day of January, one thousand nine hundred and ninety-two, in two copies in the Chinese and English languages, both texts being equally authentic.

For the Government of The United States of America:
[signed Carla Hills]

For the Government of The People's Republic of China:
[signed Wu Yi]

1992. 1. 17

People's Republic of China Intellectual Property Rights Memorandum of Understanding – 1995 Action Plan

Private Ministry of Foreign Trade and Economic Cooperation Minister Wu Yi

Dear Minister Wu Yi:

I have the honor to acknowledge receipt of your letter of this date, including its annex, which reads as follows:

Dear Ambassador Kantor:

I have the honor to refer to the consultations between representatives of the Government of the People's Republic of China(China) and the Government of the United States of America(United States) which were conducted in the spirit of the 1992 Memorandum of Understanding between our governments concerning the protection of intellectual property rights. Both of our governments are committed to providing adequate and effective protection and enforcement of intellectual property rights and have agreed to provide this to each other's nationals.

China's actions in this respect show considerable progress and determination to achieve effective enforcement of intellectual property rights through judicial and administrative procedures. China has created specialized intellectual property courts to hear these cases and I can confirm that the Civil and Criminal Procedure Laws of the People's Republic of China empower the courts to address infringement of intellectual property rights through measures to stop infringement, preserve property before and during litigation, and to order the infringer to provide compensation to right owners for infringement of their intellectual property rights. In addition, the courts also act to preserve evidence to permit effective litigation.

China's Supreme People's Court has issued a circular instructing courts at various levels to address intellectual property cases expeditiously, including cases involving foreign right holders. In respect of taking criminal action against infringers, our procuratorates are actively pursuing criminal infringement cases. I have attached to this letter a State Council Intellectual Property Enforcement Action Plan(Annex I) that will be carried out immediately. This Action Plan strengthens the enforcement efforts that China has already taken and establishes a long term enforcement structure so that the peoples government in the provinces, directly administered municipalities, autonomous regions and cities meet the requirements of that Plan and China will actively implement it. Under Chinese law, each administrative authority mentioned in the Action Plan is fully empowered to take the specified steps to effectively enforce intellectual property rights.

Chinese authorities have recently taken effective actions to enforce intellectual property rights. Recently seven plants producing infringing products have been closed, business licenses revoked, and more than two million infringing CDs, LDs and copies of computer software have been seized and destroyed. Under the Chinese government's action plan, this effort will intensify and by July 1, 1995, investigation of all production lines suspected of producing infringing CDs, LDs and CD-ROMs will be completed. Factories that have engaged in infringing activities will be punished through seizure and forfeiture of infringing product and all infringing copies will be destroyed and the materials and implements directly and predominantly used to make the infringing product will be seized, forfeited and defrayed. Business licenses and permits will also continue to be revoked in appropriate cases.

Exports of infringing products have been banned. The establishment of a copyright verification system and the use of unique identifiers on CDs, CD-ROMS, and LDs will provide a vital tool to prevent the production of infringing goods and export of those goods. Permits to engage in activities related to audio-visual products will not be issued without copyright verification and imprint of the unique identifier. More than one violation of this condition will result in revocation of the permit and repeat serious offenders will have their business licenses revoked.

Retail establishments will be inspected under the Action Plan and enterprises will keep records of inventories and other information to strengthen enforcement. Recent raids on computer software enterprises are an example of China's effective enforcement of intellectual property rights.

Another aspect of China's decision to develop its economy and open its markets further is increased cooperation and trade in products protected by intellectual property rights. China has recently approved the establishment of a representative office for the International Federation of Phonogram Industries (IFPI) and will examine and approve, when published requirements are met, the pending application of the relevant entity for the verification of motion picture copyright, as well as other entities involved in copyright verification. Obtaining this approval does not prejudice the ability of these offices to engage in other activities in accord with Chinese laws and regulations.

China confirms that it will not impose quotas, import license requirements, or other restrictions on the importation of audiovisual and published products, whether formal or informal. China will permit U.S. individuals and entities to establish joint ventures with Chinese entities in China in the audiovisual sector for production and reproduction. These joint ventures will be permitted to enter into contracts with Chinese publishing enterprises to, on a nationwide basis, distribute, sell, display and perform in China. China will immediately permit such joint ventures to be established in Shanghai, Guangzhou, and moreover, other major cities, and will then expand the number of these cities, in an orderly fashion, to thirteen(13) by the year 2000. U.S. individuals and entities will be permitted to enter into exclusive licensing arrangements with Chinese publishing houses to exploit the entire catalogue of the licensor and to decide what to release from that catalogue. China will also permit U.S. individuals and entities to establish joint ventures in the computer software sector and these joint ventures will be permitted to produce, and sell computer software and computer software products in China.

China will continue to permit U.S. individuals and entities to enter into revenue sharing arrangements with Chinese entities. Permissible arrangements will include, for example, licensing agreements under which the U.S. entity receives a negotiated percentage of revenues generated by film products.

China will adopt or enforce measures necessary to protect public morals or to maintain public order, as long as such measures are applied consistently and in a non-discriminatory, non-arbitrary manner and do not operate as a disguised restriction on trade. By October 1, 1995, China will publish all laws, rules, regulations, administrative guidance, or other official documents concerning any limitation on, regulation of or permission required to engage in all activities identified above. The audiovisual departments under the State Council will intensify their efforts to formulate the regulatory rules on audio-visual products which will clarify the specific censorship regulations for publication and importation of audio-visual products. For audio-visual products that meet the provisions of the censorship requirements, their publication and import will be approved without any restrictions in terms of quantity. The censorship regulations will be open, transparent and published. Determinations as to censorship requirements will normally be made within ten days, but in no event longer than sixty days from receipt of an application.

In light China's policies of market opening, representatives of U.S. enterprises are invited to begin discussions on their establishment in China, including possible licensing arrangements, as soon as possible.

It is my understanding that the United States will provide assistance to China with respect to the protection and enforcement of intellectual property rights. This work will be implemented mainly through the U.S. Customs Service, U.S. Department of Justice and the United States Patent and Trademark Office.

The U.S. Customs Service is prepared to provide cooperative and reciprocal assistance to China on providing improved enforcement of intellectual property rights. This assistance and coordination effort could include: (1) providing training, in China, by U.S. Customs personnel, of Chinese customs officers with responsibility for enforcing intellectual property rights, and (2) providing mutually agreed relevant technical equipment to assist in the enforcement of intellectual property rights. Training will likely include: how to identify infringing merchandise through physical examination, verification of documents, and laboratory testing, and assistance in building a centralized system of intellectual property rights recordations. The U.S. Patent and Trademark Office will also assist in training Chinese personnel, including through providing training and documents for the people who work on verification of well-known marks and mechanisms for establishing an administrative appeals process.

China and the United States will exchange information and statistics on a quarterly basis beginning on June 1, 1995, on intellectual property enforcement activities in their two countries. Beginning on January 1, 1996, this exchange will be carried out on a semi-annual basis for the next two years, and on a schedule to be agreed thereafter.

Under these exchanges, China will provide information and statistics concerning enforcement, throughout the country, of intellectual property rights of U.S. nationals and joint ventures with U.S. nationals, by type of intellectual property, establishments raided, and the value and disposition of infringing products and machinery and implements. Information and statistics on prosecutions and administrative and court decisions will also be provided.

Under these exchanges, the United States will provide to China, on the same schedule, information and statistics concerning the customs seizure value of infringing goods by commodity, the seizure value of infringing goods by type of intellectual property right, the seizure value of Chinese infringing goods by commodity, and the seizure quantities of infringing goods by commodity. The United States will also provide statistics on federal intellectual property enforcement activities, including information on prosecutions for copyright infringement and trademark counterfeiting and court decisions in intellectual property cases. The United States will also provide information and statistics on Chinese products that are infringed in the United states.

China and the United States will, upon request, consult and exchange information on the license verification system set out in the Action Plan and particular applications of that system. China and the United States require that public entities in both countries shall not use unauthorized copies of computer software in their computer systems and legitimate software will be used. They likewise require that adequate resources shall be provided to permit the acquisition only of authorized computer software.

In addition, China and the United States will consult promptly at the request of either government with respect to any matter affecting the operation or the implementation of the provisions of this letter, including its annex. In addition, both governments agree to consult, during the first year on a quarterly basis, semiannually for the following two years and then on a schedule to be agreed, on the implementation of the Action Plan and its effectiveness.

On the basis of the foregoing, the United States will immediately revoke China's designation as a "special 30" priority foreign country, and will terminate the section 301 investigation of China's enforcement of intellectual property rights and market access for persons who rely on intellectual property protection and rescind the order issued by the U.S. Trade Representative on February 4, 1995, imposing increased tariffs on Chinese exports.

Please confirm that this letter, including its annex, and your letter in reply constitute an Understanding between our two Governments.

With assurances of my highest consideration.

Wu Yi

Minister of Foreign Trade and Economic Cooperation

I have the honor to confirm that your letter, including this annex, and this letter constitute an Understanding between our two governments.

With my highest regard,

Michael Kantor

United States Trade Representative

Annex I

Action Plan for Effective Protection and Enforcement of Intellectual Property Rights

Since infringement of intellectual property rights, including copyright piracy, patent infringement, trademark counterfeiting, and unfair competition, is prohibited in China, the State Council's Working Conference on Intellectual Property has developed this Action Plan to effectively crack down an infringement of intellectual property rights in China. The People's Governments of provinces, directly administered municipalities, autonomous regions and cities, as well as government ministries and departments are to participate in the substantial reduction of intellectual property rights infringement through effective implementation of this Action Plan.

This Action Plan sets forth both immediate and longer-term projects for the effective enforcement of intellectual property rights through the exercise of existing and expanded authority. The key short-term projects of this Action Plan include the institution of a special enforcement period. During this period, intensive action will be taken to investigate and punish infringement of intellectual property rights, targeting efforts on areas with a high level of infringement and actions against the manufacture, reproduction, and distribution of infringing products.

Long-term(3-5 years), sustained enforcement will be carried out by the State Council's Working enforce on Intellectual Property Rights, other working conferences on intellectual property, enforcement task forces and ad hoc groups, which will coordinate and work together to provide effective enforcement of intellectual property rights and punishment of infringement within each province, directly administered municipality, autonomous region and city, and among them. Administrations, including the Chinese Customs, State Council Departments, police and other relevant agencies will also participate in providing effective enforcement of intellectual property rights.

I. Intellectual Property Rights Enforcement Structure

A. State Council Working Conference on Intellectual Property Rights And Sub-Central Working Conference

1. The State Council has established a Working Conference on Intellectual Property Rights which through forceful measures centrally organizes and coordinates protection and enforcement of all intellectual property rights throughout the country, and will ensure that effective protection is provided and infringement of intellectual property rights is substantially reduced. For the purposes of this Plan, intellectual property rights include copyright and related rights, trademarks, patents, protection against unfair competition, including protection of undisclosed information, and other relevant subject matter.
2. The State Council's Working Conference on Intellectual Property Rights is comprised of the State Council's departments in charge of science, technology, foreign trade and economic cooperation, foreign affairs, press and publication, culture, broadcast, film, television, justice, public security, patent, copyright, industrial and commercial administration, and customs, as well as the departments in charge of the relevant industries.
3. The main duties that the State Council's Working Conference on Intellectual Property Rights will carry out are:
   - To coordinate, study and decide on the major policies and measures for the effective protection and enforcement of intellectual property rights, and to coordinate and organize enforcement activities among provinces, directly administered municipalities, autonomous regions and cities, as well as government ministries and departments (hereinafter referred to as regions and departments) to achieve uniform and effective protection and enforcement of intellectual property rights;
   - To monitor the implementation of the laws and regulations on intellectual property rights, to organize and instruct the relevant authorities within regions and departments to investigate and

substantially reduce infringement of intellectual property rights;

- To instruct and organize the relevant authorities within regions and departments to provide education on and publicity for the laws regarding intellectual property rights, to foster the understanding of intellectual property rights protection among people throughout the country, and to improve intellectual property law enforcement skills of leading officials at various levels of government, as well as the skills of enforcement personnel.
- To instruct that administrative, civil and criminal processes and sanctions arc applied consistently and uniformly to all Chinese and foreign persons and all public, private, and not-for-profit entities, that engage in infringing conduct.

4. The State Council Working Conference will direct and coordinate the work of intellectual property working conferences which the People's Governments of at least 22 provinces, directly administered municipalities and autonomous regions, and major cities including Guangdong, Beijing, Shanghai, Tianjin, Wuhan, Nanjing, Shenzhen, Jiangsu, Zhejiang, and Fujian, will organize to carry out activities within their jurisdiction at the direction of the State Council Working Conference so that effective enforcement is achieved throughout the country.
5. The State Council Working Conference will issue directions to the provincial, directly administered municipalities, autonomous regions and city bodies coordinating and guiding intellectual property rights, to formulate action plans and work programs in their own localities for effective enforcement of the laws on intellectual property rights, as well as plans on providing information and education on intellectual property rights.
   a. Each plan or work program shall provide for effective law enforcement, eliminate interference by local protectionism, and ensure complete and effective implementation and enforcement of the laws and regulations on intellectual property rights in the respective locality. The State Council Working Conference will receive these action plans and work programs and, within three months after issuance of this

Action Plan, will inform the relevant Conference of any problems with that Conference's action plan or work program and issue directions to address the problems at that time.

b. In the immediate future the focus will be on selected key regions and problems where serious efforts shall be made to investigate and tackle major cases, and criminals shall be punished.

c. The provinces, regions and cities in which working conferences are established shall issue follow-up reports each quarter for the first year and semi-annually subsequently, beginning on June 1, 1995, on implementation of the action plans and work programs, which will be published as soon as they are issued.

d. Included within each report will be the name of a contact person in the working conference who will be responsible for coordination of all intellectual property protection for that conference and who will be a point of access for right holders.

6. The State Council's Working Conference on Intellectual Property Rights has established an Office within the State Science and Technology Commission to prepare for and handle the day-to-day functions of the State Council's Working Conference.

(a) The Office of the State Council's Working Conference on Intellectual Property Rights has established a system of liaison officers. The liaison officers of various regions and departments will report to the Office of the State Council's Working Conference an Intellectual Property Rights regularly regarding actions taken to provide effective protection and enforcement of intellectual property rights in their regions and departments, and will relay and implement the instructions, spirit, and work duties from the State Council's Working Conference on Intellectual Property Rights to the various regions and departments.

(b) Provincial, regional, municipal and city working conferences will establish local offices to carry out day-to-day functions and organize relevant local departments to implement China's intellectual property laws and provide effective enforcement of those laws.

B. Enforcement Task Forces

1. Administrative and other authorities responsible for intellectual property protection and enforcement including the National Copyright Administration (NCA), State Administration for Industry and Commerce(AIC), the Patent Office, and police at the national, provincial, autonomous region, and directly administered municipality and cities(hereinafter "sub-central levels"), and customs officials will coordinate their activities under the working conference system and participate in enforcement task forces. Each participant in a task force shall give assistance to ensure effective enforcement and is not allowed to refuse to provide such assistance. The People's Governments at each level shall give the necessary guarantees in terms of personnel, working expenses, and conditions to implement this Action Plan to ensure that:
   a. Each enforcement task force has all necessary legal authority and will use its resources to initiate and carry out investigations of any suspected infringement of intellectual property rights. In the case of investigations involving more than one sub-central jurisdiction, where necessary, the relevant intellectual property rights working conference will organize and coordinate the enforcement task forces to carry out the investigation.
   b. Each enforcement task force's authority includes the authority, in situations in which there is reason to believe or suspect that there has been an infringement of an intellectual property right, to:
      - enter and search any premises;
      - review books and records for evidence of infringement and damages; and
      - seal suspected goods and the materials and implements directly and predominantly used to make them.
   c. When infringement is found, the enforcement task force has the authority to impose fines, order an end to the production, reproduction and

sale of audio-visual products, revoke the permits for producing and reproducing audio-visual products, and cause the forfeiture and destruction of infringing goods and the materials and implements directly and predominantly used to make them, without compensation of any sort.

2. The enforcement task force has the authority to order infringement to stop while infringement cases are being processed. The party seeking such relief may be required to provide a security or equivalent assurance sufficient to protect the alleged infringer and the competent authorities and to prevent abuse. The amount of such security or equivalent assurance shall not deter recourse to these procedures.
3. Cases of infringements that are suspected to be of acriminal nature shall be passed over to the prosecutor as well as being subject to administrative action. In each criminal case, the relevant authority will seek severe penalties commensurate with the level of infringement, and impose such penalties.
4. All sub-central level intellectual property protection and enforcement authorities participating in the enforcement task force will undertake aggressive ex officio actions (actions on their own authority without request from a right holder) against all types of infringement of intellectual property rights and investigate all complaints from right holders, their representatives or their exclusive licensees filed with the relevant administrative agency.
5. Upon its establishment, each enforcement task force shall specify a contact person and publish a phone number which right holders and other interested persons may use to exchange information with the Task force. Each enforcement task force shall, on request, keep right holders fully informed of the progress of the relevant investigations and, when offered, shall rely an right holders for information and expertise to assist the task forces enforcement efforts.
6. Foreign and domestic right holders may submit petitions for investigations and enforcement actions to an enforcement task force by addressing them to the contact person at that task force. Once received, petitions shall be forwarded to the administrative authority within the task force in

charge of the intellectual property at issue for management of the case. Petitions shall be accepted according to published, uniform criteria that are limited to determining whether there is reason to believe that the petitioner is the right holder and there is reason to believe or suspect that a right has been or may be infringed. Within fifteen days of the receipt of the petition, the petitioner must be notified that the petition has been accepted or, if it is not accepted, notified in writing of the specific reasons for its refusal. Requests for administrative enforcement actions and receipt of administrative remedies will not affect the right to seek relief in a judicial action.

7. Ad Hoc Groups — In areas in which the situation is particularly serious, enforcement task forces shall set up ad hoc groups to take immediate action against infringement in specific fields, such as audio-visual products(which includes CDs, LDs, audio cassette tapes, video tapes, sound recordings, and motion pictures)(hereinafter referred to as "audio-visual products"), computer software in any format or form, including video games, diskette, network, hard drive, CD-ROM or other medium(hereinafter referred to as "computer software"), publications, and trademarks. Each ad hoc group will be headed by the departments in charge of their respective area of responsibility and shall act with the assistance of other departments concerned. The ad hoc groups shall have the same authorities as the enforcement task forces.

C. Special Enforcement Period

1. The working conferences and enforcement task forces will operate over the long-term. In addition, beginning on March 1, 1995, the Special Enforcement Period will be intensified for the next six months. During this period, the number of investigations will be increased and other actions taken to ensure the elimination of piracy, counterfeiting and other infringements of intellectual property rights.
2. During the Special Enforcement Period, the State Council's Working Conference on Intellectual Property will direct and coordinate enforcement

efforts which all working conferences and enforcement task forces established under this Action Plan will undertake. The State Council's Working Conference on Intellectual Property will also coordinate with the relevant departments in launching a nation-wide information and education campaign on intellectual property rights.

3. Particular campaign will be placed on achieving effective enforcement in key regions, cities and entities with a high level of infringing activity with a focus on pursuing significant cases so as to eliminate piracy and counterfeiting, deter future infringement, and require use of legitimate products.
4. During the Special Enforcement Period:
   - The work of investigation and punishment of infringers, will focus on regions and entities where infringing products are produced, the places of distribution, and the points of sale.
   - Efforts will be primarily directed against piracy activities involving audio-visual products, computer software, books and other publications, sound recordings, counterfeiting and infringement of trademarks, especially well-known trademark, patent infringement and unfair competition.
   - Each of the CD, LD and CD-ROM factories now operating in China shall be investigated during the Special Enforcement Period to determine whether they have produced or are producing unauthorized CDs, LDs or computer software in CD-ROM format. Factories subject to investigation will not be provided prior notice of visits and inspections. Those factories found not to have engaged in infringing conduct shall be re-registered and monitored on a regular basis thereafter. Those that are found to be engaging in infringing conduct shall be subject to administrative and / or judicial penalties, commensurate with the level of infringement.
   - In respect of trademark infringement, the focus will be an prosecuting some significant cases, imposing severe penalties and widely publicizing them to demonstrate the dignity of the legal system and to deter

further infringements.

5. While carrying out special raids, each enforcement task force is also to intensify and conscientiously carry out regular, routine inspections, and to make unremitting efforts to confirm that its operations are effective, and that infringements of intellectual property rights in its own area are substantially reduced and do not reoccur.
6. If infringements of intellectual property rights in a specific area are not substantially reduced by 31 August 1995, or if significant increases occur at any time in the future, then the Special Enforcement Period in that area will be extended or reinstated accordingly. If piracy is substantially reduced in a particular area, then that area can terminate the special enforcement effort before August 31, 1995.

D. Enforcement Efforts in Specific Fields

1. Audio-Visual Products and Computer Software
   a. Enforcement task forces will complete the investigation of production lines suspected of producing infringing CDs, LDs, and CD-ROMs including computer software by July 1, 1995. In addition, relevant units engaged in reproduction, publication, import, export, wholesale, leasing, operation, or public performance of these products will be investigated.
   b. Factories determined to have been engaged in infringing activities will be punished through seizure and forfeiture of infringing product and required to pay compensation adequate to compensate the loss which the infringed party suffered as stipulated in Article 53 of the Copyright Regulations, and will pay serious fines commensurate with the level of infringement. In addition, those factories found to be engaging in serious infringing production shall have their business licenses revoked. All infringing copies and the materials and implements directly and predominantly used to make them shall be seized, forfeited and destroyed.
2. Other Enforcement Efforts in Respect of Audio-Visual Products and

Computer Software

All audio-visual administration departments and copyright administration departments at the sub-central level will join with relevant departments in charge of industry and commerce administration, and enforcement task forces (where they exist) to complete a comprehensive investigation of all CD, LD, CD-ROM production lines.

a. Audio-Visual Products

Infringement of copyright for audio-visual products is strictly banned. To that end, the following actions shall be taken:

i. The operation of audio-visual product businesses without obtaining the relevant permits and a business license will be prohibited.

ii. Audio-visual administration and copyright administration departments will begin comprehensive inspections and investigations of establishments that publish, reproduce, wholesale, retail, rent out, or perform audio-visual products within their respective jurisdictions. They will examine and verify the types, quantities, product whereabouts and matters relating to copyright for all-such products reproduced, sold, rented, performed and / or otherwise dealt with by these establishments. This work will be pursued on a continuous basis.

– Repeat offenders (those who have been found to infringe on more than one occasion) will have their relevant audio-visual product permits revoked. For serious repeat offenders, the AIC office will revoke that infringers business licenses and will not grant another to such offender in the same field of activity within three years. The full range of administrative and judicial penalties will also apply, as appropriate.

iii. All sub-central departments in charge of audiovisual product control, together with enforcement task forces (where they exist), will ensure that each retailer maintains an accurate inventory of his or her audio-visual products and updates it regularly. Departments are to improve routine inspection of these establishments. They are to examine carefully the origin of audio-visual products supplied to enterprises and keep well-informed of the category, quantity, and outlet of reproduced products.

- Except for those products published and distributed by regular audio-visual units approved by the State and reproduced, produced or imported after approval, all audio-visual products will be treated as illegal publications and turned over and destroyed. In addition, other remedies in the law shall apply as appropriate.
- Retail units dealing with audiovisual product must possess licenses to operate, and unlicensed retail peddlers of these products will be strictly banned. Operators shall receive their goods from distribution units approved by publications administration departments, and must register goods they receive. In cases in which the source of infringing products is unclear, an investigation will be made, responsibility will be determined, and those responsible will be strictly punished through administrative and judicial means, commensurate with the level of infringement.

ⅳ. Prior to July 1, 1995, a report an the investigation and punishments imposed will be sent to the responsible departments, with a copy to the State Council Intellectual Property Working Conference Office.

b. Computer software

Infringement of copyrighted computer software is strictly banned under the law and each individual and entity, including all public, private, and not-for-profit entities, shall be treated equally under the law. To ensure effective enforcement against piracy and infringement of copyright in computer software, the following actions shall be taken:

ⅰ. The State Council Intellectual Property Working Conference will organize and coordinate the AIC, police, copyright administration, electronics industry, other relevant departments and the enforcement task forces (where they exist) to conduct comprehensive inspections of establishments that commercially reproduce, wholesale, retail, or rent out computer software within their respective jurisdictions. This work will be pursued on a continuous basis.

ii. All sub-central departments in charge of computer software product control, together with enforcement task forces (where they exist), will require each retailer to maintain an accurate inventory of his or her computer software, including information on the type, origin, quantity, and product location of any software that it commercially reproduces, distributes or rents, and update it regularly. Departments are to improve routine inspection of these establishments and verify the accuracy of the inventory. They are to verify the accuracy of the information in the inventory.

- Except for those products distributed by entities with appropriate business licenses and reproduced, produced or imported after approval, all computer software will be treated as illegal publications and turned over and destroyed. Retail units dealing with computer software must possess licenses to operate, and unlicensed retail peddlers of these products will be strictly banned. If a retail unit cannot establish that it purchased computer software from an individual or entity with an appropriate business license, the source of the product will be investigated. Any individual or entity that reproduces or sells the software of right holders from whom they have not been licensed, will be punished through administrative and judicial means, commensurate with the violation. Cases in which serious infringement has been punished will be broadly publicized.
- For serious repeat offenders, the AIC office will revoke the infringers' business licenses and will not grant another to such offender in the same field of activity within three years. The full range of administrative and judicial penalties will also apply, commensurate with the violation

iii. All public, private, and not-for-profit entities using computer software, shall provide resources sufficient to purchase legitimate software.

iv. Prior to October 1, 1995, a report an the investigation and punishments imposed will be sent to the responsible departments, with a copy to the state Council Intellectual Property Working Conference Office.

3. Books, Periodicals and Other Printed Works
   a. With respect to books and periodicals, supervision and monitoring of the distribution of publications will be improved since piracy of publications is absolutely banned. All localities are to carry out an operation to consolidate all printing firms within their areas of jurisdiction, take severe action against those enterprises that illegally take orders to print pirated publications, and the business licenses of those engaged in the printing of pirated printed matter are to be revoked without mercy.
   b. Publishers and printing enterprises must check with the license issuing agency to verify the printing license prior to undertaking the printing of books or periodicals. Those who do not strictly complete the formalities and print pirated books or periodicals will be punished through administrative and judicial means. Grant of a publishing license will be based on whether the applicant has obtained authorization or permission from the right holder or that person's representative to publish the relevant material. Printing houses that operate without licenses will be shut down.
4. Trademarks
   a. Since trademark counterfeiting and infringement is illegal, the working conferences and enforcement task forces will investigate and punish trademark infringement promptly and strictly. Cases involving suspected criminal trademark infringement must be handed over to the prosecutors. The relevant authorities will seek severe penalties, commensurate with the level of infringement.
   b. Any trademark agent permitted to act an behalf of Chinese individuals and entities will now also be permitted to act on behalf of foreign individuals and entities. For the purposes of obtaining enforcement actions by the AIC and Customs, wholly-owned subsidiaries of foreign companies, joint ventures involving foreigners in China, and any licensee in China will be permitted to act on behalf of the foreign

owner of the mark.

E. Enforcement Directly Through Administrative Agencies and Departments

1. The Administrations and Departments listed below shall have the respective authorities as specified and will exercise those authorities to eliminate infringement of intellectual property rights:

   a. The National Copyright Administration(NCA) and local copyright administrative agencies are in charge of and responsible for administration and maintenance of all copyright protection for computer software, audio-visual products, books and other publications, and all other works. NCA and local copyright administrative agencies shall direct and be in charge of enforcement efforts as part of enforcement task forces and each task force will investigate and punish copyright infringement.

   b. The Trademark Office of the SAIC is in charge of trademark registration and trademark administration throughout the country. If there is reason to believe that a trademark contract is inconsistent with the law, the Trademark Office will review the contract to determine if it is valid. The AIC Trademark Office also punishes trademark infringement and trademark counterfeiting and handles the appeal of trademark infringement cases and identifying and determining whether trademarks are well-known.

      AIC is the primary administrative law enforcement department responsible for investigating and punishing unfair competition. It is responsible for supervising and examining transactions of operators in the market, preventing unfair competition, and investigating and punishing illegal activities that infringe on trade secrets.

   c. The Chinese Patent Office is an administrative authority for the enforcement of patent law and is the functional authority in charge of patent work under the State Council. The administrative authorities for patent affairs established by relevant departments under the State Council or the local People's Governments are responsible for directing and coordinating patent work in localities and departments, for mediating and handling patent disputes, as well as investigating and punishing passing-off of patents within its jurisdiction.

2. All copyright, patent and trademark authorities at the provincial, regional and local levels will report directly to, and follow the guidelines of, the NCA, AIC and the Patent Office at the central level. All such authorities shall devote time and resources to secure effective communication between themselves at the inter-regional level and with the central level and to ensure the effectiveness and coordination of their operations.

3. Administrative authorities, including NCA, AIC and the administrative authorities for patent affairs, responsible for determining and punishing infringement shall:

   - wherever there is reason to believe or suspect an infringement of an intellectual property right, order the infringement to stop immediately, and where infringement is found, upon the request of the right holder, require the infringer to compensate for the loss which the infringed party suffered (as stipulated in Article 53 of the Copyright Regulations, and Article 39 of the Trademark Law and Rule 43 of the Trademark Regulations and Article 60 of the Patent Law), and impose serious fines on the infringer commensurate with the level of infringement;
   - in any case that involves suspected criminal conduct refer the case to the prosecutors; and
   - with respect to repeat offenders, i.e., those who have been found to infringe intellectual property rights in a serious manner on more than one occasion, the relevant AIC office will revoke their business licenses and will not grant another to such offender in the same field of activity within three years.

4. In the process of enforcing the intellectual property laws, all administrative and judicial bodies with responsibility in this area are to accept information about infringements given by the holders of intellectual property rights (including foreign owners of intellectual property rights), or by

other interested persons, and are to conduct investigations into the reported cases promptly.

5. Foreign and domestic right holders will be permitted to submit petitions to initiate investigations and enforcement action to the national or local administrative agency in charge of the intellectual property right at issue. Petitions shall be accepted according to published, uniform criteria that are limited to determining whether there is a reason to believe that the petitioner is the right holder or that person's authorized representative and there is a reason to believe or suspect that a right has been or may be infringed. Information on procedures for filing such petitions shall also be published and made available to right holders. within fifteen days of the receipt of the petition, the petitioner must be notified that complaint has been accepted or, if it is not accepted, notified in writing of the specific reasons for its refusal. Requests for administrative enforcement actions and receipt of administrative remedies does not affect the right to seek relief in a judicial action.
6. Foreign right holders or their representatives will be permitted to collect information by legal means concerning infringement of their rights. Foreign entities will be permitted to collect by legal means any information relevant to the issue of infringement. Such information will be admissible as evidence when administrative agencies initiate investigations and handle cases and this evidence will be treated as equal to evidence collected and provided by Chinese nationals.

F. Additional Administrative Actions

1. All sub-central level administrative departments in China must institute an Intellectual Property Rights protection and enforcement system with individuals and enterprises that manufacture or sell books, computer software, except for CD-ROMs, or are engaged in trademark printing or publishing to determine if violations have occurred.
   - Since individuals and enterprises that manufacture, sell or print or publish these products are subject to special permits and annual

business operating license checks, administrative departments shall register only those entities that have observed the law. Repeat offenders (those who have been found to infringe on more than one occasion) will have their relevant audio-visual product permits revoked. For serious repeat offenders, the AIC office will revoke the infringers, business licenses and will nor grant another to such offender in the same field of activity within three years. The full range of administrative and judicial penalties will also apply, commensurate with the violation.

2. All sub-central level administrative departments must combine stringent enforcement with information and education; run training classes; and require the manufacturers and sellers of audio-visual products. computer software products, books, and engage in trademark printing or publishing to study, in-depth, intellectual property laws, regulations, and relevant documents. Examinations shall be held to check their study. Those who pass will be issued an intellectual property rights training certificate and will operate on the strength of the certificate.
   Those who fail to obtain an intellectual property rights training certificate will be refused the registration of their special permits and annual business operating licenses when the annual inspection is due until such time as they obtain a training certificate.
3. In intellectual property right infringement investigations, all sub-central level administrative departments will institute a system for persons to provide information and assistance in intellectual property right infringement cases.
4. All sub-central level administrative departments shall institute a monitoring system for serious and significant intellectual property infringement cases, and in cooperation with the intellectual property working conferences coordinate cross-region and cross-province investigations and enforcement efforts. They shall crack down promptly and effectively on copyright pirating, trademark counterfeiting, and other intellectual property rights infringements so as to eliminate infringement.
5. While properly carrying out special law enforcement inspection operations,

all sub-central administrations and all departments are to further improve and perfect all routine supervisory and administrative systems, develop standardized administrative procedures, improve administrative quality, perform their duties and conscientiously protect the legitimate rights and interests of intellectual property rights owners.

G. Customs Enforcement

1. All customs offices will further intensify the protection of intellectual property rights of all imports and exports and they will be subject to customs enforcement.

   Beginning on March 1, 1995, and lasting until October 1, 1995, Customs will intensify the protection at the border for imports and exports of CDs, LDs, CD-ROMs and trademarked goods. Customs will, therefore, detain suspected infringing products. Once the goods are determined to be infringing, they will be seized, forfeited and destroyed or excluded from the stream of commerce according to the principles set forth below. Those, responsible for the infringement will be strictly punished through administrative and / or judicial means.

2. New customs regulations will be published by July 1, 1995 and enter into force by October 1, 1995. These new regulations will clarify that infringing goods that are imported or exported are illegal. In order to protect intellectual property rights, customs will exercise all of the authorities stipulated by China's Customs Law. In particular:

   - Goods that infringe intellectual property rights under Chinese laws and regulations are prohibited from being imported into or exported from China.
   - The copyright or trademark owner or his authorized representative may apply to customs for the enforcement of his intellectual property right with respect to imports and exports.
   - In the area of copyrights, Customs will enforce copyrights against infringing imports and exports in all cases in which the applicant for enforcement presents legal proof of copyright, which in the case of a

national of a member of the Berne Convention for the Protection of Literary and Artistic Works, would be satisfied by a copyright registration certificate of that member country.

- In the area of trademarks, Customs enforces trademarks against infringing imports and exports in all cases in which the applicant for enforcement presents a "Trademark Registration Certificate" issued by the AIC or, in the case of unregistered marks, a claim of well-known status confirmed by the AIC.
- Customs will, on an ex officio basis (without a request from the right holder), based on suspicion of infringement, on the petition of the right holder or his representative, or on a random basis, examine all types of imports and exports protected by copyright and trademarks and determine whether they are infringing.
- The Customs Office shall detain goods if they are suspected of constituting an infringement or in accordance with a ruling of the Peoples Courts. On detention of suspected infringing goods, the right holder or his representative will be notified and can request that the customs office continue to detain the goods. When the customs office detains goods suspected to constitute an infringement, the right holder or his representative will post a bond in an amount equal to the value of the bonded goods, to be determined based on the invoice value of the goods. If a final determination as to infringement is negative, the importer or exporter can request relief for losses incurred in a civil court action against the right holder. If the right holder pays any award granted by the court, the bond will be returned to the right holder; if the right holder does not pay such award in a timely manner, customs will forward the bond to the court for satisfaction of the judgement.
- Customs can release the suspected infringing goods after the courts, Customs, or the relevant administrative authorities make a final determination clearing the goods of suspicion of infringement. However, if within a period not exceeding 10 working days after the right holder

has been served notice of the detention, Customs has not been informed that proceedings leading to a decision on infringement have been initiated by a party other than the alleged infringer, or that the duly empowered authority has taken provisional measures prolonging the detention of the goods, the goods shall be released, provided that all other conditions for importation or exportation have been complied with; in appropriate cases, this time-limit may be extended by another 10 working days.

– Within ten working days or the goods being detained, the customs office will begin an investigation as to the legitimacy of the detained goods that are suspected of infringement. In particular, the customs office will in every possible instance make a comparison between such suspected goods and legal goods, carry out an inspection of the suspected goods and the vessel of transportation concerned, inspect the factories and warehouses that are under the customs office's supervision and are suspected of being involved in the case of infringement, and re-examine the documents and materials related to the case of infringement. In doing so, Customs will search for evidence of or infringement, other infringing goods, and the materials and implements used to make infringing goods.
– For cases involving suspected criminal activity and cases exceeding Customs authority to address, Customs will, within 20 working days of the goods being detained, notify prosecutors, the police and other relevant administrative enforcement authorities, who will cooperate with Customs in the investigation and punishment of these cases.
– Imports and exports that are determined to be infringing will be seized by customs officials. Infringing articles seized and forfeited for violation of China's copyright law shall be destroyed.
– All goods violating China's trademark law will be destroyed, unless the trademark is removed or obliterated. In that case, such goods will be kept out of the stream of commerce and can be used only for charity, use by the government agencies who demonstrate a need for the

product, or auctioned so long as it is not auctioned to the infringer.

- Customs will also impose severe administrative penalties on the infringer.
- By December 31, 1995, Customs will establish a central recordation system for the protection of copyright and trademark rights. Recordation will be valid for no less than seven(7) years or until the expiration of the copyright or trademark right, whichever is sooner, but recordation can be extended after its expiration.
- The recordation system will include information on suspected or known infringers, including those persons and entities found by an administrative body, judicial authorities to have dealt in infringing imports or exports. Customs will include in this system identifying information provided by owners of intellectual property rights or other reliable sources an known or suspected importers or exporters of infringing goods; means for identifying the specific merchandise that is believed to be infringing; location and time, if available, of the anticipated impartation or exportation; and suspected destination of exported goods. customs will disseminate the continuously updated information to all customs offices.
- If the parties concerned are dissatisfied with the customs office's decision, they can ask for administrative reconsideration or judicial proceedings, in accordance with the provisions of Article 53 of the Customs Law.

H. Establishment of Copyright Verification Systems

1. Unique Identifier

a. Beginning on March 1, 1995, CDs and all CD-ROMs will be protected through a unique identification verification system. By July 31, 1995, LDs will also be protected through such a system and technical assistance will he provided to assure that the means to implement this system are made available by that date. To implement this system: manufacturers of copies of CDs, LDS, and all CD-ROMs will be issued a unique identifier that must be imprinted on the manufactured copies in an obvious place.

b. Any manufacturer of copies of CDs, LDs and CD-ROMs that fails to comply with the unique identifier requirement will be punished by administrative and judicial means commensurate with the violation.

2. Title Verification

a. All individuals or entities engaged in reproduction, production, or publishing of foreign audiovisual products or computer software in CD-ROM format must register their contracts with the NCA or local copyright authorities.

b. Any individual or entity that reproduces or publishes, including for export, in foreign audio-visual products or computer software in CD-ROM format must receive title registration from MCA and a permit authorizing the specific act from the relevant authority. Any individual or entity that fails to receive title registration or a permit or exceeds the scope of the permit will be punished by administrative and judicial means commensurate with the violation.

- NCA shall refer documents purporting to authorize any such act to relevant associations of right owners and shall not issue a certificate of title registration except upon receipt of verification from such association.
- The relevant authority(Press and Publications, Ministry of Culture, Ministry of Radio, Television and Film, and the local audio-visual departments) charged with granting permits shall not issue a permit except upon prior receipt of NCA's certificate of title registration. Permits will be specifically limited to the acts actually authorized by the right holder.
- The issuance of a registration certificate with respect to a particular work will in no way preclude a later action for infringement against any party with respect to the work.

3. Beginning on March 1, 1995, any entity that reproduces CDs, LDs, or CD-ROMs shall maintain, during the period of production or reproduction

and for three years thereafter, a copy of the license contract and certificate of registration, together with an example of the copies produced.

I. Administrative and Regulatory Matters

1. Trademarks

a. The Trademark Office of the AIC, when verifying whether a mark is well-known, will make its examination on a case-by-case basis. Well-known marks are those known in the relevant sector of the public, including knowledge in China resulting from the international renown of the trademark.

b. If a owner of the trademark requests a determination concerning whether a mark is well-known, either directly or through the Customs Office, for the purpose of preventing the import or export of goods or in connection with an administrative or judicial proceeding to determine infringement, the Trademark Office will issue a determination concerning whether the trademark is well-known within 30 days after receipt of the request.

c. Protection of a well-known mark will extend to products or services other than those on which the mark is registered or used, to the extent such use would indicate a connection between those goods and services and the owner of the mark or adversely affect the commercial reputation of the trademark owner.

d. Trademarks that the Trademark Office of AIC determines are well-known, but are not registered in China, will be protected against infringement, including providing the right to oppose or cancel the registration of a duplicate or confusingly similar mark. The owner of an unregistered well-known mark will be able to enforce his rights against infringement and counterfeiting to the same extent a registered trademark owner can enforce rights.

e. The Trademark Office of the AIC will not register a mark it has determined to be well known to a person other than the internationally recognized owner of the well-known mark. Registration of well-known marks to persons other than the internationally recognized owner of such marks will be canceled upon petition of the internationally recognized owner of the well-known mark within five years of the date of registration. No time limit shall apply for requesting the cancellation of well-known marks registered in bad faith. If the registered mark is identical to or substantially indistinguishable from the well-known mark, the requirement of Rule 25(2) of the Implementing Regulations of the Trademark Law has been met.

f. AIC will establish and publish standards to govern the registration process, for example, standards relating to determining likelihood of confusion, descriptiveness, and criteria for determining if a mark is well-known, and procedures for filing and examining a trademark application, and renewal of registration, and standards and procedures for opposition and cancellation of marks.

2. Unfair Competition

Any person or entity that engages in any act of unfair competition, such as the adoption of the trade dress, trade name, commercial indication or trade mark or service mark of a competitor, false allegations in the course of trade of such a nature as to discredit the establishment, the goods or services, or the industrial or commercial activities, of a competitor; indications or allegations the use of which in the course of trade are liable to mislead the public as to the nature, the manufacturing process, characteristics, suitability for their purpose, or the quality of the goods or services will be considered to be engaged in unfair competition. AIC and other responsible departments will intensify efforts to address unfair competition and to strictly punish violations commensurate with their seriousness.

II. Pursuit of Information Dissemination and Training, and Improving the Environment for Intellectual Property Laws

A. Relevant authorities will conduct training and education on intellectual property protection across the country and take the following steps:

1. Incorporate intellectual property laws into the state's knowledge-of-law popularization scheme, with the aim of providing training on intellectual property rights for over 50 percent of officials at or above the county and departmental ranks in all departments within one to two years. Over 80 percent of persons in charge of research institutes, large and medium-sized enterprises, and institutions of higher learning, as well as officials in economics, science and technology, and culture management, shall also undergo such training.
2. Make special efforts to improve and expand the training of officials responsible for administering and enforcing intellectual property rights. These officials include personnel in departments of industry and commerce, press and publication, culture, customs, and police who are charged with enforcing patents, trademarks rights, and copyrights, including copyright in computer software. The government will cooperate with local judicial bodies, actions to improve the professional quality of judicial and prosecutorial personnel, and provide Customs officers with training courses in identifying products that infringe copyrights, including methods of inspecting computer software, products that infringe trademarks and other intellectual property rights.
3. Provide national training and education about intellectual property rights protection. These efforts will include: publicity campaigns through the news media on intellectual property rights and the importance of protecting them; opening or expanding special studies of intellectual property at institutes of higher learning, and providing basic education for undergraduates; and providing training courses for the management staff of enterprises and non-profit-making institutions that make or sell products protected by intellectual property rights.

B. The Press and Publication Organizations shall:

1. Organize manpower systematically to heighten the awareness of protecting intellectual property rights and of intellectual property laws in society as a whole. While giving publicity to the positive results and experiences of

enterprises and non-profit-making institutions in protecting intellectual property rights, the media must also expose serious infringements of intellectual property rights and local protectionism.

2. Mount nation-wide information and education efforts through broadcasting, television, newspapers, periodicals, and other mass media to boost publicity on intellectual property rights, and to publicize the consequences of infringements of intellectual property rights. Wide coverage shall be given to serious right infringements — including investigations into foreign-involved cases — through television and newspapers. This will serve as information and education for the general public.

C. Prior to June 1, 1995, the State Council's Office for the Working Conference on Intellectual Property Rights will have compiled and published a body of laws and provisions on intellectual property rights to make publicly available the laws, provisions, regulations, standards, edicts, decrees, and interpretations regarding the authorization, management, and implementation of intellectual property rights. All intellectual property laws, regulations, provisions, standards, edicts, decrees, and interpretations will be published, and those that are not published and made readily available will not be enforced.

D. The State Council's Office for the Working Conference on Intellectual Property Rights is charged — together with the Chinese Patent Office, the Trademark Office of the PRC State Administration for Industry and Commerce, the State Copyright Administration, and other concerned departments — with compiling and publishing the "Guidelines for Patent Application and Protection in China," the "Guidelines for Trademark Application and Protection in China," and the "Guidelines for Copyright Protection," in which they are to clarify standards and procedures for intellectual property rights protection, so that Chinese and foreign holders of intellectual property rights can have a better understanding of the legal provisions and methods for protecting intellectual property rights in our country. Each set of guidelines shall clearly explain all procedures and standards related to the application for, maintenance of, and enforcement of intellectual property rights. The Chinese language version of these guidelines shall be made widely available to the public by September 1, 1995.

Note: People's Republic of China Implementation of The 1995 Intellectual Property Rights Agreement(June 17, 1996) provided an update on China's efforts to implement the February 26, 1995 Agreement on Providing Intellectual Property Rights Protection. It took stock of the steps China took in several areas, which included opening market access opportunities for legitimate U.S. audio-visual and computer software products and companies.

1995. 2. 26

People's Republic of China Implementation of the 1995 Intellectual Property Rights Agreement – 1996

Chines Implementation of the 1995 Enforcement Agreement June 17, 1996

U.S. discussions with the Chinese over the last two weeks in Beijing have confirmed that the Chinese have taken actions as follows:

CD Factories

For many Americans, pirate CD factories have become the symbol of China's failure to protect intellectual property rights. USTR has confirmed that China has closed 15 of these factories, including 12 factories in Guangdong. These factories have an estimated production capacity of between 30-50 million units a year.

The 1995 Agreement outlines the specific manner in which factories must be closed. We have verified that China has followed these steps in closing the 15 factories, including:

- revoking audiovisual permits and local business licenses;
- seizing and confiscating materials and machinery used to manufacture pirated products, including destruction of the CD molds and liquidation of other equipment;
- investigating and prosecuting those accused of criminal activity in connection with the plants, including at least 70 people in Guangdong Province alone.

In a significant new initiative aimed at the problem of so-called "underground" CD plants, China issued regulatory guidance directing seven enforcement agencies to undertake an intensive search for such factories and close them immediately whenever they are found. These factories are per se illegal. Three of the recent factory closures are underground facilities.

In another major enforcement action, China on June 12 announced a current prohibition on the establishment of any new CD plants, and has prohibited the importation of CD presses for any plants, including action against factories using presses whose importations were not authorized. These steps will help limit the universe and production capacity of potential pirates in China.

Special Enforcement Period

The United States asked China for a second major step—reinstatement of the "Special Enforcement Period" provided for in the Agreement. A Special Enforcement Period is a focused enforcement effort on regions of rampant piracy. In April, Ambassador Barshefsky was very clear with Chinese officials that the United States did not care what the renewed effort is called, but we needed to see concentrated and sustained action.

When U.S. officials were in Guangdong last week, they learned that Guangdong Provincial authorities have initiated a major enforcement effort. The Guangdong program includes a sustained crack-down on producers, wholesalers, distributors, retailers, transporters, underground factories and laser disc theaters. It also focuses on major cases and on expeditious completion of ongoing criminal investigations into piracy, including severe punishment for infringers.

Our U.S. government officials and U.S. industry officials came away from Guangdong Province impressed with a new sense of commitment to enforcement in Guangdong. Concerted action is also being taken at the national level. On May 23, the Ministry of Public Security announced that it would make IPR crimes a part of a newly announced national "Campaign Against Crime." This effort has added tens of thousands of enforcement officials to the anti-piracy effort, and has established an important national symbol of China's commitment to crack down on piracy.

Effective June 1, China's Ministry of Culture—with the assistance of Chinese Public Security and other enforcement officials—initiated a nationwide "Concentrated Enforcement Period." The focus of this effort is wholesale and retail markets, as well as transporters of pirated goods. This enforcement period will be in force at least until August, or as long as piracy remains serious.

China's crack-down has gone beyond factories. In addition to the factory closures, for example, Chinese officials have shut down six notorious CD distribution markets in Guangdong, including the largest—the Yifa Market. In another important step, over 5,000 so-called "laser disc showing rooms" have been shut. These mini-theaters have been a major source of infringement activity.

Border Enforcement

The third area in which the United States asked China for improved enforcement of the 1995 Agreement is border enforcement. The export of pirated IPR products has seriously hurt U.S. industries in third-country markets. And the import of unlicensed manufacturing equipment has contributed to the problem of underground factories.

In particular, the U.S. asked China to focus on exports of major cargo shipments and the import of the presses used to manufacture CDs. This is an area in which China Customs has not been active in the past.

Chinese Customs officials have scored several important successes in the area of large scale seizures, including the seizure of 20,000 pirate CDs and VCDs at Beijing Airport; 19,000 VCDs seized by Guangdong Customs officials; and a joint Guangdong / Hong Kong Enforcement Action seizing 16,000 CDs on the Guangdong / Hona Kong border. Since the beginning of 1996, China Customs has seized 80,000 pirated CDs, VCDs and LDs. These are only initial efforts by Chinese Customs. They are significant, and we expect more as Customs gains expertise in this area. Chinese Customs officials also have undertaken a special effort against the import of illegal CD presses. On June 12, China issued a directive that forbids the importation of equipment used in CD production lines—unless expressly approved. Equipment without required documentation is subject to immediate seizure.

The international aspect of the problem of CD presses is an issue of which we are aware. In Washington last week, Ambassador Barshefsky called in the Ambassadors from Germany, Switzerland, the Netherlands and Sweden to discuss their cooperation in preventing the shipment of presses in violation of Chinese law.

As part of a continuing border enforcement effort, China Customs will be cooperating with its regional and international counterparts, including Hong Kong Customs and U.S. Customs.

Market Access

The final area of U.S. focus has been market access for legitimate U.S. audio-visual and computer software products and companies. As was expected, this issue has been the single most difficult one to address. That said, we made significant progress this week in securing new opportunities in China for American IPR industries—including computer software, sound recordings and motion pictures.

A key goal of our record companies was to enter into cooperative relationships with Chinese publishing houses to sign artists, produce them and ultimately—through those publishing houses—to sell, produce display and perform. These are new opportunities created by the past week's work.

A key goal of our film companies is the right to the unlimited import of films on a revenue sharing basis. In addition, U.S. film companies will be able to enter into projects with Chinese companies to coproduce motion pictures and—for TV—dramas, plays and motion pictures. This creates new market opportunities for these companies. The Chinese Government will also no longer maintain quotas on the import of motion pictures.

On software, the Chinese have reaffirmed that public and private sector entities will use only legitimate software. As a commercial matter, entities from both the United States and China have been invited to discuss legitimate purchases at the Joint Commission on Commerce and Trade hosted by Secretary Kantor this summer with Minister Wu Yi.

Monitoring and Verification

The actions described here are important indicators of China's willingness to live up to the terms of the 1995 IPR Agreement. Over the long term, however, the real test of the Agreement lies in the strength of the underlying system the Agreement establishes. Over the past weeks and months, we have focused considerable attention on the monitoring and verification systems that make the IPR protection system effective over time. China will undertake a major effort to improve the functioning of several aspects of the Agreement, including SID codes, title verification and inspections.

One of the key aspects of our verification system is to ensure that CD factories and Chinese publishing houses must demonstrate that the titles that they wish to produce are properly licensed. The Chinese will correct flaws in the current title verification system and have guaranteed that the validity of the license for each foreign title brought to any CD factory or publishing house will be checked with the appropriate U.S. trade association before production can begin. Strictly applied, this system—which our industries use in many other countries of the world—will prevent piracy at its source.

SID codes are the "signatures" that identify which CD press produced a particular CD. At a glance, they allow an inspector to determine what factory manufactured a given CD. As you might imagine, pirates don't use them—making any CD without an SID code an obvious infringing good. Thus, a working SID system is a key foundation of China's IPR enforcement system.

In another key action, the PPA recently issued a new "Notice on Implementing SID Codes." Under this notice, any CD sold on the market without an SID code will be deemed per se illegal and subject to immediate seizure. This is an important, practical step that will greatly facilitate enforcement of the Agreement.

China has also acted to station inspectors in all CD factories during all shifts, 24 hours a day. The inspectors will be responsible for checking title verification and the presence of SID codes on molds, ensuring that there are not off-hours, illegal runs of pirated CDs and other illegal activities. The inspectors will also keep audits of CD press runs and ensure that the factories keep accurate records. Inspectors are assigned for three month periods by Copyright and Press and Publications Bureaus and act as an in-house enforcement arm of the Chinese Government.

Conclusion

The 1995 IPR Agreement has resulted in fundamental change in China in the area of IPR enforcement. Three years ago, intellectual property enforcement was an abstract concept. Last year, our IPR Agreement established the parameters of an enforcement system. Since April, China's actions have animated this system through concrete, tangible actions.

As I said earlier, China's system of IPR enforcement must become self-sustaining. We're not there yet. But the actions taken thus far are an important beginning. With this or any trade agreement, the ultimate test is implementation. China has begun to demonstrate its vigilance through the actions of the past two months. For our part, the United States will continue aggressively to work with China, monitor the situation, and ensure that our economic interests are protected. American jobs depend on it.

1996. 6. 17

http://tcc.export.gov/Trade_Agreements/All_Trade_Agreements/exp_005361.asp

대한민국과 미합중국 간의 자유무역협정 부속서 II(서비스/투자) 대한민국의 유보목록 유보내용: 국경 간 서비스 무역 및 투자

Free Trade Agreement between the Republic of Korea and the United States of America: Non-conforming Measures for Services and Investment

부속서 II(서비스/투자) **대한민국의 유보목록**

분야	법률 서비스－외국법자문사
관련 의무	내국민 대우(제11.3조 및 제12.2조) 고위경영진 및 이사회(제11.9조) 현지주재(제12.5조)
유보내용	<u>국경 간 서비스 무역 및 투자</u>

1. 대한민국은 다음을 포함하나 이에 한정되지 아니하는 어떠한 조치도 채택하거나 유지할 권리를 유보한다.
   가. 외국에서 자격을 취득한 법률전문가 또는 외국 법무회사(로펌)가 어떠한 유형으로라도 대한민국에서 법률서비스를 제공하는 데 대한 자격 부여·승인·등록·허용 및 감독 그리고 그 밖의 요건에 대한 제한
   나. 외국에서 자격을 취득한 법률전문가 또는 외국 법무회사(로펌)가 대한민국 변호사·법무회사(로펌)·법무사·변리사·공인회계사·세무사 또는 관세사와 동업·상사 연합·제휴 또는 법적 유형을 막론하고 그 밖의 어떠한 형태의 관계를 형성하는 데 대한 제한
   다. 외국에서 자격을 취득한 법률전문가 또는 외국 법무회사(로펌)가 대한민국

내에서 대한민국 변호사 · 법무사 · 변리사 · 공인회계사 · 세무사 또는 관세사를 고용하는 데 대한 제한, 그리고

라. 외국법자문서비스를 공급하는 법적 실체의 이사회 의장에 대한 것을 포함한 고위경영진 및 이사회에 대한 제한

2. 제1항에도 불구하고,

가. 이 협정 발효일 이전에, 대한민국은 이 협정에 합치되는 일정한 요건을 조건으로 미합중국 법무회사(로펌)가 대한민국에 대표사무소(외국법자문법률사무소)를 설립할 수 있도록 허용하고, 미합중국에서 자격을 취득한 변호사가 그 자격을 취득한 관할 지역에 관한 법 및 국제공법에 관하여 대한민국에서 외국법자문사로서 법률자문서비스를 제공할 수 있도록 허용한다.

나. 이 협정 발효일 후 2년 이내에, 대한민국은 이 협정에 합치되는 일정한 요건을 조건으로 외국법자문법률사무소가 대한민국 법무회사(로펌)와 특정한 협력약정을 체결하여 국내법사무와 외국법사무가 혼재된 사건을 공동으로 처리하고 그로부터 얻게 되는 수익을 분배받을 수 있도록 허용한다.

다. 이 협정 발효일 후 5년 이내에, 대한민국은 이 협정에 합치되는 일정한 요건을 조건으로 미합중국 법무회사(로펌)가 대한민국 법무회사(로펌)와 합작투자기업을 설립할 수 있도록 허용한다. 대한민국은 그 합작투자기업의 의결권 또는 지분 비율에 대하여 제한을 가할 수 있다. 보다 명확히 하기 위하여, 이러한 합작투자기업은 일정한 요건을 조건으로 대한민국 변호사를 파트너 또는 소속 변호사로 고용할 수 있다.

3. 대한민국은 최소한 제2항에서의 약속을 이행하기 위하여 채택한 조치를 유지한다.

이 유보항목의 목적상, **미합중국 법무회사**(로펌)라 함은 미합중국법에 따라 설립되고 본점 사무소가 미합중국 내에 있는 법무회사(로펌)를 말한다.

2007. 6. 30

http://www.fta.go.kr/korus/img/pdf/kor/k72.pdf

Exchange of Letters on Agreement on Foreign Lawyers

Japan Foreign Lawyers Agreement
Agreement on Foreign Lawyers

Embassy of Japan
Washington, D.C.
February 27, 1987

Dear Ambassador Yeutter:

I would like to refer to the foreign lawyer issue and state the following upon instruction from my home Government:
The Governments of Japan and the United States have conducted a series of consultations, including those between Justice Vice-Minister Kakei and Ambassador Smith, regarding the implementation of the system of accepting foreign attorneys. Based on the results of these consultations, the Government of Japan intends to implement the system in line with the attached guidelines. We appreciate your continued assistance and understanding as we work to implement a foreign lawyers system that is appropriate both domestically and internationally.
Sincerely yours,

[signature]
Nobuo Matsunaga
Ambassador of Japan

The Honorable
Clayton Yeutter

U.S. Trade Representative
Washington, D.C. 20506

Attachment One to the
GOJ Letter to the USG dated
February 27, 1987

1. Date of Enforcement of the Law

   The Government of Japan is making all possible efforts so that the Law will come into force as from April 1, 1987.

2. Scope of Practice

   A gaikokuho jimu-bengoshi qualified under a specific U.S. jurisdiction(all states, territories, and the District of Columbia) as the country of primary qualification is required to follow the necessary procedures stipulated in Articles 16 and 17 of the Law in order to practice laws of other U.S. jurisdictions. In view of the realities in the United States, however, as regards documents to verify that he falls under Item 2, Paragraph 1 of Article 16 of the Law, written statements prepared by himself and by the law firm to which he belongs (or its equivalent) containing the points listed below will suffice. Therefore, he need not prove his practicing experience concerning laws of each other jurisdiction, unlike in the case of the application for designation of laws of other third countries. This is based on the assumption that the U.S. Government will issue a formal written statement to the Japanese Government which (a) endorses that in view of the legal education, bar examination, legal system and legal practice in the United States a lawyer of a U.S. jurisdiction is generally possessed with basic capabilities and has been sufficiently trained to deal with legal matters concerning any other U.S. jurisdictions, (b) states that strict professional ethics is established in each jurisdiction that a lawyer should not handle legal matters when he is not confident of his expertise and knowledge, and (c) requests that the application for designation for other U.S. jurisdictions should be treated based on these realities in the United States.

(1) Contents of a written statement by the applicant

- statement that he has competence to handle matters concerning laws of other U.S. jurisdictions by outlining his past practicing experience as well as the scale and contents of business of the law firm to which he belongs.
- statement that he has so far observed such professional ethics of his jurisdiction of primary qualification as corresponds to that described in the above formal statement of the U.S. Government and a pledge that he will observe such ethics in dealing with matters concerning laws of other designated U.S. jurisdictions in Japan as a gaikokuho jimu-bengoshi, namely that when he is not confident of his expertise and knowledge about laws of other jurisdictions he will refrain from handling such matters or deal with them with the advice of others with expert knowledge.

(2) Contents of a written statement by the law firm (or its equivalent)

- statement that to the best of its knowledge and belief the contents of the written statement by the applicant are accurate and he has so far observed the professional ethics of his jurisdiction of primary qualification such as mentioned above and will observe it in dealing with matters regarding laws of other designated U.S. jurisdictions in Japan as a gaikokuho jimu-bengoshi.

So long as these requirements are fulfilled, the Minister of Justice will grant the applicant the designation of laws of other U.S. jurisdictions based on the application unless there exists any compelling reason.[1)]

---

1) In case the Minister of Justice requests, for compelling reasons, that an applicant demonstrate his learning and experience concerning laws of a U.S. jurisdiction other than those whose legal systems utilize common law principles, the Minister of Justice will give due consideration to the reality of the position of such jurisdiction in the legal system of the United States.

3. Five-year Experience Requirement

(1) Experience as an attorney in federal, state or local government shall be deemed as "experience of having engaged in practice as a foreign lawyer" as provided for in Article 10(1);

(2) A lawyer from an open state can count his experience from other open states toward the five-year experience requirement in the home jurisdiction;

(3) As long as the reality exists that an open state lawyer's experience outside open states or the United States can be deemed as experience in his home jurisdiction, that experience will count toward the five-year experience requirement;

(4) The legal experience of an attorney from an open state obtained while working for the U.S. Federal Government will be counted toward the five-year experience requirement in his home jurisdiction, regardless of the location of such experience.

4. Entry into Japan of a Foreign Law Trainee without a Qualification as a Foreign Lawyer

Entry into Japan of a foreign law trainee without a qualification as a foreign lawyer whom a gaikokuho jimu-bengoshi employs will be subject to normal immigration control. There will be, however, no restriction limiting the number of such trainees to any specific number per gaikokuho jimu-bengoshi, and the number of such foreign law trainees admitted into Japan will be evaluated solely in terms of the necessity and non-replaceability of their services.

5. Qualification and Registration Procedures

The qualification by the Minister of Justice and the registration with Nichibenren will be completed together within three months unless there exists any compelling reason.

In case the Minister of Justice requests, for compelling reasons, that an applicant from a jurisdiction whose legal system does not utilize common law principles (in the event that such jurisdiction becomes open) demonstrate his learning and experience concerning the laws of other U.S. jurisdictions, the Minister of Justice will give due consideration to the reality of the position of such jurisdiction in the legal system of the United States.

Notwithstanding the residence requirement stipulated in Item 3, Paragraph 1 of Article 10 of the Law, an applicant will, if he so wishes, be permitted to make an application for approval (an informal registration review by Nichibenren may be initiated in parallel with this) even without the fulfillment of this requirement at the time of the application, on condition that the formal approval will be granted him upon its fulfillment. This will shorten the period between the establishment of residence and the registration, thereby reducing the burden on the applicant.

Details of the procedures will be explained to the parties concerned including U.S. Embassy in Tokyo when the specifics of application forms and other documents are finalized. Informal screening shall be started from as early in March as possible, and its specific date shall be informed to the U.S. Government through the diplomatic channel.

6. Others

(1) With respect to biennial reports, such documents will suffice as demonstrate that the business operations or financial conditions of a gaikokuho jimu-bengoshi have not so deteriorated as to cause damages to his clients (see Item 3, paragraph 2 of Article 14 of the Law). Information such as the number of cases which he has handled or his revenue and expenditure shall not be required in the reports.

(2) A designation fee stipulated in Paragraph 3 of Article 17 of the Law is to be charged according to the number of specific foreign countries. Fee for designation of laws of any number of U.S. jurisdiction shall be, however, equal to the fee for designation of laws of single specific foreign country so long as the application is made in one package.

(3) The Government of Japan has no intention to require an applicant to accumulate in advance one year's operating expenses (see the ABA letter addressed to Ambassador Yeutter). Misunderstanding on this point, if any, should be dispelled.

Attachment Two to the
GOJ Letter to the USG dated
February 27, 1987

The following are the views of the Government of Japan regarding the handling of the experience of a lawyer of an open state as mentioned in paragraph 3 (3) of Attachment 1.

Item 1, Paragraph 1 of Article 10 of Special Measures Law Concerning the Handling of Legal Business by Foreign Lawyers provides as a qualification requirement that "the applicant is qualified to become a foreign lawyer and has the experience of having engaged in practice as a foreign lawyer in the foreign country where he acquired such qualification for five years or more after acquiring it." In evaluating the fulfillment of this qualification requirement, we can by no means go beyond what the Law stipulates, but intend to apply the provisions of the Law as flexibly as possible within its framework, giving due consideration to the reality of legal practice in the United States.

From this standpoint, we are of the position, as mentioned in the above attachment, that as long as the reality exists that experience of a lawyer of an open state (a lawyer whose home jurisdiction has adopted rules licensing foreign attorneys) outside open states or the United States can be deemed to be experience in his home jurisdiction, the experience will be counted toward the five-year experience requirement. It is not conceivable to make evaluation on all possible cases and judgement has to be made on a case by case basis in applying the said principle. The following, however, can be pointed out as illustrative cases:

1. When a lawyer of an open state whose headquarters or base office is situated in an open state engages in practice at another office of the same firm located in a closed state (a jurisdiction which has no rules licensing foreign attorneys) or a third country, his experience obtained while working at such other office will be counted toward the five-year experience requirement.
2. When a lawyer from an open state engages in practice at an office of a law firm located in a closed state or third country, the Minister of Justice will

determine whether his experience should be counted for purposes of the five-year requirement by taking into account, inter alia, the following factors: (1) the lawyer's personal contacts with the open state; (2) the nature of the actual legal work performed by the lawyer; (3) exchange of legal information; and (4) work with an attorney of the home jurisdiction.

3. With respect to a lawyer from an open state who is employed in the legal counsel's office of a corporation, the Minister of Justice will render him the same treatment as that accorded to a lawyer belonging to a law firm, unless there are compelling reasons involving the corporate lawyer's work, status, responsibility as a lawyer, and method of supervision.
4. Experience in Japan of the so-called "trainees" and "clerks" or U.S.-licensed attorneys working for corporations or organizations in Japan cannot be counted toward the five-year experience requirement. Legal experience periodically obtained in their home jurisdictions while stationed in Japan, however, can be counted toward the experience requirement.

Paragraph 2 of Supplementary Provisions of the Law permits experience of a "trainee" or a "clerk" employed by a bengoshi in Japan to be counted toward the five-year experience requirement up to two years in total. When there exists the reality that a U.S. licensed attorney working for a corporation or an organization in Japan is employed[2)] by a bengoshi, his remedial provision shall be applied mutatis mutandis.

The United States Trade Representative
Washington
20506

---

2) When a corporate lawyer is directly supervised by and reports to a bengoshi in Japan, the Minister of Justice will consider such situation to constitute the reality of employment by a bengoshi.

February 27, 1987
Ambassador Nobuo Matsunaga
Embassy of Japan
2520 Massachusetts Avenue, N.W.
Washington, D.C. 20008

Dear Nobuo:

This is to acknowledge your letter and attachments of February 27 regarding the foreign attorneys issue.

First, let me take this opportunity to thank you and your Government for your efforts over the past five years to resolve this long-standing issue between our two countries. The efforts of the Ministry of Justice and Ministry of Foreign Affairs were especially crucial during the past year and a half of intensive consultations following your Government's announcement in the July 1985 Action Program to address this issue.

My government regards this understanding on foreign attorneys as a significant step forward in the liberalization of the Japanese legal services market. At the same time, however, the law contains several restrictive provisions that are troubling. Foremost among these are (a) the prohibition a formation of partnerships between foreign attorneys and (b) the prohibition on the employment of bengoshi by foreign attorneys, and (c) the exclusion of legal trainee experience in Japan as credit toward the five-year experience requirement.

My Government finds these and other restrictions in the Japanese law to be regrettable. Because of these reservations, I want to make clear that my Government does not view this arrangement—particularly with regard to the reciprocity provision—as setting a precedent for future discussions on the liberalization of trade in services.

We expect that in the near future, after the new system is put into place, we can revisit these issues. In the meantime, we look forward to your Government's flexible implementation of the law taking full account of both the reality of U.S. legal practice and the concerns expressed to your side by the

U.S. Government over the past year and a half.

As indicated by the Japanese delegation, problems may emerge after the new system goes into operation. In this regard, we welcome your Government's pledge to consult with us to ensure smooth implementation of the law. I suggest that we use the occasion of the next U.S.-Japan Trade Committee meeting scheduled for early September for the first formal review of the system. Of course, if there are serious difficulties that arise in the interim, we reserve the right to bring them to the attention of your Government and expect their expeditious resolution.

Thank you again, Nobuo, for your cooperation in bringing this issue to a successful resolution. As in the past, I know we can count on you to ensure that the law is implemented in a manner consistent with the market-opening spirit of the Government of Japan's Action Program.

Sincerely,

Clayton Yeutter
Office of the United States
Trade Representative
Executive Office of the President
Washington
20506

March 31, 1987
Mr. Atsushi Shimizu
Director General
Judicial System and Research Department
Ministry of Justice
1-1-1 Kasumigaseki
Chiyoda-ku, Tokyo 100
Japan

Dear Mr. Shimizu:

I am writing in response to your Government's request for a statement on the reality of legal practice in the United States for the purposes of determining the appropriate scope of practice that the Government of Japan will permit American attorneys qualified as foreign law attorneys ("gaikokuho jimu-bengoshi") under the Special Measures Law concerning the Handling of Legal Business by Foreign Lawyers.

We are of the view that — especially with regard to American attorneys who will establish offices in Japan — the reality of legal practice is such that, as stated in the attached letter from the Chairman of the Section of International Law and Practice of the American Bar Association, it is "nearly impossible for American lawyers to discharge their duties to clients without advising with respect to the laws or other States."

An attorney admitted to the bar or any U.S. jurisdiction is, as a general rule, capable of dealing with legal issues concerning other U.S. jurisdictions. This can be demonstrated, inter alia, by the following:

(1) The basic educational policy of law schools in the United States is to train students to practice as an attorney of any U.S. jurisdiction. A graduate of an accredited law school is, therefore, generally able to deal with legal issues concerning other U.S. jurisdictions by referring to relevant laws, regulations, and judicial precedents.

(2) Admission requirements do not vary substantially among U.S. jurisdictions. Bar examinations in the United States, especially those of common law jurisdictions, are of similar scope and subject matter. An example is the widespread use of the Multistate Bar Examination(MBE) and Multistate Professional Responsibility Examination(MPRE) by the vast majority of U.S. jurisdictions. In addition, most states have rules in effect that allow a lawyer licensed in another jurisdiction to waive in upon demonstrating requisite years as an admitted attorney.

(3) Many legal and business transactions in the United States are conducted in a manner that involves the laws of more than one jurisdiction. Moreover,

there is a large and growing body of law derived from the U.S. Constitution, federal law, and applicable judicial decisions that is common to all U.S. jurisdictions. In addition, a growing number of state laws are based on uniform or model codes adopted in a number of jurisdictions. Finally, almost all U.S. jurisdictions base their legal systems on common law principles of interpretation and adjudication.

(4) It is common practice in the United States for an attorney to render legal advice on laws of other jurisdictions and, in appropriate cases, to appear before courts of other jurisdictions for argument.

In dealing with the laws of other jurisdictions, American attorneys must meet established standards of competence and diligence in advising on legal matters as to which they hold themselves out as competent. These standards are found in the laws of each State concerning practice in that State, the canons of professional ethics as adopted by the judicial authorities of that State, and common law standards governing the professional responsibility of lawyers. The ABA letter states that "[t]he standards are generally uniform throughout the United States and follow the Model Code of Professional Responsibility adopted by the ABA. With regard to the permissible scope of practice, these standards do not vary materially from State to State."

We expect that the Government of Japan will apply the provisions in the Special Measures Law for designation of the laws of other States in a matter that fully meets these realities of legal practice in the United States.

Sincerely,

[signature]
Joseph A. Massey
Assistant United States Trade
Representative for Japan and China

http://tcc.export.gov/Trade_Agreements/All_Trade_Agreements/exp_005533.asp

5부 동아시아의 투자 협상

14장 한일투자협정

대한민국 정부와 일본국 정부 간의 투자의 자유화·증진 및 보호를 위한 협정

Agreement between the Government of the Republic of Korea and the Government of Japan for the Liberalisation, Promotion and Protection of Investment

대한민국 정부와 일본국 정부는, 양국 간 경제 관계를 강화하기 위하여 투자를 보다 증진하기를 희망하고, 타방 국가의 영역 안에서 일방 국가의 투자자에 의한 보다 확대된 투자를 위하여 유리한 여건을 조성하기를 의도하며, 양국에서 민간의 창의를 촉진하고 번영을 증진하기 위하여 점진적인 투자자유화의 중요성이 증대됨을 인식하고, 이러한 목적들이 일반적으로 적용되는 보건·안전 및 환경과 관련된 조치들의 완화 없이 달성될 수 있음을 인식하며, 양국 간 투자증진에 있어서 협력적인 노사 관계의 중요성을 인식하고, 1994년 4월 15일에 서명된 세계무역기구 설립을 위한 마라케시 협정과 그 밖의 다자간 협력문서에서의 양국의 권리와 의무에 유념하며, 이 협정이 외국인투자에 대한 국제규범의 발전에 관한 국제협력의 강화에 기여하기를 희망하고, 이 협정이 21세기 양국 간 새로운 경제적 동반자 관계의 시작을 기념할 것임을 확신하여, 다음과 같이 합의하였다.

제1조

이 협정의 목적상,

1. 일방 체약 당사국의 "투자자"라 함은 다음에 해당하는 자를 말한다.
   가. 당해 체약 당사국의 적용 가능한 법령에 따라 그 나라의 국적을 가진 자연인
   나. 영리를 목적으로 하는지의 여부나 민간 또는 정부가 소유·통제하는지의 여부에 관계없이 당해 체약 당사국의 적용 가능한 법령에 따라 설립·조직된 법인이나 그 밖의 실체로서 회사·주식회사·트러스트·합명회사·개인기업·합작투자·협회 또는 조직을 포함한다.
2. "투자"라 함은 투자자가 직간접적으로 소유·통제하는 모든 종류의 자산을 말하며 다음을 포함한다.
   가. 기업(영리를 목적으로 하는지의 여부나 민간 또는 정부가 소유·통제하는지의 여부에 관계없이 당해 체약 당사국의 적용 가능한 법령에 따라 설립·조직된 법인이나 그 밖의 실체로서 회사·주식회사·트러스트·합명회사·개인기업·지점·합작투자·협회 또는 조직을 포함한다)
   나. 기업의 지분·증권 및 다른 형태의 자본 참여와 그로부터 파생되는 권리
   다. 채권·회사채·대여금 및 그 밖의 형태의 부채와 그로부터 파생되는 권리
   라. 완성품인도·건설·경영·생산 또는 수익공유계약을 포함한 계약에 따른 권리
   마. 금전적 가치를 가지는 계약에 따른 이행청구권 및 지급청구권
   바. 상표권, 산업설계, 집적회로의 배치설계, 저작권, 특허권, 상호권, 원산지의 출처나 명칭의 표시, 미공개정보를 포함한 지적재산권
   사. 천연자원의 개발 및 채굴권을 포함한 허가권
   아. 그 밖의 유·무형 재산, 동산·부동산, 리스·저당권·유치권·질권 등의 관련 재산권

   투자에는 이윤·이자·자본이득·배당금·로열티·수수료 등 투자에 의하여 증가된 부분도 포함된다. 투자된 자산의 형태 변화는 투자로서의 성격에 영향을 미치지 아니한다.
3. "UNCITRAL 중재규칙"이라 함은 1976년 4월 28일 국제연합국제무역법위원회에 의하여 채택된 국제연합국제무역법위원회의 중재규칙을 말한다.
4. "ICSID 협약"이라 함은 1965년 3월 18일 워싱턴에서 서명을 위하여 개방된 국가와 타방 국가의 국민 간의 투자분쟁해결에 관한 협약을 말한다.

5. "본부"라 함은 ICSID 협약에 의하여 설립된 투자분쟁의 해결을 위한 국제본부를 말한다.
6. "영역"이라 함은 일방 체약 당사국의 주권이 미치는 영역을 말한다.
7. "체약 당사국"이라 함은 그 문맥이 요구하는 바와 같이 대한민국 또는 일본국을 말한다.

제2조

1. 일방 체약 당사국은 자국의 영역 안에서 타방 체약 당사국의 투자자 및 그들의 투자에 대하여 투자의 설립 · 인수 · 확장 · 운영 · 경영 · 유지 · 사용 · 향유 · 판매 또는 다른 처분(이하 "투자 및 영업 활동"이라 한다)과 관련하여 유사한 상황에서 자국의 투자자 및 그들의 투자에 대하여 부여하는 대우보다 불리하지 아니한 대우(이하 "내국민대우"라 한다)를 부여한다.
2. 일방 체약 당사국은 자국의 영역 안에서 타방 체약 당사국의 투자자 및 그들의 투자에 대하여 투자 및 영업 활동과 관련하여 유사한 상황에서 제3국의 투자자 및 그들의 투자에 대하여 부여하는 대우보다 불리하지 아니한 대우(이하 "최혜국대우"라 한다)를 부여한다.

제3조

일방 체약 당사국은 자국의 영역 안에서 타방 체약 당사국의 투자자에 대하여 동 투자자가 자신이 권리를 수행 · 변호하는 데 있어서 모든 관할 단계의 법원, 행정재판소 및 행정기관의 이용과 관련하여 유사한 상황에서 자국의 투자자나 제3국의 투자자에게 부여하는 대우보다 불리하지 아니한 대우를 부여한다.

제4조

1. 제2조 · 제8조 제3항 또는 제9조의 규정에 불구하고 각 체약 당사국은 이 협정 부속서 1에 규정된 분야나 대상에 대하여 제2조 · 제8조 제3항 또는 제9조에 의하여 부과되는 의무와 부합하지 아니하는 조치(이하 "예외조치"라 한다)를 채택 · 유지할 수 있다.

2. 각 체약 당사국은 이 협정의 발효일에 이 협정 부속서 1에 규정된 분야나 대상에 대한 기존의 모든 예외조치를 타방 체약 당사국에게 통보한다. 이러한 통보는 각 개별 조치마다 다음 각목의 요소에 관한 정보를 포함한다.
   가. 분야·하위분야 또는 대상
   나. 당해 예외조치가 취하여진 분야나 대상에 대한 의무 또는 조문
   다. 당해 예외조치의 법적 근거 또는 권원
   라. 당해 예외조치에 대한 간략한 설명
   마. 당해 예외조치의 동기 또는 목적
3. 일방 체약 당사국이 이 협정의 발효 이후에 부속서 1에 규정된 분야나 대상에 대하여 새로운 예외조치를 채택하는 경우, 그 체약 당사국은 동 예외조치의 발효 이전에, 예외적인 경우에는 그 발효 이후 가능한 한 신속히 다음 각목의 조치를 행한다.
   가. 타방 체약 당사국에 대하여 제2항에 규정된 예외조치의 요소들을 통보할 것
   나. 타방 체약 당사국의 요청이 있을 경우에는, 상호 만족을 얻기 위하여 신의성실에 입각하여 타방 체약 당사국과 협의할 것

제5조

1. 제2조·제8조 제3항 또는 제9조의 규정에 불구하고 각 체약 당사국은 이 협정의 발효 당시 이 협정 부속서 2에 규정된 분야나 대상에 대한 기존의 예외조치를 유지할 수 있다.
2. 각 체약 당사국은 이 협정의 발효일에 부속서 2에 규정된 분야나 대상에 대한 기존의 모든 예외조치를 타방 체약 당사국에게 통보한다. 이러한 통보는 각 개별 조치마다 다음 각목의 요소에 관한 정보를 포함한다.
   가. 분야·하위분야 또는 대상
   나. 당해 예외조치가 취하여진 분야나 대상에 대한 의무 또는 조문
   다. 당해 예외조치의 법적 근거 또는 권원
   라. 당해 예외조치에 대한 간략한 설명
   마. 당해 예외조치의 동기 또는 목적
3. 각 체약 당사국은 제2항에 따라 통보된 조치들을 점진적으로 감축하거나 제거하기 위하여 노력한다.

4. 어떠한 체약 당사국도 이 협정의 발효 이후에는 부속서 2에 규정된 분야나 대상에 대하여 새로운 예외조치를 채택하지 못한다.
5. 제4항의 규정은 개정이나 수정 직전에 존재하였던 기존 예외조치의 개정이나 수정이 제2조 · 제8조 제3항 또는 제9조와의 부합성을 감소시키지 아니하는 한, 일방 체약 당사국이 기존의 예외조치를 개정하거나 수정하는 것을 금지하는 것으로 해석되지 아니한다.
6. 일방 체약 당사국이 그러한 예외조치를 개정하거나 수정하는 경우, 그 체약 당사국은 동 예외조치의 발효 이전에, 예외적인 경우에는 그 발효 이후 가능한 한 신속히 다음 각목의 조치를 행한다.
   가. 타방 체약 당사국에 대하여 제2항에 규정된 예외조치의 요소들을 통보할 것
   나. 타방 체약 당사국의 요청이 있을 경우에는 타방 체약 당사국에게 동 예외조치의 상세 내용을 제공할 것
7. 제4항의 규정에 불구하고 각 체약 당사국은 예외적인 금융 · 경제 또는 산업적 상황에서 부속서 2에 규정된 분야나 대상에 대한 예외조치를 채택할 수 있다. 다만, 동 예외조치의 발효 이전에 다음 각목의 사항을 이행하여야 한다.
   가. 타방 체약 당사국에 대하여 제2항에 규정된 동 예외조치의 요소들을 통보할 것
   나. 타방 체약 당사국의 요청이 있을 경우에는 동 예외조치의 상세 내용을 제공할 것
   다. 타방 체약 당사국에 대하여 서면으로 의견을 제시할 수 있는 적절한 시간을 허용할 것
   라. 타방 체약 당사국의 요청이 있을 경우에는, 상호 만족을 얻기 위하여 신의성실에 입각하여 타방 체약 당사국과 협의할 것
   마. 다목에 따라 제시된 서면의견이나 라목에 따른 협의 결과에 기초하여 적절한 조치를 취할 것

제6조

1. 이 협정의 어떠한 규정도 세계무역기구 설립을 위한 마라케시 협정의 부속서 1 다 「무역 관련 지적재산권에 관한 협정」과 세계지적재산권보호기구의 지원하에 체결된 그 밖의 국제협정 등 체약 당사국이 회원국인 지적재산권의 보호와 관련된 국제협정상의 권리 · 의무를 침해하는 것으로 해석되지 아니한다.

2. 이 협정의 어떠한 규정도 일방 체약 당사국이 자국이 회원국인 지적재산권의 보호에 관한 국제협정에 의하여 제3국의 투자자나 그들의 투자에 대하여 부여하는 대우를 타방 체약 당사국의 투자자나 그들의 투자에 대하여 부여하여야 하는 것으로 해석되지 아니한다.

제7조

1. 각 체약 당사국은 투자 및 영업 활동과 관련되거나 이에 영향을 미치는 국제협정과 자국의 법률, 규칙, 행정절차 및 일반적으로 적용되는 사법결정을 즉시 공표하거나 일반적으로 알 수 있도록 한다.
2. 각 체약 당사국은, 타방 체약 당사국의 요청이 있을 경우, 특정한 질문에 대하여 신속히 응답하며 제1항에 규정된 사항에 관한 정보를 타방 체약 당사국에게 제공한다.
3. 제1항 및 제2항의 규정은 일방 체약 당사국이 이를 공개하는 경우, 법 집행의 방해, 공공이익에의 배치, 프라이버시 또는 적법한 상업적 이익을 침해하는 결과가 초래되는 비밀정보의 공개의무를 부과하는 것으로 해석되지 아니한다.

제8조

1. 각 체약 당사국은 타방 체약 당사국의 투자자들이 이 조의 요건을 계속적으로 충족하는 한, 동 투자자들이나 그들을 고용한 타방 체약 당사국의 기업이 상당한 양의 자본이나 다른 자원을 투자하였거나 그 과정 중에 있는 경우에는, 입국·체류 및 근로허가와 관련된 자국의 법령에 따라 자국의 영역 안에서의 투자의 설립, 개발, 관리 또는 운영지도를 위한 일시적인 입국·체류 및 근로허가를 동 투자자들에게 부여한다.
2. 어떠한 체약 당사국도 제1항에 따른 입국허가에 있어서 할당이나 경제적 수요심사의 요구와 같은 형태의 수량제한을 부과하여서는 아니 된다. 다만, 일방 체약 당사국이 (가) 그러한 수량제한의 부과를 시행하고자 하는 날부터 최소 60일 전까지 동 제한을 부과하겠다는 의도를 타방 체약 당사국에게 통보하고, (나) 타방 체약 당사국의 요청에 따라 그러한 제한을 시행하기 전에 타방 체약 당사국과 협의한 경우는 그러하지 아니하다.

3. 어떠한 체약 당사국도 타방 체약 당사국의 투자자에 의한 투자인 자국의 기업에 대하여 특정 국적의 개인을 임원·관리자 또는 이사회의 구성원으로 임명하도록 요구하여서는 아니 된다.

제9조

1. 어떠한 체약 당사국도 타방 체약 당사국의 투자자의 자국의 영역 안에서의 투자 및 영업 활동의 조건으로서 다음 각목의 의무를 부과하거나 강제하여서는 아니 된다.
   가. 일정 수준이나 비율의 재화나 용역을 수출할 것
   나. 일정 수준이나 비율의 국내산 물품을 취득할 것
   다. 자국의 영역 안에서 생산되는 재화나 제공되는 용역을 구매·사용하거나 우선권을 부여하거나 또는 자국의 영역 안에서의 자연인·법인이나 그 밖의 실체로부터 재화나 용역을 구매할 것
   라. 수입량 또는 수입가치를 수출량, 수출가치 또는 동 투자자의 투자와 관련되어 유입되는 외국환과 연계할 것
   마. 수출량·수출가치 또는 외국환가득액과 연계함으로써 동 투자자의 투자에 의하여 생산·제공되는 재화·용역의 자국 영역 안에서의 판매를 제한할 것
   바. 기술·생산공정이나 그 밖의 재산가치 있는 지식을 자국 영역 안의 자연인·법인이나 그 밖의 실체로 이전할 것. 다만, (1) 경쟁법의 위반혐의를 시정하기 위하여 법원·행정재판소 또는 경쟁법 관련 당국에 의하여 부과되거나 강제되는 경우 (2) 지적재산권의 이전과 관련되고 세계무역기구 설립을 위한 마라케시 협정의 부속서1 다「무역 관련 지적재산권에 관한 협정」에 위배되지 아니하는 방식으로 부과되는 경우를 제외한다.
   사. 특정 지역이나 세계시장을 담당하는 동 투자자의 본부를 자국 영역 안에 설치할 것
   아. 자국의 영역 안에서 일정 수준이나 비율의 연구·개발을 수행할 것
   자. 일정 수준의 내국인을 고용할 것
   차. 투자자가 생산하는 재화나 제공하는 용역의 하나 이상을 자국의 영역으로부터만 특정한 지역이나 세계시장에 공급할 것
2. 제1항의 규정은 일방 체약 당사국이 타방 체약 당사국의 투자자의 자국의 영

역 안에서의 투자 및 영업 활동과 관련하여 혜택을 부여하거나 지속적인 혜택을 부여할 것을 조건으로 제1항 바목 내지 차목의 의무를 부과하는 것을 배제하지 아니한다.

3. 이 조의 어떠한 규정도 세계무역기구 설립을 위한 마라케시 협정의 부속서1 가 「무역 관련 투자조치에 관한 협정」에 따른 체약 당사국의 권리·의무를 침해하는 것으로 해석되지 아니한다.

제10조

1. 각 체약 당사국은 타방 체약 당사국의 투자자의 자국 영역 안에서의 투자에 대하여 공정하고 공평한 대우와 완전하고 지속적인 보호 및 안전을 부여한다.
2. 어떠한 체약 당사국도 타방 체약 당사국의 투자자의 자국 영역 안에서의 투자에 대하여 수용·국유화하거나 수용·국유화에 상당하는 조치(이하 "수용"이라 한다)를 취하여서는 아니 된다. 다만, (가) 공공목적을 위하여 (나) 비차별적인 방법으로 (다) 신속·적절·유효한 보상이 이루어지고 (라) 적법절차에 의하여 이루어지는 경우에는 그러하지 아니하다.
3. 보상은 수용된 투자의 수용되기 직전 시점의 공정한 시장가격에 상응하여야 한다. 공정한 시장가격은 수용 사실이 공공연히 미리 알려짐에 따라 발생하는 가치의 변화를 반영하지 아니한다. 보상은 지체 없이 지급되며, 보상이 지급될 때까지의 기간을 고려한 적정한 이자를 포함한다. 보상은 효과적으로 실현 가능하고, 자유롭게 송금될 수 있으며, 수용 당시의 우세한 시장환율에 따라 투자자의 국적통화 및 국제통화기금협정의 조항에 규정되어 있는 자유롭게 사용 가능한 통화로 자유롭게 태환되어야 한다.
4. 제15조의 규정에 불구하고, 수용에 의하여 영향을 받은 투자자는 자신의 사안 및 보상금액에 대하여 이 조에 규정된 원칙에 따른 신속한 검토를 위하여 수용을 행한 체약 당사국의 법원이나 행정재판소 또는 행정기관을 이용할 권리를 가진다.

제11조

일방 체약 당사국의 투자자는 타방 체약 당사국의 영역 안에서의 적대행위·혁명 · 반란 · 소요 또는 그 밖의 유사한 긴급상황으로 인하여 타방 체약 당사국의 영역 안에서의 투자 및 영업 활동과 관련하여 손실이나 손해를 입은 경우에는, 이에 대한 원상회복 · 배상 · 보상 또는 그 밖의 형태의 해결에 있어서 타방 체약 당사국으로부터 타방 체약 당사국의 투자자나 제3국의 투자자에게 부여되는 대우 중 보다 유리한 대우보다 불리하지 아니한 대우를 부여받는다.

제12조

1. 각 체약 당사국은 타방 체약 당사국의 투자자의 자국의 영역 안에서의 투자와 관련된 모든 지급액이 지체 없이 자국 영역의 안팎으로 자유롭게 송금될 수 있도록 보장한다. 그러한 송금은 특히 다음을 포함하나, 이에 한정되지 아니한다.
   가. 초기자본 및 투자를 유지 · 증가시키기 위한 추가자본
   나. 수익 · 이자 · 배당금 · 자본이득 · 로열티 또는 수수료
   다. 대부약정 등 계약에 따른 지급금
   라. 투자의 전부 또는 부분 매각이나 청산으로 인한 수익금
   마. 제10조 및 제11조에 따른 지급금
   바. 제15조의 분쟁해결에 따른 지급금
   사. 투자와 관련하여 타방 체약 당사국에게 고용된 인력의 급료 및 보수
2. 어떠한 체약 당사국도 송금 당일의 시장환율에 따라 지체 없이 자유태환가능 통화로 송금되는 것을 방해하지 아니한다.
3. 제1항 및 제2항의 규정에 불구하고, 일방 체약 당사국은 다음에 관계되는 경우 공정하고 비차별적이며 신의성실에 입각한 법적용을 통하여 송금을 지체하거나 제한할 수 있다.
   가. 파산 · 지급불능 또는 채권자의 권리보호
   나. 증권의 발행 · 거래 또는 중개
   다. 범죄 또는 형사죄
   라. 사법절차에서의 명령이나 판결의 이행확보

제13조

일방 체약 당사국 또는 그의 지정기관이 타방 체약 당사국 영역 안에서의 자국

투자자의 투자와 관련하여 동 투자자에게 배상·보증 또는 보험계약에 따른 지불조치를 한 경우에는, 타방 체약 당사국은 그러한 지불조치의 사유가 된 동 투자자의 권리나 청구권이 일방 체약 당사국 또는 그의 지정기관에게 이전되었음을 인정하고, 동 대위변제에 따라 일방 체약 당사국 또는 그의 지정기관이 이전의 권리소유자와 동일한 범위 내에서 그러한 권리나 청구권을 행사하는 권리를 인정한다. 그러한 권리나 청구권의 양도 및 지불의 양도에 따라 일방 체약 당사국 또는 그의 지정기관에게 지불된 지급액에 대해서는 제10조 제2항 내지 제4항 및 제12조의 규정이 준용된다.

제14조

1. 양 체약 당사국은, 어느 일방 체약 당사국의 요청이 있을 경우, 이 협정과 관련된 분쟁해결이나 이 협정의 해석·적용 또는 목적 실현과 관련된 사항을 논의하기 위하여 신속히 협의한다.
2. 이 협정의 해석이나 적용에 관한 체약 당사국 간의 분쟁이 협의를 통하여 만족스럽게 해결되지 아니한 경우에는, 일방 체약 당사국의 서면요청에 의하여 국제법의 적용 가능한 규정에 따라 내려지는 구속력 있는 결정을 위하여 중재판정부에 회부된다. 이 조에서 달리 규정된 것을 제외하고, 체약 당사국 간에 별도의 합의가 없는 경우에는, (가) 양 체약 당사국에 의하여 수정되거나 (나) 제3항에 따라 임명된 중재인에 의한 수정을 일방 체약 당사국이 반대하지 아니하는 경우를 제외하고는 국제연합국제무역법위원회의 중재규칙이 준용된다.
3. 제2항에 따른 중재요청의 통지를 받은 날부터 2월 이내에 각 체약 당사국은 1인의 중재인을 임명한다. 임명된 2인의 중재인은 제3국의 국적을 가진 제3의 중재인을 의장으로 선임한다. 3인으로 구성되는 중재판정부의 중재인 임명에 적용되는 국제연합국제무역법위원회의 중재규칙은 동 규칙에서 규정된 선임기관이 본부의 사무총장이 된다는 조건으로 중재판정부의 임명에 관한 그 밖의 사항에 대하여 준용된다.
4. 양 체약 당사국에 의하여 달리 합의되지 아니하는 한, 제3의 중재인의 선임일부터 6월 이내에 모든 자료가 제출될 뿐만 아니라 모든 심리도 종료된다. 중재판정부는 최종 자료제출일이나 심리의 종료일 중 보다 늦은 날부터 2월 이내에 결정하여야 한다. 동 결정은 최종적이며 구속적이다.

5. 의장중재인 및 그 밖의 중재인에 의하여 소요된 비용 및 그 밖의 절차비용은 양 체약 당사국이 균등하게 부담한다. 그러나 중재판정부는 재량에 의하여 양 체약 당사국 중 일방이 보다 많은 비용을 부담하도록 결정할 수 있다.

제15조

1. 이 조의 목적상 투자분쟁은 타방 체약 당사국의 투자자에 의한 투자와 관련하여 이 협정에 의하여 부여된 권리의 침해에 의하거나 그 침해로부터 야기되는 손실이나 손해를 입었다고 주장하는 타방 체약 당사국의 투자자와 일방 체약 당사국 간의 분쟁이다.
2. 투자분쟁이 발생하는 경우, 동 분쟁은 가능한 한 협의나 협상에 의하여 해결한다. 이러한 방법으로 해결되지 아니하는 경우, 투자자는 동 분쟁의 해결을 위하여 다음 방안 중 하나에 의하여 동 분쟁을 제기할 수 있다.
   가. 사전에 합의된 적용 가능한 분쟁해결절차
   나. 제3항의 조건에 따른 방안
3. 투자자가 서면으로 협의나 협상을 요청한 날부터 3월 이내에 투자분쟁이 해결되지 아니하고, 당해 투자자가 제2항 가목 또는 사법적 · 행정적 해결절차에 따라 동 분쟁을 제기하지 아니한 경우에는, 당해 투자자는 구속력 있는 중재에 의한 분쟁해결을 위하여 다음에 따라 동 분쟁을 제기할 수 있다.
   가. 양 체약 당사국이 ICSID 협약의 가입국인 경우에는 본부에 제기할 것
   나. 국제연합국제무역법위원회의 중재규칙에 따라 제기할 것
   다. 분쟁 당사자 간 합의가 있는 경우에는 그 밖의 중재기관이나 그 밖의 중재규칙에 따라 제기할 것

   양 분쟁 당사자에 의하여 달리 합의되지 아니하는 한, 일단 당해 투자자가 분쟁해결을 위하여 제2항 및 제3항에 따라 투자분쟁을 제기하는 경우에는, 당해 투자자는 제2항 및 제3항에 열거된 다른 방안에 의하여 동 분쟁을 제기할 수 없다. 각 체약 당사국은 가목 및 나목에 열거된 국제중재에 투자분쟁을 회부하는 것에 대하여 동의한다.
4. 제3항에 따라 투자분쟁을 제기하는 투자자는 그러한 청구서를 제출하기 최소 90일 이전에 분쟁을 제기하겠다는 의사를 분쟁 당사자인 체약 당사국에게 서면으로 통보한다. 동 의사의 통지는 다음의 사항을 명시한다.

가. 당해 투자자의 성명 및 주소
나. 논쟁의 대상이 되고 있는 분쟁 당사자인 체약 당사국의 특정한 조치와 이 협정의 규정을 침해하였다는 주장을 포함하여 문제를 명확히 설명하는 데 충분한 투자분쟁의 사실적 · 법률적 근거에 관한 요약자료
다. 필요한 경우 개략적인 배상청구금액을 포함하여 중재를 통하여 얻으려는 구제조치
라. 당해 투자자가 이용하고자 하는 제3항 가목 내지 다목에 규정된 분쟁해결 절차

5. 제3항의 규정에 불구하고, 투자자가 손실이나 손해를 입었다는 사실을 처음으로 알았거나 알 수 있었던 날부터 3년이 지난 후에는 제3항에 따른 분쟁의 제기를 할 수 없다.
6. 이 조의 규정에 의하여 내려진 중재판정은 분쟁 당사자에게 최종적이며 구속적이다. 각 체약 당사국은 동 중재판정의 내용을 지체 없이 이행하며 자국의 영역 안에서 관련 법령에 따라 동 중재판정을 집행한다.
7. 제2항의 두 번째 문장 및 제3항의 규정은 제17조 또는 제18조의 범위에 해당하는 일방 체약 당사국의 조치에는 적용되지 아니한다. 타방 체약 당사국의 요청이 있을 경우에는 양 체약 당사국의 권한 있는 당국이 이 항의 적용에 관하여 협의한다.
8. 이 조의 어떠한 규정도 투자자가 분쟁 당사자인 체약 당사국의 영역 안에서 사법적 · 행정적 해결을 구하는 것을 방해하는 것으로 해석되지 아니한다.

第16조

1. 제11조의 규정을 제외한 이 협정의 어떠한 다른 규정에 불구하고 각 체약 당사국은 다음 각목의 조치를 취할 수 있다.
가. 다음의 경우에 자국의 본질적인 안보이익의 보호를 위하여 필요하다고 인정되는 조치
(1) 전쟁 또는 무력충돌이나 그 밖에 당해 체약 당사국 안에서 또는 국제관계상 긴급상황이 발생하는 경우
(2) 무기의 확산방지에 관한 국내정책이나 국제협약의 이행과 관련되는 경우
나. 국제평화 및 국제안보의 유지를 위한 국제연합헌장상의 의무이행을 위하

여 필요한 조치

다. 인간·동물 또는 식물의 생명이나 건강을 보호하기 위하여 필요한 조치

라. 공공질서의 유지를 위하여 필요한 조치. 다만, 공공질서의 유지를 위한 예외조치는 사회의 기본적인 이익이 진실로 그리고 충분히 중대하게 위협받는 경우에만 원용될 수 있다.

2. 일방 체약 당사국이 제1항에 따라 제11조를 제외한 이 협정의 규정에 따른 의무와 부합하지 아니하는 조치를 취하는 경우, 당해 체약 당사국은 자국의 의무를 회피하기 위한 수단으로 동 조치를 이용하여서는 아니 된다.

3. 일방 체약 당사국이 제1항에 따라 제11조를 제외한 이 협정의 규정에 따른 의무와 부합하지 아니하는 조치를 취하는 경우, 당해 체약 당사국은 동 조치의 발효 이전에 또는 발효 이후 가능한 한 신속히 타방 체약 당사국에게 동 조치와 관련한 다음 각목의 요소를 통보한다.

가. 분야·하위분야 또는 대상

나. 당해 예외조치가 취하여진 분야나 대상에 대한 의무 또는 조문

다. 당해 예외조치의 법적 근거 또는 권원

라. 당해 예외조치에 대한 간략한 설명

마. 당해 예외조치의 동기 또는 목적

4. 제2조 제1항의 규정에 불구하고, 각 체약 당사국은 자국의 영역 안에서 타방 체약 당사국의 투자자에 의한 투자 및 영업 활동과 관련된 형식요건을 정할 수 있다. 다만, 그러한 형식요건은 이 협정상의 권리의 실질적인 부분을 훼손하지 아니하여야 한다.

제17조

1. 일방 체약 당사국은 다음의 경우에 국제자본거래와 관련하여 제2조 제1항 및 제12조에 따른 자국의 의무와 부합하지 아니하는 조치를 채택하거나 유지할 수 있다.

가. 중대한 국제수지 및 대외적 금융상의 어려움에 처하거나 처할 우려가 있는 경우

나. 예외적인 상황에서, 자본이동이 거시경제의 운영, 특히 통화·환율정책에 중대한 어려움을 초래하거나 초래할 우려가 있는 경우

2. 제1항에 따른 조치는
   가. 당해 조치를 취한 체약 당사국이 국제통화기금협정의 당사자인 경우에는 동 협정의 규정과 부합되어야 하고,
   나. 제1항에 규정된 상황에 대처하는 데 필요한 정도를 초과하여서는 아니 되며,
   다. 일시적이며 상황이 허락하는 한 신속하게 철폐되어야 하고,
   라. 타방 체약 당사국에게 즉시 통지되어야 한다.
3. 이 협정의 어떠한 규정도 일방 체약 당사국이 국제통화기금협정의 회원국으로서 향유하는 권리 및 부과되는 의무를 변경하는 것으로 간주되지 아니한다.

제18조

1. 이 협정의 다른 규정에 불구하고, 일방 체약 당사국은 금융제도의 완결성 및 안정성을 확보하기 위하여 금융서비스와 관련한 건전성조치를 채택하거나 유지할 수 있다. 이 경우, 그 조치는 투자자 · 예금자 · 보험계약자 또는 금융서비스를 제공하는 기업에게 수탁의무를 부여한 자를 보호하기 위한 조치를 포함한다.
2. 일방 체약 당사국이 제1항에 따라 이 협정의 규정에 따른 의무와 부합하지 아니하는 조치를 취하는 경우, 당해 체약 당사국은 동 조치를 이 협정상의 당해 체약 당사국의 의무를 회피하기 위한 수단으로 이용하여서는 아니 된다.

제19조

1. 이 협정의 어떠한 규정도 제2항 내지 제4항에서 명시적으로 규정된 경우를 제외하고는 조세조치에 적용되지 아니한다.
2. 제1조 · 제3조 · 제7조 · 제10조 · 제22조 및 제23조는 조세조치에 적용된다.
3. 제14조 및 제15조는 제2항의 적용에 따른 분쟁에 적용된다.
4. 제20조는 제2항에 규정된 사항에 관한 조세조치에 적용된다.

제20조

1. 양 체약 당사국은 이 협정의 목적을 달성하기 위하여 합동위원회(이하 "위원회"라 한다)를 설치한다. 동 위원회의 기능은 다음과 같다.

가. 이 협정의 이행 및 운영에 대한 논의·검토
나. 예외조치의 감축이나 제거에 기여하기 위하여 제5조에 따라 유지·개정·수정 또는 채택되는 조치의 검토
다. 양 체약 당사국의 투자자를 위한 우호적인 환경을 촉진하기 위하여 제4조에 따라 채택·유지되는 조치에 대한 논의
라. 그 밖에 이 협정과 관련되는 투자 관련 사항에 대한 논의

2. 위원회는 필요한 경우 이 협정의 보다 효율적인 기능이나 목적 달성을 위하여 양 체약 당사국에게 합의에 의한 적절한 권고를 할 수 있다.
3. 위원회는 양 체약 당사국의 대표로 구성되며, 위원회의 기능수행을 위한 자체의 절차규정을 정한다.
4. 위원회는 분과위원회를 설치할 수 있으며 특정 사안을 동 분과위원회에 위탁할 수 있다. 위원회는 양 체약 당사국의 상호 합의에 의하여 민간부문과 공동회의를 개최할 수 있다.
5. 양 체약 당사국 간에 달리 결정되지 아니하는 한, 위원회는 1년에 1회 개최되며 일방 체약 당사국의 요청에 의하여도 개최된다.

제21조

양 체약 당사국은 환경조치의 완화에 의하여 타방 체약 당사국의 투자자에 의한 투자를 촉진하는 것이 적절하지 아니하다는 점을 인식한다. 이를 위하여 각 체약 당사국은 타방 체약 당사국의 투자자에 의한 자국 영역 안에서의 투자의 설립·인수 또는 확장을 촉진하기 위하여 환경조치를 포기하거나 침해하여서는 아니 된다.

제22조

1. 이 협정상의 의무이행에 있어서, 각 체약 당사국은 자국의 영역 안에서 지방정부가 이 협정상의 의무를 준수하는 것을 보장하기 위하여 이용 가능한 합리적인 조치를 취한다.
2. 각 체약 당사국은 제1조 제1항 나목에 규정된 법인이나 그 밖의 실체인 타방 체약 당사국의 투자자가 제3국의 투자자에 의하여 소유·통제됨과 동시에 다음 각목에 해당하는 경우에는, 동 타방 체약 당사국의 투자자 및 그 투자에 대

하여 이 협정상의 혜택을 부여하지 아니할 권리를 보유한다.

가. 혜택을 부여하지 아니하려는 체약 당사국이 동 제3국과 정상적인 경제 관계를 유지하고 있지 아니한 경우

나. 타방 체약 당사국의 법령에 따라 구성·조직되는 투자자가 타방 체약 당사국의 영역 안에서 실질적인 영업 활동을 수행하고 있지 아니한 경우

3. 이 협정 제2조 제2항의 규정은 일방 체약 당사국이 자유무역지대·관세동맹·경제통합을 위한 국제협정이나 유사한 국제협정의 구성원이 됨으로써 가지게 되는 특별한 대우를 타방 체약 당사국의 투자자 및 그 투자에 대하여 부여하여야 하는 것으로 해석되지 아니한다.

제23조

1. 이 협정은 협정의 발효에 필요한 그들 각자의 법적 절차가 완료되었음을 상호 통보하는 외교공한을 교환한 날부터 30일째 되는 날에 발효한다. 이 협정은 협정의 발효 후 10년간 유효하며, 제2항의 규정에 따라 종료되지 아니하는 한 그 이후에도 계속 유효하다. 이 협정은 협정의 발효일 이전에 타방 체약 당사국의 적용 가능한 법령에 따라 타방 체약 당사국의 영역 안에서 이루어진 어느 일방 체약 당사국의 투자자에 의한 모든 투자에 적용된다.
2. 일방 체약 당사국은 타방 체약 당사국에게 협정이 종료되기 1년 전에 서면통보를 함으로써 최초 10년의 종료일이나 그 이후에 이 협정을 종료시킬 수 있다.
3. 이 협정의 종료일 이전에 이루어진 투자에 대하여 이 협정의 규정은 그 종료일로부터 10년간 계속 유효하다.
4. 이 협정은 협정의 발효일 이전에 발생한 사건으로부터 발생하는 청구나 협정의 발효일 이전에 해결된 청구에는 적용되지 아니한다.
5. 이 협정의 부속서는 이 협정의 본질적인 부분을 구성한다.

이상의 증거로, 아래 서명자는 그들 각자의 정부로부터 정당하게 권한을 위임받아 이 협정에 서명하였다.

2002년 3월 22일 서울에서 동등하게 정본인 한국어·일본어 및 영어로 각 2부씩 작성하였다. 해석상의 차이가 있을 경우에는 영어본이 우선한다.

대한민국 정부를 대표하여　　　　　　일본국 정부를 대표하여

부속서 1

제2조 · 제8조 제3항 및 제9조에 대한 예외 분야 및 대상

대한민국	일본국
1. 방위산업 2. 방송산업 3. 전송망사업 4. 수산업 5. 담배산업 6. 전력산업 7. 가스산업 8. 비거주자와의 자본거래 (원화대출, 단기원화증권의 발행, 외환 신용공여, 보증 및 담보제공, 국내 재무불건전기업의 차입, 파생금융거래) 9. 외국인의 토지취득 10. 원자력에너지산업 11. 영화산업(스크린쿼터) 12. 신문발행업(발행인 · 편집인에 대한 제한) 13. 뉴스제공업(발행인 · 편집인에 대한 제한) 14. 잡지 및 정기간행물 발행업(발행인 · 편집인에 대한 제한) 15. 부속서 2에 규정된 것을 제외한 공공독점의 유지 · 지정 · 폐지(민영화를 포함한다) 16. 부속서 2에 규정된 것을 제외한 국영기업의 유지 · 설립 · 처분(민영화를 포함한다) 17. 보조금 제4호 및 제9호를 제외한 나머지 분야 및 대상에 대하여는 최혜국대우가 적용된다.	1. 영해 및 내수의 수산업 2. 화약류제조업 3. 원자력에너지산업 4. 항공기산업 5. 무기산업 6. 우주산업 7. 방송산업 8. 금융서비스(예금보험) 9. 전력산업 10. 가스산업 11. 공공독점의 유지 · 지정 · 폐지(민영화를 포함한다) 12. 국영기업의 유지 · 설립 · 처분(민영화를 포함한다) 13. 보조금 제2호 내지 제13호에 규정된 분야 및 대상에 대하여는 최혜국대우가 적용된다.

부속서 2

제2조 · 제8조 제3항 및 제9조에 대한 예외 분야 및 대상

대한민국	일본국
1. 벼 · 보리 재배업 2. 육우사육업 3. 육류도매업 4. 전기통신업(전송망사업을 제외한다) 5. 해상운송업 6. 항공운송업 7. 옥외광고업 8. 금융서비스(외국 은행의 연락사무소, 외국 신용정보회사의 지점, 한국산업은행 및 한국수출입은행) 9. 항공기 등록 및 관련 사항 10. 선박의 국적과 관련되거나 그로부터 야기되는 사항, 선박 및 선박에 관한 이익의 취득	1. 부속서 1에 규정된 것을 제외한 농림수산업 2. 석유산업 3. 광업 4. 생화학적제제제조업 5. 피혁 및 피혁제품제조업 6. 상수도업 7. 철도산업 8. 일반승합여객자동차운송업 9. 화물운송취급업 10. 수상운송업 11. 항공운송업 12. 전기통신업 13. 경비업 14. 열공급업 15. 항공기 등록 및 관련 사항 16. 선박의 국적과 관련되거나 그로부터 야기되는 사항, 선박 및 선박에 관한 이익의 취득

http://www.mofa.go.kr/trade/treatylaw/treatyinformation/bilateral/index.jsp?mofat=001&menu=m_30_50_40

15장 한중투자협정

대한민국 정부와 중화인민공화국 정부 간의 투자의 증진과 상호 보호에 관한 협정

Agreement on the Encouragement and Reciprocal Protection of Investments between the Government of the Republic of Korea and the Government of the People's Republic of China

대한민국 정부와 중화인민공화국 정부(이하 "체약 당사자"라 한다)는, 양국 간의 경제협력을 강화하기를 희망하고, 투자 및 투자와 관련된 사업활동에 대하여 각국이 부여하는 호의적인 대우와 보호를 통하여 타방 국가의 영역 안에서 일방 국가의 투자자에 의한 투자에 유리한 조건을 조성하기를 희망하며, 투자의 증진과 상호 보호가 양국 간 경제와 기술교류를 촉진시킨다는 것을 인식하여, 다음과 같이 합의하였다.

제1조

이 협정의 목적상,

가. "투자"라 함은 일방 국가의 투자자가 투자 당시의 타방 국가의 관계 법령에 따라 타방 국가의 영역 안에서 행한, 투자로서 사용된 모든 종류의 자산을 말하며, 특히 다음의 것을 포함하나, 이에 한정되지 아니한다.

(1) 동산, 부동산과 저당권 · 유치권 · 질권 · 용익권과 같은 모든 물권적 재산권 및 이와 유사한 제 권리

(2) 지분 · 주식 · 채권 · 회사의 사채 또는 그 밖의 다른 형태의 회사 · 기업 또는 합작사업에의 참여권

(3) 금전 또는 투자와 관련하여 경제적 가치를 가진 모든 행위에 대한 청구권

(4) 저작권 · 상표권 · 특허권 · 산업디자인 · 기술공정 · 노하우 · 영업비밀 · 상호권 등을 포함한 지적소유권 및 영업권

(5) 법률 또는 계약에 의하여 부여되는 모든 권리 및 자연자원의 탐사 · 추출 · 개간 또는 개발을 위한 권리를 포함한 법률에 따른 각종 면허 및 허가

자산이 투자되는 형태의 어떠한 변경도 동 자산의 투자로서의 성격에 영향을 미치지 아니한다.

나. "수익"이라 함은 투자에 의하여 얻은 금액을 말하며, 특히 이윤 · 이자 · 자본수익 · 배당 · 사용료 또는 수수료를 포함하나 이에 한정되지 아니한다. 투자로부터 발생하는 수익과, 재투자의 경우 그러한 재투자로부터 발생하는 수익은 투자와 동일한 보호를 향유한다.

다. "투자자"라 함은 타방 국가의 영역 안에서 투자하는 일방 국가의 국민 또는 회사를 말한다.

(1) "국민"이라 함은 일방 국가의 국적을 가지고 있는 자연인을 말한다.

(2) "회사"라 함은

(가) 대한민국에 관하여는 유한책임의 여부, 법인격 여부 및 금전적 이익을 목적으로 하는가의 여부에 관계없이 법인 · 합작회사 · 회사 및 협회를 말하며

(나) 중화인민공화국에 관하여는 기업 · 기타 경제조직체 및 협회를 말한다.

일방 국가의 관계 법령에 따라 설립되고 동 국가의 영역 안에 주소를 가진 회사는 동 국가의 회사로 본다.

제2조

1. 각 체약 당사자는 자국의 영역 안에서 타방 국가의 투자자에 의한 투자를 가능한 한 촉진시키고 자국의 관계 법령에 따라 그러한 투자가 허가되도록 한다.
2. 일방 국가의 투자자는 타방 국가의 영역 안에서 투자의 허가 및 투자 허가와 관련된 사항에 대하여 제3국의 투자자에게 부여되고 있는 것보다 불리하지 아니한 대우를 받는다.
3. 투자 및 투자와 관련된 사업활동을 목적으로 타방 국가에 입국하여 체류하기를 희망하는 일방 국가의 국민은, 사업활동을 위한 면허와 허가 신청 및 타방 국가 안에서의 입국 · 체류 및 거주신청에 대하여, 타방 국가의 관계 법령에 따라 호의적인 고려를 받는다.

제3조

1. 일방 국가의 투자자는 타방 국가의 영역 안에서 투자, 수익 및 투자와 관련된 사업활동에 대해서 제3국의 투자자에게 부여되고 있는 것보다 불리하지 아니한 대우를 보장받는다.
2. 일방 국가의 투자자는 타방 국가의 영역 안에서 투자 · 수익 및 투자와 관련된 사업활동에 대하여 타방 국가의 투자자에게 부여되는 것보다 불리하지 아니한 대우를 보장받는다.
3. 이 조의 규정에서 "투자와 관련된 사업활동"이라 함은 특히 다음의 것을 포함하나 이에 한정되지 아니한다.
   가. 지사 · 대리점 · 사무소 · 공장 및 기타 사업활동의 수행을 위한 적절한 시설의 유지
   나. 설립 또는 취득한 회사의 통제와 경영
   다. 기술자 · 임원 · 변호사 및 기타 직원을 포함한 전문가의 고용과 해고
   라. 계약의 체결과 이행
4. 제1항의 규정은 일방 국가가 다음의 것에 의하여 부여할 수 있는 여하한 대우, 특혜 또는 특권의 혜택을 타방 국가의 투자자에 대하여도 부여하여야 하는 것으로 해석되지 아니한다.
   가. 양 국가 중 어느 일방국이 당사국이거나 또는 당사국이 될 수 있는, 어떠한 기존 또는 미래의 관세동맹 · 자유무역지대 · 공동대외관세지대 · 통화연맹 · 이와 유사한 국제협정 또는 기타 지역협력기구
   나. 전적으로 또는 주로 과세에 관한 어떠한 국제협성이나 국세약정

제4조

일방 국가의 투자자가 타방 국가의 영역 안에서 자신들의 권리 행사와 방어를 위하여 법원 · 행정심판소 또는 행정기관을 이용함에 있어 부여되는 대우는 타방 국가의 투자자 또는 제3국의 투자자에게 부여되는 대우보다 불리하여서는 아니된다.

제5조

1. 일방 국가의 투자자의 투자와 수익은 타방 국가의 영역 안에서 지속적인 보호와 안전을 부여받는다.
2. 일방 국가의 투자자의 투자와 수익은 타방 국가의 영역 안에서 비차별적 공공목적의 경우를 제외하고는 국유화 또는 수용되지 아니하며, 국유화 또는 수용과 동등한 효과를 가지는 조치(이하 "수용"이라 한다)의 대상이 되지 아니한다. 수용은 관계 법령에 따라 이루어져야 하며 보상되어져야 한다.
3. 제2항에 규정된 보상은 수용 결정이 발표되었거나 또는 수용 결정이 알려지는 때 바로 직전 투자의 시장가치를 기초로 계산된다. 시장가격이 즉시 확인될 수 없는 경우 보상은 일반적으로 인정되고 있는 가치산정 원칙에 따라, 그리고 투자된 자본, 감가상각, 이미 회수된 자본 및 기타 관련 요소 등을 고려한 공평한 원칙에 기초하여, 결정되어야 한다.
   위의 보상은 지체 없이 이루어져야 하며, 수용일부터 지불일까지 적절한 이율의 이자를 포함하여야 하며, 보상금액 결정일에 적용되는 공식환율로 실질적으로 환금되어지고 자유롭게 송금될 수 있어야 한다.
4. 일방 국가의 투자자는 타방 국가의 영역 안에서 제1항 및 제3항에 규정된 사항과 관련하여 비차별적 대우를 보장받는다.
5. 영향을 받은 투자자는 수용을 행한 국가의 법률에 따라, 그 국가의 관할법원 · 행정심판소 또는 권한 있는 행정기관에서 제2항 · 제3항 및 제4항에 규정된 조치 및 보상금액과 관련하여 재판을 받거나 신속한 심사를 청구할 권리를 가진다.
6. 일방 국가의 모든 영역 안에서 시행되고 있는 법률에 따라 설립되는 회사에 타방 국가의 투자자가 지분을 소유하고 있는 경우 그 회사의 자산을 동 일방 국가가 수용하는 경우에는, 이 조의 규정이 적용된다.

제6조

1. 일방 국가의 투자자는, 무력충돌 · 국가비상사태 또는 소요로 인하여 타방 국가의 영역 안에서의 자신의 투자가 손실을 입은 경우, 원상회복 · 배상 · 보상 또는 기타의 해결에 관하여 타방 체약 당사자가 제3국의 투자자에게 부여하는 것보다 불리하지 아니한 대우를 받는다.

2. 제1항을 방해함이 없이, 일방 국가의 투자자가 동항에 규정된 어떠한 상황하에 타방 국가의 영역 안에서 다음에 의하여 피해나 손실을 입은 경우, 징발의 기간 동안 지속된 피해나 손실, 또는 재산파괴 결과로 생겨난 피해나 손실에 대하여 공정하고 적절한 보상을 받는다.
   가. 타방 국가의 군대 또는 당국에 의한 재산의 징발
   나. 전투행위 중에 일어난 것이 아니거나, 또는 상황의 필요성에 비추어 필요하지 아니하였던 타방 국가의 군대 또는 당국에 의한 재산의 파괴
3. 제1항 및 제2항의 보상에 따른 지불은 지체 없이 이루어져야 하며, 보상금액 결정일에 적용되는 공식환율에 따라 결정된 환율로 자유롭게 송금될 수 있어야 한다.

제7조

일방 체약 당사자 또는 동 당사자가 지정하는 기관이 타방 국가의 영역 안에서의 투자에 대하여 제공한 보증에 따라 자국의 투자자에게 지불을 하는 경우, 타방 체약 당사자는 다음 사항을 인정한다.

가. 법률에 의하거나 또는 동 타방 국가에서의 합법적 거래에 따른, 투자자로부터 일방 체약 당사자 또는 동 일방 당사자가 지정하는 기관으로의 모든 권리 또는 청구권의 이전

나. 일방 체약 당사자 또는 동 일방 당사자가 지정하는 기관이 대위에 의하여 투자자의 권리를 행사하고, 청구권을 집행할 자격을 가지며 투자와 관련된 의무를 부담하는 점

제8조

1. 일방 국가의 투자자는 투자와 관련하여 특히 다음의 것을 타방 국가의 관계 법령에 따라 지체 없이 모든 자유태환성통화로 동 타방 국가의 영역 밖으로 송금하는 것을 보장받으며, 그러한 송금이 다음의 것에 한정되는 것은 아니다.
   가. 일방 국가의 투자자의 모든 투자로부터 발생하는 순이윤 · 배당금 · 사용료 · 기술지원 및 기술용역 수수료 · 이자 및 기타 경상소득
   나. 일방 국가의 투자자가 행한 투자의 매각이나 전부 또는 일부 청산에 따른

수익금
다. 최초자본 및 투자증대에 필요한 보충금액
라. 투자와 관련된 채무의 변제자금
마. 타방 국가의 영역 안에서의 투자와 관련하여 취업이 허가된 일방 국가 국민의 소득
바. 보상금
2. 이 협정의 목적상, 환율은 송금일에 적용되는 공식환율에 따라 정하여진다.

제9조

1. 타방 국가의 영역 안에서의 투자와 관련한 일방 국가의 투자자와 타방 국가의 정부 간의 어떠한 분쟁도 가능한 한 분쟁 당사자 간의 협의를 통하여 우호적인 방법으로 해결되어야 한다.
2. 일방 국가의 투자자는 타방 국가의 영역 안에서의 자신의 투자와 관련하여 동 타방 국가의 법령에 따른 법적 구제조치를, 동 타방 국가가 자국의 투자자 또는 제3국 투자자의 투자에 대하여 부여하는 것보다 불리하지 아니한 대우를 기초로 하여 이용할 수 있다.
3. 제5조 제3항에 규정된 보상금액에 관한, 일방 국가의 투자자와 타방 국가의 정부 또는 동 타방 국가의 법령에 따라 보상의무를 가진 그 밖의 다른 기관 간의 분쟁이 일방 당사자가 우호적인 해결을 요청한 날부터 6월 이내에 해결될 수 없는 경우, 그 분쟁은 동 투자자의 요청에 따라 1965년 3월 18일 워싱턴에서 작성된 "국가와 타방 국가 국민 간의 투자분쟁의 해결에 관한 협약"(이하 "워싱턴 협약"이라 한다)을 참고로 하여 설립되는 조정위원회 또는 중재위원회(이하 "중재위원회"라 한다)에 회부된다.
   일방 국가의 투자자와 타방 국가의 정부 간의 기타 문제에 관한 어떠한 분쟁도 상호합의에 의하여 위에 규정된 중재위원회에 회부된다. 일방 국가의 국민 또는 회사가 타방 국가의 영역 안에서 행정적 또는 사법적 해결을 구하고 있는 경우, 그 분쟁은 중재위원회에 회부되지 아니한다.
4. 제3항에 규정된 중재위원회는 3인의 중재위원으로 구성된다. 각 당사자는 일방 당사자가 타방 당사자로부터 제3항에 규정된 분쟁의 중재를 요청하는 통지를 받은 날부터 60일안에 각 1인의 중재위원을 임명하고 그러하게 선정된 2인

의 중재위원은 이후 90일 이내에 중재위원장인 제3의 중재위원에 합의하며, 제3의 중재위원은 어느 일방 국가의 국민이어서는 아니 된다.

5. 제3의 중재위원이 제4항에 규정된 기간 안에 각 당사자에 의하여 임명된 중재위원들 간에 합의되지 못하는 경우, 일방 당사자는 양 당사자에 의하여 사전 합의된 제3자에 대하여 양국과 외교 관계가 있는 제3국의 국민인 제3의 중재위원을 임명하도록 요청한다.
6. 중재절차는 워싱턴 협약을 참고로 하여 중재위원회에 의하여 결정된다.
7. 중재위원회의 결정은 최종적이며 구속력을 가진다. 중재위원회의 결정의 집행은, 그러한 집행이 이루어지는 영역의 소속 국가에서 적용되고 있는 중재결정의 집행에 관한 법령에 따라 행하여진다. 중재위원회는 그 결정의 근거를 밝혀야 하며 일방 당사자가 요청하면 이유를 설명하여야 한다.
8. 각 당사자는 자신이 임명한 중재위원과 관련된 비용과 자신의 중재절차 참가에 따른 비용을 부담한다. 중재위원장의 직무수행을 위한 비용과 중재위원회의 기타 비용은 관련 당사자가 균등하게 부담한다.
9. 어떠한 사건이 제3항에 규정된 중재위원회에 회부되는 경우와 회부된 이후에는 그 사안과 관련한 어떠한 청구도 양국 간에 제기되지 아니한다.
10. 이 조의 규정에도 불구하고, 중화인민공화국이 워싱턴 협약의 당사국이 되는 경우, 중화인민공화국이 "투자분쟁해결을 위한 국제본부"(이하 "본부"라 한다)에 대한 유보 통고를 통하여 본부에 회부하지 아니하기로 한 분쟁을 제외한 모든 분쟁은 일방 국가의 투자자 또는 타방 국가의 정부의 요청에 따라 워싱턴 협약에 의하여 설립된 본부에 회부된다.

제10조

1. 이 협정의 해석 또는 적용에 관한 체약 당사자 간의 분쟁은 가능한 한 협의 또는 교섭을 통하여 해결한다.
2. 분쟁이 3월 이내 그와 같이 해결될 수 없는 경우에는, 일방 체약 당사자의 요청에 따라 중재재판소에 회부된다.
3. 중재재판소는 각각의 개별적 사안에 대하여 아래와 같은 방법으로 구성된다. 각 체약 당사자는 중재요청 접수 후 2월 이내에 각 1인의 재판관을 임명한다. 이들 2인의 재판관은 양 체약 당사자의 동의를 얻어 중재재판소의 재판장(이하

"재판장"이라 한다)으로 임명되는 제3국의 국민을 선정한다. 재판장은 2인의 재판관이 임명된 날로부터 2월 이내에 임명된다.

4. 제3항에 규정된 기간 내에 필요한 임명이 이루어지지 아니한 경우, 일방 체약 당사자는, 달리 합의되지 아니하는 한, 국제사법재판소장에게 제3의 재판관을 임명하도록 요청할 수 있다. 동 재판소장이 일방 국가의 국민이거나, 위의 기능을 수행할 수 없는 경우에는 부소장이 필요한 임명을 행한다. 부소장이 일방 국가의 국민이거나, 위의 기능을 수행할 수 없는 경우에는 일방 국가의 국민이 아닌 국제사법재판소의 차상급 재판관이 임명을 행한다.
5. 중재재판소는 다수결에 의하여 결정을 내린다. 그러한 결정은 최종적이며 구속력을 가진다. 각 체약 당사자는 자신이 임명한 재판관과 관련된 비용과 자신의 중재절차 참가에 따른 비용을 부담한다. 재판장의 비용과 기타비용은 양 체약 당사자가 균등하게 부담한다. 중재재판소는 자체의 절차를 결정한다.

제11조

이 협정은 일방 국가의 투자자가 타방 국가의 영역 안에서 행한 아래에 해당하는 투자와 수익에 대하여 적용된다.

(1) 대한민국의 투자자에 대하여는 1948년 8월 15일 이후

(2) 중화인민공화국의 투자자에 대하여는 1949년 10월 1일 이후

제12조

1. 어떠한 문제가 이 협정 및 양국이 당사자인 여타 국제협정에 의하여 동시에 규율받는 경우, 이 협정의 어떠한 내용도 일방 체약 당사자 또는 타방 국가의 영역 안에서 투자를 행한 투자자가 자신의 사건에 대하여 보다 유리한 규정을 선택하는 것을 방해하지 아니한다.
2. 일방 국가가 자국의 법령 또는 그 밖의 다른 특별 규정 또는 계약에 따라 타방 국가의 투자자에게 부여하는 대우가 이 협정에 의하여 부여되는 대우보다 더 유리한 경우에는, 더 유리한 대우가 부여된다.

제13조

일방 국가의 투자자가 실질적인 이익을 가지고 있는 제3국의 회사는 타방 국가의 영역 안에서, 동 타방 국가와 동 제3국의 정부 간에 투자 및 투자보호에 관한 국제협정이 없는 경우에는, 아래와 같은 대우를 보장받는다.

(1) 제2조 제2항, 제3조, 제5조 제1항 내지 제4항 및 제6항, 제6조, 제8조 및 제11조에 규정된 사항과 관련하여, 여타 제3국의 투자자가 실질적인 이익을 가지고 있는 제3국의 회사가 동 타방 국가의 영역 안에서 받는 대우보다 불리하지 아니한 대우, 그리고

(2) 제2조 제2항, 제3조, 제5조 제1항 내지 제4항 및 제6항, 제6조, 제8조 및 제11조에 규정된 사항과 관련하여, 동 타방 국가의 투자자가 실질적인 이익을 가지고 있는 제3국의 회사가 동 타방 국가의 영역 안에서 받는 대우보다 불리하지 아니한 대우

제14조

1. 이 협정의 이행을 촉진하기 위하여 양 체약 당사자는 양 체약 당사자의 대표로 구성되는 공동위원회를 설치하는 것에 합의한다.
2. 공동위원회의 기능은 특히 다음의 것을 포함한다.
   가. 이 협정 이행 및 양국 간의 투자에 관련된 사항의 검토
   나. 외국 투자의 유치에 관한 일방 또는 양국의 법률제도 또는 정책의 발전과 관련하여 이 협정의 운영 및 운영에 관련된 사항에 대한 협의
   다. 양국의 정부에 대한 적절한 권고
3. 공동위원회는 일방 체약 당사자의 요청에 따라 서울과 북경에서 교대로 개최된다.

제15조

1992년 5월 2일 서명된 "대한무역진흥공사와 중국국제상회 간 투자의 증진과 상호 보호에 관한 협정"은 이 협정의 발효와 동시에 종료한다.

제16조

1. 이 협정은 서명 후 각 체약 당사자가 국내법적 절차가 완료되었다는 통고를 교환한 날부터 30일째 되는 날에 발효하며, 5년간 유효하다. 일방 체약 당사자가 타방 체약 당사자에게 최소한 이 협정의 종료 1년 전에 협정종료 의사를 서면으로 통보하지 아니하는 한, 이 협정은 자동적으로 1년간 연장된다.
2. 이 협정의 종료일 이전에 취득된 투자 및 수익에 관하여, 이 협정 제1조 내지 제14조의 규정은 이 협정의 종료일부터 15년간 계속 유효하다.
3. 이 협정은 체약 당사자의 상호 합의에 의하여 개정된다.

이상의 증거로, 정당하게 권한을 위임받은 하기 서명자는 이 협정에 서명하였다. 1992년 9월 30일 북경에서 동등하게 정본인 한국어 · 중국어 및 영어로 각 2부씩 작성하였다. 해석상의 상위가 있을 경우에는 영어본이 우선한다.

대한민국 정부를 위하여　　　　　　　　중화인민공화국 정부를 위하여

의정서

대한민국 정부와 중화인민공화국 정부 간의 투자의 증진과 상호 보호에 관한 협정(이하 "협정"이라 한다)을 서명함에 있어, 하기 서명자는 이 협정의 불가분의 일부를 구성하는 다음의 규정에 합의하였다.

1. 이 협정의 어떠한 규정도 1883년 3월 20일 파리에서 작성된 "산업재산권의 보호에 관한 국제협약" 또는 그후의 동 협약의 개정된 규정, 또는 일방 국가가 당사자이거나 당사자가 될 기존 또는 향후의 국제협정상의 지적소유권과 관련된 어떠한 권리나 의무에 영향을 미치는 것으로 해석되지 아니한다.
2. 이 협정의 제3조 제2항 및 제13조 (2)의 규정의 목적상, 일방 국가 정부가, 공공목적 · 국가안보 또는 국가경제의 건전한 발전을 위하여 필요 불가결한 경우 타방 국가의 투자자에게 자국의 관계 법령에 따라 차별대우를 부여하는 것은 "불리한 대우"로 보지 아니하며, 공공목적 · 국가안보 또는 국가경제의 건전한

발전을 이유로 취하여진 그러한 차별대우가 특정적으로 타방 국가의 투자자 또는 타방 국가의 투자자가 지분을 소유한 합작회사를 목표로 하여서는 아니 된다.

3. 이 협정의 제3조 제2항의 규정은 일방 국가의 정부가 자국의 영역 안에서 외국 투자자의 활동에 관하여 특별한 절차를 제정하는 것을 방해하지 아니하나, 그러한 절차는 전항에 규정된 권리의 본질을 해하지 아니한다는 점이 보장된다.
4. 제5조 제4항에 대하여
   가. 각 체약 당사자는 어떠한 제3국의 투자자에게 부여하는 것보다 불리하지 아니한 대우를 타방 국가의 투자자에게 부여한다.
   나. 각 체약 당사자는, 자국의 투자자에게 부여하는 것보다 불리하지 아니하게 타방 국가의 투자자에게 부여하는 대우에 대하여, 시행되고 있는 자국의 법률에 따라 제한적인 예외조치를 취하거나 또는 유지할 권리를 유보한다.
5. 이 협정 제8조 제2항의 규정은 일방 국가가 국제통화기금규정의 체약국으로서 가지고 있는 또는 가질 수 있는 외환제한과 관련한 권리와 의무에 영향을 미치지 아니한다.
6. 제8조의 규정의 목적상, "지체 없이"란 송금이 송금절차의 완료에 통상적으로 소요되는 기간 내에 이루어져야 함을 말한다. 그러한 기간은 관련 송금신청이 있는 날부터 시작하며 제8조에 규정된 송금에 대하여는 6월을 초과하지 아니한다.
7. 이 협정 제13조의 규정에서 사용된 "실질적인 이익"이란 회사를 통제하거나 회사에 대한 결정적인 영향력 행사를 가능하게 하는 정도의 이익을 말한다.

이상의 증거로서, 정당하게 권한을 위임받는 하기 서명자는 이 의정서에 서명하였다.

1992년 9월 30일 북경에서 동등하게 정본인 한국어 · 중국어 및 영어로 각 2부씩 작성하였다. 해석상의 상위가 있을 경우에는 영어본이 우선한다.

대한민국 정부를 위하여 중화인민공화국 정부를 위하여

http://www.mofa.go.kr/trade/treatylaw/treatyinformation/bilateral/index. jsp?mofat=001&menu=m_30_50_40

대한민국 정부와 중화인민공화국 정부 간의 투자의 증진 및 보호에 관한 협정

Agreement between the Government of the Republic of Korea and the Government of the People's Republic of China on the Promotion and Protection of Investments

대한민국 정부와 중화인민공화국 정부(이하 "체약 당사자"라 한다)는, 양국 간 경제 및 통상협력을 강화하기 위하여 투자를 보다 증진하기를 희망하고, 투자 및 투자와 관련된 사업활동에 대하여 호의적인 대우와 보호를 부여하여 다른 쪽 체약 당사자 영역 안에서 어느 한쪽 체약 당사자의 투자자가 행하는 투자에 유리한 여건을 조성하기를 의도하며, 투자 증진과 상호 보호가 양국 간의 경제 · 통상 · 기술 영역 내의 교류를 촉진시킨다는 것을 인식하고, 한중 간 포괄적이고 협력적인 파트너십 증진을 약속한 2003년 7월 8일 한중 간의 공동 성명서 정신에 따라, 다음과 같이 합의하였다.

제1조 정의

이 협정의 목적상,

1. "투자"라 함은 어느 한쪽 체약 당사자의 투자자가 투자 시점에 적용 가능한 다른 쪽 체약 당사자의 법령에 따라 다른 쪽 체약 당사자의 영역 안에서 투자하는 데 사용한 모든 종류의 자산을 말하며 특히 다음을 포함하나 이에 한정되지 아니한다.
   가. 동산 · 부동산 및 저당권 · 유치권 · 질권 · 용익권 등 물질적 재산권 및 이와 유사한 권리
   나. 지분 · 주식 · 채권 · 회사채 또는 그 밖의 형태의 회사 · 기업 · 합작 사업에의 참여
   다. 금전청구권이나 투자와 관련하여 경제적 가치가 있는 이행청구권
   라. 저작권 · 상표권 · 특허권 · 의장 · 기술공정 · 노하우 · 영업비밀 · 상호권을 포함하는 지적재산권과 영업신용
   마. 천연자원의 탐사 · 추출 · 개간 또는 개발을 위한 권리를 포함하여 법률 또

는 계약에 의하여 부여되는 모든 권리 및 법률에 따른 면허와 허가
투자된 자산 형태의 어떠한 변경도 그 자산의 투자로서의 성격에 영향을 미치지 아니한다.

2. "투자자"라 함은 다른 쪽 체약 당사자의 영역 안에 투자하는 어느 한쪽 체약 당사자의 모든 자연인 또는 법인을 말한다.
   가. "자연인"이라 함은 각 체약 당사자의 법에 의하여 그 체약 당사자의 국적을 가진 자연인을 말한다.
   나. "법인"이라 함은 회사 · 공공기관 · 재단 · 조합 · 상사 · 단체 · 기업 및 협회 등 각 체약 당사자의 법령에 따라 설립 또는 조직된 모든 실체를 말한다.
3. "수익"이라 함은 투자에 의하여 발생한 금액을 말하며, 특히 이윤 · 이자 · 자본이득 · 배당금 · 사용료 및 모든 종류의 수수료를 포함하나 이에 한정되지 아니한다. 투자로부터 발생하는 수익과, 재투자의 경우 그러한 재투자로부터 발생하는 수익은 투자로서 동등한 보호를 향유한다.
4. "국제연합국제무역법위원회 중재규칙"이라 함은 1976년 4월 28일 국제연합국제무역법위원회에 의하여 채택된 국제연합국제무역법위원회의 중재규칙을 말한다.
5. "ICSID 협약"이라 함은 1965년 3월 18일 국가와 타방 국가 국민 간의 투자분쟁의 해결에 관한 워싱턴 협약을 말한다.
6. "본부"라 함은 ICSID 협약에 의하여 설립된 국제투자분쟁해결본부를 말한다.

제2조 투자의 증진 및 보호

1. 각 체약 당사자는 다른 쪽 체약 당사자의 투자자가 자국 영역 안에서 투자하는 것을 장려하며 그러한 투자를 자국의 법령에 따라 허용한다.
2. 각 체약 당사자의 투자자가 행한 투자는 다른 쪽 체약 당사자의 영역 안에서 항상 공정하고 공평한 대우를 받으며, 완전하고 지속적인 보호와 안전을 향유한다.
3. 어떠한 체약 당사자도 다른 쪽 체약 당사자 투자자가 투자를 관리 · 유지 · 사용 · 향유 또는 처분하는 것에 대해 부당하거나 차별적인 조치를 취하지 아니한다. 또한 어느 한쪽 체약 당사자는 국내산 사용 · 기술 이전 또는 수출 이행 의무에 관하여 다른 쪽 체약 당사자 투자자의 투자에 대하여 비합리적이나 차별적 조치를 취하지 아니한다.

4. 투자 및 투자와 관련된 사업활동을 목적으로 다른 쪽 체약 당사자에 입국하고 체류하기를 희망하는 어느 한쪽 체약 당사자의 국민들은 사업활동을 위한 면허와 허가 신청 및 다른 쪽 체약 당사자 안에서의 입국 · 체류 · 거주 신청에 대하여 다른 쪽 체약 당사자의 법령에 따라 호의적인 고려를 받는다.

제3조 투자의 대우

1. 어느 한쪽 체약 당사자는 자국의 영역 안에서 다른 쪽 체약 당사자의 투자자와 그들의 투자에 대하여 투자의 확장 · 운영 · 관리 · 유지 · 사용 · 향유 · 판매 또는 그 밖의 처분(이하 "투자 및 영업 활동"이라 한다)에 관하여 유사한 상황에서 자국의 투자자와 그들의 투자에 부여하는 대우보다 불리하지 아니한 대우(이하 "내국민 대우"라 한다)를 부여한다.
2. 제2조 제3항 및 제3조 제1항은 중화인민공화국 영역 안에서 유지되는 현행의 비합치조치 또는 개정되기 이전의 비합치조치의 비합치 효과를 증가시키지 않는 조건으로 이루어지는 향후 모든 개정에 적용되지 아니한다.
   일단 허가된 투자에 부여된 대우는 어떠한 경우에도 원래의 투자가 행해진 시점에 부여된 대우보다 제한적이지 않아야 한다.
   중화인민공화국 정부는 모든 비합치조치를 점진적으로 제거하기 위하여 모든 적절한 조치를 취한다.
3. 각 체약 당사자는 자국 영역 내 다른 쪽 체약 당사자의 투자자와 그들의 투자 및 투자 관련 활동에 대하여 유사한 상황에서 제3국의 투자자와 그들의 투자 및 투자 관련 활동에 대하여 투자의 허용을 포함한 투자 및 기업 활동에 부여하는 대우보다 불리하지 아니한 대우(이하 "최혜국 대우"라 한다)를 부여한다.
4. 이 조 제3항의 규정은 어느 한쪽 체약 당사자가 다음 각목의 사항에 의하여 부여한 어떠한 대우 · 특혜 또는 특권의 혜택을 다른 한쪽 체약 당사자의 투자자에게 부여해야 한다는 것으로 해석되지 아니한다.
   가. 관세동맹 · 자유무역지대 · 경제동맹 및 그러한 동맹이나 유사한 기관으로 귀결되는 국제협정
   나. 전적으로 또는 주요하게 조세와 관련된 국제 협정 및 약정
   다. 국경 지역에서 소규모 국경무역을 촉진하는 약정
5. 그들의 권리를 추구하고 변호하기 위해 법원, 행정재판소 및 행정기관을 이용

하는 것과 관련하여 다른 한쪽 체약 당사자의 영역 내에서 어느 한쪽 체약 당사자의 투자자에게 자국의 투자자나 제3국의 투자자에게 부여하는 대우보다 불리하지 아니한 대우가 부여된다.

제4조 수용

1. 어떠한 체약 당사자도 다른 한쪽 체약 당사자 투자자의 자국 영역 안에서의 투자에 대하여 직접 또는 간접적으로 수용·국유화하거나 수용·국유화에 상당하는 조치(이하 "수용"이라 한다)를 취하지 아니한다. 다만 다음의 조건이 충족되는 경우는 해당되지 아니한다.
   가. 공공이익을 위하여
   나. 국내법 및 국제 표준에 따른 적법절차에 의하여
   다. 비차별적으로
   라. 제2항에 따라 보상하는 경우
2. 보상은 수용되기 직전의 수용된 투자의 공정한 시장가치에 상응하여야 한다. 공정한 시장가치는 수용이 공공연히 미리 알려짐에 따라 발생하는 가치의 변화를 반영하지 아니한다. 보상은 지체 없이 지급되고, 수용일부터 보상 지불일까지의 기간에 해당되는 적정한 이자를 포함한다. 보상은 유효하게 현금화되고, 자유롭게 송금될 수 있으며, 수용일에 적용되는 시장 환율에 따라 투자자의 국적통화 및 국제통화기금협정의 조항에 규정되어 있는 자유롭게 사용 가능한 통화로 자유롭게 태환되어야 한다.
3. 제9조의 규정을 저해함이 없이, 수용에 의하여 영향을 받은 투자자는 자신의 사안 및 보상 금액에 대하여 이 조에 규정된 원칙에 따라 수용을 행한 체약 당사자의 법적 절차에 따르는 법원 또는 행정재판소에 의하여 신속한 심사를 받을 권리를 가진다.

제5조 손해 및 손실에 대한 보상

1. 어느 한쪽 체약 당사자의 투자자는 어떠한 종류의 무력충돌, 국가비상사태 또는 소요로 인하여 다른 쪽 체약 당사자 영역 안에서의 자신의 투자가 손실을 입은 경우, 복구·배상·보상 또는 그 밖의 다른 해결에 관하여 다른 쪽 체약

당사자가 제3국의 투자자에게 부여하는 것보다 불리하지 아니한 대우를 부여받는다.

2. 이 조 제1항의 규정을 저해함이 없이, 어느 한쪽 체약 당사자의 투자자는 다른 한쪽 체약 당사자의 영역 안에서 제1항에 규정된 상황으로 인하여 다음 각목의 사항으로부터 발생하는 피해나 손실을 입은 경우, 징발 기간 동안 지속된 피해나 손실 또는 재산 파괴의 결과로 생겨난 피해나 손실에 대하여 공정하고 적절한 보상을 받는다.
   가. 다른 쪽 체약 당사자의 군대 또는 당국에 의한 재산의 징발
   나. 전투행위 중에 일어난 것이 아니거나 또는 상황의 필요성에 비추어 요구되지 아니하였던 다른 쪽 체약 당사자의 군대 또는 당국에 의한 재산의 파괴
3. 이 조 제1항 및 제2항에 규정된 보상에 따른 지불은 지체 없이 이루어져야 하며, 보상금액 결정일에 적용되는 시장 환율로 자유롭게 송금될 수 있어야 한다.

제6조 송금

1. 각 체약 당사자는 다른 쪽 체약 당사자 투자자의 자국 영역에서의 투자와 관련된 모든 지불액이 지체 없이 자국 영역의 안팎으로 자유롭게 송금될 수 있도록 보장한다. 그러한 송금은 특히 다음을 포함하나 이에 한정되지 아니한다.
   가. 투자의 설립 · 유지 또는 증가를 위해 필요한 자본
   나. 수익 · 이자 · 배당금 · 자본 이득 · 사용료 또는 그 밖의 수수료
   다. 대출 약정에 따른 대여금을 포함한 계약에 의한 지불금
   라. 투자의 전면적 · 부분적 매각 또는 청산으로 인한 수익
   마. 제4조와 제5조에 따른 지불금
   바. 제9조의 분쟁해결에 따른 지불금
   사. 투자와 관련하여 고용된 다른 쪽 체약 당사자 국민의 급여 및 보수
2. 어떠한 체약 당사자도 이 협정에서 달리 규정하지 아니하는 한 송금 당일의 시장 환율에 따라 지체 없이 자유태환성 통화로 이루어지는 송금을 방해하지 아니한다.
3. 제1항 및 제2항의 규정에도 불구하고, 어느 한쪽 체약 당사자는 다음에 관계되는 경우 공정하고 비차별적이며 신의성실에 입각한 법률의 적용을 통하여 송금을 지연시키거나 제한할 수 있다.

가. 파산, 지급불능 또는 채권자의 권리 보호
나. 증권의 발행, 거래 또는 중개
다. 범죄 또는 형사 범죄, 또는 사법절차에서의 명령이나 판결의 이행 확보
라. 통화 또는 다른 통화 증서의 송금의 보고

4. 이 협정의 다른 규정에도 불구하고 각 체약 당사자는 다음의 경우에 각국의 법령에 따라 이 조항상의 자국의 의무와 부합하지 아니하는 조치를 채택하거나 유지할 수 있다.
가. 중대한 국제수지 및 대외 금융상의 어려움에 처하거나 처할 우려가 있는 경우
나. 예외적인 상황에서 자본이동이 거시경제의 운영, 특히 통화·환율 정책에 중대한 어려움을 초래하거나 초래할 우려가 있는 경우

5. 제4항에 따른 조치는
가. 체약 당사자가 유보한 조항 이외의 국제통화기금협정의 규정과 부합되어야 하고
나. 제4항에 규정된 상황에 대처하는 데 필요한 정도를 초과하지 아니하고
다. 일시적이며 상황이 허락하는 한 신속하게 철폐되어야 하고
라. 다른 쪽 체약 당사자에게 즉시 통지되어야 한다.

6. 이 조의 규정에 언급된 송금은 현행 외환관리 법령에 규정된 관련 정규 절차를 따라야 한다. 이러한 정규 절차는 다음의 사항을 포함하나 이에 제한되지 아니한다.
가. 해외 투자
나. 해외직접투자기업의 청산, 소유권 양도 및 등록된 자본의 감자(회수된 투자 포함)
다. 원금과 등록된 대외부채의 이자(해외 투자자의 대출 포함) 반환
라. 국내 보증인들이 제공한 대외 보증

정규 송금절차의 종료를 위해 필요한 기간은 필요한 보충 문서와 함께 서면요구서가 외환 당국에 제출되는 당일로부터 개시된다. 필요한 인증은 한 달 이내에 부여되며 어떠한 경우에도 두 달을 초과하지 아니한다.

7. 이 조에서 언급된 정규절차는 이 협정에 규정된 체약 당사자의 약속과 의무를 회피하기 위한 수단으로 이용되지 아니한다. 투자 관련 정규 송금절차는 어떠한 경우에도 원래의 투자가 이루어졌을 당시 요구되었던 정식 절차보다 더 제한적이어서는 아니 된다.

제7조 대위변제

1. 어느 한쪽 체약 당사자 또는 그 체약 당사자의 지정기관이 다른 쪽 체약 당사자 영역 내에서 행해진 투자에 대하여 부여한 보증 또는 비상업적인 위험에 대한 보험계약에 의하여 자국의 투자자에게 지불조치를 할 경우, 다른 쪽 체약 당사자는 다음 각목의 사항을 인정한다.
   가. 투자자의 권리 또는 청구권이 그 국가의 법률 또는 적법한 거래에 따라 어느 한쪽 체약 당사자 또는 그 체약 당사자의 지정기관에 양도되는 것
   나. 어느 한쪽 체약 당사자 또는 그 지정기관이 대위에 의하여 그 투자자의 권리를 행사하고 청구권을 집행하며 투자자로서 동등한 정도의 투자 관련 의무를 이행하는 자격을 가지게 되는 것
2. 그러한 권리 또는 청구권의 양도 및 그러한 지불의 양도에 따라 어느 한쪽 체약 당사자 또는 그 지정기관에게 지불된 지불액에 대해서는 제4조와 제6조의 규정이 준용된다.

제8조 체약 당사자 간의 분쟁해결

1. 체약 당사자는 어느 한쪽 체약 당사자의 요청이 있을 경우 이 협정과 관련된 분쟁해결이나 이 협정의 해석 · 적용 또는 목적 실현과 관련된 사항을 논의하기 위하여 외교경로를 통하여 신속히 협의한다.
2. 분쟁이 6개월 이내에 해결되지 아니할 경우 이 분쟁은 어느 한쪽 체약 당사자의 요청에 의하여 특별 중재재판소에 회부된다.
3. 특별 중재재판소는 3인의 중재인으로 구성된다. 각 체약 당사자는 중재재판을 요청하는 서면통지를 접수 후 2개월 이내에 1인의 중재재판관을 임명한다. 임명된 2인의 중재재판관은 향후 2개월 이내에 양 체약 당사자와 외교 관계가 있는 제3국의 국민을 중재재판소의 재판장으로 선임한다.
4. 중재재판소가 중재재판을 요청하는 서면통지 접수 후 4개월 이내에 설립되지 않을 경우 각 체약 당사자는 그 밖의 다른 협정이 없다면 국제사법재판 소장에게 필요한 중재재판관 임명을 요청할 수 있다. 소장이 어느 한쪽 체약 당사자의 국민이거나 이러한 임무를 수행할 수 없는 경우에는 어느 한쪽 체약 당사자의 국민이 아니거나 이러한 임무를 수행할 수 없는 경우가 아닌 차상급 재판관

에게 필요한 중재재판관 임명을 요청한다.

5. 중재재판소는 그 자체의 절차를 결정한다. 중재재판소는 이 협정의 규정과 양 체약 당사자가 인정한 국제법의 원칙에 따라 판결한다.
6. 중재재판소는 다수결에 의하여 결정한다. 중재결정은 중재재판소 설립일부터 10개월 이내에 내려진다. 이러한 판결은 최종적이며 양 체약 당사자를 구속한다. 중재재판은 어느 한쪽 체약 당사자의 요청이 있는 경우 결정의 사유를 설명해야 한다.
7. 각 체약 당사자는 자국이 임명한 중재재판관과 중재절차에서의 자국 대표의 비용을 부담한다. 재판장과 재판소 관련 비용은 체약 당사자가 균등하게 부담한다.

제9조 투자자와 어느 한쪽 체약 당사자 간의 분쟁해결

1. 이 조의 목적상 투자분쟁은 다른 쪽 체약 당사자 투자자의 투자와 관련하여 이 협정상 의무위반 주장으로 인하여 또는 의무위반 주장으로부터 발생한 손실 및 손해를 초래한 다른 쪽 체약 당사자의 투자자와 어느 한쪽 체약 당사자 간의 분쟁이다.
2. 투자분쟁이 발생하는 경우 동 분쟁은 가능한 한 협의와 협상에 의하여 해결한다. 이러한 방법으로 해결되지 아니하는 경우 투자자는 투자분쟁의 해결을 위하여 다음 방안 중 하나에 동 분쟁을 회부할 수 있다.
   가. 투자가 행해진 국가의 권한 있는 법원
   나. 어느 한쪽 당사자가 협의하기 위해 분쟁을 제기한 날부터 4개월이 경과된 경우에는 국제중재
3. 국제중재의 경우, 분쟁은 투자자의 선택에 따라 다음 중 하나의 절차에 회부된다.
   가. 1965년 3월 18일 국가와 타방 국가 국민 간의 투자분쟁의 해결에 관한 워싱턴 협약에 의하여 설립된 국제투자분쟁해결본부
   나. 국제연합국제무역법위원회 중재규칙 또는 분쟁 당사자 간에 합의된 그 밖의 중재규칙에 따라 설립되는 특별중재재판소

   국제중재에 회부하기 전 분쟁에 관련된 체약 당사자는 투자자에게 그 체약 당사자의 법률에 따른 국내행정검토절차를 거치도록 요구할 수 있다.

   국내행정검토절차는 서류준비에 소요되는 시간을 포함하여 검토를 위한 신청이 처음 제출된 날부터 4개월을 초과할 수 없다. 4개월 후에도 절차가 완료되

지 않은 경우 절차는 완료된 것으로 간주되며, 투자자는 국제중재에 분쟁을 회부할 수 있다. 투자자는 이 조 제2항에 규정된 4개월간의 협의 또는 협상 기간 동안 검토를 신청할 수 있다.

각 체약 당사자는 당해 투자자에 의하여 투자분쟁의 해결을 구속력 있는 국제중재에 회부하는 것에 동의한다.

4. 투자자가 투자가 행해진 국가의 권한 있는 법원, 국제투자분쟁해결본부, 또는 이 조 제3항에 명시된 특별 중재재판소에 분쟁을 회부하면 그 세 가지 절차 중 하나의 선택은 최종적이다.
5. 이 조 제3항에 따라 투자분쟁을 회부하는 투자자는 그러한 회부의 최소 90일 전에 분쟁제기 의사를 분쟁 당사자인 체약 당사자에게 서면으로 통지한다. 이러한 통지는 다음의 사항을 명시한다.
   가. 당해 투자자의 성명 및 주소
   나. 분쟁 당사자인 체약 당사자의 논쟁의 대상인 특정한 조치와 위반한 것으로 주장되는 이 협정의 규정을 포함하여 문제를 명확히 제시하는 데 충분한 투자분쟁의 사실적·법률적 근거에 관한 요약자료
   다. 필요한 경우 개략적인 배상청구금액을 포함하여 추구하는 구제 조치
   라. 당해 투자자가 이용하고자 하는 이 조 제3항 가목 내지 나목에 규정된 분쟁해결절차
6. 중재판정은 법률의 저촉에 관한 규칙을 포함한 분쟁당사국의 법률, 이 협정의 규정 및 양 체약 당사자들부터 승인된 국제법의 원칙을 기초로 한다.
7. 이 조 제3항의 규정에도 불구하고 투자자는 투자자가 손실이나 손해를 입었다는 사실을 처음으로 알았거나 알 수 있었던 날부터 3년이 지난 후에는 제3항에 따라 분쟁을 회부할 수 없다.
8. 중재 판정은 양 분쟁 당사자에게 최종적이며 구속적이다. 각 체약 당사자는 관련 법령에 따라 판정을 집행할 것을 확약한다.

제10조 그 밖의 의무

1. 어느 한쪽 체약 당사자의 법률 또는 양 체약 당사자 간에 현재 존재하는 또는 추후 제정될 국제적 의무가 다른 쪽 체약 당사자의 투자자들에 의한 투자에 대해 이 협정에 의하여 부여된 것보다 더 많은 혜택을 부여한다면 그러한 경우는

이 협정의 영향을 받지 아니한다.

2. 각 체약 당사자는 다른 쪽 체약 당사자의 투자자가 행한 투자와 관련하여 발효한 그 밖의 의무를 준수한다.
3. 이 협정의 어떠한 규정도 세계무역기구 설립을 위한 마라케시 협정의 부속서 1다 「무역 관련 지적재산권에 관한 협정」과 세계지적재산권기구의 지원하에 체결된 그 밖의 국제협정을 포함한 체약 당사자가 당사자인 지적재산권의 보호와 관련된 국제협정상의 권리와 의무를 침해하는 것으로 해석되지 아니한다.
4. 이 협정상의 의무를 이행하는 데 있어서 각 체약 당사자는 자국의 영역 안에서 지방정부가 이 협정상의 의무를 준수하는 것을 보장하기 위하여 이용 가능한 합리적인 조치를 취한다.

제11조 투명성

1. 각 체약 당사자는 다른 쪽 체약 당사자 영역 안에 있는 어느 한쪽 체약 당사자 투자자의 투자에 영향을 미칠 수 있는 국제협정과 자국의 법률 · 규칙 · 절차 · 행정판결 및 일반적으로 적용되는 사법적 결정을 즉시 공표하거나 공개적으로 이용할 수 있도록 한다.
2. 이 협정의 어떠한 규정도 공개되는 경우 법 집행을 저해하거나 기밀사항을 보호하는 자국 법률에 상반되거나 특정 투자자의 합법적인 상업적 이익을 침해하게 되는 특정 투자자 또는 투자에 관한 정보를 포함하는 비밀 또는 재산권적 정보를 체약 당사자가 제공하거나 접근을 허용하도록 요구하지 아니한다.

제12조 적용

이 협정은 어느 한쪽 체약 당사자의 법령에 따라 다른 쪽 체약 당사자의 영역 내에서 어느 한쪽 체약 당사자 투자자들이 동 협정 발효 전 또는 발효 후에 행한 투자에 적용되나, 발효 전에 발생된 분쟁에는 적용되지 아니한다.

제13조 협의

1. 체약 당사자의 대표들은 다음의 목적을 위해 간헐적으로 회의를 갖는다.

가. 이 협정의 이행 검토
나. 법률 정보 및 투자 기회 교환
다. 투자 촉진에 대한 제안 제시
라. 투자 관련 다른 문제에 대한 연구

2. 어느 한쪽 체약 당사자가 이 조 제1항에 관한 어떠한 문제에 대하여 협의를 요청한 경우, 다른 쪽 체약 당사자는 신속하게 응답해야 하며 체약 당사자 간 협의는 서울과 북경에서 교대로 개최된다.

제14조 발효, 존속 및 종료

1. 이 협정은 협정의 발효에 필요한 각 체약 당사자의 국내법적 절차가 충족되었음을 서면으로 상호 통보한 날의 다음 달 초일에 발효하며 10년간 유효하다. 어느 한쪽 체약 당사자가 다른 쪽 체약 당사자에게 이 기간의 만기 1년 전에 이 협정을 종료시키기 위해 서면통지를 하지 않는 한 이 협정은 다음 10년 동안 자동적으로 연장되며, 그후 동일한 절차에 의하여 연장될 수 있다.
2. 이 협정의 종료일 이전에 이루어진 투자에 대하여 이 협정의 규정은 그 종료일부터 10년간 계속 유효하다.
3. 양 체약 당사자는 체약 당사자 간의 서면 협정으로 이 협정을 개정할 수 있다. 모든 개정은 이 협정의 발효에 필요한 절차와 동일한 절차에 의하여 발효된다.
4. 1992년 9월 30일 서명된 대한민국 정부와 중화인민공화국 정부 간의 투자의 증진과 상호 보호에 관한 협정은 이 협정이 발효하는 때에 종료되고, 이 협정에 의하여 대체된다.

이상의 증거로, 아래 서명자는 그들 각자의 정부로부터 정당하게 권한을 위임받아 이 협정에 서명하였다.
2007년 9월 8일 시드니에서 동등하게 정본인 한국어, 중국어 및 영어로 각 2부씩 작성하였다. 해석상의 차이가 있을 경우에는 영어본이 우선한다.
대한민국 정부를 대표하여　　　　중화인민공화국 정부를 대표하여

http://www.mofa.go.kr/trade/treatylaw/treatyinformation/bilateral/index.jsp?mofat=001&menu=m_30_50_40

6부 동아시아의 환율 협상

16장 미·일 환율 협상(1985~1995)

Announcement the Ministers of Finance and Central Bank Governors of France, Germany, Japan, the United Kingdom, and the United States(Plaza Accord)

1. Ministers of Finance and Central Bank Governors of France, the Federal Republic of Germany, Japan, the United Kingdom, and the United States met today, September 22, 1985, in the context of their agreement to conduct mutual surveillance and as part of their preparations for wider international discussions at the forthcoming meetings in Seoul, Korea. They reviewed economic developments and policies in each of their countries and assessed their implications for economic prospects external balances, and exchange rates.
2. At the Bonn Economic Summit in May 1985 the Heads of State or Government of seven major industrial countries and the President of the Commission of the European Communities issued an Economic Declaration Towards Sustained Growth and Higher Employment. In that Declaration the participants agreed that:

   The best contribution we can make to a lasting new prosperity in which all nations can share is unremittingly to pursue, individually in our own countries and cooperatively together, policies conducive to sustained growth and higher employment.

3. The Ministers and Governors were of the view that significant progress has been made in their efforts to promote a convergence of favorable economic performance among their countries on a path of steady non inflationary growth. Furthermore, they concluded that their countries are restoring the vitality and responsiveness of their economies. As a result of these developments, they are confident that a firm basis has been established for a sustained, more balanced expansion among their countries. This sustained growth will benefit other industrial countries and will help ensure expanding export markets for developing countries, thereby contributing importantly to the resolution of problems of heavily indebted developing countries.
4. They believe that this convergence of favorable economic performance has been influenced increasingly by policy initiatives undertaken by their countries. Moreover, each of their countries is committed to the implementation of further policy measures which will reinforce favorable convergence and strengthen the sustainability of the current expansion.
5. Ministers and Governors were of the view that recent shifts in fundamental economic conditions among their countries together with policy commitments for the future, have not been reflected fully in exchange markets.

Recent Economic Developments and Policy Changes

6. Ministers and Governors expect that growth in aggregate for their countries will be about 3 percent this year, compared to negative growth of −0.7 percent in 1982. Although this figure is down slightly from 1984, growth will be more balanced than at any time in the last four years. After the particularly rapid U.S. growth of 1983-84, there is now increased evidence of internal growth in the other countries. In particular, private investment has picked up strength. The current expansion is occurring in a context of fiscal consolidation: it is not dependent on short-lived fiscal stimulus. As a

result of the changes in the components of growth, real growth in their countries can be expected to remain strong as U.S. growth moderates.

7. The current sustained expansion is occurring within a framework of declining inflation, a phenomenon that is unprecedented in the past three decades. Inflation rates are at their lowest in nearly 20 years, and they show no signs of reviving.
8. There has been a significant fall in interest rates in recent years. Apart from welcome domestic effects this has been particularly helpful in easing the burden of debt repayments for developing countries.
9. This successful performance is the direct result of the importance given to macroeconomic policies which have reduced inflation and inflationary expectations to continued vigilance over government spending, to greater emphasis on market forces and competition, and to prudent monetary policies.
10. These positive economic developments notwithstanding, there are large imbalances in external positions which pose potential problems, and which reflect a wide range of factors. Among these are: the deterioration in its external position which the U.S. experienced from its period of very rapid relative growth: the particularly large impact on the U.S. current account of the economic difficulties and the adjustment efforts of some major developing countries; the difficulty of trade access in some markets; and the appreciation of the U.S. dollar. The interaction of these factors—relative growth rates, the debt problems of developing countries, and exchange rate development—has contributed to large, potentially destabilizing external imbalances among major industrial countries. In particular, the United States has a large and growing current account deficit, and Japan, and to a lesser extent Germany, large and growing current account surpluses.
11. The U.S. current account deficit, together with other factors is now contributing to protectionist pressures which, if not resisted, could lead to mutually destructive retaliation with serious damage to the world economy: world trade would shrink, real growth rates could even turn negative, unemployment would rise still higher, and debt-burdened developing countries would be unable to secure the export earnings they vitally need.

Policy Intentions

12. The Finance Ministers and Governors affirmed that each of their countries remains firmly committed to its international responsibilities and obligations as leading industrial nations. They also share special responsibilities to ensure the mutual of their individual policies. The Ministers agreed that establishing more widely strong, non inflationary domestic growth and open markets will be a key factor in ensuring that the current expansion continues in a more balanced fashion, and they committed themselves to policies toward that end. In countries where the budget deficit is too high, further measures to reduce the deficit substantially are urgently required.
13. Ministers and Governors agreed that it was essential that protectionist pressures be resisted.
14. Ministers recognized the importance of providing access to their markets for LDC exports as those countries continue their essential adjustment efforts, and saw this as an important additional reason to avoid protectionist policies. They welcomed the GATT preparatory meeting scheduled for late September and expressed their hope that it will reach a broad consensus on subject matter and modalities for a new GATT round.
15. In this context they recalled and reaffirmed the statement in the Bonn Economic Declaration on the debt situation.

    Sustained growth in world trade, lower interest rates, open markets and continued financing in amounts and on terms appropriate to each individual case are essential to enable developing countries to achieve sound growth and overcome their economic and financial difficulties.
16. The Ministers agreed that they would monitor progress in achieving a sustained non inflationary expansion and intensify their individual and cooperative efforts to accomplish this objective. To that end, they affirmed the statements of policy intentions by each of their countries which are attached.

Conclusions

17. The Ministers of Finance and Central Bank Governors agreed that recent economic developments and policy changes, when combined with the specific policy intentions described in the attached statements, provide a sound basis for continued and a more balanced expansion with low inflation. They agreed on the importance of these improvements for redressing the large and growing external imbalances that have developed. In that connection they noted that further market opening measures will be important to resisting protectionism.
18. The Ministers and Governors agreed that exchange rates should play a role in adjusting external imbalances. In order to do this, exchange rates should better reflect fundamental economic conditions than has been the case. They believe that agreed policy actions must be implemented and reinforced to improve the fundamentals further, and that in view of the present and prospective changes in fundamentals, some further orderly appreciation of the main non-dollar currencies against the dollar is desirable. They stand ready to cooperate more closely to encourage this when to do so would be helpful.

The *French Government* intends to pursue its policy aimed at reducing inflation, moderating income growth, and achieving continued improvements in external accounts. It will further intensify its efforts to speed up structural adjustment and modernization and thus lay the basis for job creating growth. Therefore, it is determined:

1. To pursue vigorously disinflation.
2. To secure the attainment of monetary aggregates growth targets, consistent with decelerating inflation.
3. To curb public expenditures progressively so as to lower the tax burden while reducing the government borrowing requirement.
4. To foster the investment recovery allowed for by the improved financial situation in the business sector.

5. To take further steps towards liberalization and modernization of financial markets, to increase competition in the financial sector so as to reduce financial intermediation costs, and give a greater role to interest rates in monetary control.
6. To foster job creation through the implementation of an innovative and active policy in the field of education and training and by promoting constructive discussions between social partners on work organization.
7. To resist protectionism.

The *Government of the Federal Republic of Germany*, noting that the German economy is already embarked on a course of steady economic recovery based increasingly on internally generated growth, will continue to implement policies to sustain and extend the progress achieved in strengthening the underlying conditions for continuing, vigorous, job-creating growth in the context of stable prices and low interest rates.

In particular the Government of the Federal Republic of Germany will implement policies with the following explicit intentions:

1. The priority objective of fiscal policy is to encourage private initiative and productive investments and maintain price stability.
2. Toward this end, the Federal Government will continue to reduce progressively the share of the public sector in the economy through maintaining firm expenditure control. The tax cuts due to take effect in 1986 and 1988 form part of the ongoing process of tax reform and reduction which the Federal Government will continue in a medium-framework.
3. The Federal Government will continue to remove rigidities inhibiting the efficient functioning of markets. It will keep under review policies, regulations, and practices affecting labor markets in order to enhance the positive impact of economic growth on employment. The Federal Government and the Deutsche Bundesbank will provide the framework for the continuing evolution of deep, efficient money and capital markets.
4. The fiscal policy of the Federal Government and the monetary policy of the Deutsche Bundesbank will continue ensure a stable environment conducive

to the expansion of domestic demand on a durable basis.

5. The Federal Government will continue to resist protectionism.

The *Government of Japan* noting that the Japanese economy is in an autonomous expansion phase mainly supported by domestic private demand increase will continue to institute policies intended to ensure sustainable noninflationary growth: provide full access to domestic markets for foreign goods; and the Yen and liberalize domestic capital markets.

In particular, the Government of Japan will implement policies with the following explicit intentions.

1. Resistance of protectionism and steady implementation of the Action Program announced on July 30 for the further opening up of Japan's domestic market to foreign goods and services.
2. Full utilization of private sector vitality through the implementation of vigorous deregulation measures.
3. Flexible management of monetary policy with due attention to the yen rate.
4. Intensified implementation of financial market liberalization and of the yen, so that the yen fully reflects the underlying strength of the Japanese economy.
5. Fiscal policy will continue co focus on the twin goals of reducing the central government deficit and providing a pro-growth environment for the private sector. Within that framework. local governments may be favorably allowed to make additional investments in this FY 1985, taking into account the individual circumstances of the region.
6. Efforts to stimulate domestic demand will focus on increasing private consumption and investment through measures to enlarge consumer and mortgage credit markets.

The *United Kingdom Government*, noting that the British economy has been experiencing steady growth of output and domestic demand over the past four years, will continue to pursue policies designed to reduce inflation; to promote sustained growth of output and employment; to reduce the size of the public sector; to encourage a more competitive, innovative market orientated private sector; to reduce regulation and increase incentives throughout the economy; and to maintain open trading and capital markets free of foreign exchange controls.

In particular, the United Kingdom Government intends:

1. To operate monetary policy to achieve further progress towards price stability and to provide a financial environment for growing output and employment: and to buttress monetary policy with a prudent fiscal policy.
2. To continue to reduce public expenditure as a share of GDP and to transfer further substantial parts of public sector industry to private ownership.
3. To reduce the burden of taxation in order to improve incentives and to increase the efficient use of resources in the economy.
4. To take additional measures to improve the effective working of the labour market. including the reform of Wages Councils and improvements in youth training and implement proposals to liberalize and strengthen competition within financial markets.
5. To resist protectionism.

The *United States Government* is firmly committed to policies designed to: ensure steady noninflationary growth; maximize the role of markets and private sector participation in the economy; reduce the size and role of the government sector; and maintain open markets.

In order to achieve these objectives, the United States Government will:

1. Continue efforts to reduce government expenditures as a share of GNP in order to reduce the fiscal deficit and to free up resources for the private sector.
2. Implement fully the deficit reduction package for fiscal year 1986. This package passed by Congress and approved by the President will not only reduce by over 1 percent of GNP the budget for FY 1986, but lay the basis for further significant reductions in the deficit in subsequent years.
3. Implement revenue-neutral tax reform which will encourage savings, create new work incentives, and increase the efficiency of the economy, thereby

fostering non inflationary growth.

4. Conduct monetary policy to provide a financial environment conducive to sustainable growth and continued progress toward price stability.
5. Resist protectionist measures.

Source : Funabashi, Yoichi. ***Managing the Dollar: From the Plaza to the Louvre.*** Washington, D.C.: Institute for International Economics, 1988. © Institute for International Economics. Reproduced by permission of the Institute for International Economics.

1985. 9. 22

http://www.g8.utoronto.ca/finance/fm850922.htm

17장 미·중 환율 협상

G20 Communique

This is the full text of the leaders' declaration released today, following the G20 Summit in Seoul:

1. We, the Leaders of the G20, are united in our conviction that by working together we can secure a more prosperous future for the citizens of all countries.
2. When we first gathered in November 2008 to address the most severe world recession our generation has ever confronted, we pledged to support and stabilize the global economy, and at the same time, to lay the foundation for reform, to ensure the world would never face such upheaval again.
3. Over the past four Summits, we have worked with unprecedented cooperation to break the dramatic fall in the global economy to establish the basis for recovery and renewed growth.
4. The concrete steps we have taken will help ensure we are better prepared to prevent and, if necessary, to withstand future crises. We pledge to continue our coordinated efforts and act together to generate strong, sustainable and balanced growth.
5. We recognize the importance of addressing the concerns of the most vulnerable. To this end, we are determined to put jobs at the heart of the recovery, to provide social protection, decent work and also to ensure accelerated growth in low income countries(LICs).
6. Our relentless and cooperative efforts over the last two years have delivered strong results. However, we must stay vigilant.
7. Risks remain. Some of us are experiencing strong growth, while others face high levels of unemployment and sluggish recovery. Uneven growth and widening imbalances are fueling the temptation to diverge from global solutions into uncoordinated actions. However, uncoordinated policy actions

will only lead to worse outcomes for all.

8. Since 2008, a common view of the challenges of the world economy, the necessary responses and our determination to resist protectionism has enabled us to both address the root causes of the crisis and safeguard the recovery. We are agreed today to develop our common view to meet these new challenges and a path to strong, sustainable and balanced growth beyond the crisis.

9. Today, the Seoul Summit delivers:

- the Seoul Action Plan composed of comprehensive, cooperative and country-specific policy actions to move closer to our shared objective. The Plan includes our commitment to:
  - undertake macroeconomic policies, including fiscal consolidation where necessary, to ensure ongoing recovery and sustainable growth and enhance the stability of financial markets, in particular moving toward more market-determined exchange rate systems, enhancing exchange rate flexibility to reflect underlying economic fundamentals, and refraining from competitive devaluation of currencies. Advanced economies, including those with reserve currencies, will be vigilant against excess volatility and disorderly movements in exchange rates. These actions will help mitigate the risk of excessive volatility in capital flows facing some emerging countries;
  - implement a range of structural reforms that boost and sustain global demand, foster job creation, and increase the potential for growth; and
  - enhance the Mutual Assessment Process(MAP) to promote external sustainability. We will strengthen multilateral cooperation to promote external sustainability and pursue the full range of policies conducive to reducing excessive imbalances and maintaining current account imbalances at sustainable levels. Persistently large imbalances, assessed against indicative guidelines to be agreed by our Finance Ministers and Central Bank Governors, warrant an assessment of their nature and the root causes of impediments to adjustment as part of the MAP, recognizing the need to take into account national or regional circumstances, including large commodity producers. These indicative guidelines composed of a range

of indicators would serve as a mechanism to facilitate timely identification of large imbalances that require preventive and corrective actions to be taken. To support our efforts toward meeting these commitments, we call on our Framework Working Group, with technical support from the IMF and other international organizations, to develop these indicative guidelines, with progress to be discussed by our Finance Ministers and Central Bank Governors in the first half of 2011; and, in Gyeongju, our Finance Ministers and Central Bank Governors called on the IMF to provide an assessment as part of the MAP on the progress toward external sustainability and the consistency of fiscal, monetary, financial sector, structural, exchange rate and other policies. In light of this, the first such assessment, to be based on the above mentioned indicative guidelines, will be initiated and undertaken in due course under the French Presidency.

- a modernized IMF that better reflects the changes in the world economy through greater representation of dynamic emerging markets and developing countries. These comprehensive quota and governance reforms, as outlined in the Seoul Summit Document, will enhance the IMF's legitimacy, credibility and effectiveness, making it an even stronger institution for promoting global financial stability and growth.
- instruments to strengthen global financial safety nets, which help countries cope with financial volatility by providing them with practical tools to overcome sudden reversals of international capital flows.
- core elements of a new financial regulatory framework, including bank capital and liquidity standards, as well as measures to better regulate and effectively resolve systemically important financial institutions, complemented by more effective oversight and supervision. This new framework, complemented by other achievements as outlined in the Seoul Summit Document, will ensure a more resilient financial system by reining in the past excesses of the financial sector and better serving the needs of our economies.
- the Seoul Development Consensus for Shared Growth that sets out our commitment to work in partnership with other developing countries, and LICs in particular, to help them build the capacity to achieve and maximize

their growth potential, thereby contributing to global rebalancing. The Seoul Consensus complements our commitment to achieve the Millennium Development Goals (MDGs) and focuses on concrete measures as summarized in our Multi-Year Action Plan on Development to make a tangible and significant difference in people's lives, including in particular through the development of infrastructure in developing countries.

- the Financial Inclusion Action Plan, the Global Partnership for Financial Inclusion and a flexible SME Finance Framework, all of which will significantly contribute to improving access to financial services and expanding opportunities for poor households and small and medium enterprises.
- our strong commitment to direct our negotiators to engage in across-the-board negotiations to promptly bring the Doha Development Round to a successful, ambitious, comprehensive, and balanced conclusion consistent with the mandate of the Doha Development Round and built on the progress already achieved. We recognize that 2011 is a critical window of opportunity, albeit narrow, and that engagement among our representatives must intensify and expand. We now need to complete the end game. Once such an outcome is reached, we commit to seek ratification, where necessary, in our respective systems. We are also committed to resisting all forms of protectionist measures.

10. We will continue to monitor and assess ongoing implementation of the commitments made today and in the past in a transparent and objective way. We hold ourselves accountable. What we promise, we will deliver.
11. Building on our achievements to date, we have agreed to work further on macro-prudential policy frameworks; better reflect the perspective of emerging market economies in financial regulatory reforms; strengthen regulation and oversight of shadow banking; further work on regulation and supervision of commodity derivatives markets; improve market integrity and efficiency; enhance consumer protection; pursue all outstanding governance reform issues at the IMF and World Bank; and build a more stable and resilient international monetary system, including by further strengthening global financial safety nets. We will also expand our MAP based on the indicative guidelines to be agreed.

12. To promote resilience, job creation and mitigate risks for development, we will prioritize action under the Seoul Consensus on addressing critical bottlenecks, including infrastructure deficits, food market volatility, and exclusion from financial services.

13. To provide broader, forward-looking leadership in the post-crisis economy, we will also continue our work to prevent and tackle corruption through our Anti-Corruption Action Plan; rationalize and phase-out over the medium term inefficient fossil fuel subsidies; mitigate excessive fossil fuel price volatility; safeguard the global marine environment; and combat the challenges of global climate change.

14. We reaffirm our resolute commitment to fight climate change, as reflected in the Leaders' Seoul Summit Document. We appreciate President Felipe Calderón's briefing on the status of the UN Framework Convention on Climate Change negotiations, as well as Prime Minister Meles Zenawi's briefing on the report of the High-Level Advisory Group on Climate Change Financing submitted to the UN Secretary-General. We will spare no effort to reach a balanced and successful outcome in Cancun.

15. We welcome the Fourth UN LDC Summit in Turkey and the Fourth High-Level Forum on Aid Effectiveness in Korea, both to be held in 2011.

16. Recognizing the importance of private sector-led growth and job creation, we welcome the Seoul G20 Business Summit and look forward to continuing the G20 Business Summit in upcoming Summits.

17. The actions agreed today will help to further strengthen the global economy, accelerate job creation, ensure more stable financial markets, narrow the development gap and promote broadly shared growth beyond crisis.

18. We look forward to our next meeting in 2011 in France, and subsequent meeting in 2012 in Mexico.

19. We thank Korea for its G20 Presidency and for hosting the successful Seoul Summit.

2010. 11. 12

http://www.guardian.co.uk/business/2010/nov/12/g20-declaration-full-text

동아시아의 외교 협상

초판 1쇄 발행 2013년 2월 28일

지은이 | 양기웅
펴낸이 | 고화숙
펴낸곳 | 도서출판 소화
출판등록 | 제13-412호
주소 | 서울시 영등포구 영등포동 7가 94-97
전화 | 02) 2677-5890
팩스 | 02) 2636-6393
홈페이지 | www.sowha.com

ISBN 978-89-8410-453-2 93340

값 30,000원
